레위기:
위험한 거룩성과의 동행

이 책을 최근에 소천하신,
사단법인 동명원의 김화자 권사님께 바칩니다.

너희가 여기 내 형제 중에 지극히 작은 자 하나에게 한 것이
곧 내게 한 것이니라(마태복음 25:40)

레위기 : 위험한 거룩성과의 동행

2018년 4월 13일 1쇄 발행
2024년 3월 25일 4쇄 발행

지은이 | 박철현
펴낸이 | 박영호
펴낸곳 | 도서출판 솔로몬

주소 | 서울시 동작구 사당로 143
전화 | 599-1482
팩스 | 592-2104
직영서점 | 596-5225

등록일 | 1990년 7월 31일
등록번호 | 제 16-24호

ISBN 978-89-8255-565-7 03230

레위기

위험한 거룩성과의 동행

박철현 지음

LEVITICUS

솔로몬

서문

드디어 레위기 주석을 세상에 내놓게 된 것에 대해 기쁘게 생각한다. 대부분의 기독교인들에게 그렇겠지만 나에게도 레위기는 언제나 오르기 힘든 산과 같았다. 그러나 거대한 산은 단순히 두려움만 일으키는 것이 아니라 도전 의식을 불러일으키기도 한다. 레위기도 마찬가지다. 모든 기독교인들에게 레위기는 두려움과 동시에 도전 의식을 고취시킨다.

그러나 레위기에 대한 도전은 대부분의 사람들에게는 불가능한 목표나 마찬가지다. 이 점은 오경 학자로서의 나에게도 역시 마찬가지였다. 레위기는 상상하는 것만으로도 아찔한, 거대한 빙벽과도 같았다. 그래서 내가 사용한 방법은 어쩔 수 없이 강제적으로 공부할 수밖에 없는 상황으로 나를 몰아넣는 것이었다. 그런 기회는 2010년에 성서유니온의 *매일성경 순*의 레위기 부분을 집필하는 것을 통해서 왔다. 이런 연재 글이 가진 장점은 나처럼 절제력이 부족한 사람도 어쩔 수 없이 마감 날짜를 지켜야 한다는 것이다. 내가 원고를 펑크내면 그 달은 독자들이 큐티를 할 수 없는 대형사고가 발생하기 때문에 나는 반드시 원고를 마무리 지어야만 했다.

그러나 *매일성경* 큐티 자료의 원고는 주로 평신도의 매일의 묵상을 도와주는 것을 목표로 한다는 매체의 특성상 깊이의 한계가 뚜렷했기 때문에 나의 진지한 공부를 위한 도구로서는 부족함이 컸다. 따라서 나는 스스로 결심하기를 비록 평신도의 묵상을 돕기 위해 최대한 쉽게 쓰기는 하겠지만 그 원고의 한 글자 한 글자에 대해서 필자인 내가 레위기 학계의 최고 학자들과 논쟁을 하더라도 결코 밀리지 않을 만큼의 공부를 하겠다고 다짐하였다.

이런 결심 때문에 나는 큐티 자료 원고를 쓰면서도 나름대로 레위기에 대해서 깊은 공부를 할 수 있었고, 레위기 전반에 대한 체계적인 시각을 확보할 수 있었다. 그 당시 나는 원래 섬기던 학교를 떠나서 지금 섬기고 있는 총신대학교 신학대학원으로 옮기는 과도기적 과정을 지나고 있었기 때문에 여러 가지로 상당히 힘들었음에도 불구하고 레위기 연구가 주는 기쁨이 나로 하여금 현실의 고난을 초월할 수 있게 해주었던 기억이 뚜렷하게 남아 있다. 레위기의 난해함이 삶의 고난들보다 컸고, 그 난해한 말씀을 하나하나 깨달아 가는 과정이 주는 기쁨이 현실이 주는 고통보다 컸기 때문에 나는 그 시기 동안 행복할 수 있었다.

레위기 연구에 대한 두 번째 기회는 총신대학교 신학대학원에 자리 잡는 것이 여러 가지 황당한 일들로 인해 좌절되던 시기에 찾아왔다. 그 당시 나는 하나님께서 나를 위해 정말 준비하신 것은 이 신학대학원에서의 교수 사역이 아니라 다른 어떤 것일지도 모르겠다는 생각을 하곤 했다. 그것이 정확히 어떤 것일지는 알 수 없었지만 내가 말씀의 선생으로 살아가야 한다는 소명 의식만은 분명했기에 나는 이 소명을 위해 확실한 뭔가를 준비하고 있어야 한다고 생각했다. 내가 성실히 준비하고 있으면 하나님이 어떻게든 사용하시겠지 하는 생각이 있었다. 그래서 준비하기로 마음 먹은 것이 평신도부터 목회자까지 쉽게 성경의 내용을 파악할 수 있게 도와주는 성경 가이드였다. 그리고 그 첫 열매는 내가 이미 공부한 레위기여야 한다고 생각했다. 가장 어려운 책을 최대한 쉽게 풀어준다면 가치 있는 일이라고 생각했다. 그래서 나는 *매일성경 순*의 원고를 쓸 때 마련해 두었던 방대한 레위기 연구 자료들을 활용하여 레위기 가이드북을 집필하고자 하였다. 비록 이 기획은 그 당시 상대하던 출판사와의 관계 문제, 그리고 그 당시 나의 미래의 불분명함 때문에 연기되고 출판을 하지 못했지만 그 원고를 최근까지 강의안으로 잘 활용하는 계기가 되었다.

레위기 집필에 대한 세 번째 기회는 2017년 1–8월에 목회자용 월간지인

*목회와신학*의 부록인 *그말씀*에 레위기 전체에 대한 원고를 쓰는 것이었다. 연재 글을 쓰는 것이 가진 장점을 한 번 경험한 적이 있었기 때문에 나는 이 집필 청탁을 흔쾌하게 받아들였다. 물론 매달 싱글 스페이스로 A4 용지 50여 매에 달하고, 글자 수로는 8만 자가 넘는 원고를 쓴다는 것이 가진 임무의 무게를 알았다면 나는 처음부터 시작할 엄두를 내지 못했을 것이다. 또한 이 세 번째 집필 기회야말로 정말 내가 본격적인 레위기 주석을 쓰는 계기라고 생각했기 때문에 너무 힘이 들어간 것도 나를 힘들게 했다. 그리고 정작 집필해보니 이 원고 역시 나의 순수한 학술적 욕구를 채우기에는 매체가 적절하지 않다는 생각도 자꾸 나를 힘들게 했다. *그말씀* 원고는 결국 레위기에 대한 깊은 학술적 주석이라기 보다는 목회자들의 설교를 도와주는 것을 추구하는 매체였던 것이다.

그래도 이런저런 우여곡절 속에 8개월에 걸친 대장정을 마쳤을 때 몸은 극도로 피폐해 있었지만 내 손에는 싱글 스페이스로 A4용지 400여 페이지의 원고가 남았다. 이것은 책으로는 800페이지에 육박할 분량의 원고였다.

하지만 이때부터 나의 고민은 시작되었다. 과연 이 책의 독자들이 800페이지에 이르는 이 책을 읽고 났을 때 자신들이 레위기에 대해서 쓸 만한 책을 읽었다고 느낄 것인가, 아니면 시간 낭비를 했다고 느낄 것인가?

이 질문에 대한 대답은 쉽지 않았다. 이 책이 *그말씀* 원고를 거의 교정만 하고 책으로 내는 것이기에 학술적인 면에서는 본격적인 레위기 주석으로서는 한계가 있음이 분명했다. 이 점 때문에 나는 이 책을 출판하는 것에 대해 주저하였다. 반면에 내가 이 책에 들인 노력과 시간을 고려할 때는 이렇게 방대한 원고를 책으로 내지 못하고 묵혀 둔다는 것이 너무나도 아쉬웠다. 또한 이 책이 성경 히브리어 원문을 전부 다 직접 새로 번역하고, 원문의 문제들에 대해서 상당히 깊숙이 다루었으며, 레위기의 난제들에 대해서 나름대로 일관성 있는 해석을 제시한 점에 있어서는 분명히 일정 수준 이상의 기여점들도 있다는 생각도 많이 들었다. 그리고 만약 지금 이 대목에서 이 책을 내지 않으면 내가 해야 할 다른 사역들과 임무들로 인해 정말 내가 내고 싶은 수준의 레위기 주석은 몇 년 후에나 가능할 것이고, 그것마저도 보장할 수는 없는 일이 될 것이라는 점도 고민이 되었다.

이런 여러 가지 생각들로 인해 계속 갈등을 하다가 나는 학계의 동료들, 그리고 이 책의 내용을 알고 나의 강의를 들었던 몇 분에게 자문을 구하였다. 다행히도 그들은 다 이 책의 출판을 권했다. 또한 *그말씀* 연재 당시 원고를 읽었던 많은 독자분들이 자꾸 원고를 구하고 싶어 연락을 주셨다.

이런 일련의 과정들을 통해서 결국 나는 이 책의 출판을 결심하였다. 그러나 나는 이 책이 결코 나의 레위기 연구의 완성은 아니라고 생각한다. 이 책은 내가 반드시 그 정상까지 올라가고자 하는 레위기라는 거대한 산을 오르기 위해 마련한 제1 혹은 제2의 베이스캠프 정도이다. 앞으로 몇 년 동안 더 많은 준비를 해서 밀그롬(J. Milgrom)의 레위기 주석과 같은 주석을 꼭 쓸 수 있게 되기를 하나님께 간구한다.

이제 이 책의 구성에 대한 설명을 하도록 하겠다. 이 책은 기본적으로 레위기 전반에 대한 개관적 소개를 다루는 서론, 그리고 각 장에 대한 상세한 분석으로 구성되어 있다. 그리고 레위기의 큰 단원들, 즉 레위기 1–10장, 11–16장, 17–27장의 앞에는 각 단원의 신학 및 내용에 대해 좀 더 상세한 소개를 하는 장들이 포함되어 있다.

이제 각 장에 대한 분석 부분의 구성을 설명하도록 하겠다. 이것은 총 일곱 개의 부분으로 이루어져 있다. 그 각각은 개관, 그리고 1. 사역, 2. 사역 해설, 3. 단락 구분, 4. 본문 해설, 5. 적용, 6. 설교이다.

각 장의 시작 부분에는 **개관**이 있다. 이 개관에는 각 장을 이해하기 위해서 필요한 사항들이 정리되어 있다.

1. 사역 부분에는 레위기의 히브리어 원문을 직접 사역한 것을 담아 놓았다. 이 사역이 꼭 필요했던 이유는 현재 한국의 절대 다수의 교회가 공인 성경으로 사용하고 있는 개역개정이 생각보다 많은 경우 적절치 않은 번역을 하고 있으며, 그런 번역들이 본문에 대한 바른 이해를 방해하는 경우가 꽤 되기 때문이다. 이런 점을 가장 선명하게 볼 수 있는 예는 레위기 1:2이다. 여

기에서 “양”이라고 번역된 단어인 *쫀*(צֹאן)은 사실 “양”이 아니라 양과 염소를 포괄하는 ‘작은 네 발 가축’을 가리키는 단어이다. 이 단어를 개역개정이 자꾸 “양”이라고 번역하다 보니 본문의 내용이 꼬이는 경우가 너무나도 많다.

2. **사역 해설**은 레위기 원문을 직접 번역하는 와중에 레위기의 학습자들이 원문 및 번역의 문제와 관련하여 반드시 알아야 할 사항들에 대한 해설을 해 놓은 것이다. 내 생각으로는 ‘**1. 사역**’과 ‘**2. 사역 해설**’이 이 책의 가장 큰 기여점들 중의 하나가 아닐까 생각한다.

3. **단락 구분**은 각 장의 구조가 어떤지를 일목요연하게 볼 수 있도록 본문을 나누어 놓은 것이다. 레위기는 본문 안에 단락의 구조를 파악할 수 있는 표지들이 상당히 선명하게 나타나 있는 경우가 많다. 이 ‘단락 구분’의 설명들을 통해서 이런 표지들을 보는 눈을 얻게 되면 레위기를 이해하는 데 있어서 큰 진보가 있을 것이다.

4. **본문 해설**은 각 절별 분석을 해 놓은 것이다. 독자들이 앞의 부분들을 잘 이해했다면 이 본문 해설은 별 어려움이 없을 것이다.

5. **적용**은 본문이 우리의 삶에 주는 적용점들을 다루었다. 이 부분은 내가 2010년에 *매일성경 순*에 연재했던 원고에 크게 의존했다. *매일성경*이란 문헌의 성격 때문에 특별히 인용 표시를 하지는 않았지만 상당 부분의 원고를 그대로 옮겨 놓기도 했고, 그 때 이후의 공부를 통해서 추가적으로 깨달았던 점들을 보강하기도 했다. 때로는 아예 새롭게 쓰기도 했다.

6. **설교**는 레위기의 각 장을 어떻게 설교할 수 있는지를 보여주기 위해 설교 샘플을 하나씩 넣어 놓았다. 어떤 장들의 경우에는 몇 편의 설교 예를 제시하고 싶기도 했지만 *그말씀* 연재 당시의 형식을 따라 설교 예를 한 편으로 제한했다. 아울러 독자들이 찾기 쉽도록 참고할 페이지를 다 표기해 두었다.

이제 내가 이 레위기 주석을 쓰면서 중요한 목표로 삼았던 점을 언급하도록 하겠다. 기존의 레위기 주석들이나 강해집들의 경우 너무 기독론적으로 읽는 경향이 강하다. 레위기 관련 서적의 저자들은 마치 강요를 받는 듯이 매 본문마다 억지로라도 예수 그리스도와 연결하려는 경향이 크다. 그리고 이런 과정 중에 억지 모형론이나 과도한 영해가 나오는 경우가 비일비재하다.

나 역시 구약 전체가 예수 그리스도에 대해서 말하고 있다는 점은 기독교인으로서 인정하지만 때로는 기독론적인 해석에 대한 과도한 집착이 개별 본문의 이해를 왜곡시키는 경우가 너무 많지 않나 생각한다. 레위기의 경우는 특히 그 정도가 특히 심하다.

그래서 나는 이 책을 쓰면서 가능하면 예수 그리스도에 대한 이야기를 자제하고자 했다. 나는 레위기가 예수 그리스도에 대한 언급이 없이도 문자 그대로 충분히 모든 시대의 기독교인들의 삶에 무수한 적용점을 가진 책이라는 점을 보여주고자 했다. 이미 레위기의 기독론적인 연구는 몇 천 년 동안 넘치도록 존재해 왔기 때문에 나와 같은 저술 의도를 가진 책도 나름의 가치가 있을 것이라고 생각했다.

한 가지 흥미로운 점은 이런, 약간은 반골적인(?) 저작 의도를 가지고 이 책을 썼지만 예수 그리스도에 대한 이야기, 예수 그리스도와의 자연스러운 연결점들은 이 책에 자주 나온다. 나는 이처럼 예수 그리스도를 다루지 않으려고 해도 결국은 예수 그리스도와 연결될 수밖에 없다는 점이야말로 진정한 구약과 신약의 관계에 대한 증거라고 본다. 이 점이 내가 유대교도가 아니라 그리스도교도인 진정한 이유이다. 이 책의 독자들도 이 책을 통해서 이런 깨달음을 얻을 수 있게 되기를 바란다.

이제 이 책이 출판되기까지 내가 감사를 드려야 할 분들에 대한 언급을 하고자 한다. 감사의 첫 번째 자리는 *그말씀*의 레위기 전체 원고를 나에게 맡겨 주신 두란노 출판사의 김보경 기자와 기타 스텝들에게 드리고자 한다. 김 기자님과 출판사 관계자들은 내가 매번 거의 펑크를 낼 정도의 수준으로 원고를 늦게 내는 것 때문에 고통을 겪으셔야만 했다. 그럼에도 불구하고 끝없는 인내로 참아 주셔서 결국 이 책이 나올 수 있게 되었다. 이분들이 없었다면 이 책은 절대로 세상에 빛을 볼 수 없었을 것이다. 서문을 쓰고 있는 지금 두란노 출판사는 나에게 민수기 전체의 *그말씀* 원고도 쓸 수 있게 허락해 주셨다. 아무쪼록 이번에는 이분들에게 고통을 덜 드렸으면 한다.

두 번째 감사의 자리는 이 책의 출판을 허락해주신 솔로몬 출판사의 박영호 사장님이다. 박 사장님은 내가 처음 MDiv. 공부를 총신대에서 시작했을 때부터 나를 잘 봐주시고 여러 가지 은혜를 베풀어 주셨다. 또 내가 웨스트민스터 신학대학원에서 섬기다 총신대학교 신학대학원으로 옮겨 오는 중에 많은 어려움을 겪던 당시 여러 가지로 도움을 주셨다. 그리고 이제 이 책의 출판도 허락해 주셨다. 아무쪼록 이 책이 독자들에게 사랑받음으로써 그 은혜를 조금이나마 갚을 수 있게 되었으면 한다.

세 번째 감사의 자리는 나의 가족들이다. 2017년 1월부터 8월까지 *그말씀*을 통해 연재한 이 원고를 쓰느라 2016년 여름부터 시작해서 2017년 8월까지 거의 인생이 피폐해진다는 느낌이 들 정도로 고생할 때 나의 아내와 네 명의 아이들, 그리고 친가와 처가 쪽의 가족들은 나에게 무한한 인내와 사랑을 베풀어 주셨다. 그들의 존재와 사랑이 나로 하여금 이 책을 끝낼 수 있게 해주었다. 그들은 진정으로 나에게 주신 하나님의 선물이다.

네 번째 감사의 자리는 지금 총신대 신학대학원 2학년에 있는 정인선 권사님에게 드린다. 권사님은 2017년 11월말부터 시작해서 2018년 3월까지, 총 네 달에 걸쳐서 이 레위기 원고와 출판용 편집본을 수도 없이 읽고, 한글뿐만 아니라 히브리어와 헬라어의 오류 검토, 책의 편제, 편집과 관련된 깊숙한 부분들까지 거의 전 영역에서 수고해 주셨다. 또 출판을 위해서 여러 번 편집 디자인실을 방문하고, 그곳 직원들과 의견 교환을 하고 검토를 하는 등의 일들을 해 주셨다. 또한 레위기 16장의 본문의 구조 도식도 직접 구상하고 만들어주는 일도 해 주셨다. 아마 저자인 나보다 더 여러 번 나의 원고를 읽고 고치셨던 것 같다. 그리고 마지막으로 최종 제판본을 보고 책 속의 다른 부분에 대한 참고 표시마다 해당 페이지 번호를 일일이 찾아서 표기해주는 수고를 하셨다. 그런 노고에 대한 고마움은 결코 잊지 못할 것이다. 그럼에도 불구하고 혹시 여전히 오류가 남아 있다면 그것은 온전히 저자인 나의 책임이다.

마지막으로 이 책은 최근에 소천하신 사돈 어른 김화자 권사님께 헌정한다. 처음 유학을 가면서 돈이 없을 때 권사님께서 큰 돈을 희사하셔서 나는 비행기표와 처음 학비를 해결할 수 있었다. 아마 그런 도움이 없었다면 내가 아예 유학길에 오르는 것 자체가 불가능했을 수도 있고, 지금 구약학자로 활동하지 못했을 수도 있다. 작은 누나의 시어머니이신 김화자 권사님은 젊은 시절 남편과 함께 전 재산을 희사하셔서 사단법인 동명원이란 복지 시설을 개설하여 평생을 고아들과 결손 가정 아이들을 돌보셨다. 또 말년에는 노인들 요양 시설도 만드셔서 사회에 공헌하셨다. 삼위일체 하나님께서 권사님의 천국 입성을 누구보다 기뻐하셨으리라고 확신한다.

요즘 연로하신 아버지, 어머니께서 많이 힘이 없고 아프시다. 이 두 분에게도 이 레위기가 조금은 위로가 되기를 바란다. 두 분은 항상 자식들에게 해준 것이 없다고 하시지만 두 분의 삶이 텅 빌 만큼 헌신적으로 자녀들을 키워 주신 덕에 이렇게 내가 구약학자로서 활동도 하고, 이런 책도 나올 수가 있었다. 두 분의 수고의 열매인 이 책이 독자들에게 달콤하게 다가갈 수 있기를 소망한다.

이제 나는 레위기 주석을 떠나 보내고 민수기 주석을 위해 *그말씀* 원고를 쓰고 있다. 이 레위기 주석에 이어 내년 이맘때쯤에는 민수기 주석으로 독자들을 만날 수 있도록 하나님께서 금년 나의 집필 과정과 삶의 모든 것을 지켜 주시기를 소망한다. 작년 3월에는 레위기를 한창 집필하는 중에 가슴 쪽에 수술을 했어야 했다. 또 내가 섬기는 학교의 많은 의로운 사람들이 악한 자들에 의해 고통을 당하는 과정을 지켜보고 함께 괴로워하고 그것의 해결을 위해 많은 시간을 보내야 했다. 아무쪼록 금년에는 몸 관리를 잘해서 아프지 않기를, 그리고 하나님께서 당신의 거룩한 학교를 모든 악으로부터 지켜 주셔서 총신 선지 동산 공동체의 모두에게 세상이 감당할 수 없는 하나님의 평강이 지배하기를 소망한다.

2018년 3월 12일

박철현

목 차

레위기 4:1–35 속죄제(정결제) Ⅰ (제사법 Ⅰ)

레위기 5:1–13 속죄제(정결제) Ⅱ (제사법 Ⅰ)

레위기 5:14–6:7 속건제(제사법 Ⅰ)

레위기 13장 악성 피부병의 정결과 부정

레위기 14장 악성 피부병의 속죄 및 정결 의식

레위기 15장 유출과 정결 의식

레위기 19장 백성들을 위한 규례 II

레위기 20장 백성들을 위한 규례 III

레위기 21장 제사장의 정결에 대한 규례

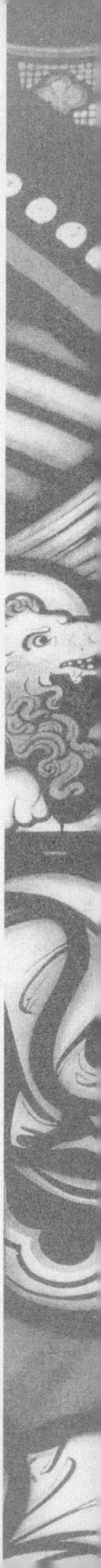

레위기 22장 절기 규례 I

레위기 23장 절기 규례 II

레위기 24장 하나님의 임재 앞의 삶

레위기 25장 안식년과 희년

레위기 26장 언약에 따른 축복과 저주

레위기 27장 각종 서원에 관한 법

거룩하신 하나님 앞에서 살아가는 법: 레위기

1. 레위기의 명칭과 내용

레위기는 구약성경과 오경의 세 번째 책이다. 레위기(Leviticus)의 히브리어 명칭은 *봐이크라*(ויקרא)이다. 이것은 구약성경의 히브리어 명칭을 정하는 전통을 따라 책의 첫 단어를 그 명칭으로 삼은 것이다. 그 뜻은 '그리고 그가 부르셨다'이다.

개역개정의 레위기란 제목은 헬라어 번역본인 70인경의 제목에서 파생된 것이다. 이 제목을 라틴어 성경인 불가타역(the Vulgate)이 따라갔고, 거기에서 현대의 공인성경들이 따르는 제목이 나온 것이다. 그러나 이 명칭은 마치 이 책이 레위인에 관련된 내용을 주로 다룬다는 오해를 불러 일으킬 수 있다. 사실 레위기에는 레위 지파에 대한 내용은 거의 나오지 않는다. 대신 제사법, 정결과 부정에 대한 법, 안식년법과 희년법, 서원에 대한 법, 기타 윤리적인 문제들에 대한 다양한 법들이 나온다. 레위기의 이런 다양성을 이해한다면 레위기는 일반적인 독자들이 생각하는 것보다 훨씬 더 흥미로운 책으로 다가올 수 있을 것이다.

2. 레위기의 가치

대부분의 신앙인들에게 있어서 레위기는 아마 성경에서 가장 난해한 책으로 꼽히는 책일 것이다. 실제로 충분한 이해가 없이 읽으면 레위기는 쓸데없이 복잡하기만 하고 그 가치를 파악하기가 힘든 책으로 느껴질 수밖에 없는 측면이 있다. 최근에 나의 지도로 레위기에 대해서 논문을 쓴 한 학생은 "'레위기'를 읽다가 '내 위기'가 왔다"라는 말로 자신의 논문을 시작해서 많이 웃은 적이 있다. 이 학생의 말에 동의하는 신앙인들이 많을 것이다.

그러나 다른 한편 진지하게 레위기를 공부한 학자들이나 강해 설교자들은 레위기가 성경의 최고의 책이라는 견해를 피력하는 경우가 많다. 20세기 중반의 유명한 강해 설교자 버논 맥기(Vernon McGee)는 라디오를 통한 레위기 강연의 첫 머리에서 말하기를 사람들이 레위기가 정말 중요한 책이라고 하는 말을 듣고 그냥 입에 발린 말이라고 생각했으나 자신이 제대로 공부해 보고 나서는 자신 역시 그런 견해에 동의한다고 하였다.

이처럼 레위기를 정말 진지하게 공부해 본 사람들의 생각과 달리 왜 일반적으로 많은 사람들은 레위기에 대해서 난해하기만 하고 그 가치는 찾아보기 힘든 책으로 간주하는 것일까? 레위기에 대한 이런 편견은 다음과 같이 몇 가지 정도로 정리해 볼 수 있다.[1]

첫째, 레위기의 제의와 상징들은 그것들을 이해하는데 들이는 노력에 비해서 영적으로 도움되는 것을 찾기가 힘들다.

둘째, 레위기의 내용은 너무나도 진부해서 현재 은혜의 시대를 살아가는 우리 기독교인들의 신앙 생활에 적용할 사항들이 별로 없다.

셋째, 성경의 다른 부분들에 비해 레위기의 율법들은 너무 엄격하거나 사소한 것들로 가득 차 있으며, 하나님에 대해서도 성경의 다른 부분들과는 다

---

1 네 가지 이유들 중의 처음 세 가지는 J. E. Smith, *The Pentateuch* (2nd ed.) (Joplin, Mo.: College Press Pub. Co, 1993), 344를 참고한 것이며, 네 번째는 내가 추가한 것이다.

른 말을 하고 있는 것처럼 보인다.

넷째, 아마 이것이 가장 큰 이유일 것 같은데, 구약의 제사법들과 음식법, 정결법 등이 신약에 와서 예수 그리스도의 사역을 통해 다 폐지되었기 때문에 기독교인들에게 있어서는 이제는 더 이상 의미가 없는 것으로 보인다.

그러나 레위기가 현대의 우리 기독교인 독자들에게도 여전히 가치 있는 책이라는 점에 대해서 한 주해가는 다음의 몇 가지로 잘 정리해 주었다. 그의 견해를 부연하거나 수정해서 적어보면 다음과 같다.[2]

첫째, 레위기는 옛 이스라엘이 어떤 성품을 가진 존재인지에 대해서 드러내 주고 있는 것만큼이나 하나님의 성품에 대해서도 우리 기독교인들에게 잘 드러내 주고 있다. 레위기에 드러난 하나님의 성품이 그때나 지금이나 여전히 동일하시기 때문에 레위기는 현재의 우리 기독교인들에게도 여전히 가치가 있는 책이다.

둘째, 레위기는 하나님과 인간 사이의 모든 관계의 바탕에 깔린 기본적 원칙들을 제시해주고 있는 책인데, 이런 관계의 원칙들은 시간의 흐름에 따라 바뀌는 것들이 아니다. 비록 레위기의 제사장 제도와 제사 제도 자체의 요구들은 더 이상 필요 없게 되었지만 이런 제도들을 통해 하나님께서 우리와의 관계에 대해서 가르쳐 주고자 하신 영적인 내용들은 지금도 여전히 영원한 가치가 있다.

셋째, 레위기는 단순히 제사와 관련된 사항들만 언급하고 있는 것이 아니라 재산권, 결혼, 이혼, 자본과 노동, 종교와 국가 등등 현대를 살아 가고 있는 사람들의 삶의 크고 작은 부분들과 관련된 하나님의 원칙들을 말해주고 있다. 구약에서 하나님의 백성으로 살아간다는 것은 단지 제사를 잘 드리면 되는 것이 아니라 삶의 모든 영역에서 하나님의 백성으로서의 성품을 드러내야 하는 것이었다. 이런 점은 현재 우리 기독교인들에도 역시 마찬가지이다.

넷째, 레위기는 신약의 중요한 주제들의 출발점인 경우들이 많다. 해리슨

---

2 J. Sidlow Baxter, *Explore the Book*, vol. 1 (Grand Rapids: Zondervan, 1960), 1:114–115.

(Harrison)이 지적한 바와 같이 "레위기는 신약신학의 모판"(the seed-bed of New Testament theology)임이 분명하다.[3] 우리에게 레위기가 없다면 우리는 과연 예수 그리스도의 십자가에서의 대속 사역이나 예수께서 화목제물이 되셨다는 말씀의 의미 등을 얼마나 제대로 이해할 수 있었겠는가?

이처럼 레위기는 하나님과 우리의 성품, 하나님과 우리의 관계, 하나님의 백성으로서의 삶의 문제 등에 대해서 좋은 가르침들을 주고 있다. 또한 이런 주제들이 어떻게 신약과 연결되며, 신약을 준비하고 있는가 하는 것 등에 대해서도 많은 정보를 담고 있다는 점에 있어서 현재의 우리 기독교인들에게 필수불가결한 책임을 알아야 한다.

레위기가 가진 이런 가치들을 생각할 때 오랜 세월 동안 레위기의 가치가 있는 그대로 대접받지 못하고 최소한 목회 및 설교와 관련해서는 항상 모형론적으로만 취급되어 온 것에 대해서 안타까움을 금할 수가 없다.

상황이 이렇다 보니 레위기는 알레고리적 해석의 놀이터가 되어 버렸다. 하지만 이제 레위기 학계에는 그 어느 시대보다 레위기를 있는 그대로 읽고 해석하며, 그에 맞추어서 자연스럽게 위에서 말한 가치들을 발굴해낼 수 있는 환경이 되었다고 말할 수 있다. 물론 아직도 레위기의 많은 것들이 미스테리로 남아 있기는 하지만 체계적이고 객관적인 주해를 통해서 파악한 것들만으로도 이미 충분히 레위기는 흥미진진하고 얻을 것이 많은 책이 되었다고 할 수 있다. 이런 점에서 한 유명한 구약개론서가 말하고 있는 지적은 타당하다고 할 수 있다.

> 레위기는 보통 오늘날 교회와는 상관이 없는 책으로 여겨지고 있다. 중요하다고 여겨지는 몇 가지 사항들에 대해서 구약의 시대와 오늘날 사이의 '간극을 메꾸기 위해서' 알레고리적인 해석이 사용되었다. 그러나 그 내용을 면밀하게 연구해 보면 *알레고리에 의존하지 않고도* 이 책이 하나님 및

3 R. K. Harrison, *Leviticus: An Introduction and Commentary*. TOTC (Downers Grove, Ill.: Inter-Varsity Press, 1980), 9.

구속사에 대한 우리의 이해를 돕는데 많은 공헌을 하고 있다는 사실이 드러난다.[4]

따라서 이 레위기 해설을 하는 내내 나는 알레고리적 해석에 의존하지 않고 레위기 본문 자체의 가치를 있는 그대로 드러내고자 노력할 것이다. 그리고 그런 노력이 예수 그리스도와 자연스럽게 연결되는 고리들을 발견할 수 있기를 희망한다.

3. 레위기의 문맥

레위기는 주변 문맥과의 관계 속에서 이해해야 한다. 이를 위해 중요한 것이 레위기 1:1이다. 아래의 그림에서 보듯이 레위기는 소위 '시내 산 본문'(the Sinai periscope, 출 19장–민 10장)의 한 가운데 들어 있다. 다시 말해 '시내 산 본문'은 크게 세 부분, 즉 출 19–40장, 레위기, 민수기 1–10장의 세 부분으로 구성되어 있는데, 레위기는 그 가운데 자리에 위치해 있고, 나머지 부분들이 그 앞뒤를 감싸고 있는 형태로 되어 있다. 그리고 레위기를 감싸고 있는 앞뒤의 본문은 모두 성막과 관련되어 있다. 출애굽기 19–40장의 본문 중 특히 레위기와 맞닿아 있는 부분인 출애굽기 25–40장은 '성막의 건설'에 대한 기록을 담고 있고, 민수기 1–10장의 내용은 '완성된 성막'과 함께 이스라엘이 광야 여행을 할 것에 대한 준비에 대한 내용을 담고 있다. 따라서 레위기는 성막에 대한 내용이 그 앞뒤를 감싸고 있다고 할 수 있다. 이것을 그림으로 나타내면 다음과 같다.

출애굽기 25-40장(성막)	**레위기**	**민수기 1-10장(성막)**

4 트램퍼 롱맨과 레이몬드 딜러드, *최신구약개론*, 박철현 역 (제2판; 고양: 크리스챤다이제스트, 2009), 107.

이런 레위기 문맥의 구조가 독자에게 제시하는 중요한 사항은 레위기를 '성막 신학'과의 관계 속에서 읽으라는 것이다. '성막 신학'의 핵심은 하나님의 임재와 부재, 다가갈 수 있는 하나님과 다가갈 수 없는 하나님 사이의 변증법이다.[5]

흔히 성막을 하나님의 '임재 신학'으로만 푸는데, 이것은 적절하지 않다. 성막은 전혀 상반된 두 가지 주제, 즉 동전의 양면과 같은 주제를 함께 말하고 있다. 다시 말해 하나님의 임재의 신학과 더불어 그 반대편인 부재의 신학을 동시에 이야기하고 있다. 성막은 하나님이 무조건 당신의 백성과 함께 하시겠다는 무조건적인 은혜의 말씀만 담고 있는 것이 아니라 이 백성이 하나님과 함께하고자 하면 반드시 죄의 문제를 해결해야만 한다는 말씀도 담고 있는 것이다. 따라서 성막은 거룩하신 하나님을 닮아 거룩한 백성이 되고자 하지 않는 자들에게는 무서운 경고를 담고 있다고 할 수 있다. 출애굽기 25-40장의 한 가운데에 있는 황금 송아지 사건(32-34장)은 바로 이런 경고가 단순한 협박이 아니라 실제로 작동하는 위험이라는 점을 분명히 보여주고 있다.[6] 하나님은 '위험한 거룩성'을 가진 분이시고, 그분의 '위험한 거룩성'은 죄인에게는 치명적이다.[7]

이처럼 '성막 신학'은 하나님은 죄가 있는 자들과 결코 함께할 수 없는 분이라는 것을 천명하고 있다. 그렇다면 과연 이스라엘은 어떻게 하나님과 관계를 맺고, 그 하나님과 한 공간 안에 있으면서도 죽지 않을 수가 있겠는가? 이에 대한 답을 제공해주는 것이 바로 레위기이다. **레위기는 바로 이 절대적이고 위험한 거룩성을 가지신 하나님과 함께하는 법을 가르치고 있는 책인 것이다.** 레위기의 각 단원과 이 가르침 사이의 관계는 다음과 같이 간략하게 정리해 볼 수 있다.

---

5 이에 대해서는 박철현, *출애굽기 산책* (서울: 솔로몬, 2014), 237-241, 396-404를 보라.

6 박철현, *출애굽기 산책*, 198-201, 241-318.

7 '위험한 거룩성'이라는 개념은 Moshe Greenberg, *Understanding Exodus* (New York: Behrman House, 1969), 71에 나오는 개념이다. 나는 이 개념이 출애굽기뿐만 아니라 성경 전체에서 하나님의 속성과 관련하여 가장 중요한 개념들 중의 하나라고 생각한다.

제사법(1–10장): 제사를 통해 죄를 속죄함으로써 하나님과 함께함

정결법(11–16장): 하나님 앞에서 적절한 정결의 상태를 유지함으로써
하나님과 함께함

성결법(17–27장): 윤리 등 기타 방식에 있어서의 바른 상태를 통해
하나님과 함께함

4. 레위기의 구조

위에서 언급한 레위기의 구조를 좀 더 세분화해서 살펴보도록 하자. 레위기는 크게 제사제도(1–10장), 정결과 부정(11–16장), 거룩에 대한 촉구를 담고 있는 성결법(17–27장) 등의 세 부분으로 나뉜다. 그리고 그 각각은 좀 더 세부적인 부분들로 다음과 같이 나뉜다.

- **1–10장 제사 제도**
  - 1–7장 제사 제도
  - 8–10장 첫 제사장 위임식
- **11–16장 정결과 부정**
  - 11장 음식의 정결과 부정
  - 12–15장 각종 부정으로부터의 정결
  - 16장 속죄일
- **17–27장 성결법**
  - 17장 제물의 피의 문제
  - 18–20장 백성 관련 법
    - 18장 땅을 더럽히는 범죄들의 금지
    - 19장 거룩으로의 부름
    - 20장 땅을 더럽히는 범죄들의 금지

21–22장	제사장 관련 법
23장	거룩한 절기
24장	추가적 규례들
25장	안식년과 희년
26장	축복과 저주
27장	십일조와 서원

레위기를 이처럼 세 부분으로 나누는 것에 대한 단서는 레 10:8–11이 제공해주고 있다. 이 본문은 아론의 아들 나답과 아비후가 제사장 위임식 후에 하나님 앞에 '여호와께서 명령하지 아니하신 다른 불', 즉 '허락되지 않은 불'(unauthorized fire)을 가지고 성소 안으로 들어갔다가 죽은 사건(레 10:1–2) 후에 하나님께서 아론에게 주신 말씀에 들어 있다. 8절의 도입구 후에 9–11절의 각 절은 위의 레위기의 3중 구조의 각 부분과 다음과 같이 상응한다.

(1) "회막에 들어갈 때……그리하여 죽음을 면하라"(10:9). 즉 거룩하신 하나님 앞에 다가가는 것은 오직 하나님께서 허락하시고 원하시는 방식으로만 가능하다. 레위기 1–7장의 제사법과 레위기 8–10장의 제사장의 임명식과 관련된 내용들은 바로 거룩하신 하나님 앞에서 죄인인 이스라엘이 죽지 않고 사는 방법을 가르쳐 준다. (레 10:1–2의 사건은 허락되지 않은 방법으로 함부로 하나님께서 다가가는 자는 죽을 수도 있다는 것을 보여주는 대표적인 예라고 할 수 있다.)

(2) "거룩한 것과 속된 것을 분별하며, 부정한 것과 정한 것을 분별하고"(10:10). 레위기 11–15장의 정결과 부정, 그리고 레위기 16장의 속죄일에 대한 규례들은 바로 거룩과 속됨, 정결과 부정의 분별 및 해결 방법을 다루고 있다.

(3) "모세를 통하여 모든 규례를 이스라엘 자손에게 가르치리라"(10:11). 레위기 17–27장은 제물의 피의 섭취 문제로부터 십일조와 서원의 문제까지,

제사장 및 제물에 대한 규례로부터 땅의 안식에 대한 문제, 그리고 바른 성관계 및 절기들에 대한 내용 등 이스라엘의 삶의 다양한 영역들과 관련된 규례들을 담고 있다.

레위기의 이런 구조와 관련하여 한 가지 유념할 점은 위의 3중 구조 중 처음 두 단원, 즉 레위기 1–10장의 제사법 본문과 11–16장의 정결/부정에 대한 본문은 상대적으로 더 밀접한 관계를 갖고 있다는 점이다. 이 점은 첫 번째 단원의 마지막 장인 10장과 두 번째 단원의 마지막 장인 16장에 나답과 아비후의 죽음에 대한 언급(10:1–2; 16:1)을 통해 표현되어 있다. 또한 레위기 16장의 속죄일의 제의는 '이스라엘 자손의 부정과 그들이 범한 모든 죄', 즉 두 번째 단원의 주제인 정결/부정의 문제와 첫 번째 단원의 핵심인 속죄의 문제를 다 다루고 있다. 이런 면에서 레위기 16장은 첫 번째 단원과 두 번째 단원의 클라이맥스라 할 수 있다.

그리고 세 번째 단원의 내용인 '모세를 통해 가르친 모든 규례'는 바로 이렇게 처음 두 단원을 통해 죄와 부정을 해결하고 나서 하나님 앞에서 살아가는 하나님의 백성의 살아가는 방식을 제시하고 있다.

이런 면에서 레위기는 '위험한 거룩성'을 가지신 하나님 앞에서 죽지 않고 살아가는 법을 다루고 있다는 점에서 통일성과 짜임새를 갖춘 책이라 할 수 있다.

레위기 1-10장의 개관

여기에서는 레위기를 구성하는 세 부분 중 첫 번째 부분인 레위기 1–10장의 제사법 본문과 관련하여 몇 가지 점들을 서론적으로 다루고자 한다. 첫째는 레위기 1–10장의 전반적인 구조에 대한 것이다.

1. 레위기 1-10장의 구조

레위기 1–10장은 다음과 같이 선명하게 두 부분으로 나뉜다.

a. 1 – 7장　구약의 5대 제사
b. 8–10장　첫 제사장 위임식

첫 단원인 1–7장은 소위 레위기의 5대 제사, 번제, 소제, 화목제, 속죄제, 속건제에 대해서 자세하게 다루고 있다. 그리고 8–10장은 이스라엘의 최초의 제사장들의 위임식과 그 결과를 다루고 있다. 본문이 이런 순서로 되어 있는 이유들 중의 하나는 아마 1–7장의 5대 제사에 대한 정확한 지식이 있어야만 8–10장의 위임식에 드려지는 각종 제사들과 절차들을 이해할 수 있기 때문인 것으로 보인다.

2. 레위기 1-7장의 구조

5대 제사 본문은 상당히 흥미로운 구성을 띠고 있는데, 그것은 다음과 같이 본문이 이 제사들을 두 번에 걸쳐서 소개하는 이중 구성을 띠고 있다는 점이다. 즉 이 본문은 제사법 전체의 서론 역할을 하고 있는 1:1–2과 결론 역할을 하고 있는 7:37–38을 뺀 나머지 부분에서 5대 제사를 1:3–6:7에서 한 번, 그리고 6:8–7:36에서 다시 한 번 다루고 있다. 이것을 도표로 표시하면 다음과 같다. [8]

1:1–2 서론	
제사법 I 백성 중심(1:3–6:7)	**제사법 II 제사장 중심(6:8–7:36)**
1. 번제 (1:3–17) 2. 소제 (2장) 3. 화목제 (3장) 4. 속죄제 (4:1–5:13) 5. 속건제 (5:14–6:7)[8]	1. 번제 (6:8–13) 2. 소제 (6:14–23) 3. 속죄제 (6:24–30) 4. 속건제 (7:1–7) 5. 화목제 (7:11–36)
7:37–38 결론	

위의 도표에서 보듯이 제사법 1:1–2의 서론과 7:37–38의 결론을 제외한 나머지 본문은 5대 제사를 두 번(제사법 I / 제사법 II)에 걸쳐서 반복하고 있다. 이렇게 동일한 제사를 두 번에 걸쳐서 기술하고 있는 이유는 각 제사법

---

8 5장 마지막 부분부터 6장 끝까지의 절의 숫자는 개역개정과 히브리어 원문이 틀리다. 그 이유는 개역개정은 5장이 19절에서 끝이 나지만 원문에는 5:20–26이 더 나온다. 이 5:20–26은 개역개정의 6:1–7의 내용과 상응한다. 따라서 6장의 각 절의 숫자는 개역개정이 항상 히브리어 원문의 절 숫자보다 7이 많다. 즉 개역개정의 6:8은 히브리어 원문상으로는 6:1이다. 본 글에서는 나는 이런 장절상의 차이가 있을 경우 개역개정의 표기를 따르도록 하겠다. 히브리어 원문상의 장절의 표기는 내용 전개상 필수불가결할 때에만 적도록 하겠다.

본문이 주요 대상으로 삼고 있는 청중이 다르기 때문이다. 제사법 I(1:1–6:7)은 일반 백성이 제사법의 주 대상이며, 제사법 II(6:8–7:38)는 제사장이 주 대상이다. 이 점은 제사법 I과 II의 각각의 도입구(1:2; 6:9)를 보면 분명히 알 수 있다.[9]

제사법 I의 도입구는 "이스라엘 자손에게 말하여 이르라"(1:2)고 말하고 있고, 제사법 II는 "아론과 그의 자손에게 명령하여 이르라"(6:9)고 말하고 있다. 즉 제사법 I의 주 청중은 일반적인 백성들, 즉 이스라엘 자손이며, 제사법 II의 주 청중은 제사장인 것이다.

이런 청중의 차이는 양 본문의 내용상의 차이도 설명해 준다. 번제에 대한 규례를 가지고 예를 살펴보자. 제사법 I의 번제 본문(1장), 즉 일반 백성을 주 청중으로 하는 본문은 봉헌자가 제물을 가져와서 드리는 절차의 시작부터 끝까지 순서를 따라가는 방식으로 내용이 구성되어 있다. 따라서 일반 백성은 제사를 드리러 와서 끝날 때까지 이 절차의 흐름을 따라가면 된다. 반면 제사법 II의 번제 본문(6:8–13)은 이런 절차상의 흐름에 대해서는 거의 언급이 없고, 대신 제사의 관리자라 할 수 있는 제사장들의 특수한 임무들에 대해서만 언급하고 있다. 즉 번제단의 불이 절대로 꺼지지 않게 하라는 명령, 그리고 번제단의 재를 처리할 때 제사장의 의복에 대한 특별 지시 사항만을 담고 있다. 이런 내용은 일반 봉헌자들에게는 거의 불필요한 정보이며, 오직 관리자인 제사장들에게만 해당되는 내용이다.

이런 주 청중의 차이는 5대 제사 본문의 배열에도 영향을 미친다. 제사법 I의 순서는 번제–소제–화목제–속죄제–속건제이다. 그런데 제사법 II에서는 세 번째의 화목제가 맨 마지막으로 간다. 그 이유는 화목제가 관리자인 제

9 1:2과 동일한 도입구가 4:2에, 그리고 6:9과 동일한 도입구가 6:25에 한 번 더 등장한다. 그 이유는 제사법 I과 II의 중간에 내용상의 큰 흐름이 한 번씩 변하기 때문인 것으로 보인다. 그러나 이 도입구가 주 청중의 변화를 나타내는 것은 아니기 때문에 위의 관찰이 영향을 받지는 않는다. 이 점에 대해서는 해당 본문을 다룰 때 좀 더 자세하게 언급하도록 하겠다.

사장들에게는 가장 까다로운 제사이기 때문이다. 번제의 경우는 그 전부를 다 태우기 때문에 일단 제사가 드려지고 나면 별로 후속 조치를 할 것이 없다. 소제, 속죄제, 속건제의 경우는 일부를 태우고, 나머지는 제사장의 몫이 되기 때문에 역시 상대적으로 문제가 발생할 소지가 적다.

반면에 화목제는 일반 백성도 하나님께 바쳐진 제물의 일부를 먹게 된다. 따라서 봉헌자가 섭취가 금지된 피와 지방(3:17; 7:22–27)을 섭취할 위험성이 발생할 수 있다. 이런 점에서 관리자인 제사장에게는 화목제가 가장 관리하기 어려운 제사가 될 수 있다. 화목제에 대한 본문이 제사법 II에서는 가장 나중에 배치된 이유는 아마 이런 점 때문일 것이다.

위의 추론은 각 제사 규례 본문의 길이를 통해서도 설명된다. 화목제를 제외한 나머지 제사들의 경우는 제사 절차를 다루는 제사법 I의 본문이 제사법 II의 본문보다 길다. 그러나 오직 화목제의 경우만은 제사법 II의 본문이 훨씬 더 길다. 이 점 역시 화목제가 관리할 사항이 많기 때문이라는 점과 잘 상응한다.

한 가지 흥미로운 사항은 제사법 I과 II의 도입부가 주 청중의 차이를 나타내 준다는 앞의 지적이 안 맞아 들어가는 부분이 제사법 II의 화목제 본문(7:11–36)에 나온다는 점이다. 7:23, 29은 제사법 I의 도입구와 동일한 "이스라엘 자손에게 말하여 이르라"는 문구를 담고 있다. 이 점은 언뜻 지금까지의 관찰과는 안 맞는 듯하지만 사실은 이 점이야말로 도입구에 대한 지금까지의 설명과 잘 맞아들어간다는 것을 다시 한 번 증명해준다. 이 두 번의 도입구는 각각 피와 지방의 섭취 금지 본문(7:22–27)과 화목제의 제물의 소유권 문제를 다루는 본문(7:28–34)의 서론 역할을 하고 있는데, 이 점들은 일반 백성인 봉헌자들도 정확하게 알고 있어야만 하는 내용들이다. 이런 점 때문에 두 본문은 제사법 II의 제사장 중심의 본문 속에 들어 있으면서도 "이스라엘 자손에게 말하여 이르라"는 도입구를 갖고 있는 것이다.

지금까지 말한 사항들을 비유적으로 설명하자면 레위기는 마치 정리가 잘 된 서랍장과 같다 할 수 있다. 각 서랍 앞에는 그 내용물이 무엇인지를 표시해주는 레이블이 붙어 있다. 이 레이블만 잘 읽으면 그 서랍장을 굳이 안 들여다봐도 그 내용이 무엇인지 감을 잡을 수 있다. 그런데 때로는 어떤 서랍에 넣어야 하는지 분류하기가 쉽지 않은 물건들이 있다. 이 경우 우리는 일단 해당 물건을 위해 어느 한 서랍장을 선택하고, 그 서랍장 안에 작은 분류 바구니를 설치한 후에 그 물건을 위한 레이블을 추가적으로 붙일 수가 있다. 앞의 제사법 II 속의 이스라엘 자손을 위한 본문이 바로 이런 것들이다. 이처럼 레위기 1–7장의 제사법, 그리고 더 나아가서 레위기 전체는 서랍장의 레이블 읽기만 잘 터득해도 상당히 많은 내용을 좀 더 쉽게 이해할 수 있게 된다.

정리하자면 레위기 1–7장의 5대 제사에 대한 본문은 일반 백성을 주 청중으로 하는 제사법 I (1:3–6:7)과 제사장을 주 청중으로 하는 제사법 II (6:8–7:36)로 나뉘어져 있다. 각 본문의 도입부가 주 청중이 누구인지를 명시해주고 있으며, 이 점은 각 본문의 내용을 통해 확인된다.

3. 5대 제사의 분류

5대 제사는 다음 도식에서 보는 바와 같이 '일반 제사'와 '특수 제사'라고 하는 두 개의 범주로 무리 지을 수 있으며, 두 범주는 형식적으로 뚜렷하게 구분된다.[10] '일반 제사', 즉 처음 세 개의 제사인 번제, 소제, 화목제는 다음과 같은 특징들을 공유한다.

첫째, 이 세 제사는 "이는 화제라 여호와께 향기로운 냄새니라"라는 문구를 공유한다(1:9, 13, 17; 2:2, 9, 16; 3:5, 16).

둘째, 이 제사들은 제사를 드려야 하는 특별한 이유에 대한 언급이 없다.

---

10 두 범주의 이름은 확정적인 것이 아니다. 학자에 따라서 여러 가지 이름들이 사용되나 그 어떤 것도 아직까지 진정으로 타당해 보이지는 않는다. 이 때문에 이 글에서는 최대한 느슨하지만 나름대로 적절한 용어를 선택한 것이다. 레위기에는 아직도 교통정리되어야 할 사항들이 많다는 점을 양해해주기 바란다.

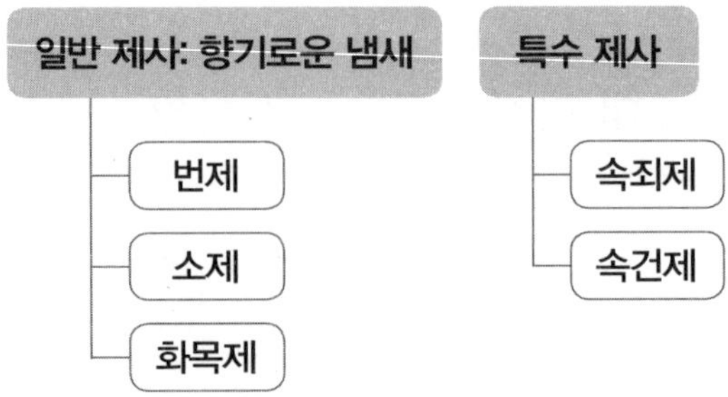

그냥 '…를 드리려거든'이라는 문구와 더불어 각 제사와 제물에 대한 소개를 한다.

이런 첫 번째 범주의 세 제사와 달리 두 번째 범주인 '특수 제사'에 속한 두 개의 제사, 즉 속죄제와 속건제의 경우는 위의 특징들과 반대되는 특징들을 공유한다. 우선 "이는 화제라 여호와께 향기로운 냄새니라"는 문구가 단 한 번의 예외(4:31, 일반 백성의 속죄제)를 제외하고는 사용되지 않는다.[11] 또한 이 두 제사를 드려야 하는 특별한 이유가 항상 "만일…가 범죄하여 허물이 있으면" 식의 문구를 통해서 제시된다(4:3, 13, 22, 27; 5:15, 17 등).

두 범주의 제사들 사이의 차이는 이 제사들의 기본적 성격의 차이를 보여준다. 첫 범주의 제사들은 꼭 특별한 죄가 있어서 어쩔 수 없이 드려야만 하는 제사가 아니었다. 반면에 두 번째 범주의 제사들은 죄로 인해서 하나님과의 관계에 문제가 발생할 때 그 죄를 해결하기 위해서 반드시 드려야만 하는 제사였다. 이처럼 이 두 가지 범주의 제사들은 서로 간에 뚜렷한 성격 차이를 보인다는 점을 유념하는 것이 5대 제사를 제대로 이해하는 출발점이다.

---

11 4:31에 기초해서 우리는 속죄제, 그리고 어쩌면 속건제(참고, 7:5)까지도 결국은 하나님께 '화제' 혹은 '향기로운 냄새'로 수용되는 제사였다고 보는 것이 더 적절할 것이다. 여기에는 아주 복잡한 문제들이 얽혀 있으므로 여기에서는 설명을 자제하겠다. 이 문제에 대한 좀 더 자세한 설명은 Nobuyoshi Kiuchi, *Leviticus* (Apollos Old Testament Commentary, 3; Nottingham: Apollos, 2007), 26, 98을 보라. 또한 Bernard J. Bamberger, "Leviticus", in W. Gunther Plaut (ed.), *The Torah: A Modern Commentary* (New York: Union of American Hebrew Congregations, 1981), 772는 19세기의 중요한 유대인 주석가인 루자토(Luzzatto)의 동일한 견해를 소개하고 있다.

4. 왜 제사가 다섯 개가 필요한가?
레위기의 5대 제사의 관계 및 역할

왜 굳이 제사가 다섯 개가 필요한가 하는 질문에 대한 완전한 답은 여전히 레위기 학자들에게는 숙제로 남아 있다. 그러나 5대 제사에 속한 각 제사의 기능과 서로 간의 관계에 대한 큰 그림을 형성해 보려고 노력하는 것은 아주 중요한 일이다. 이런 큰 그림이 없으면 독자들은 제사 본문의 세세한 내용들에 함몰되어 길을 잃기 십상이기 때문이다.

이런 큰 그림이 필요하다는 점은 몇 가지 질문만 던져 봐도 바로 피부로 느낄 수 있다. 그 중 레위기에 익숙하지 않은 독자들이 가장 빨리 문제 의식을 느낄 수 있는 질문은 '5대 제사 중 속죄의 기능이 있는 제사는 무엇인가' 하는 질문이다. 그동안의 강의 경험상 이 질문에 상당히 많은 청중들은 '속죄제'라고 대답한다. 그러면 레위기 1:4을 보여준다. 거기에는 "그는 번제물의 머리에 안수할지니…속죄가 될 것이라"는 말씀이 나온다. 번제 역시 분명히 속죄 기능이 있는 것이다. 또한 학자들에 따라 의견의 차이가 있지만 안수를 하는 화목제 역시 속죄의 기능이 있다고 봐야 할 것이다. 그리고 속죄제와 속건제는 당연히 속죄 기능이 있으며, 심지어 소제 역시 가난한 사람들의 속죄제로 하나님께서 허락하셨듯이 속죄의 기능이 있다고 보는 학자들이 있으며, 이것이 내 입장이기도 하다.

이렇게 되면 5대 제사가 모두 속죄 기능이 있게 되는 것이다. 이럴 경우 속죄제만 '속죄'라는 이름을 갖고 있는 것은 혼란을 주기에 딱 좋다.

속죄를 담당하는 제사가 속죄제라는 막연한 생각의 또 하나의 문제는 속죄제가 속죄를 담당하는 제사라면 속건제는 무엇을 담당하느냐 하는 것이다. 속건제의 '건'자가 한자로는 '허물 건(愆)'자를 쓰는데, 요즘 사람들은 이 한자에 익숙하지 않기 때문에 문제 의식을 충분히 못 느끼는 경우가 많다. 그런데 이 점은 제사들의 이름을 영어로 보면 좀 더 쉽게 부각된다. 속죄제는 보통 일반적인 영어 성경들에서는 sin offering이라고 번역되며 속건제는

guilt offering이라고 번역된다. 이 경우 sin과 guilt는 사실상 동의어이다.

따라서 '속죄제'가 속죄를 담당한다면 '속건제'도 속죄를 담당한다고 할 수 있다. 그러면 이름들을 볼 때 속죄를 담당하며, 이름도 거의 비슷한 제사가 두 개나 존재하게 되는 것이다. 따라서 우리는 도대체 왜 비슷한 제사가 두 개나 존재해야 하는지에 대한 질문을 던지지 않을 수가 없다.

이런 몇 가지 점들을 고려할 때 5대 제사를 잘 이해하기 위해서는 아래에 있는 것과 같은 그림을 그리고, 각각의 요소들을 설명할 수 있도록 노력해야 한다. 개별적인 세부적인 사항들에 대해서는 기회가 되는 대로 설명하도록 하고, 여기에서는 일단 개관적인 언급만 하고 넘어가도록 하겠다.

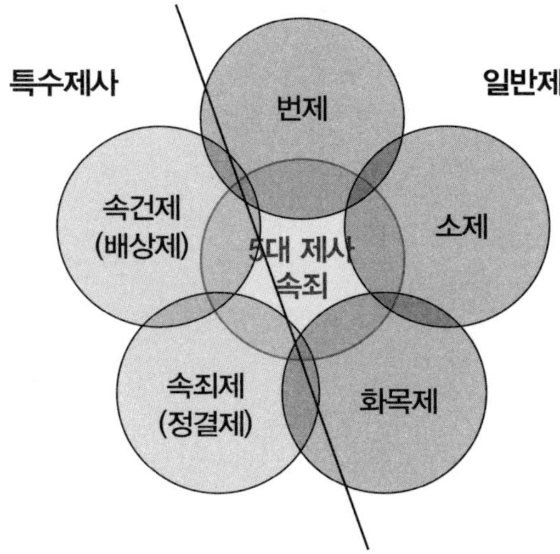

먼저 위의 그림에서 가운데 자리를 차지하고 있는 원의 내용에서 보듯이 5대 제사는 다 속죄의 기능을 갖고 있다고 보는 것이 맞다고 본다. 이 경우 이것이 주는 메시지는 우리 죄인이 거룩하신 하나님과 상대하는 법은 항상 속죄를 기본으로 해야 한다는 것이다. 이 가르침은 성경의 일관된 가르침이기도 하다.

다음으로 생각할 점은 위의 비스듬한 직선이다. 이 직선은 앞에서 본 바와 같이 일반 제사와 특수 제사를 나누는 선이다. 일반 제사, 즉 번제, 소제, 화목제의 경우에는 제사를 드려야만 하는 어떤 특정한 사유에 대한 언급이 없다. 단지 "화제라 이는 여호와께 향기로운 냄새니라"라는 문구가 항상 후렴구를 장식하고 있다(1:9; 2:2; 3:5 등). 반면 특수 제사, 즉 속죄제와 속건제의 경우에는 항상 제사를 드릴 수밖에 없는 어떤 죄에 대한 언급이 나오며, "화제라 이는 여호와께 향기로운 냄새니라"는 표현이 후렴구로 나오지 않는다.

이제 5대 제사의 각각의 기능에 대해서 살펴보기 전에 5대 제사가 속죄의 기능을 기본으로 갖고 있다는 점을 다시 한 번 강조하고자 한다. 각 제사 모두 속죄의 기능을 기본으로 갖고 있으며, 속죄의 기능에 추가하여 각 제사가 별개의 기능을 갖고 있다고 생각하는 것이 좋다.

먼저 **번제**는 5대 제사의 가장 기본이 되는 제사이다. 이 제사는 5대 제사 중에서 가장 먼저 다뤄지고 있을 뿐 아니라 각종 절기에서 가장 바탕이 되는 역할을 하는 제사이다. 이 점은 민 28-29장의 절기별 제사 목록들을 보면 알 수 있다. 거기에서 번제는 항상 첫 자리를 차지하고 있는 것이다.

소제는 학자들 사이에서 가장 논란이 많으며, 가장 파악하기 힘든 제사이다. 이 제사에 대한 나의 입장은 소제가 다른 제사와 병행해서 드려지면서, 봉헌자의 구원을 위한 간구나 기도를 상징하는 역할을 하지 않았는가 하는 것이다. 레위기 2장을 다루면서 이 점은 좀 더 자세하게 다루도록 하겠다.

화목제는 하나님과의 관계 회복을 기념하는 잔치 같은 성격이 강하다. 이런 성격은 이 제사의 경우 5대 제사 중 유일하게 제사의 모든 참여자가 제물의 일부를 나눠 갖는다는 점을 통해서 잘 드러난다. 하나님은 제물의 지방 부분을 차지하시며, 제사장은 가슴 부위와 넓적다리 부위를 차지하고, 봉헌자가 나머지 전부를 차지한다. 봉헌자는 하나님으로부터 돌려받은 이 화목제의 고기를 하루 내지 이틀 내에 다 먹었어야 했는데, 소나 양 등의 큰 가축을 그렇게 소화하는 것이 불가능했으므로 가족과 집안의 종들, 그리고 가난한 이웃들과도 나누어 먹었던 것 같다.[12] 이런 식으로 제사에 참여한 모든 존재

---

12 Wenham, *Leviticus*, 76.

들, 그리고 심지어 봉헌자의 주변인들까지도 제물의 고기를 나누어 먹었다는 것은 바로 화목제가 하나님과의 관계의 회복을 기념하는 잔치와도 같은 기능을 한다는 점을 보여준다.

이제 특수 제사로 넘어가자. 속죄제와 속건제는 특별히 죄를 형상화하고, 그 형상화된 죄를 처리하는 것에 초점이 맞춰져 있는 것으로 보인다.

우선 **속죄제**는 죄를 더러운 때나 오염으로 형상화하고 있다. 속죄제가 더러운 것을 닦아내는 정화 기능을 하는 것으로 언급하고 있는 본문들이 많기 때문이다(레 12:8; 14:19; 15:31; 16:19 등). 이처럼 속죄제는 죄를 더러움으로 형상화하며, 이 더러움은 씻어내야만 함을 보여준다.

이런 측면에서 레위기 학자들은 이 제사를 '속죄제'라고 번역하는 것은 문제가 있다고 생각한다. 이 번역이 해당 히브리어 단어에 대한 적절한 번역도 아닐뿐더러 해당 제사의 내용을 적절히 반영하지 못하고 있다고 생각하기 때문이다. 대신 학자들은 이 제사가 더러운 것을 정화한다는 개념을 형상화하고 있다는 점에 기초해서 '정결제'(purification)라는 번역이 더 낫다고 생각한다.

한편 **속건제**는 죄를 빚으로 형상화한다. 이런 이유로 해서 레위기 5:14-6:7의 속건제 본문은 다른 제사들과 달리 제물의 봉헌 절차에 대해서는 아예 언급하고 있지 않는 대신 제물의 값과 봉헌자가 하나님이나 다른 사람들에게 끼친 손해와 배상에 대해서만 언급하고 있다(5:15-16, 18; 6:5-6). 이런 이유로 해서 레위기 학자들은 속건제 대신 '배상제'(reparation offering 혹은 restitution offering)라는 표현을 써야 한다고 주장하고 있다. 이처럼 속건제는 죄를 빚으로 형상화하며, 빚은 반드시 치러져야 한다는 점을 부각시킨다. 이 점을 이해하고 나면 메시야의 대속 사역, 즉 메시야께서 세상의 죗값을 대신 치르시는 주제와 관련하여 가장 중요한 본문들 중의 하나인 이사야서 53장이 왜 이 메시야께서 '속건제물'로 드려져야 한다고 말하고 있는지를 이해할 수 있게 된다(사 53:10).

지금까지 언급한 내용을 정리해보면 다음과 같다. 이 정리와 5대 제사에 대한 앞의 그림(38쪽)을 잘 살펴보면 제사법에 대한 이해가 한층 더 선명해질 것이다.

- 5대 제사 모두 '속죄'의 기능이 있다.
- 각 제사는 하나님과 백성의 관계를 방해하는 죄와 관련하여 각각 어느 특정한 면을 부각시켜주고 있다.

(1) 번제: 가장 기본적인 제사. 하나님과 백성의 만남의 장

(2) 소제: 번제 등과 병행. 일종의 구원에 대한 간구의 기도

(3) 화목제: 관계의 회복을 잔치로 표현

(4) 속죄제(정결제): 죄를 더러운 때 혹은 오염으로 형상화

(5) 속건제(배상제): 죄를 하나님에게 진 채무, 즉 빚으로 형상화

이 단원의 서두에서도 이미 언급한 바와 같이 5대 제사의 각각의 의미나 역할, 또는 기능에 대해서는 아직도 해결해야 할 것들이 많이 남아 있다. 그러나 위의 것과 같은 그림을 그리고, 각 요소에 대한 우리의 이해의 타당성을 살펴보는 것은 우리의 이해를 분명히 하는데 있어서 큰 도움이 되는 것만은 분명하다. 하나님의 말씀의 진정한 뜻을 찾아 나가는 우리 모두가 공동체 의식을 가지고 이 도표가 완벽해지는 날까지 함께 매진했으면 한다.

5. 제사와 속죄의 관계

레위기의 제사법은 웬만큼 공부해서는 이해하기가 힘든, 복잡한 사항들이 많기 때문에 그 복잡함에 휘말리기 시작하면 이 제사법의 가장 기본적인 사항, 즉 제사와 속죄의 관계가 어떻게 되는지에 대한 큰 그림을 잃어버리기 쉽다. 따라서 레위기의 제사법 공부에 들어가기에 앞서 큰 그림을 제대로 잡아주는 것이 절대적으로 중요하다. 어쩌면 이 큰 그림을 바로잡는 것이 각 제

사의 디테일한 부분들에 정통한 것보다 더 중요할 수도 있다. 번제 중 소를 드리는 것과 양을 드리는 것 사이의 미묘한 차이, 새의 번제를 드리면서 각을 뜨는지 안 뜨는지 등의 세세한 사항들은 정확히 몰라도 큰 문제가 안 될 수 있지만 제사와 속죄 사이의 관계를 제대로 파악하지 못하는 것은 아주 큰 문제가 된다고 할 수 있다.

자 그러면 이 문제로 본격적으로 뛰어 들어가보자. "제사를 드리면 하나님은 속죄를 해 주시는가?" 이것을 신약식으로 질문하자면 "우리가 회개하면 하나님은 우리의 죄를 용서해 주시는가?" 아마 대다수의 기독교인들은 거의 자동으로 "예"라고 대답할 것이다. 그리고 그 근거로 요한일서 1:9, "만일 우리가 우리 죄를 자백하면 그는 미쁘시고 의로우사 우리 죄를 사하시며 우리를 모든 불의에서 깨끗하게 하실 것이요" 등의 성경 구절들을 증거로 제시할 것이다.

그러나 반면에 웨스트민스터 신앙고백서 중 제15장 "생명에 이르는 회개에 관하여"의 제3절은 "회개란 우리가 지은 죄에 대한 하나님의 형벌을 만족시키는 것도 아니요, 용서의 *원인*(cause)도 아니다"라고 천명하고 있다.[13] 우리의 회개와 속죄의 관계는 결코 원인과 결과의 관계가 아니다. 우리가 회개하면 하나님은 용서하셔야 하는 자동 시스템이 결코 아닌 것이다.

마찬가지로 구약에서도 제사와 죄 용서와의 관계는 결코 자동 시스템이 아니다. 우리는 이 제사와 죄 용서의 관계에 대해서 최소한 다섯 가지 점을 기억해야 한다.

(1) 속죄의 문제를 다룰 때에 있어서 가장 중요한 것은 하나님의 주권에 기초해야 한다는 것이다. 하나님의 주권에 대한 이해가 없는 신학은 진정한

---

13 이에 대한 웨스트민스터 신앙 고백의 내용은 A. A. Hodge, *The Confession of Faith: A Handbook of Christian Doctrine of Expounding the Westminster Confession* (Carlisle, PA: The Banner of Truth Trust, 1869), 213–219을 보라. 한글로는 A. A. 하지, *웨스트민스터 신앙고백 해설* (서울: 크리스챤 다이제스트, 1996), 278–279, 282–283을 보라. 또한 이 웨스트민스터 신앙 고백의 이 대목과 레위기의 속건제 사이의 관계를 다룬 것은 박철현, "웨스트민스터 신앙고백서의 참된 회개와 구약의 제사: 레 6:1–7의 속건제사 본문을 중심으로", *개역논총* 14 (2010): 299–322를 보라.

의미의 신학이 아니다. '회개하면 용서해주신다'는 단순화된 이 명제가 위험한 점은 이것이 하나님의 주권에 대한 충분한 사색을 담고 있지 않기 때문이다. 죄 용서의 주권자가 하나님이시기 때문에 우리가 회개할 때의 결과는 그의 주권에 달린 것이지 우리가 회개했다는 사실에 달린 것이 아니다. 그러므로 우리가 회개하면 하나님이 용서하시느냐 하는 질문에 대한 대답은 'Yes and No'라고 할 수 있다. 하나님의 주권적 결정에 따라 그럴 수도 있고, 아닐 수도 있는 것이다.

이에 관한 성경상의 몇 가지의 예를 좀 살펴보자. 가장 인상적인 예는 사무엘하 12장의 다윗의 예이다. 우리가 잘 알다시피 12장의 배경은 11장의 다윗과 밧세바 사이의 간음 사건이다. 이 사건을 덮기 위해 다윗은 심지어 그녀의 남편 우리아를 끔찍한 음모를 써서 죽이기까지 했다. 그런 상황 속에서 나단이 다윗을 찾아와서 무심한 듯이 한 가지 이야기를 들려준다(삼하 12:1-4). 이 이야기는 마치 나단이 다윗을 만나러 오는 길에 무심코 주워들은 어떤 사람의 이야기 마냥 다윗의 귀에 들려지고, 다윗은 그 이야기를 자신과는 전혀 상관이 없는 어떤 못된 사람의 이야기로 듣는다.

자신의 이야기가 아니라 어떤 제3자의 이야기로 들었기 때문에 나단의 이야기가 끝났을 때 다윗은 그 이야기 속의 못된 부자에 대해 심히 분노하며 그런 사람이 받아야 할 형벌에 대해서 정의감을 가지고 선언한다. 5절에서 그는 "이 일을 행한 그 사람은 마땅히 죽을 자라"고 말한다. 그리고 6절에서 그는 "이런 일을 행하였으니 그 양 새끼를 네 배나 갚아 주어야 하리라"고 선포한다. 참고로 양 한 마리에 양 네 마리로 갚아야 한다는 그의 선언은 출애굽기 22:1의 율법에 바탕을 둔 것이다. 그는 그 못된 부자 이야기가 자신의 이야기인 줄은 모르고 이처럼 자신의 죄에 대해서 스스로 죗값을 메기는 것이다.

다윗이 스스로 자기 죄의 죗값을 선언하자마자 나단은 "당신이 그 사람이라"고 선언하며(삼하 12:7), 이어서 두 가지 죗값를 더 추가한다.[14] 그것은

14 이처럼 선지자가 처음부터 심판의 선언을 하지 않고 마치 제3자의 이야기인 양 죄인의 이야기를 빗대서 들려주고, 그 이야기를 들은 죄인이 자기 자신의 죄에 대한 죗값을

"칼이 네 집에서 영원토록 떠나지 아니할" 것이며, 그의 아내들이 다른 사람들에 의해서 백주 대낮에 범해지리라는 것이다(12:10–11). 다윗은 이 선언을 듣고 바로 자신의 죄를 인정한다. 나단은 "여호와께서 당신의 죄를 사하셨나니 당신이 죽지 아니하려니와"라고 선언한다(12:13).

정리하자면 다윗의 죗값으로 네 가지가 선포되었다. 그 자신의 죽음, 양 한 마리에 양 네 마리, 집에 칼이 떠나지 않음, 아내들의 성적 정절의 상실이 그것들이다. 이것들 중 첫 번째 죗값, 다윗 자신의 죽음은 면제되었다.

자 그러면 나머지는 어찌 되었을까? 놀랍게도 하나님의 죄 사함의 선언이 있었음에도 불구하고 나머지 죗값은 전부 치러졌다. 이 사건 이후로 솔로몬 등극 때까지를 다루는 본문(삼하 13장–왕하 2장)은 왕자의 난으로 인해 집안에 칼이 떠나지 않는 것을 보여준다. 또 다윗의 아내들이 압살롬에 의해서 정절을 잃는다(삼하 16:21–22).

이제 양 하나에 양 네 마리를 갚으라는 죗값만 남았다. 그러면 이것은 어떻게 되었는가? 이것 역시 시행되었다. 나단과의 대화 이후로 솔로몬의 등극 때까지 총 4명의 다윗의 아들들이 죽었다. 밧세바와 간음해서 낳은 아이, 암논, 압살롬, 아도니야가 그들이다.

이 중에서 특히 압살롬의 이야기는 지극히 흥미로우며, 아주 중요하기 때문에 좀 더 살펴보도록 하자. 사무엘하 14:25–26은 압살롬에 대해 다음과 같이 묘사하고 있다. "온 이스라엘 가운데에서 압살롬과 같이 아름다움으로 크게 칭찬 받는 자가 없었으니 그는 발바닥부터 정수리까지 흠이 없음이라. 그의 머리털이 무거우므로 연말마다 깎았으며 그의 머리 털을 깎을 때에 그것을 달아본즉 그의 머리털이 왕의 저울로 이백 세겔이었더라." 도대체 사무엘서 저자는 왜 압살롬의 외모에 대해서 이렇게 과도할 정도로 장황한 묘사를 하는 것일까? 그것은 바로 저자가 압살롬을 양과 연결시키고 싶기 때문이다.

선언해버리는 방식의 메시지 전달 방식은 소위 '덫의 수사학'이라고 불린다. 선지자들의 이런 중요한 메시지 전달 방식에 대해서는 박철현, "아모스의 이상들(7–9장)과 다중의 덫의 수사학", *구약논집* 5 (2009), 39–76을 보라.

'흠이 없다'라는 표현, 특히 발바닥부터 정수리까지 완벽한 흠 없음은 레위기의 제물들이 갖추어야 하는 요소이다. 또한 털을 깎아서 저울로 달아 보는 짐승은 양 밖에 없다. 따라서 저자는 압살롬을 제물로 바쳐질 양처럼 묘사하고 있으며, 실제로 압살롬은 다윗이 갚아야 하는 양 네 마리 중의 하나가 된다. 그리고 나머지 아들들도 이렇게 압살롬처럼 두드러지지는 않지만 어느 정도 제물로 바쳐지는 양과 연결성을 갖고 있다.[15] 이렇게 보면 사무엘서 저자는 다윗의 스스로의 죄에 대해서 내린 죗값 중 양 한 마리에 대해서 양 네 마리를 갚아야 한다는 선언 역시 문자 그대로, 아주 소름 끼치는 방식대로 실행되었음을 말해주고 있다고 할 수 있다.

이처럼 다윗의 간음과 살인 죄에 대해서 하나님은 나단을 통해서 분명히 죄 사함의 선언을 하셨지만 그럼에도 불구하고 그에 대해서 선언된 네 개의 죗값 중 세 개는 결국 원래대로 실행하셨다. 하나님께서 죄를 사하셨다고 하면 무조건 그것으로 모든 상황이 종료되었다고 우리 기독교인들은 단순하게 생각하는 경향이 있지만 이 본문이 말씀해주는 바는 그것이 하나님의 주권에 달린 문제라는 것이다. 웨스트민스터 신앙고백이 지적하고 있는 바와 같이 회개는 자동으로 하나님의 용서를 촉발시키지 않는다. 회개는 용서의 원인이나 근거가 될 수 없다.

이런 점은 요엘서 2:13-14도 잘 말씀해주고 있다. 거기에서 선지자는 옷을 찢지 말고 마음을 찢을 것을 촉구하고, 하나님은 은혜가 많으신 분이셔서 죄인을 벌하기를 좋아하시지 않는다는 것을 말한다. 여기에 이어서 나오는 선지자의 말은 놀랍다. 선지자는 진실한 회개와 하나님의 자비로운 성품이 하나님의 용서를 자동으로 보장해준다는 약속을 해주지 않는다. 대신 "주께서 혹시 마음

---

15 압살롬 등 다윗의 네 아들의 죽음과 양의 이미지 사이의 이런 탁월한 통찰은 W. Randolph Tate, *Biblical Interpretation: An Intergrated Approach* (3rd ed.; Grand Rapids: Baker Academic, 2008), 126-128을 바탕으로 한 것이다. 테이트는 삼하 18:9-15에서의 압살롬의 죽음과 창세기 22:10-13에서 이삭 대신 죽은 숫양 이야기 사이에도 여러 가지 연결점들이 존재함을 지적하고 있다.

과 뜻을 돌이키시고 그 뒤에 복을 내리사 너희 하나님 여호와께 소제와 전제를 드리게 하지 아니하실는지 누가 알겠느냐"고 말한다. "혹시…누가 알겠느냐"(욜 2:14)는 표현에 대해 딜러드(Raymond Dillard)는 다음과 같이 지적한다:

> 그러나 회개를 맞이해서도 하나님은 여전히 주권적이시다. 이방 제사장들이 마술적인 주술로 하나님을 좌지우지할 수 없듯이 회개도 역시 그렇다. 그 어떤 제의나 진실한 통회도 자동적으로 결과를 보장해주지는 않는다.[16]

그러므로 회개의 결과가 어찌 될 것인지는 하나님의 주권의 문제이다. (또한 출 32:30; 암 5:15; 욘 3:9; 습 2:3 등을 보라. '혹시'는 *울라이*[אוּלַי], '누가 알겠느냐'는 *미 요데아*[מִי יוֹדֵעַ]인데 이 어휘들은 중요한 회개 본문들에 단골로 나오는 표현들이며, 다 회개에 있어서 하나님의 주권성을 보여준다.)

이처럼 용서가 하나님의 주권의 문제이기 때문에 퀸백(W. A. Quanbeck)이란 학자는 구약의 제사와 하나님의 속죄 사이의 관계가 결코 물물교환식의 거래가 아니라 하나님의 은혜에 대한 호소임을 강조한다:[17]

> 이것은 희생제사가 하나님의 죄사함을 가져오는 물물교환식의 거래가 아니고, 희생제사가 효과가 있는 것은 하나님께서 자신의 긍휼하심 속에서 희생제물을 예배자의 삶의 제물로 받아들이기로 선택하신 결과라는 사실을 강조해준다. 희생제사는 죄 사함을 구매하는 것이 아니라 긍휼을 베푸시겠다는 하나님의 약속에 호소하는 것이다.

(2) 앞의 하나님의 주권과 속죄와의 관계를 이해하고 나면 필연적으로 따라오는 명제는 제사와 속죄의 관계가 결코 자동이 아니라는 점이다. 다시 말

---

16 Raymond Dillard, "Joel", in Thomas E. McComiskey (ed.), *The Minor Prophets* (Grand Rapids: Baker Book House, 1992), 280.

17 랠프 스미스, *구약신학* (고양: 크리스챤다이제스트, 2005), 366.

해 제사를 드려도 속죄를 받지 못하는 경우들도 많다. 예를 들어 엘리 제사장의 아들들이 하나님에게 끝도 없이 죄를 지은 것으로 인해 사무엘상 3:14에서 하나님은 "내가 엘리의 집에 대하여 맹세하기를 엘리 집의 죄악은 *제물로나 예물로나 영원히 속죄함을 받지 못하리라*"고 선언하신다. 반면에 제사를 드리지 않았는데도 속죄가 되는 경우들도 많다. 예를 들어 바알 보올에서 온 이스라엘이 음행에 빠졌을 때 비느하스가 진 중에서 음행을 저지르고 있던 남녀를 창으로 죽이자 하나님은 "비느하스가 그의 하나님을 위하여 질투하여 이스라엘 자손을 속죄하였음이니라"(민 25:13)고 선언하신다. 이처럼 제사가 자동으로 하나님의 은혜를 보장하지 않음을 보이는 구절들이 구약에는 많이 있다(잠 21:27; 사 1:11; 사 66:3-4 등).

(3) 속죄의 문제에 있어서 중요한 것은 단순한 죄의 용서가 아니라는 점이다. 진정한 속죄는 관계의 회복까지 나아가는 것이다. '죄 사함은 형벌의 면제가 아니다. 그것은 관계의 회복이다.'[18]

이 점을 가장 잘 보여주는 예들 중의 하나는 출애굽기 32-34장의 황금 송아지 사건이다.[19] 우상 숭배를 한 이스라엘을 하나님은 원래 진멸하시고자 했으나 모세의 중보 기도를 들으셔서 진멸을 멈추셨다(출 32:10, 12, 14). 역사비평학자들은 이것으로 우상 숭배 죄에 대한 하나님의 용서가 주어졌는데 왜 모세가 다시 거듭해서 기도를 하고 있는지가 이해가 되지 않는다고 주장해 왔다. 그러나 속죄란 것이 '형벌의 면제'가 아니라 '관계의 회복'이라는 점을 알고 나면 모세의 마음을 이해할 수 있다. 황금 송아지 사건이 발생한 시점은 그 앞의 출애굽기 25-31장에서 하나님께서 성막 건설을 명령하신 직후였다. 원래 하나님은 성막이라는 구조물을 통해서 이스라엘 한 가운데 좌정하시고, 그들과 함께하시고 싶어 하셨다. 그런데 황금 송아지 사건이 터진 것이다. 모세는 단순히 이스라엘이 마땅히 당해야 할 멸절을 당하지 않은

---

18 랠프 스미스, *구약신학*, 367.

19 이하의 내용은 내 박사학위 논문의 내용이다. 이 논문의 요약적 형태는 박철현, *출애굽기 산책* (서울: 솔로몬, 2014), 241-280, 292-300을 보라.

것만으로는 이스라엘이 진정으로 용서를 받은 것이라고 생각하지 않았다. 하나님은 이스라엘의 멸절에 대한 결정을 취소하신 후에도 계속 "너희를 젖과 꿀이 흐르는 땅에 이르게 하려니와 나는 너희와 함께 올라가지 아니하리니 너희는 목이 곧은 백성인즉 내가 길에서 너희를 진멸할까 염려함이니라" 고 하셨던 것이다(출 33:3). 그래서 모세는 구약성경에서 가장 기념비적인 기도 중의 하나를 한다. "나와 주의 백성이 주의 목전에 은총 입은 줄을 무엇으로 알리이까 주께서 우리와 함께 행하심으로 나와 주의 백성을 천하 만민 중에 구별하심이 아니니이까"(출 33:16). 모세는 하나님과 함께하는 것, 하나님과 관계를 누리는 것이 중요하지 국토나 젖과 꿀이 중요한 것이 아니라고 강변한 것이다. 본질을 짚은 이 기도로 인해 하나님은 온전한 관계의 회복을 허락하셨다. 그리고 이스라엘이 성막 건설을 할 수 있게 허락하셨다. 하나님과 이스라엘의 관계는 황금 송아지를 통한 우상 숭배의 죄 이전 상태로 돌아갔다. 이처럼 진정한 죄의 용서는 관계의 회복을 의미한다. 이것이 없는 단순한 형벌의 취소는 속죄라 할 수 없다.

(4) 위의 세 가지 점을 고려할 때 제사는 봉헌자의 마음이나 삶의 모습과 분리되어서는 안 된다. 죄의 용서가 하나님의 주권에 달린 문제이고, 하나님과의 관계의 문제라 할 때 제사보다 더 중요한 것은 봉헌자의 마음가짐과 삶의 모습이다.

따라서 구약에는 제사와 마음, 혹은 행위의 관계에 대한 본문들이 많이 있다. 우선 제사와 마음의 문제를 다루는 본문들은 잠언 15:8; 21:3; 28:9; 전도서 5:1; **예레미야 6:19-20**; 7:22–24; **아모스 5:22**; 미가 6:6–8 등이 있다. 그리고 제사와 행위의 문제를 다루는 본문들은 **시편 40:6-8, 50:9-15, 22-23; 51:16-17** 등이 있다. 특히 굵은 글씨로 된 부분들은 더 중요한 것들이다.

위의 구절들 중 특별히 예레미야 6:19–20에 대한 다음의 지적은 레위기를 공부하는 우리 모두가 새겨 들어야만 할 지적이다.[20]

---

20 F. B. Huey, *Jeremiah, Lamentations* (NAC 16; Nashville: Broadman & Holman, 1993), 100.

하나님은…제사 제도를 거부하고 계시는 것이 아니다. 제물들은 아무리 그 자체로 귀하고 좋은 것이라고 하더라도 그것들이 사악하고 불순종하는 사람들에 의해 드려진다면 의미가 없다. 제물들이 순종을 대체할 수는 없다. 만약 하나님과의 관계가 잘못되어 있다면 모든 제의와 피상적으로 '의로운' 행위들은 소용이 없다…. 제사들과 제물들은 하나님의 호의를 구매하는 수단이 아니라 삶의 전 영역에서 하나님께 순종하는 태도를 드러내는 것이다.

(5) 위의 네 가지 사항들을 듣고 나면 신약의 회개나 구약의 제사 자체는 무의미한 것처럼 들려질 수가 있다. 그러나 결코 그렇지 않다. 죄의 고백은 속죄를 받는데 있어서 아주 중요한 요소이다(시 32:5-6). 이와 관련하여 앞에서 이미 언급한 바 있는 웨스트민스터 신앙고백 제15장 "생명에 이르는 회개에 관하여"의 제3절의 이어지는 부분을 보면 다음과 같이 말하고 있다. "그러나 이 회개는 모든 죄인들에게 꼭 있어야 한다. 아무도 이 회개 없이는 죄의 용서를 기대할 수 없다." 물론 구약에서 하나님께 죄 용서를 비는 방식이 꼭 제사밖에 없었던 것은 아니므로 제사만이 죄 용서의 통로라고 할 수는 없지만 일반적인 상황에서 하나님과의 관계 회복을 바라는 제사는 중요했다. 죄인이 자신의 죄를 용서받고 싶은 열망의 표현인 회개와 죄의 고백은 하나님의 용서의 원인은 결코 아니지만 용서와 속죄 과정을 촉발시키는 방아쇠 역할을 한다고 말할 수 있을 것이다.

이처럼 구약의 제사와 속죄의 관계는 결코 기계적인 것이 아니었다. 속죄는 하나님의 주권에 달린 문제였다. 이 점을 놓쳐 버리면 우리는 레위기를 읽으면서 마치 바리새인들처럼 세세한 것들에 얽매여서 본질을 잃어버리게 된다. 예수께서 서기관들과 바리새인들의 외식에 대해서 지적하신 말씀은 레위기에 대한 우리의 이해에 있어서도 역시 진리이다(마 23:23-24).

화 있을찐저 외식하는 서기관들과 바리새인들이여 <u>너희가 박하와 회향과</u>

근채의 십일조는 드리되 율법의 더 중한 바 정의와 긍휼과 믿음은 버렸도다 그러나 이것도 행하고 저것도 버리지 말아야 할지니라 맹인 된 인도자여 하루살이는 걸러 내고 낙타는 삼키는도다(마 23:23-24).

6. 제사법 해석 시의 중요한 유의점들

제사법 본문들에 대한 분석과 해설을 본격적으로 들어가기 전에 마지막으로 다룰 사항은 어떻게 하면 이 어려운 본문들을 조금이나마 쉽고, 논리적으로 이해할 수 있느냐 하는 것이다. 이와 관련해서 나는 이 본문들을 체계적으로 바라보기 위해서는 다음의 네 가지 관점을 항상 염두에 두는 것이 좋다고 생각한다.

첫 번째 관점은 이 제사법 본문을 내러티브라는 시각에서 읽어야 하는 대목들이 꽤 있다는 점이다. 우리는 전통적으로 이 본문을 너무 법전적인 시각이나 제사장을 위한 제사 매뉴얼이라는 시각에서 읽어 왔다. 그러나 우리가 보고 있는 레위기 본문은 결코 현대의 법전 같은 성격이나 전자 제품의 작동 매뉴얼과 같은 성격으로 기록되어 있는 것은 아니다. 앞으로 개별 본문을 좀 더 자세히 살펴보면 드러나겠지만 레위기의 제사법 본문들은 딱딱하게 딱 그 대목에서 본문에 쓰여 있는 문구와 진행 상황대로만 제사가 진행되도록 쓰여지지 않았을 가능성이 꽤 있다. 오히려 레위기는 내러티브적 성격을 상당히 많이 가지고 있으며, 이 내러티브의 의도가 무엇이냐를 파악하는 것이 더 중요할 가능성이 높다.

굳이 비유적으로 말하자면 우리는 열왕기서가 마치 CCTV 카메라가 무심코 찍은 영상을 무미건조하게 재생하는 방식으로 기록된 것은 아님을 알고 있다. 열왕기서는 역사적 사실들을 특정한 신학적 관점에 입각해서 정리하고, 편집한 후에 그 관점을 잘 드러내는 방식으로 기록된 것이다. 그 때문에 열왕기서 저자는 분열 왕국 시대에 세속적 관점에서 가장 위대했다고 볼 수 있는 여로보암 2세의 치세에 대해서는 단 몇 절로 약술해 버리며, 그 몇 절마저도 절반은 선지자 요나에 대한 이야기로 채운다(왕하 14:23-29). 그리고는 여로보암 2세에 대한 나머지 사실들은 '이스라엘 왕 역대지략'(왕상 22:45)을 보라고 말하고는 기록을 끝내 버린다.

제사법의 경우도 이처럼 실제 제사를 써 있는 그대로만 따라가면 아무 문제 없이 제사를 치를 수 있게 해주는 매뉴얼이라기보다는 오경의 내러티브 흐름을 따라가면서 하나님과 이스라엘의 관계에 대한 어떤 가르침을 주기 위한 목적이 더 클 수도 있다. 이런 차원에서 생각해 볼 수 있는 흥미로운 예들 중의 하나는 레위기의 첫 문단이자 소의 번제 절차를 다루고 있는 본문(레 1:3-9) 중 7절이다. 이 구절은 제사장이 제단 위에 불을 붙일 것을 지시하고 있다. 그리고는 제단의 불에 대한 이런 지시는 레위기의 제사법 본문은 고사하고 성경의 다른 그 어디에도 나오지 않는다. 이 경우 우리는 다음과 같은 질문을 던질 수 있다. 제사장들은 소의 번제를 드릴 때는 이처럼 불을 항상 붙이고, 양이나 새의 번제, 혹은 기타 제사들의 경우에는 불을 전혀 안 붙인 것인가?

이와 관련해서는 레위기 6:8-13의 내용도 흥미롭다. 이 본문에서는 제사장들의 가장 중요한 임무 중의 하나가 제단 위의 불을 결코 꺼뜨려서는 안 된다는 것이다(특히 6:12-13). 왜 이 불이 꺼지면 안 되는지에 대한 설명은 본문 속에 없다. 그러나 여러 중요한 학자들은 번제단의 불이 아론이 대제사장으로 정식 임명된 날 하나님으로부터 나온 것이라고 생각한다(레 9:24).[21] 이 견해 자체가 맞든 틀리든 간에 상관없이 제사장들은 불을 절대 꺼뜨려서는 안 되었다. 그리고 이 명령이 제대로 실행되는 경우 레위기 1:7의 번제의 불에 대한 규례는 제사장들이 매 번제를 드릴 때마다 시행됐을 리가 없다. 그러면 도대체 레위기의 첫 장의 첫 단락에 이 언급이 나온 이유는 도대체 뭘까? 이에 대한 답은 바로 이게 제사 규례의 첫 항목이기 때문이라고 볼 수밖에 없

21 Milgrom, *Leviticus 1-16*, 388-389. 또한 이 견해에 대한 기타 학자들의 목록은 Wenham, *Leviticus*, 119-120을 보라.

다는 것이다. 소의 번제 본문이 레위기 제사법 내러티브의 바로 첫 문단이기 때문에 여기에서 불에 대한 언급이 나왔다는 것이다. 이런 면에서 볼 때 레 1:7은 마치 제사장의 제사 매뉴얼의 번제에 대한 지침 사항처럼 읽어서는 안 될 가능성이 높다.

이 점이 시사하는 바는 우리가 제사법 본문들 속에서 이런 사항들을 만날 때 신중해야 한다는 것이다. 우리는 각 규례의 성격을 정확히 파악하고 그것이 정확히 해당 절차의 일부인지, 아니면 내러티브 흐름상 어떤 특별한 역할을 맡은 것인지를 판단해야만 한다.

두 번째 관점은 레위기 1–7장의 제사법은 구약의 모든 제사에 대한 상세한 목록이 결코 아니라는 점이다. 따라서 우리는 이 본문의 내용이 구약의 모든 제사의 전모를 다 담고 있다고 오해해서는 안 된다.

구약의 제사법 체계 속에 꼭 있어야만 할 것 같은데 빠진 사항들을 몇 개만 지적해 보자. 이 예들은 단지 대표적인 것일 뿐 우리가 일반적으로 생각하고 있는 것보다 훨씬 더 많은 빈 공간들이 1–7장의 제사법 본문 속에는 존재한다.

(1) 1–7장에는 전제(drink offering)에 대한 언급이 없다. 민수기 28–29장의 각종 절기에 드려지는 제사들을 보면 전제는 거의 모든 제사들과 함께 드려지며, 아주 중요했던 것이 분명하다. 그런데 제사법의 핵심이라고 할 수 있는 1–7장에는 놀랍게도 이에 대한 언급이 전면적으로 결여되어 있다.

(약간 논외이기는 하지만 앞으로 다뤄야 할 사항이고, 또 사람들이 잘못 알고 있는 경우가 많은 사항을 하나 짚고 넘어가고자 한다. '요제'와 '거제'를 제사의 종류로 알고 있는 사람이 의외로 많으나 이것은 틀린 것이다. '요제'와 '거제'는 히브리어로 각각 *트누파*[תְּנוּפָה]와 *트루마*[תְּרוּמָה]라고 하며, 그 문자적 의미는 각각 '흔들기'[waving]와 '들어 올리기'[lifting up]이다. 이 두 단어는 상당히 다양한 맥락에서 다양하게 사용되지만 제사법과 관련해서는 주로 제물 중 제사장에게 주어지는 몫을 표시하는 행위를 가리킬 때 사용하는 표현이며, 개별적인 제사의 종류가 결코 아니다[레 7:29–34 등].)

(2) 출애굽기 4장의 속죄제는 죄를 지은 사람의 신분에 따라서 내용이 진

행되는데, 여기에도 명백하면서도 중요한 공백이 있다. 4장의 3–12절은 대제사장의 속죄제, 13–21절은 이스라엘 온 회중의 속죄제, 22–26절은 지파의 우두머리인 족장의 속죄제, 27–35절은 일반 백성(평민)의 속죄제가 나오는데, 이 목록 속에는 일반 제사장의 속죄제가 나오지 않는다. 이런 공백에 대해서 유일하게 생각할 수 있는 합리적인 답은 이 목록이 결코 구약 시대의 이스라엘에서 드려졌던 모든 종류의 속죄제를 다 포괄하고 있지 않다고 보는 것이다.

이런 점들을 고려할 때 우리는 레위기 1–7장이 구약의 제사들에 대한 전 포괄적인 규례집이 아니며, 단지 우리들에게 하나님과 우리 사이의 관계 회복으로서의 제사의 신학을 이해하는데 필요한 사항들을 전해주는데 충분하다고 생각한 만큼의 내용만을 담고 있다는 정도로 생각해야 한다.

세 번째 관점은 1–7장의 각 제사의 제물을 바치는 절차를 다루고 있는 본문들이 해당 제물의 봉헌 절차를 마치 요즘의 전자 제품 작동 매뉴얼처럼 철저히 단계별로 빠짐없이 기술하고 있지는 않다는 점이다. 이런 경우 우리가 개별 본문에서의 이런 빠진 절차들을 다른 제물들의 봉헌 절차를 바탕으로 해서 채워 넣어야 제대로 이해되는 경우들이 꽤 있다.

아래의 예를 한 번 생각해 보자. 소의 번제(1:3–9)의 경우는 안수를 하는 절차와 가죽을 벗기는 절차(1:4, 6)가 언급된 반면에 소의 머리와 지방을 떼어내라는 언급은 없다. 반면에 양의 번제(1:10–13)의 경우는 안수와 가죽 벗김의 절차에 대한 언급이 없는 대신에 머리와 지방을 떼어내는 절차에 대해서는 언급하고 있다(1:12). 이 두 경우 모두 언급된 안 된 절차는 그 제물을 드릴 때 해서는 안 되는 절차일까, 아니면 당연히 해야 할 절차이지만 단지 해당 본문이 언급을 안 하고 있는 것일까? 이 질문에 대한 거의 확실한 답은 당연히 해야 될 절차인데 언급이 안 된 것뿐이라고 보는 것이다. 이런 점에 대한 확인은 소의 번제와 양의 번제를 비교해 보는 것뿐만 아니라 번제와 비슷한 요소가 많은 화목제의 소와 양의 봉헌 절차 등을 비교해 보는 것이다. 이처럼 1–7장의 제사법 본문은 각 제사와 제물의 봉헌 절차 본문들을 꼼꼼하게 목록화하고, 그 목록의 세세한 사항들을 서로 비교해서 빈 칸들을 채워 나가는 작업을 통해서만 이해가 되는 경우들이 많다.

네 번째 관점은 각 제사나 제물의 봉헌 절차의 세부적인 사항들이 어떤 의미가 있는지에 대해서 레위기 저자가 명시적인 설명을 제공해주지 않는 경우가 많은데, 이런 경우 우리는 앞에서 말한 식으로 각 제사와 제물의 봉헌 절차의 목록을 상호 비교함으로써 그 의미를 추론해야 한다는 점이다. 이런 경우 추론의 타당성은 그것이 비슷한 다른 경우들을 얼마나 일관성 있게 설명해주느냐 하는 것에 달려 있다. 다음의 예들을 생각해보자.

(1) 번제의 경우는 수컷만을 드릴 수 있었다. 반면에 화목제나 속제죄의 경우는 대개 암수를 다 드릴 수가 있었다. 이 때문에 번제의 경우에 수컷만이 제물로 허락된 것이 어떤 의미일까 하는 것에 대해서 학자들 사이에 논쟁이 있다. 그러나 이 점은 속죄제 중 지파 우두머리의 속죄제(4:22-26)는 숫염소를, 그리고 일반 백성의 속죄제(4:27-31)는 암염소를 드리라는 규정을 통해서 충분히 추론할 수 있다. 수컷이 암컷보다 더 지위가 높은 사람의 죄를 해결하므로, 그 가치가 더 큰 것이다. 이 점을 바탕으로 할 때 우리는 수컷만을 제물로 요구하는 번제가 암컷도 허용하는 화목제보다 상대적으로 더 값이 나가는 제사임을 알 수 있다.

또한 왜 대제사장의 속죄제(4:3-12)와 온 회중의 속죄제(4:13-21)가 수소를 제물로 요구하는지를 알 수 있다. 이스라엘 제의의 최정점에 있는 대제사장과 이스라엘 사람 모두를 포괄하는 온 회중의 속죄제는 당연히 제물 중 가장 값나가는 제물인 소를 드려야 하고, 소 중에서도 암컷보다 더 값이 나가는 수컷을 드려야 하는 것이다. 결국 이스라엘의 제사법 체계에서 생각할 수 있는 가장 중대한 존재들이 범한 범죄에는 제사법 체계상으로 가장 값이 나가는 제물이 드려지는 것이다.

(위의 문제를 좀 더 잘 이해할 수 있도록 한 가지 점을 부연 설명하고자 한다. 개역개정은 이 두 경우의 속죄제의 제물을 "수송아지"로 번역하고 있는데, 이것은 옳은 번역이 아니다. 이 두 경우 모두 해당 히브리어 원어를 "수

소"로 번역해야 한다. 가장 값 나가는 제물로 송아지는 부적절하다.)

(2) 제물을 불에 태워 처리하는 법을 나타내는 동사는 제사법에 두 가지가 사용된다. *히크티르*(הִקְטִיר)와 *싸라프*(שָׂרַף)가 그것들이다. 이 중 *히크티르*는 제물의 고기를 제단 위에서 태워서 하나님이 흠향하시게 드리는 행위를 나타낼 때 사용된다. 반면 *싸라프*는 제물 중 폐기하는 부위들을 태워서 없앨 때 사용된다(레 7:17, 19 등).[22] 구약의 다른 제사들은 그 전부 혹은 상당 부분을 당연히 *히크티르* 방식으로 하나님께 올려 드린다. 그런데 오직 대제사장과 온 회중의 속죄제만은 하나님께 지방 부위를 불살라 드리는 것을 제외하고는 그 나머지 전부를 진 밖의 재 버리는 곳에서 *싸라프* 방식으로 태워서 폐기해버린다. 이처럼 어처구니 없이 제물의 거의 대부분이 제단이 아닌 진 밖의 제물 폐기 장소에서 폐기되는 독특한 절차는 이 두 제사의 독특성과 중대성을 부각시켜 준다. 이스라엘 제의의 정점에 있는 대제사장과 이스라엘 백성 전부를 포괄하는 온 회중이 죄를 지은 경우, 즉 이스라엘이란 집단에서 발생할 수 있는 죄 중에서 가장 무거운 이 두 죄의 경우에는 하나님께서 이렇게 그 속죄제의 거의 전부를 태워서 폐기하게 하심으로써 그들의 죄의 무게를 형상화하고, 그것에 대해 준엄한 질책을 하신다.

정리를 하자. 비록 레위기가 이해하기 어려운 점들이 참 많지만 이 단원에서 지적한 몇 가지 해석 원칙들을 잘 조합하면 생각보다 쉽게 레위기가 그 의미를 드러내주는 경우들이 꽤 있다. 앞으로 이 글이 레위기 본문들을 차근차근 해석해 나가는데 있어서 이 원칙들이 바탕이 되는 경우들이 꽤 있다는 것을 독자들은 유념해주기 바란다.

---

22 한글 번역만으로도 이 둘이 구분되도록 하기 위해 나는 이 레위기 해설 내내 *히크티르*는 '불사르다'라고 번역하고, *싸라프*는 '태우다'라고 번역할 것이다.

레위기 1:1-9

소의 번제(제사법 I)

여기에서는 레위기 1:1-9의 소의 번제만을 따로 떼서 다루고자 한다. 그 이유는 이 본문이 1-7장의 5대 제사 본문의 기본틀을 제공해주는 제사이며, 제사법과 관련된 전문 용어 등 많은 사항들에 있어서 다른 제사 본문들의 패러다임 역할을 해주기 때문이다. 따라서 이 단락에 나오는 내용과 제사 용어들을 잘 익히는 것이 제사법을 잘 이해하는 초석이라 할 수 있다. 특별히 "사역 해설"에 나오는 사항들을 잘 파악하기 바란다.

❑ 번제의 신학 개관

번제의 히브리어는 *올라*(עֹלָה)이다. '올라간다'(to go up)는 의미를 가진 동사 *알라*(עלה)에서 파생된 명사로서 제물을 불사를 때 연기가 하늘로 올라가는 것을 묘사한 단어를 제사의 이름으로 쓴 것이다.

이 번제는 모든 제사의 기본이자 가장 흔히 드려진 제사였다. 이 점은 다음의 몇 가지를 통해서 확인할 수 있다.

(1) 번제는 국가적으로 매일 아침 저녁으로 드리는 제사였다. 이렇게 매일 드리는 제사를 '항상 드리는 제사'라는 뜻에서 *올라 타미드*(עֹלָה תָּמִיד)라

고 하는데, 개역개정은 이것을 "상번제"라고 번역하고 있다(출 29:38-42; 민 28:1-8).

(2) 국가적으로 절기마다 드려지는 제사들에서 가장 자주 드려지고 기본이 되는 제사 역시 번제이다(민 28-29장의 각종 제의에 드려지는 제사의 목록 참고).

(3) 개인이 드리는 제사들 중에서 하나님과의 만남을 위해 드리는 가장 기본적이고 대표적인 제사 역시 번제였던 것으로 보인다. 열왕기상 3:4에서 솔로몬이 왕위 등극 후에 드린 일천 번제가 대표적이다. 또 미가서 6:6에는 "내가 무엇을 가지고 여호와 앞에 나아가며 높으신 하나님께 경배할까 내가 번제물로 일년 된 송아지를 가지고 그 앞에 나아갈까"라는 구절이 나온다. 개인이 하나님과의 만남을 위해 떠올리는 가장 기본적 제사는 이처럼 번제였던 것으로 보인다.

이제 번제와 관련된 여러 가지 주목할 점들을 살펴보도록 하자.

첫째, 번제는 5대 제사 중 가죽을 제외한 제물의 모든 것을 다 불살라 하나님께 드리는 유일한 제사였다. 이와 대조적으로 소제는 제물로 드리는 곡식 중 한 줌만을 하나님에게 기념물로 드렸고, 화목제는 제물의 기름진 부분들만을 하나님께 드렸고, 속죄제와 속건제는 지방 부분만을 하나님께 올려드리고 나머지는 제사장 몫으로 돌아갔다. 하지만 번제의 경우에는 가죽을 제외한 전부를 하나님께 불살라 드렸다. 이런 점을 고려할 때 인간의 시각에서는 번제가 가장 값이 비싼 제사였다.

둘째, 번제의 경우에도 속죄는 기본 사항이었다.(4절, "그를 위하여 속죄가 될 것이라"). 번제가 비록 속죄제나 속건제와 같이 특별히 어떤 죄를 처리한다는 언급은 나오지 않는다. 그러나 여전히 거룩한 하나님과의 교제를 위해서는 속죄는 기본이었다.

셋째, 번제의 제물로는 오직 수컷만이 허용되었다. 제물로 바치는 가축들은 그 자체가 값이 나가는 것들이었다. 그런데 그중에서도 상대적으로 더 귀한 수컷만이 제물로 허용되었다는 것은 번제가 비싸고 귀한 제사였음을 말해준다. 그리고 이 점이 주는 메시지는 하나님과의 관계를 누리는 것이 결코 공짜가 아니며, 귀한 것이라는 점이다. 아마 다윗은 이 점에 대해 분명한 인식이 있었던 것 같다. 그는 인구조사 후 하나님의 심판에 대한 속죄로 제사를 드릴 때 아라우나가 거져 주겠다는 가축으로 제사를 드리기를 원하지 않았다. 그래서 그는 삼하 24:24에서 "내가 값을 주고 네게서 사리라 값 없이는 내 하나님 여호와께 번제를 드리지 아니하리라"고 말한다. 방금 지적한 바와 같이 받은 만큼 요구되기 마련이다. 이처럼 "하나님이 기뻐하시는 제사는 봉헌자에게 값이 나가는 것이어야 한다."[23] 제사가 비싼 것이라는 말은 속죄가 결코 값 없이 주시는 은혜가 아니라는 것을 보여준다는 점을 유념해야 한다.

넷째, 비록 번제의 메시지가 하나님과의 관계를 얻는 것이 비싸다는 것을 보여주기는 하지만 하나님은 그 비싼 값을 치를 수 없는 가난한 사람들을 위하여 관계 회복의 길을 열어 놓으셨다. 그 길은 새의 번제이다. 우리는 하나님을 섬기는 것이 결코 싸거나 공짜가 아님을 알아야 한다. 그러나 또한 하나님은 결코 우리가 돈이 없으면 섬길 수가 없는 분도 아니다. 신약에서 예수께서는 과부가 바친 아주 작은 돈인 두 렙돈에 대해 "내가 진실로 너희에게 이르노니 이 가난한 과부는 헌금함에 넣는 모든 사람보다 많이 넣었도다"고 하신 바가 있다(막 12:41−44≈눅 21:1−4). 이와 마찬가지로 새의 번제를 통해서 하나님은 가난한 자들이 관계 회복을 위해 나아오는 것을 귀히 여기신다.

다섯째, 각 번제물의 봉헌 절차 마지막에는 "화제라 이는 향기로운 냄새니라"는(1:9, 13, 17)라는 후렴구가 나온다. 이 문구는 번제가 봉헌자에 대해 하나님의 호의를 회복시키는 결과를 낳음을 의미한다. 하나님은 죄인이 하나님 앞에 나아오는 것을 사랑하시는 분이다.

---

23 M. Rooker, *Leviticus* (Nashville: B & H Publishing Group, 2000), 93.

1단계: 사역

1:1 여호와께서 모세를 부르시고, 회막에서 그에게 말씀하셨다.

1:2 이스라엘 자손에게 말하고, 그들에게 이르라. 만약 너희 중의 어떤 사람이 예물을 여호와께 드리려거든 가축, 곧 '소'와 '작은 네 발 가축' 중에서 너희의 예물을 드려라.

1:3 만약 그의 예물이 소의 번제이면 흠 없는 수컷으로 그것을 드려라. 여호와 앞에서 그것이 받아들여지도록 그것을 회막문에서 드려라.

1:4 그리고 그의 손을 그 번제물의 머리에 얹으라. 그러면 그것이 그를 위하여 속죄를 하도록 그를 위하여 받아들여질 것이다.

1:5 그리고 그 수소를 여호와 앞에서 도살하라. 그리고 아론의 아들들 제사장들이 그 피를 가져가라. 그리고 그 피를 회막문에 있는 제단 사방에 뿌려라.

1:6 그리고 그 번제물의 가죽을 벗기고, 그것을 각을 떠라.

1:7 그리고 아론의 아들들 제사장들은 제단 위에 불을 붙이고, 나무들을 그 불 위에 배열하여라.

1:8 그리고 아론의 아들들 제사장들은 각뜬 것들과 머리와 지방을 제단 위의 불 위의 나무 위에 배열하여라.

1:9 그리고 (봉헌자가) 그것의 내장과 정강이들을 물로 씻어라. 그리고 제사장이 그 모든 것을 제단에서 불사르라. 이것이 화제, 곧 여호와를 위한 향기로운 냄새니라.

2단계: 사역 해설

1:2 "이스라엘 자손에게 말하고"

레위기의 하나님의 말씀들은 그 첫머리에 이처럼 그 규례의 주 청중이 누구인지를 명시하는 경우가 대부분이다. 레위기 해석에 있어서 이 점은 본문의 이해에 결정적인 경우가 많다.

"만약"

조건절을 이끄는 히브리어 접속사 *키*(כִּי)가 사용되고 있다. 5대 제사 본문은 각기 번제, 소제, 화목제, 속죄제, 속건제라는 큰 범주 아래에 하부 범주들을 두고 있다. 일례로 번제의 경우는 소의 번제, 작은 네 발 가축의 번제(개역개정의 "양"의 번제, 바로 아래에 나오는 "작은 네 발 가축"의 해설 참고), 새의 번제라는 하부 범주가 있다. 이때 큰 범주는 *키*(כִּי)가 사용되고, 하부 범주는 *임*(אִם)이 사용되는 경향이 있다. 물론 이 두 단어 자체는 모두 '만약'이라는 동일한 의미로 번역하면 된다.

"어떤 사람"

이 표현의 히브리어는 *아담*(אָדָם)이다. 이 단어는 남자와 여자를 모두 포괄하는 '사람'이라는 개념으로 이해하면 된다.

"예물" *코르반*(קָרְבָּן)

이 명사는 '다가가다'라는 뜻을 가진 *카라브*(קָרַב)에서 파생된 명사로서 '갖다 바치는 것' 정도의 의미이다. 구약에서 제물을 지칭하는데 가장 일반적이고, 가장 포괄적인 의미로 사용된 단어이다. 구약성경에서 총 80회가 사용되었는데, 레위기 40회, 민수기 38회, 에스겔서에 2회가 사용됨으로써 상당한 편중성을 보이고 있다. 신약의 '고르반'이 바로 이것이다(막 7:11).

"가축"

히브리어로는 *브헤마*(בְּהֵמָה)이다. 제물로 드릴 수 있는 짐승에 대한 용어 중 최상위 범주는 바로 이 *브헤마*인데, 이 단어는 기본적으로는 (1) 짐승 일반 (2) 네 발 달린 짐승 (3) 네 발 달린 가축 등의 의미를 갖고 있다. 제사법에서는 거의 절대적으로 (3)번의 의미로 쓰인다. 즉 제물로 쓰이는 짐승은 본래 네 발 달린 가축이어야 한다. 따라서 새의 제물(1:14–17 등)은 이 범주에 들지 않는 예외적인 제물이라고 할 수 있으며, 바로 이런 시각에서 새의 번제를 이해해야 한다. 이 점에 대해서는 1:14–17에서 자세하게 다룰 것이다.

"소" *바카르*(בָּקָר)

*브헤마*의 하부 범주로는 *바카르*(בָּקָר)와 *존*(צֹאן)이 있다. 이 중 *바카르*는 네 발 가축 중 소를 가리키는 용어이다. 각종 소, 즉 '황소', '암소', '송아지' 등등이 다 이 단어로 지칭될 수 있다.

"작은 네 발 가축" *존*(צֹאן)

*존*은 네 발 가축 중 작은 것들, 즉 양(*케세브*, כֶּשֶׂב)과 염소(*에즈*, עֵז)를 포괄하는 용어이다. 즉 '작은 네 발 가축', 즉 *존*이라는 상위 범주 아래에 '양'과 '염소'라는 하부 범주가 들어 있는 것이다. 그런데 개역개정이나 새번역 등의 한글 성경들은 이 *존*을 거의 전부 하부 범주인 "양"으로 번역하는 오류를 일관되게 범하고 있다. 지금까지 언급한 가축들의 이름 사이의 상관관계를 도표화하면 다음과 같다.

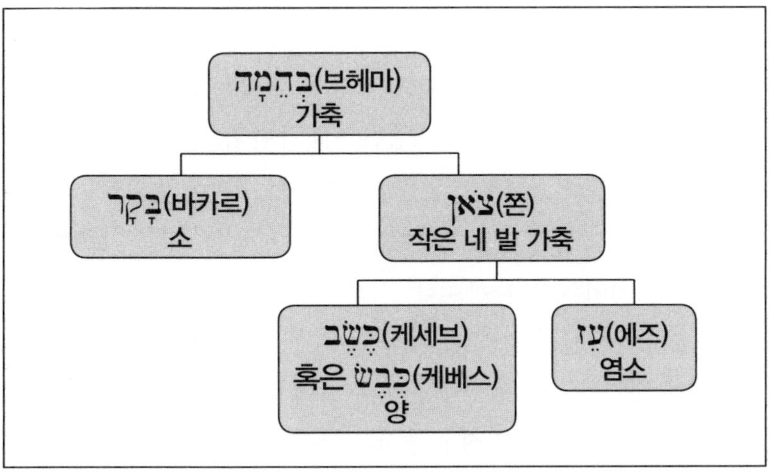

*촌*을 '양'으로 번역함으로써 발생하는 문제는 1:10을 보면 알 수 있다. 이 10절의 번역은 "그 예물이 가축 떼(*촌*)의 양(*케세브*)이나 염소(*에즈*)의 번제이면"이라고 되어 있는데, 여기에서 '가축 떼'는 *브헤마*가 아니라 *촌*이다. 1:2에서는 '양'이라고 번역된 단어이다. 10절에서도 이것을 '양'이라고 번역했다면 "그 예물이 양의 양이나 염소의 번제이면"이라고 동어반복적으로 번역하게 되었을 것이다. 이것을 피하기 위해 개역개정은 앞의 '양', 즉 원래 히브리어로는 *촌*을 살짝 "가축 떼"로 번역하는 편법을 택하고 있다.

1:3 "만약" *임*(אִם)

앞에서 말한 대로 1:2의 *키*(כִּי)는 번제 전체 본문의 서두 역할을 하며, 3, 10, 17은 각각 소, 작은 네 발 가축, 새의 번제의 서두 역할을 하기 때문에 *임*(אִם)으로 시작되는 조건절이 나온다.

"번제" *올라*(עֹלָה)

이 단어는 '올라가다'(to go up)란 뜻을 가진 *알라*(עָלָה)란 동사의 분사 능동형을 명사로 쓴 것이다. 즉 번제의 이름으로 쓰이는 *올라*는 제물을 태워서 그 연기가 하늘로 올라가는 것을 형상화한 것이다.

"드려라"

3–9절의 소의 번제 절차 중 봉헌자가 하는 역할은 단수 동사로 표현되어 있다. 반면에 제사장이 담당하는 역할은 5절 중반의 '가져가라'는 동사의 경우와 같이 복수 동사로 표현되어 있다. 그 이유는 제사장의 역할을 언급할 때는 주어가 '아론의 아들들 인 제사장들'(*브네 아하론 학코하님*, בְּנֵי אַהֲרֹן הַכֹּהֲנִים)이라고 표시되어 있기 때문이다. 따라서 이 번제의 절차 중 봉헌자의 명령은 단수 동사, 제사장의 역할은 복수 동사가 사용되었다고 보면 거의 맞는다. 이 원칙에 벗어난 유일한 경우는 소의 번제 절차의 마지막에 제사장이 제물 전체를 불사를 때이다. 이 경우 동사가 단수로 되어 있는데, 주어가 '그 제

사장'이라고 단수로 명시되어 있기 때문에 이 불사르는 동작의 주어가 누구인가 하는 혼란은 없다.

또한 '드려라'는 명령은 3절에서는 간접명령형(jussive) 형태를 써서 사용되고 있으며, 이후로 따라 나오는 동사들은 9절 전까지는 모두 '봐브+완료형' 형태를 띠고 있으며, 의미상으로는 앞의 간접명령형의 효력을 계속 이어간다.

"흠 없는" *타밈*(תָּמִים)

제사법에서 흔히 '흠이 없다'는 표현에 사용되는 히브리어 단어는 원래 다른 문맥에서는 '완전하다'(perfect)는 뜻으로 주로 쓰이며, 동일한 어근에서 나온 동일한 뜻의 동족어로는 *탐*(תָּם)이라는 단어가 있다. 이 *타밈*의 70인경 번역은 *아모모스*(ἀμώμος)이다(엡 1:4 등).

"수컷" *자카르*(זָכָר)

번제의 경우에는 제물로는 수놈만이 요구되었다.

"여호와 앞, 회막문 앞"

제사법에서는 이 두 표현이 많이 사용된다. 이것의 중요성은 "본문 해설" 중에 다루도록 하겠다.

"그것이 받아들여지도록" *리르쪼노*(לִרְצֹנוֹ)

이 문구는 전치사 *르*(לְ), *라쫀*(רָצוֹן), 소유격 인칭대명사 3인칭 남성 단수인 *오*(וֹ, '그의'[his]란 뜻)의 조합으로 이루어져 있다. 이 문구는 세 가지 정도의 번역 가능성을 갖고 있다. (1) 그(즉 하나님)의 받아들이심을 위하여. (2) 그(봉헌자)가 받아들여짐을 위하여. (3) 그것(제물)이 받아들여짐을 위하여. 개역개정은 "기쁘게 받으시도록"이라고 번역함으로써 (1)번 번역을 택하고 있다. 그러나 히브리어 상으로 이 문구에 바로 이어서 "여호와 앞에"란 문구가 나온다는 점, 그리고 이어지는 4절에서 "그것(제물)이…받아들여질 것이다"라는 문구가 나온다는 점 등을 고려할 때 (3)번 번역이 가장 가능성이 높아 보인다.

1:4 "손을…누르라" *사마크 야도*(סָמַךְ יָדוֹ)

개역개정에서는 "안수하다"라고 번역되어있다. 이 글에서 '누르다'라는 뜻으로 번역한 *사마크*란 단어는 원래 '~에 기대다'(to lean on) 등의 의미로 사용되는 단어이다. 따라서 이 단어는 그냥 단순히 손을 제물의 머리에 얹거나 걸치는 정도의 뉘앙스가 아니라 손을 머리에 올려 놓고 몸의 무게를 어느 정도 제물에 싣는 것을 일컫는다. 따라서 웬함은 이 단어를 단순히 '올려 놓다'(to lay) 정도가 아니라 '누르다'(to press)로 번역할 것을 제안한다.[24]

"손을"

이 본문에서 '손'(hand)은 단수로 되어 있다. 최근의 학자들 중에는 안수 시에 한 손을 올려 놓느냐, 두 손을 올려 놓느냐 하는 것에 따라 의미가 달라진다고 주장하는 경우들이 꽤 있다.[25] 즉 속죄일의 속죄 염소의 머리에 두 손을 올려 놓도록 분명하게 명시되어 있는 경우만 안수가 대속적 개념을 띠고, 그렇지 않은 일반 제물의 안수는 한 손으로만 안수하며, 대속적 개념도 없으며, 단지 봉헌자의 제물에 대한 소유권을 표시하는 행위라는 것이다. 그러나 히브리어는 한국어처럼 정말 단/복수의 문제가 중요한 경우를 빼고는 그냥 단수 명사를 막연하게 사용하는 경우가 많다. 특히 민수기 27:18, 23을 보면 모세의 후계자 여호수아의 안수와 관련하여 사용된 '손'이란 단어가 한 번은 단수(hand), 한 번은 복수(hands)가 사용되었다. 이런 현상은 안수 시에 사용되는 손의 숫자는 그다지 중요한 것이 아니었을 가능성을 보여준다. 따라

24 G. J. Wenham, *The Book of Leviticus* (NICOT; Grand Rapids: Wm. B. Eerdmans, 1979), 61.

25 Milgrom, *Leviticus 1-16*, 151–153.

서 손의 단/복수 문제에 기초하여 제물의 머리에 안수하는 것이 대속적 의미를 갖는 것이 아니라 단지 소유권의 표시일 뿐이라는 견해는 무리가 있다. 이 점은 이 구절이 안수와 속죄를 밀접하게 연결시키고 있다는 점을 통해서 증명된다.

"속죄를 하도록" *르캅페르*(לְכַפֵּר)

개역개정은 "속죄가 되도록"이라고 수동태로 번역하고 있으나 이 사역에서는 이것의 능동적 의미를 살려서 번역하였다. 이 능동적 의미는 안수를 한 제물이 봉헌자를 위해 속죄의 기능을 하는 것을 강조해준다. 물론 그 결과로 봉헌자는 개역개정의 번역처럼 속죄를 받게 되는 것은 사실이다. 그러나 개역개정은 너무 많은 경우 능동태와 수동태를 뒤집어 놓음으로써 어느 것이 주체이고 어느 것이 객체인지를 모호하게 만드는 경우가 많다.

1:5 "수소"

'수소'는 개역개정에는 "수송아지"로 되어 있다. 이것은 히브리어 *벤 합바카르*(בֶּן הַבָּקָר)를 번역한 것이다. 제의법상으로는 *바카르*가 큰 네 발 가축 중 소를 특별히 가리키고, *벤*이 통상적으로는 '아들'(son)을 의미하기 때문에 전통적으로 이 어구를 '소의 아들', 즉 '수송아지'로 이해했다. 그러나 여기에서 *벤*은 '아들'을 의미한다기보다는 '종류'(kind)를 의미한다고 보는 것이 더 타당하다.[26] 따라서 이 어구는 '소의 종류'라고 해석하는 것이 낫다. 번제의 맥락에서는 이미 3절에서 수컷을 바치라고 언급하고 있기 때문에 결국 '수소'로 번역하는 것이 *벤 합바카르*의 해석으로 가장 적절하다. *벤*을 이처럼 '아들'이 아니라 '종류'로 해석하는 것은 제사법 본문에서는 거의 항상 유효하다.

26 John E. Hartley, *Leviticus* (WBC, 4; Dallas: Word, 1998), 13.

“아론의 아들들 제사장들” *브네 아하론 학코하님*(בְּנֵי אַהֲרֹן הַכֹּהֲנִים)

제사장들이 담당하는 절차들을 나타내는 동사들의 주어로 이 어구가 사용된다. 이 주어가 복수형으로 이루어져 있기 때문에 동사도 복수형이 사용된다.

“뿌려라” *자라크*(זָרַק)

개역개정이 “뿌리다”라는 뜻으로 번역하고 있는 히브리어 동사들로는 이 *자라크*(זָרַק)와 *힛자*(הִזָּה, *나자*[נָזָה]의 히필형)가 있다. *자라크*는 번제의 경우에서와 같이 피를 받아다가 크게 뿌리는 행위를 나타내며, *힛자*는 속죄제의 경우와 같이 대제사장이 피를 회막 안으로 가지고 들어가서 손가락으로 찍어 지성소의 휘장(*파로케트*, פָּרֹכֶת)에 뿌리는 행위를 나타낸다. (참고로 개역개정은 이 지성소의 휘장을 언급하면서 “성소의 휘장”이라고 번역하고 있는데, 이 번역은 혼란의 여지가 좀 있다. 성막과 뜰의 경계선을 이루는 성소의 휘장을 가리키는 히브리어 단어는 *마사크*[מָסָךְ]이다.)

“제단 사방에”

제물의 피는 제단의 네 벽에 뿌려진다.

1:6 “각” *네타흐*(נִתַּח)

각을 뜨는 것은 소나 양과 염소와 같은 덩치가 큰 제물들을 다루기 쉽고, 제단에 올려 놓기 좋은 크기로 자르는 것을 가리킨다. 아마 이런 각 뜨기는 어떤 정해진 형태로 자르는 것이 아니라 제물의 신체 구조를 활용해 연결 부위들을 따라 절단하는 식으로 이루어졌을 것이다. 새번역 성경은 “각을 뜨다”라는 표현을 “저미다”라고 번역하고 있는데 이것은 좀 어처구니 없는 오류라고 할 수 있다. 저민다는 것은 곧 포를 뜨는 것을 의미하는데, 레위기의 제물은 결코 포를 뜨지 않았다. 이런 오류는 속히 수정되어야만 할 것이다.

1:8 **"지방" *페데르*(פֶּדֶר)**

'지방'이란 뜻의 좀 더 흔한 단어는 *헬렙*(חֵלֶב)이다. *페데르*는 이 *헬렙*과 결국 동일한 부위를 지칭하는 것으로 보이는데, 흥미롭게도 오직 번제의 경우에만 *페데르*라는 단어를 쓴다. 구약성경 전체에서 단 세 번만 나온다(레 1:8, 12, 20). 개역개정은 *페데르*와 *헬렙*을 일관되게 "기름"이라고 번역하고 있으나 21세기의 한국어에서 이 번역은 적절하지 못하게 보인다. '기름'은 요즘에는 거의 전적으로 액체 상태로 된 것을 가리키지만 제물의 기름은 사실은 고체 상태이기 때문이다. 따라서 "지방"이라는 번역이 더 낫다. 한편 새번역 성경은 이 단어를 "기름기"라고 번역하고 있는데, 이것 역시 굉장한 오역이라고 할 수 있다. '기름기'는 그야말로 '어떤 것에 묻어 있거나 배어 있는 기름의 기운'을 의미하는 것이다. 제물의 지방을 가리키는 용어로 아주 부적절하다.

1:9 소의 번제의 마지막 구절인 9절은 지금까지와는 달리 간접명령형(jussive) 형태의 동사를 사용하고 있다. 이것은 제사법에서 저자가 한 단원의 마감 부분을 나타내 주기 위해 사용한 형식이다.[27]

"(봉헌자가)"

이것을 괄호를 친 이유는 이것이 히브리어 본문 안에 명시되어 있지 않기 때문이다. 그러나 본문의 흐름을 볼 때 내장과 정강이를 씻는 사람은 봉헌자가 분명하다.

"제사장이" *학코헨*(הַכֹּהֵן)

여기에서 제사장은 단수로 되어 있다. 아마 번제 제사의 마지막을 차지하는 불사르는 절차는 아론의 아들들 제사장들 중 어느 한 명에게 임무가 할당된 것으로 보인다.

---

27 Milgrom, *Leviticus* 1–16, 160.

"불사르라" *히크티르*(הִקְטִיר, קטר의 히필형)

제물의 부위들을 불태우는 행위를 나타내는 동사는 두 가지가 있다. 하나는 이 *히크티르*이다. 그리고 다른 하나는 *싸라프*(שָׂרַף)다. *히크티르*의 어근이 되는 *카타르*(קטר)는 향료와 관계된 단어이다. 따라서 이 단어는 마치 향을 피우듯이 제물을 태워서 하나님께 향기로운 냄새가 되게 바치는 동작을 나타내는 어휘이다. 반면 *싸라프*는 일반적으로 태우는 동작을 묘사할 때 사용되는 단어이며, 제사법상으로는 제물의 남은 것들을 폐기하는 것을 나타낼 때 사용되는 단어이다(4:12, 21; 6:23; 7:17, 19 등). 이 레위기 해설에서는 *히크티르*는 "불사르다", *싸라프*는 '태우다'로 일관되게 해석함으로써 한국어로도 선명하게 구분이 되게 하겠다.

"화제라" *잇쉐*(אִשֶּׁה)

이 단어는 전통적으로 '불'(fire)이라는 뜻의 히브리어 단어 *에쉬*(אֵשׁ)에서 파생된 단어로서 '불의 제사'라는 뜻에서 '화제'로 번역되는 경우가 많았다. 그러나 최근의 많은 주석가들은 이런 해석에 의문을 제기하고 있다. 예를 들어 성경은 불에 한 번도 접촉하지 않은 술의 제물인 전제(wine offering)도 화제라고 부른다(민 15:10). 또한 불로 태워 드리는 제사인 속죄제의 경우는 단 한 번도 화제라고 불리지 않았다.[28] 이런 이유로 해서 주석가들은 같은 셈족계 언어들과의 관계 속에서 이 단어의 의미를 찾으려 한다. 그 결과 그들이 제시한 대안적 의미들은 '음식 제물'(food offering)이나 '선물'(gift) 혹은 '선물 제물'(gift offering) 등이다.[29] 비록 '화제'가 성경에 나타난 증거들을 충분히 다 설명하지 못하지만 대안적 견해들 역시 아직은 확정적이지 않은 것으로 보인다. 그래서 이 글에서는 일단은 '화제'란 번역을 남긴다. 하지만 그 한계에 대해서는 인식할 필요가 있다.

---

28 이 두 예에 대해서는 Milgrom, *Leviticus* 1–16, 161을 보라.

29 Wenham, *Leviticus*, 56, n. 8; Watts, *Leviticus* 1–10, 209–211 등.

"향기로운 냄새" ***레아흐-니호아흐***(רֵיחַ־נִיחוֹחַ)

레위기 1-3장은 번제, 소제, 화목제의 세 가지 제사에 대해서 후렴구로 "여호와께 향기로운 냄새"라는 표현을 계속해서 쓰고 있다. 이 후렴구는 세 제사가 드려지면 최종적으로 하나님께 '향기로운 냄새'로 수용된다는 것을 말해준다. 5대 제사에 대한 본문 속에서 세 제사 외에 이 단어가 사용된 유일한 경우는 레위기 4:31의 속죄제 본문인데, 이 점에 대해서는 해당 본문을 다룰 때 다루도록 하겠다.

3단계: 단락 구분

레위기 1장의 단락 구분은 다음과 같다.

- 1:1 레위기 전체의 서론
- 1:2 제사법 본문 I (1:2-5:13)의 서론/번제 본문(1장)의 서론
- 1:3-17 번제 각론
  - 1:3-9 소의 번제
  - 1:10-13 작은 네 발 가축(양/염소)의 번제
  - 1:14-17 새의 번제

1절은 레위기 전체를 열어 주는 역할을 하고 있다. 2절은 정확히 특정하기는 쉽지 않지만 최소한 이중적인 역할을 하고 있는 것만은 분명하다.

첫째, 이 구절은 제사법 본문(1-7장) 중 일반 백성을 위한 제사법 본문(1:2-5:13)의 서론 역할을 하고 있는 것으로 보인다.[30]

둘째, 이 구절은 직접적 문맥인 번제 본문의 서론 역할도 하고 있는 것으

30 이 점에 대해서는 앞에서 레위기 1-7장의 구조를 다루면서 언급한 바가 있다.

로 보인다.

3–17절은 번제 제사의 각론 부분으로서 세 가지 종류의 번제물의 제사에 대해서 다루고 있다. 제물의 취급 순서는 크기를 기준으로 하고 있다.

제사법의 내용상의 흐름을 이해하는데 있어서 중요한 한 가지 중요한 점은 '만약'이라는 접속사이다. 2절의 번제 본문 전체의 서론은 "만약 너희 중의 어떤 사람이 예물을…드리려거든"이라고 말씀하고 있는데, 이때 '만약'이라는 접속사는 *키*(כִּי)이다. 반면 세부적으로 각 번제물 본문의 서론 역할을 하고 있는 3, 9, 14절에 사용된 '만약…드리려거든'이란 문구에 사용된 접속사는 *임*(אִם)이다. 이처럼 큰 단원의 시작은 키, 세부 단원의 시작은 *임*이란 접속사를 사용한다는 점을 알면 본문 이해에 큰 도움이 된다.

또한 제사법 본문의 세부 단원들은 주로 세 개로 이루어져 있다는 점을 아는 것도 본문 이해에 도움이 된다.[31] 이 번제 본문도 이런 레위기의 특징을 따라 세 가지 종류의 번제물에 대해서 다루고 있다.

4단계: 본문 해설

1:1 "회막에서 그에게 말씀하셨다"

여기에서 회막은 곧 성막을 의미한다(출 40:2).[32] 레위기를 여는 이 문구는 레위기를 앞의 문맥, 즉 출애굽기 19–40장의 성막 본문과 연결시켜 준다. 출애굽기 19–24장, 즉 성막, 곧 회막을 짓기 전에는 모세는 시내 산 정상으로 하나님의 계시를 받기 위해 올라 다녔다. 그러나 이제 성막이 완성(출 40:34–38)된 후에는 모세는 하나님의 계시를 회막에서 받는다. 이 점은 이스

---

31 Wenham, *Leviticus*, 47–48, 67, 74, 116, 132–133 등.

32 또한 개역개정 번역에서는 적절하게 번역되어 있지 않지만 출 40:2과 동일하게 '회막 곧 성막'이라는 표현이 나오는 다른 본문들은 출 39:32; 40:6, 29; 대상 6:32(히, 6:17)이 있다. 이 본문들은 전부 다 회막과 성막을 동일시하고 있다.

라엘의 계시의 역사에서 가장 중대한 변화들 중의 하나이다.

1:2 "이스라엘 자손에게 말하고"

레위기에 나오는 하나님의 명령들은 이처럼 해당 본문의 주 청중이 누구인지를 밝히는 경우가 대부분이다. 제사법 I 본문(1:2-6:7)의 주 청중은 바로 "이스라엘 자손"인 것이다. 반면에 제사법 II 본문(6:8-7:36)은 그 도입부인 6:8-9에서 밝히고 있듯이 '아론과 그의 자손', 즉 제사장들이다.

"만약 너희 중의 어떤 사람이 예물을 여호와께 드리려거든"

이스라엘 공동체에 있는 모든 사람들은 남자든 여자든 다 예물을 드릴 수 있었다. 예를 들어 여자의 경우는 레위기 12:6-8을 보라(출산과 관련). 또한 이스라엘 중에 거하는 이방인들도 역시 제사를 드릴 수 있었다(22:18, 25 등).

"가축", "소", "작은 네 발 가축"

제물용 가축과 관련된 히브리어 원어에 대해서는 위의 "사역 해설"(61-62쪽)을 보라. 기본적으로 제물은 그냥 아무 짐승이 아니라 '가축'이어야만 했다. 아마 가축이 요구된 이유는 이 제물의 대속적 죽음과 밀접하게 연관되어 있는 듯하다. 대신 죽는 것의 의미는 아무래도 해당 짐승이 가축일 때 그 감정적 강도와 의미가 더 강화되었을 것이다. 또한 제물로 바칠 수 있는 가축의 목록에 새가 포함되지 않았다는 점도 인상적이다. 새는 하나님께서 가난한 자들을 배려해서 용인해주신 것이지 원래부터 정당한 제사의 일부는 아니었다. 이 점은 해당 본문에 가서 좀 더 자세하게 다루도록 하겠다.

1:3 "소의 번제이면 흠 없는 수컷으로"

3-9절은 번제물 중의 첫 번째 종류인 소의 번제에 대해서 다루고 있다. 번제물로 드려질 소에 대해서는 두 가지 사항이 요구되고 있다. 첫째, 수컷이어야 한다. 둘째, 흠이 없어야 한다.

먼저 수컷에 대해서 살펴보자. 화목제와 속죄제의 경우에는 암컷도 제물로 드릴 수가 있었다(레 3:1, 6; 4:28, 32; 5:6). 그러나 번제는 오직 수컷만이 허락되었다. 수컷은 암컷보다 상대적으로 더 비쌌던 것으로 보인다.[33] 이 점은 속죄제의 경우에 지파의 족장은 숫염소, 평민은 암염소가 요구되었던 것을 보면 알 수 있다(레 4:23, 28). 이런 점으로 볼 때 번제에 수컷만이 허락되었다는 점은 번제가 상대적으로 더 귀한 제사였기 때문인 것으로 보인다.[34]

번제물은 또한 흠이 없는 것이어야 했다. 일반적인 생각과는 달리 하나님께 드리는 모든 제사가 다 흠이 없어야 하는 것은 아니었다. 최소한 한 가지, 즉 화목 제사 중의 하나인 자원제의 경우에는 어느 정도 흠이 있는 제물도 허용되었다(레 22:23). 그 이유는 아마도 그 이름 그대로 하나님께 자발적인 마음에서 드리는 자원제의 경우에는 하나님께서 약간 제물의 상태에 대한 기준을 낮추어 주신 것으로 보인다. 그러나 기타 경우에는 제물은 흠이 없어야 했다.

앞의 "사역 해설"(63쪽)에서도 잠깐 살펴본 바와 같이 '흠이 없다'라는 뜻으로 원래는 '완전하다'는 뜻을 가진 *타밈*(תָּמִים)이라는 단어가 사용된 점은 흥미롭다. 원래 '흠'이란 뜻의 단어로는 *뭄*(מוּם)이라는 전문적인 단어가 있으며, 이 단어에 부정어를 덧붙인 *앤-뭄*(אֵין־מוּם)이라는 표현이 '흠이 없다'라는 뜻으로 사용될 수 있었기 때문이다(레 21–22장에 집중되어 나옴). 그러나 레위기 1–7장의 제사법 본문 등은 제물의 자격에 대해서 이야기할 때 거의 예외 없이 타밈을 사용하고 있다.

그 이유는 *타밈*이란 단어가 봉헌자에게 하는 영적, 윤리적 요구와 연결되어 있기 때문이라고 생각된다. 이 단어는 원래 사람의 도덕적인 측면 등에서의 완전함 혹은 의로움을 나타낼 때 대표적으로 사용되는 표현이었다(창

---

33 Joann Scurlock, "The Techniques of the Sacrifice of Animals in Ancient Israel and Ancient Mesopotamia: New Insights Through Comparison, Part 1", *AUSS* 44 (2006), 18

34 Wenham, *Leviticus*, 55.

6:9; 참고, 욥 1:1에는 동족어이자 거의 같은 의미의 단어인 *탐*[תָּם]이 사용됨). 또한 창세기 17:1과 신명기 18:13에서는 각각 아브라함과 이스라엘 백성은 *타밈*하라는 요구를 하나님으로부터 받았다. 또 잠언 28:18은 "성실하게 행하는 자(곧 *타밈*하게 행하는 자)는 구원을 받을 것이니"라고 말씀하고 있다.

내가 생각하기에 레위기가 '흠 없음'이란 뜻으로 전문 용어인 *엔-뭄*(מוּם־אֵין)이란 용어 대신에 *타밈*을 사용하고 있는 이유는 그것이 제사를 드리는 사람이 도달해야 할 목표인 완전함을 상징하고 있기 때문인 것으로 보인다. 현 본문 내에서 봉헌자는 안수를 통해서 자신과 제물을 동일시한다. 즉 하나님 앞에서 죄로부터 자유롭지 못한 그가 완전하게 흠이 없는 제물에 안수함을 통해서 자신과 제물을 동일시한다. 제물의 완전함은 그의 불완전함을 대신하며, 또 그가 제사를 통해서 회복해야 할 목표를 나타내준다.

구약성경의 헬라어 번역본인 70인경(LXX)은 *타밈*을 *아모모스*(ἄμωμος)라는 헬라어 단어로 번역하고 있으며, 신약은 이 번역을 받아들이고 있다. 위에서 언급한 바와 같이 제물의 '완전함'이 봉헌자의 윤리적 상태 등을 나타낸다는 생각은 예수 그리스도의 제물의 피를 '완전함'이라는 것과 연결시키고 있는 구절들을 통해서 지지된다(벧전 1:19; 히 9:14). 이 구절들은 바로 예수 그리스도의 흠이 없는 제사가 죄인들을 그 조상들로부터 물려받은 죄성과 그들 자신의 죄성에서 벗어나 깨끗한 모습으로 하나님을 섬길 수 있게 만들 수 있는 효력이 있음을 이야기하고 있다. 더 나아가서 '흠이 없음' 혹은 '완전함'이라는 표현은 예수 그리스도를 통하여 구원 얻은 성도들의 모습을 묘사할 때도 사용된다(엡 1:4; 빌 2:15; 계 14:5).

이런 모든 것을 볼 때 하나님께서 흠이 없는 제물을 요구하신 것은 단순히 제물의 상태에 대한 요구일 뿐이라고 이해해서는 안 된다. 이것은 또한 그 제물을 바치는 봉헌자의 상태에 대한 요구이자 목표점이기도 한 것이다. 구약의 제사법이 꿈꾸는 이상은 결국은 봉헌자 자신이 흠이 없어짐으로써 더 이상 흠 없는 제물을 대신 바쳐야 할 필요가 없게 되는 상태에 이르는 것으로 보인다. 그러나 물론 이 이상은 예수 그리스도를 통해서만 성취된다. 하지만 구약에서 봉헌자의 흠 없음에 대한 요구가 가진 중요성만은 결코 놓쳐서는 안 된다.

마지막으로 이 '흠이 없음' 혹은 '완전함'과 거룩의 연결도 중요하다(엡 1:4; 5:27; 골 1:22). 앞에 언급된 성경 구절들은 흠이 없다는 것을 거룩함과 동일시하고 있다. 거룩이 결국 하나님의 백성이 도달해야 하는 궁극적 목적(출 19:6; 레 11:44-45; 19:2; 20:7, 26; 21:8; 벧전 1:15-16 등)이라고 할 때 제물의 흠이 없음은 또한 거룩에 대한 요구도 봉헌자에게 하고 있다는 점을 깨달아야 한다.

"여호와 앞에서…회막문에서 드려라"

제물이 드려지는 물리적 장소는 물론 제단이다. 그러나 레위기는 이 장소를 자주 "여호와 앞" 또는 "회막문에서"라는 문구로 표현하고 있다. 이것이 가진 중요한 신학적 의미는 1:5의 "그 피를 회막문에 있는 제단 둘레에 뿌리라"는 문구에 대한 본문 해설을 보라.

1:4 "그의 손을…얹으라…그것이 속죄를 하도록 그를 위하여 받아들여질 것이다"

이 본문은 봉헌자가 흠이 없는 제물의 머리에 안수하여 바치는 것이 속죄라는 결과를 가져온다는 것을 지적하고 있다. 최근의 레위기 학자들은 여기에서 안수를 하는데 사용된 손이 복수가 아니라 단수로 되어 있다는 것에 기초해서 이 안수 행위는 전통적 견해와 달리 대속적 의미는 없고 단지 소유권 표시일 뿐이라고 주장하는 경향이 있다. 그러나 앞의 "사역 해설"에서 지적한 바와 같이 안수하는 손의 단/복수 문제는 타당성이 없으며, 이 구절은 안수 행위와 속죄와의 밀접한 상관관계를 보여주고 있다. 이런 상관관계에 대한 가장 적절한 설명은 역시 전통적 견해를 따라 번제물의 죽음을 대속적으로 이해하는 것이다.

1:5 "수소를 여호와 앞에서 도살하라"

도살하는 행위는 봉헌자에 의해서 이루어진 것으로 보인다. 이에 대한 증거는 크게 두 가지이다. 첫째, 동사가 단수로 되어 있다. 둘째, 바로 다음에 나오는 절차인 피를 제단으로 가져가는 절차에는 '아론의 아들들 제사장들'이란 주어가 명시되고, 동사도 복수형으로 바뀐다. 따라서 제물의 도살 행위를 담당하는 것은 봉헌자로 보는 것이 적절하다.

"아론의 아들들 제사장들이 그 피를 가져가라"

제사를 드릴 때 봉헌자의 임무와 제사장 직분자의 임무는 뚜렷하게 구분되어 있는 것으로 보인다. 제사장 직분자는 제단과 접촉해야 하는 일을 한다. 피를 제단에 뿌리는 일, 제단의 불을 관리하는 일, 제물을 제단에 올려 놓고 태우는 일 등이 그것이다. 반면 제단과 직접적인 접촉을 하지 않고도 행해질 수 있는 일들은 봉헌자가 다 담당하는 것으로 보인다.

"그 피를 회막문에 있는 제단 둘레에 뿌리라"

제물을 드리고 피를 뿌리는 장소는 당연히 제단이다. 그러나 레위기는 이 제단을 자주 "여호와 앞"이나 "회막문"이라는 표현으로 언급하고 있다. 제물을 갖다 바치는 곳이 3절에서는 제단이 아닌 "여호와 앞"과 "회막문"으로 되어 있고, 또한 5절에서는 피를 뿌리는 제단의 위치를 "회막문에 있는"이라고 명시하고 있다. 이처럼 제사법에서는 굳이 "단"이라고 좁혀서 말하지 않고 "회막 입구"라는 표현을 즐겨 쓴다. 불행히도 이 점에 대해서 충분히 다루고 있는 주석은 별로 눈에 띠지 않지만 이런 회막문에 대한 강조는 상당히 중요해 보인다. "여호와 앞"과 "회막문"이 강조되고 있는 이유는 결국 제사란 것의 궁극적 목적이 단순히 제단에 드려지는 것이 아니라 그것을 통해 하나님과의 관계를 회복하는 것이기 때문이다. 그런 점에서 "회막문"이라는 표현은 레위기의 신학과 관련하여 아주 적절한 표현이라고 할 수 있다. 봉헌자는 제물을 단순히 제사의 물리적 차원만 고려하여 "단"으로 가져가는 것이 아니라 기능적 차원에서 하나님과의 관계 회복을 위하여 하나님의 임재의 상징인 "회막 안"으로 가져가야만 하는 것이다.

그러나 일반 백성들은 이 제물을 가지고 회막문을 넘어서서 그 안으로 들어갈 수 없다. 원래는 이들은 제사를 드릴 때를 제외하고는 성막 뜰 안으로 들어가는 것조차도 허락되지 않았다(민 1:51). 그런 상태에서 이들이 하나님의 임재 앞으로 다가갈 수 있게 허락된 가장 깊은 곳이 바로 회막문 앞쪽의 영역이다. 그 너머의 영역을 침범하면 죽음으로 다스려지게 된다.

이러한 하나님으로의 접근성의 한계를 고려하면 신약과 구약의 차이가 뚜렷하다. 우리 주께서 우리의 죄를 대신 지고 십자가에서 희생 제물로 죽음을 맞이하셔서 하나님의 모든 진노의 잔을 다 마신 순간 성막의 가장 깊숙한 곳인 지성소를 가로막고 있던 휘장이 찢어졌다(막 15:38). 히브리서는 이 사건을 기념하여 우리가 하나님의 보좌로 담대히 나아갈 길을 얻었다고 여러 번에 걸쳐서 강조하고 있다(히 4:16; 7:19, 25; 9:25; 10:19–20). 이 놀라운 사건으로 인해 예수 그리스도를 믿는 우리 모두는 구약에서는 대제사장마저도 1년에 단 하루, 속죄일에만 허락되었던 지성소 안쪽, 하나님의 보좌 앞으로 나아갈 수 있는 권세를 얻었다.

이런 점에서 볼 때 제사에 대한 본문이 단순히 제단만을 강조하지 않고 계속 회막문을 강조하고 있는 것은 구약의 제사법의 소망이 어디를 향하고 있는지를 보여준다. 구약 제사의 종착역은 결코 성막 뜰에 있는 제단이 아니라 성막 가장 깊은 곳, 하나님의 보좌이다. 성경의 많은 것들이 그렇듯이 구약은 바라만 보고, 신약은 그것을 성취한다.

1:6 "가죽을 벗기고…각을 떠라"

단수형 동사는 이 절차들이 봉헌자의 몫임을 보여준다. 각을 뜨는 것은 제물을 제단을 올려 놓기 좋게 하기 위한 것으로 보인다. 가죽은 번제물의 신체 부위 중 유일하게 불사르지 않는 부위였으며, 번제를 드린 제사장의 몫으로 할당되었다(레 7:8). 7:8의 구절에서 제사장은 단수로 되어 있는데, 이 제사장은 아마 1:9에서 마지막 절차로 번제물 전체를 불사르는 제사장, 즉 단수로 명시된 제사장일 것이다.

1:7 "불을 붙이고…"

이 어구를 어떻게 이해해야 하는지에 대해서는 앞에서 다룬 바가 있다. 7–8절의 제단 위의 불의 관리와 제물을 불 위에 올려 놓는 임무는 당연히 제사장의 몫이었다. 이 임무들은 제단과의 접촉이 필연적이기 때문이다.

1:8 "각뜬 것들과 머리와 지방"

소의 번제물의 머리에 대한 처리는 이 소의 번제 본문 중에는 나오지 않는다. 12절의 작은 네 발 가축의 번제물의 처리 절차에 준해서 각을 뜰 때 머리를 몸통으로부터 분리하는 절차가 있었다고 보는 것이 아마 가장 타당한 추론일 것이다.

1:9 "내장과 정강이들을 물로 씻어라"

단수형 동사는 이 절차가 봉헌자에 의해서 수행되었음을 보여준다. 이 씻는 행위가 봉헌자의 몫으로 된 이유는 두 가지 정도를 생각해 볼 수 있다.

첫째, 앞에서 언급한 바와 같이 이 절차는 제단과의 접촉을 요구하지 않는다.

둘째, 제사 드리는 일을 담당하는 제사장은 부정한 것을 멀리해야 하는데 내장과 정강이들을 씻는 행위는 배설물 등 부정한 것들과의 접촉을 야기시킬 수밖에 없다. 따라서 제사장은 이런 씻는 행위를 가능한 한 피해야 했을 것이다.

"제사장이 그 모든 것을 제단에서 불사르라"

제단에서 번제물의 전부를 불사르는 행위는 제단과의 접촉을 필요로 하므로 당연히 제사장의 몫이다. 제사장이 단수로 되어 있는데, 이것은 아마 이 번제의 마지막 절차가 한 명의 제사장에 의해서 최종적으로 수행되었기 때문인 것으로 보인다.

“이것이 화제, 곧 여호와를 위한 냄새니라”

이 후렴구는 레위기 1–3장의 번제, 소제, 화목제, 즉 소위 일반 제사들의 본문에서 후렴구처럼 거의 매 문단의 끝에 나온다. 이 문구는 이 제사들이 적절한 봉헌자에 의해서 적절하게 잘 드려졌을 때 그 봉헌자가 소망할 수 있는 최종적인 결과를 나타내 준다. 제물은 하나님께 향기로운 냄새로 수용되고, 속죄가 이루어진다(1:3–4). 이렇게 해서 하나님과의 관계는 다시 한 번 제의 법적으로 회복된다.

마지막으로 번제를 드릴 때 봉헌자와 제사장이 각기 맡은 역할은 다음과 같이 도표화할 수 있다. 이런 역할 분담은 나머지 제사들의 경우도 크게 다르지는 않다고 보면 된다.

봉헌자	제사장
3절 · 제물을 제단 앞으로 가지고 옴	
4절 · 제물의 머리에 안수를 함	
5절 · 제물을 잡음	5절 · 제물의 피를 제단 사방에 뿌림
6절 · 가죽을 벗김 · 고기 각을 뜸(새번역은 “고기 저밈”이라고 번역[35]	
	7절 · 제단 위에 불을 피움 · 제단 위에 장작을 배열함
	8절 · 각 뜬 고기/머리/기름 제단 위에 배열
9절 · 내장과 다리를 물에 씻어 줌	9절 · 제사장이 그 전부를 제단 위에 불살라 번제를 드림

5단계: 적용[35]

1:3-4 이 본문은 번제를 드리는 봉헌자가 흠 없는 수컷 제물을 회막으로 가져와서 안수를 한 후 하나님께 드리면 그 제물이 그를 위하여 하나님에 의해 받아들여져서 속죄가 된다고 말하고 있다. 이 절차를 통해서 우리가 마음에 새겨 둘 점이 몇 가지 있다.

첫째, 하나님은 '위험한 거룩성'을[36] 가지신 분이며, 죄인인 우리가 그런 하나님과 만나고, 그분과의 교제를 누리기 위해서는 반드시 그분 앞에 설 자격을 갖추어야 한다. 불행히도 우리 인간은 그런 자격을 갖추고 있지 못한 경우가 거의 대부분이다. 이럴 때 하나님은 죄 많고 흠 많은 우리 대신 흠 없는 제물의 죽음을 통해서 당신과의 만남과 관계 누림을 허락하셨다. 이처럼 다가갈 수 없는 자들이 다가갈 수 있는 길을 허락하신 것이 제사이다. 따라서 제사는 그 자체가 하나님의 은혜임을 기억해야 한다.

둘째, 하나님의 은혜로 그분 앞에 나아가게 된 자는 자신을 대신해서 죽어준 존재가 있다는 것을 꼭 기억해야 한다. 현대 교회는 이 점을 망각하고 너무 막연히 은혜에 대한 강조를 남발함으로써 자신이 교제하는 분이 얼마나 거룩하신 분이신지, 또 그런 분 앞에 나아가기 위해서는 우리가 어떤 값을 치르어야 하는지에 대한 감각을 상실해버렸다. 기독교인의 삶에 있어서 이 두 가지 사실에 대한 망각은 치명적이다. 왜냐하면 이런 망각은 필연적으로 성

---

35 앞에서도 지적한 바와 같이 새번역의 "저밈"이라는 표현은 적절하지 않다. '저미다'라는 동사는 얇게 써는 것을 가리킨다(to cut into thin pieces, slice). 이것을 한국어로 소위 '포를 뜬다'는 말로 표현하기도 한다. 그러나 레위기의 표현은 제물을 그냥 제단에 올려놓기 위해 몇 개의 조각으로 나눈다는 의미일 가능성이 높다. 결코 '포를 뜬다'는 의미는 아니다. 참고로 *m. Tamid* 4:2–3; *m. Yoma* 2:3–7 등의 탈무드 본문은 번제물을 조각낼 때 뼈의 구조를 따라 했다고 한다. 만약 제물을 쪼갠 이유가 제단에 올려놓기 좋게 하기 위한 실용적인 이유를 갖고 있었다면 탈무드의 이런 내용이 타당성이 있는 것으로 보인다.

36 '위험한 거룩성'이라는 개념에 대해서는 앞의 레위기 개관 중 "레위기의 문맥" 항목과 거기에 나오는 참고문헌을 보라.

도의 타락을 가져 오며, 타락은 멸망에 이를 수 있기 때문이다.

셋째, 번제의 신학이 가르치는 아주 중요한 가르침은 하나님과의 관계가 귀한 것임을 가르친다. 일단 가축 자체가 비싼 것이었다. 가축 중에서 수컷은 더욱 비쌌다. 그 중에서도 흠 없는 수컷은 더욱더 비쌌다. 이 점이 주는 가르침은 하나님과의 관계를 누리는 것이 결코 '값없이 주어지는 은혜'가 아니라는 것이다. 우리 기독교인들은 너무 은혜 개념에 대해서 잘못 알고 있다. 자신이 그리스도의 대속을 통한 구원을 거저 받았다고 해서 그 구원 자체가 공짜인 것은 결코 아니다. 자신이 치르지 않은 값을 우주보다 더 크신 다른 분이 치르셨다는 사실을 알아야 한다. 이 점을 깨달을 때 구원 얻은 성도는 결코 삶을 함부로 살 수 없다.

넷째, 흠 없는 짐승으로 하여금 죄인의 목숨을 대신하게 하신 것은 그 죄인 자신이 갖추어야 할 진정한 모습에 대한 요구를 담고 있다. 하나님은 당신 앞에 설 수 없는 죄인이 계속 죄 속에서 뒹굴면서 애꿎은 가축의 고기만을 하나님 앞으로 가져오라고 요구하고 계신 것이 아니다. 우리 성도는 하나님의 구원이라는 진주 목걸이를 목에 걸고도 그 가치에 걸맞게 성화의 삶을 살지 못하고 계속 자신이 머물던 시궁창 속에서 뒹구는 돼지와 같아서는 안 된다. 흠 없는 제물에 대한 요구는 곧 봉헌자 자신의 삶의 모습에 대한 요구라는 사실을 잊어서는 안 된다.

많은 기독교인들이 착각하는 것이 우리는 예수를 믿기만 하면 되고, 우리의 행위는 우리의 구원에 있어서 본질적이 아니라는 것이다. 그러나 이것은 가장 위험한 거짓말이다. 성경은 거룩하고 흠이 없는 삶이 하나님의 백성의 가장 본질적인 요소임을 성경 전체를 통해서 강조하고 있다.

우선 에베소서 1:4은 하나님께서 우리를 창세전에 선택하시고 예정하신 목적이 "그 앞에 거룩하고 흠이 없게" 하시려는 것임을 밝히고 있다. 여기에서 '흠이 없게'란 표현이 바로 레위기 1:3의 제물의 흠 없음을 나타내기 위해 사용된 용어이다. 그리고 이 흠이 없음은 거룩함과 거의 동의어처럼 사용되고 있다. 그러므로 창세전의 하나님의 선택의 본질은 곧 우리가 흠이 없이 되는 것이다. 바로 이 때문에 하나님은 아브라함에게 "너는 내 앞에서 행하여 완전하라"고 요구하셨다(창 17:1). 이때 '완전하라'의 히브리어 단어는 앞의 "사역 해설"(63쪽)과 "본문 해설"(72–74쪽)에서 설명한 바와 같이 레위기 1:3의 '흠 없는'이라는 단어와 동일하다. 그러므로 아브라함의 언약을 단순히 무조건적인 언약이라고만 주장하는 사람들은 진실의 절반만을 보는 것이다. 창세기 15장에는 분명히 언약의 무조건성이 강조되고 있는 것이 사실이지만 창세기 17장의 할례 언약에는 언약의 조건성이 강조되고 있다. 이것은 마치 교회에 초신자가 왔을 때 처음에는 그가 교회에 나오는 것만으로도 감사하고 기뻐할 일이지만 그가 일정 기간이 지나서도 여전히 성장하지 못할 때는 문제가 되는 것과도 같다.

더 나아가서 아브라함에게 주신 완전함에 대한 요구는 신명기 18:13에 이스라엘 백성 전체에 대한 요구로 확장되었으며, 신약의 성도들에게도 요구되었다(마 5:48; 벧전 1:15). 따라서 거룩하고 흠이 없는 삶에 대한 요구는 우리 그리스도를 믿는 자들과 상관 없는 것이 아니다. 우리가 하나님을 믿는 그리스도의 백성이 될 것을 창세전에 예정하신 하나님께서 그 창세전의 첫 순간부터 계획하시고 목적하신 것이다. 사정이 이러하기 때문에 우리 그리스도인들은 나중에 어린 양의 심판 보좌 앞에 설 때 "각 사람의 행위대로 심판하시는" 분 앞에 서게 된다(벧전 1:17). 그때 하얀 세마포를 입은 자들, "곧 성도들의 옳은 행실"(계 19:8)을 갖춘 자들만이 그리스도의 신부로서 어린 양의 혼인 잔치에 참여할 것이다. 이처럼 '흠 없는 제물'에 대한 레위기의 가르침은 창세전부터 시작되어 종말까지 이르는 구속사의 대(大) 서사시에서 하나님의 백성이 어떤 모습을 갖추어야 하는지에 대한 가장 본질적인 가르침을 준다는 점을 우리는 기억해야 한다.

6단계: 설교 "하나님의 라이언 일병 구하기"

스티븐 스필버그 감독이 만든 영화 중에 "라이언 일병 구하기"라는 영화가 있습니다. 이 영화의 내용은 이렇습니다. 2차 대전 막바지의 노르망디 상륙 작전이 한참 진행 되는 와중에 미국 정부는 라이언 씨 집안의 네 아들 중 세 명이 전사했다는 사실을 발견합니다. 그리고 네 번째 아들 역시 전장에 나가 있다는 것도 알려집니다. 미군 상부는 세 명의 아들의 전사 소식을 듣게 된 라이언 형제들의 어머니를 위해 막내 아들 제임스의 생환 작전을 수행하기로 합니다. 그리고 그 임무를 밀러 대위와 그 수색대에게 맡깁니다. 제임스 라이언을 찾아 가는 와중에 밀러 대위와 부하들은 한 명의 목숨을 위해 이렇게 많은 사람의 목숨이 위태해져도 되는지, 그럴 가치가 있는지에 대해 끊임없이 고민을 합니다. 우여곡절 끝에 밀러 대위는 격렬한 전투가 벌어지는 전장에서 겨우 막내 아들 제임스를 찾아냅니다. 그에게 사정을 말하고 전장에서 빼가려고 하지만 제임스는 동료들을 놔두고 자신만 도망칠 수는 없다고 고집을 부립니다. 밀러 대위는 할 수 없이 수색대에게 그를 지키면서 전투를 수행하라고 명령합니다. 전투가 격렬해지고 그 와중에 밀러 대위와 수색대 거의 전원이 다 죽게 됩니다. 제임스 한 명을 위해 많은 사람이 목숨을 잃은 것입니다. 그렇게 죽어가는 와중에 밀러 대위는 제임스에게 마지막으로 말합니다. "Earn this, …ear…earn it." 이 명대사를 한국어 더빙에서는 '갚게, 가..갚아' 혹은 '잘 살아, 잘 살게' 등으로 번역됩니다. 이 대사를 통해 밀러가 의미하는 바는 이렇게 수많은 사람들의 목숨이 희생됨으로써 제임스 자신의 생명이 보존되었으니 그를 위해 희생된 사람들의 몫까지 열심히 살라는 것일 것입니다.

장면이 바뀌어 영화의 마지막에 늙은 제임스가 밀러의 묘 앞에서 이렇게 말합니다. "제 가족이 저와 함께 여기 왔습니다…. 솔직히 말해서 이렇게 다시 오는 것에 대해서 이렇게 어렵게 느낄 줄 몰랐습니다. 당신이 그날 다리 위에서 했던 말을 매일 떠올립니다. 저는 할 수 있는 한 최선을 다해 살려고 했습니다. 그게 충분했기를 바랍니다. 최소한 당신이 보기에 제가 당신들이 제게 해준 것에 걸맞게 살았기를 빕니다." 이어서 제임스는 자기 아내에게 "나 잘 살아 왔다고 말해줘"라고 말합니다. 아내가 "뭐?"라고 묻자, 다시 "내가 좋은 사람이라고 말해줘"라고 말합니다. 아내가 "그래, 당신 좋은 사람이야"라고 대답하며 영화가 끝납니다.

이 영화는 우리가 번제 본문에서 찾아낸 가르침들과 잘 상응합니다. 번제를 드린다는 것은 그냥 가축 한 마리 잡아다 하나님께 드리는 것이 다가 아닙니다. 그것은 아주 가치 있고, 값나가며, 생명 있는 존재, 흠 없이 완전한 존재가 불완전한 나를 위해서 대신 죽은 것입니다. 그 대속적 죽음에 의해서 불완전하고 죄 많은 내가 하나님 앞에 설 수 있게 된 것입니다. 나와 하나님 사이의 관계의 회복을 위해 귀한 존재가 죽었다는 점을 우리는 기억해야 합니다.

구약의 번제는 신약에서 진정으로 완전하고 귀한 제물이신 예수 그리스도의 제물되심에 대한 그림자입니다. 하나님의 독생자가 자기 목숨을 우리 대신 내어놓아 이룩하신 대속은 너무나도 위대하여 이전과 이후의 모든 죄의 값을 다 치르고도 남을 만큼 충분하고 귀합니다.

이런 그리스도의 제물 되심을 통해서 우리가 하나님 앞에 설 수 있게 되었습니다. 제물로서의 그리스도는 너무나도 귀하기 때문에 우리가 그 값을 결코 치를 수가 없습니다. 제임스 라이언 일병을 위해 수색대 전원이 죽은 것은 비교 대상이 되지도 못합니다. 아니, 하나님의 독생자의 죽음으로 치러진 대속의 값은 온 우주를 몇 번 뒤집어서 갚는다고 해도 불가능합니다.

그리스도의 대속은 우리가 도저히 갚을 수 없을 만큼 귀하기 때문에 하나님은 오히려 이것을 공짜로 우리에게 거저 주셨습니다. 값없이 주셨습니다. 그러나 우리가 공짜로 받았다고 해서 그것이 결코 그 대속 자체가 아무런 값어치가 없다는 뜻은 아닙니다. 바로 이 점을 우리는 마음에 새겨야 합니다.

그리고 이처럼 원래는 죽을 수밖에 없는 우리를 위해 엄청난 대가가 치러졌다는 사실을 알 때 우리는 어떤 태도를 취해야겠습니까? 최소한 우리는 라이언 일병처럼 자신을 위해 치러진 대속적 죽음에 걸맞는 삶을 살려고 해야 하지 않겠습니까? 바로 이 걸맞는 삶이란 에베소서 1:4이 말씀하고 있듯이 하나님의 창세전의 뜻대로 '거룩하고 흠 없이' 사는 것입니다. 이것이 창세전의 하나님의 선택의 목적이고, 예수 그리스도께서 우리를 위해 십자가에 달리신 목적입니다. 라이언 일병이 자신을 위해 희생한 사람들의 몫까지 열심히 살려고 했다면, 우리를 위해 하나님 자신이 죽으셨을 때 우리는 어떻게 해야겠습니까? 밀러 대위가 말했던 것처럼 촉구합니다. "Earn it."

레위기 1:10-17

나머지 번제들(제사법 Ⅰ)

1단계: 사역

1:10 만약 번제를 위한 그의 예물이 작은 네 발 가축, 곧 양들이나 염소들이
면 흠 없는 수컷으로 드려라.
1:11 그는 여호와 앞에서 제단의 북쪽 벽 옆에서 그것을 잡아라. 그리고 아
론의 아들들 제사장들이 그것의 피를 제단 사방에 뿌려라.
1:12 그리고 (봉헌자가) 그것을 각을 뜨고, 그것의 머리와 지방을 떼내라. 그
리고 제사장이 그것들을 그 제단 위의 불 위의 나무 위에 배열하여라.
1:13 그리고 (봉헌자가) 그것의 내장과 정강이들을 물로 씻어라. 그리고 제
사장이 그 모든 것을 제단에서 불사르라. 이것이 화제, 곧 여호와를 위
한 향기로운 냄새니라.
1:14 만약 번제를 위한 그의 제물이 새이면 비둘기들 중에서 그 예물을 드
려라.
1:15 제사장은 그것을 제단으로 가져와서 그것의 머리를 떼어내어 그 머리
를 제단에서 불사르라. 그리고 그것의 피는 제단 벽에 짜내라.
1:16 그리고 그것의 모이주머니를 그 더러운 것과 함께 떼어내어 그것을 제
단 옆 동쪽, 곧 재 버리는 곳에 던져라.

1:17 그리고 그것을 그 날개 부위에서 찢되 아예 떼어내지는 말라. 그리고
제사장이 그것을 제단에서 불 위의 나무 위에 불사르라. 이것이 화제,
곧 여호와를 위한 향기로운 냄새니라.

2단계: 사역 해설

1:10 "작은 네 발 가축" 존(צֹאן)

개역개정은 이것을 1:2에서 "양"이라고 번역하고 여기에서는 "가축 떼"라고 번역하고 있으나 이것은 일관성이 없는 해석임을 앞에서 살펴본 바 있다. 이 단어는 네 발 달린 가축 중에서 작은 것들, 즉 양과 염소를 포괄해서 지칭하는 용어이다. 이 단어에 상응하는 한국어 단어가 없기 때문에 부득이하게 "작은 네 발 가축"이라는 번역을 선택할 수밖에 없다. 개역개정처럼 이 단어를 "양"이라고 번역하면 혼란이 올 수밖에 없다.

참고로 제사법에서 자주 쓰이는 단어 중 양과 염소를 포괄하는 다른 단어로는 *쎄*(שֶׂה)가 있다. 이 단어가 사용된 가장 중요한 본문은 출애굽기 12:5인데 여기에서는 '어린 양'(lamb)이라고 번역되어 있다. 그러나 이것은 크나큰 문제를 야기한다. 이 본문의 개역개정은 "너희 어린 양은 흠 없고 일년 된 수컷으로 하되 양이나 염소 중에서 취하고"라고 되어 있는데, 유월절 제물을 '어린 양'(*쎄*)으로 번역하다 보니 말이 안 되는 문장이 되어버렸다. 본문은 유월절 식사를 위한 가축을 '어린 양'으로 준비하라고 해놓고, 다시 '양이나 염소' 중에서 선택하라고 되어 있기 때문이다. 어떻게 '어린 양'을 준비하는데 양과 염소 중에서 선택할 수 있겠는가? 작은 네 발 가축을 지칭하는 히브리어 단어들의 한국어 성경 번역들은 너무나도 심각한 문제들을 갖고 있다(레위기 3장의 화목제 본문이나 레위기 23장, 민수기 28–29장의 각종 절기에 드리는 제물들에 대한 본문들도 역시 다 마찬가지다). 시급한 손질이 필요하다.

1:12 "머리와 지방"

소의 번제에 대해서는 머리와 지방을 떼내라는 명령이 나오지 않는다. 그러나 8절의 제단 위에 올라놓아야 할 부위의 목록을 볼 때 당연히 소의 번제의 경우에도 이처럼 머리와 지방을 떼어내는 절차가 있었을 것으로 보는 것이 옳다.

"떼내라"

사역에서는 각을 뜨는 것과 머리와 지방을 떼어내는 행위를 구분해 놓았지만 히브리어 상으로는 동사는 하나밖에 쓰이지 않았다. 즉 각을 뜬 조각들과 머리와 지방은 모두 동일한 동사의 지배를 받고 있다. 번역 시에는 동사를 한 번만 쓰면 어색해지기 때문에 부득이하게 두 번 반복했지만 원래는 동사가 한 번만 쓰였다는 점을 유의하라.

1:13 "제사장"

단수 사용. 소의 번제의 경우와 마찬가지로 작은 네 발 가축의 번제의 경우도 최종적으로 제물을 불사르는 행위는 한 명의 제사장이 맡은 것으로 보인다.

1:14 "비둘기들 중에서"

민-핱토림 오 민 브네 하요나(מִן־הַתֹּרִים אוֹ מִן־בְּנֵי הַיּוֹנָה)

개역개정의 번역은 "산비둘기나 집비둘기 새끼로"라고 되어 있다. 산비둘기는 *토르*(תֹּר)란 단어의 번역이고, 집비둘기는 *요나*(יוֹנָה)란 단어의 번역이다. 영어 성경들은 *토르*는 보통 turtledove로, *요나*는 pigeon으로 번역하는 경향이 있다. 이런 전통적인 해석에 따르면 히브리어의 이 두 단어 모두 비둘기의 일종을 가리키는 단어로 보면 된다. 개역개정 번역이 이 두 단어의 번역 앞에 '산'과 '집'을 붙인 것은 히브리어와 영어의 이 두 종류의 비둘기를 구별하기 위해 임의적으로 붙인 것이며, 별로 타당성이 없다고 보아야 한다. 그래서 이 글에서는 이 둘을 뭉뚱그려 그냥 '비둘기들'이라고 번역하였다. 또한 '집비둘기 새끼'에서 '새끼'의 히브리어는 *벤*(בֵּן)인데, 이 단어는 '아들' 혹은 '새끼'를 의미한다기보다는 '종류'라고 보아야 할 것이다. 이 점은 제사법의 거의 모든 본문의 경우에 마찬가지이다. 참고로 최근의 한 중요한 레위기 주석서는 상당히 강력해 보이는 증거들을 가지고 *토르*를 '닭'(chicken)이라고 번역해야 한다고 주장한다.[37] 그러나 이 견해는 충분한 타당성과 매력에도 불구하고 아직 보편화된 견해가 아니기 때문에 이 글에서는 그냥 비둘기로 번역했다는 점을 유념하라.

"그 예물을 드려라"

소의 번제나 작은 네 발 가축의 번제의 경우에는 '만약 그의 예물이…이면 그것을 드려라'고 되어 있다. 즉 '예물'이라는 단어를 한 번만 쓴 다음에는 지시대명사 '그것'으로 이 단어를 받는다. 반면에 새의 번제의 경우에는 '예물'이라는 단어를 두 번 써서 '만약 그의 예물이…이면 그 예물을 드려라'고 되어 있다. 사소하지만 중요한 이 차이는 새의 예물이 비록 가난한 자들을 위한 하나님의 배려에서 나온 예외적인 제물이지만, 그럼에도 불구하고 이것 역시 하나님께서 소나 작은 네 발 가축과 마찬가지로 귀하게 여기시는 정당한 제물이라는 것을 레위기 저자가 부각시키기 위한 것으로 보인다.

1:15 "제사장은…가져올 것이요"

'제사장'이란 단어는 단수로 되어 있다. 새의 번제물은 다른 번제물들과 달리 그 크기가 작기 때문에 한 명의 제사장이 처음부터 끝까지 모든 과정을 단독으로 처리했던 것으로 보인다. 또한 다른 제물들의 경우는 봉헌자가 직접 제물을 끌고 와서 상당히 많은 절차를 스스로 담당하기도 했다. 그러나 새의 번제의 경우는 봉헌자의 역할은 제물을 제사장의 손에 넘겨주는 것까지

37 James W. Watts, *Leviticus* 1–10 (HCOT; Leuven: Peeters, 2013), 219–222.

며, 이후의 일은 전부 다 제사장이 일사천리로 진행했던 것 같다. 그 이유는 아마 새의 몸집이 작기 때문에 여러 명이 담당하면 오히려 일이 더 복잡해지기 때문인 것으로 보인다.

"머리를 떼어내어…불사르라"

'떼어내다'란 단어는 *말라크*(מָלַק)이다. 이 단어는 구약성경에서 단 두 번 나오며(1:15; 5:8), 모두 새의 번제에서 머리를 처리하는 동작과 관련되어 있다. 제사장은 비둘기의 경우 머리를 떼어내는 동작과 불사르는 동작을 바로 이어서 처리했던 것으로 보인다. 그리고 새의 나머지 부분은 17절에 나오는 절차를 행할 때 따로 불살랐던 것 같다. 소의 번제와 작은 네 발 가축의 경우에는 17절에 해당하는 절차를 제사장이 행할 때 "그 모든 것"이라는 표현을 사용하고 있지만 이 새의 번제의 경우에는 그냥 '그것'이라고 되어 있다는 점 역시 이런 해석을 지지해주고 있는 것으로 보인다.

"짜내라" *님짜*(נִמְצָה)

원문상으로는 *마짜*(מָצָה, '짜다', to squeeze)란 단어의 수동형이 사용되고 있으나 문맥의 흐름상 능동태적인 의미로 번역하였다. 몸집이 큰 짐승들의 경우는 '뿌리다'는 뜻을 가진 *자라크*란 동사가 사용되고 있지만 새는 작기 때문에 이렇게 머리를 떼어낸 부위로 피를 짜내라고 되어 있다.

1:16 "모이주머니를 그 더러운 것과 함께"

이 번역은 개역개정의 번역을 따른 것이다. 모이주머니에 해당하는 히브리어 단어는 *무르아*(מֻרְאָה)이며, 깃털에 해당하는 히브리어 단어는 *노짜*(נוֹצָה)이다. 이 두 단어의 정확한 의미에 대해서는 오래 전부터 격렬한 논쟁이 있어 왔다. 여기에서 간단히 다루기에는 한계가 있기 때문에 "본문 해설"(95–96쪽)을 통해 설명을 하도록 하겠다.

3단계: 단락 구분

현 본문은 소의 번제 외의 두 가지, 즉 작은 네 발 가축의 번제와 새의 번제에 대해서 다루고 있다.

- 1:10–13　작은 네 발 가축(양/염소)의 번제
- 1:14–17　새의 번제

4단계: 본문 해설

아래의 "본문 해설"은 작은 네 발 가축의 번제와 새의 번제를 따로 나누어서 다루도록 하겠다.

(1) 작은 네 발 가축(양/염소)의 번제(1:14–17)

이 본문은 작은 네 발 가축의 번제, 즉 양과 염소의 번제에 대해서 다루고 있다. 번제의 절차는 모든 면에서 소의 번제와 근본적으로 동일하다고 할 수 있다. 단지 저자가 이 두 종류의 번제물의 봉헌 절차를 기술함에 있어서 한 쪽에서 언급한 것을 다른 쪽에는 언급하지 않는 식으로 기술하고 있기 때문에 두 종류의 번제물의 봉헌 절차에 대한 총체적인 그림은 이 둘을 한 데 모아 놓고 살펴볼 때에야 진실로 드러나는 것으로 보인다.

그 도표는 다음과 같다.

소의 번제	작은 네 발 가축의 번제
(1) 흠 없는 수컷을 회막 문으로 가져와 받아들여지도록 드림(3절)	(1) 흠 없는 수컷을 드림(10절) • '받아들여지도록'이란 문구 없음
(2) 번제물의 머리에 안수하여 속죄가 되게 함(4절)	**(2) 안수와 속죄에 대한 없음** • 당연히 작은 네 발 가축의 경우도 안수를 드렸고, 그에 따른 속죄의 기능이 있었다고 봐야 할 것임(참고: 화목제와 안수, 레 3:8, 13).
(3) 여호와 앞에서 잡음(5절) • **'제단의 북쪽 벽 옆에서'란 표현 없음**	(3) 여호와 앞, 제단의 북쪽 벽 옆에서 잡음(11절)
(4) 제사장이 피를 가져다가 회막 문 앞 제단 사방에 뿌림(5절)	(4) 제사장이 그것의 피를 제단 사방에 뿌림(11절)
(5) 봉헌자가 번제물의 가죽을 벗기고 각을 뜸(6절) • **머리, 지방 베어내라는 명령 내용 없음**(8절의 제단 위에 올릴 부위 목록으로 볼 때 이 절차가 있었다는 것은 추정 가능)	(5) 봉헌자가 각을 뜨고 머리와 기름 베어내라고 되어 있음(12절) • **가죽 벗기는 내용 없음** • 머리, 지방 베어내라는 지시가 첨가되어 있음
(6) 제사장이 제단 위에 불을 붙이고, 나무를 진열함(7절)	**(6) 없음**
(7) 제사장들이 각 뜬 고기와 머리와 기름을 제단 불 위의 나무에 진열함(8절)	(7) 제사장들이 **그것들**(즉 '각 뜬 고기와 머리와 기름'으로 이해하면 됨)을 제단 불 위의 나무에 진열함(12절)
(8) 봉헌자가 내장과 정강이를 씻음(9절).	(8) 봉헌자가 내장과 정강이를 물로 씻음(13절)
(9) 제사장이 (가죽을 제외한) 제물 전체를 제단 위에 불살라 번제를 드림(9절)	(9) 제사장이 (가죽을 제외한) 제물 전체를 제단 위에 불살라 번제를 드림(13절)

1:11 **"제단의 북쪽 벽 옆"**

소의 번제 본문과 달리 작은 네 발 가축의 경우에는 '제단의 북쪽 벽 옆'이라는 표현이 등장한다. 이것이 두 번제물 사이의 도살 장소의 차이인지 아니면 단순히 소의 번제 본문이 이 문구를 생략하고 있는 것인지는 판단하기가 어렵다. 단순 생략일 가능성이 높다고 생각된다.

1:12 **"머리와 지방을 떼내라"**

'머리와 지방을 떼내라'는 표현이 특별히 소의 번제와 달리 언급되어 있기는 하지만 이것은 양자 간의 진정한 차이라기보다는 단순히 레위기의 흔한 서술 방식들 중의 하나인 것으로 보인다.

1:13 이 역시 소의 번제와 특별한 차이는 없다. 끝의 '이것이 화제, 곧 여호와를 위한 향기로운 냄새이다'라는 동일한 문구로 끝을 맺음으로써 레위기 저자는 소의 번제와 작은 네 발 가축의 번제가 그 제물의 물리적 크기와 재산적 가치에도 불구하고 결국은 하나님 앞에서 동일하게 받아들여졌음을 보여준다.

(2) 새의 번제(1:14-17)

새의 번제는 몇 가지 점에 있어서 독특하다.

첫째, 1:2의 번제물의 목록에 언급되지 않았다.

둘째, 앞의 소의 번제나 작은 네 발 가축의 번제 본문과는 어휘상의 차이가 많이 난다.

셋째, 앞의 두 번제물이 수컷만 허락된 것은 그것들이 값어치가 꽤 많이 나가는 것들이라는 점에 방점이 찍혀 있는 반면에 새는 상대적으로 값이 많이 저렴한 제물이다. 이 때문에 역사비평학자들은 새의 번제 본문이 레위기의 원래의 본문이 아니라 후대에 추가된 것이라는 주장을 편다.

그러나 새의 번제 본문이 원래의 본문이라는 점을 다음의 사항들이 보여 준다.

첫째, 새를 가난한 자들을 위한 제물로 허용한 것은 이 번제외에도 여러 군데 나온다(레 5:7–10; 12:8 등). 이런 점은 오경의 율법이 가난한 자들에 대한 배려를 많이 강조하고 있다는 점과도 잘 상응한다.

둘째, 1:2가 번제물로 새를 언급하지 않은 것은 새의 제물이 번제의 기본 메시지와 잘 상응하지 않는다는 때문일 수 있으며, 그런 점에 있어서는 새의 번제는 분명히 예외적인 제사라고 볼 수 있다. 그럼에도 불구하고 아래의 "본문 해설"(94–95쪽)에서 보게 될 바와 같이 하나님은 새의 번제를 통해 가난한 자들에 대한 섬세한 배려를 많이 하고 계시다는 것을 볼 수 있다. 이런 점은 새의 번제를 예외적이지만 특별한 번제로 만들어 준다.

셋째, 새의 번제와 기타 번제와의 어휘상의 차이는 새의 크기, 신체적 특징들에서 오는 부득이한 현상이지 이것이 새의 번제 본문의 후대성을 증명하는 근거는 될 수 없다.

넷째, 레위기의 본문들은 3중 구조를 띠고 있는 경우가 상당히 많은데,[38] 이런 점을 고려할 때 새의 번제 본문이 원래부터 있던 본문으로 간주해야 번제 본문 역시 이런 3중 구조를 유지할 수 있다. 이런 점들을 고려할 때 새의 번제 본문을 레위기의 원래 본문에 속해 있었던 것으로 보는 것이 더 타당하다고 할 수 있다.

새의 번제 본문을 이해하는데 있어서 가장 중요한 점은 이것과 앞의 두 개의 번제 본문들 사이의 상응점들과 차이점들에 주목하는 것이다. 하나님께서는 새의 신체적 구조와 크기 때문에 부득이하게 기타 번제들과의 차이점들을 허락하셨다. 그럼에도 불구하고 또한 새의 번제가 최대한 기타 번제들과 상응성을 갖게 배려하셨다. 새의 번제의 이런 특징을 이해할 때 우리는 하나님이 얼마나 은혜로우시며, 자기 백성을 섬세하게 배려하시는 분인지를

---

38 Wenham, *Leviticus*, 47–48, 67, 74 등.

알 수 있다. 아래의 개별 구절의 해설에서 이런 점들을 중심으로 살펴보도록 하겠다.

1:14 새의 번제는 하나님께서 가난한 사람들을 위해서 배려하신 번제다. 율법은 힘없고 가난한 자들에 대한 배려가 많은데 새의 번제를 통해서 하나님은 다시 한 번 그런 배려를 섬세한 방식으로 보여주신다.[39] 원래 번제물들의 자격으로 제시된 까탈스러운 요구 사항들이 새의 제사에는 거의 배제되어 있다. 가축, 흠 없음, 수컷 등의 조건은 새의 경우에는 적용되지 않는다. 새와 관련된 그 어떤 제사도 안수와 전혀 연관되어 있지 않은 것을 볼 때 안수도 하지 않았을 가능성이 높아 보인다.

1:15 이 구절에는 기타 번제와 상응점들과 차이점들이 다 나타나 있다. 먼저 상응점을 보자면 제물의 머리를 떼어내어 불에 태우는 것과 그 피를 제단에 묻히는 동작이다. 그러나 새의 크기가 기타 제물에 비해서 많이 작기 때문에 필연적으로 발생하는 차이점도 몇 가지 있다.

첫째, 기타 번제의 경우에는 머리를 잘라낸 후에 나중에 나머지 부위들과 함께 제단 불로 불사른 것으로 보이지만 새의 번제의 경우에는 머리를 잘라내자마자 바로 제단 위에서 불사른 것으로 보인다. 아마 그 이유는 새의 머리가 너무 작아 이것을 떼어낸 후 나머지 신체 부위와 함께 태울 때까지 관리하기가 까다롭기 때문이었을 것으로 보인다.

둘째, 기타 번제물의 경우는 피를 받아서 제단 벽 사방에 뿌리는 식으로 처리했지만 새의 경우는 머리를 떼어낸 부위를 제단의 어느 한 벽에 대고 피를 짜내는 식으로 처리했던 것으로 보인다. 또한 기타 번제물들의 경우에는 피를 제단 사방 벽에 고루 뿌린 듯하지만 새의 번제는 그냥 어느 한 벽에 대고 짜낸 것으로 보인다.

---

39 새의 번제의 신학에 대한 더 상세한 사항은 박철현, "새의 번제(레 1:14-17)의 존재와 신학", *신학지남* 통권 329호 (2016년), 181-200을 보라.

셋째, 새의 번제의 경우는 봉헌자의 역할은 제물을 가져오는 것까지며, 나머지 모든 절차는 제사장 한 명에 의해서 다 처리되었다는 점에서 차이가 있다. 이것 역시 새의 크기가 작기 때문이었을 것이다. 새는 크기가 작기 때문에 여러 제사장이 함께 달라 붙는 것은 별로 효율적이기 못하기 때문이다.

1:16 이 구절에서의 새의 번제와 기타 번제 사이의 관계를 다루기 전에 먼저 해결해야할 사항은 개역개정이 "모이 주머니"와 "더러운 것"이라고 번역하고 있는 히브리어 *무르아*(מֻרְאָה)와 *노짜*(נוֹצָה)가 과연 새의 신체 부위 중 어디 혹은 무엇을 의미하느냐 하는 것이다. 여기에는 세 가지 해석이 존재한다.

첫째, 영어 성경 등에서 가장 많이 받아들여진 해석은 성경에 단 한 번 나오는 단어인 *무르아*와 *노짜*를 각각 "모이주머니"(crop)와[40] "깃털"(feather)로 해석하는 것이다(NIV 등). 이 해석은 *노짜*가 이 구절을 제외하고는 다 '깃털'을 의미한다는 것에 영향을 받았다. 그러나 이 해석의 문제는 모이주머니와 깃털을 함께 제거하는 행위가 도대체 뭘 나타내고자 하는 것인지를 설명할 수 없다는 점이다.

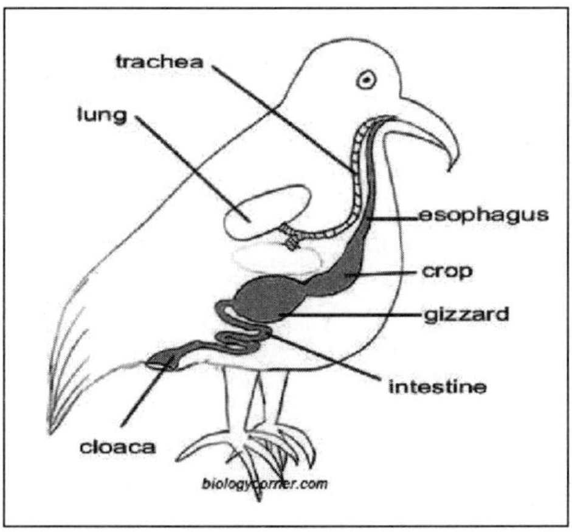

둘째, 레위기의 가장 중요한 학자인 밀그롬의 주장으로 인해 최근에 가장 인기를 얻고 있는 해석은 *무르아*와 *노짜*를 각각 '배설강 부위'(crissum)와 '깃

40 '모이 주머니'(crop)를 '위'로 오해하는 경우가 많다. 그러나 이것은 새의 식도와 위 사이의 주머니처럼 부풀어 있는 형태의 공간을 가리키는 용어이다. 이 곳은 음식물의 임시 저장소와 같은 역할을 한다. 새번역 성경은 이것을 계속 "멱통"이라고 번역하고 있는데, 이것은 아무런 근거도 없는 정말 잘못된 번역이다. 속히 수정할 필요가 있다. 이 해부학적 그림은 www.biologycorner.com/bio2/notes_birds.html에서 가져온 것이다.

털'(feather)로 해석하는 것이다.[41] 그의 주석의 주장에 따르면 새의 배설강 주변에 칼집을 내고, 그 부위에 난 꼬리 깃털을 함께 잡고 세게 잡아당기면 새의 내장이 모두 딸려 나온다고 한다. 이 해석은 이런 내장 제거 절차가 기타 번제물들의 내장 처리 절차와 상응하는 것으로 볼 수 있게 해준다는 것이 장점이다.

마지막 견해는 개역개정 등이 택하고 있는 가장 고전적인 해석이다. 이것은 *무르아*와 *노짜*를 "모이주머니와 그 더러운 것(좀 더 정확히 말하자면 내용물)"으로 해석하는 것이다. 새의 해부학적 구조상 모이주머니는 목과 몸통의 경계선에 있고, 쉽게 만져지기 때문에 제사장이 굳이 새를 각을 뜨지 않고도 쉽게 떼어낼 수 있는 부위였다. 이 경우 역시 모이주머니와 그 내용물을 함께 떼어내는 것은 기타 번제물의 내장 처리 절차와 상응성을 보여주는 것으로 이해될 수 있다. 위의 두 번째와 세 번째 견해 중 어느 것이 맞든 간에 핵심은 하나님께서 새의 신체적 구조 때문에 어쩔 수 없이 차이가 나는 점을 제외하고는 새의 번제 역시 기타 번제와 상응성을 갖게 배려해 주셨다는 것이다.

물론 차이점이 있기도 하다. 기타 번제의 경우는 내장을 씻은 후 다시 제단에 올려 태우게 하셨지만 새의 번제의 경우는 떼어낸 내장을 바로 제단 동편의 재 버리는 곳에 버리게 하셨다. 아마 그 이유는 앞의 새의 머리 처리 방식의 경우와 마찬가지로 새의 크기가 너무 작기 때문에 그로 인해 절차가 너무 번거로워지는 것을 피하기 위한 것으로 보인다.

1:17 새를 날개 부위에서 찢되 아예 떼어내지는 말라는 규정 역시 새와 기타 번제물 사이의 상응성과 비상응성을 함께 보여준다. 일단 날개 부위에서 찢는 행위는 다른 번제물들의 각을 뜨는 행위와 비슷하다. 그러나 아예 떼어내지 말라는 것은 역시 새의 크기로 인한 번거로움을 예방하기 위한 조치로

---

41 Milgrom, *Leviticus 1-16*, 169–171. I; Nashville: Abingdon Press, 1013 등이 따르는 것으로 보인다.

보인다. 이것 역시 가난한 사람들을 위한 예외적 제물인 새의 번제에 대한 하나님의 배려를 보여준다.

이처럼 새의 번제는 다른 번제와 상응하는 점도 많지만 차이나는 점도 많다. 특이하고 예외적인 요소가 많은 새의 번제 본문의 마지막은 놀랍게도 "이것이 화제, 곧 여호와께 향기로운 냄새"라는 문구가 장식하고 있다. 하나님은 번제물로서의 새의 크기, 예외적 성격 등에도 불구하고 이 가난한 자들의 번제물을 그보다 훨씬 더 값나가는 기타 번제물들과 같은 가치로 받아 주셨던 것이다. 이런 점에서 새의 번제는 레위기 전체에서 하나님의 은혜로운 성품을 가장 잘 나타내 주고 있는 것들 중의 하나이다.

5단계: 적용

1:17 "이것이 화제, 곧 여호와를 위한 향기로운 냄새니라"

성경에서 가장 흥미로운 제사들 중의 하나는 바로 새의 번제일 것이다. 원래 새는 번제 제물로서 전혀 적합하지 않다. 번제는 기본적으로 비싼 것이어야 하는데 새는 소나 양이나 염소에 비해서는 현저하게 값이 싸다. 또 이런 정상적인 번제들에 비해서 새의 몸집은 너무나도 보잘 것이 없다. 이렇게 너무 작기 때문에 다른 제물들은 봉헌자들과 제사장들이 협업을 해서 제사를 드렸던 것 같다. 반면에 새의 경우에는 봉헌자가 제물을 가져다 주면 제사장 한 명이 모든 절차를 다 시행했던 것 같다.

또한 새의 번제는 그 크기 때문에 절차상으로도 다른 제물과 다른 식으로 처리되는 절차가 많다. 새의 머리는 바로 떼어 먼저 불사르고, 몸통은 각을 뜨지 않으며, 피를 처리하는 것도 달랐다. 이런 면에서 다른 웅장하고 거창한 번제물들에 비해서 새의 번제는 초라하기 그지없다.

그러나 새의 번제 본문 마지막의 후렴구는 놀랍기 그지없다. "이것이 화제, 곧 여호와를 위한 향기로운 냄새니라"는 표현은 소의 번제, 작은 네 발 가축의 번제의 말미를 장식하는 후렴구(1:9, 13)와 동일하다. 가난해서 어쩔 수 없이 드린 보잘 것 없는 새의 번제를 하나님은 동일한 가치로 흠향하신다.

이것은 달란트 비유를 떠올리게 한다. 각각 다섯 달란트, 두 달란트, 한 달란트 가진 종들에게 있어서 문제는 그들이 이윤을 남겼느냐 아니냐가 아니다. 중요한 것은 하나님께서 각자에게 주신 달란트를 가지고 '착하고 충성된 종'으로 사느냐, 아니면 '악하고 게으른 종'으로 사느냐 하는 것이다. 여기에서 흥미로운 것은 '착한' 것과 '충성된' 것이 연결되어 있고, '악한' 것과 '게으른' 것이 연결되어 있다는 점이다. 곧 착하다는 것은 충성된 것을 의미하며, 악한 것은 게으른 것을 의미하는 것이다. 따라서 우리가 하나님 앞에 좋은 종이 되고자 하면 우리가 충성되면 된다.

하나님은 결국 제물의 덩치를 보시는 분이 아니다. 각 사람은 각자 능력이 되는 대로 하나님께 나아오면 된다. 마찬가지로 하나님은 달란트의 개수를 보시거나 얼마나 많은 이윤을 남겼느냐를 보시는 분이 아니다. 하나님에게 있어서 진짜 관심은 우리가 얼마나 하나님과의 관계를 열망하느냐 하는 것에 있다. 열망이 있는 자가 자신의 힘에 닿는 것을 가지고 나아올 때 하나님은 그것이 어떤 가치가 있든 간에 그것들을 다 귀하게 여기신다.

6단계: 설교 "하나님의 섬세한 자비"

번제 본문은 하나님 성품 및 하나님과의 관계에 대해서 우리에게 다음의 몇 가지를 가르쳐 줍니다.

첫째, 하나님과의 관계는 비싼 것입니다. 지금도 그렇지만 고대 시대에는 소는 아주 귀한 것이었습니다. 또한 양과 염소도 값이 나가는 것이었습니다. 더군다나 수컷, 그리고 그 중에서도 흠이 없는 것을 드린다는 것은 결코 만만한 일이 아니었습니다. 이런 귀한 제물을 바치라는 명령을 통해서 하나님은 당신과의 관계가 소중한 것임을 가르쳐 주시고자 하셨습니다.

둘째, 하나님은 제물의 값을 감당할 수 없어 당신에게 다가가지 못하는 자들이 없도록 배려하시는 분입니다. 특히 새의 번제가 이 점을 잘 보여줍니다. 새는 소나 양이나 염소와 비교할 때 아주 값이 저렴한 제물이었습니다. 그러나 더 크고 값비싼 제물을 바칠 수 없는 사람들이 새를 들고 나아갈 때도 놀랍게도 하나님은 이 새를 더 큰 제물들과 마찬가지의 값어치로 인정해 주셨습니다. 마치 과부가 바친 두 렙돈을 보시고 "내가 진실로 너희에게 이르노니 이 가난한 과부는 헌금함에 넣는 모든 사람보다 많이 넣었도다"고 하신 예수님처럼 하나님은 새의 번제도 큰 제물과 똑 같은 가치로 흠향하십니다(막 12:41–44 ≈눅 21:1–4).

셋째, 새의 번제는 하나님의 섬세한 자비를 보여줍니다. 새의 번제는 하나님께서 가난한 자들을 위해서 용인하신 예외적 제사였습니다. 그리고 그 크기 때문에 부득이하게 절차가 간소화된 경향이 있었습니다. 사정이 이러하기 때문에 새의 제물을 드리는 가난한 자들의 마음은 움츠러들 수도 있었을 것입니다. 이런 상황에서 하나님은 은혜롭게도 새의 제물 역시 소나 작은 네 발 가축의 제사와 닮은 모습을 최대한 띨 수 있게 배려해 주셨습니다. 소나 작은 네 발 가축의 경우와 같이 새의 머리를 떼어내는 점, 새의 날개를 아주 떼어내지는 않지만 찢는 절차를 통해서 더 큰 제물의 각을 뜨는 행위와 비슷하게 하는 점, 모이주머니와 그 내용물을 제거하는 것을 통해서 더 큰 제물의 내장과 관련된 절차와 유사성을 갖게 하는 점 등이 그것들입니다.

정리를 하자면 번제 본문은 하나님의 성품과 관련하여 여러 가지 점들을 배울 수 있게 해줍니다. 하나님은 우리가 함부로 다가갈 수 없는 귀한 분입니다. 그러나 그분은 또한 새의 번제가 보여주듯이 당신을 만나고자 하는 모든 이들이 번제물을 드릴 능력이 없어서 다가오지 못하는 일이 없게 길을 열어 주는 분입니다. 또한 그런 자들이 당신께 다가오는 것이 부끄럽지 않게 섬세한 배려를 해주시는 분입니다.

레위기 2장

소제(제사법 I)

❑ 소제의 신학 개관

소제는 히브리어로 *민하*(מִנְחָה)라고 한다. 그 의미는 원래는 선물(gift)이나 공물(tribute)이라는 의미이다. 제사와 관련해서 이 단어는 두 가지 방향으로 사용된다.

첫째, 제사들을 포괄적으로 가리키는 용어로 사용된다(창 4:3-5 등).

둘째, 소제를 가리키는 전문 용어로 사용된다.

소제는 5대 제사 중의 다른 제사들과 달리 땅의 소산물로 드리는 제사였다. 물론 곡식을 드리는 제사가 소제의 가장 큰 부분을 차지하지만 2:12, 14에 나오듯이 한 해의 처음에 나오는 햇곡식과 기름, 포도주, 과일즙 등의 각종 가공 식품들도 첫 소산의 소제로 드릴 수가 있었다.

소제의 대표적인 제물은 곡식 가루를 드리는 제사였다. 이것은 통상적으로 곡식 가루, 기름, 유향, 소금의 네 가지로 구성되어 있었다. 또한 "첫 가공한 소산의 예물"(12절)을 제외하고는 절대로 누룩과 꿀(혹은 과일즙)은 들어가서는 안 되었다(11절).

소제는 아마 독립적으로 드려졌다기보다는 번제 및 화목제와 병행하는 제사로 드려졌던 것으로 보인다(민 28-29장의 절기에 대한 규례들 참고, 또한

Lev 9:4, 17 등을 보라). 번제 본문(레 1)과 화목제 본문(레 3) 사이에 소제 본문이 나오는 이유는 바로 이런 이유 때문일 것이다.[42]

소제가 이처럼 번제 및 화목제에 병행되는 제사로 사용되는 이유는 어쩌면 소제에 유향이 첨가되는 점, 그리고 소제 전부를 하나님께 불살라 드리지 않고 오직 한주먹의 양만큼만 '기념물'(*아즈카라*[אַזְכָּרָה])로 드리는 것과 관련이 있지 않을까 생각한다. 이 두 가지 사항은 아래의 "사역 해설"에서 다루고 있듯이 모두 기도와 밀접한 관련을 맺고 있다. 즉 번제 및 화목제와 병행해서 드려지는 소제는 하나님의 구원과 관계의 회복을 바라는 기도를 형상화한 것일 수 있다.

비록 소제가 속죄제 중 가장 가난한 사람들을 위한 제사로서의 역할(레 5:11–13)을 하기도 하는 것은 사실이지만 이 소제 역시 기본적으로는 값비싼 것이었다. 소제에 사용되는 '고운 가루'(*솔레트*, סֹלֶת)는 고급스러운 요리 재료였으며, 소제에 첨가되는 유향 역시 상당히 비싼 것이었다. 따라서 번제의 경우와 마찬가지로 소제 역시 하나님과의 관계는 귀한 것임을 나타낸다. 하나님 앞에 나아가는 것은 아무렇게나 해도 되는 것이 아니었다.

참고로 가난한 사람의 속죄제로서의 소제에는 기름과 유향이 배제된다 (5:11). 이것은 가난한 사람들을 위해 값나가는 것들을 최대한 배제시키고자 했기 때문으로 보인다. 이런 점에서 소제의 속죄제는 마치 새의 번제와 같은 성격을 띤다고 할 수 있다. 이런 제사의 유연성은 하나님께서 자기 백성과의 관계에 대해 큰 열망이 있는 분이심을 보여준다. 제사의 중요한 메시지 중의 하나가 하나님과의 관계는 아주 소중한 것이라는 점이지만 또한 그것 때문에 하나님과의 관계가 방해되어서는 안 된다는 것 역시 제사 제도가 주는 아주 중요한 가르침인 것이다.

---

42 Richard E. Averbeck, "מִנְחָה", in Willem VanGemeren, *New International Dictionary of Old Testament Theology and Exegesis* (Grand Rapids: Zondervan, 1997), 2: 983. 또한 Wenham, *Leviticus*, 67은 소제가 번제와 병행하는 제사이며, 첫 세 제사가 '향기로운 냄새'의 제물이기 때문에 여기에 나온다고 지적한다.

소제에서 하나님께 '기념물'로 한 줌을 떼어 불사르고 남은 나머지는 제사장들의 몫이었다(3, 10절 등). 이런 면에서 소제는 제사장들의 중요한 곡식의 공급처였다. 마치 화목제나 속죄제와 속건제 등의 제사가 중요한 육식의 공급처였듯이 말이다(6:24–7:14 등).

민수기 18:8–20이 밝히고 있듯이 제사장들은 제사를 드리는 사역을 통해서 하나님의 것을 나누어 가졌다. "너는 이스라엘 자손의 땅에 기업도 없겠고 그들 중에 아무 분깃도 없을 것이나 내가 이스라엘 자손 중에 네 분깃이요 네 기업이니라"는 말씀은 참이라고 할 수 있다(민 18:20). 하나님은 레위 지파와 제사장들에게는 이스라엘 땅을 나누어 주지 않으셨지만 이렇게 당신의 일을 하는 것을 통해서 당신의 것을 나누어 갖게 하셨다.

1단계: 사역

2:1 만약 어떤 사람이 여호와께 소제를 예물로 드리고자 하면 그의 예물은 곡식 가루로 하라. 그 위에 기름을 붓고, 유향을 더하라.

2:2 그리고 아론의 아들들 제사장들이 그것을 가져와라. 그리고 (그 중 한 명이) 그것으로부터 곡식 가루와 기름 중에서 한 움큼을 그 모든 유향과 함께 집으라. 그리고 그 제사장이 그것의 기념물을 제단에서 불사르라. 이것이 화제, 곧 여호와를 위한 향기로운 냄새니라.

2:3 그리고 그 소제의 나머지는 아론과 그의 아들들을 위한 것이다. 이것은 여호와의 화제 중에서 지극히 거룩한 것이다.

2:4 그리고 만약(키) 네가 화덕에 구운 것으로 소제의 예물을 드리고자 하거든 (그 예물은) 곡식 가루에 기름을 섞어 만든 무교병이나 기름을 바른 무교전이어야 한다.

2:5 그리고 만약(임) 너의 예물이 철판에서 만든 소제이면 그것은 기름을 섞어 만든 무교병이어야 한다.

2:6 그것을 조각으로 부수고, 기름을 부어라. 이것이 소제니라.
2:7 그리고 만약(임) 너의 예물이 냄비의 소제이면 곡식 가루로 기름과 함
께 만들어라.
2:8 그리고 이것들로부터 만들어진 그 소제를 가져와서 그것을 제사장에
게 주어라. 그러면 그가 그것을 제단으로 가져갈 것이다.
2:9 그리고 그 제사장은 그 소제로부터 그것의 기념물을 뜯어 제단 위에 불
사르도록 하라. 이것이 화제, 곧 여호와를 위한 향기로운 냄새니라.
2:10 그리고 그 소제의 나머지는 아론과 그의 아들들을 위한 것이다. 이것
은 여호와의 화제 중에서 지극히 거룩한 것이다.
2:11 너희들이 드리는 모든 소제는 누룩으로 만들어져서는 안 된다. 모든
누룩과 꿀, 그것들로부터 화제를 불사르면 안 되기 때문이다.
2:12 첫 가공한 소산의 예물은 여호와께 드리지만 향기로운 냄새로 제단에
올리지는 말라.
2:13 그리고 너의 모든 소제의 예물은 소금이 더해져야 한다. 네 소제에 네 하
나님의 언약의 소금을 빼지 말라. 네 모든 예물에 소금을 드려야 한다.
2:14 그리고 만약 처음 익은 소산의 소제를 하나님께 드리려거든 새로 익은
곡식의 알곡을 불에 볶아 갈은 것을 너의 처음 익은 소산의 소제로 드
려라.
2:15 그리고 그 위에 기름을 더하고, 유향을 추가하라. 이것이 소제이다.
2:16 그리고 제사장은 곡식 가루와 기름 중에서 취한 것을 그것의 모든 기
념물과 함께 불사르라. 이것이 화제, 곧 여호와를 위한 향기로운 냄새
니라.

2단계: 사역 해설

2:1 "만약" *키*(כִּי)

1장에서 다룬 것처럼 이 접속사는 큰 범주를 시작할 때 사용된다.

"소제" *민하*(מִנְחָה)

이 단어는 세속적으로는 '공물'(tribute), '선물'(gift)이라는 의미로 사용된다. 그리고 때로는 *코르반*(קָרְבָּן)처럼 제사 일반을 지칭할 때 사용되기도 한다. 그러나 제의법적으로 소제, 즉 '곡식제사'(grain offering)라는 의미로 가장 많이 사용된다. 하지만 아래의 12, 14절에서 보듯이 이 소제가 정말 곡식만을 드리는 제사는 아니었다. '첫 가공한 소산의 예물'(*레쉬트*)이나 '처음 익은 소산의 소제'(*빅쿠림*) 같은 경우에는 땅에서 나는 각종 소산이나 그 소산물로 만들 가공품들도 포함하고 있었다.

"곡식 가루" *솔레트*(סֹלֶת)

개역개정은 "고운 가루"라고 번역하고 있지만 사실은 "고급스러운 가루"라고 하는 편이 더 적절할 수도 있다. *솔레트*는 껍질도 섞이게 갈은 *케마흐*(קֶמַח)와 달리 곡식의 속 알갱이만을 신중히 골라 갈은 것으로서, 더 고급스러운 것이었다. 비록 이것이 값이 훨씬 비싼 짐승 제물들을 대신하기 위한 가난한 자들의 제물(5:11)로 사용된 것은 사실이지만 여전히 일반 곡식 가루들보다는 훨씬 더 비쌌다(왕하 7:16, 18).

"유향" *르보나*(לְבֹנָה)

이 단어는 향신료를 나타내는 일반적인 단어가 아니라 아라비아 남부 등지의 보스웨일리아(Bosweillia)란 나무의 진을 굳혀서 만든 하얀 색 물질이었다(참고, 렘 6:20). 그 색깔이 희기 때문에 '흰 색'을 뜻하는 *라반*(לָבָן)이란 단어에서 그 이름이 파생되었다. 유향, 곧 *르보나*는 출애굽기 30:34에 따르면 오직 성막에서만 사용될 수 있는 특별한 향료를 만드는 재료들 중에 들어가는 물질이었다. 헬라어로는 *리바노스*(λίβανος)로 번역되었다. 동방 박사들이 예수께 갖다 드린 선물들 중의 하나가 바로 이 *리바노스*이다(마 2:11).

2:2 "(그 중 한 명이)"

사역 시 이것을 괄호에 넣은 이유는 이 문구가 히브리어 본문상에는 나오지 않지만 동사의 단/복수의 변화가 이것을 암시하고 있기 때문이다. 이 사역에서는 이 점을 살려서 번역했다. 그 앞의 주어(아론의 아들들 제사장)와 동사는 복수로 되어 있는 반면에 두 번째 동사부터는 동사가 단수로 바뀐다. 이것은 제물을 봉헌자에게서 접수한 후 한 명이 나머지 절차를 도맡아 집전했기 때문인 것으로 보인다.

"한 움큼을…쥐어라" *카마쯔…쿰쪼*(קָמַץ…קֻמְצוֹ)

'집으라'라고 번역된 *카마츠*는 '주먹'이란 뜻을 가진 명사, *코메쯔*(קֹמֶץ)에서 파생되었다. 위의 *쿰쪼*(קֻמְצוֹ)는 바로 이 *코메쯔*의 연계형에 소유격 인칭대명사를 붙인 것으로 '그의 주먹'이란 뜻이다. 따라서 위의 히브리어 표현은 '한 주먹만큼 쥔다'는 뜻이다. 일부 유대교 문헌들에서는 한 주먹이 다섯 손가락을 다 말아쥔 것이 아니라 세 손 가락을 손바닥 쪽으로 말아쥔 것을 의미한다고 본다(three-finger fistful).[43] 그러나 이 견해에는 대다수의 주석가들이 반대하는 것으로 보인다.

이렇게 소제에서 한 주먹을 들어올리는 일이 봉헌자의 역할이라고 주장하는 주석가들도 간혹 있지만 이것은 제사장의 임무였던 것으로 보인다.[44] 9절의 비슷한 절차가 이점을 증명한다. 사역은 이 점을 반영하고 있다.

---

43 Chaim Miller, *The Book of Leviticus* (*Brooklyn: Kol Menachem*, 2005), 11.
44 Wenham, *Leviticus*, 66.

"그 모든 유향과 함께"

곡식 가루 및 기름과는 달리 유향은 그 전부를 기념물로 취하였다는 점에 있어서 중요하다. 굳이 말하자면 유향은 다른 제사들에서 지방이 하는 역할과 비슷한 역할을 하는 것이 아닌가 생각된다. 그 어떤 제사의 경우도 제물의 지방은 그 전부를 하나님께 불살라 드렸는데 소제의 경우는 바로 유향을 그렇게 하도록 하나님은 명령하셨다.

"기념물" ***아즈카라*(אַזְכָּרָה)**

이 단어의 어근은 '기억하다'란 뜻의 *자카르*(זָכַר)이다. 명사형 형태는 아람어의 사역형인 아펠형(Aphel)에서 파생된 것으로 간주된다. 따라서 *아즈카라*는 '기억하게 만들다' 정도의 의미를 바탕에 깔고 있다고 보면 된다. 개역개정은 "기념물"이라고 번역하고 있다. 흥미로운 점은 구약성경에서 오직 7회만 나오는 이 단어가 다 소제와만 연결되어 있다는 점이다(레 2:2, 9, 16; 5:12; 6:15[히, 6:8]; 24:7; 민 5:26). 다시 말해 이 단어는 소제와 관련된 전문용어인 것이다.

흥미로운 점은 왜 굳이 레위기 저자가 소제 중 하나님께 불살라 드리는 이 부분을 지칭하는 용어로 *지카론*(זִכָּרוֹן) 등의 더 흔한 단어를 쓰지 않고 이 *아즈카라*란 독특한 단어를 쓰고 싶어 했느냐 하는 것이다. 레위기 학자들은 이 단어와 관련해서 여러 가지 다른 사항들을 다루면서도 정작 이 점만은 포착하지 못하고 있는 듯하다.[45]

이 단어에 대한 답은 이 단어가 사역형의 의미, 즉 '~로 하여금 ~을 기억하게 만들다'라는 뜻을 바탕으로 한다는 점에 있다고 생각된다. 제사법의 맥락에서는 제물을 갖다 바치는 봉헌자가 이 사역형의 주어가 된다고 할 때 그 의미는 '하나님으로 하여금 (봉헌자와 관련하여) 어떤 것을 기억하게 만들다'란 것이 된다고 할 수 있다. 이 점을 인식하고 나면 결국은 '하나님이 기억하

45 이 단어의 의미에 대한 일반적인 견해에 대해서는 Milgrom, *Leviticus* 1–16, 181–182를 보라.

신다는 것이 과연 어떤 의미일까'라는 점을 이제 따져 보면 된다. 이와 관련하여 오경에서 하나님이 동사 *자카르*('기억하다')의 주어로 쓰인 경우는 대부분 구원과 관련이 있다는 점이 중요하다(창 8:1; 19:29; 30:22; 출 2:24).[46] 이런 점을 고려할 때 소제의 '기념물'이 이 동사의 사역형에서 파생되었다는 것은 "하나님으로 하여금 봉헌자를 기억하고 구원해 달라"는 간구의 의미를 담고 있는 것으로 생각된다.[47]

이런 점에서 볼 때 소제 전체나 그 중 하나님께 바쳐 드리는 기념물인 아즈카라, 그리고 이 *아즈카라*의 핵심인 유향이 기도와 깊은 관계를 맺고 있다는 점은 아주 흥미롭다. 시편 20편은 "네 모든 소제를 기억하시며(*자카르*)"(20:3)라는 문구와 구원을 밀접하게 연결시키고 있다(시 20:6-9). 또 아예 *자카르*의 사역형을 활용하여 만든 '기억하게 하는 시'라는 표제를 가진 시편 38, 70편은 구원에 대한 간구가 그 중심 주제이다(시 38:22; 70:4 등). 시편 141:2은 기도와 소제를 연결시키고 있으며, 누가복음 1:9-10은 유향을 피우는 것과 기도를 연결시키고 있다. 또한 *아즈카라*의 70인경 번역이 *므네모쉬논*(μνημόσυνον)인데, 이 단어는 사도행전 10:4, 31에서 분명하게 기도와 하나님의 기억을 연결시키고 있다.

이런 여러 가지 증거들을 볼 때 소제의 '기념물'인 *아즈카라*는 하나님으로 하여금 봉헌자를 기억하게 촉구하는 기도와 밀접하게 연결되어 있다고 볼 수 있다. 그리고 이런 점에서 소제는 제사의 형태로 드려지는 기도라고 생각해도 무방해 보인다.

2:3 "지극히 거룩한 것" *코데쉬 코다쉼*(קֹדֶשׁ קָדָשִׁים)

이 어구가 정관사와 함께 쓰이면 지성소를 가리키는 표현이 된다. 그러나

---

46 민수기 10:9은 *자카르*의 수동형이 쓰이고 있는데, 이 경우 역시 이 동사의 주체는 하나님이시며, 구원과 명백하게 연결되어 있다.

47 Watts, *Leviticus 1-10*, 252-253은 유대교 전통 등에서 이런 식의 해석을 한 문헌들을 나열하고 있다.

정관사 없이 사용되는 경우는 성막과 관련된 여러 가지 것들을 가리킬 수도 있으며, 이처럼 제사법에서는 하나님께 바쳐진 제물들 중 제사장 몫으로 할당된 것들을 가리키는 용어로 사용된다. 따라서 이 어구는 '제사장 몫'이라는 의미로 이해하면 된다. 5대 제사 중 이 어구가 적용된 것은 오직 소제, 속죄제, 속건제의 제물 중 제사장의 몫을 가리킬 때뿐이다(참고, 6:25, 29; 7:6). 10절은 이처럼 하나님께 기념물로 드리고 남은 것들을 제사장 몫으로 허락하셨다는 것을 다시 한 번 언급하고 있다.

2:4-7 "만약"

1–3절의 날 곡식 가루와 달리 요리한 곡식 가루의 소제를 다루고 있는 본문은 각각 화덕, 철판, 냄비를 사용하여 만든 소제에 대해서 언급하고 있다. 이 요리해서 바치는 소제의 첫 번째 것을 소개하는 '만약'은 *키*(כִּי)이며, 나머지 두 개는 *임*(אִם)이다. 이처럼 한 범주의 제물들에 대해서 다룰 때 그 시작은 *키*, 나머지는 *임*을 사용하는 것은 레위기에서 상당히 일관된 문체이다.

2:4 "무교전" *라키크*(רָקִיק)

이 단어는 '얇다'(to be thin)라는 뜻을 가진 *라카크*(רָקַק)란 동사의 수동적인 의미에서 파생된 명사로 '얇게 펴진 것'을 의미하는 단어이다. 한국어로는 얇게 펴서 부친 '전'이 가장 적절한 번역으로 보인다. 요즘 흔히 보는 인도 요리에서 나오는 '난'이나 지중해 지역의 '피타'라는 얇은 빵과 비슷한 모양새였을 것이다.

2:9 "뜯어" *헤림*(הֵרִים)

이 표현은 요리한 곡식의 소제 중 제사장의 몫인 *아즈카라*를 취하는 동작을 묘사하는 단어이다. 2절에서는 *카마쯔*란 단어를 쓴 것과는 차이가 난다. 그 이유는 곡식 가루는 주먹으로 쥘 수가 있지만 요리한 것은 뜯어내야 하기 때문이다.

2:11 "누룩으로…누룩과"

첫 번째 '누룩'이란 단어는 *하메쯔*(חָמֵץ)이고, 두 번째 '누룩'은 *쓰오르*(שְׂאֹר)이다. 즉 서로 다른 단어를 쓰고 있다. 그 차이는 첫 번째 것은 '누룩 빵'이라는 뜻이고, 두 번째 것은 그런 빵을 만드는 재료로서의 '누룩'이다.

"꿀" *드바쉬*(דְּבַשׁ)

이 단어에 대해 대부분의 학자들은 벌꿀보다는 과일의 즙으로부터 만들어진 당분 물질을 가리키는 단어였다고 본다.[48] 실제로 가나안은 이것의 주산지로 유명했다. 이 단어가 벌꿀을 의미할 수도 있기는 한 것으로 보이는데, 명백하게 이런 의미로 쓰인 경우는 성경에서 딱 한 번뿐이다(삼손, 삿 14:8–9).

"화제를 불사르면"

'화제를 드리다'라는 표현 대신 '화제를 불사르다'란 표현을 쓴 것이 흥미롭다. 그 이유는 뒤이어 나오는 12절의 '첫 가공한 산물'의 예물은 하나님에게 분명히 바쳐질 수 있었지만 그 안에는 꿀과 누룩이 포함될 수 있었기 때문이다. 이런 것은 바쳐야 하는 물건이기는 했지만 제단에서 태워서는 안 되는 것이었다.

2:12, 14 12절의 '첫 가공한 소산'은 *레쉬트*(רֵאשִׁית)이고, 14절의 '처음 익은 소산'은 *빅쿠림*(בִּכֻּרִים)이다. 밀그롬은 *레쉬트*는 '가공한 소산 중 첫 번째 것'(the first processed)이고, *빅쿠림*은 '처음 익은 것들'(the first ripe)을 가리킨다고 지적한다.[49] 민수기 18:12–13의 말씀, 즉 "그들이 여호와께 드리는 첫 소산(*레쉬트*) 곧 제일 좋은 기름과 제일 좋은 포도주와 곡식을 네게 주었은즉 그들이 여호와께 드리는 그 땅의 처음 익은 모든 열매(*빅쿠림*)는 네 것이니 네 집에서 정결한 자마다 먹을 것이라"는 말씀은 이런 차이를 분명하게

---

48 Milgrom, *Leviticus 1-16*, 189–90.

49 Milgrom, *Leviticus 1-16*, 190.

보여주고 있다. 개역개정은 *레쉬트*를 "처음 익은 것"으로, *빅쿠림*을 "첫 이삭"으로 번역하고 있지만 이것은 적절한 번역은 아니다.

2:14 "처음 익은 소산의 소제"

이 어구가 두 번 반복되나 개역개정은 한 번만 번역하였다. 이 사역에서는 원문을 살려 번역하였다. "새로 익은 곡식"은 흔히 '포도원'이라는 뜻으로 사용되는 단어인 *카르멜*(כַּרְמֶל)을 번역한 것이다. 이 둘은 동음이의어인 것으로 보인다. '새로 익은 곡식'이란 의미로서의 *카르멜*은 구약성경에서 총 세 번만 나온다(레 2:14; 23:14; 왕하 4:42).

3단계: 단락 구분

레위기 2장 본문의 단락은 다음과 같이 나뉜다.

- 2:1–3 날 곡식 가루의 소제
- 2:4–13 요리된 소제
    - 2:4 화덕에 구운 소제
    - 2:5–6 철판에 만든 소제
    - 2:7 냄비의 소제
    - 2:8–10 요리된 소제의 봉헌 절차
    - 2:11–13 주의 사항들
- 2:14–16 처음 익은 소산의 소제

4단계: 본문 해설

2:1 1–3절은 고급스런 곡식 가루의 날 것에 기름과 유향을 더해 드리는 소제에 대해서 다루고 있다. 곡식 가루도 고급이었지만 거기에 더해지는 유향도 귀중품이었다. 소제로 얼마 정도의 양을 드리는지에 대해서는 본문 중에 언급이 없다. 민수기 28–29장의 절기 때 드리는 소제들의 경우에는 각 경우마다 정해진 양이 언급되고 있다(예, 민 28:5, 9 등). 참고로 가난한 사람들이 가축 제물 대신 드릴 수 있었던 속죄제물로서의 소제의 경우에는 1/10 에바(약 2.2리터 정도) 정도를 드렸다.

2:2 봉헌자가 소제물을 가져오면 제사장은 그것에서 곡식 가루와 기름을 한 움큼 취하고, 유향은 그 전부를 이와 함께 취하여 '기념물'(*아즈카라*)로 삼아, 제단에서 불살라 하나님께 드렸다. 이 기념물 부분이 번제의 경우와 같이 "화제, 곧 여호와를 위한 향기로운 냄새"라고 불렸다. 여기에서 이 기념물은 앞의 "사역 해설"에서 다룬 바와 같이 그 히브리어 단어의 기원과 용례들을 볼 때 소제에만 국한되어 사용된 특수한 용어였으며, 소제를 봉헌자가 하나님께 드리는 간구 혹은 기도라는 측면에서 이해할 수 있게 해주는 것으로 보인다. 그리고 이런 통찰이 맞다면 소제가 단독으로 사용되기보다는 번제 등에 병행하는 제사로 보이는 근거가 될 수 있다고 생각된다. 봉헌자는 번제 등의 제사를 통해 하나님과의 관계의 회복을 추구하며, 소제는 그런 추구가 이루어지길 바라는 소망을 담은 것일 수가 있다.

2:3 기념물을 드리고 난 나머지는 제사장 몫으로 하나님께서 허락하셨다. 이처럼 제물 중 제사장만이 성막 내의 장소에서 먹을 수 있도록 허락된 음식을 지칭하는 표현으로 '지극히 거룩한 것'이라는 표현이 사용되었다. 이 표현이 적용된 제물들은 오직 제사장만 먹을 수 있었고, 그 가족들이 섭취하는 것

도 금지되어 있었다.[50]

2:4 4–7절은 요리해서 드리는 소제에 대해서 세 가지를 언급하고 있다. 각각 화덕, 철판, 냄비에 요리해서 드리는 것이다. 이 중 4절은 화덕에 드리는 것인데, 이 경우는 곡식 가루에 기름을 섞어서 무교병 혹은 무교전을 만들어 드렸다. 무교병은 마치 도너츠처럼 반지 모양의 빵이었고, 무교전은 얇고 납작한 것이었다.

2:5-6 요리해서 바치는 소제의 두 번째 종류는 철판에서 만든 것이었다. 기름을 섞어서 만든 다음에 조각들로 부수고, 그 위에 다시 기름을 부은 것이었다.

2:7 세 번째 종류의 요리된 소제는 냄비에서 만든 것이었다. 곡식 가루를 가지고 기름과 함께 만든다.

2:8-10 8–10절은 요리해서 드리는 소제들의 봉헌 절차에 대해서 다루고 있다. 그 절차는 기본적으로는 날 곡식의 소제(1–3절)와 거의 마찬가지이다. 일부를 기념물로 떼어 내어 하나님께 불살라 드리고, 나머지는 제사장 몫, 즉 지극히 거룩한 것이 된다. 이처럼 요리해서 드린 소제 역시 "화제, 곧 여호와를 위한 향기로운 냄새"가 된다. 그러나 여기에는 중대한 차이점도 하나 있다. 그것은 요리해서 바치는 소제의 경우에는 유향에 대한 언급이 없다는 점이다.

2:11 11–13절은 소제를 드릴 때의 주의 사항들에 대해서 언급한다. 11절은 소제를 드릴 때 누룩과 꿀(혹은 과일로 만든 시럽)을 첨가하면 안 된다고

---

50 Hartley, *Leviticus*, 30.

언급한다. 앞의 "소제의 신학 개관"(100-102쪽)에서 밝혔듯이 누룩과 꿀(혹은 시럽)은 제물에 변질을 가져오기 때문인 것으로 보인다.

2:12 매 해의 처음 얻는 농산물을 가공한 것들 중 처음 것들을 바치는 '첫 가공한 소산의 예물'(*레쉬트*)은 하나님께 바치기는 하지만 제단에서 불살라서는 안 되었다. 그 이유는 이 가공된 소산의 예물 속에는 11절에서 말한 누룩과 꿀(혹은 과일로 만든 시럽)이 들어갈 가능성이 있었기 때문으로 보인다.

2:13 앞에서 지적한 대로 소제에 반드시 소금을 치라는 명령은 누룩과 꿀의 반대 측면을 말하는 것으로 보인다. 누룩과 꿀(혹은 시럽)이 곡식 제물의 변질을 나타낼 수 있다면, 소금은 변질의 방지를 의미한다. '언약의 소금'이란 표현은 구약 전체에서 단 한 번 여기에만 나온다. 그리고 두 번은 '소금 언약'이란 표현이 나오는데(민 18:19; 대하 13:5), 이 두 번 모두 언약의 영원성이 강조되고 있다. 따라서 소제에서도 '언약의 소금'이라는 표현은 하나님과의 관계의 불변성을 상징하는 것이 아닌가 생각된다. 그리고 이런 해석은 소금을 치는 것에 대한 앞의 해석과 논리적인 상응성을 갖는다는 점에서 매력이 있다.

2:14 14-16절은 '처음 익은 소산의 소제', 곧 12절의 '첫 가공한 소산의 예물'과 달리 가공되지 않은 농산물의 첫 수확물을 하나님께 드리는 것이었다. 이 경우에는 새 곡식의 알곡을 불에 볶은 다음에 갈아서 드렸다. 재료를 준비할 때 이처럼 볶아서 가는 것 외의 절차는 날 곡식의 소제와 동일하다고 할 수 있다.

2:15 '처음 익은 소산의 소제' 역시 1-3절의 날 곡식 가루의 소제와 마찬가지로 기름과 유향을 첨가해서 드렸다.

2:16 '처음 익은 소산의 소제' 역시 기념물, 즉 *아즈카라*를 제단 위에서 불살라 드렸다.

5단계: 적용

2:11, 13 번제단에서 불살라 하나님께 드리는 소제에는 누룩과 꿀(혹은 시럽)은 금지되었고, 대신 소금은 쳐서 드리도록 되어 있었다. 누룩과 꿀은 소제로 드리는 곡식 가루에 발효를 일으켜 제물을 변질시키는 반면에 소금은 제물의 변질을 막아주는 역할을 하였다. 따라서 이것들의 금지와 첨가에 대한 명령은 결국은 변질의 방지라는 한 가지 개념으로 묶일 수 있다.

신약에서 누룩은 급속한 변질을 가져오는 것의 대명사로 사용되었다. 그래서 예수님은 바리새인과 사두개인의 누룩, 즉 그들의 가르침을 조심하라는 경고를 여러 번에 걸쳐서 하셨다(마 16:6-12; 눅 12:1). 사도 바울 역시 육적, 영적 음행을 누룩으로 표현하며, 교회의 일원 중 이런 일을 행하는 자들은 누룩처럼 온 공동체를 변질시킬 수 있으니 파문을 하라고 권면한다(갈 5장). 또한 교회 안에 들어온 할례주의자들에 대해서도 역시 같은 가르침을 주고 있다(고전 5:2-13).

한편 예수님은 "너희는 세상의 소금"이라고 말씀하신다(마 5:13). 하나님을 믿는 자들은 이 세상이 변질되지 않도록 막아주는 역할을 해야 하며, 그런 역할을 하기 위해서는 자신들 역시 변질되지 않아야 한다. 만약 소금이 변질된다면 그 소금은 버려질 수밖에 없다.

지금 한국 교회는 자신들이 세상의 소금으로서의 역할을 하기는커녕 세상의 누룩에 너무나도 큰 영향을 미치고 있다. 더 이상 교회는 세상에 더 높은 가치를 가르치는 존재가 되지 못하고 오히려 세상의 더러움에 심각하게 오염된 상태에 있다. 너무나도 많은 목회자들이 성적인 타락, 금전적인 타락, 기타 도덕적인 타락으로 언론에 오르내리고 있다. 또 한때 존경 받았던 기독교 기업들이 지금은 온갖 추문으로 손가락질을 당하고 있다. 개인적인 성도들도 더하면 더했지 결코 덜하지 않은 상태이다. 이런 상황 속에서 우리는 다시 한 번 세상의 누룩을 멀리하고, 하나님의 소금으로 인침을 받아서 자기 자신과 이 세상 모두를 거룩하게 하는 도구가 되어야 할 것이다.

6단계: 설교 "내가 네 분깃이요 기업이라"

소제가 드려지면 그 중의 한 움큼만 여호와께 향기로운 제물로 드려지고 나머지는 제사장의 몫이 됩니다. 이 소제는 제사장에게는 있어서는 아주 중요한 식량 공급처였습니다. 일반 백성은 하나님께서 가나안 땅에 나누어 준 기업을 바탕으로 해서 살도록 되어 있었습니다. 레위인은 백성들이 바치는 십일조를 가지고 살게 되어 있었습니다. 그리고 제사장은 자신들의 주 임무인 제사장 사역을 통해서 살게 되어 있었습니다. 이런 점에 있어서 민수기 18:20은 "너는 이스라엘 자손의 땅에 기업도 없겠고 그들 중에 아무 분깃도 없을 것이나 내가 이스라엘 자손 중에 네 분깃이요 네 기업이니라"고 말씀하시고 있습니다. 이것을 통해서 우리가 얻을 수 있는 교훈은 다음의 몇 가지입니다.

첫째, 목회자는 자신의 사역을 통해서 먹고 살아야 합니다. 그는 하나님께서 자신에게 주신 사명을 붙들고 그 사명을 성취하는 것에 자신의 전부를 헌신해야 합니다. 그러할 때 하나님은 그의 '분깃이요 기업'이 되어 주십니다.

둘째, 목회자가 이렇게 오로지 하나님만을 자신의 기업으로 여길 때 목회자는 세상과 부와 권력 앞에서 당당할 수 있습니다. 그가 존재하는 이유, 그가 살아가는 이유, 그를 살게 하는 이유가 오직 하나님과 하나님의 사명이라는 점을 확고히 할 때 그는 자꾸 사명 이외의 것에 고개를 돌리지 않을 것입니다. 지금 목회자들이 세상에서 그리스도의 향기가 되지 못하고 오히려 악취가 되어가는 것은 그들이 하나님만이 자신들의 기업이 된다는 것을 망각하고 자꾸 다른 것들에 눈을 돌리기 때문입니다. 목회자는 오로지 하나님만을 기업으로 삼고 살아가는 삶을 살아야 합니다.

셋째, 이렇게 하나님만을 바라 보는 진실한 목회자의 생활을 교회 공동체는 책임져야 합니다. 사도 바울은 "곡식을 밟아 떠는 소의 입에 망을 씌우지 말라"는 말로 이것을 이야기하고 있습니다(딤전 5:18). 성도들은 목회자가 하나님의 사역으로 인해 먹고 살 수 있도록 해줘야 합니다. 이렇게 하나님만이 자신의 기업임을 믿고 성실하게 사역을 수행하는 목회자와 그런 목회자의 사역에 감사함을 갖고 그에게 필요한 것을 공급해주는 회중이 만날 때 교회는 바로 설 수 있을 것입니다.

레위기 3장

화목제(제사법 I)

❑ 화목제의 신학 개관

화목제(peace offering)의 히브리어는 ***제바흐 쉘라밈***(זֶבַח שְׁלָמִים)이다. 이 제사는 영어 성경들에서는 흔히 "친교제"(fellowship offering)라고 번역되기도 한다.[51]

다른 제사들과 달리 화목제는 다음과 같이 다시 세 개의 하부 제사로 나뉜다.

(1) 감사제(thanksgiving offering, *토다*, תּוֹדָה, 레 7:12)

(2) 서원제(vow offering, *네데르*, נֶדֶר, 레 7:16)

(3) 자원제(freewill offering, *느다바*, נְדָבָה, 레 7:16) 이 제사는 "낙헌제"라는 이름으로도 번역되었다(민 15:3; 29:39; 시 54:6[히, 54:8]; 암 4:5). 물론 원어 자체는 동일하다.

---

51 5대 제사가 각 제사의 이름을 어떻게 번역할 것이냐 하는 것은 항상 많은 논의의 대상이 되어 왔다. 현재 글에서는 '화목제'란 번역을 유지하지만 어떤 논란이 있었는지를 파악하는 것은 항상 도움이 된다. 아래의 3:1의 "사역 해설"(124–125쪽)의 설명과 거기에 나오는 참고문헌을 참고하라.

화목제가 드려지는 경우들은 다음의 몇 가지로 정리해볼 수 있다.

(1) 개인이 드릴 수 있는 화목제는 위에서 말한 바와 같이 감사제, 서원제, 자원제가 있었다(7:11–18).

(2) 국가적으로는 화목제는 언약 체결 및 갱신(출 24:5; 신 27:7), 왕의 임명(삼상 11:15), 성전 봉헌(왕상 8:63–66) 등의 경우에 드려졌다.

화목제는 5대 제사 중 그나마 가장 비슷한 번제와의 비교를 통해서 가장 잘 파악할 수 있다. 그 차이점들을 정리해보면 다음과 같다.

(1) 번제는 수컷만 드린다. 그러나 화목제는 암컷도 드릴 수가 있다(3:1, 6).[52]

(2) 화목제 중 하나인 자원제는 흠이 있는 제물이 허용된 유일한 제사였다(레 22:23). 아마 그 이유는 자원제(freewill offering)라는 것 자체가 정말 굳이 아무런 이유가 없어도 하나님께 자발적으로 드리는 제사였기 때문에 하나님께서도 제물에 대한 요구 수준을 상대적으로 기준을 낮춰 주셨기 때문인 것으로 보인다. 그리고 이처럼 자원제가 상대적으로 다른 제사들에 비해서 기준이 낮다는 점은 레위기 7:15–16을 통해서 간접적으로 파악할 수 있다. 이 본문에 따르면 화목제물의 고기를 봉헌자가 먹어 없애는 기간이 한정되어 있는데, 감사제의 경우에는 이튿날 아침까지, 그리고 서원제와 자원제는 셋째 날 아침까지이다(참고, 레 19:5–6). 이런 점들을 종합해볼 때 화목제의 하부 종류인 세 제사의 서열은 감사제, 서원제, 자원제의 순서인 것으로 보인다.

(3) 번제는 가죽을 제외한 제물 전부를 불살라서 하나님께 드린다. 그러나 화목제의 경우에는 오직 지방 부위들, 즉 내장을 덮은 지방과 내장 주변의 모든 지방과 두 콩팥과 그 콩팥 인대 주변의 지방, 그리고 간 미엽만을 불살라

52 아래의 "4단계: 본문 해설"(138–139쪽)의 끝에 나오는 도표에서 보는 바와 같이 염소의 경우에는 암, 수의 언급이 없다. 그러나 "레위기 1–10장의 개관"의 "6. 제사법 해석 시의 중요한 유의점들"(54쪽)에서 천명한 바와 같이 이 점은 소나 양의 화목제와 비교해볼 때 당연히 염소도 암, 수 다 드린다고 봐야 할 것이다.

드린다(레 3:3–4, 9–10, 14–15절). 그리고 양의 경우에는 그 독특한 부위인 '기름진 꼬리'를 여기에 추가해서 드린다(9절).

왜 이렇게 특히 지방을 하나님께 드리는지에 대해서는 레위기 본문이 말해주고 있지 않다. 그러나 아마 '지방'이라는 히브리어 단어(*헬레브*, חֵלֶב)가 구약성경에서 때때로 '가장 좋은 것'이라는 의미로 사용되고 있다는 점이 이와 관련되어 있지 않을까 하고 학자들은 추측한다(창 45:18; 시 63:5, '골수와 기름진 것[*헬레브*]').[53] 즉 지방 부위를 바치는 것은 하나님께 가장 좋은 부위를 바친다는 의미를 가진 것으로 생각된다.

화목제물 중 양의 경우에는 특별히 '기름진 꼬리'(3:9)라는 것이 언급되어 있다. 이 부위는 대단히 크고, 귀하고, 지방이 풍부히 붙은 부위였다.[54] ESV 스터디 바이블(ESV Study Bible)은[55] 이 구절의 해설에서 이 기름진 꼬리가 스테이크계의 *필레 미뇽*(filet mignon)과 같다는 재미있는 말을 한다. 소고기 스테이크 재료 중에서 최고급으로 치는 이 부위는 척추뼈와 엉덩이 뼈가 만나는 부위의 고기인데, 300kg 정도 되는 크기의 소 한 마리에서 약 3kg 정도 밖에 안 나온다. 화목제물로 바쳐지는 이 '기름진 꼬리'의 풍부한 지방 함량을 고려할 때 이런 지적은 아주 적절해 보인다. 지방을 불살라 드리는 것은 곧 최고의 것을 하나님께 드린다는 의미로 이해할 수 있다.

(4) 번제의 경우에는 인간이 그 고기를 전혀 먹을 수 없다. 반면에 화목제의 경우에는 (3)번의 지방 부위를 제외한 나머지가 다음과 같이 인간의 것으로 돌려진다:

---

53 Gordon J. Wenham, *The Book of Leviticus* (NICOT; Grand Rapids: Eerdmans, 1979), 80 등을 보라. 위의 구절들 외에 다른 예를 보자면 민 18:12, "첫 소산 곧 제일 좋은 기름과 제일 좋은 포도주와 곡식"에서 '제일 좋은'이 사실은 *헬레브*이다. 즉 히브리어를 좀 더 직역하자면 "첫 소산, 기름의 *헬레브*와 포도주와 곡식의 *헬레브*"라고 되어 있는 것이다.

54 양의 '기름진 꼬리'에 대한 그림들은 아래의 3:9의 "사역 해설"(129–130쪽)을 보라.

55 크로스웨이 ESV 스터디 바이블 편찬팀, *ESV 스터디 바이블* (서울: 부흥과개혁사, 2014)의 레위기 3장의 해설 부분을 보라.

(가) 제사장 몫: 가슴 부위와 오른쪽 뒷다리(7:28–34).

(나) 봉헌자: 지방과 제사장의 몫을 뺀 나머지 모든 부위. 결국 봉헌자가 화목제물에서 가장 많은 양을 차지한다. 그 이유는 뒤에 나오는 바와 같이 화목 제사가 고대 이스라엘인들이 고기를 먹을 수 있는 드문 기회이자 잔치용 음식의 성격을 가진 것을 고려했기 때문으로 생각된다.

이처럼 화목제의 경우에는 제사의 참여자들, 즉 하나님, 제사장, 봉헌자가 모두 제물의 일부를 나눠 가졌다. 이것은 화목제가 하나님과 봉헌자 사이의 관계 회복을 기념하는 잔치적인 성격을 갖고 있기 때문인 것으로 보인다. 언약식을 치룰 때 화목제가 자주 등장하는 이유는 바로 이런 점 때문이다(예를 들어 출 24:5; 신 27:7; 왕상 8:63 등).[56]

한 가지 흥미로운 점은 봉헌자가 화목제의 제물 중 자기 몫으로 할당된 부위를 하루 내지 이틀만에 다 먹어야 했다는 점이다. 그리고 이 기간에 다 먹지 못할 경우에는 "그 제사는 기쁘게 받아들여지지 않을 것이라. 드린 자에게도 예물답게 되지 못하고 도리어 가증한 것이 될 것이며 그것을 먹는 자는 그 죄를 짊어지게 되리라"(레 7:18)는 경고의 말씀까지 있다. 문제는 봉헌자가 소나 양과 염소와 같은 큰 가축의 가장 많은 부분을 할당 받았는데, 이처럼 짧은 시간 내에 그 많은 양의 고기를 혼자서 다 먹는 것은 당연히 불가능했다. 이 때문에 화목제물의 고기는 봉헌자 자신뿐만 아니라 그의 가족과 주변 사람들, 그리고 주변의 약자들이나 가난한 자들이 함께 먹도록 되어 있었다(참고, 신 12:17–19). 이처럼 봉헌자가 자신의 제물을 주변 사람들과 함께 나누는 것은 화목제의 잔치적 성격을 더욱 두드러지게 했을 것으로 보인다. 아마 하나님께서 화목제물을 그렇게 빨리 소진하도록 강력하게 요구하신 데에는 이런 목적도 포함되어 있었을 것이다.

그리고 이런 잔치적 성격을 고려할 때 번제 및 속죄제와 달리 화목제의

---

56 Wenham, *Leviticus*, 79.

경우에는 새를 제물로 드리는 규례가 나오지 않는 점 역시 잘 설명이 되는 듯하다. 새는 크기가 작기 때문에 이런 나눔과 잔치의 목적에는 잘 부합하지 않는다.[57]

화목제가 가진 이런 잔치적 성격, 그리고 주변의 여러 사람, 특히 어려운 이웃 사람들이 봉헌자의 제물을 함께 나누는 모습은 구약의 제사에 대한 우리의 시각을 바꿔준다. 구약의 제사는 제물이 봉헌자 대신 죽는 엄숙함만 있었던 것이 아니라 하나님과의 관계 회복을 통한 기쁨과 즐거움도 함께하는 것이었다. 이런 면에서 화목제는 현재 우리 그리스도인들 역시 하나님 앞에서 어떤 모습을 가져야 하는지를 가르쳐준다. 우리 신앙인들의 생활은 단순히 경건의 무게에 짓눌려 엄숙하고 장엄하기만 한 것이 아니라 또한 하나님과의 관계 회복과 화평을 누림을 통해서 잔치와 같은 즐거움이 충만하기도 해야 하는 것이다. 신약에서 화목제가 가진 화해와 잔치의 개념은 롬 5:9-11 등에 잘 반영되어 있다.

> 롬 5:9 그러면 이제 우리가 그의 피로 말미암아 의롭다 하심을 받았으니 더욱 그로 말미암아 진노하심에서 구원을 받을 것이니
>
> 10 곧 우리가 원수 되었을 때에 그의 아들의 죽으심으로 말미암아 하나님과 화목하게 되었은즉 화목하게 된 자로서는 더욱 그의 살아나심으로 말미암아 구원을 받을 것이니라
>
> 11 그뿐 아니라 이제 우리로 화목하게 하신 우리 주 예수 그리스도로 말미암아 하나님 안에서 또한 즐거워하느니라

신약의 이 본문은 우리의 화목제물이 되신 예수 그리스도께서 우리를 하나님과 화해하게 하심으로 인해서 우리가 하나님 안에서 화평과 즐거움을 누리게 된 것을 이렇게 멋있게 그리고 있다. 이런 묘사는 5대 제사 중 화목제

---

57 Wenham, *Leviticus*, 75.

를 우리가 제대로 이해할 때에야 비로소 그 참맛이 드러난다.

화목제와 관련하여 마지막으로 중요한 논의는 화목제가 속죄의 기능을 갖고 있느냐 하는 것이다. 물론 화목제의 본문은 번제의 경우와 달리 속죄에 대한 직접적인 언급이 없다(참고, 레 1:4). 그러나 화목제의 안수와 피의 처리 방식이 번제와 동일하다는 점을 고려할 때 화목제 역시 속죄 기능을 갖고 있었다고 보는 것이 타당할 것이다. 이 점이 주는 교훈은 하나님과의 진정한 화평과 교제는 오직 속죄를 통해서만 가능하다는 점이다.[58] 죄의 문제를 해결하지 않고 하나님과 화평을 누릴 수 있다는 것은 거짓 가르침이다(참고, 렘 23:16-17, 21-22 등).

1단계: 사역

3:1 그리고 만약 화목제가 그의 예물인데, 그가 소 중에서 드린다면 수컷이나 암컷 중에서 흠이 없는 것을 여호와 앞에 드려라.

3:2 그 예물의 머리에 그의 손을 얹으라. 그리고 그것을 회막문에서 도살하라. 그리고 아론의 아들들 제사장들은 그 피를 제단 사방에 뿌려라.

3:3 그리고 화목제로부터 여호와께 화제로 [다음의 것들을][59] 드려라. 내장을 덮은 지방과 내장 주변의 모든 지방과

3:4 두 콩팥과 그 콩팥 인대 주변의 지방, 그리고 간 미엽을 콩팥과 함께 떼어내어 [드려야] 한다.

3:5 그리고 제사장들은 그것(지방 부위들)을[60] 제단에서 불 위의 나무 위의 번제물 위에서 불살라야 한다. 이것이 화제, [곧] 여호와를 위한 향

58 Wenham, *Leviticus*, 80.

59 네모 괄호는 본문 중에는 명시되어 있지 않지만 분명히 암시되어 있는 부분이거나 번역상으로 한글을 부드럽게 만들어 주기 위해 삽입된 것들의 표시이다.

60 둥근 괄호는 지시어의 선행사 등을 좀 더 명확하게 표시해주기 위해 사용된 것이다.

기로운 냄새이다.

3:6 그리고 만약 여호와를 위한 화목제의 예물이 작은 네 발 가축이면 흠이 없는 수컷이나 암컷을 드려라.

3:7 만약 그가 예물로 양을 드린다면 그것을 여호와 앞에 드려라.

3:8 그리고 그의 손을 그의 예물의 머리에 얹으라. 그리고 그것을 회막문 앞에서 도살하라. 그리고 아론의 아들들이 그것의 피를 제단 사방에 뿌려라.

3:9 그리고 화목제물 중에서 그것의 지방을 여호와를 위한 화제로 드려라. 기름진 꼬리를 엉치뼈 언저리에서 완전히 떼어내어 [드려야] 한다. 그리고 내장을 덮은 지방과 내장 주변의 지방과

3:10 두 콩팥과 그 콩팥 인대 주변의 지방, 그리고 간 미엽을 콩팥과 함께 떼어내어 [드려야] 한다.

3:11 그리고 제사장이 그것을 제단에서 불살라야 한다. 이것이 음식, [곧] 화제, 여호와를 위한 향기로운 냄새니라.

3:12 만약 염소가 그의 예물이면 그것을 여호와 앞에 드려라.

3:13 그리고 그의 손을 그것의 머리에 얹으라. 그리고 그것을 회막문 앞에서 도살하라. 그리고 아론의 아들들이 그것의 피를 제단 사방에 뿌려라.

3:14 그리고 그것으로부터 그의 예물을 여호와를 위한 화제로 드려라. 내장을 덮은 지방과 내장 주변의 지방과

3:15 두 콩팥과 그 콩팥 인대 주변의 지방, 그리고 간 미엽을 콩팥과 함께 떼어내어 [드려야] 한다.

3:16 그리고 제사장이 그 모든 지방을 제단에서 음식, [곧] 화제, 여호와를 위한 향기로운 냄새로 불살라야 한다.

3:17 [이것은] 너희의 모든 세대가 너희의 모든 거처에서 [행할] 규례이다. 모든 지방과 모든 피는 먹어서는 안 된다.

2단계: 사역 해설

3:1 "그리고 만약" *붸임*(וְאִם)

화목제를 여는 접속사는 1:3과 마찬가지로 *임*(אִם)이다. 또한 이 조건절의 원문의 구성 역시 1:3과 똑같이 "만약…가 그의 예물이라면"이다. 이런 점에서 이 본문은 일반 제사(번제, 소제, 화목제) 본문의 서론 역할을 하며 1:2의 "만약(*키*, כִּי) 너희 중의 어떤 사람이 예물을 여호와께 드리려거든"이라는 말씀에 종속되는 것으로 보인다.[61]

또한 이 구절에서는 '만약'(*임*, אִם)이라는 접속사가 두 번 연이어 나온다. '그리고 만약…만약'이 그것이다. 이 중 첫 접속사는 화목제 전체의 서론 역할을 하는 조건절을 이끌며, 두 번째 접속사는 소의 화목제의 서론 역할을 하는 조건절을 이끈다.

"화목제" *제바흐 쉴라밈*(זֶבַח שְׁלָמִים)

5대 제사 중 나머지 제사들은 전부 이름이 한 단어로 되어 있는 반면에 화목제만 두 단어로 이루어져 있다. 화목제란 이름 중 '제', 즉 '제사'를 뜻하는 단어는 *제바흐*(זֶבַח)이다. 이 단어는 말 그대로 제사를 뜻하는 가장 일반적인 단어이다. 그리고 *쉴라밈*(שְׁלָמִים)은 *쉘렘*(שֶׁלֶם)의 복수형이다. 그러나 흥미로운 것은 구약성경에서 이 단어는 단 한 번(암 5:22)을 제외하고는 전부 다 복수형으로만 쓰인다. 지난 몇 십 년 동안 학자들 사이에서 격론이 벌어진 부분은 *쉘렘*의 의미가 무엇이냐 하는 것이다. 학자들에 따라서는 이 단어가 *샬롬*(שָׁלוֹם), 즉 '평화, 화목'이라는 개념과 연결되어 있다고 생각해서 '평화제' 혹은 '화목제'(peace offering)라는 뜻이라고 주장하기도 하고, 또 어떤 학자들은 '온전함, 건강함, 유복함'(whole, sound, well)이라는 뜻의 *샬렘*(שָׁלֵם)과 연결되어 있다고 생각해서 '안녕제'(well–being offering)라고 번역해야 한

---

61 J. Milgrom, *Leviticus 1-16* (AB; New York: Doubleday, 1998), 203; John E. Hartley, *Leviticus* (Dallas: Word, 1998), 34.

다고 주장하기도 한다.[62] 이런 여러 가지 논쟁의 핵심을 이해하는 것은 중요하지만 결과적으로는 화목제란 표현이 이런 모든 의미들을 다 포괄할 수 있기 때문에 이 사역에서는 화목제란 용어를 유지하기로 한다.[63]

"여호와 앞에" ***리프네 아도나이***(לִפְנֵי יהוה)

앞의 번제 및 소제와 마찬가지로 화목제 역시 제물은 비록 물리적인 장소의 측면에서는 제단 위에서 드려지지만 궁극적인 신학적 의미에서는 '여호와 앞에' 드려지는 것이다. 이 문구가 제사법 속에서 지속적으로 반복되고 있다는 점에 주목해야 제사의 진정한 신학적 의미를 이해할 수 있다. 이 점에 대해서는 1:5의 "본문 해설"(75–76쪽)을 참고하라.

3:2 "손을 얹으라…도살하라"

번제(레 1장), 소제(레 2장)에서 이미 본 바와 같이 화목제의 경우도 봉헌자('그')가 맡은 임무는 단수 동사로 표현되고 있다. 그리고 제사장이 맡은 임무는 복수 동사로 표현되고 있다.

"회막문에서"

'문'의 히브리어는 *페타흐*(פֶּתַח)이다. 이 단어는 한국어의 문짝을 가리키는 용어가 아니라 '입구' 혹은 '통로'(opening, entrance) 정도의 개념이다. 레위기에서는 이 단어는 회막 앞쪽의 영역을 가리키는 용어로 사용되고 있다. 따라서 현대적인 개념의 문이라는 개념으로 이해해서는 안 된다.

---

62 이 주장들 및 이 주장들의 근거 문헌들에 대해서는 R. Averback, "שֶׁלֶם", Willem VanGemeren, *New International Dictionary of Old Testament Theology and Exegesis* (Grand Rapids: Zondervan, 1998), 4:135를 보라.

63 이것은 앞의 각주의 Averback 등과 같은 학자들의 결론이기도 하다.

“아론의 아들들 제사장들”

위에서 말한 대로 제사장들의 역할을 언급할 때는 어느 특정한 제사장 한 명이 어떤 절차를 단독으로 맡는 경우를 제외하고는 이렇게 복수 형태로 언급되고 있다. 따라서 이에 연결된 동사 역시 복수 형태가 온다.

“뿌려라” *자라크*(זָרַק)

이 동사는 피를 큰 동작으로 뿌리는 것을 나타낸다(영어로는 splash로 많이 번역됨). 이 큰 동작은 속죄제에서 피를 작은 동작으로 뿌리는 것과 대조된다(동사는 *힛자*[הִזָּה]를 쓰며, 영어로는 sprinkle로 많이 번역됨). 이 점은 4장의 속죄제를 다룰 때 좀 더 자세하게 언급하겠다.

3:3 “화제” *잇쉐*(אִשֶּׁה)

3절 후반절–4절은 하나님께 화제로 드려야 하는 지방들의 목록을 나열하고 있다. 제물 전부를 다 불살라 드리는 번제와 달리 화목제의 경우에는 지방 부위들만을 ‘화제’로 불살라 드린다. 이처럼 제물의 일부만을 하나님께 불살라 드리는 것은 소제와 상응한다. 소제도 곡식 제물 중 한 움큼의 양만큼만 ‘기념물’로 제단 위에서 불사르기 때문이다.

[다음의 것들을]

이 네모 괄호 안의 문구는 본문 안에 직접 나오지는 않는다. 이해를 돕기 위해 사역에 추가한 것이다.

“지방” *헬레브*(חֵלֶב)

1장의 “사역 해설”에서 설명한 바대로 번제의 경우에는 그 지방을 지칭할 때 *페데르*(פֶּדֶר)라는 단어가 전용 어휘로 사용된 반면에 기타 제사에서는 *헬레브*가 지방을 지칭하는 어휘로 사용된다. 또한 1장 번제를 다루면서 언급한 바가 있지만 이 두 단어를 계속 “기름”으로 번역하는 개역개정의 번역은 21

세기의 현대 한국어에서는 부적절하다. 현대 한국어에서 '기름'은 거의 전적으로 액체 형태의 지방을 가리키는 반면에 레위기에서는 이 두 단어가 분명히 고체 형태의 지방을 지칭하기 때문이다. 또한 이 단어를 새번역 성경이 계속 "기름기"로 번역하고 있는 것은 너무나도 명백한 오류이다. '기름기'는 기름의 기운이 느껴진다는 개념이지만 레위기의 지방은 아예 고체화된 커다란 지방 덩어리들을 지칭하고 있기 때문이다.

"내장을 덮은 지방과 내장 주변의 지방"

본문은 내장을 직접 덮고 있는 지방과 내장 주변을 둘러 싸고 있는 지방을 구분하고 있다.

3:4 "인대" *크살림*(כְּסָלִים)

이 히브리어 단어는 전통적으로 '허리 (부위)'를 가리키는 단어로 이해되어 왔으나 이제는 비교언어학적 연구를 통하여 근육과 뼈를 이어주는 '인대 혹은 건'(sinews or tendons)을 의미하는 것으로 확인되었으며, 최근의 대부분의 주석들은 이 입장을 따르고 있다.[64]

"드려라"

이 동사는 원래는 3절 하반절에서 시작되어 4절 전체를 아우르는 화제의 목록 전체를 이끄는 동사이다. 이 동사 자체는 원래 3절에서 목적어 앞에 나오지만 한국어 어순을 고려해서 사역에서는 이 동사를 4절에 집어 넣었다. 이 동사가 단수형으로 되어 있는 것을 볼 때 이 동사의 주어는 제사장들이 아닌 봉헌자라고 보아야 할 것이다.

---

64 Victor P. Hamilton, "כֶּסֶל", Willem VanGemeren, *New International Dictionary of Old Testament Theology and Exegesis* (Grand Rapids: Zondervan, 1997), 2: 680 등의 자료를 보라. 주석으로는 Baruch A. Levine, *Leviticus* (JPS Torah Commentary; Philadelphia: Jewish Publication Society, 1989), 16; Hartley, *Leviticus*, 34 등을 보라.

"간 미엽" *하요테레트 알-학카베드*(הַיֹּתֶרֶת עַל־הַכָּבֵד)

카베드(כָּבֵד)는 원래는 '무거운 것' 정도의 의미를 가진 단어지만 사람이나 동물의 신체와 관련해서는 '간'(liver)이란 뜻을 갖고 있다.

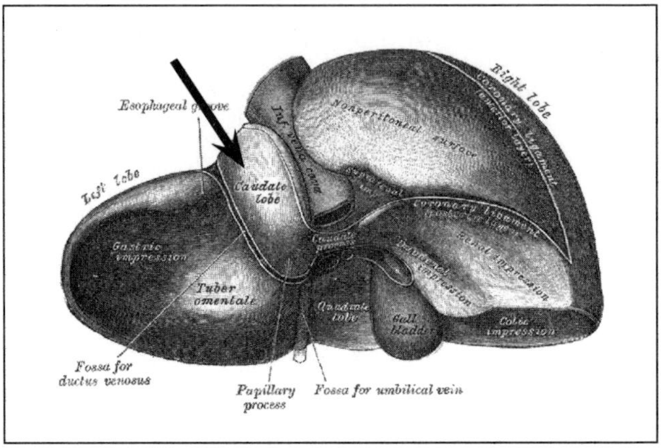

요테레트(יֹתֶרֶת)는 원래 '남은 것'(rest), '부속물, 달려 있는 것'(appendage) 정도의 의미인데, 전통적으로 랍비들과 주석가들은 이 단어가 간의 가운데 부분에 위치한 '미엽'(caudate lobe)을 가리킨다고 본다(그림의 화살표 부분).[65] 즉 화목제물에서 화제로 드려진 부분은 간 전체가 아니고 간 미엽 부분이라는 것이다. 혹은 어떤 학자들은 이것을 '간엽들'(liver lobes) 전체, 즉 간 전체를 가리키는 것으로 보기도 한다. 제물에 사용되는 초식동물들의 간은 사람의 간과는 달리 여러 갈래로 갈라져 있으며, 그 각각의 부분은 마치 나뭇잎(엽)처럼 넓적한 판 모양을 하고 있기 때문에 간엽들(the lobes of the liver)이라고 부르는데, 히브리어 원어가 바로 간의 이런 모습을 지칭한다는 것이다. 그러나 히브리어 단어가 단수로 되어 있기 때문에 전자의 견해가 더 타당성이 있어 보인다. 개역개정은 이것을 "간에 덮인 꺼풀"이라고 번역하고 있는데, 이 번역은 위의 어떤 견해를 택한다고 해도 적절하지 못한 것이다.

---

65 그림의 출처는 https://en.wikipedia.org/wiki/Caudate_lobe_of_liver.

3:5 "그것"

이 지시대명사는 3-4절의 지방 부위들을 지칭하는 것으로 이해해야 한다.

3:6 "작은 네 발 가축" *쫀*(צֹאן)

1장의 번제에서 이미 다룬 바와 같이 *쫀*을 개역개정은 "양"으로 번역하는 경향이 있다. 그러나 이 단어는 결코 양에 국한된 것이 아니라 양과 염소를 포괄하는 단어이다. 따라서 "작은 네 발 가축"이라고 번역하는 것이 좋다. 개정개정은 6절에서 이 단어를 "양"이라고 번역해버렸기 때문에 정작 7절에서 '양'이라고 번역해야 할 *케세브*(כֶּשֶׂב)란 단어는 '어린 양'이라고 번역하는 편법이 사용되고 있다. 이 용어들의 관계에 대한 도표는 레위기 1:2의 '작은 네 발 가축'에 대한 "사역 해설"(61-62쪽)을 참고하라.

3:7 '양' *케세브*(כֶּשֶׂב)

앞 구절의 "사역 해설"에서 설명한 바와 같이 이 *케세브*를 개역개정 성경이 "어린 양"이라고 번역한 것은 6절의 *쫀*을 "양"이라고 번역했기 때문에 파생된 부득이한 편법으로 보인다. *케세브*는 '어린'이라고 번역해야 할 나이 개념이 포함되어 있지 않은 단어이다. 따라서 그냥 '양'이라고 번역하는 것이 더 적절하다. 전통적인 영어 성경들은 이 단어를 "어린 양"이라는 뜻에서 lamb으로 번역했지만 최근의 번역본들은 나이 개념을 배제한 sheep으로 번역하는 경향이 있다(예를 들어 NET Bible). 한글 성경들도 이런 식으로 개정이 필요하다.

3:9 "기름진 꼬리" *알야*(אַלְיָה)[66]

이것은 팔레스타인 지역의 양에게만 있는 부위이다. 따라서 당연히 양 외의 제물들과 관련해서는 언급되지 않는다. 고대의 풍부한 자료들에 따르면

---

66 그림의 출처는 https://dianabuja.files.wordpress.com/2010/10/cassells-natural-history-1881-london.jpg이다.

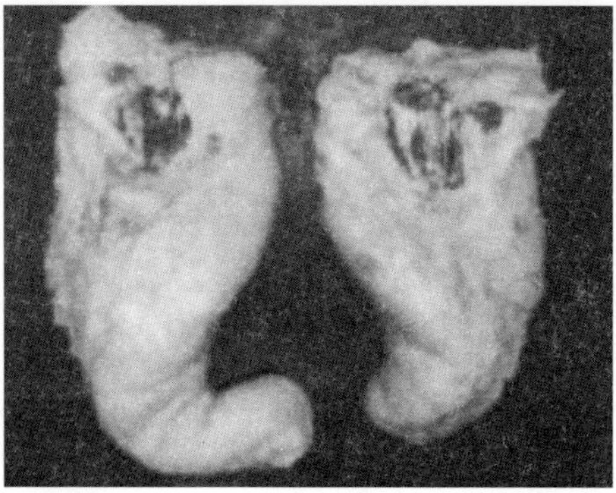

팔레스타인 지역의 양들은 이런 꼬리가 특징이었다고 한다. 또한 이런 꼬리들의 무게는 대략 7키로 정도의 무게가 나갔으며, 심지어는 20여 키로 정도의 무게가 나가는 것들도 있었다. 심지어는 36키로 정도나 되는 것이 존재했다는 기록도 있다. 이 꼬리는 길고 무거웠기 때문에 이것을 그냥 방치하면 땅에 질질 끌려서 다치고 부러질 정도였다고 한다. 그래서 목동들은 이런 양들을 위해서 그림에서 보는 바와 같이 꼬리를 얹어 놓을 수레를 만들어주곤 하였다(이와 비슷한 그림들은 구글을 검색하면 굉장히 다양한 것들을 많이 찾아볼 수 있다).[67] 레위기의 제사에서는 이런 기름진 꼬리는 다른 지방 부위들과 더불어 당연히 하나님의 몫이었다.[68]

"완전히" *트미마*(תְּמִימָה)

이 단어가 위의 '기름진 꼬리'를 수식한다고 봐서 '기름진 꼬리 전체'(the entire fat tail, NASB 등)라고 번역하고 있는 영어 성경 번역본들이 많다. 그러나 '기름진 꼬리'가 정관사와 함께 쓰인 반면에 이 단어는 정관사가 없기 때문에 이 단어를 '완전히'라는 부사로 해석하는 것이 더 타당하다.[69]

---

67 위의 내용은 Milgrom, *Leviticus* 1–6, 211–212에서 볼 수 있다.

68 기름진 꼬리 고기의 사진 출처는 http://gadi.agric.za/articles/Snyman_MA/stertaf.php이다.

69 Milgrom, *Levitics 1-16*, 212; James W. Watts, *Leviticus 1-10* (HCOT; Leuven:

"기름진 꼬리를…떼어내어 [드려야] 한다"

9–10절의 문구는 이 단어를 빼고는 3–4절과 거의 완전히 동일하다. 이 3–4절의 소의 화목제물의 지방 처리 본문에 양의 독특한 부위인 '기름진 꼬리'에 대한 내용만 첨가된 것이다.

3:11 "음식" *레헴*(לֶחֶם)

*레헴*은 개역개정에 흔히 "떡"이라고 많이 번역되며, 영어로는 자주 "빵"(bread)라고 번역된다. 그러나 이런 번역은 이 단어의 의미를 너무 제한하기 때문에 오해의 소지가 있다. 실제로는 이 단어는 상당히 많은 경우에는 음식 일반(food)을 가리킨다. 따라서 이 사역에서도 "음식"이라는 용어로 번역하였다.

제사 제물을 '음식'(*레헴*)이라고 표현한 구절들은 다음과 같다(레 3:11, 16; 7:13; 21:6, 8, 17, 21, 22; 22:25; 민 28:2, 24; 겔 44:7; 말 1:7). 이런 표현들 때문에 비평학자들 중에서는 고대 이스라엘의 주변 나라들과 마찬가지로 이스라엘에서도 제사가 하나님께 바치는 음식이며, 하나님이 이처럼 사람들에게 식량을 의존한다는 개념을 갖고 있었다고 주장한다. 그러나 시편 50:12–13 등의 본문이 분명하게 밝히고 있듯이 구약은 제물이 하나님의 음식이라는 개념이나, 하나님이 사람이 바치는 식량에 의존하신다는 개념을 거부하고 있다. 이런 면에서 볼 때 이 구절에서 *레헴*이 제물을 가리키는 용어로 사용되고 있는 것은 충격적으로 생각될 수 있다. 그러나 본문이 화목제물을 음식이라고 부르고 있는 이유는 아마 화목제가 가진 잔치적 성격과 관련되어 있는 것으로 보인다. 화목제의 경우에는 제사에 연루된 자들이 다 제물의 일부를 나누어 가진다. 즉 화평한 관계를 이루어야 할 하나님과 봉헌자가 각각 제물의 일부를 차지하며, 또한 이 관계를 중재하는 제사장 역시 제물의 일부를 차지한다. 이렇게 제사 참여자 전부가 제물의 일부를 차지함으로

Peeters, 2013), 285.

써 관계 회복의 잔치에 참여하는 것이다. 물론 하나님 자신이 이 제물을 실제로 섭취하시는 것은 아니지만 제단에서 불살라 올린 지방의 연기를 통해 상징적으로 잔치에 참여한다. 바로 화목제가 가진 이런 잔치적 성격 때문에 *레헴*이란 표현이 레위기 1–7장의 5대 제사 본문에서 오직 화목제에만 적용되는 것으로 보인다.[70]

"제사장이"

양의 화목제의 마지막 절차를 다루는 구절에서 제사장이 단수로 되어 있다는 점이 독특하다(16절도 염소의 화목제도 역시 마찬가지). 이것은 아마 소의 화목제물에 비해서 양과 염소는 상대적으로 작았기 때문에 이 마지막 절차를 제사장 한 명이 처리했기 때문일 수 있다.[71]

3단계: 단락 구분

- 3:1–5 소의 화목제
- 3:6–16 작은 네 발 가축의 화목제
  - 3:6 도입부
  - 3:7–11 양의 화목제
  - 3:12–16 염소의 화목제
- 3:17 지방과 피의 섭취의 금지

앞의 "사역 해설"에서도 잠깐 다뤘지만 위의 구조와 관련해서 한 가지 중요한 점에 대해서는 잠깐 언급할 필요가 있다. 위에서 보듯이 6–16절이 '작

70 Hartley, *Leviticus*, 41; Watts, *Leviticus 1-10*, 286–287.

71 Milgrom, *Levitics 1-16*, 213.

은 네 발 가축'(존, צֹאן)의 화목제에 대해서 다루고 있고, 거기에서 6절이 서론의 역할을 하고 있으며, 7–11절이 '양'(*케세브*, כֶּשֶׂב)의 화목제, 12–16절이 '염소'(*에즈*, עֵז)의 화목제를 다루고 있다. 그런데 개역개정은 6절의 존을 "양"으로 번역해버림으로 해서 7절에서는 할 수 없이 *케세브*를 "어린 양"으로 번역하게 되었다. 그리고 그 결과로 마치 12–16절의 염소의 화목제 본문은 6절과는 아무런 상관이 없는 본문처럼 만들어 버렸다. 그러나 위의 구조에서 밝히고 있듯이 6절은 양과 염소의 화목제, 즉 '작은 네 발 가축'의 화목제 본문(6–16절)의 서론 역할을 하고 있다는 점을 이해할 필요가 있다.

4단계: 본문 해설

3:1 "만약 화목제가 그의 예물인데"

이 1절의 서두는 화목제의 서론적인 역할을 한다. 그리고 바로 이어지는 문구인 "그가 소 중에서 드린다면"이라는 문구가 소의 화목제의 서론 역할을 한다.

"수컷이나 암컷 중에서 흠이 없는 것을"

앞의 화목제의 신학 개관에서 말한 바와 같이 자원제의 경우에는 흠이 있는 것도 화목제물로 드릴 수가 있었다(레 22:23). 따라서 3:1의 이 규례는 일반 원칙을 말하는 것이고, 레 22:23은 세부 규칙을 말하는 것이라고 할 수 있다.

또한 번제와 달리 화목제의 경우는 수컷뿐만 아니라 암컷도 제물로 드릴 수 있었다. 그리고 1:3의 "본문 해설"(71–72쪽)에서 언급한 바와 같이 수컷이 암컷보다 비싼 제물이었다는 점을 고려할 때 화목제는 번제보다는 상대적으로 기준이 낮은 제사였다는 점을 알 수 있다. 이런 점은 앞에서 말한 바와 같이 화목제 중의 하나인 자원제의 경우에는 흠이 없는 가축도 허용되기도 했다는 점과 잘 상응한다.

이처럼 번제보다 화목제에 대해서 하나님의 요구 수준이 더 낮은 이유는 아마도 번제가 모든 제사의 기초 역할을 하는 반면에 화목제는 이미 번제가 깔아 놓은 바탕 위에서 하나님과의 관계 회복의 즐거움을 누리는 것을 상징하는 제사이기 때문인 듯하다. 이 점은 화목제물 중 하나님께 바쳐 드리는 부위인 지방을 '번제물' 위에 불살라야 한다는 말씀과도 밀접한 연관이 있는 듯하다(참고, 5절). 밀그롬은 이 번제는 그냥 일반적인 번제가 아니라 성막에서 매일 아침 저녁으로 올려 드렸던 상번제(민 28:3–8)를 가리킨다고 본다.[72] 그리고 이런 상번제의 제물 위에 화목제의 지방을 태우라는 내용이 레위기 6:12에 중요하게 반복되고 있음을 지적한다.

3:2 "그 예물의 머리에 그의 손을 얹으라"

번제와 마찬가지로 화목제의 경우에도 안수를 했다. 1:4의 "사역 해설"(64–65쪽) 및 "본문 해설"(74쪽)에서 다룬 바와 같이 이 안수는 제물이 봉헌자를 대신해서 속죄의 역할을 하는데 있어서 중요한 절차였다. 비록 이 화목제의 경우에는 번제의 경우와 달리 안수와 속죄에 관계에 대한 명시적 언급이 나오지는 않는다: "손을…머리에 얹으라. 그러면 그것이 그를 위하여 속죄를 하도록 그를 위하여 받아들여질 것이다"(1:4). 그러나 이 화목제의 안수가 번제의 안수와 다른 의미를 갖는다고 생각해야 할 이유는 존재하지 않는다. 따라서 화목제물에 대한 안수 역시 제물의 대속적 기능을 보여준다고 생각하는 것이 타당할 것이다.[73]

3:3-4 "화제로 [다음의 것들을] 드려라"

화목제와 번제의 가장 큰 차이점들 중의 하나가 바로 이것이다. 번제는 제

---

72 Milgrom, *Leviticus 1-16*, 208; Mark F. Rooker, *Leviticus*. (NAC; Nashville: Broadman & Holman Publishers, 2000), 102.

73 Wenham, *Leviticus*, 80; R. K. Harrison, *Leviticus: An Introduction and Commentary* (TOTC; Downers Grove: InterVarsity Press, 1980), 59.

물의 가죽을 제외한 나머지 전부를 불살라 하나님께 드렸던 것과 달리 화목제는 오직 지방 부분만을 하나님께 불살라 드렸다. "사역" 중 '다음의 것들'에 해당하는 것이 바로 이 지방 부위의 목록이다. 지방과 관련된 기타 사항들은 위의 "사역 해설"을 보라.

3:5 "번제물 위에 불살라야 한다"

앞의 1절의 "본문 해설"에서도 밝힌 바와 같이 화목제 및 기타 제사들과 번제와의 관계는 아주 중요하다. 이 화목제뿐만 아니라 속죄제의 경우에도 번제와의 관련성을 계속 강조하고 있다. 이런 점들은 번제가 5대 제사의 가장 기초적인 제사라는 점을 다시 한 번 부각시켜 준다(이 점에 대해서는 레위기 1장의 "번제의 신학 개관"[56-58쪽]을 참고하라).

"화제, [곧] 여호와를 위한 향기로운 냄새"

화목제 역시 번제, 소제와 더불어 '화제, [곧] 여호와를 위한 향기로운 냄새'의 일부였다. 따라서 1장의 번제(9, 13, 17절), 2장의 소제(2, 9, 16절)와 마찬가지로 이 3장의 화목제의 본문에서도 역시 이 문구는 후렴구로 반복된다(5, 11, 16절).

3:6 "작은 네 발 가축이면"

이 구절은 6-16절에 나오는 "작은 네 발 가축"의 화목제 본문의 서론 역할을 한다.

3:7 "예물로 양을 드린다면"

7-11절은 작은 네 발 가축의 화목제 중 첫 번째 경우인 양(*케세브*)의 화목제에 대해서 다룬다.

3:9 "기름진 꼬리를 엉치뼈 언저리에서 완전히 떼어내어 [드려야] 한다"

양과 관련해서 가장 흥미로운 점은 '기름진 꼬리'라는 부위이다. 이 부위는 고대에 지방이 많이 함유된 상당히 탐스러운 부위였으며, 고급 음식 재료였던 것으로 보인다.[74] 위의 "사역 해설"에 나오는 이 꼬리 고기의 그림을 참고하라(130쪽). 기본적으로 하나님께 화제로 불살라 드리는 지방의 부위는 소, 양, 염소가 동일하기 때문에 불살라 드릴 지방의 목록이 완벽하게 일치하지만(3–4, 9–10, 14–15절) 오직 양의 경우만은 이 '기름진 꼬리'에 대한 언급이 독립된 동사와 더불어 따로 취급되고 있다.

3:9후-10 기름진 꼬리를 제외한 지방 부위의 목록은 앞의 3–4절의 소의 화목제의 경우와 동일하다.

3:11 "음식"

5대 제사 중 화목제만 '음식'이라는 단어가 적용되었다. 마치 원래 갈등을 겪던 사람들이 화해의 언약을 맺고 함께 식사를 하듯이(창 26:26–33) 화목제 역시 언약 당사자들끼리 함께 식사를 나누는 장면에서 성경에 몇 번 등장한다(출 24:5, 11; 삼하 6:16–19). 이 화목제의 식사는 또한 즐거움을 동반했던 것으로 보인다(신 12:7; 27:7).[75]

화목제는 또한 앞의 "사역 해설"(124쪽)에서 언급한 것처럼 봉헌자의 가족들과 주변 사람들, 특히 주변의 가난한 사람들도 함께 와서 먹도록 되어 있었기 때문에 잔치적 성격이 강했다. 그리고 아마 이런 점 때문에 화목제는 단순히 무교병뿐만 아니라 유교병까지도 함께 드려졌다(레 7:13–14). 물론 유교병은 누룩이 포함된 것이기 때문에 앞의 소제를 다룰 때 언급한 바와 같이

---

74 A. Noordtzij, *Leviticus: Bible Student's Commentary* (Grand Rapids: Zondervan, 1982), 51.

75 Cheryl A. Brown, "The Peace Offerings (שלמים) and Pauline Soteriology", *Immanuel* 24/25 (1990), 61–62.

제단에서 불살라 드릴 수는 없었다(레 1:11의 "사역" 및 "사역 해설" 참고). 따라서 그냥 '거제', 즉 '들어올리는 동작'을 통해 하나님께 바치는 태도를 취하고는 그것을 제사장의 몫으로 돌린 후 나머지는 봉헌자에게 주어졌다. 이 유교병은 화목제물로 치뤄지는 잔치가 정말 세속적인 잔치 음식과 유사한 모습을 띠게 하는데 일조를 했을 것으로 보인다.

화목제를 '음식'이라고 칭하는 곳은 현재 본문에서는 오직 작은 네 발 가축, 즉 양과 염소의 경우에만 언급되고 있다(11, 16절). 그러나 소의 화목제 역시 '음식'이라고 부르지 말아야 할 이유는 없어 보인다.

3:12 "만약 염소가 그의 예물이면"

12-16절은 작은 네 발 가축의 화목제 중 두 번째 경우인 염소(*에즈*)의 화목제에 대해서 다룬다. 그 내용은 앞의 소의 화목제나 양의 화목제와 다를 것이 거의 없다. 따라서 거의 동어반복적인 내용이 나온다.

3:17 "모든 세대가 너희의 모든 거처에서 [행할] 규례"

이어지는 지방과 피의 섭취 금지에 대한 규례는 이스라엘 자손의 모든 시대의 모든 세대에게 적용되는 규칙이었다. 또한 이스라엘이 그 어느 곳에 있든지 지켜야 하는 규례였다.

"모든 지방과 모든 피는 먹어서는 안 된다"

이 규례가 화목제 본문에 나오는 이유는 자명하다. 5대 제사 중 제사의 관리자가 아닌 일반 백성이 제물의 일부를 섭취하도록 허락받은 유일한 제사가 바로 화목제이다. 나머지 제사들의 경우에는 결국 봉헌자가 제물을 먹을 일이 없으니까 이런 경고의 말씀이 굳이 언급될 필요가 없었지만 화목제의 경우에는 제물의 가장 많은 부분을 차지하고, 또 봉헌자가 함께 제물을 나누어 먹도록 초청한 여러 사람들이 같이 먹게 되므로 지방과 피의 섭취와 관련하여 잘못이 벌어질 수 있는 가능성이 꽤 높았다. 이런 점에서 볼 때 이 화목제 본문의 끝이 이 점을 다시 한 번 강조해주는 것은 아주 적절하다.

피의 섭취를 왜 금지했는지에 대해서는 레위기 17장에 분명하게 언급되어 있다(특히 17:10–11). 그러나 지방에 대해서는 언급이 따로 나오지 않는다. 아마도 지방이 "사역 해설"에서 다룬 바와 같이 '최고의 것'을 의미했기 때문에 이 가장 귀한 부분을 하나님의 몫으로 드린다는 의미가 아니었을까 한다.

지방과 관련하여 한 가지 중요한 논점은 가축의 모든 지방을 다 이스라엘 백성들이 먹지 못하도록 한 것이냐, 아니면 이렇게 제물로 드려진 것만 그렇느냐 하는 것이다. 아마 답은 후자일 것이다. 신명기 32:14 등의 말씀은 하나님께서 이스라엘에게 양의 기름을 주셨다고 말하고 있다.[76] 또 신명기 12:15–16, 21–24은 사적인 용도의 도살을 허용하고 있는데, 이 본문은 피의 섭취 금지에 대한 강조는 계속하고 있는 반면에 지방에 대해서는 별 언급이 없다.[77]

마지막으로 화목제의 제사들을 정리해서 도표화해보면 다음과 같다.[78]

큰 네 발 가축의 화목제 (1–5절)	작은 네 발 가축의 화목제(6–16절) (6절 서론)	
	양(7–11절)	**염소(12–16절)**
여호와 앞으로 가져옴[78]	*여호와 앞으로 가져옴*	*여호와 앞으로 가져옴*
성별: 수컷이나 암컷	성별: 수컷이나 암컷(6절)	성별: 수컷이나 암컷(6절)
상태: 흠 없는 것	상태: 흠 없는 것(6절)	상태: 흠 없는 것(6절)
안수	안수	안수
장소: 회막문	장소: 회막문	장소: 회막문
제단 사방에 피 뿌림	제단 사방에 피 뿌림	제단 사방에 피 뿌림

76 Hartley, *Leviticus*, 41.

77 Harrison, *Leviticus*, 62. 참고로 지방 섭취 금지에 대해서 역사비평학적으로 풀려는 시도에 대한 비판은 Watts, *Leviticus 1-10*, 289–291에 나온다.

78 이탤릭체 부분 언급 순서가 틀림

제물 중 일부인 지방을 화제로 하나님께 드림	제물 중 일부인 지방을 화제로 하나님께 드림	제물 중 일부인 지방을 화제로 하나님께 드림
화제의 부위: · 내장에 덮인 지방 · 내장에 붙은 모든 지방 · 두 콩팥 · 그 위의 기름 허리 쪽 기름 간에 덮인 꺼풀	**화제의 부위:** · 미골에서 밴 기름진 꼬리 · 내장에 덮인 지방 · 내장에 붙은 모든 지방 · 두 콩팥 · 그 위의 기름 허리 쪽 기름 간에 덮인 꺼풀	**화제의 부위:** · 내장에 덮인 지방 · 내장에 붙은 모든 지방 · 두 콩팥 · 그 위의 기름 허리 쪽 기름 간에 덮인 꺼풀
번제물 위에 불사름	언급 없음: 소의 경우와 동일할 것으로 추정	언급 없음: 소의 경우와 동일할 것으로 추정
화제, 여호와께 향기로운 냄새 ('음식'이라는 언급이 없으나 양, 염소의 경우와 같이 소의 화목제 역시 '음식'이라는 말을 추가해서 이해해야 할 것임)	화제, 음식, 여호와께 향기로운 냄새	화제, 음식, 여호와께 향기로운 냄새

5단계: 적용

3:2 번제와 마찬가지로 화목제 역시 안수를 했으며, 이 안수를 통해 화목제의 제물은 봉헌자를 위한 속죄의 기능을 한다. 물론 번제와 달리 화목제는 속죄가 주안점이 아니라 그 속죄를 통한 하나님과의 화해 및 평화가 주안점이다. 그러나 하나님과의 관계에 있어서 화해 및 평화는 오직 죄의 문제를 해결한 다음에야 누릴 수 있는 것이다. 이사야서 59:1–2, 8은 말씀하기를 **"여호와의 손이 짧아 구원하지 못하심도 아니요 귀가 둔하여 듣지 못하심도 아니라.**

오직 너희 죄악이 너희와 너희 하나님 사이를 갈라 놓았고 너희 죄가 그의 얼굴을 가리어서 너희에게서 듣지 않으시게 함이니라…. 그들은 평강의 길을 알지 못하며…무릇 이 길을 밟는 자는 평강을 알지 못하느니라." 사람이 하나님과 화평을 누리지 못하게 하는 가장 큰 방해물은 죄이다. 따라서 하나님과 교제를 누리고자 하는 자들은 요나서의 니느웨 왕이 외친 것처럼 "각기 악한 길과 손으로 행한 강포에서 떠나야" 한다(욘 3:8). 죄의 문제를 해결하지 않은 상태에서의 하나님과의 평화란 것은 존재할 수가 없다는 점을 우리는 기억해야 한다.

3:11, 16 화목제는 5대 제사 본문에서 '음식'이라는 이름으로 불려지는 유일한 제사이다. 이 이름은 화목제가 가진 관계 회복의 잔치적 성격과 잘 어울린다. 하나님과의 관계의 회복을 기념하여 벌어지는 잔치에서 하나님, 제사장, 봉헌자는 모두 화목제물의 일부를 차지하였다. 또한 봉헌자는 화목제물을 하루 내지 이틀 동안에 다 먹어야 했기 때문에 그의 가족과 주변 사람들, 그리고 형편이 어려운 자들과 함께 화목제물의 식사에 참여했다.

제사로서의 성격과 잔치로서의 성격을 공유하는 화목제물의 식사는 엄숙함과 즐거움을 결합한 것이었다. 우선 엄숙함의 측면을 보자. 화목제 역시 속죄를 기반으로 한다는 점은 하나님과의 관계 회복과 평화가 오직 죄의 문제의 해결을 통해서만 가능하다는 점을 부각시켜 준다. 따라서 화목제에 참여하는 자는 먼저 엄숙하게 거룩하신 하나님 앞에서 자신의 죄의 문제를 살펴보아야 했다.

이제 즐거움의 측면을 보자. 화목제의 잔치는 하나님과 화평을 회복한 봉헌자가 자기 주변 사람들과 더불어 제물의 고기를 유교병 등의 음식들과 더불어 나누어 먹는 즐거운 것이었다. 신명기 12:7, 12; 27:7 등의 본문은 그 즐거움에 대해서 이야기하고 있다. 그러나 이 즐거움은 결코 혼자만 누리는 즐거움이 아니었다. 신명기 12:12, 18–19은 "노비와…네 성중에 있는 레위인과도 그리할지니 레위인은 너희 중에 분깃이나 기업이 없음이니라…레위인과 함께 그것을 먹고 또 네 손으로 수고한 모든 일로 말미암아 네 하나님 여호와 앞에서 즐거워하되 너는 삼가 네 땅에 거주하는 동안에 레위인을 저버리지 말지니라"고 말씀하고 있다.

웬함은 그리스도의 십자가 사역이 번제와 좀 더 관련이 있다면 최후의 만찬은 화목제와 좀 더 관련이 있음을 지적한다.[79] 그리고 이런 연관성은 최후의 만찬을 주님 오실 때까지 기념하는 성찬식으로도 이어진다.

이런 점을 고려할 때 화목제와 성찬식 사이에도 위에서 지적한 엄숙함과 즐거움의 이중적 성격이 드러난다. 우선 성찬식에 참여하는 자는 먼저 자신의 모습에 대한 점검을 해야 한다. 고린도전서 11:27-29은 말씀하길 "그러므로 누구든지 주의 떡이나 잔을 합당하지 않게 먹고 마시는 자는 주의 몸과 피에 대하여 죄를 짓는 것이니라. 사람이 자기를 살피고 그 후에야 이 떡을 먹고 이 잔을 마실지니 주의 몸을 분별하지 못하고 먹고 마시는 자는 자기의 죄를 먹고 마시는 것이니라"고 하였다. 그리고 바로 자신을 살피지 못하고 함부로 성찬에 참여하는 것 때문에 약하고 병든 자들과 죽은 자들이 있다는 말씀을 한다(고전 11:30). 그러나 또한 하나님 안에서 함께 떡을 떼는 것의 즐거움에 대해서 언급하고 있는 본문도 많다(행 2:42, 44-47).

하나님과의 관계 회복을 기념하는 잔치인 화목제는 또한 종말론적으로 우리 인간이 하나님과 완전히 회복할 하늘의 잔치의 그림자의 역할을 하고 있는 것으로 보인다(사 25:6; 마 26:29; 막 14:25; 계 19:9). 예수께서 이 땅에 계실 때 죄인들과 함께하셨던 수많은 식사들은 바로 우리 죄인된 인간들이 마지막 때에 구원을 받고 삼위일체 하나님과 영원히 누리게 될 천국 잔치의 상징이었다.

---

79 Wenham, *Leviticus*, 82.

6단계: 설교 "하나님과의 화평의 잔치로서의 화목제"

화목제는 하나님과의 관계 회복을 기념하는 제사입니다. 이 화목제를 통해서 볼 때 우리가 하나님과 진정한 화평을 누리는 것이 어떤 것인지에 대한 여러 가지 가르침들을 얻을 수 있습니다.

첫째, 화목제는 하나님과 화평을 누리는 것이 오직 우리의 죄 사함을 통해서만 가능하다는 것을 보여줍니다. 번제뿐만 아니라 화목제의 경우에도 봉헌자는 제물의 머리에 안수를 하는데, 이것은 제물의 대속적 기능을 통해서 죄의 문제를 해결해야만 거룩하신 하나님과의 교제가 가능함을 상기시켜 줍니다.

여러 해 전에 성 문제로 많은 문제를 야기시키고 하나님의 교회를 욕보인 한 목회자의 설교 동영상이 인터넷에서 화제가 된 적이 있습니다. 그 목회자는 설교 중에 말하기를 거룩하고 흠이 없는 목회자가 좋으냐 아니면 자기 같은 흠이 있는 목회자가 좋으냐고 청중들에게 물었습니다. 그리고 자문자답하기를 흠이 없는 목회자는 재수 없지 않느냐, 자기처럼 좀 부족하고 문제가 있는 목회자가 좀 더 연약한 성도들을 잘 이해하고 돌보아줄 수 있지 않느냐고 말을 하였습니다. 이 참람한 설교 동영상을 보면서 저는 깊은 충격을 받았습니다. 물론 우리 인간은 그 누구도 완벽할 수가 없습니다. 그래서 우리는 때때로 넘어지기도 합니다. 어떤 때는 정말 심하게 넘어지기도 합니다. 그러나 또한 분명한 것은 결코 우리가 우리의 넘어짐 자체를 정당화하거나 자랑거리로 삼아서는 안 된다는 것입니다. 하나님이 맡기신 양 떼와 하나님 사이를 중재하는 역할을 하는 목회자는 더욱더 자신의 악을 자랑하거나 당연시해서는 안 됩니다. 거룩하신 하나님과 평화를 누리는 유일무이한 길은 죄 문제의 해결뿐이라는 단순명료한 진리를 화목제는 보여줍니다.

둘째, 화목제는 우리의 신앙과 경건에 있어서 즐거움이 큰 부분이라는 것을 보여줍니다. 화목제의 창으로 고대 이스라엘의 제의를 들여다 볼 때 그것은 결코 두려움과 슬픔과 침묵으로만 점철된 것이 아니었습니다. 물론 죄의 문제와 관련해서는 거룩하신 하나님 앞에 두렵고 떨리는 마음으로 나아가야 합니다. 그러나 이것은 동전의 한 면일 뿐입니다. 동전의 반대편에는 죄의 해결을 받고 하나님과 관계를 회복한 자들만이 누릴 수 있는 기쁨이 있습니다. 즐거움과 유쾌함이 없는 경건은 절름발이와 같다고 할 수 있습니다.

셋째, 화목제는 봉헌자뿐만 아니라 봉헌자 주변의 사람들, 특히 신명기의 기업 없는 레위인들과 같이 가난한 자들도 봉헌자로 인해 혜택을 누리는 제사였습니다. 이것이 시사해주는 바는 우리 자신이 하나님과 관계 회복의 기쁨과 화평을 누릴 때 그 기쁨과 화평은 우리 주변 사람들도 함께 누릴 수 있는 것이기도 해야 한다는 점입니다. 아브라함이 처음 소명을 받을 때 하나님께서 주신 말씀에 따르면 하나님은 아브라함에게 "너는 복이 될지라"(창 12:2)라고 말씀하시고, 바로 이어서 "땅의 모든 족속이 너로 말미암아 복을 얻을 것이라"(창 12:3)라고 하셨습니다. 하나님 앞에서 우리 각자가 하나님이 주신 복을 누리는 것도 중요하지만, 우리 주변 사람들에게 우리가 축복의 통로로서의 역할을 하는 것도 아주 중요합니다.[80] 몇 년 전에 화제가 되었던 베스트셀러 중에 "혼자만 잘 살면 무슨 재민겨"라는 제목의 책이 있었습니다. 저는 이 책 제목이야말로 원래는 기독교 정신의 정수를 잘 표현하고 있지 않나 하고 생각합니다. 화목제 본문에 대한 설교의 마무리로 이런 말을 하고 싶습니다. "혼자만 하나님과 평화를 누리면 무슨 재민겨."

80 이 주제에 대해서는 박철현, *깨진 토기의 축복* (서울: 솔로몬 출판사, 2014), 56-59는 아브라함을 통해 땅의 모든 족속이 복을 얻는다는 주제가 하갈과 이스마엘에게 어떻게 적용되고 있는지를 자세히 다룬 바가 있다. 흔히 창세기의 비극적 인물로서 치부되어 온 이들에 대해서 창세기 저자는 이들이 굉장히 많은 복을 받은 존재들임을 아주 상세하게 제시하고 있다.

레위기 4:1-35

속죄제(정결제) I (제사법 I)

❑ 속죄제의 신학 개관 I

지금까지는 5대 제사 중 일반 제사에 속하는 번제, 소제, 화목제에 대해서 다루어 왔다. 이제부터는 특수 제사인 속죄제와 속건제에 대해서 다룰 것이다.[81] 앞의 일반 제사 본문과 특수 제사 본문의 표면적으로 가장 큰 차이는 그 도입부의 형식이다. 일반 제사 본문은 "만약 그의 예물이 소의 번제이면"(레 1:3)과 같은 형식으로 시작된다. 반면에 특수 제사 본문의 경우에는 왜 제사를 드려야 하는지가 그 서두를 장식한다. 예를 들어 '만약 기름 부음을 받은 제사장이 죄를 지어…허물이 되면' 등과 같이 제사를 드려야 하는 이유를 밝히는 것으로부터 각 본문이 시작된다. 이처럼 일반 제사와 특수 제사는 그 시작부터 선명한 차이를 드러낸다. 일반 제사는 기본적으로 강제적인 제사는 아니었다. 반면에 특수 제사인 속죄제와 속건제는 해당 제사를 드릴 수밖에 없는 사안이 발생하면 반드시 드려야 하는 강제성을 띤 제사였다.

이 단원에서는 이 두 개의 특수 제사 중 첫 번째의 것인 속죄제를 다루고자 한다. 속죄제의 히브리어는 ***할타트***(חַטָּאת)이다. 그리고 그 전통적인 번역

---

81 일반 제사와 특수 제사의 구분 및 개념에 대해서는 "레위기 1-10장의 개관"(35-41쪽)의 해당 부분을 보라.

은 개역개정 성경도 채택하고 있는 "속죄제"(sin offering)이다. 이런 번역은 이 이름의 기초가 된 동사가 '죄 짓다'라는 뜻을 가진 *하타*(חָטָא)이고, 여기에서 파생된 명사인 *핱타트*가 원래는 '죄'라는 뜻을 갖고 있다는 점에 기초하고 있다. '죄'라는 뜻을 가진 단어를 그 이름으로 사용하고 있고, 또 죄의 문제를 처리하는 제사이기 때문에 *핱타트*를 '속죄제', 즉 '죄를 속하는 기능을 가진 제사'라고 번역하는 것이 당연하다는 것이다.

그러나 문제는 이런 '속죄제'라는 이름이 이 제사의 성격을 그다지 잘 보여주지 못한다는 점에 있다. "레위기 1–10장의 개관"중 "왜 제사가 다섯 개가 필요한가? 레위기의 5대 제사의 관계 및 역할"(37–41쪽)이라는 항목에서 이미 살펴본 바와 같이 번제와 화목제도 속죄의 기능이 있으며, 나중에 다루게 될 속건제 역시 속죄의 기능이 있다. 또한 소제도 속죄의 기능을 갖고 있다고 보는 것이 옳을 것이다. 상황이 이러하다면 나머지 제사들은 놔두고 굳이 이 *핱타트*란 제사만 '속죄제'라고 부르는 것이 타당하느냐 하는 의문을 가질 수밖에 없다.

또한 속죄제가 어떤 식으로 작동하는지를 성경 본문들을 통해서 살펴보면 이 제사는 주로 '정화' 작용(purification)과 많이 연결되어 있는 것이 드러난다. 예를 들어 레위기 16:19에 따르면 속죄일에 속죄제의 피를 번제단에 뿌리는 목적이 "이스라엘 자손의 부정에서 제단을 정결하게 하고 거룩하게" 하기 위한 것이라고 분명하게 밝히고 있다.[82]

이런 이유들로 해서 현재 레위기 학자들은 *핱타트*란 제사 이름을 '속죄제'가 아닌 '정결제'로 번역하는 것이 좋다는 견해에 거의 만장일치적으로 동의하고 있다. 그러나 아직까지 공인 성경번역본들에서는 '정결제'란 이름이 사용되고 있는 경우가 거의 없다. 따라서 본 글의 주 독자들이 학자들이 아니라 목회자들이고, 또 목회자들이 주로 활용하는 공인 성경들이 아직 '속죄제'라는 용어를 계속 사용하고 있기 때문에 본 글에서도 역시 이 용어를 계속해서

---

82 속죄제의 기능으로 정화 작용에 대한 더 많은 내용은 4:3의 "사역 해설"(161–162쪽)을 참고하라.

사용하도록 하겠다. 그러나 '속죄제'란 이름이 가진 한계점을 인식하고 더 좋은 대안인 '정결제'가 왜 전문 학자들에게서 더 지지를 받는지를 파악하고 있는 것은 중요하다고 생각된다.[83]

정결의 기능을 하는 속죄제의 가장 두드러진 특징은 피의 사용 방식과 거기에 사용된 용어들이다. 다른 제사들의 경우는 제물의 피는 그냥 받아서 제단 사방 벽에 대고 뿌리는 것으로 모든 작업이 끝이 난다(동사, *자라크*[זרק]). 반면에 속죄제의 경우는 총 6개의 동사가 사용된다.[84] 그 동사들은 '취하다'(*라카흐*, לקח), '가져가다'(*헤비*, *보*[בוא] 사역형), '담그다'(*타발*, טבל), '흩뿌리다'(*힛자*, *나자*[נזה]의 사역형), '바르다'(*나탄*, נתן), '쏟아붓다'(*샤파크*, שפך)의 총 6개이다. 또한 피를 적용하는 장소도 다양하다. 어떤 경우에는 피를 지성소 휘장에 뿌리고, 성막 안의 향단에 바르기도 하며, 또 어떤 경우에는 번제단의 뿔에 바르고 나서 나머지를 제단 밑단에 뿌리기도 한다.

또한 이런 복잡한 피의 사용 방식은 일종의 청소 작업처럼 성막 곳곳의 죄로 더러워진 것들을 제물의 피로 닦아내는 작업을 형상화한 것이다. 이처럼 더러운 것들을 속죄제가 정결 작업을 통해 닦아낸다는 말은 곧 속죄제가 죄를 더러운 '오염'이나 '때'로 형상화하고 있다는 말이다. 이 점을 이해하고 나면 속죄제의 시스템은 다음과 같이 작동된다는 것을 알 수 있다. 우선 하나님의 백성인 이스라엘의 일원이 죄를 짓는다는 것은 하나님이 내주하시는 진영을 오염시키고, 때가 묻게 만드는 일이다. 이때 흥미로운 점은 죄라는 오염물이 단순히 죄인이나 죄인이 속한 공동체만을 더럽히는 것이 아니라 진영 가운데에 있는 하나님의 임재의 상징물인 성막과 거룩한 제의 기구들도 더럽힌다는 것이다. 이처럼 죄가 하나님께 속한 거룩한 것들을 더럽힐 때 그 정도와 심각성은 레위기 4장의 본문에 따르면 죄를 짓는 사람에 따라 차등이 있다. 대제사장이나 온 회중이 죄를 짓는 경우 죄는 성막의 가장 깊은 곳인

---

83 이 이름에 대한 더 자세한 논의는 4:3의 "사역 해설"(161–162쪽)의 해당 부분을 참고하기 바란다.

84 이어지는 내용에 대한 자세한 사항들은 5–7절의 "사역 해설"(163–164쪽)을 보라.

지성소의 앞까지 침투하여 그곳을 오염시키는 것으로 형상화된다. 그 외의 경우는 죄는 성막 뜰까지 침투하는 것으로 형상화된다. 이처럼 죄를 짓는 사람의 종류에 따라 성막이 오염되는 위치가 달라진다. 다시 말해 죄를 짓는 사람의 신분이 높을수록 죄는 성막의 더 깊숙한 곳을 오염시키는 것으로 형상화된다. 따라서 그 죄를 닦아내는데 사용되는 피 역시 죄인의 신분이 높으면 높을수록 더 깊숙한 곳으로 반입되어, 그곳까지 침투한 죄의 오염을 닦아내는데 쓰인다.

죄의 오염은 또한 죄인의 신분에 따른 죄의 무게로도 표현되는 듯이 보인다. 대제사장의 속죄제와 온 회중의 속죄제 이외의 다른 모든 속죄제들은 성막 뜰의 번제단에 피를 바르고 나머지는 밑단에 쏟아붓는 방식으로 죄의 오염이 처리가 됐는데, 여기에도 죄인의 신분에 따라 조금씩 차등이 존재했던 것이다. 다시 말해 죄를 지은 사람의 사회적 신분이나 재산 정도에 따라 요구되는 제물의 정도에 차등이 있었던 것이다. 이것은 마치 죄를 짓는 사람의 신분에 따라 죄가 끼치는 오염의 정도가 다르다는 것을 형상화하고 있는 것처럼 보인다. 지파의 족장, 즉 왕정제 이전의 이스라엘 사회의 최상층 신분을 가진 사람이 죄를 지으면 대제사장이나 온 회중의 속죄제의 경우를 제외하고는 가장 비싼 제물인 수염소를 드렸으며, 일반 백성의 경우에는 암염소나 암양의 순으로 신분에 따라 제물의 가치에 차등이 있었다. 일반 백성이 이마저도 감당치 못할 경우에는 비둘기, 그리고 더 나아가서는 곡식 제물인 소제물로 속죄제를 드리기도 했다.

이런 식으로 여러 단계의 차등이 있는 속죄제의 가장 정점은 속죄일(레 16장)에 드려지는 속죄제이다. 속죄일은 앞에서 말한 방식으로 미처 처리하지 못한 죄들을 일 년에 한 번 일거(一擧)에 처리하는 날이다. 이 날에는 대제사장의 속죄제보다 더 깊숙한 곳, 즉 지성소 안쪽까지 들어가서 그곳까지 침투한 죄를 피로 씻어낸다. (목회자들의 설교 시의 활용을 위해 좀 비유적으로 설명을 하자면 속죄일의 속죄 의식은 가정집에 샤워 시설이나 욕조가 없던 시절을 생각하면 된다. 그 시절 대부분의 일반인들은 평소에는 집에서 목욕이나 샤워를 잘 하지 못했다. 겨우 세수나 하는 정도였다. 그리고 여름에는 땀이 나면 등목을 하는 정도였고, 겨울에나 가야 1-2주에 한 번씩 목욕탕에 가서 때를 뺐다. 많은 사람들에게는 그것마저도 사치였다. 그러나 명절이다가 오면 웬만한 사람은 다 한 해의 묵은 때를 빼려 하기 때문에 동네 목욕탕은 발 디딜 틈도 없이 미어터졌다. 속죄일의 제사는 바로 이와 같다. 평소에는 일반적인 속죄제로 자신들의 죄를 처리하곤 하지만 아무리 그렇게 한다고 해도 미처 처리하지 못한 죄의 오염들이 쌓이게 된다. 그리고 이런 죄의 오염들이 성막을 점점 더 많이 더럽히게 되면 하나님의 임재에 점점 더 영향이 미친다. 이렇게 일반적인 속죄제로 처리하지 못한 죄와 부정을 속죄일의 속죄 의식을 통해 일 년에 한 번씩 일거에 말소하는 것이 바로 속죄일의 속죄제이다. 이렇게 일 년에 한 번 있는 속죄일의 속죄 의식을 통해 묵은 죄를 다 처리하고 나면 제의적으로 이스라엘은 다시 한 번 새롭고 깨끗한 상태가 된다. 이런 면에서 속죄일의 속죄 의식은 이스라엘의 제의법 속에 장착된 컴퓨터 리셋 버튼과 같다고 할 수 있다.)

이제 속죄제가 드려지는 경우들을 살펴보도록 하자. 이런 경우들은 크게 두 가지 종류가 있다.

첫째, 속죄제는 중대한 부정(uncleanness)을 제의적을 해결하는 과정에서 마지막 단계로 드려지는 경우들이다(레 12:6 출산; 14:19 피부병[나병]; 15:15 유출병; 15:30 여인의 유출병 등).

둘째, 속죄제는 레위기 4-5장이 직접 다루고 있는 종류의 속죄제이다. 이런 종류의 속죄제는 '부지중에'(inadvertently) 혹은 '비고의적으로'(unintentionally) 죄를 지었을 때 드리는 속죄제이다. 이런 경우에는 봉헌자가 자신의 죄를 깨닫고 속죄제를 드리면 그는 사함을 입게 된다. (한 가지 유념할 점은 '부지중에' 혹은 '비고의적으로'란 번역이 레위기를 충분히 연구하지 않은 목회자들이나 일반 평신도들에게는 오해를 불러 일으키는 경우가 없지 않다는 것이다. 그들 중에는 이 표현이 정말 죄를 짓는 것에 대한 아무런 의식이 없이 '모르고' 죄를 지은 것을 가리킨다고 오해하는 사람들이 있다. 그러나 사실 이 '부지중에' 혹은 '비고의적으로'란 표현의 의미는 훨씬 더 복잡하고 넓다. 이 점에 대해서는 아래의 4:2의 "사역 해설"을 꼭 유심히 잘 살펴보기를 바란다.)

마지막으로 속죄제(곧 정결제)가 현재의 우리에게 주는 가르침들을 정리하고 마치고자 한다.

(1) 속죄제는 우리가 거룩하신 하나님과 함께하기 위해서는 정결해야 한다는 것을 가르쳐준다.

(2) 속죄제는 죄가 하나님의 내주하심을 방해한다는 것을 가르쳐준다. 레위기 때의 백성들의 죄나 오염이 이스라엘 진영 내의 하나님의 임재를 위험에 빠뜨릴 수 있었다면 현재의 우리의 경우에도 역시 마찬가지다. 우리 성도들의 몸은 성령께서 거하시는 전이다(고전 3:16–17). 우리 몸의 성전이 더럽혀지면 하나님의 임재는 위협을 받는다.

(3) 속죄제는 비의도적인 죄도 역시 죄이며, 책임질 대상이라는 것을 가르쳐 준다. 따라서 성도는 매 순간 자신을 돌아보고, 영적인 예민함을 갖춰야 한다.

(4) 속죄제는 죄의 고백을 중요시한다(레 5:5–6). 우리는 죄를 깨달았을 때 신속히 그 죄를 하나님께 내어놓고, 자복하며, 하나님의 자비를 구해야 한다.

1단계: 사역

4:1 그리고 여호와께서 모세에게 말씀하셨다.

4:2 이스라엘 자손에게 이르라. 만약 어떤 사람이 행해져서는 안 되는 여호와의 계명들 중의 하나에 대해 비고의적으로 범죄하여 그것들 중 하나를 행했다면:

4:3 만약 기름 부음을 받은 제사장이 죄를 지어 백성의 죄책이 되게 하면 그가 범한 죄에 대하여 소 종류 중 흠 없는 수소를 속죄제물로 여호와

께 드려야 한다.
4:4 그 소를 회막문 여호와 앞에서 드려라. 그리고 그의 손을 그 수소의 머
리에 얹으라. 그리고 그 수소를 여호와 앞에서 도살하라.
4:5 그리고 그 기름 부음을 받은 제사장이 그 수소의 피[의 일부]를 취하여
그것을 회막으로 가져가라.
4:6 그리고 그 제사장이 그의 손가락을 그 피 속에 담그라. 그리고 그 피
[의 일부]를 여호와 앞에서 일곱 번 성소의 휘장 앞에 흩뿌리라.
4:7 그리고 그 제사장이 그 피를 회막 안의 여호와 앞에 있는 향단의 뿔들
에 바르고, 그 수소의 피[의 나머지] 전부를 회막문에 있는 번제단 밑
에 쏟아부어라.
4:8 그리고 속죄제의 수소의 모든 지방을 떼어내라. 내장을 덮은 지방과
내장 주변의 모든 지방과
4:9 두 콩팥과 그 콩팥 인대 주변의 지방, 그리고 간 미엽을 콩팥과 함께
떼어내어 [드리는데]
4:10 화목제의 소에서 떼어내는 것처럼 [해야 한다]. 그리고 제사장이 그것
들을 번제단 위에 불사르라.
4:11 그리고 그 수소의 가죽과 그것의 모든 고기와 머리와 정강이와 내장
과 똥,
4:12 곧 그 수소 전부를 진 밖의 재 버리는 정결한 곳으로 내가라. 그리고
그것을 나무 위에서 불로 태워라. 재 버리는 곳에서 태워야 한다.
4:13 그리고 만약 이스라엘 모든 총회가 비고의적으로 잘못을 했는데, 그
일이 회중의 눈에 감춰져 있다가, 그들이 행해져서는 안 되는 여호와
의 모든 계명 중의 하나를 행한 것에 대해 그들이 죄책을 깨닫게 되며
4:14 그들이 그 [계명]에 대해 범한 그 죄가 알려지면 회중은 속죄제로 소
종류 중 수소를 드려야 한다. 그들은 그것을 회막 앞으로 가져와라.
4:15 그리고 총회의 장로들이 그들의 손을 여호와 앞에서 그 수소의 머리에
얹으라. 그리고 여호와 앞에서 그 수소를 도살하라.

4:16 그리고 기름 부음을 받은 제사장이 그 수소의 피[의 일부]를 취하라.
4:17 그리고 그 제사장이 그의 손가락을 그 피 속에 담그라. 그리고 그 피
[의 일부]를 여호와 앞에서 일곱 번 휘장 앞에 흩뿌리라.
4:18 그리고 그 그 피를 회막 안의 여호와 앞에 있는 제단의 뿔들에 바르고,
그 피[의 나머지] 전부를 회막문에 있는 번제단 밑에 쏟아부어라.
4:19 그리고 그것의 모든 지방을 떼어내어 제단에서 불사르라.
4:20 그리고 그 수소에게 그가 속죄제의 수소에게 행한 것처럼 행하라. 그
렇게 그것에게 행해야 한다. 제사장이 이렇게 해서 그들을 속죄하면
그것이 그들을 위해 사해질 것이다.
4:21 그리고 그 수소를 진밖으로 내가라. 그리고 그것을 첫 번째 수소를 태
웠던 것처럼 태워라. 이것이 회중의 속죄제이다.
4:22 만약 지파장이 범죄를 하여 행해져서는 안 되는 그의 하나님 여호와의
모든 계명들 중 하나를 비고의적으로 행하고 죄책을 깨닫게 되거나
4:23 그가 그 [계명들 중 하나에 대해] 범한 죄가 그에게 알려지게 되면 그
는 그의 예물로 흠 없는 숫염소를 드려야 한다.
4:24 그의 손을 그 숫염소의 머리에 얹으라. 그리고 그것을 여호와 앞 번제
물을 도살하는 장소에서 도살하라. 이것이 속죄제이다.
4:25 그리고 제사장은 그 속죄제의 피[의 일부]를 그의 손가락으로 취하여
그것을 번제단의 뿔들에 바르라. 그리고 그것의 피[의 나머지] 모두를
번제단 밑에 쏟아부어라.
4:26 그리고 그것의 모든 지방을 화목제의 지방과 마찬가지로 번제단에서
불사르라. 제사장이 그의 죄에 대해서 그를 위해 속죄를 하면 그것이
그를 위해 사해질 것이다.
4:27 그리고 만약 그 땅의 백성 중에서 한 사람이 행해져서는 안 되는 여호
와의 계명들 중의 하나를 범함으로써 비고의적으로 범죄하였다가 그
죄책을 깨닫게 되거나
4:28 그가 범한 죄가 그에게 알려지게 되면 그는 그의 예물로 흠 없는 암염

소를 자신이 저지른 죄에 대해 드려야 한다.

4:29 그의 손을 그 속죄제물의 머리에 얹으라. 그리고 그 속죄제물을 번제의 장소에서 도살하라.

4:30 그리고 제사장은 그것의 피[의 일부]를 그의 손가락으로 취하여 그것을 번제단의 뿔들에 바르라. 그리고 그것의 피[의 나머지] 모두를 제단 밑에 쏟아부어라.

4:31 그리고 그것의 모든 지방을 화목제로부터 지방을 떼어낸 것과 같이 떼어내라. 그리고 제사장이 여호와께 향기로운 냄새로 제단에서 불사르라. 제사장이 그를 위해 속죄를 하면 그것이 그를 위해 사해질 것이다.

4:32 그리고 만약 그의 죄를 위한 예물이 양이면 흠 없는 암컷으로 그것을 가져와야 한다.

4:33 그의 손을 그 속죄제물의 머리에 얹으라. 그리고 그것을 속죄제물로 번제물을 도살하는 장소에서 도살하라.

4:34 그리고 제사장은 그 속죄제물의 피[의 일부]를 그의 손가락으로 취하여 그것을 번제단의 뿔들에 바르라. 그리고 그것의 피[의 나머지] 모두를 제단 밑에 쏟아부어라.

4:35 그리고 그것의 모든 지방을 화목제의 양의 지방을 떼어낸 것과 같이 떼어내라. 그리고 제사장이 그것들을 여호와의 화제 위에 불사르라. 제사장이 그가 범한 죄에 대해서 그를 위해 속죄를 하면 그것이 그를 위해 사해질 것이다.

2단계: 사역 해설

4:1 "그리고 여호와께서 모세에게 말씀하셨다"

'말씀하셨다'는 뜻의 동사로 *딥베르*(דבר의 피엘형)를 쓰는 이 문구는 제사법 I 본문(레위기 1:1–6:7), 즉 일반 청중이 그 중심 청중인 제사법의 큰 단원이나 중요한 세부 단원을 나누어 주는 중요한 문구이다(1:1; 4:1; 5:14; 6:1 [히, 5:20]).

1:1은 레위기 전체의 도입구이자 제사법 본문 전체의 도입부 역할을 한다.

4:1은 일반 제사(화제: 번제, 소제, 화목제)와 특수 제사(속죄제, 속건제)를 나누어 주는 분수령 역할을 한다.

5:14은 특수 제사 중에서도 서로 확연히 성격이 다른 속죄제와 속건제를 나누어 주는 역할을 한다.

6:1은 속건제 중의 마지막 문단이자 5대 제사 중 가장 독특한 제사 본문인 6:1-7의 속건제 본문을 나머지 속건제 본문과 나누어 주는 역할을 한다.

"레위기 1-10장의 개관"에서 언급한 것처럼 레위기는 각 단원의 가장 앞에 나오는 구절이 서랍의 레이블 역할을 한다. 그중에서도 이 문구는 바로 해당 부분에서 중요한 내용상의 변화가 있다는 것을 표시해주는 레이블 역할을 하는 것으로 이해하면 거의 맞는다. 4:1의 경우는 앞에서 말한 바와 같이 '화제'라 칭해지는 일반 제사와 특수 제사를 구분해주는 분수령 역할을 한다.

4:2 "이스라엘 자손에게 이르라"

2절 서두의 문구는 속제죄 본문의 도입구 역할을 하는 것과 동시에 이 본문의 주 청중이 "이스라엘 자손"임을 표시해주는 기능을 한다.

"어떤 사람이" *네페쉬*(נֶפֶשׁ)

이 단어는 레위기 본문에서 봉헌자를 가리키는 표현으로 많이 쓰인다.

"만약…행했다면"

2절의 이 해당 부분은 속죄제 본문 중 전반부(4장)의 서론 역할을 한다. '만약…'이라는 조건절만 있으며, 그에 상응하는 귀결절은 없다. 이처럼 이 서론적 조건절에 이어서 3절 이하에는 죄를 지은 사람의 신분에 따라 '기름 부음을 받은 제사장이 죄를 지은 경우'(3-12절), '온 회중이 죄를 지은 경우'(13-21절), '족장이 죄를 지은 경우'(22-26절), '평민이 죄를 지은 경우'(27-31절과 32-35절) 등의 하부적인 단원들이 따라 나온다. 이처럼 2절이 속죄제 본문의 서론 역할을 하기 때문에 2절의 조건절의 접속사는 당연히 *키*(כִּי)가 사용되며, 하부 단원들의 서두를 여는 조건절들의 접속사는 *임*(אִם)이 사용된다(3, 13, 27, 32 등; 22절은 예외이며 나중에 설명하겠음).

"비고의적으로" *비쉬가가*(בִּשְׁגָגָה)[85]

전치사 *브*(בְּ) + *쉬가가*(שְׁגָגָה). 이 단어와 그 동족어들은 속죄제와 속건제의 이해를 위해 가장 중요한 단어군(群) 및 어구들 중의 하나일 것이다(4:2, 13, 22, 27; 5:15, 18[x2]; 22:14). 개역개정은 4:2를 제외하고는 나머지 모든 본문들에서는 이 단어를 "부지중에"(inadvertenly), 즉 "알지 못하는 중에"라는 뜻으로 번역하고 있다. 영어 성경들은 이 히브리어 표현을 "비고의적으로"(unintentionally)라는 뜻으로도 많이 번역한다.

방금 위에서 말한 바와 같이 개역개정은 이 표현을 오직 4:2에서만 "그릇"이라는 뜻으로 번역하고 있는데, '그릇'이라는 한국어 부사는 '어떤 일이 사리에 맞지 않거나 잘못되게' 혹은 '어떤 상태나 조건이 좋지 않게'(네이버 사전 참고)란 뜻을 갖고 있다. 이것은 히브리어 원문의 뜻과 전혀 어울리지 않는다. 이 점은 속히 시정되어야 한다고 본다.

또한 '부지중에'란 번역보다는 '비고의적으로'라는 번역이 좀 더 내용을 분명하게 해주는 것으로 생각되어 이 사역에서는 후자의 번역을 택한다. 그러나 이 두 번역은 본질상 동일한 의미를 갖고 있다고 보면 된다. 레위기 4장의 세부 단원들은 전부 이 단어를 사용하고 있으며, 이에 따라 4장의 속죄제들

---

85 이 어구는 구약성경에 총 15에 나온다(레 4:2, 22, 27; 5:15; 22:14; 민 15:26, 27, 28, 29; 35:11, 15; 수 20:3, 9). 레위기와 민수기가 거의 절대 다수를 차지하고 있으며, 여호수아의 본문에서는 비고의적 살인 및 도피성을 다루는 본문에서 나온다. 사실 여호수아서 본문은 앞의 민수기 35장의 평행 본문이다.

은 의도하지 않게 벌어진 죄에 대해서 다루고 있다는 것을 알 수 있다.

그러면 무엇이 '비고의적인' 죄라고 할 수 있느냐 하는 문제는 속죄제의 신학에서 가장 중요한 문제들 중의 하나이다. 그러나 학자들 사이에서는 이 문제에 대해서 서로 간에 좀 차이가 있다. 밀그롬은[86] '과실'(negligence)과 '무지'(ignorance)를 다 포괄하는 개념이라고 본다. 즉 범죄자가 율법은 알지만 비자발적으로 죄를 범한 경우(과실)와 범죄자가 분명히 자신이 무슨 행동을 하는지를 의식하고는 있지만 그 행동이 잘못된 것인지는 알지 못한 경우(무지)가 모두 '비고의적' 죄에 해당한다는 것이다. 과실의 예로는 민수기 35:22–23과 신명기 19:5–6의 과실로 인한 살인을 들 수 있다. 그리고 무지의 예로는 율법에 대한 무지에서 피와 함께 고기를 먹은 경우 등을 들 수 있다(삼상 14:32–34). 이 두 경우 모두 범죄자가 자신이 하는 행위 자체에 대해서는 인지하고 있다. 단지 자신의 그런 행위가 죄가 되는지를 모르고 있는 것이다. 하틀리(Hartley)는 좀 더 넓게 봐서 전혀 모르고 지은 죄로부터 인간의 연약성 때문에 저지른 죄까지를 모두 포함하는 것으로 주장한다. 이런 견해들을 통해서 깨달을 수 있는 바는 *비쉬가가*란 표현, 즉 '비고의적인' 혹은 '부지중에'라는 표현이 결코 언제나 범죄자의 완전한 인식의 결여를 의미하지는 않는다는 것이다. 더 나아가서 이 표현은 때로는 범죄자가 인식은 있지만 연약한 인간으로서의 그의 정신 작용의 한계로 인해 그 죄의 실행에 대한 욕구에 충분히 저항하지 못한 경우까지도 포함할 수 있다.

이런 학자들의 견해는 민수기 15:27–30의 개역개정의 번역(그리고 많은 경우 영어 번역본 등 많은 외국어 성경 번역본들도 사정은 비슷)이 일으키는 오해와 상충한다. 우선 민수기 15:27–28은 어떤 사람이 '부지중에' 죄를 지었을 때 속죄제를 드리면 용서를 받는다고 말씀한다. 그리고 이어지는 15:29–30에서 개역개정은 "이스라엘 자손 중 본토 소생이든지 그들 중에 거류하는 타국인이든지 누구든 <u>부지중에</u> 범죄한 자에 대한 법이 동일하거니와 본토인이

86 Milgrom, *Leviticus* 1–16, 228.

든지 타국인이든지 고의로 무엇을 범하면 누구나 여호와를 비방하는 자니 그의 백성 중에서 끊어질 것이라"고 이 본문을 번역하고 있다. 이 번역에 따르면 '부지중에'('비고의적으로'란 뜻)란 표현과 '고의로'라는 표현이 대조를 이루는 것으로 오해될 수 있다. 다시 말해 개역개정은 이 본문이 마치 속죄제가 '비고의적으로' 지은 죄는 해결해 줄 수 있지만 '고의적으로' 지은 죄는 해결해 줄 수 없는 것처럼 말하고 있는 것으로 오해하게 만들 소지가 있는 것이다.[87]

그러나 여기에서 문제는 민수기 15:30의 '고의로'라는 표현이 결코 '부지중에' 혹은 '비고의적으로'라는 표현의 반의어가 아니라는 것이다. '고의로'라고 번역된 표현의 히브리어는 *브야드 라마*(בְּיָד רָמָה, 직역하면 "높이 들린 손으로", high-handed)인데, 이 표현은 구약성경 전체에서 오직 세 번만 나오는 표현이다(출 14:8=민 33:3; 민 15:30). 그런데 민수기 33:3은 출애굽기 14:8의 인용이나 마찬가지이기 때문에 결국은 구약성경 전체에서 단 두 번만 나오는 것과 마찬가지다. 따라서 결국은 이 단어의 뜻을 제대로 알려면 민수기 15:30 외에 유일한 다른 본문인 출애굽기 14:8을 보면 된다. 출애굽기 본문에서 개역개정은 *브야드 라마*라는 표현을 "담대히"라고 번역하고 있다. 즉 이 표현은 하나님께서 열 가지 재앙을 통해서 바로와 애굽을 완전히 초토화시키고 이스라엘을 출애굽시키셨을 때 이스라엘이 마치 승리한 군대와 같은 모습으로 애굽을 떠나는 모습을 묘사할 때 사용된 것이다. 이런 점에서 나는 '담대히'보다 '의기양양하게'라는 번역이 좀 더 뉘앙스를 잘 살린다고 생각한다. 이런 뉘앙스를 가진 표현이 민수기 15:30의 죄의 맥락에서 사용되었을 때 이 표현은 단순히 '고의적'으로 죄를 짓는 것이 아니라 마치 승리한 군대처럼 의기양양하고 오만한 태도로 죄를 짓는 것을 나타내는 것이다. 이런 점에

87 이 문제에 대해서 목회자들이 쉽게 접할 수 있는 수준의 자료들은 이런 견해를 담고 있는 경우가 거의 대부분이다. 대표적으로 트램퍼 롱맨과 레이몬드 딜러드, *최신구약개론* (제2판; 고양: 크리스챤다이제스트, 2009), 116을 보라. 그리고 이런 견해는 또한 전문적인 레위기 주석들도 많이 따르고 있는 견해이다. 그러나 아래의 논의에서 보듯이 이것은 결코 맞는 견해가 아니다. 속죄제는 고의적인 죄도 해결해 줄 수가 있다.

서 이 표현은 '오만하게'(insolent) 혹은 '뻔뻔하게'(presumptuous)하게 죄를 짓는 것을 가리키는 표현인 것이다. 따라서 민수기 15:30이 말하고 있는 죄는 단순히 고의성이 있게, 또는 의식을 하고 지은 죄를 말하고 있는 것이 아니라 하나님에게 맞서는 반항적인 태도로 짓는 죄를 가리키는 것이다. 그러므로 통상적인 견해들과 달리 레위기, 그리고 민수기는 비고의적인 죄와 고의적인 죄의 두 가지 대조적인 범주의 죄를 구분해서 전자는 속죄제가 해결해줄 수 있고, 후자는 속죄제가 해결해줄 수 없다고 말하고 있는 것이 아니다. 우리는 이것을 확장해서 비고의적인 죄, 고의적인 죄, 오만한 태도로 짓는 죄의 세 가지 범주로 나누어야 하며, 이 중에서 처음 두 가지는 속죄제가 해결해 줄 수 있고, 오직 마지막 범주의 죄만 해결해줄 수 없는 것으로 이해해야 레위기 4–6장의 '부지중에' 혹은 '비고의적인'이란 표현의 의미를 제대로 이해할 수 있다.

이런 이해를 바탕으로 할 때 다음의 세이든(P. P. Saydon)이란 학자의 정리는 참으로 적절하다:[88]

> 만약 "높이 들린 손으로"(민 15:30) 지은 죄가 율법에 저항해서, 즉 하나님의 율법을 반역하고자 하는 마음(in the spirit of rebellion against the Law of God)에서 저질러진 죄들을 가리킨다면 그 반대 부류의 죄, 즉 '*쉬가가*'의 죄는 인간이 율법에 대한 저항에서 저지른 것이 아니라 단지 인간의 일반적인 불완전함 때문에 저지른 모든 죄들을 다 포괄해야 한다. 그 죄가 완전히 비고의적인 것이었든, 아니면 단지 정확히 알지 못해서 저지른 것이든 간에 말이다…. 민수기 15장에서 *쉬가가*란 단어는 완전한 무지로부터 완전한 지식에 이르기까지의 모든 종류의 인간의 정신 상태를 다 포괄하고 있는 것으로 보이는데, 이 인간의 정신은 인간의 연약함에 의해 영향을 받은 상태이거나 흐려진 상태이다.

88 P. P. Saydon, "Sin–Offering and Trespass–Offering", *CBQ* 8 (1948), 394–395.

결론적으로 말해 속죄제는 흔히 생각하는 바와 달리 비고의적으로 지은 죄뿐만 아니라 인간의 연약함으로 인해 고의적으로 지은 죄까지도 다 속죄할 수 있는 것으로 이해하는 것이 옳은 듯하다.

그리고 제사가 해결해줄 수 없는 죄는 위에서 말한 바와 같이 '오만하게' 지은 죄이다(출 14:8). 왜 이런 죄를 해결해 줄 수 없느냐 하는 것은 자명하다. "레위기 1–10장의 개관"중 "제사와 속죄의 관계"의 첫 번째 사항에서 지적했듯이 속죄의 주권은 궁극적으로는 제사가 아니라 하나님께 있는 것인데, 하나님 앞에서 '오만하게' 짓는 죄는 하나님과의 관계에 문제를 일으키는 것이다. 속죄의 주권을 가진 분에게 오만한 태도를 취하면서 그분의 용서를 바랄 수는 없는 것이다.

마지막으로 생각해볼 문제는 그러면 과연 '오만한' 죄는 결코 용서를 받을 가능성이 없느냐 하는 것이다. 이 문제는 상당히 심리적인 분석이 필요하기 때문에 어렵다. 그러나 나는 이 죄의 경우에도 용서받을 수 있는 길을 레위기가 열어 두고 있다고 생각한다. 그 길은 죄의 '고백'이다. 죄인이 하나님 앞에서 자신의 죄를 인정하는 행위인 고백을 한다는 것은 하나님 앞에서 오만한 태도를 취했던 자의 태도가 바뀌었다는 것을 뜻한다. 그리고 이런 경우 '오만한' 죄는 '고의적' 죄로 등급이 낮아지며, 이렇게 등급이 낮아지면 앞에서 말한 바와 같이 속죄제나 속건제가 처리할 수 있는 죄의 범주로 들어오게 된다.[89]

"범죄하여" *테헤타*(תֶּחֱטָא)

이 동사의 어간은 '범죄하다, 죄 짓다'란 뜻을 가진 *하타*(חָטָא)이다. 이 단어의 등장은 5대 제사 중 앞의 세 개의 제사(일반 제사, 즉 번제, 소제, 화목

---

89 Rooker, *Leviticus*, 118–119. 물론 루커(Rooker)의 이해는 나의 '오만한/고의적/비고의적' 체계와는 차이가 난다. 그는 '오만한' 죄의 범주를 충분히 다루지 못하고 있으며, 주로 '고의적/비고의적' 체계를 가지고 이런 논의를 한다. 그러나 결국 그의 '고의적' 죄의 범주가 내가 말하고 있는 '오만한' 죄의 범주와 거의 상응하고 있기 때문에 이런 죄와 고백 사이의 관계는 나의 분석틀 속에서도 여전히 유효하다고 할 수 있다.

제)와 뒤의 두 개의 제사(특수 제사, 즉 속죄제, 속건제) 사이를 구분 지어 준다. 일반 제사들의 경우에는 제사를 드리는 이유가 본문 안에 나타나 있지 않다. 그러나 특수 제사의 경우에는 각 단원의 서두에 왜 그 제사를 드려야 하는지가 지속적으로 언급된다.

4:3 "기름 부음을 받은 제사장" ***학코헨 함마쉬아흐***(הַכֹּהֵן הַמָּשִׁיחַ)

이 표현은 구약성경 전체에서 총 4회가 사용되며, 또한 전부 다 레위기에 나온다(레 4:3, 5, 16; 6:22 [히, 6:15]). 특히 마지막 구절의 경우에는 "그(즉 아론)를 대신하여 기름 부음을 받은 제사장"이란 표현을 쓰고 있다. 아론을 대신하여 기름 부음을 받는 자는 당연히 대제사장일 것이다. 또한 레위기 21:12은 대제사장에 대해서 말하기를 "하나님께서 성별하신 관유(*쉐멘 미쉬하트*, שֶׁמֶן מִשְׁחַת, 즉 '기름 부음을 위한 기름'이란 뜻)가 그 위에 있음이라"고 하였다. 따라서 이 레위기 4:3–12에서 다뤄지고 있는 속죄제는 대제사장이 죄를 지었을 때 드리는 속죄제를 다루고 있다.

또한 "기름 부음을 받은 제사장"이 곧 대제사장이며, 그가 이스라엘의 모든 제사법의 최정점에 있는 인물이기 때문에 그의 죄에 대해서 대신 속죄 제사를 집행해줄 제사장이 존재하지 않는다. 따라서 대제사장의 속죄제는 어쩔 수 없이 그가 모든 절차를 다 시행한다. 그리고 이 때문에 대제사장의 속죄제(4:3–12) 본문은 지금까지 보아온 다른 제사들과 달리 "아론의 아들들 제사장들"이라는 복수 표현 대신에 지속적으로 단수 '그 제사장'이란 표현과 그에 상응하는 단수 동사들이 사용된다.

"죄책" ***아쉬마***(אַשְׁמָה)

이 단어는 개역개정에서는 보통 "허물"로 번역되며, 영어 성경들에서는 guilt로 번역된다. 죄(sin)를 의미하는 단어인 *핱타아트*(חַטָּאת) 등과 거의 동의어라고 생각하면 된다.

죄와 관련된 용어들에 있어서 흥미로운 점은 이 용어들이 때로는 죄 그 자체를 지칭하기도 하고, 또 때로는 그 죄에 대한 책임(즉, 죄책)과 보응을 나타내기도 한다는 점이다. 이 구절에서는 대제사장이 죄를 지었을 때 그의 죄에 대한 책임과 보응이 이스라엘 백성에게도 주어진다는 것을 나타내기 위해 이 단어가 쓰였다. 이처럼 어떤 사람의 죄가 다른 사람도 죄에 대한 책임이 있게 만든다는 표현은 대제사장 외의 다른 사람들의 속죄제에는 사용되지 않고 있다. 따라서 이 표현은 대제사장의 속죄제를 이해하는데 있어서 아주 중요하다 할 수 있다.

*아쉬마*라는 단어는 이처럼 죄라는 의미로 사용되는 것 외에도 또한 5:14-6:7에서는 '속건제' 또는 '속건제물'이라는 뜻으로 사용되기도 한다. 따라서 특히 레위기의 맥락에서 이 단어가 사용될 때는 문맥을 잘 살펴서 이 단어의 정확한 의미와 용도가 무엇인지를 파악해야 한다.

현재 문맥에서는 이 단어는 죄로 인한 책임을 나타내는 표현이기 때문에 '죄책'으로 번역하였다. *아쉬마*란 단어는 속죄제 본문 전체에서 여기만 나오지만 이 단어의 동족어인 동사 *아쉠*(אָשֵׁם)은 속죄제 본문에 매 단원마다 등장한다(4:13, 22, 27; 5:2, 3, 4, 5). 이 동사는 품사의 차이를 제외하고는 *아쉬마*와 궁극적으로는 동일한 개념을 전달하고 있다. 따라서 그것들도 일관되게 '죄책이 있다'는 문구로 번역하였다.

"소 종류 중 수소" *파르 벤-합바카르*(פַּר בֶּן־הַבָּקָר)

이 문구는 직역하자면 "소의 아들 수소"가 된다. 문제는 앞의 새의 번제 본문(1:14)의 "사역 해설"에서도 다룬 바와 같이 '아들'의 히브리어인 *벤*(בֶּן־)이 '아들'(son)이란 뜻이 아니라 '종류'(kind)를 가리키는 것으로 이해해야 한다는 점이다. 즉 '소 종류 중 수소'가 이 문구의 정확한 번역이다. 개역개정이나 새번역 성경은 이 문구를 "수송아지"라고 번역하고 있는데, 이것은 적절한 것이 아니다. 그리고 이처럼 '수소'가 대제사장의 속죄제의 제물이어야 한다는 점은 그가 지은 죄에 대해서 가장 비싼 제물이 드려져야 한다는 점과도 잘 상응한다. 왜냐하면 그는 이스라엘의 제사 시스템의 최정점에 있기 때문이다. 그러므로 '수송아지'란 번역은 반드시 지양되어야 한다.

"속제제물" *핱타트*(חַטָּאת)

이 단어는 문맥에 따라 '속죄제' 혹은 '속죄제물'을 뜻하는 단어이다. 때로는 정확히 이 둘 중 어느 것으로 번역하는 것이 더 나은지 파악하기 힘든 경우도 많다.

이 단어와 관련하여 가장 큰 문제는 과연 이 단어의 번역으로 전통적인 번역인 '속죄제'(sin offering)라는 번역이 타당하느냐 하는 것이다. 그리고 그에 대한 거의 모든 레위기 학자들의 대답은 '아니오'라는 것이다. 이에 대한 이유로는 다음의 몇 가지 점을 생각해볼 수 있다.

첫째, '속죄제'란 이름은 이 제사의 특징을 제대로 살려주지 못한다. 이 이름은 히브리어 이름인 *핱타트*(חַטָּאת)가 기본적으로 '죄'라는 뜻을 갖고 있다는 것에 기초하여 그 '죄'를 해결하는 제사이니 '속죄제'라고 번역하여야 한다는 생각에서 나온 것이다. 그러나 이런 번역은 문제가 있다. 왜냐하면 앞에서 이미 지적한 바와 같이 구약의 제사들은 다 속죄의 기능을 갖고 있기 때문이다. 예를 들어 레위기 1:4은 번제가 속죄의 기능이 있다는 것을 분명하게 밝히고 있다. 그런데 왜 굳이 레위기 4장의 제사만 '속죄제'라고 불려야 하는가? 나머지 제사도 다 속죄의 기능이 있는데 말이다.

둘째, *핱타트*란 제사는 출산으로부터의 회복 시(레 12장), 나실인의 서원 완수 시(민 6장), 새로 지은 제단의 봉헌 시(레 8:15) 등에도 드려진다. 이런 사람들과 물건들은 딱히 죄라고 말할 수 있는 것을 저지르지 않았는데도 말이다.[90]

셋째, 형태상으로 볼 때 *핱타트*란 명사는 동사 *하타*(חָטָא)의 기본형인 칼형(Qal)에서 파생된 것이 아니라 피엘형(Piel)에서 파생된 것으로 보인다. 그리고 이 피엘형은 전통적으로는 '죄를 없이 하다'(to de-sin)란 뜻을 갖

---

90 Milgrom, *Leviticus 1-6*, 253. 이어지는 두 개의 근거 역시 밀그롬이 지적한 것들이다.

는 것으로 취급했지만 지금의 학자들은 '깨끗하게 하다, 정화하다, 정결하게 하다'(cleanse, expurgate, purify)란 개념을 더 부각시키고 있다(참고, 겔 43:22, 26; 시 51:9). 또한 민수기 8:7의 "'정결의 물'(*메 핱타트*, מֵי חַטָּאת)을 그들에게 뿌리고…몸을 정결하게 하고"란 문구는 분명히 *핱타트*가 정결의 개념과 연결되어 있음을 보여준다. (물론 개역개정은 *메 핱타트*를 "속죄의 물"로 번역하고 있는데 이것은 수정이 필요하다.)

넷째, *하타*의 피엘형과 그 파생어인 *핱타트*가 정화란 개념과 관련이 있다는 것은 레위기의 중요한 본문들을 통해서 알 수 있다(12:18; 14:19; 15:31; 16:19).[91] 특히 16:19에서 속죄일에 *핱타트* 제사의 제물로 드려진 수소의 피와 염소의 피를 제단에 뿌려 "이스라엘 자손의 부정에서 제단을 정결하게 하고 거룩하게" 하기 위한 것이라고 밝히고 있다. 이때 '정결하게 하고 거룩하게'라는 히브리어 표현을 개역개정 성경은 한 단어로 뭉뚱그려 "성결하게"라고 번역하고 있는데 이것은 잘못된 것이다. 분명히 히브리어로는 이것은 두 개의 동사로 이루어져 있으며, 그 중 첫 번째 동사는 '정결하게 하다'라는 뜻을 가진 동사(*타헤르*[טָהֵר]의 피엘)로 이루어져 있다. 이렇게 볼 때 *핱타트*란 제사의 중심적인 기능은 분명히 정결하게 하는 기능임이 분명하다.

위의 여러 가지 증거들을 고려해서 현재 학자들은 *핱타트*를 전통적인 번역인 '속죄제'보다는 '정결제'(purification offering)라고 번역하는 것이 더 좋다고 생각한다. 그리고 이 점은 레위기 학자들에게는 거의 전적으로 수용된 견해이다. 그러나 이 글의 중심 독자인 목회자들에게는 이런 견해가 수용되기에 부담스러울 수가 있어서 속죄제라는 용어는 계속 사용하고, 정결제라는 표현을 가끔씩 꼭 필요하다고 생각될 때마다 괄호에 넣든지 하겠다. 하지만 속죄제의 주요 기능이 정결케 하는 것이라는 점만은 꼭 염두에 두는 것이 제사법을 이해하는데 있어서 필수적이다.

---

91 Wenham, *Leviticus*, 94.

4:5 "피[의 일부]" *민담*(מִדָּם)

직역하자면 "피로부터" 이 문구에 사용된 전치사 *민*(מִן)은 "~의 일부"라는 의미를 띈다.

"취하여" *라카흐*(לָקַח)

동사는 5절부터 시작되어 7절까지 이어지는 속죄제의 피를 처리하는 과정에 사용된 일련의 동사들의 첫 단어이다. 속죄제는 제물의 피를 처리하는 방식이 5대 제사 중 가장 복잡하다.

"가져가라" *헤비*(הֵבִיא)

'오다, 가다'라는 뜻을 가진 동사 *보*(בּוֹא)의 히필 완료형.

4:6 "담그라" *타발*(טָבַל)

이 동사는 제사장이 제물에서 받은 피를 손가락에 묻히는 동작을 묘사한다.

"성소의 휘장" *파로케트 학코데쉬*(פָּרֹכֶת הַקֹּדֶשׁ)

성막 본체에서 휘장은 두 가지가 있다. 하나는 지성소와 성소를 나누는 휘장이고, 이것의 히브리어 이름은 *파로케트*(פָּרֹכֶת)다. 그리고 다른 하나는 성소와 뜰을 나누는 휘장이고, 이것의 히브리어 이름은 *마사크*(מָסָךְ)이다. 이 구절에서는 *파로케트*를 쓰고 있으므로, 이 휘장은 지성소의 휘장을 가리킨다. 휘장의 안쪽인 지성소는 오직 속죄일(레 16장)에만 들어갈 수 있으므로, 대제사장의 속죄제의 경우에는 그 속죄일 외에 하나님 앞으로 가장 많이 접근할 수 있는 곳인 이 휘장에 제물의 피를 뿌리는 것이다.

"흩뿌리라" *힛자*(הִזָּה, 동사 *나자*[נָזָה]의 히필형)

개역개정이 "뿌릴 것이며"라고 번역하고 있는 동사는 제사법에서 피를 뿌리는 동작을 묘사할 때 사용된 *자라크*란 단어가 아니라 *힛자*(הִזָּה, נָזָה의 히필형)란 단어이다. *자라크*는 번제의 경우에서와 같이 피를 받아다가 큰 동작으로 뿌리는 행위(splash)를 나타내며, *힛자*는 속죄제의 경우와 같이 대제사장이 피를 회막 안으로 가지고 들어가서 손가락으로 찍어 튕겨 뿌리는 작은 동작(sprinkle)을 나타낼 때 쓰이는 단어이다.

4:7 "바르다" *나탄*(נָתַן)

보통은 '주다'(to give)란 뜻으로 쓰이는 동사가 여기에서는 향단의 뿔에 피를 바르는 동작을 나타내는데 사용된다.

"밑" *예소드*(יְסוֹד)

밀그롬은 제단의 밑단에 피를 받을 수 있는 긴 홈통 같은 것이 있지 않았겠는가 추측한다(참고, 겔 43:13–17).[92] 나머지 제사들은 보통 피를 제단 벽에 대고 뿌리는 것으로 피의 처리가 끝이 나지만 속죄제의 경우에는 앞에서 말한 절차들을 다 치르고 나서 나머지 피는 이렇게 제단 밑단의 이 홈통 부분에 쏟아부었던 것으로 보인다.

"쏟아부어라" *이쉬포크*(יִשְׁפֹּךְ)

'쏟아붓다'라는 뜻을 가진 *샤파크*(שָׁפַךְ)의 미완료형이며, 문맥상 명령형의 효력을 가진다. 갑자기 완료형에서 이렇게 미완료형으로 전환된 이유는 5절부터 이어진 피의 처리 절차의 마지막 단계이기 때문인 것으로 보인다.

이렇게 해서 속죄제물의 피를 처리하는 것과 관련된 모든 동사들이 다 등장했다. 다른 제사들의 경우에는 피를 '가져다가…뿌려라'(참고, 레 1:5, *히크리브…자라크*)라는 두 개의 동사만 사용된다. 반면에 속죄제에는 '취하다'(*라카흐*), '가져가다'(*헤비*), '담그다'(*타발*), '흩뿌리다'(*힛자*), '바르다'(*나탄*), '쏟아붓다'(*샤파크*)의 총 6개의 동사가 사용되고 있다. 이렇게 피를 처리하는 방

---

92 Milgrom, *Leviticus 1-16*, 238–239.

식과 관련하여 여러 가지 다른 동사들이 쓰이고 있는데, 이런 피의 처리의 복잡함이 속죄제와 기타 제사들을 구분 지어 주는 중요한 특징이다. 속죄제의 경우에만 이렇게 피의 처리가 복잡한 이유는 아마 이 제사가 죄의 오염을 피로 닦아내는 과정을 형상화하고 있기 때문이 아닌가 생각된다.

4:10 "소" *쇼르*(שׁוֹר)

*쇼르*는 수소와 암소를 다 지칭할 수 있는 단어이다. 속죄제물의 지방을 떼어내는 작업은 화목제물의 지방을 떼어내는 작업과 동일하다. 따라서 실제로 8–9절의 지방의 목록 및 작업을 나타내는 동사는 화목제의 경우와 동일하다.

"불사르라" *히크티르*(הִקְטִיר)

레위기 1장의 해설에서도 한 번 언급한 바와 같이 제사 드릴 때 불로 태우는 작업에는 두 가지 단어가 사용된다. 하나는 *히크티르*이고, 다른 하나는 싸라프(שָׂרַף)이다. *히크티르*는 제단 위에서 불로 태워 하나님이 흠향하시도록 올려 드리는 동작을 나타내는 단어이고, *싸라프*는 제물의 탄 찌꺼기 등을 진 밖의 장소에서 폐기하는 동작을 나타내는 동사이다. 본 글에서 *히크티르*는 항상 '불사르다'라고 번역하고, *싸라프*는 '태우다'라고 번역함으로써 사역을 보는 것만으로도 히브리어 원문상의 차이가 느껴지도록 하고 있다.

4:11 "똥" *페레쉬*(פֶּרֶשׁ)

개역개정에서는 이상하게도 11절의 폐기 처분할 부위들의 목록과 구분하여 이 '똥'만을 12절 서두에 넣어 놓고 있다. 왜 그렇게 했는지는 파악이 힘들다. 앞으로 새로운 판본을 만들 때는 시정할 필요가 있어 보인다.

4:12 "정결한 곳" *마콤 타호르*(מָקוֹם טָהוֹר)

레위기 제의법에서는 진 안은 정결하고, 진 밖은 부정한 곳이었다. 그러나 진 밖에서 이처럼 제물을 불태워 없애는 용도로 마련된 장소는 정결한 곳으로 간주되었다. 제물의 폐기물들은 바로 이곳에서 처리되었다.

"태워라…태워야 한다" *싸라프…잇싸레프*(שָׂרַף...יִשָּׂרֵף)

'불로 태우다'란 뜻을 가진 *싸라프*란 단어가 형태만 달리하여 두 번 사용되고 있다. 앞의 10절에서 설명한 바와 같이 제물을 불로 태우는 작업에는 *히크티르*와 *싸라프* 두 가지 동사가 사용되며, 이 중에서 후자는 제물의 배설물이나 남은 재 등을 폐기처분하는 작업을 지칭할 때 쓰이는 단어라고 말한 바가 있다. 또한 12절은 '태우다'라는 동사를 두 번 반복해서 사용하고 있는데, 이것은 태우는 절차가 중요함을 나타내는 것으로 보인다.

4:13 "총회", "회중"

'총회'란 단어는 *에다*(עֵדָה)이다. 그리고 '회중'이라는 단어는 *카할*(קָהָל)이다. 개역개정은 13절을 "만일 이스라엘 온 회중이…범하여 허물이 있으나 스스로 깨닫지 못하다가"라고 번역함으로써 두 단어가 다 이스라엘 회중 전체를 의미하는 것으로 번역하고 있다. 물론 이런 해석도 가능성이 있는 해석들 중의 하나이다. 그러나 대부분의 경우 학자들은 *에다*는 이스라엘 회중 중 의사결정 집단 등의 지도부를 가리키는 용어이며, *카할*은 좀 더 일반적으로 이스라엘 백성 전체를 가리키는 용어라고 생각한다.[93] 혹시 양자가 좀 더 엄밀한 의미는 이렇게 구분된다고 할지라도 결국은 *에다*가 이스라엘 집단 전체를 대표하는 역할을 하기 때문에 많은 경우는 *에다* 역시 이스라엘 전체를 가리키는데 사용된다. 따라서 두 용어의 정확한 구분은 쉽지 않다. 그리고 두 용어의 구분이 어찌 됐든 간에 결국 13절의 총회, 즉 *에다*가 한 잘못으로 인해 드려지는 속죄제는 21절에서 회중, 즉 *카할*의 속죄제로 불린다. 그러므로 두 용어가 지칭하는 집단의 구분과 상관없이 그 죄의 책임이 이스라엘 회중

---

93 Wenham, *Leviticus*, 97–99; Hartley, *Leviticus*, 62.

전체에게 미치는 점은 변함이 없다. 이런 점에서 이 구절은 4:3에서 대제사장의 죄로 인해서 '백성의 허물'이 된 것과 결국은 마찬가지라 할 수 있다.

"회중의 눈에 감춰져 있고"

앞의 총회와 회중을 구분하는 해석을 따르는 학자들은 여호수아 9장에서 기브온 거민의 거짓말에 여호수아와 회중이 속아넘어가 언약을 세운 일을 든다. 이 일은 나중에야 이스라엘 전체에게 알려지게 되었다. 이때 이스라엘의 지도자들은 속임을 당했기 때문에 '비고의적으로' 잘못을 행한 것이 된다.

"비고의적으로 잘못을 했는데" *이쉬구*(יִשְׁגּוּ)

샤가(שָׁגָה)의 미완료형. 다소 거추장스럽게 번역한 이 동사는 앞의 2절의 '비고의적인'이란 뜻에 사용된 명사 *쉬가가*(שְׁגָגָה)의 동족어이다. 이 동사는 어떤 잘못이 그 행위의 주체가 의도하지 않은 상태에서 발생한 것을 나타낸다. 이 단어가 나타내는 비의도성의 범위에 대한 개념은 위의 2절의 논의를 잘 살펴서 이해하도록 하라.

"허물을 깨닫게 되면" *아쉐무*(אָשֵׁמוּ)

아쉠(אָשֵׁם)이란 단어는 통상적으로는 '허물이 있다'(to be guilty) 정도의 뜻을 가진 동사이다. 그러나 현 문맥에서는 14절 서두의 '그 죄가 알려지면'과 결국은 동일한 사항을 다른 식으로 표현한 것으로 보인다. 즉 처음에 정확히 모르고 행한 죄에 대해서 스스로도 깨닫게 되기도 하고, 14절 서두의 표현대로 '알려지게' 되기도 하는 것이다.

4:14 "그들은"

지금까지의 경우들과 달리 온 회중의 속죄제의 경우에는 죄를 지은 사람들이 복수이므로 봉헌자 역시 복수로 되어 있다. 때로 주어 자체가 표시 안 된 경우에도 동사들은 다 복수 형태를 취한다.

4:20 "속죄제의 수소"

속죄제물로 수소가 드려지는 경우는 대제사장의 속죄제와 온 회중의 속죄제뿐이다. 그러므로 여기에서 말하는 "속죄제의 수소"라는 문구는 앞 문단의 대제사장의 속죄제물로서의 수소를 가리키는 표현이다. 온 회중의 속죄제물은 대제사장의 속죄제물과 똑같은 방식으로 처리되었다. 즉 동일한 지방 부위를 제단에서 불사르고, 그 나머지 부위들, 즉 가죽부터 시작해서 똥까지의 모든 부위들은 진 밖 정결한 곳인 재 버리는 곳에서 다 태워졌던 것이다(참고, 레 4:11-12절). 이처럼 온 회중의 속죄제를 대제사장의 속죄제와 똑같은 방식으로 드리는 것에 대한 강조는 "행하라…행해야 한다"라는 문구에서 보듯이 그 실행에 대한 명령이 두 번 반복되는 것을 통해서 표현되고 있다.

"제사장이 이렇게 해서 그들을 속죄하면"

'속죄하면'에 해당하는 히브리어 동사는 *킾페르*(כִּפֶּר)이다. 이것은 제사장의 제사 집전이 속죄의 효력을 갖고 있다는 의미가 아니라 그가 이렇게 제사 과정을 통해서 하나님께서 허락하신 속죄의 절차를 밟는다는 것을 의미한다. 그러나 실제 속죄의 효력은 바로 아래에 나오는 단어를 통해서 표현된다.

"사해질 것이다" *니슬라흐*(נִסְלַח)

살라흐(סָלַח), '사하다'(forgive)란 동사의 니팔형, 즉 수동형. 속죄제의 결과적 효능을 나타내주는 중요한 이 문구는 레위기에서 처음으로 여기에 등장하며, 레위기에 총 10회가 사용되었다(4:20, 26, 31, 35; 5:10, 13, 16, 18; 6:7[히, 5:26]; 19:22). 이 중 마지막 구절을 제외하고는 다 레위기 4-6장의 속죄제와 속건제 본문에 사용되었다.

하나님의 용서하심을 표현해주는 동사인 *살라흐*(סָלַח)의 주어는 항상 예외없이 하나님이다. 따라서 이 단어는 하나님의 주권적인 용서를 나타낸다. 레위기에서는 속죄제와 속건제 본문에서 이 동사는 항상 수동형으로만 사용됨으로써 주어가 명시되어 있지 않지만 이 단어가 구약에서 사용되는 모든 용례를 고려할 때 용서의 주체는 분명히 하나님이다.

또 한 가지 유념할 것은 온 회중을 위한 속죄제뿐만 아니라 이어지는 모든 다른 속죄제에 대한 규례들과 달리 앞의 대제사장의 속죄제의 경우는 이처럼 '속죄하면 사해질 것이다'라는 문구가 안 나온다는 점이 인상적이다. 이 점에 대해서는 아래의 "본문 해설"(178쪽)에서 다루겠다.

4:21 "첫 번째 수소" *핲파르 하리숀*(הַפָּר הָרִאשׁוֹן)

이 표현은 20절의 속죄제의 수소처럼 대제사장의 속죄제를 가리키는 표현이다.

4:22 "만약"

지금까지와는 달리 이 '만약'이라는 조건절을 이끄는 접속사는 *키*(כִּי)나 *임*(אִם)이 아니라 *아쉐르*(אֲשֶׁר)이다. 사실 이 *아쉐르*는 조건절을 이끄는 접속사로는 잘 안 쓰인다.[94] 그런데 이 독특한 접속사가 여기 쓰인 이유는 아마 속죄제 중에서도 그 엄격함이나 격이 틀린 앞의 두 속죄제, 즉 대제사장의 속죄제와 온 회중의 속죄제를 나머지 속죄제와 구분해주기 위한 것이 아닌가 생각된다.[95]

"지파장" *나시*(נָשִׂיא)

이 단어는 기본적으로는 방백이나 지도자급 인사들을 가리키는 용어이다. 오경, 특히 광야 시기에 이 단어는 지파의 우두머리를 지칭하는 용어로 사용된다(민 2:3, 5 등).

---

94 Ronald J. Williams, *윌리엄스 히브리어 구문론* (서울: 그리심, 2012), 232.

95 Wenham, *Leviticus*, 87, n. 46은 이것을 기점으로 해서 성막 안으로 피를 가지고 들어가는 속죄제와 뜰에서 모든 과정을 다 치르는 속죄제로 구분된다는 점을 지적한다.

4:23 "알려지게 되면" ***호다*(הוֹדַע)**

야다(יָדַע, '알다')의 사역형 수동태인 호팔형. 22절 마지막의 '죄책을 깨닫게 되거나'가 스스로 깨닫게 되는 것을 나타내는 반면에 여기에서 이 동사는 누군가가 그로 하여금 그의 잘못을 깨닫게 해주는 것을 나타낸다.

"숫염소" ***쓰이르 잇짐*(שְׂעִיר עִזִּים)**

직역하자면 "염소들의 털 있는 것"이라는 뜻. 원래 *싸이르*(שָׂעִיר)란 단어는 '털이 많은'(hairy) 정도의 의미이다. 그러나 이 표현이 *쓰이르 잇짐*과 같이 많이 쓰여 '숫염소'라는 뜻으로 관용구화 되어 쓰인다. 때로는 *잇짐*('염소들')이 생략된 채 *쓰이르 할타트*('속죄제의 숫염소')와 같은 표현에 쓰이기도 한다.

4:27 "그 땅의 백성" ***암 하아레쯔*(עַם הָאָרֶץ)**

이 표현은 특별히 지도자적인 위치에 있지 않은 일반 백성을 가리키는 표현이다.[96]

"한 사람" ***네페쉬 아하트*(נֶפֶשׁ אַחַת)**

지금까지는 '어떤 사람'이라는 뜻으로 *네페쉬*가 쓰일 때는 이 단어만 단독으로 쓰였다. 그러나 여기에서는 어떤 '사람 한 명'이라는 뜻을 강조하기 위해 '하나'(one)를 나타내는 단어인 *아하트*가 따라나왔다. 이 *네페쉬 아하트*와 앞의 *암 하아레쯔*가 합쳐져서 이스라엘 사람들 중 아무런 제의적 직업이나 지도자급 직책을 갖지 않은 평범한 일반 백성들을 가리키는 표현으로 사용되고 있다.

4:28 "암염소" ***쓰이라트 잇짐*(שְׂעִירַת עִזִּים)**

앞의 숫염소의 여성형이다.

---

96 Rooker, *Leviticus*, 115. 또한 이 표현에 대한 좀 더 자세한 참고문헌 및 논의는 Levine, *Leviticus*, 25, n. 25을 참고하라.

4:31 "여호와께 향기로운 냄새" ***레아흐 니호아흐 라도나이***(רֵיחַ נִיחֹחַ לַיהוה)

이 표현은 5대 제사 중 일반 제사(번제, 소제, 화목제)에만 쓰이던 표현이며, 특수 제사(속죄제와 속건제)와 관련해서는 오직 이 한 곳에만 나온다. 밀그롬이 아주 잘 지적했듯이[97] 구약성경 그 어디에서도 특수 제사들인 속죄제와 속건제가 "여호와께 향기로운 냄새"일 수 있다는 것 자체를 부인하지는 않는다. 단지 성경은 특정한 죄의 문제를 해결하기 위해 드려지는 이 제사들에 대해 이런 표현을 쓰기를 자제하고 있는 것처럼 보인다. 그 이유는 아마 이 제사들이 마치 그 자체로 고유한 속죄의 능력을 갖추고 있는 것처럼 오해되지 않도록 하기 위한 것 같다. 그런 면에서 볼 때 31절에 이 표현이 일반 백성의 속죄제에 사용되고 있는 점은 상당히 인상적이다. 이 표현이 사용된 이유에 대해서는 아래의 "본문 해설"(180쪽)을 보라.

4:35 "화제" ***잇쉐***(אִשֶּׁה)

'화제'란 표현 역시 31절의 "여호와께 향기로운 냄새"라는 표현과 마찬가지로 일반 제사에만 쓰이고, 특수 제사와 관련해서는 오직 여기에만 나타난다. 물론 밀그롬이 잘 지적한 바와 같이 여기에서 레위기 저자는 속죄제 자체를 '화제'라고 부르고 있는 것은 아니며, 단지 화제물 위에서 이 속죄제물을 불사르라고 말하고 있을 뿐이다.[98]

3단계: 단락 구분

비록 이 단원에서는 4장의 속죄제 본문만을 다루지만 일단 4–5장의 속죄제 본문 전체에 대한 구조를 다루도록 하겠다.

---

97 Milgrom, *Leviticus* 1–16, 252.

98 Milgrom, *Leviticus* 1–16, 253.

- 4:1 도입부
- 4:2–31 부지중에 지은 죄의 속죄제
    - 4:2 부지중에 지은 죄의 서론
    - 4:3–21 성막 안으로 피를 가지고 들어가는 속죄제
        4:2–12 기름 부음을 받은 제사장(대제사장)의 속죄제: 수소
        4:13–21 이스라엘 온 회중의 죄: 수소
    - 4:22–35 뜰에서 치르는 속죄제
        4:22–26 족장의 죄: 흠 숫염소
        4:27–35 일반 백성의 속죄제
            4:27–31 흠 없는 암염소
            4:32–35 흠 없는 암양
- 5:1–13 부지중에 지은 죄에 대한 부연 설명
    - 5:1–6 원칙: 암양이나 암염소
    - 5:7–13 경제력이 부족한 경우들
        5:7–10 비둘기 두 마리
        5:11–13 고운 가루 1/10 에바

우선 속죄제 본문은 4:1의 도입부 이후에 크게 두 부분(4:2–31//5:1–3)으로 나뉜다. 이것은 4:2과 5:1의 서두에 "만약 어떤 사람이"(*네페쉬 키*, נֶפֶשׁ כִּי)라는 문구가 동일하게 도입구 역할을 하는 것으로 표시된다. 또한 4:2–31이 역시 다시 한 번 크게 나뉜다. 그 나뉨의 근거는 속죄제물의 피를 성막 안으로 가지고 들어가느냐 아니냐 하는 것의 여부이다. 4:3–21의 대제사장의 속죄제와 온 회중의 속죄제는 피를 가지고 성막 안으로 들어가고, 4:22–35의 지파 족장과 일반 백성의 속죄제는 뜰에서 모든 피의 처리가 이루어진다.

4단계: 본문 해설

4:1 "그리고 여호와께서 모세에게 말씀하셨다"

이 문구는 제사법 본문 I(1:2–6:7) 중에서 큰 분수령이나 중요한 새 단원이 시작되는 부분을 표시해주는 문구이다. "사역 해설"을 참고하라.

4:2 "이스라엘 자손에게 이르라"

레위기에서 하나님의 말씀의 도입부는 해당 말씀의 주 청중을 표시해준다. 이 속죄제 본문의 주 청중은 제사장 집단이 아닌 이스라엘 백성이다.

"비고의적으로"

비고의적인 죄의 개념이 어떤 것인지에 대해서 앞의 "속죄제의 신학개관"(148–149쪽), 그리고 2절의 이 문구에 대한 "사역 해설"(154–158쪽)의 내용을 잘 숙지하라. 비록 우리가 부지중의 죄를 지었거나 죄에 대한 충분한 인식이 없이 죄를 지었더라도 여전히 우리는 거룩하신 하나님 앞에서 책임이 있다는 점을 이 문구는 보여준다.

4:3 "기름 부음을 받은 제사장이 죄를 지어"

"사역 해설"에서 다룬 바와 같이 "기름 부음을 받은 제사장"은 대제사장을 가리키는 레위기의 용어이다. 3–12절은 대제사장이 죄를 지었을 때 드리는 속죄제를 다루고 있다.

"백성의 죄책이 되게 하면"

대제사장의 속죄제와 관련하여 가장 독특한 요소들 중의 하나는 바로 이 점이다. 온 회중의 속죄제를 포함하여 나머지 모든 속죄제들의 경우에는 죄를 지은 주체와 죄의 책임을 지는 주체가 동일하다. 그러나 오직 대제사장의 경우에만 이렇게 대제사장이 죄를 지었을 때 그 죄로 인한 책임이 백성에게도 미친다. 아마 그 이유는 대제사장이 하나님 앞에서 이스라엘 백성 전체를 대표하며, 백성들의 죄책을 담당하는 역할을 하기 때문인 것으로 보인다(참고, 출 28:38). 그런 책임을 가진 그 자신이 죄로 인해 오염된 상태가 되면 이스라엘 백성 전체가 하나님 앞에서 부정의 위험 속에 노출된다. 따라서 대제사장의 죄의 문제는 신속히 해결되어야만 한다.[99]

"흠 없는 수소"

이 제물은 구약의 제의 시스템 속에서 가장 비싼 제물이다. 그리고 대제사장의 속죄제 단원의 내용을 끝까지 따라가면서 점점 더 분명해지겠지만 5대 제사를 통틀어도 가장 비싸고, 가장 '낭비적인' 제물이다. 그리고 이 점, 즉 가장 '낭비적인' 제물이라는 점이 바로 대제사장의 속죄제의 핵심이다. 하나님 앞에서 큰 책임을 가진 사람이 지은 죄는 그 죄의 무게도 큰 법이다.

대제사장의 속죄제물과 관련하여 또 한 가지 중요한 점은 이 제물이 온 회중의 속죄제물과 동일하다는 점이다. 그리고 앞으로 살펴보겠지만 가장 비싼 제물의 처리 방식도 완전히 동일하다. 이것이 주는 교훈은 ***대제사장의 죄의 값은 온 회중의 지은 죄의 값과 동일***하다는 것이다. 이 점은 대제사장이 이스라엘 종교 속에서 가지고 있는 책임이 얼마나 무거운 것인지를 다시 한 번 보여준다.

4:4 "드려라…얹으라…도살하라"

레위기 1장의 번제 본문에서 다뤘듯이 이런 일들은 다 봉헌자가 담당하는 것이었다. 그리고 제사장 집단은 오직 피와 제단에 관련된 절차들만을 담당하였다. 그러나 이제 이 일들을 대제사장이 직접 다 담당한다. 그 자신이 죄인이 되어 봉헌자로서 제물을 갖다 바치고 있기 때문이다. 또한 그가 이스라엘의 제사 제도의 최정점에 있기 때문에 그를 위해서 대신 제사를 치뤄줄 존

---

99 Hartley, *Leviticus*, 59.

재가 존재하지 않기 때문이다. 그래서 결과적으로 이스라엘의 제사 시스템에서 유일한 경우, 즉 봉헌자와 제사장이 동일인인 경우가 대제사장의 속죄제에서 발생한다.

4:5 "그 제사장이 피를 취하여…"

레위기 1장과 3장의 번제 및 화목제의 경우를 보면 소와 같이 덩치가 큰 제물을 처리할 때 제사장들이 담당하는 절차들의 주어 및 동사는 복수이다. 소는 그만큼 혼자서 다루기 힘들기 때문이다. 그러나 대제사장의 속죄제의 경우에는 제사장이 담당할 임무가 전부 다 단수로 되어 있다. 그를 대신해서 이것을 해줄 존재가 없기 때문이다. 이것은 대제사장이 죄를 짓는 것이 얼마나 중대한 일인지를 잘 보여준다.

"회막으로 가져가라"

속죄일의 제사를 빼고는 제물의 피를 가지고 성막 안으로 들어가는 제사는 오직 대제사장의 속죄제와 온 회중의 속죄제뿐이다.

4:6 "성소의 휘장 앞에 흩뿌리라"

앞의 "속죄제의 신학 개관 I"에서 이미 언급했듯이 죄를 지은 사람이 누구냐에 따라 죄가 끼치는 오염의 심각성이 달라진다. 그리고 심각한 오염일수록 성막의 안쪽까지 들어가서 처리를 해야 한다. 대제사장의 속죄제는 속죄일의 속죄 의식을 제외하고는 가장 심각한 경우이기 때문에 성막 안으로 들어가서 지성소의 휘장에 피를 뿌린다. (피의 처리에 대한 용어들은 앞의 "사역 해설"[163–164쪽]을 참고하라.) 지성소의 휘장은 대제사장이 지성소 안으로 들어가는 허용된 속죄일을 제외하고는 대제사장이 성막의 가장 안쪽으로 접근할 수 있는 한계선이다. 이 휘장에 피를 손가락으로 찍어 흩뿌림으로써 대제사장은 그곳까지 침투한 죄의 오염을 닦아내는 작업을 한다.

4:7 **"회막 안의 여호와 앞에 있는 향단의 뿔들에 바르고"**

회막 안에서의 대제사장의 두 번째 피 의식은 향단의 뿔에 피를 바르는 것이다. 이것 역시 거기까지 침투한 피를 닦아내는 의식이다.

"번제단 밑에 쏟아부어라"

피 처리의 마지막 절차는 이렇게 피로 죄의 오염을 정화하는 의식을 하고 남은 피를 제단 밑단의 피를 버리는 곳에 쏟아붓는 것이었다. 이 '쏟아붓다'(*샤파크*)라는 동사는 번제의 피를 제단 벽에 뿌리는 것을 나타내는 '뿌리다'(*자라크*)란 동사와 다르다. 앞의 "사역 해설"의 해당 부분(164–165쪽)을 보라.

4:8-10 이어서 대제사장은 속죄제의 제물의 모든 지방을 떼어내어 하나님께 드린다. 이렇게 하나님께 드리는 부위는 화목제의 경우와 동일하다. 10절의 "화목제의 소에서 떼어내는 것처럼" 해야 한다는 말씀은 바로 이 점을 보여주고 있다.

4:11-12 **"수소의 가죽과…똥, 곧 그 수소 전부를 진 밖의 재 버리는 정결한 곳으로 내가라…태워라…태워야 한다"**

10절의 "사역 해설"에서 다룬 바와 같이 제물 중 하나님께 바쳐지는 부분을 태울 때는 *히크티르*, '불사르다'란 동사를 쓴다. 그리고 제물의 재나 배설물 등과 같이 폐기처분해야 하는 부분을 태울 때는 *싸라프*, '태우다'라는 동사를 쓴다. 5대 제사 중 나머지 제물들의 경우는 *싸라프*로 처리해야 할 부위가 거의 없다. 그런데 오직 대제사장의 속죄제와 온 회중의 속죄제의 경우에만은 하나님께 지방 부위를 *히크티르*로 제단에서 불살라 올려드린 다음에 그 나머지 전부, 즉 머리부터 발끝까지의 모든 고기 부분, 그리고 심지어는 가죽과 똥까지, 그 전부를 진 밖의 재를 처리하는 곳으로 가지고 가서 다 *싸라프*로 폐기처분한다.

특히 가죽과 똥은 이런 절차에 더욱 의미를 강화시켜 준다. 가죽의 경우를 먼저 보자. 심지어 모든 것을 다 제단 위에서 불살라 하나님께 바치는 것이 핵심인 번제의 경우에도 가죽만은 남겨서 그 제사를 집전한 제사장의 몫으로 할당되었다(레 7:8). 그리고 똥은 당연히 거룩이나 정결과 상응하지 않기 때문에 폐기되어야 하는 것이었다(참고, 신 23:13; 출 29:14; 레 4:11; 8:17; 16:27; 민 19:5; 말 2:3). 그런데 오직 대제사장의 속죄제와 온 회중의 속죄제만은 가죽마저도 *싸라프로* 태워서 폐기처분한다. 또한 지방을 제외한 소의 전부를 더러운 똥과 함께 태워서 폐기처분한다. 하나님께 드려진 제물의 대부분이 이처럼 허무하게 폐기되는 것은 죄인인 대제사장과 그 죄의 영향력 속에 있는 온 회중에게 아주 참혹한 기분을 주었을 것이다. 이런 것들을 다 태워 없애버리는 것은 죄가 하나님과의 관계에 가져다주는 끔찍한 실상을 보여주는 가장 강력한 시청각 도구였음에 틀림없다.

이 마지막 절차는 단지 이렇게 대제사장의 죄의 엄중성을 표현해주는 기능만 있는 것은 아니라 제의법적인 논리의 일관성을 위해서도 중요한 것이었다. 원래 다른 속죄제들의 경우 하나님께 제단에서 불살라 드리고 남은 부위는 제사를 드린 제사장의 몫으로 돌아가서, 제사장이 그것을 거룩한 곳에서 먹도록 되어 있었다(레 6:26–30). 그리고 그 고기는 제물을 드린 봉헌자는 먹을 수 없었다. 대제사장의 속죄제의 경우 그 자신이 제사의 집전자이기도 했지만 또한 봉헌자이기도 하기 때문에 그는 당연히 자신의 죄에 대해 드려지는 제물을 먹을 수가 없었다. 따라서 대제사장의 속죄제물은 폐기할 수밖에 없었다.

대제사장의 속죄제에 대한 설명을 마무리 짓기 전에 한 가지 꼭 지적해야 할 사항이 있다. 다른 속죄제들의 본문들은 해당 단원이 끝나고 나면 속죄에 대한 언급이 나온다: "제사장이 그것으로 회중을 위하여 속죄한즉 그들이 사함을 받으리라"(4:20, 26, 31, 35; 5:6[약간 차이 있음], 10, 13). 진심으로 통회하는 봉헌자가 정성껏 준비한 흠 없는 속죄제물을 봉헌하고, 제사장이 모든 것을 규례에 맞춰서 드리고 나면 아마 제사장은 봉헌자에게 마지막으로 죄 사함의 선언을 했던 것으로 보인다. 심지어 이 언급은 대제사장의 속죄제와 거의 완벽하게 동일한 방식으로 드려지는 온 회중의 속죄제의 경우에도 나온다(4:20). 그러나 대제사장의 속죄제의 경우에만은 이 언급이 나오지 않는다. 물론 하나님께서 이 속죄제를 규정하시고 시행되게 하셨을 때에는 당연히 대제사장의 죄에 대해서 드려지는 속죄제의 경우에도 속죄를 허락하셨을 것이 분명하다. 그러나 그 언급은 일부러 생략되어 있다. 그 이유는 죄인이 자신의 죄에 대해서는 죄사함의 선언을 할 수가 없기 때문이다.

4:13-21 "이스라엘의 모든 총회가 비고의적으로 잘못을 했는데…회중…이 죄책을 깨닫게 되며"

'총회'와 '회중'의 관계 및 원어에 대해서는 "사역 해설"(166-167쪽)을 보라. 결과적으로 회중 전체에 죄책이 돌아가는 죄에 대해서 드려지는 속죄제는 절차적으로는 완벽하게 대제사장의 속죄제와 동일하다. 그러므로 이 단원의 세부적인 절차는 앞의 대제사장의 속죄제를 참고하라.

4:20 "속죄하면 그것이 그들을 위해서 사해질 것이다"

온 회중의 속죄제와 대제사장의 속죄제의 차이는 이것 하나다. 대제사장의 속죄제의 경우는 그 자신이 죄인이기 때문에 그가 집전한 제사에 대해서 '죄 사함'의 언급이 없다. 그러나 온 회중의 속죄제의 경우에는 하나님과 그들 사이의 중재자인 대제사장이 제사를 통해서 하나님과 백성 사이의 관계를 방해하는 죄의 문제를 해결했기 때문에 이렇게 죄 사함의 선언이 나온다. 앞의 12절의 "본문 해설"(177쪽)의 마지막 부분에서 이미 지적한 바가 있지만 온 회중의 속죄제에 대한 죄 사함의 약속 문구는 다시 한 번 대제사장이 죄를 짓는 것의 무게를 부각시켜 준다.

"그들을 위해서"

또 한 가지 중요한 것은 "그들을 위해서"란 문구이다. 레위기 학계의 가장 중요한 학자라고 할 수 있는 밀그롬은 속죄제(정결제)가 죄로 오염된 성막의 거룩한 기구들을 닦는 작용만을 하며, 죄인의 죄와는 관련이 없다고 주장한다. 그러나 와츠가 잘 지적한 바와 같이 속죄제로 이 모든 정결 작업을 한 최종적인 결과는 죄인 자신이 죄 사함을 받는 것이다. 그러므로 속죄제는 죄가 단순히 성막 기구들을 오염시킬 뿐만 아니라 죄인 자신에게도 영향을 미친다는 것을 분명히 이야기하고 있다. 결국 사람이 죄를 지었을 때 그는 하나님으로부터 죄 사함을 받아야 하는 존재가 되는 것이지 외부의 어떤 것을 어떤 방식으로 처리한다고 해서 그의 죄 문제가 다 해결되는 것은 결코 아니다. 이 문구는 대제사장의 속죄제를 제외한 나머지 모든 속죄제 본문의 끝에 반복되고 있는데, 이런 반복은 속죄제의 궁극적인 목적이 바로 죄인 자신의 죄 사함이라는 것을 거듭해서 강조해주고 있다.[100]

4:22 "만약 지파장이"

"사역 해설"에서 언급한 바와 같이 이 조건절의 접속사는 *키나 임*이 아니라 *아쉐르*다. 이 접속사는 지금부터 다뤄지는 속죄제들이 앞의 대제사장의 속죄제나 온 회중의 속죄제와는 다르다는 것을 나타내준다. 실제로 이후로 나오는 속죄제들은 앞의 두 제사와 달리 회막 안으로 피가 반입되지 않고, 번제단 뿔에 피를 바르고, 나머지 피를 제단 밑단에 버리는 것으로 절차가 마무리된다.

4:22-26 지파장은 제의 담당자가 아닌 사람들 중에서 사회적으로 가장 중요한 사람들 중의 하나이기 때문에 그들은 이전의 두 개의 속죄제를 제외한 나머지 속죄제들 중에서는 가장 비싼 제물인 수염소를 제물로 드린다.

4:27 "그 땅의 백성 중에서 한 사람"

27–35절은 속죄제의 마지막 범주로서 일반 백성 중에서 죄를 지은 사람들이 드리는 속죄제를 다루고 있다. 제물을 드리는 사람들의 경제적 능력에

---

100 논란이 많은 이 문제에 대한 통찰은 Watts, *Leviticus 1-10*, 346–347을 보라.

따라 제물이 다르다. 좀 더 경제적 능력이 있는 사람의 경우 암염소를 드렸고(27–31절), 그보다 못한 경우는 암양을 드렸다(32–35). 그리고 5:7–13에는 다시 좀 더 보충적인 내용이 나오는데, 이보다 경제적으로 더 못한 경우에는 비둘기(7–10절), 그리고 이마저도 버거운 경우에는 곡식 제물을 속죄제로 드릴 수 있었다(11–13절).

4:31, 35 "여호와께 향기로운 냄새…화제 위에"

두 문구는 각각 일반 백성의 속죄제물을 다루는 두 문단의 끝(4:31, 35)에 각각 등장한다. 이 둘이 합쳐서 한 쌍을 이룬다고 봐야 할 것이다. "레위기 1–10장의 개관"중 "5대 제사의 분류"(35–36쪽)를 다루면서 일반 제사(번제, 소제, 화목제)는 "화제 곧 여호와께 향기로운 냄새"라는 후렴구가 특징이라는 것을 지적한 바가 있다. 반면에 특수 제사인 속죄제와 속건제에는 이 문구가 나타나지 않는다. 그런데 여기에 예외적으로 특별히 이 문구가 언급된 것은 아마 레위기 1장의 새의 번제의 경우와 비슷한 듯하다. 하나님께서는 상대적으로 가치가 덜한 제물을 드릴 수밖에 없는 사람들을 위해서 그들의 제물들 역시 앞의 더 귀한 제물들만큼이나 하나님께 귀한 것임을 말씀해주고자 하신 것으로 보인다.

5단계: 적용

4:3-12 아마 속죄제 중, 그리고 더 나아가서는 레위기 전체에서 가장 충격적인 본문은 대제사장의 속죄제 본문일 것이다. 기름 부음을 받은 제사장이 죄를 지어 백성에게까지 그 죄의 책임이 영향을 미치는 상황에 이르는 것은 이스라엘의 제의 시스템 속에서는 가장 치명적이며, 가장 긴급하게 처리해야 하는 상황이다. 따라서 대제사장의 속죄제의 모든 요소들은 전부 다 이 점을 부각시키고, 처리하게 위해 디자인 되어 있다. 이런 점을 고려하여 적용

점들을 몇 가지 생각해보면 다음과 같다.

첫째, 대제사장의 속죄제는 죄인이 지은 죄에 대한 책임이 다른 사람에게도 주어지는 것으로 언급된 유일한 제사이다. 그 이유는 3절의 "본문 해설"(159–160쪽)에서 다룬 바와 같이 대제사장이 이스라엘 공동체의 죄책을 담당하는 역할을 하기 때문인 것으로 보인다. 현대 교회에서는 대제사장의 이런 죄와 책임의 관계를 교회 공동체에서 어떤 직책을 맡은 모든 자들에게 적용시켜 볼 수 있다고 생각된다. 크게는 교단의 총회장이나 교회의 담임 목사가 죄를 지으면 그것의 죗값은 그들이 속한 공동체 전체, 즉 교단 전체나 교회 전체에 미친다. 그리고 이런 점은 교회 내의 각 부서의 교역자나 임원들, 평신도 지도자들의 경우에도 역시 마찬가지다. 그러므로 어떤 직책을 맡은 자들은 항상 기억하기를 자신이 죄를 지으면 그 죄의 값은 그 자신만 치뤄야 하는 것이 아니라 하나님께서 그에게 맡기신 모든 사람들도 같이 치뤄야 한다는 것을 기억해야 한다. 그는 자신의 죄가 그 자신만 망하게 하는 것이 아니라 다른 사람들도 자신의 죄의 결과로 인해 망하게 한다는 점을 깨닫고 항상 자신의 몸가짐을 조심해야 한다(사 9:16; 렘 14:14–16; 23:1; 말 2:7–8 등).

둘째, 대제사장의 속죄제물 및 그 처리 절차가 온 회중의 경우와 완전히 동일하다는 점은 시사해주는 바가 아주 많다. 대제사장이 짊어지는 죄의 값은 온 회중이 지은 죄의 값과 동일한 것이다! 이것을 현대 교회에 적용시키면 각 목회자가 짊어지는 죄의 무게는 자기 공동체 전체의 죄의 무게와 동일하다. 백 명이 모이는 교회의 목회자가 죄를 지으면 그의 죄는 백 명이 짓는 죄의 무게와 같다. 그리고 3만명 모이는 교회의 목회자가 죄를 지으면 그의 죄는 3만명이 짓는 죄의 무게와 같다. 예수께서는 "무릇 많이 받은 자에게는 많이 요구할 것이요 많이 맡은 자에게는 많이 달라 할 것이니라"고 말씀하셨다(눅 12:48). 그리고 이런 점 역시 어떤 책무를 맡은 자에게 다 해당될 것이다. 우리는 하나님께서 맡겨 주신 사명이 가진 무게와 파급 효과를 항상 기억하고 항상 삼가해서 행동해야 할 것이다.

셋째, 대제사장의 속죄제는 레위기 4–5장에 나오는 모든 속죄제들 중에서 유일하게 죄 사함에 대한 언급이 없는 제사이다. 그 이유는 이스라엘 제의의 정점에 있는 대제사장의 경우 그를 위한 제사를 대친 치뤄줄 존재가 없어서 할 수 없이 그가 자신의 죄에 대해서 속죄 의식을 행하기는 했는데, 정작 자신이 지은 죄에 대해서는 죄 사함의 선언을 할 자격이 없기 때문이다. 그래서 결과적으로 대제사장의 속죄제에 대해서만은 아무런 죄 사함의 언급이 없다. 그리고 이것은 다시 한 번 하나님 앞에서 막중한 책임을 맡은 대제사장이 죄를 짓는 것이 얼마나 큰 일인지를 부각시켜준다.

6단계: 설교 "소명의 무게가 죄의 무게"

2015년의 인구주택총조사 종교 부분 통계에서 놀랍게도 기독교인의 수가 123만명이나 증가한 것으로 나와서 논란이 되고 있습니다. 왜냐하면 정부의 인구 통계 조사는 전수 조사를 통해 얻어진 것이며, 국민 각자가 스스로 작성한 것을 바탕으로 해서 얻은 통계이기 때문에 대부분의 경우 상당히 신뢰성을 인정받고 있기 때문입니다. 그런데 문제는 이 놀라운 통계와 사람들이 피부로 느끼는 교회 현실 사이에는 엄청난 괴리가 존재한다는 점입니다. 실제 현장에서 체감되는 바로는 한국 교회는 양적 성장을 하고 있는 것이 아니라 급속히 쇠퇴하고 있기 때문입니다. 그래서 학자들 사이에서는 이 통계 결과를 놓고 해석이 분분합니다. 어떤 학자들은 통계가 오류가 있으며 실제로는 기독교인의 수는 줄었다고 주장합니다. 또 어떤 학자들은 통계 자체는 맞을 수 있지만 이것이 보여주는 것은 많은 기독교인들이 신앙은 가졌으면서도 교회에는 나오지 않고 있다고 주장합니다. 이 통계에 대한 어느 해석이 맞든지 간에 교회를 다니는 누구나가 느끼는 것은 교회에 실제로 참석하는 교인 수는 전반적으로는 급속히 줄고 있다는 것입니다.

누구나 부인할 수 없는 것은 한국 교회가 큰 위기를 맞고 있다는 것입니다. 그리고 그 위기의 가장 큰 이유는 교회 지도자들의 극심한 타락입니다.

이미 선행하던 많은 사건들의 연장선에 있는 일이었지만 지난 여름에 한 대규모 청소년 선교단체의 대표가 자기를 추종하던 여학생을 상대로 오랜 기간에 걸쳐서 저지른 성범죄는 이전의 그 어떤 것들보다 훨씬 더 큰 충격을 한국교회에 주었습니다. 세속 언론들은 이 뉴스를 집중 조명했고, 인터넷과 소셜네트워크 서비스(SNS)는 이 문제로 들끓었습니다. 그리고 현재까지 밝혀진 바로는 그런 성범죄 대상 여성이 한 명이 아니라 여러 명이었으며, 그 목사가 자신의 범죄에 대해서 반성한다는 의미로 해당 단체의 대표 자리를 내놓겠다고 했지만 사실은 현재까지도 계속해서 활동을 하고 있다고 합니다.

교계 지도자들에 의해서 저질러지는 죄는 이런 성범죄만이 아닙니다. 그 외에도 각종 대형 교회 목사들의 비리들에 대한 뉴스들이 최근에는 연일 터져 나오고 있습니다. 이런 작금의 상황 속에서 우리는 레위기의 속죄제 본문이 이 시대에 주는 가르침을 새겨들어야 합니다. 특히 다음 몇 가지 점들에 있어서 목회자들과 교계의 각종 집단의 지도자들은 하나님 앞에서 자신들의 죄를 철저히 자복하고, 잘못된 길에서 돌아서기를 촉구합니다.

첫째, 대제사장의 속죄제 본문은 대제사장의 죄가 백성 전체에게 영향을 미친다는 것을 가르치고 있습니다. 영적 지도자들은 자신들이 죄를 지을 때 그것이 자신만 죄인이 되는 것으로 끝나지 않고, 자신의 공동체 전체에게 영향을 미친다는 사실을 인식해야 합니다. 열왕기서의 분열 왕국 시대의 내용들을 보면 왕의 영적 상태는 온 백성의 운명을 결정짓습니다. 왕이 영적으로 깨어 있으면 백성들도 깨어납니다. 반면에 왕이 타락하면 백성들도 타락하고 하나님의 심판에 노출됩니다. 교회도 마찬가지입니다. 교회의 영적 상태는 그 교회의 지도자의 영적 상태에 영향을 받으며, 또 그것을 반영합니다. 비록 교회 자체는 크지만 속은 이미 영적 파산 상태인 교회들이 많습니다. 그런 교회들은 사실 그 지도자의 영적 파산의 결과로 그렇게 된 것이 대부분입니다. 또한 어떤 교회들은 지난 시절 정말 하나님 앞에서 영적으로 훌륭한 상태에 있었지만 지도자가 바뀌면서 영적 파산 상태에 이른 경우들도 있습니다. 진실로 영적 지도자의 죄는 결코 그 자신만 파멸로 이끄는 것이 아니라 그가 인도하는 양 떼들도 같이 파멸로 이끕니다. 따라서 목회자는 자신의 영적 상태가 자신만의 문제로 끝나지 않는다는 것을 마음에 새기고, 항상 자중자애해야 합니다.

둘째, 대제사장의 속죄제와 온 회중의 속죄제를 비교해볼 때 드러나는 교훈은 대제사장 개인의 죄의 무게가 온 회중이 지은 죄의 무게와 동일하다는 것입니다. 그러므로 영적 지도자는 자신이 하나님으로부터 받은 사명이 큰 만큼 자신이 져야 하는 책임의 무게도 무겁다는 것을 인식해야 합니다. 한국 교회가 급속히 성장하던 시절 많은 목회자들과 대형 교회들은 그 성장이 주는 밝은 면에만 취해 있었습니다. 그러나 대제사장의 속죄제 본문은 하나님께서 영적 지도자에게 많은 양 떼를 맡긴 만큼 그에게 요구하시는 것도 크다는 사실을 기억해야 합니다. 대제사장의 죄가 온 회중의 무게와 동일하다 할 때 우리는 이 무게가 어떤 것인지를 형상화해볼 수 있습니다. 100명짜리 교회의 목사의 죄의 무게는 100명의 죄의 무게이고, 3만명짜리 교회의 목사의 죄의 무게는 3만명의 죄의 무게입니다. 이처럼 목회자는 자신의 죄가 자신의 회중 전체가 짓는 죄와 동일한 무게를 갖는다는 점을 기억해야 합니다. 따라서 정말 영적으로 깨어 있고, 하나님의 목소리를 들을 수 있는 목회자라면 하나님께서 양 한 마리를 보내주실 때마다 들뜬 마음을 갖기 전에 자신이 져야 하는 책임이 늘어남을 인식해야 합니다. 그러므로 성도 수가 늘어갈 때마다 참으로 두렵고 떨리는 마음으로 더욱더 자기 자신을 쳐서 복종시키려는 태도를 가져야 합니다.

셋째, 각 속죄제 본문을 비교해보면 오직 대제사장의 속죄제만 죄 사함에 대한 언급이 없다는 점이 드러납니다. 이 점 역시 영적 지도자가 하나님 앞에서 지고 있는 책임이 얼마나 엄중한 것인지를 보여줍니다. 회중 중의 어느 누구가 죄를 지으면 하나님께서 세우신 영적 지도자가 중재를 할 수 있습니다. 그러나 영적 지도자가 죄를 지으면 중재를 받을 방법이 묘연해집니다. 대제사장의 속죄제는 이런 면에서 다시 한 번 영적 지도자의 죄가 일반 성도의 죄보다 훨씬 더 심각함을 보여줍니다.

레위기 5:1-13
속죄제(정결제)Ⅱ (제사법 Ⅰ)

❑ 속죄제의 신학 개관 II

레위기 5:1-13은 레위기 4-5장의 속죄제 본문의 두 번째 단원을 형성한다. 이 점은 5:1이 4:2과 마찬가지로 *네페쉬 키*('만약 어떤 사람이')라는 문구, 즉 레위기에서 큰 단원의 시작을 표시해주는 상용 문구로 시작한다는 점을 통해서 알 수 있다.

이처럼 5장의 속죄제 본문이 전체 속죄제 본문 내에서 새로운 단원을 이룬다는 것은 자명하다. 하지만 5장을 제대로 이해하는데 있어서는 몇 가지 난해한 문제들이 있다.

첫째, 4장과 5장의 속죄제 본문 사이의 정확한 관계가 무엇인가 하는 것은 학자들 사이에서 끊임없는 논쟁의 대상이 되고 있다.[101] 4:27-35에서 이미 일반 백성이 속죄제로 암양이나 암염소를 드려야 한다는 것이 다뤄졌는데, 왜 바로 이어지는 5:1-6은 다시 한 번 암양과 암염소의 속죄제를 다루고 있는가? 또 5:7-13은 4:27-35의 연장선에 있는 것 같은데 이 둘 사이를 5:1-6이 갈라놓고 있는가?

둘째, 5장 내의 내용들 사이의 연관성도 문제가 된다. 5:7-13은 4:27-35

101 이 복잡한 문제에 대한 좋은 정리는 Watts, *Leviticus 1-10*, 354-356을 보라.

의 연장선에 있는가, 아니면 5:1–6의 연장선에 있는가?

셋째, 5:7–13은 4장과 5장의 앞선 속죄제 본문들과 확연하게 성격을 달리하고 있는 것처럼 보인다. 지금까지의 모든 속죄제 문단들은 "만약 [어떤 신분]의 사람이 죄를 범하여…죄책이 있게 되면" 식의 문구로 시작된다. 반면에 5:7–13의 두 본문(7–10절; 11–13절)은 "만일 어떤 사람의 힘(또는 손)이 [어떤 제물을 드릴 정도]에 미치지 못하면"(5:7, 11)이라는 서두로 시작하면서 갑자기 가난한 사람들을 위한 예외 규정으로 돌아선다. 도대체 5장과 4장의 속죄제 본문들 사이의 관계는 무엇이며, 5장의 세부 단락들 사이의 관계는 또 무엇인가?

이 문제들은 아직도 전문 학자들을 괴롭히고 있는 문제이기 때문에 답하기가 쉽지 않다. 그러나 학자들의 논의를 종합해 볼 때 한 가지로 해결책이 모아질 수 있는 가능성이 있어 보인다. 그것은 5장의 문단들이 4장의 속죄제에 대한 부연 설명 혹은 각주와 같은 역할을 하고 있다고 보는 것이다.

우선 5:1–6은 4장에서 죄인의 신분에 따른 속죄제의 차이에 집중하느라 제대로 다루지 못한 '부지중에' 혹은 '비고의적으로'란 문구에 대한 부연 설명 혹은 각주를 제공해준다. 어차피 여기에서 핵심은 이 문구에 대한 것이기 때문에 여기에서는 신분에 따른 속죄제의 차이는 접어 둔다. 그리고 이 문구에 대한 이해가 해결되고 나면 각 죄인들은 자기 신분에 따라 4장에서 규정하고 있는 제물을 드리면 된다. 그러므로 5:1–6의 속죄제물이 암양이나 암염소라는 점 때문에 마치 일반 백성과 관련하여서만 속죄제를 다루고 있는 것으로 오해할 필요가 없다.

또한 5:7–13도 이 본문이 4장의 각주 역할을 한다고 하면 설명이 된다. 4:27–35의 일반 백성의 속죄제 본문이 일반적 규정을 다루고 있다면 5:7–13은 그에 대한 부연 설명이나 각주의 차원에서 일반 백성 중 더 가난한 사람들을 위한 예외 규정을 다루고 있는 것이다. 그리고 이 점에 있어서는 4장의 나머지 속죄제들은 해당 사항이 없다. 대제사장이나 온 회중, 그리고 지파의 족장은 각자에게 규정된 제물을 감당할 수 있는 정도의 경제적 능력 내지 수단을 갖췄을 것이기 때문이다.

그러면 이제 5장이 4장의 내용을 부연해서 다루고 있는 점들이 무엇인지를 좀 더 깊게 살펴보자. 먼저 5:1–6은 '부지중에' 혹은 '비고의적인'이라는 말이 무엇인지를 1–4절에서 좀 더 자세하게 다루고 있다.

5:1	해야 할 증언을 하지 않은 것으로 인한 죄
5:2–3	부정과 접촉을 했는데 그것을 몰라서 혹은 충분히 인식을 못해서 죄가 된 경우
5:4	급한 맹세를 했다가 그것이 문제가 됨을 나중에 깨닫게 된 경우

흥미로운 점은 이 중에서 특히 1절과 4절의 경우는 분명히 죄인이 자신의 행위에 대한 인식이 있었을 것이라는 점이다. 그리고 이 점은 *비쉬가가*, 즉 '부지중에' 혹은 '비고의적인'이란 표현에 대한 4:2의 "사역 해설"에서 다룬 바와 같이 이 문구가 결코 죄인이 자신이 하는 행동이 죄가 될 것이라는 것을 아예 인식하지 못했다거나 그런 일이 벌어지고 있다는 것 자체를 아예 몰랐다는 것을 의미하지는 않는다는 점을 보여준다.

위 1–4절의 경우들에 대해서 죄인의 인식 정도가 어느 정도가 됐든 간에 그런 일들이 벌어지고 있을 당시에는 그것들의 심각성이나 죄됨을 충분히 인식하지 못했다가 나중에 그것에 대한 분명한 자각이 생기게 되면 그는 자신의 죄에 대한 '고백'을 해야 한다: "자신의 허물을 깨닫게 되면…그는…죄를 범했다는 것을 고백을 해야 한다"(5절). 이 고백은 죄인이 죄를 지으면서 혹시라도 있었을 하나님에 대한 오만한 태도를 낮추어서 속죄제가 다룰 수 있는 수준의 죄로 만들어주는 역할을 한다.[102]

5:7–13은 암양이나 암염소를 속죄제물로 드릴 수 없는 사람들을 위한 제

102 앞의 4:2의 "사역 해설"(156–158쪽) 중 *비쉬가가*에 대한 설명의 끝 부분을 참고하라. 특히 거기 참고문헌으로 제시된 Rooker, *Leviticus*, 118–119의 견해와 거기에 대한 나의 평가가 중요하다.

사이다. 이것은 새의 번제와 마찬가지로 하나님께서는 죄인이 누구라도 당신에게 다가올 수 있게 허락하시는 자비로운 분임을 잘 보여준다.

1단계: 사역

5:1 그리고 만약 어떤 사람이 범죄하였는데, 저주의 소리를 듣고 그것의 증인이 되어 그가 본 것이나 아는 것을 말하지 않아 죗값을 짊어지면

5:2 또는 어떤 사람이 모든 부정한 것이나 부정한 짐승의 시체나 부정한 가축의 시체나 부정한 우글거리는 것들의 시체에 접촉했는데, 그것이 그에게 숨겨져 있었더라도 그는 부정하고 허물이 있으며

5:3 또는 사람으로 인한 부정, [즉] 자신을 더럽힐 수 있는 어떤 종류의 부정에 접촉했는데, 그것이 그에게 숨겨져 있었다가 그가 그것을 알게 되면 그는 허물이 있으며,

5:4 만약 어떤 사람이 성급하게 맹세하여 말한 모든 것에 있어서 입술로 성급하게 해악이든 유익이든 끼치기로 맹세하여 말했는데, 그것이 그에게 숨겨져 있다가 그가 그것을 알게 되면 그는 이것들 중의 하나에 대하여 허물이 있다.

5:5 그가 이것들 중의 하나에 대해서 자신의 허물을 깨닫게 되면 그는 자신이 그것에 대해 죄를 범했다는 것을 고백해야 한다.

5:6 그리고 그는 자신이 범한 죄에 대하여 하나님께 자신의 죄에 대한 벌로 작은 네 발 가축 중에서 암컷, [곧] 암양이나 암염소를 속죄제물로 드려야 한다. 그리고 제사장이 그의 죄에 대하여 그를 위하여 속죄를 한다.

5:7 그리고 만약 그의 손이 작은 네 발 가축에 미치지 못한다면 그가 지은 죄에 대한 벌로 비둘기들 중에서 두 마리를 [드리는데] 한 마리는 속죄제물로, 그리고 한 마리는 번제로 드려라.

5:8 그것들을 제사장에게 가져가면 [제사장은] 속죄제물을 위한 것을 먼저 드리는데 그것의 머리를 그것의 목에서 비틀되 분리시키지는 마라.

5:9 그리고 그 속죄제물의 피[의 일부]를 제단 벽에 흩뿌려라. 그리고 그 나머지는 제단 밑에 짜내라. 이것은 속죄제물이다.

5:10 그리고 두 번째 [비둘기]로는 규례대로 번제를 드려라. 제사장이 그가 범한 그의 죄에 대하여 그를 위해 속죄를 하면 그것이 그를 위해 사해질 것이다.

5:11 그리고 만약 그의 손이 두 마리의 비둘기들에 미치지 못한다면 그의 죄 지은 바에 대하여 그의 예물로 10분의 1에바의 곡식 가루를 속죄제물로 드려라.

거기에 기름을 붓지 말고, 유향을 놓지 말아야 한다.

5:12 그리고 그것을 제사장에게로 가져 가라. 그리고 제사장은 그것으로부터 한 움큼을 기념물로 집으라. 그리고 제단에서 여호와의 화제 위에 [그것을] 불사르라. 이것은 속죄제물이다.

5:13 제사장이 그가 이것들 중의 하나에 대하여 범한 그의 죄에 대하여 그를 위해 속죄를 하면 그것이 그를 위해 사해질 것이다. 그 [나머지]는 소제와 마찬가지로 제사장의 것이다.

2단계: 사역 해설

5:1 "만약 어떤 사람이 죄를 범죄하였는데"
붸네페쉬 키-테헤타(וְנֶפֶשׁ כִּי־תֶחֱטָא)

이 문구는 접속사 *붸*를 빼고는 4:2에 속죄제 서두의 문구와 완전히 동일하다. 4장의 속죄제의 내용의 서론 역할을 4:2가 하고 있다면 5:1–13의 속죄제의 서론의 역할은 5:1이 하고 있는 것이다.

“죄책” *아본*(עָוֹן)

레위기에 처음 나오는 단어이다. 기본적으로 이 단어는 ‘죄’라는 뜻을 가진 다른 단어들, 즉 *핱타트*나 *아샴*과 동의어이다(4:3, 6의 “사역 해설” [159–160] 참고). ‘죄’와 관련된 다른 단어들과 마찬가지로 *아본* 역시 죄 자체를 가리킬 수도 있고, 그 죄에 대한 책임이나 심판 등을 의미할 수도 있다.

5:2 “우글거리는 것들” *쉐레쯔*(שֶׁרֶץ)

이 단어는 *샤라쯔*(שָׁרַץ), 즉 ‘(많은 수가 모여서) 우글거리다’, ‘바글바글하다’(swarm, teem)란 뜻의 동사에서 파생된 명사이다. 개역개정은 이것을 “곤충”이라고 특정해서 번역하고 있고, 레위기 11:20 등에서 이렇게 번역할 수 있는 가능성을 열어 놓고는 있지만 기본적으로 이 단어는 마치 메뚜기 떼나 구더기 떼처럼 엄청나게 많은 개체가 함께 바글거리며 움직이는 류의 생물들을 가리키는 표현이다. 앞에서 말한 레위기 11:20의 ‘곤충’은 이런 우글거리는 것들이 한 종류일 뿐이며, 파충류라든지, 쥐 떼라든지 어떤 것이든 이런 식의 행태를 갖는 것들을 다 지칭할 수 있는 단어가 바로 이 단어이다.

5:4 “성급하게…말한…성급하게…말했는데”

두 번 반복되는 단어는 *바타*(בָּטָא)의 피엘형이다. 성경 전체에 총 4번 나오며, 이 구절에만 두 번 나온다.

“입술로” *비스파타임*(בִשְׂפָתַיִם)

이 표현은 위의 ‘성급하게 말하다’라는 표현을 더 강조해준다. 이런 성급한 말은 마음으로부터 나오는 것이 아니라 그냥 입술로부터 튀어나온다(참고, 잠 15:28; 시 106:33).[103]

103 Hartley, *Leviticus*, 48의 인상적인 해설을 참고하라.

5:5 "고백해야 한다" ***히트봐다*(הִתְוַדָּה)**

야다(יָדָה)란 동사의 히트파엘형. 뜻은 '고백하다.' 제사와 관련하여 죄의 고백이란 주제는 아주 두드러지게 나타나지 않는다. 그러나 특히 속죄제와 속건제(참고, 민 5:7)의 경우에 죄의 고백은 중요한 절차였다. 이 두 제사에서 죄인은 비고의적으로, 혹은 알지 못하고 지은 죄라도 그것이 죄라는 것을 깨달았을 때에는 그 죄에 대해서 분명하게 하나님께 고백을 해야 했다. 죄의 고백에 대해서는 레위기 16:21(속죄일 제사의 절차 중); 26:40 등도 추가적으로 참고하라.

5:6 "죗값" ***아샴*(אָשָׁם)**

이 단어는 5대 제사 중 속죄제 다음에 나오는 속건제를 지칭하는 히브리어 단어와 동일하기 때문에 학자들 사이에 많은 논쟁이 있었다. 그러나 밀그롬이 잘 지적한 바와 같이 이 단어는 문맥에 따라서 여러 가지 의미로 쓰일 수가 있으며, 현재 본문에서는 '죄에 대한 벌' 혹은 '죄에 대해서 치뤄야 하는 값' 정도로 이해하면 된다.[104]

"작은 네 발 가축" ***촌*(צֹאן)**

이 단어는 '작은 네 발 가축', 즉 양과 염소를 다 포괄하는 단어이다. 이 단어에 대한 자세한 설명은 레위기 1:2의 "사역 해설"(61–62쪽)을 참고하라.

5:7 "작은 네 발 가축" ***쎄*(שֶׂה)**

이 단어는 '작은 네 발 가축'을 의미하는 *촌*(צֹאן)과 호환되어 쓰이는 동의어이며, 앞의 6절의 *촌*과 상응하는 단어이다. 이처럼 레위기의 제사법에서 저자는 동일한 말을 할 때도 자꾸 이런 식으로 용어를 바꾸거나 어구를 바꾸는 식으로 표현하는 경우들이 꽤 있다.

---

104 Milgrom, *Leviticus 1-16*, 303.

"비둘기들 중에서" *토림 오 브네-요나*(תֹרִים אוֹ בְנֵי־יוֹנָהא)

자세한 내용은 레위기 1:14에 대한 "사역 해설"(87-88쪽)을 참고하라. 거기에서 해설한 바와 같이 *토림*과 *브네-요나*는 각각 다른 종류의 비둘기를 나타내는 용어이다. 개역개정의 번역인 "산비둘기"나 "집비둘기 새끼" 중 '산'과 '집'은 원문에 근거가 없는 좀 자의적인 번역이다. 1:14에서와 같이 여기에서도 그냥 이 두 가지 종류의 비둘기를 합쳐서 '비둘기들'이라고 번역했다.

5:8 [제사장은]

원문에는 이 표현이 없다. 그러나 8절 후반절 이하의 절차들은 1:14-17의 새의 번제 본문을 참고할 때 분명히 제사장이 담당하는 절차들이다. 따라서 이 점을 분명히 하기 위해 네모 괄호에 '제사장은'이란 표현을 포함시켰다. 개역개정도 비록 괄호는 사용하고 있지 않지만 결국 이렇게 번역하고 있다.

"비틀되" *말라크*(מָלַךְ)

이 단어는 1:15의 새의 번제 본문에도 나온다. 그러나 거기와 달리 여기에서는 머리를 비틀기만 하고 분리시키지 말라는 언급이 추가되어 있다는 점에서 차이가 있다.

5:13 [나머지]

히브리어 원문에는 이 부분이 없다. 그러나 소제의 경우 기념물을 불살라 하나님께 드리고 남은 나머지가 제사장의 몫이 되었듯이 속죄제로 드려지는 소제의 경우도 역시 기념물로 불살라 드리고 남은 나머지가 제사장의 몫으로 할당되었다. 개역개정의 경우 대한성서공회에서 정식으로 출판된 성경들의 경우에는 이 '나머지'란 문구를 작은 글씨로 표기하고 있는데, 이런 작은 글씨들은 원문에는 없는 내용이나 사본상으로 논란의 여지가 있을 수 있는 사항들을 표시해 준 것이다. 따라서 굳이 원문을 보지 않아도 목회자들이 작게 글씨가 표시된 이 부분은 원문에 없다는 점을 파악하고 주석 등을 활용해서 사실 관계를 파악할 수가 있다. 불행히도 대한성서공회에서 판권을 사서 약간의 해설을 달아 출판한 성경들은 이런 글씨 크기의 구분을 없애 버렸기 때문에 이런 점들을 파악할 수가 없게 되어 버렸다. 이런 점은 대한성서공회의 전통을 따르는 쪽으로 개선되었으면 한다.

3단계: 단락 구분

단락 해설은 앞의 4장의 속죄제를 다루면서 지적한 사항과 "속죄제의 신학 개관 II"의 내용을 참고하라.

- 5:1–13 부지중에 지은 죄에 대한 부연 설명
  - 5:1–6 원칙: 암양이나 암염소
  - 5:7–13 경제력이 부족한 경우들
    - 5:7–10 비둘기 두 마리
    - 5:11–13 고운 가루 1/10 에바

4단계: 본문 해설

5:1 "만약 어떤 사람이 범죄하였는데…저주의 소리를 듣고…증인이 되어 말하지 않아 죗값을 짊어지면"

5:1–6의 본문은 4장에서 '부지중에' 혹은 '비고의적으로' 죄를 짓는 것이 무엇인지에 대한 부연 설명을 담고 있다. 1절은 명백하게 어떤 사람이 저주하는 소리를 들었음에도 불구하고 그것을 사람들에게 알리지 않고 침묵한 경우를 다룬다. 아마 이와 관련된 예는 레위기 24:10–23일 것이다.

5:2-3 "모든 부정한 것…에 접촉했는데"

짐승의 시체를 접촉해서 생긴 부정이든, 아니면 어떤 종류의 부정이든 간에 그것에 모르고 접촉한 것도 분명히 죄책을 입는다. 그런 일이 발생했다는 것을 깨달았을 때는 신속히 그것의 부정을 처리해야만 한다.

5:4 "성급하게 맹세하여 말한 모든 것에 있어서"

성급한 맹세를 한 경우에 그 맹세가 비록 상대방에게 좋은 것을 약속한 경우에도 함부로 한 것이면 죄가 될 수 있다. 예를 들어 민수기 30장은 맹세나 서원을 한 경우의 처리에 대해서 다루고 있다. 또한 고대 근동, 그리고 고대 이스라엘에서는 이런 맹세는 하나님의 이름을 걸고 행해지는 경우가 많다(참고, 레 19:12 등). 따라서 이런 맹세가 혹시 잘 지켜지지 않을 때에는 하나님의 이름을 욕되게 할 수 있었다(참고, 출 20:7; 신 5:11 등). 따라서 성경은 이처럼 맹세를 함부로 하는 것을 강력하게 금하고 있다(참고, 약 5:12; 마 5:33–37).

일단 성급하게 맹세의 발언이 입에서 튀어 나온 경우 죄인은 자신의 잘못을 깨닫고 신속하게 속죄제로 처리해야만 했다. 비록 그 맹세가 좋은 의도에서 나온 것이고, 상대방을 유익하게 하기 위한 것이었다고 할지라도 말이다.

5:5-6 "자신의 허물을 깨닫게 되면"

사실 이 본문에는 '부지중에' 혹은 '비고의적인'이란 표현 자체는 안 나온다. 그러나 "숨겨져 있었더라도"(2절), "숨겨져 있었다가 그것을 알게 되면"(3절), "숨겨져 있다가 그가 그것을 알게 되면"(4절) 등의 표현과 5절의 "자신의 허물을 깨닫게 되면"이라는 표현은 4장에서 '비고의적인'이란 표현과 쌍을 이루어 계속 반복된 표현이다. 따라서 이 문단의 죄들의 경우도 죄 자체는 소위 '부지중에' 혹은 '비고의적인' 죄의 범주에 속한다고 보는 것이 타당할 것이다.

"고백해야 한다"

앞의 4:2의 "사역 해설" 중 *비쉬가가*('비고의적으로')에 대한 해설을 하면서 다룬 바와 같이 고백이라는 절차는 속죄제 시스템에서 아주 중요하다. 5:1–4의 죄들 중의 일부는 분명히 죄인이 자신의 행위에 대해서 의식하고 있었을 가능성이 큰데, 그런 죄들이 '오만한' 죄의 범주, 즉 속죄제가 해결할 수 없는 죄의 상태에 빠지지 않고 해결할 수 있는 죄의 상태로 낮아지는 데에는 고백이란 절차가 아주 중요하다. 왜냐하면 이 고백은 죄인이 죄 사함의 주권자인 하나님을 인정하고 그분에게서 용서를 받고자 하는 겸손한 마음을 표현하는 것이기 때문이다.

5:7 "작은 네 발 가축에 미치지 못한다면"

죄인이 가난해서 도저히 암양이나 암염소를 바칠 수 없는 경우 그는 두 마리 비둘기를 대신 드릴 수가 있었다. 이때 두 마리 비둘기 중 한 마리는 속죄제물로 드리고 다른 한 마리는 번제물로 드리라고 본문은 명시하고 있다.

5:8 "목에서 비틀되 분리시키지는 마라"

번제물로 드린 새의 경우에는 새의 목을 비틀어서 떼어내었다. 그러나 속죄제의 비둘기의 목은 떼어서는 안 되었다.

5:9 "흩뿌려라"

이 '흩뿌리다'(*힛자*)란 표현은 속죄제의 피 처리 방식을 나타내는 동사이다(4:6의 "사역 해설"[163–164쪽] 참고). 이 점 역시 새의 번제와는 차이가 나는 절차이다.

5:10 "두 번째 [비둘기]로는 규례대로 번제를 드려라"

번제물로 바치게 되어 있는 두 번째 비둘기는 1:14–17의 새의 번제의 규례를 따라 드리게 되어 있었다.

“그를 위해 사해질 것이다”

가난한 자를 위해 하나님께서 허용하신 이 새의 속죄제 역시 4장의 훨씬 더 큰 속죄제물들과 같은 효력을 발휘했다. 마치 1장의 새의 번제가 더 큰 번제물들과 같은 가치로 하나님께 받아들여졌듯이 말이다(1:17, “이것이 화제, 곧 여호와를 위한 향기로운 냄새니라”).

5:11 “비둘기들에 미치지 못한다면”

번제의 경우에는 비둘기가 가장 덜 귀한 제물이었다. 그런데 속죄제의 경우에는 놀랍게도 한 단계 더 내려가서 곡식 제물로도 속죄제를 드릴 수 있게 허용하셨다. 아마 그 이유는 자발적인 성격이 있는 번제의 경우에는 봉헌자가 새의 제물을 마련할 수 있을 때까지 기다릴 수 있었지만 속죄제의 경우에는 신속히 자신이 지은 구체적 죄의 문제를 처리하지 않으면 안 되었기 때문에 하나님께서 더 큰 관용을 보이신 것으로 보인다. 이런 면에서 속죄제로 허용된 곡식 제물은 하나님께서 정말로 은혜가 넘치시는 분임을 보여준다.

“10분의 1에바”

10분의 1에바는 약 2.1리터 정도가 된다. 쉽게 생각해서 1리터짜리 우유팩 두 개 정도의 부피이다.

“기름을 붓지 말고, 유향을 놓지 말아야 한다”

레위기 2장의 소제와 달리 이것은 자신의 구체적 죄에 대해 드려지는 제사라 기름과 유향은 금지되었다. 이런 엄숙한 규칙은 한편으로는 정말 가난한 사람이 속죄제를 드리는데 있어서 덜 부담스럽게 하는 측면이 있었을 것이다. 또 다른 측면에서는 죄인이 하나님 앞에서 낮아짐을 상징하는 의미도 있었을 것으로 보인다.

5:12 "화제 위에"

속죄제의 곡식 제물은 초라하고 소박하기 그지 없었으나 하나님은 그것을 화제 위에 드리게 하심으로써 그것을 향기롭게 받으신다. 가난한 자의 속죄 제물에만 이런 점이 강조되고 있다는 것은 4:31, 35의 "향기로운 냄새"란 문구와 상응한다. 해당 구절들의 "본문 해설"(180쪽)을 참고하라.

5:13 "사해질 것이다"

놀랍게도 곡식 제물의 속죄제의 경우에도 죄 사함의 약속이 나온다. 우리는 흔히 피가 있어야만 죄가 속해진다는 생각을 갖고 있기 때문에 이것은 자못 놀랍다. 우리가 알아야 할 점은 "레위기 1–10장의 개관"중 "제사와 속죄의 관계"에서 다룬 바와 같이 속죄의 주권은 하나님에게 있으며, 제사 자체가 결코 죄 사함을 가져다 주는 것은 아니라는 점이다. 속죄의 주권자이자 최종 결정권자인 하나님께서 피 없이 드려지는 곡식 제물의 속죄제로도 죄 사함을 주시고자 허락하시면 당연히 죄 사함이 이뤄지는 것이다. 아마 히브리어 9:22의 "율법을 따라 거의 모든 물건이 피로써 정결하게 되나니 피흘림이 없은즉 사함이 없느니라"는 표현의 유보적 단어인 '거의'라는 표현은 바로 이 곡식 제물의 속죄제를 염두에 두고 있을 가능성이 크다.[105]

---

105 양용의, *히브리서를 어떻게 읽을 것인가* (서울: 성서유니온, 2014), 272의 해설을 참고하라.

속죄제(정결제)에 대한 해설을 마치기에 앞서 4–5장의 속죄제에 대한 정리를 도표로 제공한다.

본문	봉헌자	오염대상[106]	제물	피의 처리 방법
부지중에 지은 죄의 속죄제				
4:3-12	제사장	지성소 휘장 성소의 금향단	흠 없는 수소	지성소 휘장에 일곱 번 흩뿌림(4:6) 성소의 향단 뿔에 바름(4:7) 번제단 밑에 쏟음(4:7)
4:13-21	온 회중	지성소 휘장 성소의 금향단	수소(위와 동일)	지성소 휘장에 일곱 번 흩뿌림(4:17) 성소의 향단 뿔에 바름(4:18) 번제단 밑에 쏟음(4:18)
4:22-26	족장	뜰의 번제단	수염소	번제단 뿔에 바름(4:25) 번제단 밑에 쏟음(4:25)
4:27-35	평민	뜰의 번제단	흠 없는 암염소(27-31절) 혹은 흠 없는 암양(32-35절)	번제단 뿔에 바름(4:30, 34) 번제단 밑에 쏟음(4:30, 34)
부차적인 조항들				
5:1-13			1-6절 다양한 상황(1-4절)의 속죄제(암양이나 암염소)	언급 없음(아마 위의 동일한 제물의 경우와 동일한 절차일 듯)
			7-10절 가난한 경우의 속죄제 I-비둘기 두 마리	· 한 마리는 번제, 한 마리는 속죄제 · 속죄제물의 비둘기의 피를 제단 곁에 흩뿌리고, 남는 피는 제단 밑에 흘림(5:9) · 번제물의 비둘기의 경우는 '규례대로' 처리(아마 1:14-17의 새의 번제에 따라 한 듯)
			11-13절 가난한 경우의 속죄제 II-소제(비둘기도 안 되는 경우)	· 속죄제이기 때문에 기름과 유향을 첨가하지 않는 것을 제외하고는 일반 소제와 동일하게 처리하는 듯

106 T. D. Alexander, *From Paradise to the Promised Land: An Introduction to the Pentateuch* (2nd Ed.; Grand Rapids: Baker Academic, 2002), 221–222.

5단계: 적용

5:1-4 부지중에 지은 죄에 대한 부연 설명으로 구체적인 죄들의 예들을 열거하고 있는 이 본문은 몇 경우에는 분명히 죄인이 자신의 행동에 대해서 의식을 하고 있었을 것임을 보여준다. 그러나 그가 그런 행동을 할 당시에는 그것이 정말로 하나님과의 관계에 심각한 영향을 미치리라는 생각을 충분히 못했을 수도 있다. 그러나 나중에 그가 그것의 죄됨과 심각성에 대해서 깨닫게 되면 그는 자신의 죄를 고백하고, 속죄제물을 드려야 했다.

이와 관련해서 창피하지만 중요한 나의 경험을 하나 이야기하는 것이 이해에 도움이 될 수도 있을 듯하다. 2년 전에 넷째 아이가 태어났다. 그 당시에 둘째 아이와 셋째 아이도 아직 보조 좌석과 카시트를 사용하던 때였다. 새로 태어난 넷째 아이까지 카시트를 하려니 그 당시 사용하던 7인승 차량은 우리 식구 모두와 이런 기구들을 다 넣기에는 너무 비좁았다. 그래서 11인승 차를 새로 샀다. 모두 알다시피 11인승 차는 인원이 여섯 명이면 버스 전용 차선을 탈 수 있다. 집이 있는 용인 지역과 서울 캠퍼스를 오가면서 강의를 해야 하는 나로서는 드디어 버스 전용 차선을 탈 수 있는 권리를 얻게 되었다는 것은 아주 기쁜 일이었다. 특히 차를 사기 몇 달 전 명절 때 고속도로에서 한참을 옴짝달싹도 못하면서 버스 전용 차선의 차들을 부러워했던 경험이 있던 터라 더욱 기뻤다.

문제는 비싼 돈을 들여 버스 전용 차선을 탈 기회를 얻은 내가 우리 가족 6명 전원이 다 탑승하여 합법적인 권리를 확보한 경우가 아닐 때에도 버스 전용 차선을 이용하였다는 것이다. 물론 내가 분명히 현행 운전 법규를 위반하고 있다는 사실은 알고 있었고, 그게 찝찝하기는 했지만 남들도 다 그러고 다니며, 내가 나름 돈을 들인 일이기 때문에 그 정도는 스스로 양해해 줄 수 있는 것 아니냐는 식으로 생각하고 있었다. 평소 기독교인은 세상 법보다 더 높은 도덕성을 갖추어야 한다고 말하고 다녔던 내가 절대 해서는 안 되는 생각이었다. 그리고 아주 가끔이지만 다른 사람을 태우고 버스 전용 차선을 타면서 나 스스로 양심의 가책을 느껴서 어줍잖은 변명을 늘어놓기도 했다. 이쯤에서 나의 탈선을 멈춰야 했다.

그러던 어느 날 급히 청소년들을 상대로 성경 특강을 하기 위해서 가다가 드디어 경찰에서 버스 전용 차선 위반으로 걸렸다. 그때 경찰이 "알 만한 사람이 이러면 됩니까"라고 말할 때 나는 무척 화가 났다. 그 경찰에게 화가 난 게 아니라 그런 작은 편법 하나가 주는 편리함에서 벗어나지 못하다가 결국 신학자이자 목회자인 내가 세속의 공권력 앞에서 창피를 당한 일이 정말 수치스러워서 나 자신에게 화가 많이 났다.

그래서 그 특강에 도착하여 학생들 앞에서 나의 잘못을 고백하고, 내가 다시는 이러지 않겠다고 약속을 했다. 물론 하나님 앞에서 회개를 했지만 사람들 앞에서도 그렇게 대놓고 죄의 고백과 더불어 결심을 말하지 않으면 내가 다시 약해질 것 같았다. 아이들 앞에서 신학자가 그런 고백을 해야 할 때 얼마나 많이 부끄러웠던지!

그 뒤로 지금까지 딱 한 번을 제외하고는 다시는 이것에 대해서는 법을 어긴 적이 없다. 유일한 한 번은 내가 너무 바빠서 경황이 없을 때 스케쥴 날짜가 겹치는 줄 모르고 내가 논문을 발표해야 하는 학회 일정과 수련회 설교 일정을 같은 날에 잡아버렸을 때였다. 내 논문만 발표하고 서둘러 설교하러 가려고 했지만 학회와 청중 질의 응답 시간 등으로 인해 설교 시간에 도착하기가 정말 빠듯했다. 그래서 정말 최선을 다해서 전용 차선 위반을 안 하고 가려고 했지만 결국 부득이하게 최소한의 선에서 전용 차선을 어겼다. 그때를 빼놓고는 아직까지는 한 번도 이 일로는 실수를 하지 않았으며 앞으로도 절대 어기지 않으려고 한다.

우리 인간은 약하기 때문에 때로는 본인이 하는 행동의 문제를 인식하면서도 어떤 죄를 짓거나, 혹은 나의 경험처럼 처음에는 좀 막연하게 불안한 양심의 줄타기를 하면서도 죄의 편에 설 수가 있다.

하나님은 이런 경우를 위해 바로 속죄제라는 장치를 마련해 주셨다. 그러나 우리는 이 장치를 남용해서는 안 되며, 이것을 하나님의 은혜의 도구로 받아들이되, 분명히 자신의 죄에 대한 고백과 더불어 영적 성장을 해야 한다.

6단계: 설교 "죄와 고백"

5:1-6은 우리 인간의 심리와 죄 사이의 관계에 대해서 여러 가지 것을 가르쳐 줍니다.

첫째, 5:1-4의 비고의적인 죄의 목록은 하나님 앞에서 우리가 책임져야 하는 죄의 폭을 가르쳐 줍니다. 2-3절의 죄들의 경우는 우리가 전혀 부정에 접촉했는지 모르고 부정에 빠질 수가 있음을 말해줍니다. 그러나 또 어떤 경우는 우리가 어느 정도는 자신의 부정케 됨에 대해서 인식하면서도 부정에 빠질 수 있음을 보여줍니다. 레위기 21:1-2의 가족의 장례식 때처럼 부득이하게 인간을 더럽히는 부정에 접촉할 수가 있는 것입니다. 그러나 또한 1, 4절의 죄들의 경우에는 죄인이 자신의 행위에 대해서 어느 정도 인식을 하긴 했지만 그것이 정말 죄가 되며, 하나님과의 관계를 위기에 빠뜨릴 수 있다는 것을 충분히 깨닫지 못하고 저지를 수도 있습니다. 그러나 경우야 어찌 됐든 하나님의 거룩한 백성으로 살아야 하는 자들은 그런 죄를 안고서 거룩하신 하나님과 함께할 수는 없습니다. 속죄제 본문은 이런 점에서 우리가 하나님 앞에서 얼마나 우리 자신을 점검해야 하는지를 보여줍니다.

둘째, 5:1-4과 같은 행동이나 일들이 문제가 된다는 것이 뚜렷하게 인식되었을 때 중요한 것은 그것을 고백하는 것입니다. 이 고백은 죄 사함의 주권을 가진 하나님과 관계를 회복하고자 하는 열망의 발로입니다. 고백이 보여주는 이런 마음가짐이 없는 제사는 의미가 없습니다(잠 28:13). 그러나 우리가 자신의 죄를 자복하고, 그 죄를 극복하기 위한 정당한 노력을 취할 때 하나님의 용서와 복이 임합니다(시 32:5).

레위기 5:14-6:7

속건제 (제사법 I)

☐ 속건제의 신학 개관

레위기의 5대 제사 중 다섯 번째 제사인 속건제는 히브리어로 *아샴*(אָשָׁם)이라고 한다. *아샴*은 원래는 '죄'(sin)라는 뜻을 가진 *할타트*(חַטָּאת)와 동의어이며, 영어로는 보통 'guilt'로 번역된다. 그리고 개역개정은 이 'guilt'를 "허물"이라고 번역하는 경향이 있다.

영어 성경들은 *아샴*을 guilt에 대한 제사라는 뜻에서 guilt offering이라고 번역하고 있으며, 개역개정은 이것을 한국어로 옮기면서 guilt, 곧 '허물'을 속해주는 제사라는 뜻에서 "속건제"(贖愆祭, '건'자는 '허물 건'임)라고 하였다.

그러나 '죄'(sin)와 '허물'(guilt)이란 단어가 거의 동의어란 점을 생각한다면 '속건제'란 명칭은 문제가 된다. '속죄제'와 '속건제' 역시 동의어나 마찬가지이기 때문이다. 5대 제사에 굳이 거의 동일한 이름을 가진 제사가 둘이나 존재해야 할 필요가 없기 때문이다.

또한 앞의 레위기 4:1-5:13의 "속죄제의 신학 개관"에서도 다룬 바와 같이 '속죄제'란 용어가 해당 제사의 성격을 잘 반영해주지 못하는 것처럼 '속건제'란 용어 역시 해당 제사의 성격을 잘 반영해주지 못한다. 앞의 "레위기 1-10장의 개관" 중 "왜 제사가 다섯 개가 필요한가?"란 항목에서 이미 다룬 바와 같이 5대 제사는 그 각각이 다 죄와 허물을 속하는 역할을 하고 있다고 볼 수 있는데, 굳이 '속건제'만 '속죄제'처럼 '허물을 속하는 제사'란 이름을 가질 필요는 없는 것이다.

그래서 레위기 학자들은 앞의 속죄제의 경우에 그랬던 것처럼 이 *아샴* 제사의 경우에도 그 성격을 잘 반영하는 이름을 찾고자 노력해 왔다. 그리고 이제는 거의 만장일치적 의견의 일치를 보이고 있다. 그것은 이 *아샴*을 '배상제'(reparation offering 또는 restitution offering)라고 번역하는 것이다.[107]

이 단어의 장점은 다음의 몇 가지이다.

첫째, *아샴*이란 단어가 어떤 사람이 다른 사람에게 끼친 손실에 대해서 배상(reparation 또는 restitution)을 한다는 뉘앙스로 사용된 경우들이 구약 내에 여러 군데 있다(민 5:7, 8; 삼상 6:3–4, 8, 17 등).

둘째, '배상제'라는 용어는 본문에 나타난 이 제사의 성격과 잘 상응한다. 죄인은 그 대상이 하나님이든 사람이든 간에 상대방의 물건에 어떤 손해를 끼쳤으면 그 손해에 대해서 물질적인 배상을 해야 한다(5:16; 6:5 등).[108] 또한 이런 식으로 갚는다는 개념이 두드러지기 때문에 속건제 본문은 다른 제사와 달리 돈에 대한 언급이 두드러진다. 제물을 드릴 때 "흠 없는 숫양을 성소의 세겔을 따라 은 세겔로 정한 가치에 따라" 등의 문구가 속건제 본문에는

---

107 한국어로는 '배상제'라고 번역하면 되고, 영어 용어 reparation과 restitution 둘 다 결국은 동일한 개념을 갖고 있기 때문에 문제가 될 것은 없다. 레위기 주석들은 상대적으로 reparation 전자를 더 많이 채택하고 있는 것으로 보인다.

108 개역개정은 5:16에서 '보상'(補償)이라는 개념을 사용하고 있으나 이것은 적절한 용어 선택이 아니다. 법적으로 '보상'은 위법하지 않은 행위를 통해서 상대방에게 손해를 끼쳤을 때 그 손해를 갚는 것을 가리키는 용어이다. 예를 들어 정부가 재개발을 위해서 어느 지역의 토지를 수용할 때 비록 그 수용 행위는 위법하지는 않지만 해당 지역의 토지 소유자들에게는 재산상의 손해가 발생한다. 이때 이 손해를 갚아 주는 것은 '보상'이다. 반면에 '배상'(賠償)은 위법한 행위를 통해서 발생한 손해를 갚는 것이다. 예를 들어 상대방의 사업에 비합법적인 방식으로 해를 끼쳤을 경우, 또는 상대방을 구타하여 다치게 함으로써 상대방에게 치료비를 발생시킨 경우 그 손해를 갚는 것이 '배상'이다. 속건제가 다루고 있는 것은 의도적이든 아니든 간에 위법한 행위를 통해서 발생한 손해를 처리하는 것이기 때문에 '배상'이지 '보상'이 아니다. 따라서 개역개정이 이 단어 및 관련어를 '보상'이라고 번역하고 있는 경우들은 전부 '배상'으로 바꾸어야 한다(레 5:16, "성물에 대한 잘못을 보상하되" 등).

지속적으로 사용되고 있는데(레 5:15, 18; 6:6 등), 이 점은 나머지 제사들과 뚜렷이 구분되는 점이다.

이처럼 용어에 대한 논의는 제사의 성격을 파악하는데 있어서 아주 중요하다. 그러나 현재 이런 논의가 공인 성경들의 번역에 반영되어 있는 경우가 거의 없고, 이 글의 주 독자들인 목회자들이 이런 새로운 명칭에 익숙하지 않기 때문에 본 글에서는 속건제란 용어를 계속 유지하기로 하며, '배상제'라는 용어는 꼭 필요한 경우에만 속건제와 병기하도록 하겠다. 그러나 비록 용어를 바꾸지는 않더라도 목회자들은 학자들의 이런 논의가 이 제사의 신학에 대한 이해와 깊게 연결되어 있다는 점을 이해할 필요는 있다.

그러면 속건제 또는 배상제라는 제사가 레위기의 제사법에서 가진 중요한 신학적 기능은 무엇인가? 그것은 이 제사가 죄를 빚의 개념으로 형상화시켜 준다는 점이다. 죄를 짓는다는 것은 곧 하나님께 빚을 진다는 것이다. 그리고 빚이 발생할 경우에는 그 빚은 반드시 갚아야만 한다. 따라서 속건제 또는 배상제라는 제사는 사람이 죄를 지음으로 인해 하나님에게 끼친 손해를 갚는 것을 형상화하고 있는 것으로 이해하면 된다.

속건제가 이처럼 죄를 빚으로 형상화하고 있기 때문에 이 제사는 이미 앞에서도 언급한 바와 같이 죄를 금전적으로 환산하는 경향이 있다. 예를 들어 5:15은 "만약 어떤 사람이…범죄하면 그는…죗값으로…숫양을 성소의 세겔을 따라 은 세겔로 정한 가치에 따라 속건제물로 드려야 한다"고 말씀하고 있다. 다른 제사들의 경우에는 제물로 드릴 가축이 무엇인지만 언급하고 마는데 반해 이 속건제의 경우에는 드려지는 숫양의 가치가 정확히 금전적으로 어때야 하는지를 금전의 단위인 '세겔'로 표시하며, 그것도 좀 더 구체화해서 일반 세겔이 아닌 "성전의 세겔로 몇 세겔 은"이라고 특정해서 지칭한다. 또한 "정한 가치에 따라"라는 표현이 반복적으로 사용된다(5:15, 18; 6:6).[109] 이런 표현들은 속건제가 제사를 빚의 개념으로 형상화한다는 생각을 더욱 강화

---

109 이 표현들에 대한 좀 더 자세한 논의는 아래의 "사역 해설"(209쪽)을 참고하라.

시켜 준다. 왜냐하면 빚을 갚을 때는 금전적으로 정확해야 하기 때문이다.

그리고 이처럼 속건제가 죄를 빚으로 보는 개념이 강하기 때문에 제사법 I의 속건제 본문(5:14–6:7)은 나머지 제사들과 달리 제사 절차나 피의 사용에 대한 언급은 전혀 하지 않는다. 오직 죗값으로 치러야 하는 제물의 값에만 집중한다.

물론 이렇다고 해서 속건제가 아예 피의 처리 절차가 없었던 것은 물론 아니다. 당연히 속건제의 경우에도 제물을 도살해야 했기 때문에 피의 처리는 필요했다. 그리고 피의 처리에 대한 내용은 제사법 II(6:8–7:36)의 속건제 본문(레 7:1–7) 속에 어느 정도 나온다. 그리고 후자의 본문을 보면 속건제의 제사 절차는 아마 화목제의 경우와 가장 비슷했던 것으로 보인다. 제물을 도살하면서 받는 피는 제단 사방에 뿌렸으며(7:2), 하나님께는 지방 부위들만을 제단 위에서 불살라 드렸다(7:3–5). 그러나 화목제와 다른 점도 물론 존재하는데, 화목제의 경우에는 오직 가슴 부위와 오른쪽 넓적다리만 제사장 몫으로 귀속되고, 나머지 부위들은 전부 봉헌자에게 귀속된다. 반면에 이 속건제의 경우에는 지방 부위 이외의 모든 부위가 다 제사장에게 귀속된다(7:6–7).

참고로 이처럼 하나님께 지방 부위를 불살라 드리고 나서 남은 부위가 전부 제사장 몫으로 귀속된 점은 또한 속죄제와도 비슷하다. 이런 면에서는 속건제의 봉헌 절차는 피에 대한 의식을 제외하고는 속죄제와 비슷하다고도 할 수 있다. 이 점에 대해서 레위기 7:7은 "속죄제와 속건제는 규례가 같으니 그 제물은 속죄하는 제사장에게 귀속된다"고 밝히고 있다.

1단계: 사역

5:14 그리고 여호와께서 모세에게 말씀하셨다.

5:15 만약 어떤 사람이 [하나님께] 불신실하여 비고의적으로 여호와의 성물들에 대하여 범죄하면 그는 그의 허물 값으로 작은 네 발 가축 중 흠

없는 숫양을 성소의 세겔을 따라 은 세겔로 정한 가치에 따라 속건제물로 드려야 한다.

5:16 그리고 그가 성물에 대하여 범죄한 것을 갚고, 그것의 5분의 1을 그것 위에 더하여야 한다. 그리고 그것을 제사장에게로 가져가라. 그리고 그 제사장은 속건제의 숫양으로 그를 위하여 속죄하라. 그리하면 그가 사해질 것이다.

5:17 그리고 만약 어떤 사람이 범죄하여, 행해져서는 안 되는 여호와의 계명들 중의 하나를 행했는데 그가 알지 못하다가 죄책을 깨닫고 그 죄를 짊어지면

5:18 흠 없는 숫양을 정한 가치에 따라 속건제물로 제사장에게 드려야 한다. 그리고 그 제사장은 그가 비고의적으로 저질렀지만 알지는 못했던 그 비고의적 죄에 대하여 그를 위하여 속죄하라. 그리하면 그가 사해질 것이다.

5:19 이것이 속건제이다. 그가 정말로 여호와 앞에서 죄책을 갖고 있었다.

6:1(5:20)[110] 그리고 여호와께서 모세에게 말씀하셨다.

6:2(5:21) 만약 어떤 사람이 범죄하여 [하나님께] 불신실함으로써 자기 지인에게 맡긴 물건이나 투자한 것이나 강탈한 것에 대해서 부인하거나 자기 지인을 착취하거나

6:3(5:22) 분실물을 찾았는데 그것에 대해서 부인하고 그 사람이 이것들을 행하여 범죄한 모든 것들 중의 하나에 대해 거짓으로 맹세했다면,

6:4(5:23) [즉] 그가 범죄한 [후] 그것에 대해 죄책을 깨달으면 그는 자신이 강탈한 강탈물이나 착취한 착취물이나 자신에게 맡겨진 물건이나 자신이 발견한 분실물이나

6:5(5:24) 기타 등등 자신이 거짓으로 맹세한 것들에 대해서 돌려주어야 한

110 '6:1(5:20)' 이하부터 '6:7(5:26)'까지의 본문은 개역개정과 히브리어 원문의 장절이 차이가 난다. 여기에서 괄호 밖의 6:1 등은 개역개정의 장·절을 따른 것이고, 괄호 안의 장·절, 예를 들어 (5:20) 등은 히브리어 원문을 따른 것이다.

다. 그는 그것의 원래 값을 돌려주고, 거기에 그것의 [가치의] 5분의 1을 더해야 한다. 그는 죄책을 깨달은 날에 그것을 원래 주인에게 주어야 한다.

6:6(5:25) 그리고 그는 자신의 속건제물로 작은 네 발 가축 중 흠 없는 숫양을 정한 가치에 따라 제사장에게로 가져와야 한다.

6:7(5:26) 그리고 그 제사장은 여호와 앞에서 그를 위하여 속죄하라. 그리하면 그가 행함으로 인해 죄책을 갖게 된 모든 것들 중의 하나에 대하여 사해질 것이다.

2단계: 사역 해설

5:14 "그리고 여호와께서 모세에게 말씀하셨다"

***봐예답베르 아도나이 엘-모쉐 레모르*(וַיְדַבֵּר יהוה אֶל־מֹשֶׁה לֵּאמֹר)**

이 문구는 이미 1:2; 4:1의 "사역 해설"에서 지적한 바와 같이 레위기 본문 중에서 큰 단원을 나눠주는 역할을 하거나 한 단원 내에서도 성격이 다른 본문이 시작될 때 그것을 알리는 신호의 역할을 한다. 이 구절의 경우에는 이 문구는 특수 제사 중 성격이 뚜렷이 다른 속죄제와 속건제를 구분해주는 역할을 하고 있다. 또한 이 문구는 속건제 본문의 세부 단원들 중에서 특별히 앞의 속건제 단원들과 선명하게 성격이 갈리는 6:1-7의 서두에서 분기점의 역할을 하고 있기도 하다.[111]

5:15 "[하나님께] 불신실하여" *팀올 마알*(תִמְעֹל מָעַל)

동사 *팀올*은 *마알*(מָעַל)의 칼 미완료 형태이다. 따라서 이 관용적 표현은

111 이 문구가 속건제 본문 속에서 하는 이런 구체적인 역할에 대한 좀 더 상세한 논의는 박철현, "웨스트민스터 신앙고백서의 참된 회개와 구약의 제사: 레 6:1-7의 속건제사 본문을 중심으로", *개혁논총* 제14권 (2010), 303-305을 보라.

원형으로 쓰면 *마알 마알*(מָעַל מַעַל)이다. 즉 동사와 명사가 같은 어근에서 파생된 어휘로 조합된 동족 목적어 구문이다. 마치 영어의 'dream a dream'과 같은 구성을 가진 구문인 것이다. 이 *마알 마알*이 사람에 대한 불신실을 나타내는 경우(민 5:12 등)도 있기는 하지만 구약성경에서 압도적인 경우에 그 불신실의 대상은 여호와 하나님이다(레 6:2[히, 5:21]; 26:40; 민 5:6 등). 따라서 크니림과 같은 학자는 이 표현이 "본질적으로 명백히 신학적인 용어"라고 천명한다.[112] 또한 현재 구절에서 이 *마알 마알*로 인한 죄는 분명히 여호와의 성물들에 대한 범죄이다. 따라서 이 사역에서는 '하나님께'라는 표현을 사각 괄호로 넣어서 이 점을 명시하였다.

"비고의적으로" *비쉬가가*(בִּשְׁגָגָה)

이 어구에 의미에 대한 자세한 논의는 4:2의 "사역 해설"(154–158쪽)을 보라.

"허물값으로", "속건제물로" 둘 다 *아샴*(אָשָׁם)

히브리어에서는 '죄'(*핱타트*, חַטָּאת)나 '허물'(*아샴*, אָשָׁם) 등의 단어는 '죄/허물'이라는 기본적인 의미로도 사용되지만 또한 그런 '죄/허물'에 대한 책임을 나타내는 '죗값/허물값' 또는 '죄책/허물에 대한 책임' 등의 의미로도 사용된다. 또한 제사법에서는 각각 '속죄제'와 '속건제'란 용어로도 사용된다. 이처럼 이 단어들은 상황에 따라 '죄/허물', '죗값/허물값', '속죄제/속건제' 등의 의미로 다양하게 사용되기 때문에 각 문맥에서 이 단어들이 정확히 어떻게 사용되었는지를 파악하기 힘든 경우가 많다.[113] 따라서 이 사역에서 *아샴*의 번역은 때로는 잠정적일 수밖에 없음을 유념하라.

---

112 R. Knierim, "מעל, To Be Unfaithful", in Ernst Jenni and Claus Westermann, *Theological Lexicon of the Old Testament* (Peabody, MA: Hendrickson, 1997), 2:681.

113 여기에 대한 좀 더 상세한 논의는 James W. Watts, *Leviticus 1-10* (HCOT; Leuven: Peeters, 2013), 308의 자세한 논의를 보라.

"숫양" *아일*(אַיִל)

양들 중 수놈을 가리키는 이 단어는 레위기의 제사법 본문에 처음으로 여기에 등장한다. 속건제의 특징은 오직 이 *아일*이라고 지칭되는 숫양만을 제물로 삼는다는 점에서 나머지 제사들과 차별화된다. 비록 번제, 화목제, 속죄제 등에도 숫양이 사용되기는 했지만 이런 경우에는 '양들 중에서 수놈'(*케세브*[כֶּשֶׂב] 또는 *케세브 자카르*[כֶּשֶׂב זָכָר])이라는 표현을 썼지 이 속건제의 경우처럼 숫양만을 지칭하는 전용 어휘인 *아일*을 쓴 경우는 없다.

"성소의 세겔" 쉐켈-*학코데쉬*(שֶׁקֶל־הַקֹּדֶשׁ)

일반 세겔은 시대와 정황에 따라 차이가 있지만 대략 11.0–11.5그램 정도였다. 그리고 성소의 세겔은 이보다 적어서 대략 10그램 정도였다.

"정한 가치에 따라" *브에릑크카*(בְּעֶרְכְּךָ)

순수한 사전적 의미를 따라서 직역하자면 "네가 [평가한] 가치를 따라"(according to your evaluation) 정도가 된다. 개역개정은 이런 문자적 의미를 따라 "네가 지정한 가치를 따라"라고 번역하고 있다. 그러나 레위기 학자들은 이 표현이 일종의 관용화된 고착적 표현으로써 실제 문맥상 의미는 이 사역이 따르고 있는 바와 같이 "정한 가치에 따라"(evaluated) 정도의 의미를 갖고 있다는 것에 거의 만장일치적 견해를 보이고 있다.[114] 다시 말해서 이 문구는 일종의 숙어로서, '네가'(your)란 2인칭 소유격 어미(*카*, ךָ)는 그 기능을 완전히 상실해버린 것으로 학자들은 보는 것이다.

---

114 Cf. 설명은 Nobuyoshi Kiuchi, *Leviticus* (Apollos Old Testament Commentary, 3; Nottingham: Apollos, 2007), 110 등. 이 견해를 가장 먼저 주창한 것은 E. A. Speiser, "Leviticus and Critics", in H. Haran (ed.), *Y. Kaufmann Jubilee Volume* (Jerusalem: Magnes, 1960), 29:45이며, 레위기 주석가들은 이 견해를 만장일치적으로 추종하고 있다.

5:17 "그리고 만약 어떤 사람이" ***붸임-네페쉬 키*(וְאִם־נֶפֶשׁ כִּי)**

임(אִם)과 *키*(כִּי)가 함께 쓰인 것이 독특하다. 밀그롬은 이것을 역사비평학적으로 본문의 형성 과정의 역사를 반영하는 것으로 보려고 하지만[115] 하틀리처럼 이 어구가 구문론적으로 불가능한 어구이기 때문에 단순한 사본상의 실수로 보는 것이 더 나아 보인다.[116]

"죄책을 깨닫고" ***붸아솀*(וְאָשֵׁם)**

이 단어는 레위기 4:13에 이미 사용된 적이 있다. 거기에서 설명한 바와 같이 죄인이 처음에는 자신의 잘못에 대해서 충분히 죄로 인식하지 못하다가 잘못을 깨닫게 되는 것을 나타내는 표현이다.

"그 죄를 짊어지면" ***붸나싸 아보노*(וְנָשָׂא עֲוֹנוֹ)**

죄책을 깨닫게 되면, 죄인은 이제 그 죄의 결과를 책임져야 하는 상태에 이른다. "죄를 짊어진다"는 표현은 이것을 나타낸다.

5:18 "정한 가치에 따라" ***브에릒크가*(בְּעֶרְכְּךָ)**

위의 5:16의 동일한 문구에 대한 "사역 해설"(209쪽)을 보라.

5:19 "정말로…죄책을 갖고 있었다" ***아숌 아샴*(אָשֹׁם אָשַׁם)**

*아샴*은 위의 5:17에 나온 *아솀*(אָשֵׁם)과 동일한 단어이다. 단지 모음만 살짝 다르게 찍혀 있을 뿐이다. 그리고 *아숌*은 *아샴*의 부정사 절대형이다. 따라서 '정말로'란 번역은 이 히브리어 어구가 강조 구문인 부정사 절대형을 사용하고 있는 것을 반영한 것이다. 이 19절은 속건제를 드려야만 하는 상황에 처했던 봉헌자가 자신의 죄로 인해서 정말로 하나님 앞에서 죄에 대한 책임

---

115 J. Milgrom, *Leviticus 1-16* (AB; New York: Doubleday, 1998), 203; John E. Hartley, *Leviticus* (Dallas: Word, 1998), 331–332.

116 John E. Hartley, *Leviticus* (Dallas: Word, 1998), 72.

을 갖고 있었음을 이 강조 구문을 통해서 강력하게 강조하고 있다.

"그의 비고의적 죄"

'비고의적 죄'라는 표현의 히브리어는 *쉬가가*(שְׁגָגָה). 이 단어에 의미에 대한 자세한 논의는 4:2의 "사역 해설"(154–158쪽)을 보라.

6:1 (5:20) 영어 성경들이나 개역개정 등과 같은 성경 번역본들은 히브리어 원문상으로는 5:20–26에 해당하는 본문을 6:1–7로 표기한다. 따라서 여기에서부터 6장 마지막까지는 히브리어 원문의 절 번호가 개역개정보다 7만큼 작게 표시가 된다. 즉 개역개정의 6:8은 히브리어 원문상으로는 6:1에 해당한다. 본문의 내용상으로 볼 때는 개역개정의 6:1–7의 본문이 속건제 본문의 일부이며, 6:8부터는 제사법 II의 단원, 즉 제사장을 주 청중으로 하는 본문이 시작되기 때문에 히브리어 원문의 장절 구분이 더 타당하다. 그러나 이 글에서는 개역개정의 장절을 먼저 표기하고, 히브리어 원문의 장절을 괄호 속에 넣는 식으로 표기하겠다. 또한 본문에 대한 논의는 혼란의 여지가 없는 한 개역개정의 장절 번호만을 표기하도록 하겠다.

"그리고 여호와께서 모세에게 말씀하셨다"

이 6:1는 5:14과 완전히 동일하다. 5:14에서 이미 언급한 바와 같이 이 문구는 레위기에서 중요한 단원의 시작을 알리는 표시이다. 이 점에 기초해서 볼 때 6:1–7의 속건제 본문은 앞의 두 속건제 본문과 확연하게 구분되는 성격을 갖고 있다는 신호를 저자가 독자들에게 주고 있는 것으로 생각된다.

6:2 (5:21) "범죄하여 [하나님께] 불신실함으로써"

6:2의 서두에 나오는 이 동사들은 5:15의 서두와 동일하다. 그러나 '불신실하다'와 '범죄하다'란 동사의 순서가 뒤집혀 있다. 이처럼 레위기 저자는 과거 역사비평학자들이 했던 주장과는 달리 비슷한 본문들 내에서도 계속 미묘하

게 표현에 변화를 주고 있는 경우가 많다. 이 경우에도 본문상의 서로 간의 차이는 내용상의 차이라기보다는 문체상의 변주라고 이해하는 것이 좋다.

"지인" *아미트*(עָמִית)

이 단어의 어원은 *임마*(עִמָּה), 즉 '~와 함께'란 뜻을 가진 단어이다. 따라서 *아미트*는 '함께하는 사람' 정도의 의미를 갖고 있는 것으로 이해하는 것이 적절하다. 밀그롬은 이 단어가 어떤 식으로든 관계가 있는 사람을 나타내는 용어라고 본다.[117] 이 단어는 구약성경에 총 12번 사용되었으며, 그중에서 11번이 레위기에 사용되었다.[118] 유일한 예외는 스가랴서 13:7이다. 따라서 이 단어는 레위기 전문 용어라고 해도 무방할 정도다. 개역개정에서는 이 단어를 "이웃"이라고 번역하고 있는데, 이것은 이 단어의 의미를 너무 제한하는 번역이라고 생각된다. 따라서 이 사역에서는 이 단어를 "지인"('아는 사람')이라고 번역하였다.

"맡긴 물건" *픽카돈*(פִּקָּדוֹן)

단어의 어근은 '방문하다'(to visit), '임명하다'(to appoint), '맡기다'(to deposit) 등의 다양한 의미를 가진 *파카드*(פָּקַד)이다. 여기에서 파생된 명사들 중의 하나인 *픽카돈*은 구약성경에 세 번 나오며, 전부 '맡겨둔 것'이라는 뜻을 갖고 있다.

"투자한 것" *트수메트 야드*(תְּשׂוּמֶת יָד)

'놓다', '두다'(to place) 정도의 의미를 가진 동사 *숨* 혹은 *씸*(שׂוּם 혹은 שִׂים)에서 파생된 *트수메트*와 '손'(hand, *야드*, יָד)이란 단어가 결합된 *트수메트 야드*

117 Milgrom, *Leviticus 1-16*, 335.

118 Richard S. Hess, "עָמִית", in Willem VanGemeren (ed.), *New International Dictionary of Old Testament Theology & Exegesis* (Grand Rapids: Zondervan Publishing House, 1997), 3: 434–435 (이 히브리어 신학 사전은 이하에서는 *NIDOTTE*라는 약자로 표기하겠음).

를 개역개정은 "전당물"로 번역하고 있다. 그러나 성경에 단 한 번 나오는 이 어구의 정확한 의미는 파악하기 힘들다. 최근의 주석들은 중세 히브리어 등을 참고하여 '투자금, 대여금'(investment, loan) 등의 의미를 제시하고 있다.[119]

"강탈한 것" *가젤*(גָּזֵל)

의미는 '강탈한 것'(robbery). 남의 것을 몰래 훔치는 개념은 동사 *가나브*(גָּנַב) 및 그 동족어들에 국한된 반면에 *가젤* 및 그 바탕이 된 동사 *가잘*(גָּזַל)은 강제적으로 남의 것을 뺏는다는 개념을 담고 있다. 따라서 본문에서 이 단어가 나타내는 범죄 행위는 몰래 물건을 훔친 것을 가리키는 것이 아니라 강제로 뺏은 것을 가리킨다.[120] 그러므로 개역개정이나 새번역 성경의 "도둑질"이라는 번역은 적절하지 않다.

"착취하거나"

'착취하다'라는 단어는 *아샤크*(עָשַׁק)이다. 이 단어의 기본 뜻은 '억압하다'(to oppress), '착취하다'(to exploit)란 뜻이다. 밀그롬은 "강탈과 착취는 강제적인 방법으로 상대방의 것을 빼앗는다는 점에 있어서는 공통점이 있지만 그것이 합법적인 방식을 취하느냐 아니냐에 차이가 있다"고 주장한다. 즉 강탈은 강도짓과 같은 불법적인 행위를 가리킨다면 착취는 법의 가면을 쓰고 남의 것을 착취하는 것, 즉 줘야 할 임금을 주지 않는 것(신 24:14–15; 말 3:5 등) 등을 가리킨다고 주장한다.[121]

"거짓으로" *알-샤케르*(עַל־שָׁקֶר)

'거짓'에 해당하는 단어는 *쉐케르*(שֶׁקֶר)이다. 이 단어는 출애굽기 20:16의 십계명 조항 중 하나인 "네 이웃에 대하여 거짓 증거하지 말라"는 말씀에 나오는

---

119 Milgrom, *Leviticus 1-16*, 335; Hartley, *Leviticus*, 72.
120 Milgrom, *Leviticus 1-16*, 335–336; W. R. Domeris, "גָּזַל", in *NIDOTTE*, 1:844–845.
121 Milgrom, *Leviticus 1-16*, 337.

'거짓'과 동일한 어휘이다. 참고로 *쉐케르*와 *샤케르*는 동일한 단어이다. 단지 *쉐케르*가 *샤케르*가 된 것은 강한 액센트를 받아 모음이 변형된 것일 뿐이다.

6:4 "죄책을 깨달으면"

5:17의 "죄책을 깨닫고"에 대한 "사역 해설"(210쪽)을 보라.

6:5 "돌려주어야 한다"

원래 이 표현은 앞 절인 6:4에 나온다. 그러나 6:4부터 시작된 돌려 주어야 할 물건들의 목록이 이 6:5의 전반절까지 이어지기 때문에 히브리어와 한국어의 어순 차이로 인해 이 동사를 여기에 번역한다.

"기타 등등" *콜*(כֹּל)

이 단어의 기본 뜻은 '모든 (것)'(all)이다. 그러나 밀그롬은 이 단어가 바로 앞에서 나열된 것들을 제외한 '나머지 것들 모두'를 의미할 수 있으며, 따라서 '기타 등등'의 의미를 가질 수 있다는 점을 지적하였다.[122] 그리고 이런 해석에 따르면 앞의 6:4–5가 앞의 6:1–3의 범죄 행위들을 다시 열거하는 중에 빠뜨린 '투자한 것'도 여기에 포함될 수 있다고 본다.

"원래 값" *브로쇼*(בְּרֹאשׁוֹ)

직역하자면 "그것의 머리(*로쉬*, רֹאשׁ)대로." 여기에서 '머리'(head)라는 단어는 '(어떤 것의) 총합', '전체' 등을 의미할 수도 있다. 즉 '(어떤 것이나 사람의) 머리(*로쉬*)'라는 표현은 좁은 의미에서의 '머리'를 의미하는 것이 아니라 해당 물건이나 사람 전체를 가리키는 표현일 수 있다는 말이다. 현재 본문에서도 이 *로쉬*란 단어는 바로 죄인이 부당하게 차지한 상대방의 원래의 물건 전체나 물건 값을 가리키는 표현이다. 따라서 이 단어를 '원래 값'이라고 번역하였다.

---

122 Milgrom, *Leviticus 1-16*, 338.

3단계: 단락 구분

속건제 본문(5:14-6:7)은 다음과 같이 도입구와 세 개의 본론 문단으로 나뉜다.

5:14	속건제 서론
5:15-16	성물에 대한 죄의 속건제
5:17-19	성물에 대한 불분명한 죄의 속건제
6:1-7	사람의 물건과 그에 대한 잘못된 맹세의 속건제

우선 이 속건제 본문은 그 전체를 도입하는 역할을 하는 5:14로 시작된다. 이 도입구는 "그리고 여호와께서 모세에게 말씀하셨다"라는 문구이다. 이 문구는 이미 1:1-2; 4:1에서 이처럼 새로운 단원의 시작을 알리는 역할로 사용된 바가 있다. 이 문구가 속죄제 본문(4:1-5:13) 다음에 속건제 본문을 도입하는 역할을 함으로써 저자는 독자들에게 이 속건제가 바로 앞의 속죄제와 확연히 다름을 표시해준다.

이 도입구는 놀랍게도 위의 세 번째 문단인 6:1에 다시 한 번 사용된다. 상당히 예외적으로 레위기 저자는 이 짧은 단원에 세 번째 종류의 속건제를 도입하기 위해 이 문구를 사용하고 있는 것이다. 그 이유는 세 번째 종류의 속건제가 5대 제사 전체, 그리고 속건제 내에서 상당히 독특한 성격을 갖고 있기 때문이다. 왜냐하면 지금까지 언급된 본문들은 결국은 하나님께 대하여 죄를 지은 것을 다루고 있으며, 그 죄가 사람에게도 죄가 된다는 것을 강조하고 있지 않다.

반면에 마지막 속건제(세 번째 종류의 속건제)는 어떤 행위가 하나님에게 죄가 될 뿐만 아니라 사람에게도 죄가 된다는 것을 명백하게 밝히고 있다. 레위기 6:2은 "만약 어떤 사람이 범죄하여 [하나님께] 불신실함으로써 자기 지인에게 맡긴 물건이나 투자한 것이나 강탈한 것에 대해서 부인하거나 자기

지인을 착취하거나"라고 말하고 있는데, 이 구절에는 "하나님께 불신실함"이라는 문구와 "지인에게 맡긴 물건…에 대해서 부인"하는 것 두 가지를 다 말하고 있다. 이처럼 6:1-7의 속건제는 죄의 이중적 차원, 즉 신적 차원과 인적 차원을 명백하게 포함하고 있다.

이런 면에서 6:1의 중요한 도입구는 마지막 종류의 속건제가 다른 제사들 및 다른 속건제들과 상당히 다른 독특한 내용을 담고 있다는 신호를 독자들에게 보내고 있다고 할 수 있다.

4단계: 본문 해설

5:14 "그리고 여호와께서 모세에게 말씀하셨다"

이 문구는 레위기 내에서 새로운 단원의 시작을 알리는 중요한 역할을 하는 문구이다. 더 자세한 이해는 앞의 "사역 해설"과 "단락 구분"에 대한 부연 설명을 참고하라.

5:15 **5:15-16**은 세 가지 종류의 속건제 중 첫 번째 종류의 속건제를 다루고 있는데, "비고의적으로 여호와의 성물들에 대하여 침해한 죄"를 저지른 경우의 속건제가 바로 그것이다. 여기에서 여호와의 성물들은 대표적으로 다음 몇 가지 사항들을 생각해 볼 수 있다.

첫째, 하나님께 바쳐진 제물들 중 제사장의 몫("지극한 거룩한 것")이 그것이다. 레위기 22:1-13은 이런 경우들에 대해서 상세하게 다루고 있다. 이어지는 14절이 "만일 누가 부지중에 성물을 먹으면 그 성물에 그것의 오분의 일을 더하여 제사장에게 줄지니라"고 말하고 있는 것은 이 속건제의 내용과 잘 상응한다.

둘째, 27장이 언급하고 있는 바, 하나님께 봉헌된 모든 물건들, 즉 동물,

집, 밭, 십일조 등도 역시 '성물'에 해당한다.[123]

이런 여호와의 성물을 침해하는 것은 앞의 서론에서 말한 바와 같이 여호와께 빚을 지는 것과 같은 결과를 낳는 것으로 속건제는 형상화하고 있다. 그리고 이렇게 여호와의 성물에 어떤 침해를 가함으로써 여호와께 빚을 지게 되면 그 빚진 자는 당연히 그 빚을 갚아야 한다. 그 빚 갚음은 두 가지 차원에서 이루어진다. 우선 성물에 가해진 손해에 대해서는 그 성물 가격 더하기 20 퍼센트의 값을 치르는 것으로 손해를 배상한다. 그리고 하나님께는 숫양을 속건제물로 드린다. 즉 성물에 대한 물리적 손해와 하나님께 대한 죗값을 다 치르는 것이다.

"만약 어떤 사람이 [하나님께] 불신실하여"

원래 '하나님'이란 문구는 명시되어 있지 않지만 '불신실하다'라는 히브리어 표현(*마알 마알*)은 앞의 "사역 해설"에서도 다룬 바와 같이 구약성경에서 거의 대부분 하나님께 죄를 짓는 것을 나타내는 '신학적인 용어'이다. 비록 고의적이지는 않더라도 여호와의 성물을 건드리거나 침해하는 것은 하나님께 죄를 짓는 행위이다. 레위기는 거룩하신 하나님의 거룩한 물건들에 대해 허락 받지 못한 자가 함부로 침해하는 것을 허용하지 않는다. 그리고 그런 일이 발생할 경우 치명적인 결과가 발생할 수 있다. 예를 들어 레위기 10:1–2의 나답과 아비후, 사무엘하 6:7의 웃사 등이 그러하다. 하지만 하나님은 이런 경우에도 대부분의 경우에는 당신의 백성에게 은혜를 베푸셔서 속건제물과 성물에 대한 일정한 배상이라는 이중적 차원을 통해 이 문제를 해결할 수 있게 해주셨다.

"흠 없는 숫양을…정한 가치에 따라"

성물에 대한 범죄 해결의 이중적 차원 중 첫 번째 차원은 속건제물로 숫

---

123 이것들에 대한 정리는 Wenham, *Leviticus*, 106을 보라.

양을 드리는 것이었다. 이 숫양 역시 다른 제사 제물들의 경우와 마찬가지로 당연히 '흠 없는' 것이어야 했다. 그러나 속건제 제물만의 독특한 요소도 있었는데 그것은 오직 '숫양'만이 제물로 허락되었다는 점이다. 또한 이 숫양은 단순히 아무 숫양이나 드리는 것이 아니라 성소의 세겔로 '정한 가치에 따라' 드려야 했다.

5:16 "성물에 대하여 범죄한 것을 갚고, 그것의 5분의 1을 그것 위에 더 하여야"

속건제 제사가 보여주는 죄 해결의 두 번째 차원은 여호와의 성물 자체에 대해서 배상을 해야 한다는 점이다. 이 배상은 성물의 값 더하기 5분의 1을 더한 가격, 즉 원래 성물의 값어치의 120%에 해당하는 값을 치르는 것이었다. 이렇게 속건제의 숫양과 배상액을 제사장에게로 가져가면 제사장이 그것들을 받고 속건제를 드리는 행위를 통해서 속죄 작업을 한다.

"그리하면 그가 사해질 것이다"

이렇게 속죄 작업이 바른 절차를 따라 바르게 행해지면 해당 죄인에게 죄 사함이 주어진다.

5:17 5:17-19은 두 번째 종류의 속건제에 대해서 다루고 있다. 이 종류의 속건제가 첫 번째 종류의 속건제와 다른 점은 '여호와의 성물'에 대한 침해를 명시하고 있지 않다는 점이다. 단지 "만약 어떤 사람이 범죄하여 행해져서는 안 되는 여호와의 계명들 중의 하나를 행했는데"라고만 말하고 있다. 그러나 이 문단을 둘러싼 속건제들의 경우들을 고려할 때 레위기 주석가들은 이것 역시 결국은 "여호와의 성물에 대한 범죄"를 다루고 있다고 생각한다.[124] 단지 앞의 속건제와의 차이점은 정확히 어떤 성물에 대해서 잘못이 저질러졌

---

124 예를 들어 Hartley, *Leviticus*, 82 등을 보라.

는지는 전혀 모르고, 단지 그런 종류의 잘못이 저질러졌다는 것에 대한 확신만 있다는 것이다. 이 경우 손해를 입은 물건이 무엇인지 모르기 때문에 물건에 대한 값은 치르지 않는다. 단지 숫양을 속건제로 드리는 것으로 속죄가 이루어진다.

"그가 알지 못하다가"

이 17-19절의 속건제의 경우 죄인이 자신이 정확히 무슨 잘못을 저질렀는지 모른다는 점은 앞의 15-16절과 이 17-19절의 관련 부분의 비교를 통해서 정확히 드러난다.

15-16절	17-19절
15 만약 어떤 사람이 [하나님께] 불신실하여 비고의적으로 여호와의 성물들에 대하여 범죄하면	17 만약 어떤 사람이 범죄하여
	행해져서는 안 되는 여호와의 계명들 중의 하나를 행했는데 그가 알지 못하다가 죄책을 깨닫고 그 죄를 짊어지면
그는 그의 허물 값으로…숫양을…속건제물로 드려야 한다.	18 흠 없는 숫양을…속건제물로…드려야 한다.
16 그리고 그가 성물에 대하여…갚고, 5분의 1을…더하여야 한다. …그것을 제사장에게로 가져가라. …그 제사장은…	그리고 그 제사장은
	그가 비고의적으로 저질렀지만 알지는 못했던
그를 위하여 속죄하라. …그가 사해질 것이다.	그 비고의적 죄에 대하여 그를 위하여 속죄하라. …그가 사해질 것이다.

위의 도표의 단선으로 된 밑줄 부분에서 보듯이 17–19절은 15–16절에는 안 나오던 '알지 못했다'(*로–야다*[לֹא־יָדַע])라는 표현을 두 번이나 사용하고 있다. 또한 '비고의적'(이중 밑줄)이라는 표현이 15–16절에도 나오기는 하지만 17–19절에서는 더욱 강화되어 나타난다. 이처럼 17–19절은 죄인이 자신이 성물에 대해서 정확히 어떤 구체적인 잘못을 저질렀는지를 모르는 경우에 드리는 속건제를 다루고 있다.

"죄책을 깨닫고 그 죄를 짊어지면"

죄인은 자신이 성물에 대하여 정확히 무슨 죄를 저질렀는지는 알지 못하지만 '죄책'(*아샴*, אָשָׁם), 즉 죄에 대한 책임이 발생했다는 생각은 강하게 갖고 있다. 그리고 죄인이 이 죄책을 갖게 되는 순간 그는 그 죄를 짊어져야 하는 상태가 된다.

5:18 "흠 없는 숫양을…사해질 것이다"

18절은 죄책을 해결하기 위해 속건제를 드리는 것을 묘사하고 있다. 그러나 15–16절의 속건제의 경우와 달리 이 경우에는 정확히 어떤 성물에 손상을 갔는지가 불분명하기 때문에 그 성물의 값에 1/5을 더하여 드리는 요구는 주어지지 않는다. 단지 숫양을 제사장에게 가져가서 속건제로 드리는 것으로 죄책이 해소된다.

5:19 "이것이 속건제이다"

이 문구는 이 17–19절의 속건제가 15–16절의 속건제와 성격이 좀 다르기는 하지만 이것 역시 분명한 속건제라는 사실을 강조해주고 있다.

"정말로 여호와 앞에서 죄책을 갖고 있었다"

앞의 "사역 해설"에서 다룬 바와 같이 이 문구는 강조어법을 사용하여 표현되고 있다. 비록 죄인이 자신의 죄가 정확히 어떤 것이었는지에 대해서 알지는 못하지만 그가 '죄책'이 있는 것만은 확실하다.

또한 이 구절이 보여주고 있는 바는 비록 죄인이 자신의 죄의 정확한 성격이나 구체적인 사항에 대해서 알지 못한다 하더라도 여전히 그는 그것을 하나님 앞에서 해결해야만 한다는 것을 보여준다. 현대의 기독교인들은 예수 그리스도를 통한 속죄의 능력에 너무 초점을 맞추다 보니 죄인이 죄를 짓는다는 것이 심판자인 하나님 앞에서 죗값을 짊어지는 일이라는 것을 망각하는 경우가 많다. 그러나 이 구절이 분명히 강조해주는 바는 우리가 짓는 죄는 반드시 하나님 앞에서 우리의 죄에 대한 책임을 야기시킨다는 것을 기억해야 한다는 것이다.

6:1 "그리고 여호와께서 모세에게 말씀하셨다"

6:1–7의 세 번째 종류의 속건제 본문의 시작을 장식하고 있는 이 문구는 레위기 내에서 새로운 단원의 시작이나 앞 단원과 차별화된 중요한 내용의 시작을 알리는데 사용되는 문구이다. 이 구절에서 이 문구는 6:1–7의 속건제 본문이 앞의 다른 속건제 본문들과 다른 성격을 갖고 있다는 점을 표시해준다.

그 독특성은 바로 이 본문이 앞의 본문들과 달리 사람에게 손해를 입힘으로써 사람과 하나님 앞에 이중적인 책임을 져야 하는 경우를 다루고 있다는 점이다(6:2–3). 죄인은 남의 물건을 부당하게 차지하고 나서, 그 점에 대해 부인하며 '거짓으로 맹세'를 하는데(6:3), 이런 맹세는 구약 시대의 이스라엘과 주변 국가들에서는 신의 이름을 걸고 하는 것일 가능성이 높다. 이렇게 신의 이름으로 거짓 맹세를 함으로써 죄인은 단순히 남에게 손해를 끼친 것뿐만 아니라 하나님에게도 책임을 져야 하는 죄를 범한 것이 된다.

이렇게 인적 차원과 신적 차원이 같이 결부된 죄를 범했을 때 죄인은 두 차원에서 모두 문제를 해결해야 했다. 우선 인적 차원에서는 죄인은 5:15–16의 속건제의 경우와 비슷하게 자신이 끼친 손해 원금에 1/5을 더하여 배상을 한다. 그리고 신적 차원에서는 다른 속건제들과 마찬가지로 하나님께 흠 없는 숫양을 제물로 드림으로써 문제를 해결했다.

6:2 "범죄하여 [하나님께] 불신실함으로써"

6:2–4에서 저질러지는 죄, 즉 남이 맡긴 물건이나 투자한 것의 존재를 부인하는 행위, 남의 것을 강탈하거나 착취하는 행위, 남의 분실물을 발견했음에도 그것을 인정하지 않는 행위는 일차적으로는 사람에게 저질러진 범죄들이다. 물론 이런 범죄들 자체로도 이미 죄인은 "도둑질하지 말라"(출 20:15)는 십계명 조항이나 기타 율법들(출 22:1–15)을 어긴 것이 되기 때문에 구약의 신앙 속에서는 이미 하나님 앞에서도 죄를 지은 것이 된다. 그러나 여기에 죄인은 "거짓으로 맹세"(레 6:3) 하는 행위를 더함으로써 더욱 확실하게 하나님에게 불신실하게 된다. 그리고 이것을 통해 그의 죄는 확고하게 인적 차원과 신적 차원의 이중적 차원에서 책임을 지게 된다.

"강탈한 것"

개역개정은 이것을 "도둑질"이라고 번역하고 있으나 이것은 적절한 번역이 아니다. 이에 대한 원어 번역의 문제는 앞의 "사역 해설"(213쪽)을 참고하라. 밀그롬은 6:2–4에서 나열되는 죄들은 모두 물질적 손해를 입은 사람이 범인이 누구인지를 특정할 수 있는 경우들을 다루고 있다는 점을 지적한다. 이런 면에서 개역개정의 "도둑질"이란 문구는 적절하지 않다. 왜냐하면 도둑질의 경우에는 특별한 경우를 제외하고는 피해자가 범인이 누구인지를 모르기 때문이다.[125] 따라서 이 문구는 "강탈한 것"이라고 번역되는 것이 더 적절하다.

6:3 "거짓으로 맹세했다면"

고대 이스라엘에서 이런 맹세는 신의 이름을 걸고 이루어졌다고 봐야 한다. 따라서 이런 거짓 맹세를 통해서 범죄자는 하나님을 '공범자'로 만들게 된다.[126] 이 점은 6:2의 "하나님께 불신실"하다는 표현이 적절함을 보여준다.

---

125 Milgrom, *Leviticus 1-16*, 335–336.

126 Milgrom, *Leviticus 1-16*, 337.

이 거짓 맹세를 통해 그는 사람뿐만 아니라 하나님에 대해서도 더욱 분명하게 책임을 져야 하는 상태가 된다. 물론 꼭 이 맹세가 없더라도 이 죄인이 사람에게 행한 범죄들 그 자체가 이미 율법을 범한 것이기 때문에 그가 사람에게 지은 범죄 자체로도 이미 그는 하나님 앞에서도 죄책이 있다. 단지 그의 거짓 맹세는 하나님에 대한 그의 죄를 더욱 분명하게 확정 짓는 것일 뿐이다.

6:4 "죄책을 깨달으면"

죄인이 6:2-3에서 다른 사람에게 저지른 행위들은 그가 결코 무의식적으로 저지를 수 있는 종류의 죄들이 아니다. 강탈이나 착취 등의 행위들, 그리고 거짓 맹세 등이 어떻게 무의식적으로 행해질 수 있겠는가? 이것들은 범죄가 행해질 때 분명히 죄인이 의식하고 저지른 것들이다. 그러나 6:4의 "죄책을 깨달으면"이라는 문구가 죄인의 심리 속에서 작동하기까지는 이런 것들이 죄인의 마음 속에 죄의식으로 작용하지는 않았다. 그러나 '죄책을 깨달으면'의 순간에 도달하여 죄인은 드디어 자신이 한 짓들이 하나님과 사람 앞에서 큰 잘못임을 깊이 느끼게 된다. 이런 경우 그는 바로 이 세 번째 종류의 속건제 절차를 밟아 문제를 해결해야 한다.

6:5 "그것을 그것이 속한 자에게 주어야 한다"

죄인은 우선 자신이 잘못된 방법으로 차지한 다른 사람의 물건에 대해서 배상을 해야 한다. 4-5절에 따르면 이 배상액은 원래의 물건에 그 가치의 1/5을 더한 것, 즉 원래 가치의 120%에 해당하는 금액이다. 이 점은 5:15-16의 속건제와 동일하다. 단지 후자의 경우에는 '여호와의 성물'에 대하여 손해가 끼쳐졌기 때문에 그 배상액을 제사장을 통해 하나님에게 바쳤지만 이 6:1-7의 경우에는 사람에게 손해가 끼쳐졌기 때문에 피해자에게 이 배상액을 준다.

웬함 등의 레위기 주석가들은 120%의 배상액과 관련하여 흥미로운 관찰을 한다. 출애굽기 22:1-9에 나오는 6:2-3과 비슷한 범죄 행위들에 대한 율법에 따르면 죄인은 상대방에게 입힌 손해에 대하여 200%, 그리고 때로는 400–500%(출 22:1)로 배상하게 되어 있었다. 이에 비하면 6:1–7의 120% 배상금은 그 배상 비율이 상당히 줄어든 것이다. 그 이유는 출애굽기 본문상의 범죄들은 죄인이 들통이 나서 배상을 하는 것인 반면에 이 속건제 본문에서는 죄인이 죄책을 느끼고 자발적으로 고백한 것이기 때문에 은혜를 베푼다는 것이다.[127]

6:6 "속건제물로…숫양을…가져와야 한다"

사람에게 배상한 후 죄인은 하나님에게 속건제물을 가져와서 하나님과의 문제를 해결해야 한다.

6:7 "죄책…에 대하여 사해질 것이다"

이렇게 사람과 하나님께 죄를 지음으로써 인적 차원과 신적 차원에서 공히 죄책을 갖게 된 것을 이 두 차원에서 각각 처리함으로써 죄인은 드디어 사함을 받게 된다.

5단계: 적용

5:15, 18 "정한 가치에 따라"

제물을 임의로 드리는 것이 아니라 정한 가치대로 드리는 것은 속건제의 가장 두드러진 특성, 즉 죄를 하나님께 빚진 것으로 형상화하는 것과 잘 상응한다. 죄를 짓는다는 것은 하나님께 빚을 지는 것이며, 당연히 빚은 반드시 갚아야만 하는 것이다. 현대 기독교인들은 예수 그리스도의 피로 죄를 탕감받았다는 말을 너무 쉽게 하는 경향이 있다. 그러나 우리가 알아야 할 것은

---

127 Wenham, *Leviticus*, 109. Hartley, *Leviticus*, 84도 역시 비슷한 관찰을 하고 있다.

비록 우리가 하나님께 진 빚을 갚지 않았다고 해도 하나님이 그리스도의 죽음을 통해서 우리 대신 빚을 갚았다는 사실이다.

골로새서 2:13–15은 예수 그리스도의 십자가 사역이 우리가 갚아야 할 죄의 빚을 대신 갚으신 것임을 말해주는 중요한 본문이다. 특히 14절의 "우리를 거스르고 불리하게 하는 법조문으로 쓴 증서를 지우시고 제하여 버리사 십자가에 못 박으시고"란 표현에서 '증서'란 단어의 헬라어 원어인 *케이로그라폰*(*χειρόγραφον*)은 직역하자면 "손으로 쓴 문서"이지만 좀 더 구체적으로는 '빚에 대한 증서'(a certificate of indebtedness, record of debts)라는 뜻이다. 예수 그리스도는 십자가에 못 박히심을 통해 바로 이 빚 문서를 폐기하셨다.

예수 그리스도께서 이렇게 십자가 고통을 통해 우리의 죗값을 대신 치르신 이야기는 유명한 메시야 본문인 이사야서 53장도 잘 말씀해주고 있다. 특히 53:5–6, 8절은 이렇게 말씀해주고 있다. "그가 찔림은 우리의 허물 때문이요 그가 상함은 우리의 죄악 때문이라 그가 징계를 받으므로 우리는 평화를 누리고 그가 채찍에 맞으므로 우리는 나음을 받았도다…여호와께서는 우리 모두의 죄악을 그에게 담당시키셨도다… 그가…끊어짐은 마땅히 형벌 받을 내 백성의 허물 때문이라." 이처럼 이 메시야 본문은 메시야께서 우리의 허물의 짐을 대신 짊어지시는 분이라는 것을 강조한다. 그리고 이어지는 10절에서 우리의 속건제 본문과 연관되는 놀라운 언급을 한다. 즉 이 구절은 "여호와께서 그에게 상함을 받게 하시기를 원하사 질고를 당하게 하셨은즉 그의 영혼을 속건제물로 드리기에 이르면"이라고 말씀하고 있는데, 이 메시야 본문이 그리고 있는 '대신 갚음'의 개념과 속건제물이라는 개념은 더 이상 적절하게 어울릴 수가 없다. 이처럼 우리는 예수 그리스도의 십자가 사역이 우리가 갚아야 할 죄의 값을 대신 치르신 것임을 기억해야 한다.

죄와 빚의 관계를 말해주고 있는 다른 중요한 본문은 누가복음 7:36–50이다. 본문은 눈물로 예수 그리스도의 발을 적신 후 자기 머리털로 닦고, 그 발에 입맞추고 향유를 부은 여인에 대한 이야기를 담고 있다. 이 여인이 이렇게 예수님께 행하는 것을 보고 예수님에 대한 의구심을 품은 시몬이라는 바리새인에게 예수님은 빚 탕감 받은 자의 비유를 들려 주신 후 이렇게 말씀하신다 "내가 네게 말하노니 그의 많은 죄가 사하여졌도다. 이는 그의 사랑함이 많음이라. 사함을 받은 일이 적은 자는 적게 사랑하느니라"(눅 7:47).

신앙인에게 중요한 것은 죄가 하나님께 지는 빚이라는 의식을 갖는 것이며, 이 빚진 자 의식이 얼마나 뚜렷하느냐가 그의 삶을 결정한다고 할 수 있다. 사도 바울은 예수 그리스도의 교회를 박해하다 사도로 부름 받은 후 평생을 빚진 자 의식을 가지고 살아감으로 하나님의 충성스러운 일군이 될 수 있었다(롬 1:14).

결국 그리스도인들이 얼마나 거룩하게 사느냐 하는 문제는 자신이 진 죄의 빚을 독생자 예수 그리스도의 죽으심을 통해서 탕감해주신 하나님 앞에서 얼마나 뚜렷하게 빚진 자 의식을 갖고 살아가느냐 하는 것을 통해서 결정된다. 현재 한국교회의 많은 소위 성공한 목회자들과 교인들은 마치 자신이 황제라도 된 듯이 행동하면서, 자신들이 하나님에게 빚을 진 자들이 아니라 오히려 자신들의 활약을 통해서 하나님이 자신들에게 빚을 지고 있는 것처럼 행동하는 경우가 많다. 그리고 이런 착각은 필연적으로 방종과 타락을 가져온다. 오로지 빚진 자 의식만이 우리를 죄로부터 돌이키게 할 수 있고, 향유 옥합을 깨뜨린 여인처럼 자신의 삶 전부를 하나님 앞에 깨뜨려 온몸으로 거룩함과 충성 속에서 하나님을 찬양하는 자가 되게 만들 수 있다. 속건제 본문의 가르침을 통해 한국 교회가 다시 한 번 빚진 자 의식을 회복할 수 있었으면 한다.

5:17, 19 "알지 못하다가…그가 정말로 죄책을 갖고 있었다"

이 본문은 죄인이 정말 무의식 중에 죄를 지어도 역시 죄는 죄이며, 그 죄에 대한 책임을 짊어져야 한다는 것을 강조 어법을 써서 표현해주고 있다. 성경은 이처럼 의도하지도 않고, 의식하지도 못한 죄라도 분명히 죄는 죄라는 사실을 누누히 강조하고 있다. 예를 들어 누가복음 23:34에서 예수 그리스도는 "아버지 저들을 사하여 주옵소서 자기들이 하는 것을 알지 못함이니이다" 라고 말씀하셨다. 예수를 십자가에 못 박은 자들은 자신들이 알지도 못하는 중에 인류 역사상 가장 끔찍한 죄를 저질렀으며, 그 죄는 하나님의 사함을 받아야만 하는 것이었다.

이처럼 인식의 한계를 가진 우리는 언제든지 알지 못하는 중에 하나님이 보시기에 큰 죄를 지을 수 있다. 따라서 우리는 시편의 시인처럼 "하나님이여 나를 살피사 내 마음을 아시며 나를 시험하사 내 뜻을 아옵소서 내게 무슨 악한 행위가 있나 보시고 나를 영원한 길로 인도하소서"(시 139:23–24)라고 기도하며 우리 자신을 살필 필요가 있다. 레위기 본문이 말씀하고 있듯이 우리가 알지 못하고 지은 죄도 하나님 앞에서 '정말로 죄책'이 될 수 있기 때문이다.

6:1-7 죄가 신적 차원과 인적 차원을 동시에 가지는 경우를 다루고 있는 흥미로운 속건제 본문은 우리가 죄의 문제를 해결할 때 단순히 하나님에게만 회개를 하는 것으로 문제가 해결되는 것이 아니라 반드시 사람과의 문제도 해결해야 함을 보여준다.[128]

이 점을 이해하고 나면 우리는 성경의 많은 본문들에 대해서 새로운 시각을 얻게 된다. 우선 마태복음 5:23–34에서 예수님은 "그러므로 예물(레위기의 *코르반*[קָרְבָּן], 즉 5대 제사 제물들을 가리키는 용어)을 제단에 드리려다가 거기서 네 형제에게 원망들을 만한 일이 있는 것이 생각나거든 예물을 제단 앞에 두고 먼저 가서 형제와 화목하고 그 후에 와서 예물을 드리라"고 말씀하신다. 이 말씀은 우리는 하나님과만 죄 문제를 해결하고 화목하면 되는

---

128 이 속건제 본문을 웨스트민스터 신앙고백의 속죄론과 연결시켜서 다룬 나의 글로서 이미 앞에서 언급한 바 있는 박철현, "웨스트민스터 신앙고백서의 참된 회개와 구약의 제사: 레 6:1–7의 속건제사 본문을 중심으로", *개혁논총* 제14권 (2010), 299–322를 필독하기를 권한다. 레위기의 속건제 본문은 이 한정된 지면의 적용란과 설교란에 다 담을 수 없을 만큼 현재의 한국교회에 이정표가 될 만한 주제들을 정말 많이 담고 있는 본문이기 때문에 열심히 연구해볼 가치가 있다.

것이 아니라 사람과도 그렇게 해야 함을 가르쳐준다. 즉 신적 차원뿐만 아니라 인적 차원도 우리는 해결을 해야만 하는 것이다.

또한 속건제 본문은 우리가 삭개오의 이야기 역시 새로운 시각으로 볼 수 있게 해준다. 누가복음 19:1–10에 나오는 유명한 이 이야기에서 삭개오라 하는 세리장이자 부자였던 사람은 예수님을 간절히 보고 싶어한다. 키가 작아 군중 속에서 예수님을 볼 수 없었던 그가 나무 위에 올라가 있는 것을 보고 예수님은 "삭개오야 속히 내려오라 내가 오늘 네 집에 유하여야 하겠다"(5절)고 하자 황급히 내려온다. 사람들은 예수님이 '죄인의 집'에 들어가시는 것에 대해 못마땅해 한다. 그때 삭개오는 놀라운 말을 한다. "내 소유의 절반을 가난한 자들에게 주겠사오며 만일 누구의 것을 속여 빼앗은 일이 있으면(레 6:2–3을 연상시킴!) 네 갑절이나 갚겠나이다"(8절). 만약 그가 정말 자신의 말대로 시행하면 그의 재산은 일단 절반이 줄어들게 되고, 혹시 그가 남의 것을 빼앗은 일이 있기라도 한다면 그는 파산 상태에 이르게 될 것이다. 그의 말을 듣자마자 예수님은 바로 그에게 구원을 선포하신다. "오늘 구원이 이 집에 이르렀으니 이 사람도 아브라함의 자손임이로다"(9절). 삭개오가 예수님과의 만남에 대한 반응으로 사람과의 문제를 적극적으로 해결하려 들자 예수님은 하나님과의 문제도 해결되었다는 것을 선언하시고 있는 것이다.

참고로 삭개오 이야기를 누가복음 18:18–30의 한 관리의 이야기와 비교해 보면 구원에 대한 흥미로운 교훈이 드러난다. 삭개오와 마찬가지로 큰 부자인 이 관리는 "내가 무엇을 하여야 영생을 얻으리이까"라고 묻는다(18절). 그는 마치 자신이 하나님과의 바른 관계를 정립하지 않고 무엇을 함으로써 영생을 얻을 수 있는 것처럼 착각하고 있다. 이런 그에게 예수님이 먼저 그의 수준에 맞추어 대답을 하신다. 즉 계명을 잘 지키라고 하신다. 그러자 그는 마치 기다렸다는 듯이 이런 것들은 자신이 어렸을 때부터 이미 다 잘 지켰다고 대답한다. 마치 "이런 건 제가 이미 다 잘 하고 있으니 이제 영생의 약속이나 해주시죠"라고 하는 듯한 태도이다. 그러자 예수님은 더 본질적이고 깊숙한 문제, 즉 하나님과의 관계의 문제를 꺼내신다. "네게 있는 것을 다 팔아

가난한 자에게 나눠 주라…그리고 와서 나를 따르라"(22절). 이 말씀은 마태복음의 산상보훈 중 "한 사람이 두 주인을 섬기지 못할 것이니 혹 이를 미워하고 저를 사랑하거나 혹 이를 중히 여기고 저를 경히 여김이라 너희가 하나님과 재물을 겸하여 섬기지 못하느니라"는 말씀을 연상시킨다(마 6:24). 예수님의 말씀을 들은 관리는 "큰 부자이므로 이 말씀을 듣고 심히 근심"했다고 본문을 말한다(눅 18:23). 한 발 더 나아가 마태복음과 마가복음의 평행본문에 따르면 그는 "근심하며 가니라"고 되어 있다(마 19:22; 막 10:22). 영생의 약속을 들으러 왔던 그는 오히려 좌절하고, 예수님과 영생에서 멀어진다.

두 이야기를 언뜻 보면 예수님이 마치 천국으로 들어가기 위해 반드시 뛰어넘어야 하는 높이뛰기 틀의 가로대를 사람에 따라 마구 올렸다 내렸다 하시는 것이 아닌가 하는 생각이 들 수 있다. 그러나 사실 예수님은 삭개오와 관리에게 동일한 기준을 사용하고 계신다. 예수님은 앞에서 언급한 마태복음 6:24의 말씀처럼 하나님과 바른 관계를 갖고, 그분만을 주인으로 섬기며, 주인 자리를 두고 돈과 같이 하나님과 경쟁하는 모든 것들을 기꺼이 포기할 수 있느냐는 기준을 동일하게 이 두 사람에게 적용하고 있다.

단지 삭개오는 예수님이 가로대를 들이대시기도 전에 이미 자신이 그러하겠다고 선언을 한 것이며, 관리는 영생을 위한 핵심이 뭔지에 대해서 착각하고 있다가 예수님이 가로대를 들이대자 돈을 포기하지 못하고 영생에서 멀어진 것뿐이다. 이렇게 해서 삭개오와 관리는 서로 가진 많은 공통점에도 불구하고 정반대의 길을 간다. 삭개오는 하나님께서 화해의 손을 내밀 때 그 손을 붙잡는데 방해가 될 수 있는 사람과의 차원의 문제도 먼저 나서서 해결하려고 하였다. 반면에 관리는 하나님과의 화해 문제에서부터 이미 지나친 교만함을 드러내다가 영생을 이야기하기 전에 사람과의 차원의 문제를 먼저 해결하라는 요구 앞에서 자신의 재산을 포기하지 못한 채 예수님으로부터, 그리고 영생으로부터 멀어진다.

6:1–7의 속건제 본문과 관련하여 마지막으로 한 가지만 더 말하자면 이 본문은 웨스트민스터 신앙고백의 회개론의 내용과 밀접한 상응성을 보인다는

점이다. 이 신앙고백서의 제15장 6절은 회개에 대해서 이렇게 천명하고 있다:

> 제6절. 모든 그리스도인들 각자는 죄의 용서를 위해서 하나님께 기도하면서 자신의 죄들을 하나님께 개인적으로 고백해야 한다(시 51:4, 5, 7, 9, 14; 32:5, 6). 이렇게 기도하면서 죄를 고백하고 죄를 버릴 때에 그는 하나님의 자비를 발견하게 될 것이다(잠 28:13; 요일 1:9). 따라서 자신의 형제나 그리스도의 교회를 중상한 사람은 사적인 고백에 의해서든 공적인 고백에 의해서든 죄에 대해서 통회함으로 자신의 회개를 피해자들에게 알려야 하고, 동시에 피해자들은 이 회개한 가해자와 화해하고 사랑으로 그를 받아들여야 한다(약 5:16; 눅 17:3, 4; 수 7:19; 시 51:2; 고후 2:8; 갈 6:1, 2).[129]

그리고 위의 밑줄 친 부분에 대한 권위 있는 조직신학자 하지의 해석은 다음과 같다:

> 잘못을 한 사람은 자신이 해를 끼친 사람에게 빚을 지고 있는 것이 분명하므로 그의 감정과 이익에 모든 가능한 배상을 해야 한다. 이 동일한 원칙은 기독교 공동체를 향해서도 마찬가지이다. 이러한 의무는 성경의 마 5:23–24; 약 5:16; 마 18:15–18 등에 명료하게 명령되어 있다.[130]

---

129 여기에 사용된 신앙고백서 본문은 A. A. 하지, *웨스트민스터 신앙고백 해설* (서울: 크리스챤 다이제스트, 1996), 282–283를 따른 것이다. 좀 더 상세한 논의는 박철현, "웨스트민스터 신앙고백서의 참된 회개와 구약의 제사", 301을 보라.

130 박철현, "웨스트민스터 신앙고백서의 참된 회개와 구약의 제사", 302. 또한 이에 대한 비슷한 좋은 해석은 이 신앙고백서 연구의 최근의 권위자인 Chad Van Dixhoorn, *Confession of the Faith: A Reader's Guide to the Westminster Confession of Faith* (Edinburgh: The Banner of Truth, 2014), 201–202를 보라. 이 책은 고어체로 된 이 신앙고백서를 현대 영어로 바꾼 것을 제공하고 있으며, 거기에 명쾌한 해설까지 달아주고 있기 때문에 이 신앙고백서를 이해하는데 많은 도움을 준다.

이처럼 웨스트민스터 신앙고백서는 우리가 지은 죄에 레 6:1–7의 속건제 본문의 내용과 마찬가지로 신적 차원과 인적 차원이 있으며, 따라서 죄에 대한 회개를 할 때 우리는 단순히 하나님께 죄를 고백하고 회개하는 것으로 끝나는 것이 아니라 반드시 "해를 끼친 사람에게…감정과 이익에 모든 가능한 배상을 해야 한다"는 점을 분명하게 지적하고 있다. 아마 현대 기독교인들이 가장 크게 놓쳐 버리고 있는 점이 바로 이 사항일 것이다. 그리고 바로 이 점의 결여가 현대 한국 교회가 하나님의 진정한 용서와 그로 인한 부흥을 맛보지 못하고 쇠퇴하는 이유일 것이다. 이 점에 있어서 우리는 이 속건제 본문이 내지르는 강렬한 외침을 듣고, 그 외침에 반응해야만 할 것이다.

6단계: 설교 "영화 '밀양'과 레위기 6:1-7의 속건제": 회개의 신적 차원과 인적 차원

이청준의 "벌레 이야기"란 소설을 원작으로 하고, 전도연(신애 역)과 송강호(종찬 역)가 주연을 맡아 열연한 영화 "밀양"은 한국 교회에 던져주는 시사점이 아주 큽니다. 외도를 하던 남편이 죽고 나서 신애는 밀양이라는 곳으로 이사를 합니다. 거기서 신애는 아마 과거의 자기에 대한 반발인지 모르지만 돈도 없으면서 약간 허세를 부려 땅을 사러 다니는 척하기도 하면서 그럭저럭 살아갑니다.

그러나 그녀의 작은 허세는 큰 비극을 불러옵니다. 그 지역 웅변학원 원장이 그녀의 삶을 지탱해 주는 유일한 의미인 그녀의 아들을 유괴해서 그녀에게 돈을 받아내려 하다가 그녀가 제대로 돈을 주지 않자 살해해 버립니다.

아들의 죽음으로 인해 살아갈 의미를 잃어버린 채 헤매던 신애는 이웃의 전도를 받고 교회를 나가면서 아둥바둥 억지로 삶의 의미를 찾기 위해 몸부림칩니다. 그러던 와중에 그녀는 아들을 죽인 살인범에게 면회 가서 그에게 죄 용서를 선언함으로써 자신도 그 지옥 같은 고통에서 벗어나고자 합니다.

이 면회 장면과 그 이어지는 장면들이 아마 이 영화의 백미일 것입니다. 죽지 못해 사는 삶에서 벗어나기 위해 겨우 자신을 추슬러 살인범을 만난 신애는 큰 충격에 빠집니다. 자신은 죽지 못해서 살고 있는데 감옥 속의 살인범은 너무나도 평온했습니다. 겨우겨우 충격을 이겨내고, 신애는 자신이 신앙을 갖게 됐으며, 이 신앙의 힘으로 그 살인범에게 사랑을 선포하기 위해 왔다고 말합니다. 그러자 살인범은 자기도 감옥에서 전도를 받아 신앙을 갖고 하나님으로부터 죄 용서를 받았다고 말합니다.

그의 이런 말은 신애는 경악합니다. 신애는 "하나님이 죄를 용서해주셨다고요?"라고 어처구니 없는 얼굴로 대꾸합니다. 그리고 어찌어찌 면회를 마무리하고, 넋이 빠진 채 밖으로 나와 혼자 걷다가 혼절합니다.

그때부터 그녀의 기행이 시작됩니다. 그녀는 예배당에서 강단 뒤의 십자가를 한참 응시하다가 교회 의자를 손바닥으로 마구 내리치는 이상한 행동을 합니다. 이것은 아마 그녀가 그 살인범과 하나님에게 느끼는 분노의 표출일 것입니다.

그녀가 가진 문제는 그녀를 위해 심방 온 목사님이 "이 어린 양을 불쌍히 여기시고 용서할 수 있는 힘을 달라"고 기도할 때 그녀가 하는 말을 통해서 드러납니다. 이 부분의 대사는 영화보다는 원작 소설이 조금 더 분명하게 잘 드러나므로 소설에서 그 대사를 빌려와 보면 다음과 같습니다.

"나는 새삼스레 그를 용서할 수도 없었고, 그럴 필요도 없었어요. 하지만 나보다 누가 먼저 용서합니까. 내가 그를 아직 용서하지 않았는데 어느 누가 나보다 먼저 그를 용서하느냔 말이에요. 그의 죄가 나밖에 누구에게서 먼저 용서될 수 있어요? 그럴 권리는 주님에게도 있을 수가 없어요. 그런데 주님께선 내게서 그걸 빼앗아 가버리신 거예요. 나는 주님에게 그를 용서할 기회마저 빼앗기고 만 거란 말이에요. 내가 어떻게 다시 그를 용서합니까?"

이어서 그녀는 교회 장로를 유혹해서 타락시키려는 모습, 남의 교회 기도회에 가서 트로트 음반을 틀어 그 기도회를 방해하는 모습, 가정 철야 기도회 하는데 찾아가서 유리창을 깨뜨리는 모습 등의 기행을 계속 이어갑니다.

결국 그녀는 자살까지 시도하지만 끝내 죽음마저 과감히 선택하지 못하고는 사람들에게 도움을 청하는 약한 모습도 보여줍니다. 영화의 끝은 병원에서 퇴원한 신애가 미장원에서 머리를 자르려 하다가 뛰쳐 나와 집에서 거울을 보고 그 머리를 자르는 것을 짝사랑 순정남 종찬이 도와주는 장면이 장식합니다.

이 영화가 반기독교적이라는 비판도 교계에서는 있었지만 그런 비판의 손가락을 들기 전에 저는 우리 한국 교회가 회개와 용서라는 문제를 너무 단순하게 가르치고 있는 것이 아닌가 하는 반성을 먼저 해야 한다고 생각합니다.

레위기 6:1-7은 우리가 짓는 죄에는 인적 차원과 신적 차원의 양 차원이 있다는 점을 이야기해주고 있습니다. 영화 속의 살인범의 경우에는 분명히 이 양 차원에서 죄가 저질러진 것이 분명합니다. 특히 인적 차원에서 죽은 아이뿐만 아니라 그 아이의 어머니인 신애의 인생까지도 완전히 파괴할 정도의 손상을 입힌 것이 분명합니다.

이런 경우 그 살인범이 정말 속건제 본문의 내용과 신학적 진의를 알았다면, 웨스트민스트 신앙고백서의 회개에 대한 가르침을 알았다면 그는 감옥으로 찾아와 사랑과 용서를 선포하려는 신애에게 어떻게 반응했을까요? 저는 최소한 영화와 소설 속의 형태로 하지는 않았을 것이라고 생각합니다. 그는 비록 하나님께서 자신의 죄를 완전히 용서하셨다는 것을 확신했다 할지라도 앞에서 본 조직신학자 하지의 해석과 마찬가지로 신애가 입은 감정과 손실을 온전히 통감하고, 그것을 어떻게든 끌어안고, 같이 아파하며, 철저히 배상하려는 태도로 임했을 것입니다. 신애가 진정성 있는 그 모습을 보고 자신이 사랑을 선포하러 온 것이 정말 잘했다는 생각이 들 정도로요.

그리고 만약 그랬다면 그 살인범은 자신이 하나님으로부터 용서를 받은 것에서 한 발 더 나아가서 자신에게 피해를 입은 사람으로부터도 온전한 용서를 받는 기쁨을 누렸을 것입니다. 그리고 신애는 자신의 전 인생과도 같았던 아들의 죽음이라는 고통으로부터 벗어나서 신앙 안에서 새로운 삶을 정말 활기차게 살아나갈 수 있었을 것입니다. 그리고 그 덕에 짝사랑 순정남 종찬은 아마 자신이 사랑해 마지않는 신애와의 사랑을 이룰 수도 있었을 것입니다.

이런 점에 있어서 영화 밀양은 레위기 6:1–7을 설명해주는 좋은 비유와도 같습니다. 마치 은쟁반에 금사과와 같은 조화라고 할까요? 이 영화라는 렌즈를 통해 들여다 본 레위기 본문의 메시지를 간단하게 정리하면서 설교를 마무리짓고자 합니다.

첫째, 죄는 하나님과 사람 앞에 빚을 지는 것입니다.

둘째, 죄는 신적 차원과 인적 차원이 있습니다.

셋째, 죄인은 이 두 차원 모두를 진정성 있게 온 마음을 다해 해결하고자 하는 바른 노력을 통해서 진정한 속죄에 이를 수 있습니다. 특히 많은 교인들이 소홀히 하기 쉬운 인적 차원에서의 해결을 염두에 두는 것이 중요합니다.

레위기 6:8-7:38

제사법 II

❑ 제사법 II의 개관

제사법 II의 본문(레 6:8-7:38)은 제사장을 주 청중으로 해서 5대 제사를 다루는 본문이다. 지금까지 다룬 제사법 I 본문(레 1:1-6:7)이 일반 백성을 주 청중으로 해서 5대 제사를 다룬 것과 대조된다.

이처럼 제사법 II의 본문이 제사장을 주 청중으로 한다는 점은 그 서두를 장식하고 있는 레위기 6:8-9a가 "그리고 여호와께서 모세에게 말씀하셨다 아론과 그의 아들들에게 명령하여 이르라"라고 말씀하고 있는 것으로 표시된다. 이미 여러 번 살펴본 바와 같이 이 전반부의 문구인 "그리고 여호와께서 모세에게 말씀하셨다"라는 문구는 새로운 단원의 시작을 알리고, "아론과 그의 아들들에게 명령하여 이르라"는 문구는 해당 본문의 주 청중이 누구인지를 표시해준다.

한 가지 흥미로운 점은 제사법 II 본문 중 화목제를 다루는 본문(7:11-36)의 중간에 "그리고 여호와께서 모세에게 말씀하셨다 이스라엘 자손에게 말하여 이르라"라는 문구가 나온다는 점이다(7:22-23a, 28-29a). 이 문구는 원래는 이스라엘 자손을 주 청중으로 하는 제사법 I 본문의 특징인데 말이다. 그러나 그 이유는 해당 문단들의 내용을 살펴보면 이해가 간다. 이 문구가 나오는 첫 번째 본문인 7:22-27은 지방과 피의 섭취에 대한 문제를 다루고 있다. 5대 제사 중 나머지 제사들은 어차피 일반 백성이 제물의 지방과 피를 먹을 일은 존재하지 않는다. 그러나 화목제는 일반 백성이 그 제물의 가장 큰 부분을 차지하게 된다. 따라서 이 문제는 아주 중요해진다(특히 7:25). 또한 7:28-36은 화목제물 중 제사장 몫에 대한 것인데 이것도 역시 화목제의 경우만 일반 백성이 화목제물의 가장 큰 부분을 차지하고, 그 와중에 제사장 몫의 고기 부위와 접촉할 수 있는 실제적인 위험이 있기 때문에 일반 백성 역시 이에 대해서 정확히 아는 것이 중요하다. 이런 면에서 볼 때 주 청중이 제사장 집단인 제사법 II 본문 속에 이처럼 일반 백성을 주 청중으로 하는 본문들이 들어 있다는 점은 마치 큰 서랍 속의 작은 정리함 같은 것이라고 생각하면 적절하게 이해된다.

제사법 II 본문, 제사장을 주 청중으로 하는 본문의 내용이 어떤 것들인지를 살펴보자.

첫째, 이 본문의 가장 큰 관심사는 5대 제사에 속한 각 제사의 제물의 귀속 문제를 다룬다(6:17; 7:7 등).

둘째, 제사 주관 시의 주의 사항들을 다룬다. 예를 들어 6:8-13의 번제의 규례는 그 전체가 제단의 불의 관리를 다루고 있다.

셋째, 비록 작은 단락이지만 6:19-23은 대제사장이 매일 드리는 소제에 대해서 다루고 있다.

넷째, 7:22-27은 지방과 피의 섭취 금지에 대해서 다루고 있다.

마지막으로 제사법 I의 본문과 제사법 II의 본문의 순서상의 차이에 대해서 잠깐 언급하고자 한다. 제사법 I은 일반 제사(번제-소제-화목제)-특수 제사(속죄제-속건제)의 순서로 되어 있다. 반면 제사법 II는 일반 제사 중 번제-소제를 먼저 다루고 나서 특수 제사인 속죄제-속건제를 다룬다. 그리고 마지막에 가서야 화목제를 다룬다. 그 이유는 제사의 관리자인 제사장의 입장에서는 5대 제사 중 유일하게 봉헌자인 일반 백성도 제물의 일부를 차지하는 화목제가 가장 관리하기가 복잡한 제사이기 때문이다. 그런 이유로 해서 이 화목제의 본문은 5대 제사 중 유일하게 제사법 I의 해당 본문보다 제사법 II의 해당 본문이 더 긴 제사이기도 하다. 아래의 도표를 참고하라.

1:1-2 서론			
제사법 I 백성 중심(1:3-6:7)		**제사법 II 제사장 중심(6:8-7:36)**	
1. 번제(1:3-17)	15절	1. 번제(6:8-13)	6절
2. 소제(2장)	16절	2. 소제(6:14-23)	10절
3. 화목제(3장)	17절	3. 속죄제(6:24-30)	7절
4. 속죄제(4:1-5:13)	48절	4. 속건제(7:1-7)	7절
5. 속건제(5:14-6:7)	13절	5. 화목제(7:11-36)	26절
7:37-38 결론			

1단계: 사역

6:8 (6:1)[131] 그리고 여호와께서 모세에게 말씀하셨다.

6:9 (6:2) 아론과 그의 아들들에게 명령하여 이르라. 이것은 번제의 규례이다. 번제물은 반드시 제단 위의 화상(火床) 위에서 아침까지 온 밤을 있어야 한다. 그리고 제단의 불은 그 위에서 불타고 있어야 한다.

6:10 (6:3) 그리고 제사장은 세마포 옷을 입고, 세마포 바지를 그의 살 위에 입고, 제단 위에서 불로 태운 번제물의 재를 들어내어 제단 옆에 두라.

6:11 (6:4) 그리고 그의 옷을 벗고, 다른 옷들을 입어라. 그리고 그 재를 진 밖의 정결한 곳으로 내가라.

131 '6:8 (6:1)' 이하부터 '6:30(6:23)'까지의 본문은 개역개정과 히브리어 원문의 장절이 차이가 난다. 여기에서 괄호 밖의 6:8 등은 개역개정의 장·절을 따른 것이고, 괄호 안의 장·절, 예를 들어 (6:1) 등은 히브리어 원문을 따른 것이다.

6:12 (6:5) 그러나 제단 위의 불은 거기에서 계속 타게 해라. 제사장은 아침마다 나무들을 불붙여라. 그리고 번제물을 그 위에 진열하여라. 그리고 그 위에 화목제의 지방을 불사르라.

6:13 (6:6) 번제의 불은 제단 위에서 항상 불타고 있어야 하고, 꺼져서는 안 된다.

6:14 (6:7) 이것은 소제의 규례이다. 아론의 아들들은 그것을 제단 앞 [곧] 여호와 앞에서 드려야 한다.

6:15 (6:8) 그는 소제의 곡식 가루와 그것의 기름으로부터 한 움큼을 소제 위의 모든 유향과 함께 집어라. 그리고 제단에서 향기로운 냄새로 그것의 기념물을 여호와께 불사르라.

6:16 (6:9) 그리고 그것의 나머지는 아론과 그의 아들들이 먹어라. 거룩한 곳에서 누룩 없이 먹어져야 한다. 회막 뜰에서 그것을 먹어라.

6:17 (6:10) 그것은 누룩과 함께 구워져서는 안 된다. 나의 화제물들로부터 내가 그것을 그들의 몫으로 주었다. 그것들은 속죄제나 속건제와 마찬가지로 지극히 거룩하다.

6:18 (6:11) 아론의 아들들 중 모든 남자는 그것을 먹어야 한다. [이것은] 여호와의 화제물들로부터 너희의 모든 세대에게 주어진 영원한 몫이다. 그 [화제들]에 닿는 자는 모두 거룩해야 한다.

6:19 (6:12) 그리고 여호와께서 모세에게 말씀하셨다.

6:20 (6:13) 이것이 아론과 그의 아들들이 그가 기름 부음을 받는 날에 드릴 예물이다. 곡식 가루 10분의 1에바를 항상 드리는 소제[로 드려라]. 그것의 절반은 아침에, 그것의 절반은 저녁에 [드려라].

6:21 (6:14) 그것은 철판 위에서 기름과 함께 만들어져야 한다. [기름을] 섞어서 가져와야 한다. 소제를 부순 것의 조각들을 여호와께 향기로운 냄새로 드려야 한다.

6:22 (6:15) 그를 대신하여 기름 부음을 받는 제사장은 이것을 행해야 한다. [이것은] 여호와의 영원한 몫으로서 통째로 불살라져야 한다.

6:23 (6:16) 그리고 제사장의 소제는 통째[로 드리는 것]이어야 한다. [그것은] 먹어져서는 안 된다.

6:24 (6:17) 그리고 여호와께서 모세에게 말씀하셨다.

6:25 (6:18) 아론과 그의 아들들에게 명령하여 이르라. 이것은 속죄제의 규례이다. 여호와 앞 번제물이 도살되는 곳에서 속죄제의 제물이 도살되어야 한다. 이것은 지극히 거룩한 것이다.

6:26 (6:19) 그것을 속죄제물로 드리는 제사장이 그것을 먹어야 한다. [곧] 회막 뜰의 거룩한 곳에서 그것이 먹어져야 한다.

6:27 (6:20) 그것의 고기에 닿는 자는 모두 거룩해야 한다. 그것이 피가 옷에 흩뿌려져 [묻은] 때에는 그 위에 흩뿌려져 [묻은] 것을 거룩한 곳에서 씻어라.

6:28 (6:21) [속죄제의] 고기를 삶은 토기는 깨뜨려져야 한다. 그리고 만약 놋그릇에 삶았으면 닦이고 물로 헹궈져야 한다.

6:29 (6:22) 제사장들 중의 모든 남자는 그것을 먹어야 한다. 이것은 지극히 거룩한 것이다.

6:30 (6:23) 그러나 성소에서 속죄를 하기 위하여 회막 안으로 그 피를 들여간 모든 속죄제물은 먹어져서는 안 된다. 그것은 불로 태워져야 한다.

7:1 이것은 속건제의 규례이다. 이것은 지극히 거룩한 것이다.

7:2 번제물을 잡는 곳에서 속건제물을 잡아라. 그리고 그것의 피를 제단 사방에 뿌려라.

7:3 그리고 그것의 지방을 완전히 드려라. [곧] 기름진 꼬리와 내장을 덮은 지방과

7:4 두 콩팥과 그 콩팥 인대 주변의 지방, 그리고 간 미엽을 콩팥과 함께 떼어내어 [드려야] 한다.

7:5 그리고 제사장이 그것을 제단에서 화제로 불살라야 한다. 이것이 속건제이다.

7:6 제사장들 중의 모든 남자는 그것을 먹어야 한다. 이것은 지극히 거룩한 것이다.

7:7 속죄제와 속건제는 규례가 같으니 그 제물은 속죄하는 제사장에게 귀속된다.

7:8 사람을 위하여 번제를 드리는 제사장, 그에게 그가 드린 번제물의 가죽이 귀속된다.

7:9 화덕에서 구운 소제물과 냄비로나 철판 위에서 만들어진 소제물은 모두 그것을 드린 제사장에게 귀속된다.

7:10 기름에 섞거나 마른 소제물들은 모두 아론의 모든 자손에게 균등하게 귀속된다.

7:11 그리고 이것은 여호와께 드릴 화목제의 규례이다.

7:12 만일 그것을 감사함으로 인해 드리고자 하면 그 감사제물과 더불어 기름 섞은 무교병과 기름 바른 무교전과 곡식 가루에 기름을 섞어 구운 과자를 드려라.

7:13 이 전병들과 함께 그의 화목제의 감사제물과 더불어 유교병을 그의 예물로 드려라.

7:14 모든 예물 중에서 하나씩을 들어올리기로 여호와께 드려라. 화목제물의 피를 뿌린 제사장에게 그것이 귀속된다.

7:15 감사제로 드린 화목제물의 고기는 그 예물을 드린 날에 먹어야 한다. 그것을 아침까지 남겨서는 안 된다.

7:16 그러나 그의 예물의 제물이 서원제나 자원제면 그 제물을 드린 날에 먹어야 한다. 그리고 그 다음날에도 그 남은 것을 먹을 수 있다.

7:17 그 제물의 고기가 셋째 날까지 남았으면 불태워야 한다.

7:18 만약 그 화목제물의 고기를 셋째 날에 조금이라도 먹는다면 그것은 기쁘게 받아들여지지 않을 것이다. 그것을 드린 자를 위해 그것이 인정되지 못할 것이다. 왜냐하면 그것이 부정한 것이 될 것이기 때문이다. 그것을 먹는 자는 그 죄를 짊어져야 한다.

7:19 그리고 어떤 부정한 것에 닿은 고기는 먹어서는 안 된다. 불로 태워 [없애라]. 그리고 모든 정결한 자는 고기를 먹어도 좋다.

7:20 만일 어떤 사람이 여호와께 속한 화목제물의 고기를 먹는데 그에게 부정함이 있다면 그 사람은 그의 백성 중에서 끊어질 것이다.

7:21 만일 어떤 사람이 부정한 것, [곧] 사람의 부정이나 부정한 짐승이나 부정하고 가증한 것에 닿았는데 여호와께 속한 고기를 먹는다면 그 사람은 그의 백성 중에서 끊어질 것이다.

7:22 그리고 여호와께서 모세에게 말씀하셨다.

7:23 이스라엘 자손에게 말하여 이르라. 소와 양과 염소의 지방은 먹어서는 안 된다.

7:24 스스로 죽은 것의 지방이나 짐승에게 찢긴 것의 지방은 다른 일들을 위해서는 사용될 수 있다. 그러나 결코 먹어서는 안 된다.

7:25 왜냐하면 여호와께 화제로 드린 가축의 지방을 먹은 모든 자는 그의 백성 중에서 끊어질 것이기 때문이다.

7:26 그리고 너희가 사는 모든 곳에서 새든 짐승이든 그것의 피는 모두 먹지 말라.

7:27 어떤 피든지 먹는 사람은 그의 백성 중에서 끊어질 것이다.

7:28 그리고 여호와께서 모세에게 말씀하셨다.

7:29 이스라엘 자손에게 말하여 이르라. 여호와께 화목제물을 드리는 자는 자기의 화목제물 중에서 자기 예물을 여호와께 가져와라.

7:30 그의 손으로 여호와의 화제물들을 가져와라. 그는 지방을 가슴 부위와 함께 가져와서 그것을 여호와 앞에서 흔들기로 흔들어라.

7:31 제사장이 그 지방을 제단에서 불사를 것이며, 가슴 부위는 아론과 그의 아들들에게 귀속된다.

7:32 그리고 너희는 화목제물의 오른쪽 넓적다리를 제사장에게 들어올리기로 주어라.

7:33 아론의 아들들 중에서 화목제물의 피와 지방을 드린 자에게 오른쪽 넓

적다리가 그의 몫으로 주어져야 한다.
7:34 내가 흔든 가슴 부위와 들어올린 넓적다리를 이스라엘 자손의 화목제
물들 중에서 취하여 제사장 아론과 그의 아들들에게 이스라엘 자손들
로부터 받을 영원한 몫으로 주었다.
7:35 이것은 여호와의 화제물들 중에서 아론의 몫과 그의 아들들의 몫이
다. 그들을 여호와를 위한 제사장으로 드린 날
7:36 곧 그들에게 기름을 부은 날에 여호와께서 이스라엘 자손 중에서 그들
에게 주라고 명령하신 것이다. 이것들은 그들의 대대로 영원히 받을
몫이다.
7:37 이는 번제와 소제와 속죄제와 속건제와 위임식과 화목제의 규례이다.
7:38 여호와께서 시내 광야에서 이스라엘 자손에게 그 예물을 여호와께 드
리라 명령하신 날에 시내 산에서 이같이 모세에게 명령하셨더라.

2단계: 사역 해설

6:9 (6:2) "번제의 규례" *토라트 하올라*(תּוֹרַת הָעֹלָה)

'규례'에 해당하는 단어는 *토라*이다. 이 단어는 레위기에서 처음으로 여기에 나온다. 이어서 이 단어는 6:9(히, 6:7), 6:25(히, 6:18); 7:1, 11에서 5대 제사의 나머지 제사들에 대하여 하나님께서 제사장들을 주 청중으로 해서 주신 제사법 II(6:8–7:36)의 세부 단원들의 도입구 역할을 하고 있다. 또한 이 단어는 7:37에서 5대 제사 본문 전체(레 1–7장)의 결론 본문의 도입구 역할도 하고 있다. "이는 번제와 소제와 속죄제와 속건제와 위임식과 화목제의 규례이다"(7:37).

"번제물은 반드시" *히 하올라*(הִוא הָעֹלָה)

단순한 직역을 하자면 "이것은 번제이다" 정도가 된다. 그러나 3인칭 여성

단수 주격 인칭대명사인 *히*는 '그것'(It)이라는 의미보다는 단지 강조 용법으로 쓰였을 가능성이 높다. 이 경우 '번제물'(*하올라*)이라는 단어를 문장의 실질상의 주어로 보아야 한다. 이 점을 반영하여 "번제물은 반드시"라고 번역하였다.[132]

"화상" *모크다*(מוֹקְדָה)

이 문구가 원래의 단어가 맞다면 성경에 단 한 번만 나오는 단어이다. 그리고 이 문구가 *모케드*(מוֹקֵד)에 3인칭 여성 단수 소유격(הּ)이 붙은 것이라면 즉 원래는 *모크다흐*(מוֹקְדָהּ)인 것이 맞다면 *모케드*는 이 구절을 포함해서 성경에 총 3번 나온다. 어느 견해가 맞든 간에 이 단어는 '불 타다'(to burn)란 뜻을 가진 *야카드*(יָקַד)란 단어에서 파생된 단어인데 정확한 의미는 불명이다. 학자들은 이 단어가 제단 안쪽에 설치된 불판이나 제단의 상단부를 의미한다고 보기도 하며, 또는 제단 위에 불타고 있는 것들을 뭉뚱그려 의미한다고 보기도 한다.[133] 여기에서는 마지막의 견해를 따라 '화상'이라는 표현을 사용하였다. 개역개정의 "석쇠"란 번역은 별로 가능성이 있는 번역은 아니라고 생각된다.

6:10 (6:3) "태운" *토칼*(תֹּאכַל)

아칼(אָכַל), '먹다, 삼키다'(to eat, consume)의 칼 미완료형 동사. 지금까

---

132 Milgrom, *Leviticus 1-16*, 383. Watts, *Leviticus 1-10*, 391은 기본적으로 이 해석을 따라서 이 문구를 번역하고 있는 것으로 보인다. 물론 그의 주석적 설명에서는 이 점을 부각시키고 있지 않지만 말이다. Levine, *Leviticus*, 35도 이 구문이 일반적인 것은 아니지만, 이 인칭대명사가 강조적인 기능을 갖고 있는 것으로 이해할 수 있다는 견해를 피력하며, '그 번제물 자체는'(the burnt offering itself) 정도로 번역하고 있다.

133 Francis Brown, Samuel Rolles Driver, and Charles Augustus Briggs, *Enhanced Brown-Driver-Briggs Hebrew and English Lexicon* (Oxford: Clarendon Press, 1977), 428b의 위의 두 단어에 대한 설명을 참고하라. 이 사전은 이 연재 글 전체에서 BDB라는 약칭으로 표시하도록 하겠다.

지 제물을 태우는 것과 관련하여 두 개의 동사, 즉 *히크티르*(הִקְטִיר)와 *싸라프*(שָׂרַף)가 사용된다는 것을 살펴본 바가 있다(1:9의 사역 해설 [68쪽] 참고). 그런데 이 구절에서는 두 동사와는 다른 단어인 *아칼*이 사용되고 있다. 이 단어는 제의적인 측면에서 앞의 두 단어와 같은 중요한 신학적인 의미들은 없으며, 단지 제단 불이 제물의 고기를 태워 재로 만드는 과정을 나타내는 표현으로 사용되고 있다.

6:14 (6:7) "드려야 한다"

주어는 '아론의 아들들'이라는 복수가 사용된 반면에 동사는 3인칭 남성 단수가 사용되고 있다.

6:16 (6:9) "먹어라"

여기에서는 주어인 '아론과 그의 아들들'이 복수인 것에 맞게 동사도 복수형이 사용되고 있다.

6:18 (6:11) "영원한 몫" *호크-올람*(חָק־עוֹלָם)

'몫'에 해당하는 히브리어 단어 *호크*는 '율례'라는 뜻도 있지만 '(할당된) 몫'이라는 의미로도 쓰인다(레 6:15; 7:34; 10:15; 24:9; 또한 창 47:22; 출 29:28; 민 18:8, 11, 19).[134] 여기에서는 문맥상 후자의 의미로 쓰이는 것으로 보는 것이 옳다.

"거룩해야 한다" *이크다쉬*(יִקְדָּשׁ)

이 표현은 레위기의 신학을 이해하는데 있어서 가장 중요한 표현들 중의 하나이다. 레위기의 대표 학자인 밀그롬은 화제물에 손을 대는 사람은 '거룩하게 된다'(shall become holy)는 것을 의미하며, 이 해석을 거룩의 전염성

134 Milgrom, *Leviticus 1-16*, 395.

에 대한 자신의 이론의 바탕으로 삼는다.[135] 이 견해는 대부분의 영어 성경들, 그리고 개역개정과 새번역 성경이 택하고 있는 번역이다. 그러나 애버백과 레빈은 이 단어가 "거룩해야 한다"(must be holy) 혹은 "거룩한 상태에 있어야 한다"(must be in a holy state)로 번역되어야 한다고 주장한다.[136] 현재 문맥에서 이 단어는 하나님께 드려진 화제물을 먹을 수 있는 자격에 대해서 다루고 있으므로 밀그롬의 해석보다는 후자의 견해가 더 설득력이 있다.

6:21 (6:14) "부순 것" *투피네*(תֻּפִינֵי)

투피님(תֻּפִינִים)의 연계형으로 추정되며, 성경에 단 한 번 여기에 나온다. 전통적으로는 '구운 것'(something baked) 정도의 의미로 추정되었지만 어원 등의 모든 것에 대해서 알려진 사항이 없다. 최근의 성경 역본들은 페쉬타 역본을 바탕으로 해서 '부순 것'(something broken) 정도로 해석을 하는 경우가 많다. 이 "사역 해설"은 이런 최근의 경향을 따랐다.

6:22 (6:15)

"영원한 몫" 18절의 *호크-올람*의 사역 해설(244쪽)을 참고하라.

"통째로" *칼릴*(כָּלִיל)

'전부를 다 갖추고 있다'(to be complete)는 뜻을 가진 *칼랄*(כָּלַל)의 동족어로서 '전체', '완결', '완전' 등의 의미를 갖고 있다. 이 단어는 제물의 전부를 다 태워서 하나님께 바치는 '전번제'[137](whole burnt offering)라는 뜻으로도 많이 쓰인다(신 33:10; 시 51:19[히, 5:21]). 그러나 현재 문맥에서 이 단어는

---

135 Milgrom, *Leviticus 1-16*, 445. Levine, *Leviticus*, 37은 '전염성 있는 거룩성'(contagious holiness)이란 개념을 M. Haran, "The Priestly Image of the Tabernacle", *HUCA* 36 (1965), 216-217이 만들어냈다고 지적하고 있다.

136 Richard E. Averbeck, "מִזְבֵּחַ", *NIDOTTE*, 2:900-902; Levine, *Leviticus*, 37.

137 '전번제'를 개역개정은 "온전한 번제"로 번역하고 있다.

이런 전문적인 용어로서의 전번제란 의미로 쓰인 것이 아니라 단지 기념물로 한 움큼만 불살라 하나님께 드리고 나머지는 제사장이 차지하는 일반적인 소제와 '전체' 혹은 '통째'로 하나님께 드리는 소제라는 뜻을 전달하고 있다. 따라서 이 사역에서는 '통째로'라고 이 단어를 번역했다. 개역개정의 "온전히 불사르고"는 이 *칼릴*을 의역한 것이며, KJV의 전통을 따른 것이다. 그러나 이것은 히브리어 본문 자체의 직역은 아니다. 참고로 이 단어는 레위기에서 이 구절과 다음 절(레 6:23[히, 6:16]), 단 두 군데만 나온다.

6:23(6:16) "통째[로]"

22절의 *칼릴* "사역 해설"(245-246쪽) 참고.

6:30 (6:23) "태워져야 한다"

싸라프(שָׂרַף)의 니팔형, 즉 수동형. *싸라프*는 제단 위에서 불살라 하나님이 흠향하시는 향기로운 냄새로 태워드리는 *히크티르*와 달리 대제사장의 속죄제나 온 회중의 속죄제와 같이 폐기처분용으로 제물의 고기 전부를 진 밖의 정결한 곳에서 태워 없애는 행위를 나타내는 동사이다. 이 점에 대해서는 1:9의 "사역 해설" 등에서 이미 설명한 바가 있다.

7:2 "속건제물" *아샴*(אָשָׁם)

개역개정은 이 단어를 "속건제의 번제물"이라고 번역하고 있지만 이것은 명백한 오역이다. 속건제가 번제물일 수도 없거니와, 번제물이라는 단어는 아예 이 구절에 나오지 않는다. 새번역은 느슨하게 "제물"이라고 번역하고 있는데, 이것도 역시 제대로 된 번역이라고 할 수는 없다.

7:3-4 이 두 구절에 나오는 지방들의 목록은 근본적으로는 화목제 및 속죄제의 지방의 목록이 나오는 3:9-10의("사역" 123쪽) 및 4:8-9("사역" 150쪽)의 지방들의 목록과 거의 동일하다. 각 어휘의 번역 및 기타 관련된 문제

들은 후자의 구절들의 "사역" 및 "사역 해설"을 참고하라.

한 가지 중대한 차이점은 3:9의 끝에는 "내장 주변의 지방과"란 표현이 나오는데 속건제물의 지방 목록에는 이 점이 7:3 끝에 생략되어 있다는 점이다. 이것은 목록상의 실제 차이라기보다는 필사상의 오류일 가능성이 크다. 소위 "유사문미(homoioteleuton)"라는 현상이라고 보아야 한다.[138] 즉 3:9은 "내장을 덮은 지방과 내장 주변의 지방과"라고 되어 있는데, 여기에서 '지방과'란 표현이 두 번 나올 때 필사가의 눈이 첫 번째 '지방과'를 필사해야 하는 대목에서 두 번째 '지방과'로 건너뜀으로써 이 두 어구 사이의 내용을 빠뜨리게 되는 결과를 낳는 것이다.

7:5 이 구절 역시 앞의 화목제의 지방의 목록을 담은 3:9–10에 이어지는 3:11과 많이 비슷하다. 그러나 '음식', '향기로운 냄새'라는 표현은 빠져 있다.

7:10 "균등하게" ***이쉬 크아히브*(אִישׁ כְּאָחִיו)**

직역하자면 "한 사람이 그의 형제들처럼." 이 어구는 일종의 숙어적 표현으로써 '각자'(each)란 뜻을 가진 상호대명사적 의미를 갖는다. 개역개정의 "균등하게"나 새번역 성경의 "똑같이 나누어서"는 이 어구가 가진 뉘앙스를 잘 살리고 있다. 여기에서는 개역개정의 번역을 따른다.

7:12 "곡식 가루에 기름을 섞어 구운 과자" ***솔레트 무르베케트 할로트 블룰로트 밧샤멘*(סֹלֶת מֻרְבֶּכֶת חַלֹּת בְּלוּלֹת בַּשָּׁמֶן)**

이 문구는 구문론적으로 좀 어색하다. 와츠는 엘리거(K. Elliger)의 주장을 따라 중간의 *할로트 블룰로트*를 빼는 것이 좋다고 주장한다.[139] 개인적으로는 이런 견해를 따르지만 여기에서는 개역개정의 번역을 따랐다. 또한 개역개정은 "과자"로 번역된 *할로트*는 '무교병'의 '병'('떡'이라는 뜻의 한자)과

---

138 Milgrom, *Leviticus 1-16*, 410.

139 Watts, *Leviticus 1-10*, 414.

같은 단어인데 때로는 이렇게 "병"으로, 때로는 "과자"로 번역한다. 현재 사역에서는 그냥 '병'이란 외자로 번역하면 생소해서 '과자'란 개역개정 번역을 따르기는 했지만 장차 이 모두를 아우르는 통일성 있는 한글 단어가 모색되어야 한다고 생각한다. 가능하면 동일한 히브리어 단어를 동일한 한국어로 번역하는 것이 좋기 때문이다.

7:13 "이 전병들과 함께" *알-할로트*(עַל־הַלֹּת)

개역개정과 새번역 성경은 이 문구를 번역에서 빠뜨리고 있지만 이 사역에는 원문을 살려서 집어넣었다.

7:14 "들어올리기" *트루마*(תְּרוּמָה)

직역하자면 "들어올리기." 이 단어는 개역개정에서는 "거제", 즉 "들어 올리는 제사"란 뜻의 단어로 번역되었다. 그러나 이런 번역은 독자들로 하여금 오해하게 만들 소지가 많다. 왜냐하면 '제사'를 뜻하는 '제'란 단어 때문에 이 *트루마*란 것을 구약의 제사들 중의 하나로 오해하는 사람들이 많기 때문이다. 그러나 *트루마*는 결코 제사가 아니다. 단지 이것은 '요제'라고 번역된 *트누파*(תְּנוּפָה, '요제', '흔들기'란 뜻)와 마찬가지로 제물 중 제사장의 몫을 나타내는 동작을 지칭하는 어휘들일 뿐이다. 이 점은 14절 후반절의 문구를 통해서 분명하게 드러난다. 현 사역에서는 *트루마*는 '들어올리기'로, *트누파*는 '흔들기'로 번역하고 있다.

7:15 "남겨서는 안 된다" *얀니아흐*(יַנִּיחַ)

개역개정은 "조금이라도"라는 내용을 넣고 있지만 히브리어 본문상에 존재하는 단어는 아니다.

"아침까지" 개역개정은 "아침까지"라는 부연 설명을 추가하고 있다.

7:17 "불태워야 한다" *잇싸레프*(יִשָּׂרֵף)

싸라프(שָׂרַף)의 미완료형. *싸라프*는 하나님께서 흠향하시도록 불사르는 것이 아니라 폐기처분용으로 태워서 없애는 동작을 가리킨다. 서원제와 자원제의 화목제물 중 남은 것은 이렇게 해서 제물의 고기를 폐기한다.

7:18 "조금이라도 먹는다면" *헤아콜 예아켈*(הֵאָכֹל יֵאָכֵל)

구문론적으로는 강조를 나타내는 부정사 절대형이 쓰인 구문이다. 따라서 기본적인 의미는 '정말로 먹는다면' 정도가 될 것이다. 이 구문이 의미하는 바는 3일째까지 남은 화목제물의 고기를 정말로 먹으면 안 된다는 뉘앙스를 담고 있다. 그런 의미에서 개역개정의 "조금이라도 먹는다면"이라는 번역은 비록 의역이기는 하지만 적절하기 때문에 이 사역에서도 따르고 있다.

"부정한 것" *픽굴*(פִּגּוּל)

이 단어는 구약성경에서 단 네 번 나온다(레 7:18; 19:7; 사 65:4; 겔 4:14). 처음 두 번의 본문인 레위기 구절들은 분명히 화목제물 중 3일째까지 남은 고기를 가리키는 표현이며, 나머지 두 본문인 선지서 본문들은 이 레위기 본문과의 연관성 속에서 이해하는 것이 가장 적절해 보인다. 따라서 *픽굴*이란 이 단어는 3일째까지 남아서 제의적으로 섭취가 불가능해진 상태를 가리키는 전문용어로 이해하는 것이 가장 적절할 것이다.

7:19 "모든 정결한 자" *콜-타호르*(כָּל־טָהוֹר)

레위기에서 *타호르*는 단순히 위생적으로 깨끗한 것을 가리키는 단어가 아니라 제의적으로 정결한 것을 가리키는 단어이다. 따라서 개역개정의 "깨끗한 자"란 번역은 의미상 모호하다고 생각되어 이 사역에서는 "정결한 자"로 이 단어를 번역하였다.

7:20 "그의 백성 중에서 끊어질 것이다"

니크르타 한네페쉬 하히 메암메하(נִכְרְתָה הַנֶּפֶשׁ הַהִוא מֵעַמֶּיהָ)

이 표현이 정확히 어떤 벌을 나타내고, 어떤 식으로 그 벌이 시행되는지에 대해서는 아직도 논란의 여지가 있다. 그러나 몇 가지 점은 의견이 수렴되는 듯하다.

첫째, '끊어질 것이다'란 표현이 수동태 형태로 되어 있는 것은 하나님이 이 처벌의 궁극적 시행자라는 것을 나타낸다.

둘째, 이 표현은 내세까지도 처벌이 영향을 미칠 수 있음을 나타내는 표현인 것으로 보인다. 창세기 35:29 등에는 "열조에게로 돌아가니"란 표현이 나오는데, 이것의 히브리어는 직역하면 "그의 백성에게로 모여졌다" 정도이다(*봐예아세프 엘-암마브*, וַיֵּאָסֶף אֶל־עַמָּיו) (또한 창 25:8, 17; 35:29; 49:29, 33; 민 27:13; 31:2; 신 32:50). 즉 죽으면 '그의 백성'이 가는 곳으로 가야 정상인데 그렇지 못하고 '그의 백성 중에서 끊어진다'는 것은 내세에 문제가 생긴 것이다. 따라서 이 표현은 고대 이스라엘의 종교 사상 속에서는 상당히 강력한 심판의 표현이라고 할 수 있다.[140]

7:30 "흔들기" *트누파*(תְּנוּפָה)

개역개정에 "요제", 즉 "흔들어 드리는 제사"라는 뜻으로 번역되는 이 단어는 제사가 아니라 단지 제사장 몫을 표시하는 행동을 지칭하는 단어이다. 이에 대해서는 7:14의 좀 더 자세한 해설을 보라.

7:35 "몫" *미쉬하트*(מִשְׁחַת)

미쉬하(מִשְׁחָה)의 연계형. 구약 전체에서 오직 이 구절에만 단어이다. 이 단어는 '기름 부어 (성별하다 혹은 임명하다)'라는 뜻을 가진 *마샤흐*(מָשַׁח)에서 파생된 단어로서 '기름 부음을 받는 자의 몫' 정도의 의미를 갖고 있다.[141]

---

140 게리 쉬니처, *토라 스토리* (서울: 솔로몬, 2014), 376–377.

141 동음이의어인 *미쉬하*(מִשְׁחָה)는 '기름 부음'(anointing)이라는 의미로 구약에서 21회

이 구절 이외의 경우에는 이 '몫'이란 뜻의 단어로 *호크*(חֹק)가 사용되고 있다.

7:37 **"위임식"** ***밀루임*****(מִלֻּאִים)**

'(제사장 직분을) 위임하다'라는 뜻의 단어는 히브리어로 '손을 채우다'(*밀레 야드*, מִלֵּא יָד)라는 관용적 표현을 쓴다. '위임식', 즉 *밀루임*이란 단어는 이 관용어의 *밀레*란 동사에서 파생된 명사이다.

3단계: 단락 구분

제사장 II 본문의 구조는 다음과 같다.

- 6:8–13 번제
- 6:14–23 소제
  - 6:19–23 대제사장의 소제
- 6:24–30 속죄제
- 7:1–6 속건제
  - 7:7–10 위 4개 제사 제물들의 귀속에 대한 규례
- 7:11–36 화목제
  - 7:11–21 화목제 일반 규례
  - 7:22–27 지방과 피의 섭취 금지
  - 7:28–36 화목제물 중 제사장 몫에 대한 규례
- 7:37 제사법 II 결론
- 7:38 제사법 전체 결론

사용되고 있다.

이 제사법 II 본문은 6:8–9a의 도입구로 시작된다. 이어서 5대 제사 각각에 대한 단원들이 배열되는데, 각 제사 단원의 시작은 "이것은 ~의 규례(*토라*, תּוֹרָה)이다"(6:9, 14, 25; 7:1, 11)라는 문구가 장식한다.

이 5대 제사 단원들 사이에는 몇 개의 특이한 본문들이 나온다. 6:19–23은 대제사장이 매일 드리는 소제를 다루고 있다. 이 특별한 소제 본문은 6:14–23의 소제 본문의 세부 주제라 할 수 있을 것이다.

7:7–10은 번제, 소제, 속죄제, 속건제에 대한 규례들(6:8–7:7)과 화목제 규례(7:11–36) 사이에 끼어 있다. 제사 관리자인 제사장의 관점에서는 가장 복잡한 화목제에 대해서 본격적으로 다루기 전에 지금까지 다루어 온 4개 제사의 제물들의 귀속 문제에 대해서 다시 한 번 다루고 있다.

마지막으로 7:22–27은 지방과 피의 섭취 금지에 대해서 다루고 있다. 이 주제는 제사법 II 본문의 가장 큰 주제라 할 수 있는 제물의 귀속 문제와 언뜻 보기에는 별로 상관이 없어 보인다. 그러나 일반 백성인 봉헌자들이 화목제물의 고기를 먹어야 하기 때문에 아무래도 제사법에 덜 익숙한 그들이 지방과 피를 섭취할 가능성이 있으며, 만약 그런 일이 발생할 경우 그 결과는 치명적일 수 있기 때문에 여기에서 상세하게 다루어지고 있다.

4단계: 본문 해설

이 제사법 II의 본문은 여러 제사에 대한 단원들이 몰려 있기 때문에 그 성격상 개별 구절별로 설명하는 것보다는 위의 "단락 구분"에 맞추어서 설명하는 것이 더 적절하다.

6:8-13 번제에 대한 규례

이 본문은 번제에 대한 규례를 담고 있다. 여기에서 가장 강조되고 있는 사항은 제단의 불을 결코 꺼지지 않게 해야 한다는 것이다. 세 번이나 이 점이 반복해서 강조되고 있다(9, 12, 13절).

그러면 어떻게 불이 꺼지지 않도록 유지하는가? 그 조치로 본문은 다음의 몇 가지를 이야기하고 있다.

(1) 9절: 번제물이 제단 위의 화상(火床) 위에서 계속 타고 있게 유지함으로써 불이 꺼지지 않게 한다. 아마 이 번제물은 민수기 28:3-8이 언급하고 있는 바와 같이 아침 저녁으로 드려지는 상번제 중 저녁 번제의 제물인 것으로 보인다.

(2) 12절: 밤새 저녁 번제물이 타오르고 있다가 아침이 되면 다시 나무를 더하고, 아침의 상번제물을 드리고, 그 위에 화목제의 지방을 불살랐다.

그러면 왜 이렇게 제단의 불을 꺼지지 않게 하는 것이 중요했을까? 그 이유는 아마 출애굽기 29:42에 나오는 듯하다. "이는 너희가 대대로 여호와 앞 회막 문에서 늘 드릴 번제라. 내가 거기서 너희와 만나고 네게 말하리라." 여기에서 꺼지지 않는 불은 거룩하신 하나님의 항시적 임재를 상징하는 것으로 보인다. 불이 번제단 위에서 계속 타고 있는 것은 하나님께서 거기 계시다는 표시이며, 하나님은 그곳을 통해 이스라엘 백성과 만나고 그들과 대화를 나누신다.

본문은 또한 제단의 재를 처리하는 방법에 대해서 다루고 있다.

첫째, 세마포 긴 옷을 입고, 속바지로 하체를 가린 상태에서 재단 위의 재를 수거하여 재단 곁에 둔다.

둘째, 옷을 갈아 입은 후 재를 진영 바깥 '정결한' 곳으로 가져간다.

여기에서 제단에서 재를 제거할 때와 진 밖으로 재를 내어갈 때 옷을 갈아 입는 것은 제의법의 사상과 잘 상응한다. 거룩한 제단에서의 작업을 위해서는 거룩한 베옷을 입고, 제단을 벗어난 위치에서의 작업에는 일반 옷을 입는 것이다. 이처럼 성과 속을 구분하는 것이 구약 제의법의 일관된 사상이다. 옷을 바꿔 입는 것은 이런 구분을 시각화한 것이다.

다음 단락으로 넘어가기 전에 지적할 사항은 이 번제 본문이 제사법 II의 다른 제사 본문들과 한 가지 뚜렷한 차이점이 있다는 것이다. 그것은 다른 제사 본문들은 제물이 누구에게 귀속되는지에 집중하는 반면 이 번제 본문은 그런 언급은 없고, 제단의 불을 유지하는 것에만 집중하다고 있다는 점이다. 그 이유는 다른 제사들과 달리 번제물은 가죽을 제외한 그 전부를 다 제단 위에서 불사르기 때문이다. 제사장이든 봉헌자든 상관없이 사람이 차지할 제물은 남지 않는 것이다. 참고로 번제물의 가죽의 귀속 문제는 레위기 7:8에 나온다.

6:14-23 소제에 대한 규례

소제에 대한 규례는 크게 두 부분으로 나뉜다.

6:14-18은 레위기 2장에서 다루어진 일반적인 소제에 대해서 다루고 있다. 6:19-23은 레위기 2장에서 다뤄지지 않은 대제사장의 소제에 대해서 다루고 있다.

먼저 일반 소제(14-18절)에 대해서 살펴보도록 하자. 소제는 한 움큼만을 기름과 유향과 더불어 하나님께 기념물로 드리고 그 나머지는 제사장의 몫으로 배당된다(15절; 참고, 2:2).

제사장 몫의 소제와 관련된 규정은 다음과 같다.

(1) 누룩을 넣어서 요리해서는 안 되었다(6:16-17).

(2) 거룩한 곳 회막 뜰에서 섭취해야 했다(16절).

(3) 제사장 몫의 소제를 다른 사람들이 건드리거나 먹는 것은 금지되었다.

여기에서 제사장 몫의 소제물이 "지극히 거룩하다"(17절)는 표현은 바로 이것이 제사장의 몫이라는 표현이다. 그리고 "그 [화제들]에 닿는 자는 모두 거룩해야 한다"(18절)는 문구는 바로 이 소제물을 먹을 수 있는 자격을 가진 자는 '거룩해야' 한다는 점(개역개정에는 "거룩하니라"로 되어 있으나 "거룩해야 한다"의 해석을 취한다. "사역 해설" 244-245쪽 참고), 즉 하나님께서 그것들을 먹도록 허락하신 자들뿐이라는 의미이다. 따라서 이것들을 먹도록 허락되지 않는 자들이 이것을 먹으면 안 되었다.

이제 대제사장의 소제 본문(19-23절)에 대해서 살펴보도록 하자. 본문의 시작은 19절의 "그리고 여호와께서 모세에게 말씀하셨다"는 문구가 장식하고 있다. 이 문구가 레위기의 제사법의 큰 단원들을 나누어 주거나 이전 문단의 내용과의 중대한 변화점을 나타내는 역할을 한다는 점에 대해서는 이미 여러 차례 언급한 바가 있다. 현재 문맥에서는 이 문구는 19-23절의 본문이 지금까지 레위기에서 전혀 안 다뤄진 내용, 즉 대제사장의 소제에 대한 내용이 나온다는 점을 독자에게 환기시켜 주는 역할을 한다.

본문이 다루고 있는 소제는 앞에서 나온 일반적인 소제가 아니라 아론과 그의 아들들 중에서 "기름 부음을 받는 제사장"(22절)이 "기름 부음을 받는 날에"(20절) 드리는 것이었다. 여기에서 '기름 부음을 받은 제사장'이란 표현이 일반 제사장을 가리키는 것이 아니라 대제사장을 가리킨다는 것은 레위기 4:3의 "사역 해설"(159쪽)에서 다룬 바가 있다.

이 대제사장은 "기름 부음을 받는 날"(20절)부터 시작해서 "항상 드리는 소제"(20절)로 이것을 드려야 했다. 즉 대제사장은 위임식 날로부터 시작해서 그 직위를 유지하는 모든 날 동안 이 소제를 드려야 했다.

이 대제사장의 소제에 대한 본문의 세부적 묘사는 다음과 같다.

첫째, 대제사장은 매일 고운 가루 1/10 에바(대략 2.2리터 정도)를 드리는데, 그 중 반은 아침에, 반은 저녁에 드린다(20절).

둘째, 이 제사장의 소제는 기름으로 반죽하여 철판에 구운 다음에 부순 것의 조각들을 하나님께 향기로운 냄새로 바친다(21절).

셋째, 이 소제는 일반 소제처럼 한 움큼의 기념물만 드리고 나머지는 자신이 차지하는 것이 아니라 그 전체를 '통째로'(23절) '여호와의 영원한 몫'으로 불살라야 했다. 여기에서 이 소제를 대제사장이 자기 몫으로 차지할 수 없었던 이유는 화목제를 제외하고는 봉헌자가 자기의 제물을 자기가 먹을 수 없다는 원칙 때문이다.

6:24-30 속죄제에 대한 규례

앞의 일반 제사인 번제와 소제에 대한 규례에 이어 24-30절의 본문은 특수 제사인 속죄제에 대해서 다룬다. 24-25a절의 "그리고 여호와께서 모세에게 말씀하셨다 아론과 그의 아들들에게 명령하여 이르라"는 문구는 제사법 I의 본문에서 일반 제사와 특수 제사의 분수령이었던 레위기 4:1-2a와 동일하다. 이처럼 이 6:24-25a에서도 역시 이 문구는 이 범주의 제사 본문 사이의 분수령의 역할을 하고 있다. 그리고 이어지는 25b절은 "속죄제의 규례이다"라고 말씀하고 있는데 바로 이것이 이 속죄제 본문의 진짜 도입구 역할을 한다.

이 속죄제 본문에서도 가장 중요한 사항은 하나님께 번제단에서 불살라 드리고 남은 제물의 귀속 문제이다. 26절은 제사를 집전한 제사장이 그것을 차지해야 한다는 점을 말하고 있다.

또한 속죄제물에 대해서 앞의 소제와 마찬가지로 '지극히 거룩하다'는 것이 강조되고 있다(25, 29절). 앞에서 여러 번 언급한 바와 같이 이 표현은 해당 제물이 제사장 몫이라는 의미이다. 따라서 "그것의 고기에 닿는 자는 모두 거룩해야 한다"는 규정이 나온다(27절).

마지막으로 이 속죄제물과 관련하여 몇 가지 중요한 주의 사항들이 언급된다.

(1) 속죄제의 피가 옷에 묻었을 때에는 그 피를 거룩한 곳에서 씻으라고 지시되어 있다(27절).

(2) 속죄제의 고기를 삶은 그릇에 대한 처리가 나온다(28). 토기는 깨뜨리고 놋그릇은 닦고 물로 헹군다.

(3) 속죄제의 제물들 중 '회막 안으로 그 피를 들여간 모든 속죄제물'은 먹어서는 안 된다는 지시가 나온다. 이런 속죄제물에 해당하는 것은 4:3-21에 나오는 대제사장의 속죄제물과 온 회중의 속죄제물이다. 해당 본문에서 이미 언급된 바와 같이 이 제물들은 진 밖 재 버리는 정결한 곳에서 완전히 불태워 없애야 했다(4:11-12, 21). 따라서 당연히 먹어서는 안 되는 것들이었다.

7:1-6 속건제에 대한 규례

이 본문은 7:1의 "이것은 속건제의 규례이다"라는 도입구에 이어 속건제 절차를 다루는 본문을 담고 있는데, 제사법 II의 속건제 본문은 제사법 I의 속건제 본문과는 그 내용을 완전히 달리한다. 제사법 I의 본문이 속건제의 절차는 완전히 배제하고 오직 죄를 빚으로 형상화해서 속건제물의 가격과 배상 문제에 대해서만 집중하는 반면에 제사법 II의 속건제 본문은 제사 절차에 더 집중한다.

2–5절의 내용을 볼 때 속건제의 봉헌 절차는 화목제의 절차와 많이 닮은 것으로 보인다. 우선 속건제물은 번제물을 잡는 곳에서 도살하고, 그 피를 제단 사방에 뿌린다(2절). 그리고 그 제물의 지방을 떼어내어 제단에서 화제로 불사른다(3–5절).

이처럼 봉헌 절차는 화목제와 닮은 반면 속건제물 중 지방을 뺀 나머지 부위의 처리는 속죄제와 비슷하다. 즉 6절에 따르면 제사장 계급에 속한 모든 남자가 그것을 먹어야 하는데, 이런 내용은 6:29의 속죄제 본문에도 똑같이 나오는 표현이다. 이처럼 속건제물이 오직 제사장들만 먹을 수 있는 음식이라는 점은 이 본문의 시작과 끝에 나오는 "이것은 지극히 거룩한 것이다"란 반복구에 의해서 강조된다(1, 6절).

7:7-10 위 4개 제사 제물들의 귀속에 대한 규례

화목제 본문(7:11–36)이 시작되기 직전에 들어 있는 이 본문은 지금까지 다뤄진 네 개의 제사, 즉 번제, 소제, 속죄제, 속건제의 제물의 귀속 문제를 정리해준다.

본문은 총 네 절(7–10절)로 구성되어 있는데, 먼저 7절은 속죄제와 속건제의 제물의 귀속 문제가 동일하다는 점을 언급하고 있다. 즉 해당 제물은 그 제물을 드린 제사장에게 귀속된다.

언뜻 보기에 마지막 사항은 바로 앞에서 본 6절의 속건제물에 대한 규례와 충돌하는 듯이 보인다. 6절에서는 "제사장들 중의 모든 남자가 그것[즉 속건제물]을 먹어야 한다"고 되어 있는 반면에 7절은 해당 제물 봉헌 절차를 담당한 제사장에게 그 제물이 귀속된다고 되어 있기 때문이다. 그러나 이 점은 모순이 아닐 가능성이 높다. 즉 6절은 결국 이 속건제물을 먹을 권리가 제사장 전체에게 있는 것임을 말하고 있는 반면에 7절은 그 제물을 제사장들에게 나눠줄 1차적 권리가 제사를 집전한 제사장에게 있다는 것을 말하고 있을 가능성이 높기 때문이다. 그래서 7절의 경우에도 결국은 제사장은 자신에게 귀속된 제물을 다시 동료 제사장들에게 분배할 것이기 때문에 6절의 내용과 같이 결국은 모든 제사장들이 이 제사장 소유의 제물을 먹을 수 있게 된다.[142]

7:8은 번제물의 가죽의 귀속 문제를 다룬다. 그 가죽은 해당 제물의 봉헌을 담당한 제사장에게 귀속된다.

7:9-10은 화덕, 냄비, 철판을 이용해서 만들어진 소제물은 제사를 집전한 제사장에게 귀속되고, 기름을 섞은 소제물이나 마른 소제물들은 '아론의 모든 자손', 즉 제사장 집단 전체에게 귀속된다고 언급하고 있다. 이 중 전자의 경우, 즉 제사를 집전한 제사장에게 귀속된다는 것은 이미 7절과 관련해서 언급한 바와 같이 그가 그것을 혼자만 소유한다는 것이 아니라 그가 그 제물들을 주도적으로 배분할 권리를 갖는다는 뜻이다.

7:11-21 화목제 일반 규례

이 본문은 제사법 II의 화목제 본문(7:11-36)을 구성하는 세 본문 중 첫 번째 본문이다. 본문을 좀 더 세부적으로 구분해보자면 다음과 같다.

(1) 감사제와 함께 드릴 소제(12-14절)

(2) 각 화목제의 섭취 시한 (15-18절)

(3) 제물 먹는 자의 자격 (19-21절)

이제 이 각 세부 문단에 대해서 살펴보자. 12-14절은 감사제와 함께 드릴 소제에 대해서 상세하게 언급하고 있다.

첫째, 무교병은 세 가지 종류, 즉 기름 섞은 무교병, 기름 바른 무교병, 곡

---

142 이런 해석에 대해서는 Watts, *Leviticus 1-10*, 412를 보라. 이 해석은 레위기 학자들의 표준적인 해석이다.

식 가루에 기름을 섞어 구운 과자를 드린다.

둘째, 유교병을 함께 드린다. 제사장은 이것들 중의 하나씩을 여호와께 "들어올리기"(개역개정, "거제")로 여호와께 드린다. 그 나머지는 제물을 드리는 일을 담당한 제사장의 몫이 된다(14절).

7:15-18은 화목제의 하부 제사들인 감사제, 서원제, 자원제에 대해서 다룬다. 감사제의 경우는 제물을 드린 당일에 다 먹으며, 다음날까지 남기면 안 되었다(15절). 그러나 서원제와 자원제의 경우는 다음날까지는 먹을 수 있었으나 셋째 날까지 남기면 안 되었다(16-17절). 18절은 셋째 날까지 남은 고기는 "부정한 것"(*피굴*, "사역 해설"(249쪽) 참고)이 되며, 그것을 먹는 자에 대해서는 아주 강한 경고를 하고 있다.

마지막으로 **7:19-21**은 화목제의 제물을 먹는 자와 관련한 주의 사항들을 담고 있다.

첫째, 고기가 부정한 것에 접촉되면 섭취하지 말고 불살라야 한다(19절).

둘째, 오직 '정결한 자'만 고기를 먹을 수 있다(19절).

셋째, 몸에 부정함이 있는 자와 부정한 것에 접촉한 자가 화목제물의 고기를 먹으면 그 사람은 백성 중에서 끊어질 것이다(20-21절).

7:22-27 지방과 피의 섭취 금지

이 본문은 화목제를 다루는 규례의 한 가운데 나온다. 화목제물을 다루는 규례 속에 특별히 지방과 피의 섭취 금지에 대한 규례가 나오는 이유는 화목제가 일반 백성이 섭취 가능한 유일한 제사이기 때문이다. 따라서 피와 지방에 대한 규례는 일반 백성도 반드시 파악하고 있어야 하는 문제이기 때문에 이렇게 다뤄지고 있는 것으로 보인다. 본문의 서론은 "그리고 여호와께서 말씀하셨다 이스라엘 자손에게 말하여 이르라"(7:22-23a)라고 되어 있는데 이것은 비록 본문이 제사장을 주 청중으로 하는 제사법 II의 일부이지만 금지 사항들은 일반 백성들도 꼭 알아야 했기 때문에 일반 이스라엘 백성도 청중에 포함시키고 있는 것이다.

본문의 본론은 크게 두 부분으로 나뉜다. 23-25절은 지방에 대한 규례를 담고 있고, 26-27절은 피에 대한 규례를 담고 있다.

우선 23-25절을 보자. 23절은 제물로 허락된 소와 양과 염소의 지방을 섭취하는 것을 금지하고 있다. 그리고 25절은 제물의 지방을 일반 백성들이 먹는 것이 금지되어 있다는 점이 강조되고 있다(23, 25절).

이 두 구절 사이에 낀 24절은 이런 짐승들 중 자연사한 것이나 짐승에게 찢긴 것의 지방의 경우에는 그것들을 사용하는 것 자체는 허용되었지만 역시 섭취하는 것은 금지되었음을 말해주고 있다. 참고로 레위기 11:39-40; 17:15은 이런 짐승들을 먹는 것까지는 허용한다. 하지만 이것들을 먹는 경우 그들은 부정하게 되므로, 부정을 해결하는 절차들을 밟아야 했다. 그리고 어찌 됐든 그런 짐승들을 먹는 경우에도 그 지방을 먹는 것은 금지되었다고 7:24의 본문은 말하고 있다.

26-27절은 피에 대한 규정을 담고 있다. 지방과 달리 피는 무조건 그 섭취가 금지되었다. 그 이유는 레위기 17:11이 분명하게 밝히고 있듯이 피가 속죄에 중요한 역할을 하기 때문이다. 끝으로 27절은 피를 먹는 자는 "백성 중에서 끊어질 것"이라는 강한 경고를 하고 있다.

7:28-36 화목제물 중 제사장 몫에 대한 규례

화목제에 대한 제사법 II의 세 본문 중 마지막 본문인 이 본문은 화목제물 중 제사장 몫에 대한 내용에 집중하고 있다. 좀 더 세부적으로는 다음과 같다.

첫째, 화목제물의 가슴 부위는 "흔들기"(개역개정, "요제")로 흔들어서 제사장 몫을 표시한다(30절). 이 부위는 '아론과 그의 아들들', 즉 제사장 집단에게 귀속된다(31절).

둘째, 화목제물의 오른쪽 넓적다리는 "들어올리기"(개역개정, "거제")로 들어올려서 역시 제사장 몫을 표시한다(32절). 이것은 화목제물의 봉헌을 집전한 제사장 몫이 된다(33절). 앞에서 이미 여러 번 다룬 바와 같이 이것은 제사장이 이 부위를 독점한다는 것이 아니고 이것의 분배에 대한 권리를 갖는다는 말이다. 결국 그 부위는 제사장 집단이 함께 차지한다.

마지막으로 **34-36**절은 이 단락의 정리다. 34, 36절의 "영원히 받을 몫"이라는 표현은 제사장의 몫에 대한 강조를 다시 한 번 해주고 있다.

7:37-38 제사법 결론

37절은 제사법 II의 결론 역할을 하고 있다. 나열되는 제사는 5대 제사와 '위임식'의 제사이다. 위임식 제사를 제외한 나머지 제사의 순서는 번제, 소제, 속죄제, 속건제, 화목제이다. 이 순서는 바로 제사법 II 단원에서의 제사 본문들의 순서를 반영한다.

학자들 사이에서 논란이 되는 것은 '위임식' 제사란 것이 무엇을 가리키느냐 하는 것이다. 어떤 학자들은 이 표현이 출 29:19-28의 위임식에 대한 하나님의 명령 본문과 레위기 8:22-29의 위임식 실행 본문에 나온다는 것에 기초해서 이 레위기 7:37의 표현이 바로 이 위임식 제사를 가리킨다고 본다. 반면 다른 학자들은 이것이 제사법 II 본문 속의 대제사장의 소제 본문(6:19-23)을 가리킨다고 본다. 개인적으로는 후자의 주장이 좀 더 타당성이 있지 않을까 한다.[143]

38절은 제사법 전체의 결론 역할을 하고 있다. 이 제사법이 "시내 광야에서…시내 산에서…" 주었다고 밝히고 있다. 이렇게 해서 구약성경 중에서 가장 난해하면서도 가장 중요한 본문들 중의 하나인 5대 제사에 대한 규례들이 마무리된다.

---

143 이에 대한 좀 더 상세한 논의는 Watts, *Leviticus 1-10*, 426-427를 보라.

5단계: 적용

6:18-23 제사장을 주 청중으로 하는 제사법 본문 중 번제에 대해서 다루고 있는 본문인 6:8-13은 번제의 절차 등에 대해서는 언급이 없이 오직 제단의 불 관리에 대한 내용에 집중한다. 불에 대한 관리는 특히 두 가지 점에 초점을 맞추고 있다. 첫째, 불은 절대 꺼뜨려서는 안 된다(9, 12, 13절). 둘째, 재를 제단 위에서 꺼낼 때는 세마포 옷을 입고 해야 하며, 그 재를 진 밖 정결한 곳으로 내어갈 때는 옷을 갈아 입어야 한다.

먼저 불을 절대 꺼뜨려서는 안 된다는 명령과 관련하여 몇 가지 적용점을 생각해 볼 수 있다.

첫째, 항상 꺼지지 않고 유지되는 불은 앞의 6:8-13의 "본문 해설"(252-254쪽)에서 설명한 바와 같이 하나님의 항시적 임재를 상징한다(출 29:42).

둘째, 이 항시적 임재의 상징인 불을 유지하는 책임을 하나님은 제사장들에게 맡기셨다. 제사장들은 상번제(민 28:3-8)의 제물을 아침과 저녁에 드림으로써 불이 번제단에서 꺼지지 않게 관리해야 했다. 마틴 루터의 종교개혁 구호 중의 하나를 따라 "만인 제사장"들인 우리 성도들은 이처럼 하나님의 임재의 불이 우리의 삶 속에서 꺼지지 않도록 해야 할 책임이 있다. 이를 위해 우리 성도들은 말씀과 기도가 우리의 아침과 저녁에 불타오르도록 유지해야만 한다.

불을 관리하는 제사장이 제단 위에서 재를 꺼낼 때 입는 옷과 그것을 버리러 진 밖으로 나갈 때 입는 옷이 달라야 함을 본문은 가르치고 있다. 제사장은 성막의 거룩한 곳에서 사역을 할 때는 세마포로 된 옷을 입어야 했다. 그러나 그 자리를 나와서 진 밖으로 나가 작업을 할 때는 옷을 갈아입었다. 이 규례는 하나님이 거룩하신 분이심을 보여준다. 우리는 우리가 상대해야 할 하나님이 어떤 분이신지를 결코 잊어서는 안 된다.

6단계: 설교 "영혼의 불을 끄지 말라"

레위기 6:8–3의 번제에 대한 본문은 하나님과 우리 사이에 대해서 몇 가지 점을 가르쳐 줍니다.

첫째, 하나님은 제단 위의 불이 절대 꺼지지 않아야 한다고 말씀하십니다. 이 불은 하나님의 임재를 상징합니다. 따라서 꺼지지 않는 불은 하나님의 임재가 소멸되지 않음을 말합니다. 우리 하나님은 항상 우리와 함께하고 싶어하시는 분입니다. 우리가 하나님의 임재를 잃어버리지 않을 때 우리는 우리의 삶 전체를 지키시는 하나님을 경험하게 됩니다. 시편 3–4편은 이런 것들을 아침과 저녁이라는 주제와 관련하여 다룹니다. 먼저 시편 3:5–6에서 시인은 아침에 깨었을 때 하나님의 붙드심을 경험하고 원수에 대한 두려움을 극복합니다. 이어서 시편 4:7–8은 하나님께서 마음에 허락하신 기쁨에 감사합니다. 그는 평안히 눕고 자며, 안전함을 경험합니다.

둘째, 이처럼 불이 꺼지지 않게 할 임무를 하나님께서는 우리에게 주셨습니다. 우리는 구약의 제사장들이 아침과 저녁에 번제를 드림으로써 이 불이 항상 번제단 위에서 타오르게 했던 것처럼 말씀과 기도에 힘을 써야 합니다. 기도의 사람이었던 조지 밀러는 단순히 기도의 사람이었을 뿐만 아니라 또한 말씀의 사람이기도 했습니다. 그가 성경을 100번 정도 읽은 다음에 이런 말을 했다고 합니다. "나는 하나님의 말씀을 충분히 읽지 않은 날은 잃어버린 날로 간주했다. 친구들은 '나는 할 일도 많고, 만날 사람도 많아서 성경 연구를 할 시간이 없어'라고 자주 말한다. 그러나 어쩌면 나보다 할 일이 많은 사람은 별로 많지 않을 것이다. 반 세기도 넘게 나는 내가 처리할 수 있는 양보다 해야 할 일이 더 적었던 날이 전혀 없었다. 4년 동안 나는 매년 약 3만 통의 편지를 써야 했으며, 그 대부분은 내 손을 거쳐 갔다. 그리고 천이백 명의 성도를 가진 교회의 목사로서 나는 돌봐야 할 사람들이 많았다. 게다가 나는 다섯 개의 거대한 고아원들을 운영하고 있었다. 또한 내 출판소에는 수백만 권의 소책자들이나 책이나 성경들의 인쇄와 유통의 일이 있었다. 그러나 나는 매일 하나님 및 말씀과 상당한 시간을 보내기 전에는 결코 다른 일을 시작하지 않는 것을 규칙으로 삼았다. 그리고 내가 누린 복은 놀라운 것이었다."[144] 그는 다른 일들을 하기 전에 항상 하나님 앞에서 자신의 영혼의 번제단의 불이 꺼지지 않게 함으로써 하나님의 종으로서 큰 일들을 했던 것입니다.

셋째, 우리가 함께하는 하나님은 거룩하신 분이심을 항상 기억해야 합니다. 제사장들은 번제단에서 재를 꺼낼 때 거룩한 세마포 옷을 입었습니다. 만인 제사장으로서 하나님 앞에서 살아나가는 우리 성도들 역시 하나님 앞에 설 때 거룩함을 갖춰야 함을 기억해야 합니다. 고린도전서 3:16-17은 이렇게 말씀합니다. "너희는 너희가 하나님의 성전인 것과 하나님의 성령이 너희 안에 계시는 것을 알지 못하느냐 누구든지 하나님의 성전을 더럽히면 하나님이 그 사람을 멸하시리라 하나님의 성전은 거룩하니 너희도 그러하니라"(또한 고전 6:19-20). 만약 우리가 거룩하신 하나님 앞에 거룩한 모습으로 나아가지 아니하면 하나님의 임재를 상징하는 불은 우리를 태우는 불이 될 수 있습니다. 이와 관련해서 히브리서 10:26-27은 이렇게 말씀합니다. "우리가 진리를 아는 지식을 받은 후 짐짓 죄를 범한즉 다시 속죄하는 제사가 없고 오직 무서운 마음으로 심판을 기다리는 것과 대적하는 자를 태울 맹렬한 불만 있으리라." 그러므로 우리는 우리가 섬기는 하나님이 거룩하신 분이시며, 그분과 함께하는 유일한 길은 우리가 거룩하게 되는 것뿐이라는 점을 항상 기억해야 합니다.

---

144 Paul D. Wegner, *Using Old Testament Hebrew in Preaching: A Guide for Students and Pastors* (Grand Rapids: Kregel, 2009), 25.

레위기 8장
제사장 위임식 I

❏ 제사장 위임식 I 개관

레위기 1-7장의 5대 제사에 대한 하나님의 지시 이후에 나오는 8-10장은 제사를 주관할 제사장의 위임식과 그 후속 사건에 대해서 다루고 있다. 8-9장은 총 8일에 걸친 위임식의 과정을 다루고 있으며, 10장은 위임식이 끝난 후 나답과 아비후가 "여호와께서 명령하시지 아니하신 다른 불"을 가지고 여호와 앞에 분향하려 나갔다가 여호와 앞에서 나온 불에 타 죽은 사건(레 10:1-2)으로 촉발된 일련의 후속 이야기를 담고 있다.

이 중 여기에서 다루고자 하는 레위기 8-9장의 8일의 제사장 위임식은 앞에서 말한 바와 같이 총 8일에 걸쳐서 치러진다. 8장은 이 8일 중 처음 7일 동안의 위임식 과정을 서술하고 있는데, 이 기간 동안 아론과 그의 아들들은 제사장 위임 예정자이면서도 아직은 신분상으로 일반 백성과 동일한 상태에서 위임식을 치른다. 따라서 8장에서 치러지는 제사들은 이들이 제사장과 일반 백성의 중간 상태인 상황 속에서 제의가 치러진다는 점을 생각하고 읽으면, 앞의 5대 제사들이 어떤 식으로 여기에서 적용되고 있는지를 잘 이해할 수 있게 된다. 그리고 이어지는 9장은 이제 정식으로 대제사장으로 위임된 아론이 처음으로 대제사장 자격을 가지고 제사 의식을 집전하는 내용을 담고 있다.

8–9장의 내용을 살펴보기에 앞서 두 가지 정도의 사항을 기억하고 있어야 한다.

첫째, 레위기 8장의 내용은 출애굽기 28장의 제사장 의복 제작과 29장의 제사장 위임식에 대한 여호와의 명령에 바탕을 두고 있다. 따라서 이 출애굽기 본문들에서 이미 상세하게 다뤄진 내용들이 레위기 8–9장에서는 그냥 전제되고 있다. 예를 들어 출애굽기 28장은 에봇에 대한 묘사에 9절 분량(28:6–14), 흉패 묘사에 16절 분량(28:15–30)을 할애하고 있지만 레위기 8장은 이것들에 대한 묘사는 거의 없이 그냥 출애굽기 28장의 내용들을 전제하고 있다. 따라서 이것들에 대한 제대로 된 이해는 후자의 본문을 찾아가서 보아야만 한다. 또한 레위기 8장의 제사장 위임식에 대한 내용도 출애굽기 29장의 이에 대한 하나님의 상세한 명령을 전제하고 있다. 예를 들어 레위기 8:2은 '무교병 한 광주리'라는 간단한 언급만 하고, 나중에 26절에 가서는 무교병 한 광주리에 담긴 것들의 상세한 목록을 마치 독자들이 잘 알고 있는 것처럼 언급한다. 그러나 상세한 목록은 레위기 8장 내에서는 전혀 찾아볼 수 없다. 오직 레위기 8장이 바탕으로 하고 있는 출애굽기 29:2–3을 봐야한다. 후자의 구절에는 '무교병 한 광주리' 안에 담겨 있는 내용물의 상세한 목록이 나온다. 그리고 이것이 레위기 8:26과 상응한다. 이처럼 레위기 8장의 내용을 잘 알기 위해서는 반드시 출애굽기 28–29장을 알아야만 한다.

둘째, 레위기 8–9장의 위임식의 내용은 출애굽기 40장에서 이미 실행된 내용을 다루고 있다. 출애굽기 28–29장의 내용에 바탕을 둔 출애굽기 40:12–16은 이미 모세가 하나님의 명령대로 아론과 그 아들들에게 제사장 임명식을 시행한 것으로 말하고 있다. 출애굽기 40:16은 "모세가 그같이 행하되 곧 여호와께서 자기에게 명령하신 대로 다 행하였더라"고 분명히 말하고 있기 때문이다. 또 '물로 씻기고', '거룩한 옷을 입히고', '기름을 붓는' 행위(출 40:12–15)는 분명히 레위기 8장의 내용 및 흐름과 상응한다. 따라서 본문의 순서상으로 레위기 8–9장보다 앞선 출애굽기 40장에서 이미 제사장 임명식은 치러진 것으로 말하고 있음이 분명하다.

이렇게 볼 때 오경 저자는 출애굽기-레위기 본문을 꼭 연대기적 순서로만 기록하고 있는 것이 아님을 알아야 한다. 그는 때때로 필요한 경우에는 연대기적인 순서보다 주제적 순서를 더 중요시 여기는 경우도 있다.[145] 바로 이 경우가 그러한데, 오경 저자는 출애굽기 25-40장의 성막 건설의 이야기가 그 자체로 완결될 수 있도록 이 안에 성막 건설과 그 안에서 사역할 제사장의 위임식까지의 모든 내용을 일단 다 서술한다. 그리고 나서 다시 레위기 1-7장을 통해 5대 제사를 깊이 다룬다. 그리고 이것을 바탕으로 해서 레위기 8-9장에서 다시 한 번 제사장 위임식이 치러지는 과정과 드려지는 제사들을 아주 상세하게 서술한다. 따라서 우리는 레위기 8-9장은 시간상으로는 출애굽기 40:12-16으로 되돌아가며, 주제적으로는 이 출애굽기 본문에서 간단하게 다뤄진 내용을 상세하게 확장해서 서술하는 것으로 이해하면 된다.

이런 점들을 바탕으로 해서 이 단원에서는 먼저 레위기 8장의 내용, 즉 제사장 위임식의 총 8일 중 처음 7일간의 내용을 먼저 "제사장 위임식(I)"이라는 제목하에 다루도록 하겠다. 그리고 레위기 9장의 내용, 즉 제8일의 내용

---

145 토라의 연대기적 순서의 문제는 단지 현대에 와서 불거진 문제가 아니라 오래전부터 랍비들 사이에서도 끊임없이 논의된 사항이었다. 이 문제에 대한 랍비들의 견해에 대한 좋은 개관은 Abraham Joshua Heschel, *Heavenly Torah: As Reflected Through the Generations* (New York: Continuum, 2006), 239-243을 보라. 또한 랍비들로부터 최근에 이르기까지의 오경을 포함한 구약의 책들의 연대기적 문제에 대한 좋은 개관은 Rachel Gilmour, *Juxtaposition and the Elisha Cycle* (London: Bloomsbury, 2014), 5-68을 보라. 전체적으로 볼 때 구약 본문에 대한 이런 논의들은 너무 성경 내러티브의 연대기 서술 방식에 대한 이해가 없이 진행된 경향이 있다. 기존의 성경 해석자들이 문제 삼았던 많은 연대기적인 문제들은 서사학(narratology)적으로 아주 쉽게 처리될 수 있다. 서사학적인 내러티브 연대기 분석법에 대한 개관적 이해는 박철현, "박철현 교수의 설교를 위한 구약 내러티브 본문 이해(5): '스토리 시간' vs. '디스코스 시간'", *목회와신학* 293호 (2013년 11월), 188-196의 이론 설명을 보라. 또한 "박철현 교수의 설교를 위한 구약 내러티브 본문 이해(1): '내러티브 본문, 어떻게 설교할 것인가?'", *목회와신학* 289호 (2013년 7월), 202-212에 소개된 서사학 기본 서적들에서 '시간'에 대한 항목들을 보라. 내러티브에서의 시간 서술 방식에 대한 이론을 잘 습득하면 성경 해석 및 설교에 큰 도움이 된다.

이자 아론이 대제사장으로서 처음 제사를 집전하는 내용은 "제사장 위임식 (II)"라는 제목하에 다음 단원에서 다루도록 하겠다.

1단계: 사역

8:1 그리고 여호와께서 모세에게 말씀하셨다.

8:2 아론과 그의 아들들과 의복들과 관유과 속죄제의 수소와 숫양 두 마리와 무교병 한 광주리를 취하여라.

8:3 그리고 온 회중을 회막문으로 모으라.

8:4 그러자 모세가 여호와께서 자기에게 명령하신 대로 하였다. 그리고 회중이 회막문으로 모였다.

8:5 모세가 그 회중에게 말했다. 이것이 여호와께서 시행하라고 명령하신 말씀이다.

8:6 그리고 모세가 아론과 그의 아들들을 데려다가 그들을 물로 씻겼다.

8:7 그리고 그에게 속옷을 입히고, 허리띠로 묶고, 겉옷을 입혔다. 그리고 그 위에 에봇을 걸치고, 에봇의 끈으로 두르고, 그것으로 맸다.

8:8 그리고 그 위에 흉패를 얹었다. 그리고 그 흉패 안에 우림과 둠밈을 넣었다.

8:9 그리고 그의 머리에 관을 씌웠다. 그리고 그 관 위 전면에 금으로 된 패, [곧 거룩한 패를 붙였으니 여호와께서 모세에게 명령하신 대로였다.

8:10 그리고 모세가 관유를 취하여 성막과 그 안의 모든 것들에 발라서 그것들을 거룩하게 하였다.

8:11 또 그것을 제단에 일곱 번 흩뿌리고, 그 제단과 그 모든 기구와 물두멍과 그 [물두멍의] 받침에 발라 거룩하게 하였다.

8:12 또 관유를 아론의 머리에 붓고 그에게 발라 거룩하게 하였다.

8:13 그리고 모세가 아론의 아들들을 데려다가 그들에게 속옷을 입히고,

허리띠로 묶고, 관들을 씌웠으니 여호와께서 모세에게 명령하신 대로
였다.
8:14 그리고 그가 속죄제의 수소를 끌어왔다. 그리고 아론과 그의 아들들
이 그들의 손을 속죄제의 수소의 머리에 얹었다.
8:15 그리고 그가 그것을 도살했다. 그리고 모세가 그것의 피를 취하여 손가
락으로 제단의 네 귀퉁이 뿔에 발라 제단을 정결하게 하였다. 그리고
그 피를 제단 밑에 쏟아 부어 그것을 거룩하게 하여 제단을 속하였다.
8:16 또 내장을 덮은 모든 지방과 간 미엽과 두 콩팥과 그 지방을 가져다가
모세가 제단 위에 불살랐다.
8:17 그리고 그 수소, [곧] 그 가죽과 고기와 똥을 진영 밖에서 불태웠으니
여호와 께서 모세에게 명령하심과 같았다.
8:18 그리고 그가 번제의 숫양을 드렸다. 아론과 그의 아들들이 그들의 손
을 그 숫양의 머리에 얹었다.
8:19 그리고 그가 그것을 도살했다. 그리고 모세가 그것의 피를 제단 사방
에 뿌렸다.
8:20 그리고 그가 그 숫양의 각을 떴다. 그리고 모세가 그것의 머리와 각 뜬
것과 지방을 불살랐다.
8:21 그리고 그가 물로 내장과 정강이들을 씻었다. 그리고 모세가 그 숫양
의 전부를 제단 위에서 불살랐다. 이것은 번제로서 여호와께 드리는
향기로운 냄새였으며, 여호와께 드리는 화제였으니 여호와께서 모세
에게 명령하심과 같았다.
8:22 그리고 두 번째 숫양, [곧] 위임식의 숫양을 드렸다. 아론과 그의 아들
들이 그들의 손을 그 숫양의 머리에 얹었다.
8:23 그리고 그가 그것을 도살했다. 그리고 모세가 그것의 피를 취하여 아론의
오른쪽 귓부리와 오른쪽 엄지 손가락과 오른쪽 엄지 발가락에 발랐다.
8:24 그리고 아론의 아들들을 데려다가 모세가 그들의 오른쪽 귓부리와 오
른쪽 엄지 손가락과 오른쪽 엄지 발가락에 그 피를 발랐다. 그리고 모

세가 그 피를 제단 사방에 뿌렸다.
8:25 그가 또 그 지방과 기름진 꼬리와 내장을 덮은 모든 지방과 간 미엽과
두 콩팥과 그 지방과 오른쪽 넓적다리를 떼어냈다.
8:26 그리고 여호와 앞에 있는 무교병 광주리에서 무교병 한 개와 기름 섞
은 떡 한 개와 전 한 개를 가져다가 그 지방들과 오른쪽 넓적다리 위에
놓았다.
8:27 그리고 그 전부를 아론의 손과 그의 아들들의 손 위에 두었다. 그리고
[아론이] 그것들을 여호와 앞에서 흔들기로 흔들었다.
8:28 그리고 모세가 그것들을 그들의 손으로부터 취하여 제단의 번제물 위
에 불살랐다. 이것들은 화제이며 향기로운 냄새로 여호와께 드리는
위임식 제물이었다.
8:29 그리고 모세가 그 가슴을 취하여 여호와 앞에서 흔들기로 흔들었다.
이것은 위임식의 숫양[의 고기] 중 모세의 몫이었다. 여호와께서 모세
에게 명령하심과 같았다.
8:30 그리고 모세가 관유와 제단 위의 피를 취하여 아론과 그의 옷, 그리고
그와 함께한 아들들과 그의 아들들의 옷에 흩뿌려서 아론과 그의 옷과
그의 아들들과 그의 아들들의 옷을 거룩하게 하였다.
8:31 그리고 모세가 아론과 그의 아들들에게 말하였다. 회막 입구에서 고기
를 끓여서 거기에서 그것과 위임식 광주리 안의 음식을 먹으라. 내가 이
미 "아론과 그의 아들들은 먹을지어다"라고 명령한 것처럼 말이다.
8:32 그리고 고기와 음식 중에서 남은 것은 불로 태워야 한다.
8:33 그리고 너희의 위임식의 날들이 끝나는 날까지 이레 동안 회막 입구로
부터 나가지 말아라. 왜냐하면 너희가 위임되기까지 7일이 걸릴 것이
기 때문이다.
8:34 오늘 행해진 것은 여호와께서 너희를 위하여 속죄하게 하시려고 명령
하신 것이다.
8:35 너희는 칠일 주야를 회막 문에 머물러라. 그리고 여호와께서 지키라

고 하신 것을 지켜라. 그러면 너희가 죽지 않을 것이다. 내가 이렇게 명령을 받았다.

8:36 아론과 그의 아들들이 여호와께서 모세를 통하여 명령하신 모든 말씀을 행하였다.

2단계: 사역 해설

8:7 "속옷" *쿹토네트*(כְּתֹנֶת)

개역개정에 '속옷'이라고 번역된 이 단어는 현대 국어에서의 속옷과는 다른 개념이다. 국어에서의 속옷은 그냥 그것만 입고 밖에 나돌아다닐 수는 없지만 이 *쿹토네트*는 그 자체로 화려한 전시용 옷일 수도 있었다. 예를 들어 창세기 37장의 요셉의 유명한 채색옷도 이 단어로 지칭되었다. 재료는 꼭 세마포만이 아니라 가죽 등도 사용되었다. 이 사역에서는 부득이하게 개역개정을 따라 "속옷"이라는 번역을 채택하였는데, 그 이유는 바로 뒤에 나오는 소위 '겉옷'과 구분해주기 위한 것이다.

"겉옷" *므일*(מְעִיל)

이 단어의 어근은 '올라가다'란 뜻의 *알라*(עָלָה)이다. 따라서 여기에서 파생된 *므일*은 '위에 입는 옷'이라는 뜻이 된다. 이 사역에서는 개역개정의 뜻을 따라 "겉옷"이라고 번역하였다.

"맸다" *예포드*(יֶאְפֹּד)

동사의 원형은 *아파드*(אָפַד). 이 단어는 구약에서 단 두 번 나온다(출 29:5; 레 8:7). 그리고 모두 에봇(*에포드*, אֵפֹד)과 연결되어 있다. 따라서 이 동사는 에봇이란 명사에서 파생된 동사라고 봐야 하며, 아마 에봇을 매는 특별한 동작을 나타내는 단어로 보인다.

8:8 "관" *미쯔네페트*(מִצְנֶפֶת)

단어의 어근은 *짜나프*(צנף)란 동사이며, 이 동사의 뜻은 '~의 둘레에 감다'(to wind round)라는 뜻이다. 따라서 대제사장의 관의 형태는 중동의 남자들이 머리에 쓰는 터번(turban)과 비슷한 형태를 띠었을 것이다.

"우림"(אוּרִים), "둠밈"(תֻּמִּים)

"*우림*"은 '빛'이란 뜻을 가진 *우르*(אוּר)의 복수형이며, 그 의미는 '빛들'이다. "*둠밈*"은 '완전하다'는 뜻을 가진 어근인 *타맘*(תָּמַם)에서 파생된 단어로 보이며, 그 의미는 '완전함'인 것으로 생각된다. 두 단어가 정확히 어떤 방식으로 하나님의 계시와 관련되었는지는 성경의 정보만으로는 판단이 서지 않는다. 흔히 우림과 둠밈 이 두 돌이 마치 제비뽑기와 비슷한 방식으로 작동하지 않았겠느냐는 견해를 발견할 수 있지만 성경상의 정보들을 면밀히 검토해 볼 때 그런 증거는 보이지 않는다. 왜냐하면 '제비뽑기'란 단어는 '(제비를) 취하다', '(제비를) 던지다' 등의 동사들과 함께 쓰이는데 우림과 둠밈은 단 한 번도 이런 동사들과 함께 쓰이지 않았기 때문이다.[146]

8:9 "거룩한 패" *네제르 학코데쉬*(נֵזֶר הַקֹּדֶשׁ)

개역개정은 이것을 "거룩한 관"이라고 번역하고 있으며, 이것은 히브리어 원문의 반영이라기보다는 개역개정이 자주 그 번역의 바탕으로 삼고 있는 영어 성경인 KJV의 번역인 "거룩한 관"(holy crown)을 그냥 따른 것이다. 그러나 이 경우 독자들은 마치 '거룩한 관'이 금패를 지칭하는 것이 아니라 바로 앞에 나오는 대제사장의 관(*미쯔네페트*) 자체를 지칭하는 것으로 오해할 수 있다. 그러나 히브리어 원문상으로 "거룩한 패"는 분명히 바로 앞의 금패와 동격 관계에 있으며, 히브리어로는 *네제르*이기 때문에 단어 자체가 틀리다.[147]

---

146 이에 대한 좀 더 상세한 논의는 Cornelius Van Dam, "תֻּמִּים אֻוּרִים", *NIDOTTE*, 329–331을 보라.

147 더 추가적인 논의는 Milgrom, *Leviticus 1-16*, 512–513을 보라.

"여호와께서 모세에게 명령하신 대로였다"

***카아쉐르 찝봐 아도나이 에트 모쉐*(כַּאֲשֶׁר צִוָּה יהוה אֶת־מֹשֶׁה)**

동일한 이 문구는 레위기 8장에서 9, 13, 17, 21, 29에 나온다. 이 문구는 원래는 출애굽기 39–40장에서 성막의 완성이 하나님의 명령대로 철저하게 수행되었음을 나타내주는 중요한 문구였다(출 39:1, 5, 7, 21, 26, 29, 31; 40:19, 21, 23, 25, 27, 29, 32). 레위기 8장은 이 문구를 다시 여기에서 활용함으로써 8장의 제사장 위임식이 마치 성막 건설 및 승인과 같이 철저히 하나님의 뜻을 따라 시행되었음을 나타내주고 있다. 또한 이 문구와 궁극적으로는 동일한 의미를 가지고는 있기는 하지만 히브리어상으로 살짝 다른 표현들은 레위기 8: 4, 5, 31, 34, 36에 나온다. 작은 차이들을 제외하면 이 표현들도 그 기능은 위의 문구와 거의 동일하다고 보면 된다.

8:13 "관들" *미그바오트*(מִגְבָּעוֹת)

이 단어의 어근은 구약성경에는 사용되지 않은 동사인 *가바*(גָּבַע)로 추정되며, 그 의미는 이 동사의 유의어들을 고려할 때 산봉우리나 머리 윗쪽의 둥근 형태를 나타내는 것으로 생각된다. 아마 일반 제사장의 관 형태는 이 동사의 이런 의미를 반영했을 것이다. 또한 일반 제사장의 관은 대제사장의 관(8절, *미쯔네페트*)과 다른 단어를 사용하고 있으며, 양 단어의 어근의 의미를 고려할 때 그 형태도 달랐을 것으로 보인다.

8:14 수소 *파르*(פַּר)

이 단어는 '소'라는 가축을 지칭하는 일반적인 단어이며, 결코 '수송아지'를 특정해서 가리키는 단어가 아니다. 이 번역은 4:3–12의 대제사장의 속죄제에 사용된 *파르 벤-합바카르*(פַּר בֶּן־הַבָּקָר)란 어구에 대한 오해에서 파생된 것이다. 이 문제에 대해서는 4:3의 "사역 해설"(160–161쪽)을 참고하라.

8:15 “그가 도살했다”

현재 본문에서는 ‘그’가 누구인지에 대해서 혼란이 있다. 만약 ‘도살했다’는 동사에 내재된 주어인 3인칭 남성 단수 ‘그’가 모세라고 볼 경우 왜 굳이 그 다음 동사의 주어로 모세가 명시가 됐는지가 의문시된다. 이 때문에 NET 성경의 각주는 이 ‘그’를 아론으로 보아야 한다고 주장한다. 그러나 레위기 8:15의 제사 절차에 대한 하나님의 명령을 담은 출애굽기 29:11에 따르면 이 속죄제의 수소를 도살한 사람은 모세라고 보는 것이 가장 명백한 결론으로 생각된다.

“속죄하였다” *르캎페르*(לְכַפֵּר)

동사는 *카파르*(כָּפַר)의 피엘 부정사 연계형 형태이다. 여기에서는 이것을 결과적 용법으로 해석하여, 이것의 앞의 행동들의 결과를 나타내는 것으로 보았다. 모세가 피를 제단 밑에 쏟아 부은 행위가 제단을 속죄하는 결과를 가져온 것이다.

8:27 “흔들었다” *봐야네프*(וַיָּנֶף)

이 동사의 주어는 모세가 아니라 아론이라고 봐야 한다.

8:31 “음식” *레헴*(לֶחֶם)

개역개정은 *레헴*을 “떡”으로 번역하고 있으나 사실은 이 단어는 좀 더 넓은 의미에서 쓰이는 경향이 있다. 마치 한국어에서 ‘밥 먹었냐’고 물을 때 ‘밥’은 정말 밥만을 의미하는 것이 아니라 ‘식사’라는 의미를 갖는 것과 마찬가지다. 이런 면에서 이 사역에서는 ‘음식’이라고 번역하였다.

8:33 “너희가 위임되기까지 7일이 걸릴”

***쉬브아트 야밈 예말레 에트-에드켐*(שִׁבְעַת יָמִים יְמַלֵּא אֶת־יֶדְכֶם)**

이 히브리어 문장을 직역하자면 “7일이 너희의 손을 채울 것이다” 혹은 “7

일 동안 그것이 너희의 손을 채울 것이다"이다. 히브리어에서 '~의 손을 채운다'는 말은 곧 '~를 위임하다'라는 뜻의 관용어로 사용된다. 본 사역에서는 언어의 차이를 고려하여 이 문장을 의역하였다.

3단계: 단락 구분

아론이 정식 대제사장이 되기까지의 총 8일에 걸친 위임식 중 처음 7일의 의식을 다루는 레위기 8장의 본문은 다음과 같은 내용을 담고 있다.

8:1	제사장 위임식의 도입구
8:2–5	제사장 위임식의 명령과 실행
8:6–9	대제사장 착복식
8:10–13	성막과 제사장의 관유 의식
8:14–17	속죄 제사
8:18–21	번제의 숫양
8:22–29	위임식의 숫양
8:30	제사장들 및 의복에 대한 관유와 피의 의식
8:31–32	위임식의 화목제물의 처리
8:33–36	7일간의 위임식에 대한 지시

4단계: 본문 해설

8:1 "그리고 여호와께서 모세에게 말씀하셨다"

지금까지 항상 그래 왔듯이 레위기에서 이 문구는 새로운 단원의 시작, 즉 제사장 위임식(8–9장)과 그 후속 사건(10장)을 다루는 단원의 시작을 알린다. 이 단원은 레위기 11장에서 다시 전혀 새로운 단원, 즉 정결한 짐승과 부정한 짐승에 대한 본문이 나오기 전까지의 단원 표시 역할을 한다.

8:2-5 이 본문은 제사장 위임식을 위한 서론격인 본문이다. 하나님은 모세에게 아론과 그의 아들들, 의복, 관유, 속죄제의 수소, 숫양 두 마리, 무교병 한 광주리를 취하고, 온 회중을 회막문으로 모이게 하라고 명하신다(2–3절). 모세가 하나님의 명령대로 시행하고, 회중은 회막문에 모인다(4절). 여기에서 "모세가 여호와께서 자기에게 명령하신 대로 하였다"라는 문구는 그 유사 문구들과 더불어 아주 중요하다(9절 "사역 해설" 참고). 마치 성막 건설이 하나님의 명령대로 잘 시행되었음을 강조해주는 출애굽기 39–40장의 동일한 후렴구들(역시 9절 "사역 해설"[273쪽] 참고)과 마찬가지로 레위기 8–9장에서도 이 문구는 이스라엘의 첫 제사장 위임식이 명령대로 잘 치러졌다는 것을 강조해주고 있기 때문이다. 그리고 바로 이것은 위임식 직후의 첫 사건에서 나답과 아비후가 죽은 사건이 "여호와께서 명령하시지 않은" 불을 여호와 앞에 분향하려고 했기 때문에 발생했던 것과 강한 대조를 이룬다(참고, 레 10:1–2). 하나님 앞에 선 제사장, 그리고 백성의 생사는 바로 여호와의 명령대로 사느냐 아니냐 하는 것에 달려 있는 것이다.

8:6-9 이 본문은 대제사장인 아론의 착복식에 대한 내용을 담고 있다. 본문의 시작 절인 6절은 모세가 아론과 그의 아들들 전부를 물로 씻기는 내용을 담고 있다. 그러나 본문의 나머지 내용은 대제사장인 아론에게만 집중하며, 아론의 아들들에게 제사장 의복을 입히는 일은 13절에 나온다. 기본적으로 6–9절의 내용은 출애굽기 29:4–9의 하나님의 명령을 통해 지시된 사항이다. 모세는 먼저 아론과 그의 아들들을 물로 씻긴 후에 아론에게 속옷, 허리띠, 겉옷, 에봇, 흉패, 우림과 둠밈, 관을 착용하게 한다. 그리고 관 위에 '거룩한 패'를 붙이게 한다. 9절 마지막의 "여호와께서 모세에게 명령하신 대로였다"란 문구는 이 절차가 여호와의 명령대로 완벽하게 수행되었음을 강조해준다.

8:10-13 이 본문은 성막과 제사장에게 관유를 붓는 의식을 서술하고 있다. 관유의 제조 및 관유 붓는 의식에 대해서는 출애굽기 30:22–33에 나온다. 이 중 26–30절이 바로 성막과 제사장에게 관유 붓는 의식에 대한 명령을 담고 있다. 또한 이 명령은 이 단원의 개관에서 이미 지적한 바와 같이 출애굽기 40:9–16에서 이미 실행된 것으로 언급된 바가 있다. 현재 이 레위기 본문은 시간적으로 바로 이 40:9–16의 대목으로 돌아가서 그 일을 다시 한 번 이렇게 언급하고 있는 것이다.

그러면 성막 건설에 대한 본문이 왜 굳이 '성막과 제사장에 대한 기름 부음'의 내용을 담고 있는 것일까? 성막 본문은 성막이 물리적으로 완성된 것을 언급해주는 것으로 충분하지 않은가? 이런 질문들에 대한 답은 다음과 같다.[148]

첫째, 이 본문은 성막의 물리적 완성이 진정한 완성이 아님을 보여준다. 성막의 완성은 '외형적 완성'(출 40:2–8)과 '내적 완성'(40:9–15)으로 나누어 볼 수 있는데, 성막이라는 건물의 완성에서 더 중요한 것은 '하나님의 처소로서의 성막의 내적인 완성'이다. 이 내적인 완성을 표시하기 위해 하나님은 성막의 각종 기구들에 관유를 붓는 절차를 마련하셨다(40:9–11). 하나님의 승인을 나타내는 이 기름 부음이 없는 물리적 건물의 완성은 결코 진정한 완성이라고 할 수 없다.

둘째, 성막의 진정한 완성은 기름 부음을 통한 내적 완성을 넘어서서 거기에서 사역할 사역자들의 기름 부음을 통해 이루어진다(출 40:12–15). 아무리 성막이 내적, 외적으로 완성되었다고 해도 거기에서 일할 사역자가 준비되어 있지 않으면 아무 소용이 없다. 제대로 준비된 사역자가 없는 성막은 그냥 건물에 불과하다. 이런 면에서 볼 때 성막의 진정한 완성은 거기에서 일할 사역자의 기름 부음과 거룩케 됨을 통해서 이루어진다. 이런 의미에서 레위기 8장의 제사장 위임식은 진정한 성막의 완성에 대한 이야기라고 할 수 있다.

이 문단 역시 끝은 레위기 8:9과 마찬가지로 13절에서 "여호와께서 모세

---

148 이하의 내용은 박철현, *출애굽기 산책* (서울: 솔로몬, 2014), 231–232에 기초하고 있다.

에게 명령하신 대로였다"란 문구를 씀으로써 하나님의 명령대로 모든 절차가 이루어지고 있음을 강조하고 있다.

8:14-17 이 본문은 제사장들을 위한 속죄제물 봉헌에 대한 내용을 다루고 있다. 그 바탕 본문은 출애굽기 29:10-14이다.

이 속죄 제사의 피와 관련된 의식은 다음과 같다.

(1) 피를 제단의 네 귀퉁이 뿔에 발라 제단을 정결하게 한다(15절).

(2) 피를 제단 밑에 쏟아 제단을 거룩하게 하여 그것을 속한다(15절).

이렇게 피의 의식을 치른 후에 지방은 제단 위에서 불살라 하나님께 드리고(16절), 나머지 가죽을 포함한 모든 부위는 다 진 밖에서 불태웠다(17절).

8장의 속죄제물을 드리는 절차와 관련해서 몇 가지 유의할 사항들이 있다.

첫째, 앞의 5대 제사에서는 봉헌자의 역할과 제사장의 역할이 뚜렷하게 나뉘어 있다. 그러나 8장에서는 모세가 모든 사역을 주관한다. 아마 그 이유는 이것이 정식 제사장이 들어서기 직전에 드려지는 첫 제사이기 때문인 것으로 보인다. 그래서 모세가 아직 존재하지 않는 제사장을 대신해서 모든 역할을 다 담당하는 것 같다.

둘째, 모세의 이런 역할은 그가 이스라엘의 종교에서 가진 특별한 지위를 보여준다. 속죄제를 통해서 죄를 속하고서야 대제사장 역할을 맡게 되는 아론과 달리 모세는 제사장 위임식이 없이도 제사장 사역을 한다. 물론 모세의 이런 역할은 한시적인 것이기는 하지만 말이다. 이런 면에서 모세는 진정으로 이스라엘 종교의 산파라고 할 수 있다.

셋째, 이 속죄 제사는 대제사장의 속죄 제사(4:3-12)와 일반 백성의 속죄 제사의 중간적인 성격을 갖고 있다. 우선 제물이 수소인 점, 그리고 하나님께 바쳐 드린 지방 외의 제물 전부를 진 밖에서 불태우는 점(16-17절)은 대제사장의 속죄 제사와 닮았다(4:11-12).

넷째, 성막 안의 분향단이 아닌 성막 뜰의 번제단의 뿔에 피를 바르는 의식은 일반 백성의 속죄 제사와 닮았다. 원래 4:3-12의 대제사장의 속죄제의 경우에는 피를 성소 안으로 가지고 들어가서 여러 가지 절차를 밟아야 했다. 그러나 8장의 수소의 속죄제는 그냥 번제단에 피를 바르는 것까지만 했다. 이처럼 성소 안으로 피를 가지고 들어가지 않고, 번제단에서 피의 처리를 마무리하는 것은 대제사장과 온 회중의 속죄제를 제외한 나머지 속죄제의 피 처리 방식이었다. 이런 면에서 8장의 수소의 속죄제는 중간적인 성격을 띠는 것으로 보인다. 그 이유는이 제사가 이스라엘 역사상 최초로 치러지는 제사장 위임식이라는 점 때문인 것같다. 아직 아론과 그 아들들은 제사장이 아니다. 그러나 이들은 곧 제사장이 될 사람들이기 때문에 이들이 완전히 평민인 것도 아니다. 이처럼 이들의 신분이 중간적인 성격을 띠고 있기 때문에 이들을 위한 제사도 중간적인 성격을 띤다.

8:18-21 이 본문은 2절에서 언급된 두 마리 숫양 중 한 마리를 번제로 드리는 내용을 담고 있으며, 출애굽기 29:15-18의 하나님의 명령에 기초하고 있다. 여기에는 새로운 내용은 없다.

8:22-29 이 본문은 2절에서 언급된 두 마리 숫양 중 나머지 한 마리를 위임식의 숫양으로 드리는 내용을 담고 있으며, 출애굽기 29:19-28의 하나님의 명령에 기초하고 있다.

위임식의 숫양을 드리는 절차는 기본적으로 화목제와 비슷하다. 그러나 피의 사용에 있어서는 지금까지 보아왔던 레위기의 모든 제사들과는 다른 독특한 절차를 담고 있다. 그것은 위임식 제물의 피를 아론과 그의 아들들의 오른쪽 귀, 오른쪽 엄지손가락, 오른쪽 엄지발가락에 바른다는 점이다(8:24). 인체의 끝부분들에 위치한 이 세 특정한 신체 부위는 인간 전체를 상징하는 듯이 보인다.[149]

---

149 아래의 해설은 박철현, *출애굽기 산책*, 221-222의 해설을 거의 문자적으로 옮긴 것이다.

흥미로운 점은 이런 식의 피의 사용과 비슷한 유일한 다른 예는 문둥병자의 정결 의식이라는 점이다(레 14:14).[150] 문둥병 환자의 이 특정 신체부위들에 피를 바른 것은 해당 환자가 완전히 회복된 것을 표시하는 것이었다. 따라서 이 의식은 제사장의 경우에도 그가 완전히 정화가 되는 것을 의미하는 것으로 보인다. 이와 관련하여 딜만이라는 주석가는 다음과 같이 설명했다.[151]

> "제사장은 항상 하나님의 거룩한 목소리를 듣기 위해 귀를 성별해야 했고, 언제나 거룩한 행동을 하기 위해 손을 성별해야 했으며, 늘 거룩한 길을 걷기 위해 발을 성별해야 했다."

또한 주후 1세기의 유명한 유대인 철학자이자 성경 해석자인 필로(Philo) 역시 *모세의 생애*(*On the Life of Moses*, 2.150)란 책에서 이와 비슷한 해설을 제시했다.[152]

> "완전한 사람은 모든 말과 행동, 그리고 자신의 전 생애에 있어서 순결해야 한다. 왜냐하면 그의 말들은 들음에 의해서 판단되고, 손은 행동의 상징이며, 발은 그가 사는 삶의 길에 대한 상징이기 때문이다."

그러므로 제사장은 하나님의 말씀을 잘 듣기 위해서 귀를 정결하게 하고, 하나님 앞에서 사역을 잘 하기 위해 손을 정결하게 하고, 하나님 앞에서 정도를 걷기 위해 발을 정결하게 해야 했다.

---

150 Göran Larsson, *Bound for Freedom: The Book of Exodus in Jewish and Christian Traditions* (Peabody: Hendrikson Publishers, 1999), 229.

151 A. Dillmann, *Exodus und Leviticus* (KEHAT; Leipzig: Verlag von S. Hirzel, 1880), 465.

152 C. D. Yonge, *The Works of Philo* (New Updated Edition; n.d.: Hendrikson, 1993), 504. 위의 Larsson의 책에서 얻은 정보를 가지고 Philo 저술 영역본을 바탕으로 재번역함.

8:25-28은 위임식의 제물 중 지방 전부와 오른쪽 넓적다리(25), 그리고 무교병 광주리의 내용물들(2절; 참고, 출 29:2) 중 일부를 아론이 여호와 앞에서 "흔들기"(개역개정, "요제")로 흔든 다음에 모세가 그것들을 다 불살랐다는 것을 말하고 있다. 원래 화목제물의 오른쪽 넓적다리는 제사장 직분에게 할당된 몫이었다(레 7:32-34). 그러나 위임식의 제사에서는 이들이 아직 정식 제사장이 아니었기 때문에 이 부분은 그들의 몫이 되지 못하고, 제단에서 '화제이며 향기로운 냄새'로 태워졌다.

이어서 **8:29**은 모세가 가슴 부위를 차지한 것으로 되어 있다. 이 점은 한 시적으로 위임식 제사를 집전하고 있는 모세의 역할과 잘 상응한다.

8:30 한 절로 된 이 문단은 모세가 관유와 제단의 피를 가지고 아론 및 그의 아들들과 그들의 옷에 뿌리는 의식을 담고 있다. 이 의식은 위임식 절차의 절정이자 마지막 단계였다.

8:31-32 이 본문은 아론과 그의 아들들이 위임식의 제물 중 하나님께 바쳐진 부위와 모세가 차지한 부위를 제외한 나머지를 회막 입구에서 먹고, 남는 것들은 태워 없애라는 명령을 담고 있다. 22-29절의 "본문 해설"(279-281쪽)에서 언급한 바와 같이 이 위임식의 제물 중 하나님께 불살라 드린 부위와 제사 집전자인 모세가 차지한 부위 외의 부위를 아론과 그의 아들들이 먹는다는 것은 아직 이들이 정식 제사장이 아니라 일반 제사 봉헌자와 같은 신분임을 보여준다. 이들은 위임식이 모두 끝나고 정식 제사장 직분자가 되기 전까지는 여전히 일반 백성과 같은 신분임을 본문은 보여준다.

8:33-36 이 본문은 위임식이 7일 동안 지속됨을 말해주고 있다. 7일이 지나면 아론과 그의 아들들은 정식으로 제사장 직분을 얻게 되고, 제8일에는 대제사장 아론이 생애 최초로 제사 집전을 하게 될 것이다(레 9장).

한 가지 중요한 점은 비록 레위기 8장이 명시적으로 밝히고 있지는 않지만 출애굽기 29:35-37에 기초해 볼 때 8장의 위임식은 한 번만 치러진 것이 아니라 7일 동안 매일 반복해서 치러진 것으로 보인다. 이런 반복적인 의식은 이스라엘 최초의 제사장 위임식이 얼마나 엄숙하게 수행되었는지를 보여준다.

본문은 또한 아론과 그의 아들들이 위임식의 7일 동안 회막 입구에서 머물러야 함을 말하고 있다. 아마 그 이유는 제사장이 되기 위해서 꼭 필요한 속죄 작업이 죄나 부정의 오염이 없이 치러질 수 있게 하기 위한 것으로 보인다. 레위기 21:11-12은 대제사장의 경우에는 "어떤 시체에든지 가까이 하지 말지니 <u>그의 부모로 말미암아서도 더러워지게 하지 말며 그 성소에서 나오지 말며</u> 그의 하나님의 성소를 속되게 하지 말라"고 말씀하고 있다. 대제사장이 부모님 상을 당했을 때 성소 밖으로 나가는 것이 허락되지 않은 이유는 혹시라도 그가 부모의 시신에 접촉함으로써 생길 수 있는 부정의 위험을 피하기 위한 것으로 보인다.

이와 마찬가지로 만약 위임식 과정에서 아론과 그의 아들들이 회막 밖으로 나갔다가 부정하게 되면 그들은 위의 21:12의 말씀대로 "하나님의 성소를 속되게" 할 수 있으며, 그것은 레위기 4:3-12의 대제사장의 속죄제 요건에 준하는 상태 혹은 10:1-2의 나답과 아비후의 죽음과 같은 상태에 이를 수 있었다. 따라서 하나님은 이들이 속죄 기간이 끝나는 7일 동안 회막 안에 머무르도록 명령하셨다. 그리고 레위기 8:36은 그들이 이 하나님의 명령대로 수행했음을 언급하고 있다.

5단계: 적용

8:10-13 이 본문은 이미 출애굽기 40:9-16에 언급되어 있는 내용, 즉 성막과 제사장들에게 관유를 부어 거룩하게 하는 의식을 다시 기술하고 있다. 이에 대한 "본문 해설"(277쪽)에서 언급한 바와 같이 성막의 완성은 결코 해

당 건축물이 물리적으로 완성되었다고 이루어지는 것이 아니다. 진정한 성막의 완성을 위해서는 그것이 정말 하나님의 임재를 담을 수 있을 만큼 하나님의 인정을 받는 것이 필요하며, 또한 그 안에서 거룩한 사역을 감당할 거룩한 사역자들이 있어야만 하는 것이다.

2–3년 전에 인터넷에서 본 정보에 따르면 한국의 많은 교회들이 무리해서 교회 건축을 하다가 부채를 감당하지 못하고 교회를 결국 팔게 되었는데 그것들을 구입한 곳이 한국의 이단 교파들이라고 한다. 이것은 참으로 안타까운 일이 아닐 수 없다.

현 본문이 주는 가르침을 따라 우리는 진정한 교회는 외형적 건물이 아니라 내면적 거룩함을 가진 공동체임을 기억할 필요가 있다. 또한 거룩한 공동체에서 하나님의 양 떼를 바로 지도하는 거룩한 사역자가 존재할 때에야 진짜 교회라고 할 수 있다. 이런 것들이 없다면 교회의 건물이 아무리 화려하고 웅장할지라도 그것은 교회가 아니라 그냥 건물일 뿐이다. 한국의 목회자들과 성도들은 허울좋은 껍질에 신경 쓰지 말고, 하나님이 인정하시는 본질적인 거룩을 갖추는데 온 힘을 써야 할 것이다. 그럴 때에야 비로소 앞의 인터넷 뉴스에서와 같이 죽 쒀서 남 주는 일과 같은 어리석음과 낭비를 피할 수 있을 것이다.

8:23-24 위임식의 한 절차로서 모세는 위임식의 제물의 피를 아론과 그의 아들들의 오른쪽 귓부리와 오른쪽 엄지 손가락과 오른쪽 엄지 발가락에 발랐다. 구약성경에서 이런 의식이 치러진 다른 경우는 나병 환자가 병으로부터 회복되었을 때 치르는 정결 의식뿐이었다(레 14:14). 두 경우 제물의 피를 바르는 부위들은 신체의 끝부분들로서, 사람 전체와 전인격(全人格)을 상징하는 것으로 이해하면 될 것이다. 이런 의식의 의미에 대해서 본문 자체가 명시하고 있지는 않지만 아마 그 의미는 다음과 같을 것이다.[153]

---

153 Hartley, *Leviticus*, 197.

> 이런 의식은 하나님 앞에서 해당 환자의 상태에 극적인 변화가 있음을 나타내 주는 것이었다. 이제 이 사람은 다시 공동체로 복귀가 허락되었기 때문에 그는 자신의 전부가 하나님 앞에서 성별되고, 그의 귀는 하나님의 말씀을 듣고, 그의 손과 발은 하나님의 뜻을 따르는 자가 되어야 한다.

이런 의식을 치르고 제사장이 된 자들은 그들 자신의 전인격이 다 하나님을 바라보고 하나님의 뜻을 따르는 자들이 되어야 한다. 마찬가지로 예수 그리스도의 십자가 사역을 통해 만인제사장이 된 우리 목회자들과 성도들 역시 하나님을 섬기는데 있어서 전인격을 다해야 한다. 삶의 어느 부분은 하나님을 섬기고, 다른 부분은 세속을 따르는 것은 결코 하나님 앞에서 허락되지 않는다. 그런 행위는 레위기 21:12의 말씀처럼 하나님의 교회와 성령의 전인 우리의 거룩한 몸을 '속되게 하는' 것이다.

8:33-35 아론과 그의 아들들은 정식으로 제사장으로 위임될 때까지 7일 동안 레위기 8장의 여러 가지 의식들을 치르며 기다려야 했다. 또 그 기간 동안 회막 밖으로 나갈 수도 없었다. 이 모든 것은 그들이 하나님의 제사장으로 활동하기 위해 반드시 필요한 속죄의 과정이었다. 또한 레위기 10:1-2의 나답과 아비후 사건이 보여주듯이 이런 과정을 거쳐서 정식으로 위임이 된 이후에도 그들은 항상 여호와의 명령에 귀를 기울여야 했다.

이런 과정은 우리에게 구원론적으로 칭의와 성화의 관계의 비유로 사용될 수 있다고 생각된다. 아론과 그의 아들들을 제사장으로 세우시겠다는 하나님의 결정은 주권적이고, 무조건적이고, 즉각적인 것이었다. 이것은 칭의의 성격과 상응한다. 우리를 구원하여 하나님의 백성이 되게 하시겠다는 하나님의 결정 역시 우리의 행위나 어떤 미덕 때문이 아닌 하나님의 주권적이고, 무조건적이고, 즉각적인 결정에 의한 것이기 때문이다. 우리는 하나님의 이런 결정을 통해 의롭다 하심을 얻는다(칭의). 그러나 아론과 그의 아들들이 하나님의 결정에 따라 제사장으로 위임되기로 되어 있다고 해서 그들이 하나님 앞에서 속죄나 거룩하게 되는 과정을 면제받은 것은 아니다. 그들은 7일 동안의 극도로 엄숙하고 거룩하고 두려운 속죄의 과정, 거룩하게 되는 과정을 겪었다. 마찬가지로 우리 성도들도 비록 예수 그리스도의 피로 인하여 의롭다 하심을 얻었다고 할지라도 여전히 우리는 칭의 이후에 성화의 과정을 거쳐야 한다. 우리 성도들은 이 땅에서 사는 동안 그리스도의 형상에까지 이르는 거룩의 과정을 거쳐야 한다. 따라서 구원에 대한 확신을 가진 성도들은 그것에 들떠서 방종해서는 안 되며, 항상 자신을 쳐서 복종시켜야 한다. 사도 바울은 예수 그리스도의 십자가 사역을 통한 구원의 확신에 대해서 많은 가르침을 주었다. 그러나 그는 또한 이 땅에서 우리가 사는 동안 "오직 너희는 그리스도의 복음에 합당하게 생활하라….항상 복종하여 두렵고 떨림으로 너희 구원을 이루라"(빌 1:27; 2:12)고 권면하기도 했다는 것을 우리는 기억해야 한다. 우리의 구원은 칭의와 성화 중 어느 한 가지만으로 이루어지는 것이 아니라 이 두 가지의 조합을 통해서 완성된다는 점을 잊지 말아야 한다.

6단계: 설교 "완전하지 않은 것은 헌신이 아니다" (레 8:23-24; 마 6:19-24)

레위기 8:23-24은 아론과 그의 아들들이 제사장으로 위임식을 받는 절차 중의 하나로 오른쪽 귓부리와 오른쪽 엄지 손가락과 오른쪽 엄지 발가락에 위임식 제물의 피를 바르는 의식을 치른 것을 말씀하고 있습니다. 구약성경에 나오는 모든 제의 절차 중 이것과 유일하게 닮은 것이 문둥병에서 회복함을 입은 환자의 정결 의식 절차라는 사실은 아주 흥미롭습니다(레 14:14). 제사장 위임식과 문둥병자의 정결 의식이 공통으로 갖고 있는 이 절차는 이들이 전인격적으로 하나님께 드려진 바가 되었다는 것을 나타내는 것입니다. 이 의식을 통해 그들은 자신들의 머리에서부터 발끝까지의 모든 육신과 모든 인격이 다 새롭게 하나님 앞에 드려지는 자들이 되는 것입니다.

본문을 볼 때 떠오르는 신약의 본문은 마태복음 6:19–24입니다. 이 본문의 중심 메시지는 분명합니다. 19–21절은 보물을 하늘에 쌓고, 땅에 쌓지 말라는 내용을 담고 있습니다. 그 이유는 "네 보물이 있는 그곳에는 네 마음도 있기" 때문입니다(21절). 이런 내용은 24절에 나오는 이 문단의 결론과도 잘 상응합니다. "한 사람이 두 주인을 섬기지 못할 것이니…너희가 하나님과 재물을 겸하여 섬기지 못하느니라."

그런데 문제는 그 사이에 낀 22–23절입니다. 이 본문은 눈이 마음의 등불인데 눈이 성하면 온 몸이 밝고, 눈이 나쁘면 온 몸이 어두울 것이라는 내용을 담고 있습니다. 도대체 눈에 대한 이런 내용과 앞뒤 문맥, 즉 한 사람이 두 주인을 섬기지 못하니 하나님을 섬기든 재물을 섬기든 하라는 내용은 어떤 연결이 있을까요?

이 질문에 대한 답은 '눈이 성하면'이라는 표현 중 '성하다'라는 표현의 헬라어 원어에서 찾을 수 있습니다. 이 '성하다'라는 뜻으로 번역된 헬라어 단어는 *하플루스*(*ἁπλοῦς*)입니다. 이 단어에서 *하*는 '하나'(one)를 뜻합니다. 그리고 *플루스*는 '한 겹, 두 겹'할 때의 '겹'(ply)을 뜻합니다. 따라서 이 단어가 뜻하는 바는 '한 겹으로 된', '하나의 요소로 이루어진', '한결같은' 정도의 의미입니다. 다시 말해 현재 문맥을 고려할 때 '눈이 성하다'라는 말이 뜻하는 바는 '눈이 한 가지만을 바라본다'는 뜻으로 이해할 수 있습니다.[154] 이렇게 보면 22–23절의 성한 눈과 나쁜 눈에 대한 예수님의 가르침은 앞뒤 문맥과 잘 어울립니다. 참된 성도는 한 가지만 바라보는 눈을 가진 자, 한 가지 마음만을 품는 자들인 것입니다. 결코 하나님과 다른 어떤 것을 같이 섬기려고 드는 자들이 아닙니다.

---

154 *하플루스*에 대한 이런 이해와 이어지는 내용들에 대한 바탕은 C. Spicq and James D. Ernets, "ἁπλότηής ἁπλοῦς", in Spicq, Ceslas, and James D. Ernest. *Theological Lexicon of the New Testament* (Peabody, MA: Hendrickson Publishers, 1994), 1:169–173을 보라. 그러나 여기 있는 내용들 중 일부는 나의 독자적인 이해를 담고 있다.

하플루스 및 그 동족어들은 주로 구약에서는 *탐*(תָּם), 즉 '완전함'이란 히브리어 단어나 그 동족어들로 사용되었습니다. 이 히브리어 단어의 용례를 *하플루스*와 연결시켜 보면 아주 흥미롭고 의미심장한 내용들이 드러납니다. 잠언 10:9은 "바른 길로 행하는 자는 걸음이 평안하려니와 굽은 길로 행하는 자는 드러나리라"고 말씀하고 있습니다. 또 그 평행 본문인 잠언 28:18은 "성실하게 행하는 자는 구원을 받을 것이나 굽은 길로 행하는 자는 곧 넘어지리라"고 말씀하고 있습니다. 이 구절들의 '바른 길로 행하는 자'나 '성실하게 행하는 자'라는 표현에서 '바름', '성실'에 해당하는 단어가 바로 '*탐*'입니다. 즉 이 구절들에서 *탐*은 '하나로 된 완전함'을 의미합니다. 이런 자들은 구원을 받게 됩니다.

반면에 두 구절에 나오는 '굽은 길로 행하는 자'들은 넘어집니다. 즉 멸망하게 됩니다. 이때 이 구절들에서 '굽은 길'이란 표현의 '길'이란 히브리어 단어는 쌍수를 씁니다. 즉 '두 길'(two ways)입니다. 그리고 이때의 '길'은 땅에 난 길을 말하는 것이 아니라 추상적인 의미에서 인생의 길, 인생 철학, 삶의 방식 등을 의미하는 것입니다. 그런 면에서 두 개의 길을 굽게 만든다는 것은 이 두 개의 길이 서로 꼬이고 뒤엉키게 만든다는 말입니다. 다시 말해서 이런 류의 사람들은 잠언이 가르치는 바, 하나님을 경외하고 하나님의 뜻대로 사는 외길을 성실하게 걸어가는 것과 달리 하나님의 길과 그 반대의 길을 뒤엉키게 만드는 사람들입니다. 이 두 길 사이를 넘나드는 사람들입니다. 이런 사람들은 멸망하게 된다고 잠언은 가르칩니다. 그리고 이런 면에서 잠언의 이 구절들은 앞의 눈에 대한 예수님의 가르침과 상응합니다.

성경에는 하나님을 제대로 섬기지 않고 그분의 뜻을 어기다가 멸망당하는 사람들이 꽤 있습니다. 대표적으로는 아간과 같은 사람입니다. 그는 하나님의 백성으로서의 하나님의 뜻에 따라 살지 않고 여리고 정복을 통해서 얻은 재화에 눈이 팔렸습니다. 그 결과 그는 가나안 사람들이 당해야 할 멸망을 자기가 대신 당하는 결과를 가져왔습니다.

다른 예로는 북왕국의 시조인 여로보암이 있습니다. 그는 처음에는 하나님의 선택을 받았고, 하나님께서 다윗에게 주신 약속과 거의 동일한 약속을 받기도 했습니다(왕상 11:30-39). 그러나 그는 이런 하나님의 약속을 믿지 못하고 자기 백성을 남왕국에 뺏길까 봐 무서워 황금 송아지를 만드는 죄를 범함으로써 결국 멸망을 당했습니다(왕상 12:25-33). 그는 하나님의 약속만을 바라보지 못하고, 괜히 자기 백성들이 자기와 북왕국을 버리고 예루살렘 성전을 향해 떠날까 봐 두려워 떨다가 자신이 선택한 다른 길을 여호와 신앙과 혼합함으로써 멸망을 당한 것입니다. 그가 예루살렘 성전에 대한 대안으로 생각해낸 황금 송아지 우상을 만들고 나서 했던 말, 즉 "이스라엘아 이는 너희를 애굽 땅에서 인도하여 올린 너희의 신들이라"(왕상 12:28)고 했던 말은 하나님의 길과 우상의 길을 섞으려는 그의 태도를 보여줍니다. 그리고 그 때문에 그는 멸망당합니다.

조금 더 미묘한 경우도 있습니다. 대표적인 예가 야곱입니다. 야곱은 창세기 32장에서 고향 땅의 자기 형 에서를 만나러 갈 때 굉장한 두려움을 느낍니다. 이런 상황에서 그는 하나님께 신앙적으로 아주 탁월한 기도를 드릴 줄도 압니다(창 32:9-12). 그러나 그는 이렇게 하나님께 기도했다고 해서 하나님께만 의지하려 들지 않고 잔꾀를 부립니다(32:13-20). 심지어 그는 얍복강에서 하나님이 그를 친히 만나 주시고, 그와 씨름을 한 후 "네가 하나님과 및 사람들과 겨루어 이겼음이라"(32:28)는 말씀과 함께 새 이름을 주시기까지 했지만 여전히 잔꾀를 포기하지 않습니다(33:1-2).[155] 아마 야곱을 향한 하나님의 구원의 열심이 없었더라면 그는 하나님에 대한 신앙과 권모술수라는 두 가지 길을 넘나드는 태도 때문에 멸망을 당했을 것입니다.

교회에 열심히 출석하는 성도들 중에도 야곱처럼 아슬아슬한 영혼의 줄타기를 하면서 살아나가는 사람들이 꽤 있을 것입니다. 그러나 예수께서 라오

---

155 이런 점들에 대한 좀 더 상세한 분석은 박철현, *깨진 토기의 축복* (서울: 솔로몬, 2014), 203-216을 보라. 이 책의 부록에는 이런 모호한 태도를 가진 다른 성경의 인물들, 즉 아합(287-332쪽), 발람(333-353쪽) 등의 인물들에 대한 분석도 담고 있으니 참고하면 좋을 것이다.

디게아 교회의 성도들에게 경고하신 것처럼 이런 태도는 위험합니다. 하나님은 "네가 차든지 뜨겁든지 하기를 원하노라"고 말씀하십니다(계 3:15). 하나님의 길만을 따르든지 세상의 길만을 따르든지 해야 합니다. 이 두 길 사이를 왔다 갔다 하려는 것은 잠언의 말씀처럼 멸망의 길입니다.

이런 모든 내용들을 고려할 때 우리는 하나님 앞에서 오로지 하나만 바라보는 눈을 가진 자, 오로지 하나님이 원하시는 한 가지 삶의 방식만을 따르는 자들이 되어야만 하겠습니다. 마치 문둥병자가 하나님의 은혜로 자신의 병에서 벗어나 정결 의식을 치르고 다시 하나님의 백성으로 편입될 때 그의 오른쪽 귓부리와 오른쪽 엄지 손가락과 오른쪽 엄지 발가락에 속죄제의 피를 발라 완전한 헌신을 표시했듯이, 또 제사장들이 위임식 때 그 제물의 피로 동일한 헌신을 표시했듯이 하나님을 섬기는 성도들은 오로지 하나님께만 헌신을 하고, 하나님의 뜻만이 자신을 지배하게 하고, 한 가지 길로만 나아가야 할 것입니다.

레위기 9장

제사장 위임식 II

❑ 제사장 위임식 II 개관

9장은 앞의 8장의 7일 동안의 위임식의 결과로 드디어 제사장으로서의 사역을 시작하는 아론과 그의 아들들이 처음으로 여러 가지 제사를 드리는 내용을 담고 있다. 아론은 먼저 자기 자신을 위해 속죄제와 번제를 드린다. 그리고 이어서 이스라엘 백성을 위해서 속죄제, 번제, 화목제, 소제를 드린다. 이 제사 목록에는 아주 특수한 제사인 속건제와 역시 특수한 제물인 새를 제외하고는 레위기 1-7장의 5대 제사에 속한 모든 제사와 제물들이 다 포함되어 있다. 이런 면에서 9장의 제사들은 첫 사역을 시작하는 아론과 그의 아들들에게 다양한 제사와 제물을 드리는 경험을 해볼 수 있는 기회를 제공해주고 있다.

또한 이 본문에서는 '여호와의 영광'이라는 주제가 두드러진다. 4절과 6절에서 두 번에 걸쳐 모세는 이 날 여호와께서 이스라엘 백성들에게 나타나실 것임을 강조한다. 그리고 23절에서 하나님은 '여호와의 영광'의 형태로 그들에게 임하신다. 이 영광의 현현은 아론과 그의 아들들의 위임을 승인하고, 그들이 드린 첫 제사들을 수용하신다는 의미를 띤다. 그리고 이런 의미에서 여호와 앞에서 나온 불이 제단 위의 제물들을 삼킨다. 드디어 이스라엘에 체계적인 제사장 제도가 들어서게 되었다.

1단계: 사역

9:1 여덟째 날에 모세가 아론과 그의 아들들과 이스라엘 장로들을 불렀다.
9:2 그리고 아론에게 말하였다. 너를 위하여 속죄제물로 소 중에서 수송
아지 한 마리, 그리고 번제물로 숫양 한 마리를 흠 없는 것들로 취하여
여호와 앞에 가져와라.
9:3 그리고 이스라엘 자손에게 말하여 일렀다. 너희는 속죄제물로 숫염소
한 마리, 그리고 번제물로 일 년 된 흠 없는 수송아지와 숫양을 흠 없
는 것들로 취하여라.
9:4 그리고 화목제물로 여호와 앞에 드릴 수소와 숫양을 가져오고, 또 기
름 섞은 소제물을 가져오라 하라. 오늘 여호와께서 너희에게 나타나
실 것이니라.
9:5 그들이 모세가 명령한 모든 것을 회막 앞으로 가져왔다. 그리고 온 회
중이 나아와 여호와 앞에 섰다.
9:6 모세가 말하였다. 이것은 여호와께서 너희에게 하라고 명령하신 것이
다. 그리고 여호와의 영광이 너희에게 나타나실 것이다.
9:7 그리고 모세가 아론에게 말하였다. 너는 제단에 나아가라. 그리고 너
의 속죄제물과 너의 번제물을 드려서 너와 백성을 위하여 속죄하라.
그리고 백성의 예물을 드려서 그들을 위하여 속죄하라. 여호와의 명
령대로 하라.
9:8 그러자 아론이 제단에 나아갔다. 그리고 자기를 위한 속죄제의 수송
아지를 도살했다.
9:9 그리고 아론의 아들들이 그 피를 아론에게 가져오니 아론이 손가락으
로 그 피를 찍어 제단 뿔들에 바르고 그 피는 제단 밑에 쏟아부었다.
9:10 그리고 그 속죄제물의 지방과 콩팥과 간 미엽을 제단 위에서 불사르니
여호와께서 모세에게 명령하심과 같았다.
9:11 그리고 그 고기와 가죽은 진영 밖에서 불태웠다.

9:12 그리고 [아론이] 번제물을 도살했다. 그리고 아론의 아들들이 그 피를
그에게로 가져오니 그가 그 피를 제단 사방에 뿌렸다.
9:13 그리고 그들이 또 번제물, [곧] 그것의 각뜬 것과 머리를 그에게로 가
져왔다. 그리고 그가 제단 위에서 불살랐다.
9:14 또 내장과 정강이를 씻어서 단 위에 있는 번제물 위에서 불살랐다.
9:15 그리고 그가 백성의 예물을 드렸다. 그가 백성을 위한 속죄제물인 숫염
소를 취하여 그것을 도살하고 그것을 처음 것과 같이 속죄제로 드렸다.
9:16 그리고 그가 번제물을 드렸는데, 절차대로 행하였다.
9:17 그리고 소제를 드렸다. 그가 그 [소제]로부터 그의 손바닥을 채워서 제
단 위에서 아침 번제와 더불어 불살랐다.
9:18 또 백성을 위한 화목제물인 수소와 숫양을 도살하였다. 그리고 아론
의 아들들이 그 피를 그에게로 가져왔다. 그리고 그가 그 [피]를 제단
사방에 뿌렸다.
9:19 그리고 수소의 지방들, 또 숫양의 기름진 꼬리와 [내장을 덮은] 지방들
과 간 미엽은
9:20 그들이 그 지방들을 가슴들 위에 놓으니 아론이 그 지방들을 제단 위
에서 불살랐다.
9:21 그리고 그 가슴들과 오른쪽 뒷다리를 아론이 여호와 앞에 흔들기로 흔
들었다. 모세가 명령한 것과 같았다.
9:22 아론이 백성을 향하여 손을 들어 축복을 하였으며, 속죄제와 번제와
화목제를 마치고 내려왔다.
9:23 모세와 아론이 회막에 들어갔다가 나와서 백성을 축복하였다. 그러자
여호와의 영광이 온 백성에게 나타났다.
9:24 그리고 불이 여호와 앞에서 나왔다. 그리고 제단 위의 번제물과 지방
들을 삼켰다. 온 백성이 이를 보고 환호성을 지르며 엎드렸다.

2단계: 사역 해설

9:2-3, 8 "수송아지" *에겔*(עֵגֶל)

제사 본문에서 '송아지'란 표현은 쓰이지 않는다는 것을 레위기 1:5(65쪽); 4:3(160–161쪽)의 '수소'란 단어의 "사역 해설"에서 설명한 바가 있다. 제사법 본문과 관련하여 개역개정의 "수송아지"란 번역은 사실상 거의 다 수정되어야 한다. 제사용 짐승과 관련하여 '송아지'나 '어린 양'과 같이 짐승의 나이 개념이 포함된 단어는 거의 존재하지 않기 때문이다.[156] 이런 점들에 비추어볼 때 아마 제사법 본문 전체에서 거의 유일하게 나이 개념이 들어간 단어는 이 9:2–3의 "수송아지"에 해당하는 *에겔*일 것이다. 이 단어는 한 살 혹은 그 이상의 어린 소를 가리키는 용어로서 '젊은 수소' 혹은 '수송아지'로 번역될 수 있는 단어이다.[157] 오경에서 이 단어는 이 레위기 9장을 제외하고는 전부 다 시내 산에서 우상숭배용으로 만들어진 '황금 송아지'와 관련하여 사용되었다(출 32:4, 8, 19, 20, 21; 신 9:16, 21). 그러므로 이 레위기 9장에서 아론이 드리는 '수송아지'의 제사는 출애굽기 32–34장(과 신명기 9장의 회고)의 황금 송아지 사건과의 관련성 속에서 읽어야만 한다.

9:4, 18-19 "수소" *쇼르*(שׁוֹר)

이 단어 역시 제사법 본문에서 잘 쓰이지 않는 표현이다. 제사법 문맥에서는 오직 레위기 4:10의 "화목제 제물의 소"라는 표현과 7:23의 지방 섭취 금지 규례 속에서 화목제의 소를 지칭할 때에만 사용되었다. 레위기 9장의 문맥 속에서도 이 단어는 4, 18–19절에서 보듯이 역시 화목제의 소를 지칭할 때 사용되고 있다.

---

156 René Péter–Contesse and John Ellington. *A Handbook on Leviticus* (UBS Handbook Series; New York: United Bible Societies, 1992), 15, 40.

157 Jeffrey S. Lu, "עֵגֶל", in *NIDOTTE*, 320–321.

9:15 "그것을…속죄제로 드렸다" *봐예핱트에후*(וַיְחַטְּאֵהוּ)

'죄 짓다'(to sin)란 뜻의 *하타*(חָטָא)의 바브 연속 피엘 미완료 3인칭 남성 단수에 3인칭 남성 단수 목적격 인칭대명사가 붙은 형태이다. *하타*의 피엘형은 '손해를 감수하다'(to bear loss), '속죄제를 드리다'(to make a sin offering), '죄나 부정을 정결하게 하다'(to purify from sin or uncleanness) 등의 의미를 갖는다. 이 구절에서 이 단어는 명백하게 두 번째 의미인 '속죄제를 드리다'는 의미로 사용되었다. 개역개정은 "죄를 위하여 드리고"라는 아주 모호한 의미로 번역하고 있는데 이것은 적절하지 않다. 반면에 새번역 성경은 이 사역과 본질적으로 같은 의미로 적절하게 번역하고 있다.

9:24 삼켰다 *봐토칼*(וַתֹּאכַל) *아칼*(אָכַל)

'먹다, 삼키다'란 뜻을 가진 동사의 칼 미완료 형태. 하나님의 불이 어떤 대상을 태운다는 의미로 이 단어는 이미 출애굽기 3:2('사라지지'); 24:17('맹렬한') 등에서 사용된 바가 있다. 이 동일한 여호와의 불이 현재 본문에서는 아론이 바친 제물들을 태워서 없앤다.

"환호성을 지르며" *봐야론누*(וַיָּרֹנּוּ)

원형은 '환호성을 지르다'(shout)란 뜻을 가진 *라난*(רָנַן)이란 동사. 이 동사가 슬픔에 따른 신음 등을 나타내는 경우가 아주 없는 것은 아니지만 절대 다수의 본문에서 기쁨의 외침을 나타내는 단어이다. 따라서 개역개정의 "소리 지르며"란 모호한 표현 대신 기쁨의 개념을 적극적으로 반영한 "환호성을 지르며"로 번역하였다.

3단계: 단락 구분

레위기 9장의 단락 구분은 다음과 같다.

- 9:1–7 아론의 첫 제사에 대한 지시
    - 9:1–4 위임식 8일째의 아론의 첫 제사의 지시
    - 9:5 의식 준비 갖춤
    - 9:6–7 모세의 추가적 지시
- 9:8–21 첫 제사 서술
    - 9:8–14 아론의 자신을 위한 제사
        - 9:8–11 속죄제
        - 9:12–14 번제
    - 9:15–21 백성을 위한 제사
- 9:22 하나님의 제사 수용

4단계: 본문 해설

9:1 "여덟째 날에…아론과 그의 아들들과 이스라엘 장로들을…"

9장의 시작을 여는 이 문구는 9장이 앞의 8장의 7일간의 제사장 위임식의 연장선에 있음을 보여준다. 아론과 그의 아들들은 위임식의 7일을 치르고 나서 이제 역사상 처음으로 대제사장과 제사장으로서 제사를 집전하게 된다. 이날 드리게 되는 제사는 아론이 자신을 위해 드리는 것들과 이스라엘 전체를 위해 드리는 것의 두 가지로 크게 나뉜다. 이 일을 위해 모세는 두 종류의 대상을 소집한다.

첫째 대상은 아론과 그의 아들들, 즉 제사장 집단이다.

둘째 대상은 이스라엘 백성 전체의 대표자들인 장로들이다.

9:2-4 크게 두 대상을 위해 제사가 드려지므로 제사 제물도 이 두 대상 모두에게 지시되고 있다. 즉 아론이 자신을 위해 준비해야 하는 제물이 있고, 이스라엘 백성이 준비해야 하는 제물이 있다. 아론이 자신을 위해 준비해야

하는 제물은 속죄제의 수송아지와 화목제의 숫양이다. 그리고 이스라엘 백성을 위해 준비해야 하는 제물은 속죄제의 숫염소, 번제물로 드릴 일 년 된 흠 없는 수송아지와 숫양, 화목제물의 수소와 숫양, 그리고 기름 섞은 소제물이다. 이 제물들은 당연히 다 흠 없는 것들이어야 했다. 이렇게 모세가 준비하라고 명령한 제물들을 도표화하면 다음과 같다.

봉헌자	속죄제	번제	화목제	소제
아론	수송아지	숫양		
이스라엘 백성	숫염소	1년생 수송아지/ 숫양	수소/양	기름 섞인 것

이 제사들의 목록을 살펴보면 아론과 그의 아들들은 결국 자신들의 사역의 첫날에 드리는 제사들을 통해서 레위기 1–7장의 5대 제사 본문에 나오는 거의 모든 제사 종류와 제물들을 다 드리는 기회를 갖게 된다. 제사 종류로는 속건제를 제외한 나머지 모든 제사들이 다 드려지고, 제물로는 새를 제외한 소와 양과 염소가 드려진다. 이런 점에서 이 첫 날의 제사들은 이제 막 임무를 시작하는 제사장 직분자들에게 일종의 견습 기회를 제공하고 있다고 할 수 있다.

9:2-3 "수송아지"

이 단어의 히브리어는 젊은 소를 가리키는 전문 용어인 *에겔*(עֵגֶל)이다. 앞의 "사역 해설"과 레위기 1–7장의 해설에서 여러 번 지적한 바와 같이 레위기의 제사법에서는 '수송아지'란 히브리어 단어는 거의 쓰이지 않는다. 개역개정에 "수송아지"로 번역된 단어들은 전부 다 '수소'로 바뀌어야 한다. 그런데 여기에 대한 거의 유일한 예외가 레위기 9장이다. 위의 도표에서 보듯이 아론은 속죄제로, 그리고 이스라엘 백성은 번제로 '수송아지'를 드리라는 명령을 받았다. 그 이유로 가장 타당한 것은 아마 이것이 아론과 이스라엘 백성이 지은 가장 큰 죄, 즉 출애굽기 32:1–6에서 황금 송아지(출 32:4 *에겔*)에게 제사를 드린 죄에 대한 극복의 차원에서 하나님께서 마련하신 은혜라고 보는 것이다.[158] 진정으로 '수송아지' 제물에 대한 요구는 "이 끔찍한 죄로 인한 마지막 얼룩(the last stain of this grave sin)을 제거하기 위한" 것이다.[159]

9:4 "오늘 여호와께서 너희에게 나타나실 것이니라"

이 문구는 6절에서 거의 동일하게 다시 한 번 반복된다. 많은 레위기 주석가들은 아론이 8장에서 이미 7일 동안이나 매일 속죄제를 드렸는데 왜 다시 드려야 하느냐 하는 의문을 표시한다. 아마 이 여호와의 나타나심이 그 이유에 대한 대답이 될 것이다. 하나님은 절대적으로 거룩하신 분이시며, 또 그 거룩하심 때문에 절대적으로 위험하신 분이다. 그런 분의 임재를 맞이하는 유일한 방법은 오직 속죄 밖에 없다. 그런 면에서 아론은 이제 처음으로 대제사장 사역을 시작하면서 다시 한 번 자신을 위한 속죄제를 드린다.

9:5-7 아론과 이스라엘 백성은 앞의 모세의 지시대로 제물들을 준비한다. 모세는 다시 한 번 제사를 명령대로 드리라는 지시와 더불어 여호와의 나타나심에 대해 주지시킨다. 여호와의 나타나심은 23절에 보면 '여호와의 영광'

---

158 Wenham, *Leviticus*, 148; Hartley, *Leviticus*, 121–122. 특히 Hartley는 예루살렘 탈굼이 레위기 9:2의 '수송아지'에 대한 요구를 황금 송아지 사건과 연결시키고 있음을 지적하고 있다. 탈굼의 내용은 http://targum.info/pj/pjlev10-11.htm를 보라. 또한 Matthew Berkowitz란 랍비는 유대교 주석가들 중에서 거의 최고봉으로 꼽히는 라쉬(Rashi)와 람반(Ramban) 역시 이 '수송아지'를 황금 송아지 사건과 연결시키고 있다는 점을 지적하고 있다. 이에 대한 좀 더 자세한 정보는 http://www.jtsa.edu/tuff/contentmgr/files/0/f5e6e06e960cf2f40c3acf2fd3649ab1/pdf/shemini_torah_from_jts_5773.pdf를 참고하라(2017년 2월 20일 접근).

159 Hartley, 122. 참고로 이 *에겔*, 즉 '수송아지'란 단어는 구약에 구약에서 총 35번 나오는데, 그 2/3는 황금 송아지 사건과 연결되어 있다(삼상 28:24; <u>왕상 12:28, 32; 왕하 10:29; 17:16; 대하 11:15; 13:8; 느 9:18</u>; 시 29:6; 68:30[히, 시 68:31]; 106:19; 사 11:6; 27:10; 렘 31:18; 34:18, 19; 46:21; 겔 1:7; <u>호 8:5, 6; 13:2</u>; 암 6:4; 미 6:6; 말 4:2[히, 말 3:20]) (밑줄 친 본문들은 특별히 더 중요한 것들임).

의 형태로 나타난다. 여호와의 영광은 출애굽기의 여러 본문들에서 이미 여호와의 임재의 상징으로 사용된 바가 있다(출 24:16–17; 33:18–23; 40:34–35). 특히 33:18–23에 따르면 '내 모든 선한 것(19절)', '내 영광'(22절), '나(즉, 여호와)'(20절)가 서로 동의어적인 표현으로 사용되고 있음을 알 수 있다.[160] 따라서 이 5–7절의 여호와의 나타나심에 대한 모세의 예고와 23절의 '여호와의 영광'은 서로 상응한다.

9:7 "너의 속죄제물과 너의 번제물을 드려서 너와 백성을 위하여 속죄하라"

모세는 앞에서 언급한 지시에 더하여 다시 한 번 제사의 의미에 대해서 7절에서 설명을 한다. 그중에서 가장 중요한 것은 아론이 자신을 위해 드린 속죄제물과 번제의 의미이다. 비록 이것들은 아론이 자신을 위해 드리는 것이 1차적인 목적이긴 하지만 그것은 또한 '백성을 위하여' 드리는 것이기도 하다. 대제사장으로서의 아론의 제사는 이처럼 자기 자신과 백성을 위한 이중적 속죄의 기능을 갖고 있다. 이 점은 레위기 4:3–12의 대제사장의 속죄제의 내용과 상응한다. 4:3은 "기름 부음을 받은 제사장이 범죄하여 백성의 허물이 되었으면"이라고 말씀하고 있다. 즉 대제사장의 죄는 백성에게 영향을 미치는 것이다. 이와 마찬가지로 9:7의 본문이 말해주듯이 대제사장의 제사는 자기 자신뿐만 아니라 백성의 속죄도 포함한다. 이런 점들은 하나님과 백성의 중재자로서의 대제사장의 지위와 역할이 얼마나 중요한지를 보여준다. 그의 죄와 더불어 그의 속죄는 모두 그가 하나님 앞에서 대변하는 이스라엘 백성 전체에게 영향을 미치는 것이다.

9:8-11 이 본문은 속죄제의 수송아지를 드리는 절차를 담고 있다. 이 절차는 기본적으로 다음과 같다.

(1) 아론이 속죄제의 수송아지를 잡는다.

---

160 이에 대한 상세한 논의는 나의 박사 학위 논문을 바탕으로 한 나의 저서인 박철현, *출애굽기 산책* (서울: 솔로몬, 2014), 300–302를 보라.

(2) 아론이 수송아지의 피를 손가락으로 찍어서 제단 뿔들에 바르고 그 피를 제단 밑에 쏟는다.

(3) 속죄제물의 기름, 콩팥, 간 꺼풀을 제단 위에 불사른다(*히크티르*, הִקְטִיר).

(4) 고기와 가죽은 진영 밖에서 불태운다(*싸라프*, שָׂרַף).

이 속죄 제사는 레위기 4:3-12의 대제사장의 속죄 제사와 중요한 상응점 및 비상응점을 갖고 있다. 먼저 중요한 상응점은 마지막의 두 가지 사항, 즉 하나님께 바칠 지방 부위를 불살라 바친 후에 고기와 가죽을 포함한 제물의 전부를 진영 밖에서 불태운 점이다. 여기에서 특히 '불태우다'에 쓰인 *싸라프*란 동사는 하나님께서 흠향하시도록 제물을 제단 위에 불살라 드리는 *히크티르*와 달리 폐기처분용으로 불태우는 것이다. 따라서 4:11-12의 본문에서 속죄제물의 거의 대부분을 진영 밖에서 불태운 것(*싸라프*)은 대제사장의 죄에 대한 하나님의 엄중한 책임 추궁을 나타낸다. 이제 9장의 본문에서 대제사장 아론은 첫 제사로 자신을 위한 속죄 제사를 드리는데, 이 제사 제물의 거의 전부를 이렇게 불태워 없앰으로써 자신의 지위와 책임의 무거움을 경험한다.

반면 4장의 대제사장의 속죄제와의 중대한 차이점은 그 제물의 피를 9장에서는 제단 뿔에 바르고 만다는 점이다. 이와는 달리 4장에서는 그 제물의 피를 성소 안으로 가지고 들어가서 지성소의 휘장에 뿌리고 향단의 뿔에도 바른다. 이런 차이에 대해서 웬함은 이 제사를 드리기 전까지는 아론이 정식 대제사장이 아니었기 때문에 그의 죄가 성소 안까지 오염시킬 일이 없었기 때문이라고 지적한다.[161] 이런 점에서 아론의 자신을 위한 첫 제사는 중간기적인 성격을 띤다고 할 수 있을 것이다.

9:12-14 아론이 자신을 위한 번제를 드린다. 여기에서는 앞의 5대 제사와 관련해서 특별한 사항들은 없다.

---

161 Wenham, *Leviticus*, 149.

9:15-21 이 본문에서 아론은 백성의 예물들을 가지고 속죄제, 번제, 소제, 화목제를 드린다(앞의 도표 [296쪽] 참고). 여기에는 앞의 5대 제사와 관련해서 다른 특별한 점은 없다. 단지 15절에서 "백성을 위한 속죄제물인 숫염소를 취하여…그것을 처음 것과 같이 속죄제로 드렸다"는 문구가 문제가 될 수 있다. 참고로 여기에서 '처음 것과 같이'란 표현은 3절의 아론의 속죄제와 같은 방식으로 드려졌다는 의미일 것이다.

이렇게 보면 9장의 이스라엘 백성을 위한 속죄 제사는 레위기 4:13-21의 온 회중의 속죄제와 몇 가지 차이점을 띠게 된다.

첫째, 백성들의 속죄제물로 수소 대신 숫염소가 드려졌다.

둘째, 4장의 온 회중의 속죄제와 달리 단지 번제단의 뿔에 피를 바르는 것으로 절차가 마무리되었다. 이런 차이 역시 앞의 8-11절의 해설에서와 같이 이날의 제사들이 과도기적인 성격을 띠고 있다는 점으로 설명할 수 있을 것이다.

9:22 22-24절은 드디어 아론의 첫 날의 모든 제사가 무사히 드려지고 난 이후의 사항들을 다루고 있다. 22절에서 아론은 제사들을 마친 후에 백성들을 축복한다. 마치 기독교의 예배가 끝날 때 목사가 축도를 하듯이 아론도 제사 사역을 다 마친 뒤 백성들에게 축복을 하고 있는 것이다. 베스터만이란 학자는 지적하기를 "이 축복의 행위는 단순히 예배의 결말에 불과한 것이 아니라 예배의 목표이다"라고 지적한다.[162] 이처럼 구약의 제사에는 단지 제물이 피를 흘리고, 각이 떠지고, 불에 태워지는 것으로 대변되는 엄숙함만 있는 것이 아니라 그런 의식을 통해 죄인이 하나님과의 관계를 회복한 후에 누리는 은혜와 축복도 있다. 죄에 대한 통회와 관계의 회복, 그리고 회복으로 인한 은혜와 기쁨은 구약의 제사란 수레가 가진 두 바퀴와 같다. 두 바퀴 중 어느

---

162 C. Westermann, *Blessing in the Bible and the Life of the Church* (Philadelphia: Fortress, 1978), 44-45. Hartley, *Leviticus*, 123-124를 참고한 것이며, 워딩 또한 Hartley의 문구를 따른 것이다.

하나가 빠진다면 그 수레는 고장이 난 것이다. 이런 점에서 볼 때 아론의 축복은 제사의 엄숙함과 결과적인 은혜 사이의 조화를 위해 중요하다고 할 수 있다. 참고로 구약의 제사장들이 사용한 축복문은 민수기 6:24-26에 나온다.

9:23 아론은 모세와 함께 회막 안으로 들어간다. 지금까지는 오직 모세만 이럴 권한이 있었다. 그러나 이제 아론 역시 회막 안으로 들어갈 수 있는 자격을 갖게 되었다. 이렇게 됨으로써 그 역시 하나님과 이스라엘 사이의 중보자로서의 사역을 할 수 있게 된 것이다.

"백성을 축복하였다"

하나님 존전에 들어갔다 나온 모세와 아론은 함께 백성을 축복한다. 하틀리가 잘 지적한 바와 같이 여호와의 존전에 나아감으로써 그들은 먼저 하나님의 축복을 누렸다. 그리고 나와서 백성들을 축복함으로써 그들은 자신들이 먼저 누린 축복을 백성들과 함께 누린다. 이렇게 함으로써 그들이 받은 축복이 백성에게도 흘러 넘친다.[163]

"여호와의 영광이…나타났다"

여호와의 영광은 중요한 순간에 등장한다(출 16:7, 10; 24:16-17; 40:34-35; 민 14:10; 16:19, 42; 20:6). 현재 본문에서 여호와의 영광의 등장은 아론 제사장에 대한 승인의 의미가 있다. 또한 이것은 앞의 9장 4, 6절의 약속의 성취이기도 하다.

9:24 "불이 여호와 앞에서 나왔다…삼켰다"

하나님으로부터 나온 불이 아론의 첫 제사의 제물들을 완전히 불살라 없앤다. 한 가지 문제점은 이미 10, 14, 17, 20절에서 아론은 제사를 집전하면

---

163 Hartley, *Leviticus*, 124.

서 이 제물들을 불사른 바가 있다. 그런데 여기에서 어떻게 이미 불살라진 제물을 다시 한 번 불사른다는 것일까? 이 점에 대해서 웬함 등은 설명하기를 제단 위의 제물들은 불사른다고 해서 그 자리에서 다 순식간에 불살라 없어지는 것이 아니라 계속적으로 불에 타면서 재가 되는 과정을 거치게 된다고 한다. 이처럼 재로 변하는 과정에 있던 제물의 고기들을 이 24절의 여호와의 불이 삼켰다는 것이다.[164] 이런 여호와의 불의 작용은 하나님께서 아론과 그의 제사를 온전히 수용하신다는 상징이었다. 이런 점에서 이 불은 23절의 여호와의 영광의 현현과 상응한다고 할 수 있다.

"환호성을 지르며 엎드렸다"

'환호성'에 대해서는 앞의 "사역 해설"(294쪽)을 보라. 백성들이 환호성을 지르고 엎드린 것은 여호와의 승인의 표시에 대한 그들의 기쁨과 더불어 경외감을 나타낸다.

5단계: 적용

9:2 "너를 위하여 속죄제물로"

아론은 8장에서 위임식의 제사들을 7일 동안이나 치르면서 계속 속죄제를 드렸다. 그러나 그는 대제사장으로서 사역을 시작하는 8일째의 제사에서 다시 한 번 속죄제를 드려야 했다. 이것은 아론과 같은 대제사장마저도 결국은 우리와 성정이 같은 인간일 뿐이며, 또한 우리와 마찬가지로 속죄가 필요한 존재임을 보여준다. 그가 대제사장으로서의 직분을 수행하게 된 것은 하나님께서 그렇게 하도록 허락하신 것 때문이지 결코 그 자신의 어떤 고유한 속성이 그로 하여금 대제사장이 되게 만든 것이 아니다. 이 점을 간과할 때

---

164 Wenham, *Leviticus*, 150.

우리는 자신의 가치에 대해서 착각하기가 쉽다. 그의 사역의 첫 제사가 자신을 위한 속죄제였다는 점을 보면서 우리는 우리가 하나님 앞에서 항상 겸손해야 하는 존재임을 기억해야 한다.

또한 그가 사역을 시작하기까지 이처럼 여러 번에 걸쳐서 속죄 제사를 드려야 했다는 점을 통해서 우리는 죄와의 싸움에서 우리가 항상 긴장해야 함을 깨달아야 한다. 오직 죄의 끈질김을 잘 아는 자만이 하나님 앞에서 바로 설 수 있다.

"수송아지 한 마리"

아론은 대제사장으로서 치르는 첫 제사의 속죄제물로 수송아지를 드린다. 이것의 히브리어는 앞의 "사역 해설"에서 설명한 바와 같이 *에겔*이다. 원래 레위기 1–7장의 5대 제사 본문에서는 제물로 *에겔*은 언급되지 않는다. 더 나아가서 구약 전체에서 제물로 *에겔*이 언급되는 경우는 거의 없다. 또한 *에겔*이라는 단어가 사용된 경우는 그 절대다수가 출애굽기 32:1–6의 황금 송아지 사건과 연관되어 있다. 이런 면에서 볼 때 하나님께서 레위기 9장에서 아론의 첫 속죄 제사의 제물로 *에겔*을 바치라고 명령하신 것은 그가 황금 송아지 사건에서 저지른 죄와 밀접하게 연결되어 있는 것으로 보인다. 예수 그리스도를 세 번 부인한 베드로의 영적 회복을 위해 세 번 그가 사랑 고백을 할 수 있게 배려하신 예수님의 이야기처럼 레위기 9장에서 여호와 하나님 역시 아론이 그의 일생에서 저지른 가장 치명적인 죄를 심리적으로 극복할 수 있게 그 자신에 대한 속죄제를 이렇게 수송아지로 드릴 수 있게 배려하신 것으로 보인다. 하나님은 이렇게 섬세하신 분이다. 하나님의 이런 섬세한 은혜를 안다면 우리 역시 그분을 좀 더 섬세하게 섬겨야 한다.

9:3-4 거룩하신 하나님과의 만남은 아론과 이스라엘 백성을 위한 속죄 제사가 다 드려진 후에야 가능했다. 이런 점은 출애굽기 19장의 시내 산 언약 체결 준비 과정을 연상시킨다. 언약을 위해 임하시는 하나님을 만나기 위해

이스라엘은 먼저 자기 자신들을 성결하게 준비해야만 했다(출 19:10–15). 이처럼 거룩하신 하나님과의 만남은 우리가 그냥 만나고 싶다고 해서 자동으로 이루어지는 것이 아니다. 출애굽기와 레위기의 본문들이 누누히 말씀해주고 있듯이 거룩하신 하나님과의 만남은 오직 속죄와 성결케 됨을 통해서만 가능하다.

9:24 "환호성을 지으며 엎드렸다"

여호와의 불이 제물을 태우는 것을 보고 이스라엘 백성들은 기쁨의 탄성과 더불어 경외의 표시로 땅에 엎드린다. 백성들의 이 두 가지 반응은 하나님과의 교제 속에서 하나님의 백성이 가져야 하는 두 가지 측면이다. 하나님과의 교제는 경외함도 있어야 하고 기쁨도 있어야 한다. 히브리서 12:28은 말씀하길 "그러므로 우리가 흔들리지 않는 나라를 받았은즉 은혜를 받자 이로 말미암아 경건함과 두려움으로 하나님을 기쁘시게 섬길지니." 경건함과 기쁨, 이 두 가지가 아름답게 조화를 이루는 것이 참된 그리스도인들이 갖춰야 할 모습이다. 하나님에 대한 맹목적인 경외만 있는 신앙은 감정을 메마르게 할 수 있다. 반면 기쁨만 있는 신앙은 본질을 잃고, 경박스러울 수가 있다. 경외와 기쁨의 두 가지의 조화가 진정한 성경적 경건의 모습이다.

6단계: 설교 "아론과 베드로, 은혜를 통한 과오의 극복"

아마 성도님들이 성경에서 가장 좋아하는 성경 본문들 중의 하나는 요한복음 21장일 것입니다. 목사님들도 이 본문을 참 좋아합니다. 교회 좀 열심히 나오시는 성도님들은 목사님들이 이 본문을 가지고 설교하는 것을 이미 여러 번 들었을 것입니다. 그 이유는 이 본문이 너무나도 큰 잘못을 저지른 베드로가 전혀 기대하지도 못한 회복의 은혜를 너무나도 감동적인 방식으로 받은 이야기를 담고 있기 때문일 것입니다.

모두 알다시피 베드로는 예수님의 수제자였습니다. 또 예수님을 정말 사랑하고 열성이 있었던 제자였습니다. 그는 변화산 사건 직전에 예수님이 "사람들이 나를 누구라고 하느냐"고 물었을 때 "하나님의 그리스도시니이다"라고 대답할 줄 아는 사람이었습니다(눅 9:20). 또한 그는 예수님이 잡히시던 밤에 예수님을 잡으러 온 대제사장의 종의 귀를 칼로 내리칠 정도로 예수님을 향한 열정이 컸던 사람입니다(요 18:10). 이런 열정 때문에 그는 예수께서 잡혀 가실 것에 대한 예고를 하시자 "모두 주를 버릴지라도 나는 결코 버리지 않겠나이다"라고 힘주어 말합니다. 거기에 대해 예수님이 "오늘 밤 닭 울기 전에 네가 세 번 나를 부인하리라"고 말씀하시자 "내가 주와 함께 죽을지언정 주를 부인하지 않겠나이다"고 대답합니다(마 26:33-35).

그러나 창조 이후로 흑암이 가장 어두웠던 밤, 인간이 하나님을 향하여 가장 극렬한 반역을 저질렀던 밤, 공중의 권세 잡은 자의 힘이 가장 융성하여 예수님마저도 땀을 피처럼 흘리시며 기도하셨어야만 했던 밤, 베드로는 자기 주님께 했던 약속을 지키지 못했습니다. 그는 예수님이 심문 받던 대제사장의 집에 몰래 따라 들어갔다가 뜰의 사람들이 예수님과 자기의 관계를 다그치자 세 번이나 그를 부인합니다(마 26:69-75). 심지어 그는 마지막에 부인을 할 때는 '저주하며 맹세'까지 하며 예수님을 알지 못한다고 말합니다(74절). 그리고 드디어 닭이 울자 그는 예수님의 예언대로 된 것을 깨닫고 밖으로 나가서 심히 통곡합니다(75절). 그리고 제자에게 버림받은 예수님은 십자가에 달려 돌아가십니다.

그렇게도 열정적으로 사랑하던 자기 주님을 그런 식으로 배신해버리고, 주인은 죽어버린 마당에 베드로에게 무슨 삶의 희망이나 의미가 있을까요? 요한복음 21장의 본문에서 '사람을 낚는 어부'가 되어야 할 베드로는 예수님을 처음 만났던 때처럼 다시 '고기를 낚는 어부'로 돌아가 있습니다. 그날 그는 예수님을 처음 만났던 때처럼 밤새 아무것도 잡지 못합니다(요 21:3). 오직 예수님의 말씀대로 그물을 던지고서야 다시 비로소 처음 만났던 때처럼 그물을 들 수 없을 정도로 많은 물고기가 잡힙니다(6절). 승천하시기에 앞서 예수님은 베드로와의 만남을 위해 이렇게 첫 만남의 추억이 새록새록 묻어나는 장면으로 채우십니다. 이런 면에서 저는 삼위일체 하나님이 인류 최초의 멀티미디어 교사라는 말을 자주하곤 합니다. 예수님은 아마 베드로와의 개인적 만남으로는 마지막일지도 모르는 이 장면에서 그가 첫 만남을 떠올릴 수 있을 만한 소품들을 잔뜩 사용하십니다.

그리고는 예수님은 세 번에 걸쳐서 베드로에게 "네가 나를 사랑하느냐"고 묻습니다. 그리고 베드로가 대답할 때마다 "내 양을 먹이라" 혹은 "내 양을 치라"고 말씀하십니다. 이 세 번의 물음과 질문의 끝에 예수님은 처음 베드로를 불렀던 날처럼 "나를 따르라"고 말씀하십니다(요 21:22). 굳이 예수님이 이렇게 하신 이유는 예수님을 세 번이나 부인한 베드로에게 회복이 필요했기 때문이 아닐까요? 이제 예수님의 승천 이후에 초대 교회의 수장 역할을 해야 할 베드로에게 배신의 쓰라린 상처만 남겨 두고 떠나셔서는 안 되겠기에 예수님은 베드로로 하여금 예수님에 대한 세 번의 사랑 고백을 통해 그의 세 번의 부인을 극복하게 하심으로써 그의 영혼에 치유가 이루어지게 하신 것이 아닐까요?

저는 이 대목에서 한 가지 인상적인 점이 눈에 들어옵니다. 베드로의 첫 번째 고기 낚는 사건에서는 많은 고기로 인해 그물이 찢어집니다(눅 5:6). 그러나 예수님 승천 직전의 이 두 번째 고기 낚는 사건에서는 많은 고기를 잡았음에도 불구하고 그물이 찢어지지 않습니다(요 21:11). 복음서 저자들이 이 점에 대해 구체적인 설명을 해주지 않기 때문에 우리가 억지로 해석하기는 그렇지만 이 그물에 관한 사항은 많은 사색을 불러 일으킵니다.

혹시 그물의 찢어짐과 안 찢어짐은 베드로의 상태에 대한 예견적 상징같은 것은 아닐까요? 그물의 찢어짐 사건과 더불어 예수님과의 공생애를 시작하는 베드로는 스승에 대한 많은 사랑과 열정에도 불구하고 여러 번 넘어지고 실수하고 책망 받습니다. 그러나 그물이 찢어지지 않은 에피소드와 더불어 초대교회의 수장으로서의 삶을 시작하는 베드로는 사도행전의 많은 에피소드들이 보여주듯이 든든하기 그지 없습니다. 이런 면에서 그물과 베드로의 상태 사이에는 흥미로운 유비가 존재하는 것 같습니다. 물론 이것이 독자로서의 저의 상상에 불과한 것일 수도 있지만 말입니다.

이제 레위기의 우리 본문으로 돌아가 보도록 하지요. 이 레위기 9장에서 아론이 대제사장으로서 드리는 첫 제사는 자기 자신에 대한 속죄제였습니다. 그 속죄제의 제물로 하나님은 다름 아닌 '수송아지'(*에겔*)를 바치게 하십니다. 레위기의 다른 모든 본문, 더 나아가서 구약 전체에서 '수송아지'가 제물로 드려지는 경우는 거의 전무하다시피 합니다. 그리고 이 '수송아지'(*에겔*)란 단어가 구약에서 사용된 경우들은 거의 대부분 출애굽기 32:1–6의 황금 송아지 사건과 밀접하게 연결되어 있습니다.

여기에 충격적인 사실이 개입되어 있습니다. 엄밀하게 따지면 아론이 집전한 첫 제사는 이 레위기 9장의 속죄 제사가 아니라 출애굽기 32:1–6의 제사입니다! 이스라엘의 첫 번째 대제사장이자 모든 이스라엘의 제사장들의 조상인 아론은 자신의 첫 제사를 하나님께 드린 것이 아니라 황금 송아지 우상에게 드렸던 것입니다! 이런 점에서 그는 이스라엘의 첫 대제사장이 되기는커녕 그 죄로 말미암아 당장 죽임을 당했어도 할 말이 없는 사람이었습니다!

그러나 하나님은 죄와 허물로 죽었던 자와 같은 아론을 세우셔서 대제사장이 되게 하시고, 그의 중보 사역을 통해서 모든 이스라엘이 하나님 앞에서 살아갈 수 있게 하셨습니다. 마치 예수님을 부인한 베드로를 초대교회의 수장으로 삼으셨던 것처럼 말입니다.

이렇게 되기 위해서는 아론에게도 베드로와 같은 치유와 과거 극복의 과정이 필요했습니다. 이것을 위해서 하나님은 아론이 황금 송아지를 연상시키는 수송아지(*에겔*)로 속죄제를 드리게 하셨습니다. 이것을 통해 과거에 가증스런 우상에게 제사를 드렸던 자가 거룩하신 하나님께 제사를 드리는 자로 변화됩니다. 이 제사를 드리면서 아마 아론은 "나의 나 된 것은 다 하나님 은혜라…한량 없는 은혜 갚을 길 없는 은혜 내 삶을 에워싸는 하나님의 은혜"라고 감격했을 것 같습니다.

따라서 이 레위기 9장의 아론의 제사를 통해서 얻을 수 있는 교훈은 다음과 같습니다.

첫째, 하나님은 섬세한 분이십니다. 그분은 내 삶의 모든 아픈 부분들을 어루만지시고 우리 가슴에 사무치도록 감격스러운 방법으로 치료하시는 분입니다. 이런 하나님을 경험하는 것은 참으로 복된 일입니다.

둘째, 우리가 아무리 참람한 죄를 저질렀다고 해도 베드로와 아론의 경우와 같이 그것이 끝은 아닙니다. 여러분이 하나님을 바라보고, 진정한 통회를 하며, 정말 간절하고 겸손한 마음으로 그분의 은혜의 손길을 갈망한다면 그것은 새로운 시작일 수 있습니다.

셋째, 그러므로 포기하지 마십시오. 우리가 우리 자신을 포기하고 싶을 때에도 우리의 손을 붙잡으시고 끝까지 놓지 않으시는 분이 우리 하나님이십니다. 구스인은 자기 피부를 바꿀 수가 없고 표범은 자기 반점을 없앨 수가 없습니다(참고, 렘 13:23). 그러나 우리 하나님 여호와께는 능치 못한 일이 없습니다(창 18:14). 그분은 구스인의 피부나 표범의 반점을 바꾸실 수가 있습니다. 이 전능하신 하나님은 또한 여러분의 삶도 바꾸어 놓으실 수가 있습니다. 그러므로 여러분이 현재 삶의 가장 절망적인 순간, 가장 절망적인 죄, 가장 절망적인 연약함에 허덕이고 있다고 해도 포기하지 마십시오. 하나님이 포기하지 않으시면 그런 것들이 여러분의 인생의 끝은 아닙니다!

레위기 10장

제사장의 죽음과 거룩

❑ 제사장의 죽음과 거룩 개관

레위기 10장은 8–9장의 제사장 위임식에 이어 벌어진 첫 번째 사건을 담고 있다. 그 사건은 모세의 아들들 중 나답과 아비후가 "여호와께서…명령하시지 않은 허락되지 않은 불을 여호와 앞으로 가져갔다"가 여호와의 앞에서 나온 불에 의해 죽임을 당하게 된 사건이었다(10:1). 이 사건이 충격적인 것은 바로 앞의 9:24에서 이 동일한 여호와의 불이 아론의 제사장 직분에 대한 승인의 의미로 그가 드린 제물들을 불사른 적이 있다는 점이다. 동일한 여호와의 불이 제사장을 승인하는 표시가 되기도 하고 제사장을 죽이는 도구가 되기도 한 것이다.

충격적인 이 사건은 제사장의 역할과 사명에 대해서 하나님이 다시 한 번 천명해 주시는 계기가 된다(10:8–11). 또한 거룩하신 하나님 앞에서 살아간다는 것이 얼마나 두려운 일인지를 아론이 다시 한 번 뼈저리게 경험하는 계기도 된다(10:12–20).

10장이 레위기 내에서 가진 독특성은 내러티브적 성격이 특별히 강하다는 점이다. 이미 8–9장이 레위기 1–7장에 기초해서 위임식의 제사 시행 과정을 다루는 내러티브적 성격을 어느 정도 갖고 있기는 했지만 10장에 와서 그 내러티브적 성격은 더욱 두드러진다. 일례로 1-2절에서 나답과 아비후가 향로를 성소 안으로 가지고 갔다가 불에 타 죽는 장면이나 16절에서 모세가 사라진 속죄제의 염소를 찾는 장면 등은 마치 창세기나 역사서의 한 에피소드를 읽는 듯하다. 저자는 이 내러티브 본문을 통해서 레위기 1-9장의 제사와 제사장의 역할에서 잘못된 점이 있을 때 무슨 일이 벌어지는지, 또 그럼에도 불구하고 거룩하신 하나님을 향한 진정한 두려움을 가지면 또 어떤 일이 벌어지는지를 말해준다.

10장의 나답과 아비후 사건은 레위기의 전체 구조와 관련하여서도 중요하다. 10:1-2의 나답과 아비후의 죽음은 레위기 16장의 속죄일 본문의 서두에서 다시 한 번 언급된다(참고, 레 16:1). 이처럼 두 번 언급된 이 사건은 다음의 몇 가지 역할을 한다.

첫째, 이 사건은 레위기를 크게 세 부분으로 나눠주는 역할을 한다. 그리고 세 부분은 레위기 10:8-11에 나오는 제사장의 세 가지 역할과 각각 상응한다(아래의 해당 구절의 "본문 해설" 참고). 이것을 그림으로 나타내면 다음과 같다.

제사법/제사장 (1-9장)	**나답 / 아비후 (10장)**	정결과 부정 (11-15장)	**나답 / 아비후 (16장)**	삶의 거룩 (17-27장)

둘째, 위의 그림에서 보듯이 이 사건은 11-15장을 앞뒤로 감싸주는 바깥 얼개의 역할을 한다.[165] 그 안에 담긴 11-15장의 내용은 음식법, 악성 피부병, 각종 유출병과 관련한 정결과 부정의 문제를 다루고 있는데, 이것은 위에서 언급한 제사장의 세 가지 역할 중 두 번째 역할, 즉 10:10이 언급하고 있는 역할인 "거룩한 것과 속된 것, 그리고 부정한 것과 정결한 것을 분별"하는

---

165 전문 수사학 용어로는 *인클루지오*(inclusio)라고 하며, 우리 말로는 흔히 '수미쌍괄식', '수미상관법' 등으로 번역된다.

역할과 상응한다. 이처럼 나답과 아비후 사건은 레위기의 전체 구조와 관련하여 중요한 역할을 하고 있다고 볼 수 있다.

1단계: 사역

10:1 그리고 아론의 아들들인 나답과 아비후가 각자 자기 향로를 취하였다. 그리고 그 안에 불을 두었다. 그리고 그 위에 향을 올려 놓았다. 그리고 여호와께서 그들에게 명령하시지 않은 허락되지 않은 불을 여호와 앞으로 가져갔다.

10:2 그러자 불이 여호와 앞에서 나왔다. 그리고 그들을 삼켰다. 그래서 그들이 여호와 앞에서 죽었다.

10:3 그러자 모세가 아론에게 말했다. 이것이 여호와께서 말씀하신 것이다. "나는 나에게 가까이 오는 자들에 의해서 거룩함을 받을 것이며, 온 백성 앞에서 영광을 받을 것이다." 그러자 아론이 잠잠했다.

10:4 그리고 모세가 아론의 삼촌 웃시엘의 아들 미사엘과 엘사반을 불러서 그들에게 말했다. "나아와서 너희 형제들을 성소 앞에서 진 밖으로 들어내라."

10:5 그들이 나아가서 모세가 말한 대로 그들을 옷 입은 채로 진영 밖으로 들어냈다.

10:6 모세가 아론과 그의 아들 엘르아살과 이다말에게 말했다. 너희는 머리를 풀거나 옷을 찢지 말라 그리하여 너희가 죽음을 면하고 [여호와의 진노가] 온 회중에게 미침을 면하게 하라 [그러나] 너희의 형제들인 모든 이스라엘 자손들이 여호와께서 [그들을] 불태우신 것에 대해 [너희 대신] 슬퍼하게 하라.

10:7 회막 입구에서 나가지 말라. 그리하면 죽지 않으리라. 왜냐하면 여호와의 관유가 너희에게 있기 때문이니라. 그러자 그들이 모세의 말

대로 하였다.
10:8 그리고 여호와께서 아론에게 말씀하셨다.
10:9 너, 그리고 너와 함께 있는 네 아들들이 회막에 들어갈 때에 포도주
나 독주를 마시지 말아라. 그러면 너희가 죽지 않을 것이다. 이것은
너희 대대의 영원한 규례이다.
10:10 [너희는] 또한 거룩한 것과 속된 것, 그리고 부정한 것과 정결한 것을
분별해야 한다.
10:11 그리고 또한 여호와가 모세를 통하여 말씀하신 모든 규례를 이스라
엘 자손에게 가르쳐야 한다.
10:12 그리고 모세가 아론과 그의 남은 아들들인 엘르아살과 이다말에게
말하였다. 여호와의 화제물 중에서 남은 소제물을 취하여 무교병들
을 제단 옆에서 먹어라. 그것은 지극히 거룩한 것이다.
10:13 또한 너희는 그것을 거룩한 곳에서 먹으라. 그것은 여호와의 화제물
들 중 너와 네 아들들의 몫이다. 내가 그렇게 명령을 받았다.
10:14 흔든 가슴과 들어올린 뒷다리는 너, 그리고 너와 함께한 네 아들들과
딸들이 정결한 곳에서 먹어야 한다. [이는] 이스라엘 자손의 화목제
물들 중에서 너와 네 아들들의 몫으로 주어진 것이다.
10:15 지방 부위들의 화제물들과 더불어 들어올린 뒷다리와 흔든 가슴을
가져와서 여호와 앞에서 '흔들기'로 흔들어라. [그것이] 여호와께서
명령하신 대로 너 및 너와 함께한 아들들에게 영원한 몫이다.
10:16 모세가 속죄제의 염소를 열심히 찾았다. 그러나 그것이 이미 불타 없
어졌다! 모세가 아론의 남은 아들들인 엘르아살과 이다말에게 분노
하여 말했다.
10:17 너희가 어찌하여 거룩한 곳에서 속죄제물을 먹지 않았느냐? 그것은
지극히 거룩한 것이었다. [하나님이] 그것을 너희에게 주신 것은 회중
의 죄를 담당하여 그들을 여호와 앞에서 속죄하기 위함이다.
10:18 보라! 그 피는 성소 안으로 들여오지 않았다. [따라서] 너희는 반드시

그 제물은 내가 명령한 대로 거룩한 곳에서 먹었어야 했다.

10:19 아론이 모세에게 말하였다. 보라! 오늘 그들이 그들의 속죄제와 번
제를 여호와 앞에 드렸으나 나에게 이런 일이 생겼다. 그런데 내가
만약 오늘 속죄제물을 먹었다면 여호와의 보시기에 좋았겠느냐?
10:20 모세가 그 말을 들었다. 그가 보기에 좋았다.

2단계: 사역 해설

10:1 "그리고" 봐브연속법.

"허락되지 않은" *자라*(זָרָה)

'이상한'(strange)이란 뜻을 가진 형용사 *자르*(זָר)의 여성형. '불'(*에쉬*, אֵשׁ)이란 단어가 여성 명사라 여성형 형용사가 사용되었다. 이 *자르* 혹은 *자라*는 기본적으로는 '이상한'(strange), '이방의'(foreign), '완전히 다른'(completely different), '불법적인'(unlawful) 등의 뜻을 갖고 있는 단어이다. 이 단어가 레위기나 기타 제의법 문맥에서 사용될 때 이 단어의 의미는 '허락되지 않은'(unauthorized), '금지된'(forbidden)이란 뜻으로 이해하는 것이 가장 적절할 수 있다. 10:1의 "허락되지 않은 불"과 가장 상응하는 개념을 전달하는 구절들은 민수기 1:51; 3:10, 38 등이다. 이 구절들에는 "가까이 다가오는 외인은 죽임을 당할 것이다"라는 문구가 나온다. 여기에서 '외인'의 '외'에 해당하는 히브리어 단어가 바로 *자르*(זָר)이다. 이 구절들은 성막에 일정 거리 이상으로 다가오도록 허락되지 않은 사람이 성막에 접근할 경우 레위인이나 제사장이 그를 죽이라는 명령을 담고 있다. 광야 여행 중 이스라엘이 어느 한 곳에 정착할 때는 성막은 이스라엘의 진 한 가운데 설치되고, 그 성막을 레위 지파와 제사장 집단이 둘러싸는 형태로 배치된다. 그리고 다시 그 외곽으로 이스라엘의 열두 지파가 동서남북 방향으로 둘러싸는 형태로 배치된다.

이처럼 성막과 이스라엘의 지파들 사이에 레위 지파와 제사장 집단이 배치되는데, 이들은 거룩하신 하나님과 이스라엘 백성 사이에 일종의 안전 장치이자 완충 지대의 역할을 한다. 다른 비유를 들자면 어떤 면에서는 레위 지파와 제사장 집단은 군사 지역을 둘러싼 고압선 전류 철망과도 같은 것이다. 이 철망에 쓰인 '고압선 주의'란 팻말은 허락되지 않은 자가 다가서지 못하도록 하는 일종의 안전 장치 역할을 한다. 그러나 혹시 누가 이 팻말의 경고를 무시하고 함부로 다가서면 그는 고압선에 의해 죽게 된다. 위의 구절들에서 레위 지파와 제사장 집단의 역할이 딱 이것이다. 이들은 거룩하신 하나님의 임재의 상징물인 성막에 허용되지 않는 거리만큼 다가서지 못하게 하는 역할을 한다. 그리고 혹시 '허락되지 않은' 자가 허락되지 않은 거리 이상으로 다가서면 이들이 그를 죽이게 된다. 따라서 이 구절들에서 이 단어는 '허락되지 않은' 정도의 의미로 이해하면 딱 좋다. 이처럼 레위기 10:1의 '허락되지 않은' 불로 인해 나답과 아비후가 죽은 이유 역시 결국은 그 불이 '허락되지 않은' 상태에 있었기 때문이다.

10:2 "불이…삼켰다"

이 문구는 바로 앞의 9:24의 문구와 히브리어 상으로 거의 완전히 동일하다. 단지 목적어가 9:24에서는 번제물과 지방들이고, 10:2에서 '그들'이라는 점만 다르다.

10:3 "거룩함을 받을 것이며…영광을 받을 것이다"

엑카데쉬…엑카베드(אֶקָּדֵשׁ…אֶכָּבֵד)

이 두 동사는 모두 니팔형 형태를 띠고 있다. 니팔형은 수동태적 의미를 가질 수도 있고 재귀적 의미를 가질 수도 있다. 다시 말해 첫 번째 동사는 '스스로를 거룩하게 할 것이다'나 '거룩함을 받을 것이다'로 이해될 수 있고, 두 번째 동사는 '스스로를 영광스럽게 할 것이다'나 '영광을 받을 것이다'로 이해될 수 있는 것이다. 이에 대해서 각 주석가마다 해석을 달리하고, 성경 번역본들도 다 견해를 달리하고 있기 때문에 혼란스럽기 그지없다. 그러나 이 문제를 교통정리하기 위한 대원칙은 두 동사가 서로 밀접하게 이어져 있으며, 또한 같은 문법적 형태를 띠고 있기 때문에 이것들이 동일한 문법적 의미를 갖고 있는 것으로 간주하는 것이라고 생각된다. 이 사역에서는 둘 다 동일하게 수동적 의미를 갖고 있는 것으로 보았다. 앞의 나답과 아비후 사건에 대한 하나님의 입장 천명으로 나온 이 구절은 "나는 나에게 가까이 오는 자들에 의해서 거룩함을 받을 것이다"라고 수동적으로 해석하는 것이 문맥상 가장 적절해 보이기 때문이다.

10:6 "그리하여"

이어지는 문구는 앞의 동사들과 연계된 목적절이다.

"여호와의 진노가"

이 표현은 원문 중에는 나오지 않는다. 단지 사용된 동사를 통해서 유추한 해석이다. 개역개정을 비롯한 성경 번역본들이 다 집어넣고 있다.

"[그러나]…모든 이스라엘 자손들이…[너희 대신] 슬퍼하게 하라"

괄호 안의 내용들은 원문 자체에 나오지는 않는다. 그러나 구문론적으로 볼 때 이 문장은 접속사 *봐브*(ו) 다음에 동사 대신 다른 요소가 먼저 나옴으로써 앞의 문장들과의 대조를 나타내는 문장이다. 즉 모세는 아론과 그의 아들들은 애도하지 못하도록 금지한 대신에 다른 이스라엘 백성들이 대신해서 죽은 이들을 위해 애도하도록 명령하고 있는 것이다. 사역은 바로 이 점을 살려서 번역하였다.

"슬퍼하게 하라"

간접명령(jussive). 개역개정은 단순한 미완료로 보고 해석하고 있다. 그러나 간접명령형으로 보는 것이 더 적절해 보인다.

10:10 "분별해야 한다"

이 동사는 원문에서는 부정사 연계형을 쓰고 있다. 에발트는 부정사가 여기에서처럼 접속사 *봐브*와 함께 사용되는 경우 그 앞에 나오는 동사와 같은 효력을 가지고 내용을 이어 나가는 역할을 할 수 있다는 점을 지적한다.[166] 현 문맥의 경우는 9절의 "포도주나 독주를 마시지 말아라"는 명령의 효력을 계속 이어 나감으로써 명령의 의미를 띤다는 것이다. 이에 반대하는 학자들은 앞에서 말한 부정사 용법은 연계형이 아닌 절대형의 경우에만 가능함을 내세우면서 10–11절의 '봐브 접속사 + 부정사 연계형' 구문은 9절의 "영원한 규례"를 수식하는 형용사절이라고 생각한다.[167] 그러나 이런 주장을 따르고자 하면 이 두 구절의 봐브 접속사를 전부 다 지워야 하는 결과가 생긴다. 또한 앞의 에발트가 위의 구문론적 설명을 위해 언급한 본문들(렘 17:10; 19:12 등)은 충분히 설득력이 있고, 이 견해를 따를 경우 봐브 접속사들을 삭제할 필요가 없다. 따라서 이 사역은 에발트의 견해를 따른다.

10:11 "여호와"

개역개정은 하나님께서 아론에게 직접 말씀하시면서 3인칭으로 자신을 호칭하는 것이 어색한지 '나'라는 1인칭 대명사를 추가하여 "나 여호와"라고 번역하였다. 그러나 히브리어 원어에서는 1인칭 대명사가 들어 있지 않다. 그리고 하나님께서 직접 말씀하시면서 자신을 3인칭으로 호칭하는 것은 구약 히브리어 본문에서 아주 흔한 일이다. 그러므로 '나'를 굳이 집어 넣을 이유가 없다. 따라서 이 사역에서는 '나'란 인칭대명사를 생략하였다.

---

166 Heinrich Ewald, *Syntax of the Hebrew Language of the Old Testament* (tr. James Kennedy; Edinburgh: T. & T. Clark, 1891), §351c. 또한 이 견해를 수용하여 이 구절을 해석하고 있는 D. Hoffmann, *Das Buch Leviticus* (Berlin: M. Poppelauer, 1905), 297을 보라. 조금 유보적이기는 하지만 Ewald와 비슷한 견해는 또한 S. R. Driver, *A Treatise on the Use of the Tenses in Hebrew and Some Other Syntactical Questions* (Grand Rapids: Eerdmans, 1874), §206에도 나온다.

167 Watts, *Leviticus* 1–10, 539.

10:16 **"열심히 찾았다"** ***다로쉬 다라쉬*(דָּרֹשׁ דָּרַשׁ)**

이 어구는 부정사 절대형이 강조적 용법으로 사용된 구문이다. 개역개정은 이 강조어법을 전혀 반영하고 있지 않은데, 원문은 분명히 강조어법으로 되어 있다. 따라서 저자는 모세가 속죄제의 숫양을 그냥 찾은 게 아니라 정말로 '열심히' 찾은 것을 묘사하고 있는 것이다.

"불타 없어졌다!" ***붸힌네 쏘라프*(וְהִנֵּה שֹׂרָף)**

쏘라프는 레위기에서 제물들을 폐기용으로 '불태우다'란 뜻의 *싸라프*(שָׂרַף)의 푸알형이다. 즉 강조 수동형이다. '불타 없어졌다!'란 번역은 이런 뉘앙스를 살리려고 한 것이다. 또한 이 푸알형 표현에서 호프만과 같은 학자는 해당 제물이 '의도적으로' 불타 없어졌다는 것을 나타낸다는 주장을 하기도 한다.[168] 이 관찰도 역시 타당해 보인다. 그러나 푸알 자체가 의도성을 나타낸다기보다는 '불타 없어진' 것에 대한 내레이터의 강조가 결국은 문맥상 독자로 하여금 아론과 그의 아들들이 제물을 의도적으로 폐기한 것으로 보게 만든다고 봐야 한다.

어떤 학자들은 이처럼 이 단어가 푸알형으로 사용된 것은 구약성경 전체에서 오직 한 번뿐이기 때문에 중요한 문법학자들은 이것이 푸알형이 아니라 칼 수동형이라고 주장하기도 한다.[169] 그러나 분명히 위의 주장들처럼 이 단어는 단순한 수동적 의미가 아니라 절대 일어나서는 안 되는 일에 대한 강조를 담고 있다. 따라서 푸알형의 사용은 아주 적절하다고 할 수 있다. 대부분의 레위기 주석가들은 이 점에 대해서 구체적인 논의는 안 하지만 푸알 수동형이라는 견해를 받아들이고 있는 것으로 보인다.

---

168 Hoffmann, *Leviticus*, 298.

169 W. Gesenius, *Gesenius' Hebrew Grammar* (ed. E. Kautsch; trans. A. Cowley: Oxford: Clarendon Press, 1910), §52e (약어, 이하 GKC); B. K. Waltke and M. O'Conner, *An Introduction to Biblical Hebrew Syntax* (Winona Lake, IN: Eisenbrauns, 1990), §22.6c, n. 31.

10:18 "보라!" ***헨*(הֵן)**

이 단어는 감탄사일 수도 있고, 조건절을 이끄는 접속사일 수도 있다. 웬함은 이것이 후자라고 생각한다.[170] 그러나 문맥의 흐름상 모세는 이 중대한 문제에 대해서 격앙된 상태이기 때문에 이 상황에 대하여 대화 상대방의 주의를 요구하고 있다고 보는 것이 더 적절해 보인다. 즉 이 단어를 감탄사로 이해하는 것이 더 적절해 보인다.

"반드시…먹었어야 했다"

역시 앞의 16절의 경우와 같이 부정사 절대형을 사용한 강조어법을 사용하고 있다. '반드시'는 강조어법을 반영한 것이다.

10:20 "그가 보기에 좋았다" ***봐이이타브 브에나브*(וַיִּיטַב בְּעֵינָיו)**

이 문구는 19절의 "여호와의 보시기에 좋았겠느냐?"는 문구를 받는 것이다. 모세는 19절의 아론이 말한 것을 듣고 하나님을 대신해서 반응을 보인다. 이처럼 모세가 하나님을 대신해서 어떤 평가나 감정을 표현하는 것은 출애굽기 39:42–43에도 나온다. 이 본문은 창세기 2:1–3의 창조 후의 하나님이 창조에 대해서 느끼신 바와 평가를 다루고 있는 본문의 문구를 그대로 흉내 내고 있다.[171] 단지 그런 평가의 주체가 하나님에서 모세로 바뀐 것뿐이다. 이와 똑같이 레위기 10:19–20에서 모세는 하나님의 평가를 대신해서 나타낸다.

---

170 Wenham, *Leviticus*, 160, n. 18.

171 박철현, *출애굽기 산책* (서울: 솔로몬, 2014), 234.

3단계: 단락 구분

레위기 10장은 크게 세 부분으로 나뉜다.

10:1–7	나답과 아비후의 죽음과 장사
10:8–11	제사장의 역할에 대한 천명
10:12–20	아론이 속죄제물을 잘못 폐기한 사건

4단계: 본문 해설

10:1 이 1절의 개역개정 번역은 너무 많은 문장들을 뭉뚱그려서 번역하고 있다. 위의 사역이 히브리어 원문을 좀 더 원래의 느낌이 나도록 번역한 것이다. 히브리어 원문은 개역개정의 번역과 달리 좀 더 내러티브적으로 서스펜스를 갖추고 있다. '서스펜스'란 것은 내러티브 이론적으로 말하자면 어떤 결정적 사건이 발생하기 전까지의 시간을 내레이터가 일부러 질질 끎으로써 독자에게 긴장감을 불러 일으키는 기법이다. 위의 사역에서 보듯이 1절의 전반절은 나답과 아비후가 절차를 따라서 향로에 불을 피우고, 향을 그 위에 올려서 성소 안으로 들어가는 장면을 서술하고 있다. 그러나 갑자기 그 불이 문제가 있다는 것이 밝혀지고, 그들은 여호와 앞으로부터 나온 불로 인해 죽게 된다. 후반절의 갑작스러운 사태는 전반부에서는 전혀 낌새가 없다. 따라서 독자는 이런 예상치 못한 사태로 인해 놀라움을 경험하게 된다. 놀라움('서프라이즈')이라는 개념 역시 내러티브 이론적으로 전문적 개념이다. 내러티브는 이처럼 서스펜스와 서프라이즈의 결합을 통해 역동적으로 흘러가게 된다. 이런 면에서 10장의 이 본문은 지금까지의 레위기 본문과 달리 내러티브적 성격을 많이 띠고 있다고 볼 수 있다.

“여호와께서…명령하시지 않은 허락되지 않은 불”

나답과 아비후를 죽음에 이르게 한 “허락되지 않은 불”이 도대체 무엇인지에 대해서는 학자들의 논의가 많이 있지만 이것들은 그 어느 것도 결정적으로 증명될 수 있는 것들은 아니다.[172] 예를 들어 어떤 학자들은 레위기 16:12에 따르면 향로의 불은 성막 뜰의 제단 위에서 피운 불에서 가져온 것이어야 하는데 나답과 아비후가 이대로 하지 않았기 때문에 “허락되지 않은 불”이 되었다는 것이다. 또 어떤 학자들은 이 향로의 불은 출애굽기 30:7-8에 따르면 아침과 저녁에 피우도록 되어 있었는데 나답과 아비후가 이 시간 이외에 불을 피웠다는 것이다. 또 어떤 학자들은 ‘다른’(*자라*), 즉 ‘허락되지 않은’ 향을 가지고 향불을 피움으로써 그 불이 “허락되지 않은 불”이 되었다는 것이다.

여기에서 우리는 직접적인 문맥에 근거해서 다른 가능성도 생각해 볼 수 있다. 레위기 10:9에 따르면 “포도주나 독주를 마시지 말라 그리하여 너희 죽음을 면하라”고 되어 있는데, 이 구절에 기초하면 나답과 아비후가 제사장이 성막이 들어갈 때 해서는 안 되는 일, 즉 술을 먹고 취한 상태에서 향로를 가지고 들어감으로써 죽임을 당했다고 보는 것이다. 다시 말해 제사장의 ‘허락되지 않은’ 상태가 불을 “허락되지 않은 불”로 만들었다는 것이다. 개인적으로는 이 해석이 가장 설득력 있게 느껴진다. 왜냐하면 이 10:1-2의 “허락되지 않은 불” 사건에 대해 바로 이어지는 3절의 하나님의 말씀에 따르면 하나님은 “나는 나에게 가까이 오는 자들에 의해서 거룩함을 받을 것이며”라고 말씀하시고 있기 때문이다. 이 말씀에 따르면 아마 1-2절의 사건은 하나님께 ‘가까이 오는 자들’이 문제가 있었기 때문에 발생한 것이 아닌가 하는 생각을 해볼 수 있다.

이처럼 개인적으로는 마지막의 해석이 가장 타당성이 있게 느껴지기는 하지만 레위기 본문은 어느 견해가 맞는지에 대해서 확정적인 답을 주지는 않

---

172 이에 대한 정리는 Wenham, *Leviticus*, 155; Hartley, *Leviticus*, 132-133 등을 보라.

는다. 다만 이유야 어찌 됐든 간에 그 불이 "여호와께서 명령하시지…않은" 불인 것만큼은 틀림 없다.

그리고 이처럼 "여호와께서…명령하시지 않은"이란 문구는 8-9장과 선명한 대조를 이룬다. 왜냐하면 우리는 이 두 장의 본문 전체에 걸쳐서 "여호와께서 명령하신 것과 같았다"는 문구를 수도 없이 보아왔기 때문이다(예를 들어 8:4, 9, 13, 17 등). 이런 8-9장의 특징적인 문구는 10장의 나답과 아비후의 죽음이 "여호와께서…명령하시지 않은" 일을 했다는 점을 더욱 심각하게 부각시킨다.[173]

10:2 "불이 여호와 앞에서 나왔다. 그리고 그들을 삼켰다"

이 구절은 바로 앞의 9:24과 원문상으로 거의 완전히 동일하다. 단지 불이 삼킨 대상이 틀릴 뿐이다. 9:24에서는 아론이 드린 제물들을 여호와 앞에서 나온 불이 태웠다. 이것은 승인의 의미였다. 반면 10:2에서는 동일한 여호와의 불이 나답과 아비후를 태웠다. 이것은 거부의 의미였다. 이처럼 동일한 여호와의 불이 연속적인 사건의 흐름 속에서 정반대의 의미로 작용한다. 그 불의 의미를 결정짓는 것은 여호와의 명령대로 하느냐 아니냐 하는 것이다.

10:3 "나는 나에게 가까이 오는 자들에 의해서 거룩함을 받을 것이며, 온 백성 앞에서 영광을 받을 것이다":

앞에서 나답과 아비후의 죽음의 본질은 그들이 여호와의 명령대로 행하지 않았기 때문임을 보았다. 하나님을 거룩하고 영화롭게 하는 가장 단순하고 명쾌한 길은 그의 명령대로 행하는 것이다. 8-9장에서 아론 및 그의 아들들과 이스라엘 백성들은 여호와의 명령대로 행함으로써 하나님의 승인을 받았고, 기쁨을 누렸다. 그러나 바로 다음 순간 나답과 아비후는 여호와의 명령대로 행하지 않음으로써 죽임을 당했다. 홀로 절대자이신 하나님 앞에서 우

---

173 참고로 "허락되지 않은 불"이란 표현은 민수기 3:4; 26:61에도 나온다. 이렇게 볼 때 구약성경 전체에서 이 표현은 모두 나답과 아비후의 죽음 사건과만 연결되어 있다.

리가 살아가는 유일한 길은 그의 명령대로 사는 것임을 우리는 놓쳐서는 안 된다.

10:3-4 "그러자 아론이 잠잠했다. 모세가 아론의 삼촌 웃시엘의…불러서…진 밖으로 들어내라"

아론은 하나님의 이 말씀을 모세를 통해 전해 듣고 침묵한다. 이 침묵에 대해 밀그롬은 에스겔 24:17과 연결시킨다.[174] 이 침묵은 죽은 자에 대한 애도의 표시를 하지 않는 것을 나타낸다.

이 침묵은 또한 레위기 21:1-3 및 21:10-12의 제사장 및 대제사장의 죽은 자의 애도에 대한 규례와 연결되어 있다. 죽은 자들과 접촉하는 것은 사람을 부정하게 만들기 때문에 접촉이 금지되어 있었고, 접촉을 할 경우에는 반드시 정결 의식을 치르도록 되어 있었다. 그리고 일반 제사장들의 경우에는 직접적인 가족들이 죽은 경우에만 부득이하게 그 시신을 만질 수 있게 허용되어 있었다. 그러나 대제사장의 경우에는 자신의 친부모의 죽음에 대해서도 그 시신과의 접촉은커녕 애도를 표하는 것도 금지되어 있었다. 이처럼 제의법적으로 최정점에 있는 대제사장과 제사장에게는 다른 이들보다 더욱 엄격한 기준이 요구되어 있었다.

이렇게 볼 때 아론이 잠잠한 것은 대제사장에게 주어진 애도 금지 때문인 것으로 이해하는 것이 타당성이 있어 보인다. 대신에 하나님은 "너희의 형제들인 모든 이스라엘 자손들"에게 애도를 하게 명령하신다(6절). 또한 이들 대신에 그 일가친척들이 나답과 아비후의 시체를 처리하게 하신다. 이런 점에서 우리는 다시 한 번 하나님의 섬세한 배려를 느낄 수 있다.

10:6-7 3절 말미의 아론의 침묵과 연결되어 있는 내용으로, 모세가 나답과 아비후의 애도와 관련하여 다시 한 번 주는 지시를 담고 있다. 이것은 레

---

174 Milgrom, *Leviticus 1-16*, 604.

21:10-12의 대제사장의 애도 금지 규례와 상응한다.

(1) 7절: "여호와의 관유가 너희에게 있기 때문이라"는 말씀은 21:10, 12의 "관유로 부음을 받고…하나님께서 성별하신 관유가 그 위에 있음이라"는 문구와 상응한다.

(2) 6절: "머리를 풀거나 옷을 찢지 말라"는 문구는 21:10의 "대제사장은 그의 머리를 풀지 말며 그의 옷을 찢지 말며"라는 문구와 상응한다.

(3) 7절: "회막 입구에서 나가지 말라"라는 문구는 21:12의 "그 성소에서 나오지 말며"라는 문구와 상응한다. 참고로 아론과 그의 아들들은 제사장 위임식을 치르는 중에도 이런 동일한 요구를 받은 바가 있다(레 8:33).

이처럼 대제사장이 애도의 문제로 잘못을 범하지 않는 것이 중요한 이유 중의 하나는 이런 조심을 통해 "여호와의 진노가 온 회중에게 미침을 면하게" 할 수 있기 때문이다(10:6). 이런 엄격한 요구가 대제사장에게 적용되는 이유는 그의 죄가 단지 그 자신의 죄로 끝나지 않고 백성의 허물이 되기 때문이다(레 4:3).

10:8-11 1-7절에 있었던 사건을 바탕으로 해서 하나님은 제사장들의 임무와 자세에 대해서 분명하게 말씀해주실 기회를 얻게 된다. 그 내용은 크게 세 가지 항목으로 되어 있다.

(1) 제사장은 회막에 들어갈 때, 즉 직무를 수행할 때 포도주나 독주를 마시지 말하야 한다. 그 이유는 그들이 죽임을 당하지 않기 위한 것이다(9절).

(2) 제사장은 '거룩한 것과 속된 것', 그리고 '부정한 것과 정결한 것'을 분별해야 한다(10절).

(3) 제사장은 "여호와가 모세를 통하여 말씀하신 모든 규례를 이스라엘 자손에게 가르쳐야 한다"(11절). 제사장의 임무는 단순히 제사를 치르고 정결과 부정의 문제를 관리하는 것만이 아니었다. 그들은 율법의 선생으로서 이스라엘 자손들에게 하나님의 백성으로서 어떻게 살아가야 하는지를 가르치는 역할도 해야했다. 말라기 2:4-9은 제사장들이 자신들의 이런 중요한 임

무를 실패할 때 자신들과 하나님의 백성에게 어떤 심각한 운명이 기다리고 있는지를 말해주고 있다.

한 가지 흥미로운 점은 8-11절의 세 가지 각각의 내용이 "레위기 개관"의 "4. 레위기의 구조"(28쪽)에서 다룬 바와 같이 레위기의 거시적 구조인 3중 구조와 잘 상응한다는 것이다.

레위기 1–10장 (제사 제도: 제사와 제사장)
11–16장(정결과 부정)
17–27장("성결법": 삶의 모든 영역에서의 하나님의 백성의 삶)

10:12 "화제물 중에서 남은…제단 옆에서 먹어라"

이 단락은 크게 두 부분으로 나뉜다. 12-15절에서 모세는 제물 중 제사장의 몫에 대한 규정을 언급하면서 9장에서 하나님께 드린 제물들 중 제사장들이 먹어야 할 몫을 먹으라고 명령한다. 그리고 16-20절에서는 아론과 그의 아들들이 제사장 몫의 고기를 먹지 않고 태워서 없애 버린 것에 대한 책망과 아론의 반응을 담고 있다.

10:12-15 본문에서 모세는 하나님께 드려진 제물들 중 제사장이 먹어야 할 몫, 즉 "지극히 거룩한 것"에 대해 다음과 같이 언급한다.

(1) 소제물: 누룩을 넣지 말고 제단 곁('거룩한 곳', 13절)에서 먹어야 한다.

(2) 화목제물: 이 화목제물 중 "흔들기"(개역개정의 "요제")를 통해 제사장 몫으로 표시한 가슴과 '들어올리기'로 표시한 뒷다리는 제사장들의 몫이었다. 아론과 그의 아들들은 이 부위들을 하나님께서 지정하신 '거룩한 곳'에서 먹어야만 했다.

10:16 "모세가 속죄제의 염소를 열심히 찾았다"

16절은 레위기 전체를 통해서 아마 가장 생생한 묘사를 담고 있으며, 그런 면에서 가장 내러티브적일 것이다. 본문에서 모세는 제사장들이 먹어야 하는 또 하나의 제물인 속죄제물이 어디 있는지를 찾는다. 그런데 모세가 발견한 것은 이 속죄제물이 불태워졌다는 것이다. 앞의 "사역 해설"에서 다룬 바와 같이 이 문구의 히브리어는 이것이 단순한 실수로 벌어진 것이 아니라 의도적으로 그렇게 된 것임을 보여주고 있는 것 같다. 그래서 모세는 분노한다.

10:17-18 "그 피는 성소 안으로 들여오지 않았다"

4:3-21에 따르면 대제사장의 속죄제와 온 회중의 속죄제는 그 제물의 피를 성막 안으로 가지고 들어가게 되어 있었으며, 하나님께 불살라 드리는 지방들을 제외한 나머지 제물의 고기 전부를 불태워 없애야 했다. 반면에 나머지 속죄제의 제물들, 즉 피를 성막 안으로 가지고 들어가지 않은 제물들의 경우에는 제사장이 그 고기를 먹어서 없애야 했다.

이 17-18절이 다루고 있는 속죄제의 경우에는 비록 온 회중의 속죄제(9:3, 15)이기는 하지만 과도기적인 성격을 띠고 있었기 때문에 그 제물의 피를 성막 안으로 가지고 들어가지 않았다. 따라서 그 제물의 고기는 제사장이 먹어야 하는 것이었다. 이것은 제사장이 누리는 특권이자 의무였다![175] 그러나 아론은 자기 아들들이 죽은 충격과 더불어 하나님의 엄위하심에 대한 두려움으로 인해서 그 제물들을 먹기를 두려워해서 불태워 없앴던 것이다.

10:19-20 "여호와의 보시기에 좋았겠느냐?…보기에 좋았다"

아론은 자신이 규정대로 하지 못하고 그 제물을 불태워버린 이유로 나답과 아비후의 죽음을 이야기하였다. 그들은 아론과 더불어 총 8일의 위임식 제사를 치르고 하나님의 승인까지 받은 상태에서 갑자기 죽음을 맞이하였다. 그런 상황에서 아론은 하나님께 바쳐진 '지극히 거룩한' 제물을 먹는 것을 두려워하였다. 심지어 그는 자신이 그 제물들을 먹는 것을 하나님이 좋게

---

175 Hartley, *Leviticus*, 137.

생각하셨겠느냐고 반문한다. 이런 아론의 입장에 대해 기우치는 민수기 18:1을 든다.[176] "너와 네 아들들은 너희의 제사장 직분에 대한 죄를 함께 담당할 것이니라."

이처럼 아론이 하나님의 엄위하심에 대한 두려움을 가지고 속죄제물의 고기를 먹기를 두려워한 일에 대해서 20절은 모세가 "보기에 좋았다"고 말씀하고 있다. 이 표현은 19절 끝의 아론의 "여호와의 보시기에 좋았겠느냐?"는 표현과 맞물린다. 이 20절의 "사역 해설"에서 설명한 바와 같이 모세의 이런 반응은 하나님의 반응을 반영한다고 할 수 있을 것이다. 결국 아론의 행동은 잘못되었지만 그 행동의 바탕에 깔린 태도 자체는 좋았으며, 그 점을 하나님은 좋게 여기신 것이다.

이런 점에서 볼 때 16–20절의 사건은 앞의 1–2절의 나답과 아비후의 죽음 사건과 대조를 이루고 있다. 앞선 사건에서 나답과 아비후는 여호와의 명령대로 하지 않고 행동하다가 죽임을 당했다. 반면에 아론은 비록 그가 미처 여호와의 명령대로 행동하지는 못했지만 그런 행동이 여호와의 거룩하심과 엄위하심에 대한 두려움에서 나온 것이었고, 그런 태도에 대해서 인정을 받았다.[177] 이런 점에서 볼 때 이 레위기 본문은 앞의 레위기 개관에서도 밝힌 바와 같이 하나님과의 바른 관계가 세세한 율법 조문의 엄격한 적용보다 더 중요함을 보여준다.

5단계: 적용

10:1-2 레위기 해설의 맨 처음에 있는 "레위기 개관" 중 "레위기의 문맥"(26–27쪽)을 다루면서 레위기를 성막 신학과의 관계 속에서 읽어야 한다

176 N. Kiuchi, *The Purification Offering in the Priestly Literature: Its Meaning and Function* (Sheffield: Sheffield Academic Press, 1987), 77–85.

177 이와 비슷한 해석에 대해서는 Hartley, *Leviticus*, 136을 보라.

는 점을 강조한 바가 있다. 또 성막 신학의 핵심은 하나님의 임재와 부재, 다가갈 수 있는 하나님과 다가갈 수 없는 하나님 사이의 변증법이라는 점을 강조한 바가 있다. 이처럼 성막 신학과 레위기 신학은 하나님과 관련해서 동전의 양면과도 같이 정반대의 주제를 함께 품고 있다.

8–9장의 본문과 10:1–2을 함께 읽을 때 가장 두드러지는 점은 두 가지이다.

첫째, 9:24과 그에 바로 이어지는 10:1–2은 "불이 여호와 앞에서 나왔다. 그리고…삼켰다"란 문구를 공유한다.

둘째, 8–9장에는 "여호와께서 명령하신 대로 행하였다"란 문구가 후렴구처럼 반복되는 반면 10:1에는 "여호와께서…명령하시지 않은"이란 표현이 사용된다.

9:24에서는 하나님은 아론 제사장 제도에 대한 승인의 표시로 여호와의 불을 내서 제물을 태우시고, 10:1에서는 승인된 제사장들 중 여호와의 명령대로 행하지 않은 자들을 동일한 불로 태우신다. 이처럼 하나님의 불은 동일하지만 정반대의 의미를 띨 수 있다는 점이 놀랍다.

이런 점은 우리들의 삶에도 큰 적용점을 준다. 우리가 섬기는 하나님은 공의와 사랑, 진노와 은혜를 함께 가지신 분이다. 한편으로 볼 때 그분은 독생자 예수를 우리를 위해 내어주실 만큼 은혜로우신 분이다. 그러나 다른 한편으로 볼 때 그분은 또한 그 누구도 침범할 수 없는 위험한 거룩성을 가지신 분이기도 하다. 거룩하신 하나님의 진노를 촉발하지 않고 그분과 함께 동행하는 유일한 길은 그분의 뜻대로 행하며, 그분의 뜻대로 사는 것이다. 절대주권자인 하나님이 요구하신 삶과는 전혀 다른 형태의 삶을 살면서도 그분과 동행하겠다고 하는 것은 인간이 저지를 수 있는 가장 어리석은 짓이다. 하나님이 거룩성을 포기하지 않으시는 한 이런 일은 결코 일어날 수 없다. 따라서 하나님과 동행하고자 하는 모든 자들은 그분 앞에 먼저 순종하여야만 한다.

10:3 "나는 나에게 가까이 오는 자들에 의해서 거룩함을 받을 것이며, 온 백성 앞에서 영광을 받을 것이다"

하나님은 그 자체로 완전히 거룩하시고 영화로우신 분이다. 그러나 그분은 또한 자기에게로 가까이 나아가는 자들에 의해서 거룩함을 받고 영광을 받기를 원하시는 분이다(사 6:3; 합 3:3). 그리고 그분을 거룩하게 하는 유일한 길은 그분의 뜻대로 사는 거룩한 백성이 되는 것이며, 그분의 거룩을 닮는 것이다(출 19:6; 레 11:44-45; 벧전 1:14-16).

10:16-20 나답과 아비후 사건과 달리 본문에서 아론은 하나님의 엄위하심을 두려워하여 미처 그 말씀대로 행하지 못했다. 그러나 그의 두려워하는 태도에 대해 하나님은 좋게 여기신다. 오경의 율법과 레위기의 제사법은 결코 피도 눈물도 없이 딱딱한 쇠로 된 '자'(ruler, 길이를 재는 도구)가 아니다. 민수기 27장과 36장의 슬로브핫의 딸들의 이야기에서 보듯이 하나님의 율법은 상당한 유연성을 가지고 있다. 하나님은 결코 당신을 경외하고 그 앞에서 두려워 떠는 자들에게 가혹하신 분이 아니다. "무릇 마음이 가난하고 심령에 통회하며 <u>내 말을 듣고 떠는 자 그 사람은 내가 돌보려니와</u>"(사 66:2).

6단계: 설교 "언제나 자기를 점검하라!"(레 10:1-2, 20)

레위기 10:1-2의 본문은 자못 충격적입니다! 9:24에서 아론 대제사장과 그의 첫 제물들을 열납하시는 표시로 그것들을 태웠던 여호와의 불이 이 본문에서는 여호와의 명령대로 행하지 않은 나답과 아비후를 태웁니다.

이처럼 이 사건이 충격적인 이유는 이들의 죽음 사건이 바로 그들의 위임식 직후에 벌여졌다는 것입니다. 이것을 비유적으로 말하자면 이렇습니다. 어떤 신학생이 3년 동안 열심히 신학대학원에서 공부를 합니다. 그리고 목사가 되기 위한 준비 과정을 몇 단계 거칩니다. 그리고서야 겨우 목사 고시를 보고 목사 면접을 하고 나서 목사 안수를 받게 됩니다. 이렇게 힘들게 목사 안수를 받고 첫 주일 예배 설교를 하려고 강단에 섰는데 바로 그때 그가 한 어떤 잘못 때문에 그가 그 강단에서 즉사를 한다고 생각해 보십시오. 아마 모든 사람이 경악을 할 것입니다. 현재 본문에서 벌어진 일이 바로 이것입니다.

위임식 직후의 잘못으로 인한 죽음! 이것이 충격적이기는 하지만 사실은 성경은 이런 일로 가득 차 있습니다. 아담과 하와는 창조의 정점을 누리며, 하나님의 짝지어 주심을 통해 거룩한 가정을 이룹니다(창 2장). 그러나 곧바로 선악과 사건을 통해 하나님의 저주를 받습니다(창 3장). 당대의 완전한 의인이었고, 홍수에서 유일하게 살아남은 가족의 수장이었던 노아는 홍수 직후 포도주로 인해 수치를 당합니다(창 9:20-29). 그로 인해 그의 가족은 불행에 빠집니다. 여호와를 믿은 것으로 인해 믿음의 조상이 된 아브라함은 하나님의 약속을 믿지 못해 13년간 하나님과 단절됩니다(창 16:16-17:1). 역사상 하나님과 그의 백성 사이에 맺어진 가장 중요한 언약 중의 하나인 시내산 언약(출 19-24장)은 곧바로 황금 송아지 사건으로 얼룩집니다(출 32-34장). 언약과 황금 송아지 사건 사이에 긴 시간이 흐른 것 같지만 사실은 후자의 사건은 언약 체결 직후에 벌어진 사건이라는 점을 아실 필요가 있습니다. 그 사이에 낀 성경 본문은 단지 성막 건설에 대한 하나님의 명령 뿐입니다(출 25-31장). 사무엘하 10장의 다윗의 화려한 승리는 11장의 밧세바와의 간음 사건으로 퇴색됩니다. 또 엘리야의 갈멜산에서의 위대한 승리(왕상 18장)는 그 다음에 이어지는 엘리야의 도망으로 빛이 바랩니다(왕상 19장). 이처럼 성경은 화려한 성공 후의 깊은 나락의 이야기를 많이 담고 있습니다. 나답과 아비후 사건 역시 예외가 아닙니다.

이 본문을 보면서 우리는 다음과 몇 가지 교훈을 새길 필요가 있습니다. 첫째, 우리는 신앙의 선배들이 경험한 이런 성공과 실패의 이야기를 보면서 항상 하나님 앞에서 철저하게 자기를 점검할 필요가 있습니다. 우리가 하나님 앞에서 어떤 인정과 성공을 맛보았다고 해서 그것이 우리 삶의 끝은 아닙니다. 우리는 하나님 앞에서 승리의 경험을 한 이후에도 살아가야 할 계속적인 삶이 있습니다. 그 삶이 지속적인 승리의 삶이 될 수 있도록 하기 위해서는 우리는 항상 자신을 단속해야 합니다. 사도 바울은 "나의 사랑하는 자들아 너희가 나 있을 때뿐 아니라 더욱 지금 나 없을 때에도 항상 복종하여 두렵고 떨림으로 너희 구원을 이루라"고 권면한 바가 있습니다(빌 2:12).

둘째, 나답과 아비후의 가장 큰 실수는 그가 위임식을 치를 때처럼 여호와의 명령을 충실히 따르지 않았기 때문입니다. 우리 인간이 할 수 있는 가장 지혜로운 일이 있다면 그것은 하나님의 뜻대로 사는 것입니다. 마태복음 7:21은 "나더러 주여 주여 하는 자마다 다 천국에 다 들어갈 것이 아니요 다만 하늘에 계신 내 아버지의 뜻대로 행하는 자라야 들어가리라"고 말씀하고 있습니다.

셋째, 혹시 이렇게 하나님의 뜻대로 사는 삶을 살아가는 와중에 어떤 이유에서든 실패가 있더라도 하나님에 대한 경외심, 두려움을 유지하십시오. 오늘 본문 19-20절에서 아론이 이것을 통해서 하나님의 은혜를 누렸듯이 여러분의 삶도 그런 은혜를 누릴 수 있습니다.

레위기 11-16장

정결법 개관

레위기는 10:8-11에 나오는 제사장의 세 가지 사역에 맞추어 3중 구조로 되어 있으며, 이 3중 구조는 1-10장의 "제사법", 11-16장의 "정결법", 17-27 "성결법"으로 이루어져 있다는 점을 "레위기 개관" 중 "4. 레위기의 구조"(28-30쪽) 항목에서 다룬 바가 있다. 지금까지는 3중 구조의 첫 번째 부분인 제사법을 다루어 왔다. 이제부터는 두 번째 부분인 정결법(11-16장)을 다루고자 한다.

정결법 본문은 제사장의 세 가지 사역 중 두 번째 역할인 "거룩한 것과 속된 것, 그리고 부정한 것과 정결한 것을 분별해야" 하는 역할(10:10)과 관련되어 있다.

이 사역과 역할을 본문의 내용을 따라 좀 더 세분하면 다음과 같다.

- 음식법 (11장)
- 악성 피부병(혹은 곰팡이) (12-14장)[178]
- 각종 유출병(15장)
- 속죄일 규례(16장)

위 세부 구조 중에서 처음 다섯 장(11-15장)은 삶의 각종 영역에서의 정결과 부정의 문제 및 그 해결책을 다루고 있다. 그리고 마지막인 16장의 속죄일 규례는 이런 문제들에 대해서 해당 해결책만으로는 미처 다 해결하지 못한 것들을 1년에 한 번 행해지는 속죄일 의식을 통해 해결하는 것을 내용으로 하고 있다.

한 가지 유념할 것은 이 속죄제 규례(16장)는 단지 11–15장의 문제들만을 해결하는 것이 아니라 1–10장의 제사들을 통해서도 미처 해결하지 못한 죄들도 함께 다 처리한다는 점이다. 이 점은 16장의 핵심구절인 15–16절의 말씀, 즉 "또 백성을 위한 속죄제 염소를 잡아 그 피를 가지고 휘장 안에 들어가서 그 수송아지 피로 행함 같이 그 피로 행하여 속죄소 위와 속죄소 앞에 뿌릴지니 곧 이스라엘 자손의 부정과 그들이 범한 모든 죄로 말미암아 지성소를 위하여 속죄하고 또 그들의 부정한 중에 있는 회막을 위하여 그같이 할 것이요"를 통해서 분명하게 드러나 있다.

---

178 전통적인 성경번역본들이 '나병' 혹은 '문둥병'(leprosy), 즉 현대 의학 용어로는 '한센씨 병'(Hansen's disease)이라고 번역한 단어인 *짜라아트*(צָרַעַת)는 사실 문둥병일 수가 없다. 그 이유들은 다음과 같다.

첫째, 현재까지 주석학자들이 조심스러운 연구를 통해 파악한 바로는 주전 5세기 전에는 팔레스타인과 그 주변 지역에는 이런 병이 존재하지 않았다.

둘째, 성경 본문에 나타난 피부 증상들은 한센씨 병과는 전혀 다르다. 본문에 묘사된 피부 질환들은 여러 가지 종류의 악성 피부병들을 포괄하고 있는 것으로 여겨진다.

셋째, 13:47–58; 14:33–53은 옷이나 가죽, 그리고 집 등에 생기는 '곰팡이' 등의 현상에 대해서 다루고 있는 것으로 보이는데, 이 '곰팡이' 등의 현상을 지칭하는 히브리어 단어는 12장 등에서 사람의 몸에 생긴 각종 피부병들, 즉 전통적으로 '나병' 혹은 '문둥병'이라고 번역해 온 단어와 동일하다. 그러나 옷, 가죽, 주택에 생기는 곰팡이 같은 현상들이 한센씨 병일 가능성은 전혀 없다.

따라서 나는 현재 글에서는 *짜라아트*를 "문둥병"이 아니라 "악성 피부병"이라고 번역하며, 이런 식의 번역은 최근의 성경 번역본들도 많이 따르고 있는 추세다(새번역 성경, NIV, TEV 등). 그리고 옷이나 가죽이나 집 등에 생기는 곰팡이 등의 현상은 분명히 피부병이 아니지만 이것들을 지칭할 때도 여전히 동일한 히브리어 단어를 쓰고 있다는 점을 부각시키기 위해 "악성 피부병"이라는 한국어 표현을 유지하고 있다. 이런 번역 전략은 개역개정 성경도 역시 택하고 있는 듯하다. *짜라아트*에 대한 더 상세한 논의는 R. K. Harrison, "צָרַע, צָרַעַת", in NIDOTTE, 3:846–847을 보라.

그럼 이제는 정결법의 개념을 좀 더 정확히 파악하기 위해 레위기에 사용된 몇 가지 중요한 제의법적 개념들에 대한 이해를 할 필요가 있다. 그 중에서 가장 먼저 파악해야 할 것은 '성/속(혹은 거룩함/속됨)', '정결/부정' 등의 개념과 이 개념들 사이의 관계이다.[179] 우선 이 세상의 만물들은 '성'과 '속', 즉 '거룩한 것'과 '속된 것'으로 나눌 수 있다. 물론 '거룩'은 하나님의 고유한 속성이고, 하나님의 하나님 되심을 가리키는 용어이기 때문에 이 세상의 어떤 것도 결코 그 자체로 거룩할 수는 없다. 예를 들어 출애굽기 3장에서 모세가 하나님을 만난 곳은 '하나님의 산'(출 3:1)이라고 불리며, 하나님은 모세에게 "네가 선 곳은 거룩한 땅"(3:5)이라고 말씀하신다. 이때 하나님과 모세가 만난 산과 장소는 결코 그 자체가 '거룩'이라는 속성을 원래부터 가지고 있는 것이 아니다. 단지 하나님께서 그 장소를 당신의 임재의 장소로 선택하심으로써 그 산과 장소는 거룩성을 부여 받은 것뿐이다. 또한 이런 장소는 하나님께서 당신의 임재를 거두시고 나면 거룩성을 상실한다.[180]

레위기에서 거룩의 영역에 속한 것들로는 성막, 하나님께 바쳐진 제물, 제사장 등이 있을 수 있다. 이들은 결코 그 자체로 고유한 속성을 갖고 있는 것이 아니라 하나님께 바쳐짐으로써 거룩을 덧입은 것들이라고 할 수 있다.

이처럼 하나님의 거룩성을 덧입은 것들은 하나님의 속성을 반영한다. 그리고 반영된 거룩의 속성은 기본적으로는 '분리됨'(separateness)이다. 하나님께서는 온 피조물과 구별된 존재이시며, 또 당신의 백성을 자기에게로 구별하여 분리시키신다. 그러나 이 거룩함은 또한 '온전함'(wholeness)과 '완

179 레위기의 이 개념들에 대한 한국어로 된 좋은 자료는 김경렬, *레위기의 신학과 해석: 성전과 거룩한 백성* (서울: 새물결플러스, 2016), 33–41, 305–342를 보라.

180 출애굽기 3:1의 '하나님의 산'의 거룩성의 문제에 대해서는 박철현, *출애굽기 산책* (서울: 솔로몬, 2014), 331–352를 보라. 역사비평학자들은 '하나님의 산'이 원래부터 신성한 곳이었다는 주장을 하나 그것은 성경이 전체적으로 제시하고 있는 신학과 맞지 않는다. 성경의 사상은 하나님 외에 결코 그 어떤 것도 고유한 거룩성을 가진 것이 없다는 것이다.

전함'(completeness)이라는 개념으로도 대변될 수 있다.[181] 이런 거룩의 속성을 구체적으로 가장 잘 대변해주는 것들 중의 하나는 하나님께 바쳐지는, 즉 거룩한 제물로 '흠이 없는' 제물이 요구된다는 점이다. 제물의 '흠이 없음'은 '온전함'과 '완전함'으로 대변되는 거룩과 잘 상응한다. 이런 점에서 볼 때 '거룩'과 '흠이 없음'을 병행 개념으로 내세우고 있는 성경 본문들은 이런 레위기의 거룩의 개념을 잘 반영하고 있다고 할 것이다(엡 1:4; 5:27; 골 1:22; 살전 2:10; 5:23).

하나님께 속한 것 혹은 바쳐진 것들이 '성'(*코데쉬*[קֹדֶשׁ]와 그 동족어)의 영역에서 속한다면 그 나머지 것들은 다 '속'(*홀*[חֹל]과 그 동족어)의 영역에 속한다. '속'은 하나님께 속한 것들을 나타내는 '성'과 대조되는 개념으로서, '성'의 영역에 속하지 않은 것들을 나타내는 표현이다. 예를 들어 다윗이 먹을 것을 좀 달라고 부탁하자 사무엘상 21:4에서 제사장 아히멜렉은 대답하기를 "'보통' 떡은 내 수중에 없으나 '거룩한' 떡은 있나니"라고 대답한다. 이때 '보통'이 바로 *홀*이며, 이 *홀*은 '거룩'(*코데쉬*)과 대조되고 있다.

'속'은 다시 둘로 나뉜다. '정결'(*타호르*[טָהוֹר])과 '부정'(*타메*[טָמֵא])이 그것이다. '정결'은 크게 두 가지 정도 개념으로 정리해 볼 수 있다.

첫째, 정결은 '순수' 혹은 '순결'한 상태(purity)를 말하는 것이었다. 예를 들어 지성소의 법궤에 덧입힌 '순금'은 히브리어로 *자하브 타호르*(זָהָב טָהוֹר)라고 칭했다. 이때 '순금'의 '순'이 바로 히브리어로 '정결'이라는 뜻의 *타호르*인 것이다. 이 순금은 다른 불순물이 섞이지 않은 금, 즉 순수하게 금 성분만으로 이루어진 금을 가리킨다.

둘째, 정결은 현대어로 말하면 '정상 상태'와 비슷한 의미로 쓰이기도 했다.[182] 레위기 22:17-25은 정결한 짐승들 중 어떤 흠이 있어서 정상적인 상태

---

181 Wenham, *Leviticus*, 23-24. Wenham의 연구는 메리 더글라스(Mary Douglas)라는 유대인 문화인류학자의 연구에 의해 크게 영향을 받았다. 그리고 이 점은 다른 레위기 학자들의 경우에도 마찬가지이다.

182 Wenham, *Leviticus*, 20.

에 있지 못한 것들을 제물로 드려서는 안 된다는 것을 지시하고 있다. 물론 이런 흠들이 없는 '정상 상태'의 짐승들은 봉헌자의 선택을 받아 거룩한 제물로 드려질 수 있다.

'부정'은 '정결'과 대조를 이루는 개념이다. 즉 '순수하지 않음', 즉 '불순함'(impurity)과 '비정상적 상태'(anomaly)가 부정의 개념이다. '불순함'이 부정과 연결되어 있다는 점은 레위기 19:19의 "네 가축을 다른 종류와 교미시키지 말며 네 밭에 두 종자를 섞어 뿌리지 말며 두 재료로 직조한 옷을 입지 말지며"라는 규례가 잘 보여준다. 종류가 뒤섞이는 것은 부정한 것이다. 또한 '부정'과 '비정상'의 관계에 대해서는 위의 흠이 있는 제물에 대한 본문이 좋은 예시가 된다.

'정결'과 '부정'의 구분에 있어서 중요한 것은 많은 경우에 이것이 사물의 어떤 내재적인 속성을 말하기보다는 신학적인 규정에 따른 것이라는 점이다. 나중에 좀 더 자세하게 다루겠지만 소는 정결하고, 돼지는 부정하다 할 때 이것은 꼭 소와 돼지의 본질적 속성 때문에 그렇게 구분된 것이 아니라 하나님께서 그런 식으로 이 둘을 규정하셨기 때문이라는 점이다. 만약 이렇지 않다고 하면 우리는 사도행전에서 고넬료 이야기(행 10장)에서 하나님께서 베드로에게 환상을 보여주시기 전에는 소는 정말로 그 고유한 속성상 정결했고, 돼지는 부정했다고 봐야 한다. 그리고 돼지는 원래는 부정했다가 이때 하나님께서 환상 속에서 베드로에게 부정한 짐승들을 정결하게 했다고 선언하신 다음에는 정결하게 됐다고 생각해야 한다. 그러나 돼지의 습성이 이 환상을 전후로 해서 바뀌었다는 그 어떤 증거도 없다. 따라서 우리는 정결과 부정을 해당 사물의 고유한 속성에서 찾기보다는 신학적인 데서 찾아야만 한다. 지금까지 설명한 바를 그림으로 정리하면 다음과 같다.

성(거룩)	속	
	정결	부정

우선 이 세상에 있는 것들은 '성'과 '속'으로 나뉜다. 그리고 '속'은 다시 '정결'과 '부정'으로 나뉜다. 그리고 이렇게 보면 세상에 있는 것들은 결국은 세 가지 상태, 즉 '성(거룩)', '정결', '부정'의 세 가지 상태 중의 어느 하나의 상태에 있게 된다.

중요한 것은 대부분의 사물들은 세 가지 상태 중의 어느 하나에 고정되어 있는 것이 아니라 여러 가지 이유로 해서 세 가지 상태 사이를 오간다는 점이다(아래 도식의 화살표 참고). 이러한 변화의 흐름을 도식화하면 다음과 같다.[183]

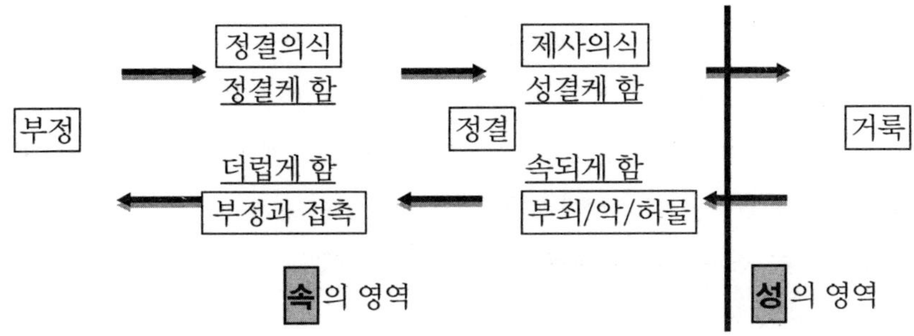

위의 그림의 가운데 수평축에는 '거룩/정결/부정'의 세 가지 상태가 있다. 이 중 처음의 '거룩'은 '성'의 영역에 속한다. 그리고 후자의 두 개, 즉 '정결/부정'은 '속'의 영역에 속한다. '성'과 '속' 사이의 수직선은 바로 이 점을 나타낸다.

위의 세 가지 상태는 앞에서 말한 대로 고정되어 있지 않고 변화한다. '거룩'의 상태에 있는 어떤 것이 '속되게 함'의 과정을 통해서 '정결'의 상태로 떨어질 수 있고, 여기에서 다시 '더럽게 함'의 과정을 통해 '부정'의 상태로 떨어질 수 있다. 한편 '부정'의 상태에 있는 것이 '정결케 함'과 '성결케 함'의 과정을 통해 '거룩'하게 될 수도 있다. 이런 과정에 작용하는 것은 '죄/악/허물', '부정과의 접촉', '제사제도', '정결제도' 등이다. 위의 도표에서는 이 마지막

183 이 도식은 Wenham, *Leviticus*, 26의 유명한 도식을 수정한 것이다.

사항들을 그냥 단순화를 위해 대략적인 위치에 배치만 해 놓은 것이다. 이것들이 꼭 도표상의 위치에서 그에 상응하는 기능만을 하는 것은 아니란 점을 유의하길 바란다.

'거룩/정결/부정'의 세 가지 상태에 대해서 마지막으로 이해하고 있어야 하는 점은 서로 간의 영향의 문제이다. 이것을 위해 먼저 이 셋을 수평선 위에 놓아보도록 하자. 수평선상에서 '정결'은 정중앙의 자리에 위치한다. 이것은 앞에서 말한 바와 같이 '정결'이 '정상 상태'를 가리킨다고 하는 것과 상응한다. 이 정중앙의 상태에서 사람이나 사물은 좌우로 배치될 수 있다. 예를 들어 사람의 경우에는 기본적으로 이스라엘의 일반 백성은 '정결', 제사장은 '거룩', 이방인은 '부정'의 상태에 있는 것으로 배열할 수 있다(아래 도표 참고). 또 짐승의 경우에는 정결한 짐승은 '정결', 제사에 드려진 가축은 '거룩', 부정한 짐승은 '부정'의 상태에 있는 것으로 배열할 수 있다(아래 도표 참고).

거룩	제사장	제사용 짐승
정결	일반 이스라엘 백성	정결한 짐승
부정	이방인	부정한 짐승

물론 위의 도식의 화살표가 보여주는 흐름에서 보여주듯이 사람이나 짐승은 항상 어느 고정된 상태에 머무르는 것은 아니다. 제사에 드려진 가축은 원래는 '정결'의 상태에 있지만 제사에 드려지면 '거룩'의 상태에 속하는 것으로 변화를 겪기도 한다. 또 이스라엘 사람은 기본적으로는 '정결'의 상태에 있지만 제사를 드리고 그 제물의 고기를 먹을 때에는 상대적으로 '거룩'의 상태로 옮겨지기도 한다. 또 죄를 짓거나 부정에 접촉함으로써 '부정'해질 수도 있다. 이와 마찬가지로 이방인은 기본적으로 '부정'하지만 하나님의 백성의 일원이 되면서 '정결'의 상태로 옮겨갈 수도 있다.

이제 '거룩/정결/부정'의 세 상태의 상호간의 관계에 대해서 살펴보도록 하자. 이 세 상태의 중간에 위치한 상태인 '정결'은 자신의 상태를 다른 것에게로 전이시키지 않는다. 예를 들어 '정결'한 사람이 '부정'한 시체를 만지게 될 때 그 사람의 '정결'이 시체를 정결하게 만들지 않는다.

반면에 '부정'은 전이성이 있다. 위의 예에서 '부정'한 시체는 '정결'한 사람에게 닿을 때 그 사람을 '부정'하게 만든다.

많은 레위기 학자들은 '거룩'도 '부정'과 마찬가지로 전이성이 있다고 주장한다.[184] 이런 해석은 레위기 6:18 및 이와 비슷한 구절들에 기초한다. 이 구절을 개역개정은 "이를 만지는 자마다 거룩하[게 되]리라"로, NIV 성경은 "이것들을 건드리는 것들은 다 거룩하게 될 것이다"(Whatever touches them will become holy) (NIV)로 번역하고 있는데, 이런 번역의 바탕에 깔린 생각은 거룩한 제물을 만지는 사람이 그 제물로 인해 거룩하게 된다는 것이다. 그러나 이 구절의 "사역 해설"(244–245쪽)에서 다룬 바와 같이 이 구절의 히브리어 원문은 "그 [화제들]에 닿는 자는 모두 거룩해야 한다"(238쪽)로 번역하는 것이 더 적절하다. 이 경우 이 구절이 정말로 의미하는 바는 거룩한 제물을 만지는 자가 거룩해진다는 것이 아니라 거룩한 제물은 오직 그에 상응하는 거룩성을 부여받은 자만이 만질 수 있는 권한이 있다는 것이다. 이런 점들을 고려할 때 '거룩'은 전이성이 있다기보다는 함부로 침범되어서는 안 되는 것으로 이해하는 것이 더 적절하다.

그러나 '거룩'이 무작정 막혀있는 것은 아니었다. 정결법의 신학과 관련해서 가장 중요한 구절들 중의 하나인 레위기 11:44–45은 "나는 여호와 너희의 하나님이라 <u>내가 거룩하니 너희도 몸을 구별하여 거룩하게 하고</u>…나는 너희의 하나님이 되려고 너희를 애굽 땅에서 인도하여 낸 여호와라 <u>내가 거룩하니 너희도 거룩할지어다</u>"라고 말씀하고 있다. 또 레위기 법의 바탕이 되는 시내 산 언약(레 7:38; 27:34)은 기본적으로 이스라엘이 "제사장 나라, 거룩한 백성"(출 19:6)이 되는 것을 목표로 한다. 따라서 하나님의 궁극적 목적은 하나님의 백성 모두가 하나님의 성품을 닮게 됨으로써 '거룩'하게 되는 것이다.

---

184 예를 들어 T. Desmond Alexander, *From Paradise to the Promised Land: An Introduction to the Pentateuch* (3rd ed.; Grand Rapids: Baker Academic, 2012), 245.

'거룩'과 '부정'의 관계 역시 중요하다. 이 두 가지 상태는 결코 서로 접촉해서는 안 되는 것이었다.[185] 예를 들어 부정한 사람이 제물의 고기를 먹으면 백성 중에서 끊어지게 될 수 있었다(레 7:20–21; 22:3 등). 또한 제사장이나 나실인과 같이 거룩한 자들은 시체의 부정에 접촉하면 안 되었다(레 21:1–4; 민 6:6–8 등).

정리하자면 '거룩/정결/부정'은 하나님의 백성이 취할 수 있는 세 가지 상태이다. '정결'은 '거룩/부정'의 중간 상태이자 일반적으로 '정상'적인 상태라 할 수 있다. '부정'은 전이성이 있다. 따라서 하나님의 백성은 '부정'의 전이성에 영향을 받지 않도록 조심해야 했다. '거룩'은 하나님의 백성의 궁극적 목표였다. 허락받지 않은 자가 '거룩'을 침범하면 치명적인 결과를 낳을 수 있었다. '거룩'에 이르는 길은 오직 하나님께서 허락하신 방식을 통해서만 가능했다. '거룩'에 대한 이런 이해는 성경 전체의 '거룩'에 대한 가르침과도 잘 상응한다. 레위기 11–16장의 정결법은 이런 이해를 바탕으로 할 때만 참된 이해가 가능하다.

이 정결법 개관을 끝맺기 전에 마지막으로 고려할 사항은 정경적이고 구속사적인 시각에서 볼 때의 이 레위기의 정결법의 성격들이다.

첫째, 레위기의 정결법은 결코 영원히 적용되도록 의도된 것이 아니었다. 만약 이것이 영원성을 가지고 있었다면 사도행전의 고넬료 사건 당시에 하나님께서 베드로에게 보여주신 환상 속에서 하신 말씀, 즉 "하나님께서 깨끗하게 하신 것을 네가 속되다 하지 말라"(행 10:15)고 하신 말씀은 의미가 통하지 않는다.

둘째, 정결법의 목적은 구속사적으로 볼 때 계시의 초기 단계에서 백성들에게 영적인 진리를 물질화해서 보여주는 일종의 시청각 교육 같은 것이었다. 초기 단계의 하나님의 백성은 아직 죄, 하나님의 백성의 삶의 방식, 영적

---

185 Wenham, *Leviticus*, 19–20.

정결 등의 영적이고 추상적인 개념들에 대해서 충분한 이해가 없었다. 이런 상황 속에서 레위기 11–16장의 정결법은 음식, 출산, 악성 피부병, 각종 유출병 등의 물리적 현상을 통해 하나님의 백성이 어떻게 구별되고 정결한 삶을 살아야 하는지에 대한 좋은 몽학선생의 역할을 했다.

그러나 몽학선생은 하나님의 백성이 유아기를 지나 성숙한 사람으로 자라나고 더 깊은 영적인 이해에 도달하게 되면 그 가치를 상실한다. 신약 시대에 와서 예수님이 일부러 정결법을 위반하는 듯한 행위와 가르침을 주시고 (마 15:1–20; 막 7:1–23), 하나님께서 음식법을 공식적으로 파기하신 것(행 10:13–16, 34–35; 11:4–18; 15:1–35 [예루살렘 공의회의 결정])은 바로 이런 이유 때문이다. 정결법은 신약의 예수님의 사역을 통해 그 유효기간이 다했던 것이다.

하지만 꼭 기억해야 하는 점은 정결법이 유효기간이 다했다고 해서 이것이 가르치고자 했던 영적인 교훈들까지도 시효가 다한 것은 결코 아니다. 그 영적인 가르침은 지금도 여전히 유효하다. 단지 우리가 정결법의 규례 자체를 바리새인들처럼 물리적인 측면에서 지킬 필요가 없을 뿐이다. 이런 점은 고넬료 사건의 중심점이자 예루살렘 공의회를 주도한 사람인 베드로가 음식법 자체는 초대 교회 성도들에게 요구하지 않았지만 음식법의 신학의 핵심인 레위기 11:44–45을 그들에게 적용하고 있다는 점을 통해서 분명하게 드러난다. 그는 베드로전서 1:14–17에서 이 구절을 인용하여 거룩한 행실을 요구하는데 사용되고 있는 것이다.

레위기 11장
음식법

□ 음식법 개관

레위기 11장은 음식의 정결과 부정에 대해서 다루고 있다. 이 장은 크게 세 부분으로 나뉜다. 1-2a절의 도입구에 이어 2b-23절은 먹어도 되는 정결한 짐승과 먹어서는 안 되는 부정한 짐승을 구분하는 법에 대해서 다루고 있으며, 24-43절은 짐승의 주검에 접촉했을 때 발생하는 정결과 부정의 문제에 대해서 다루고 있다. 그리고 마지막의 44-47절은 그 신학적 측면과 결론을 다루고 있다.

레위기 11장은 여러 가지 면에서 중요하다.

첫째, 정결법(레 11-15장)의 첫 자리를 차지하고 있다.

둘째, 이 장에 나오는 음식법은 유대인들의 역사에서 아마 안식일 법과 더불어 가장 영향력이 깊은 규례일 것이다.

셋째, 음식법은 신약성경 내에서도 예수님과 유대인들, 그리고 사도들과 교회 내의 율법주의자들 사이에서 가장 첨예한 대립 요소들 중의 하나였다.

넷째, 현대 교회 내에서도 이 11장의 음식법을 문자 그대로 받아들이거나 중요한 경건 지침으로 받아들이는 성도들이 상당히 많이 있기 때문에 이에 대한 바른 신학의 정립이 필요하다.

레위기 11장을 이해하는데 있어서 가장 중요하기는 하지만 고대로부터 지금까지 논란이 끊이지 않는 문제는 정결한 짐승과 부정한 짐승을 구분하는 기준이 무엇이냐 하는 것이다. 지금까지 제시되어 온 견해들은 크게 네 가지 정도로 구분해 볼 수 있다.[186]

(1) **임의적 기준.** 이 견해는 구분의 기준은 오직 하나님에게만 알려져 있으며, 하나님께서 이런 구분을 명령하신 것은 인간의 순종을 시험하기 위해서라는 것이다. 이 견해의 문제는 이것이 하나의 이론이나 해석이라기보다는 해석의 포기에 가깝다는 점이다.

(2) **제의적 기준.** 이 견해는 어떤 짐승이 부정한 것으로 분류된 이유는 그것이 이방 제의에서 사용되었기 때문이라는 것이다. 이 주장은 상당히 고대서부터 제기되어 왔다. 또한 고고학적으로 이방 제의에서 돼지가 사용된 것으로 보이는 증거들이 발견되기도 했다.[187]

그러나 이 견해의 결정적 문제는 레위기에 나오는 소와 양과 염소 등의 제물용 짐승들이 주변 족속들에서 사용되는 경우들도 역시 많다는 점이다. 그

---

186 정결한 동물과 부정한 동물을 구분하는 기준에 대한 정리는 주로 Wenham, *Leviticus*, 166–171의 틀을 따르고 있다. 물론 음식법에 대한 견해들을 범주화하는 것은 학자마다 차이가 있을 수 있다. 일례로 김경열, *레위기의 신학과 해석: 성전과 거룩한 백성* (서울: 새물결플러스, 2016), 346–366은 여덟 가지 범주로 나눈다. 또 W. J. Houston, "Foods, Clean and Unclean", in T. D. Alexander and David W. Baker (eds.), *Dictionary of the Old Testament: Pentateuch* (Downers Grove: InterVarsity Press, 2003), 328–330은 '전통적' 이론과 '비교학적'(comparative) 이론의 두 범주로 나눈 다음에, 이 두 범주를 다시 세 개씩의 하부 범주로 나눈다. Houston의 더 자세한 분석을 보려면 W. J. Houston, *Purity and Monotheism: Clean and Unclean Animals in Biblical Law* (JSOTSup 140; Sheffield: Sheffield Academic Press, 1993), 68–123을 보라.

187 이에 대한 가장 최근의 자료로는 Koot van Wyk, "Pig Taboos in the Ancient Near East", in *International Journal of Humanities and Social Science* 13 (2014), 121–124가 있다. 이 논문은 고대 근동, 그리고 팔레스타인 지역에서의 돼지 섭취와 제의에 대한 흥미롭고 방대한 연구를 담고 있다.

런데 왜 이런 짐승들은 돼지와 달리 정결한 짐승으로 분류되었는지를 이 견해는 설명해주지 못한다. 따라서 이 견해는 현재는 더 이상 가치가 없는 것으로 생각된다.

(3) **위생적 기준.** 이 견해는 고대로부터 가장 인기가 많았던 해석들 중의 하나였다. 그러나 특히 근대에 들어와서 위생에 대한 관심이 커지면서 더욱 매력적으로 받아들여진 견해이다. 한국에서도 기독교인들과 목회자들 중에서 이 견해를 따르고 있는 경우가 많은데 이 견해는 다음과 같은 결정적 문제점들을 가지고 있다.

첫째, 정결하다고 언급된 짐승들이 꼭 위생학적으로 더 깨끗한 것은 아니다. 음식법을 이 위생적 기준으로 해석하는 학자들은 돼지가 각종 기생충과 유해한 것들의 온상이고 지저분하다는 지적을 흔히 한다. 그러나 해리슨은 음식법에서 정결한 짐승으로 분류된 소와 같은 가축도 결코 이러한 것들로부터 자유롭지 않다는 점을 지적하며, 사실 소의 기생충들이 돼지의 것들보다 더 위험할 수도 있음을 주장한다.[188] 이런 점은 짐승의 정결과 부정이 결코 위생적 기준에 의해서 결정되지도 않았고, 결정될 수도 없음을 보여준다.

둘째, 이처럼 어떤 짐승은 원래부터 위생학적으로 정결하고 어떤 짐승은 부정 혹은 불결하다는 견해는 하나님의 창조가 좋았다는 선언에 의문을 품게 만든다. 처음부터 어떤 짐승들은 부정한 속성을 가진 채 창조되었다면 그런 창조가 어찌 좋은 창조일 수가 있겠는가?

셋째, 구약성경은 부정한 짐승들이 건강에 위협이 된다는 언급을 전혀 하고 있지 않다. 위생적 해석은 단지 독자가 본문에 주입한 것일 가능성이 높다. 이 점은 위생적 기준으로 음식법을 해석하는 학자들이나 목회자들의 주장에서 일관되게 나타나는 현상이다. 그들은 단 한 줄도 주석학적으로 타당한 성경 본문을 제시하지 못하고 있다.

넷째, 정말 위생과 건강이 음식법의 핵심 사항이라면 왜 하나님이 식물의

---

188 R. K. Harrison, *Leviticus* (Leicester: Inter-Varsity Press, 1980), 126.

경우에는 이런 구분을 말씀하지 않으셨는지가 설명이 안 된다. 사실 인간의 음식의 비중은 동서고금의 거의 모든 문화권에서 식물이 육식보다 압도적으로 크다. 또한 건강에 대한 위협도 동물보다는 식물이 훨씬 더 크다. 육류를 먹고 당장 병에 걸리거나 죽게 되는 경우는 없는 반면에 식물류는 잘못 섭취하면 즉사하거나 심각한 병에 걸리는 경우들이 부지기수다. 그럼에도 불구하고 하나님은 구약성경의 단 한 곳에서도 식물의 섭취와 관련해서는 율법을 주신 적이 없다. 따라서 이 점 역시 음식법에서의 문제는 위생이 아님을 보여준다.

마지막으로, 아마 성경신학적으로 이 기준이 가장 문제가 되는 것은 베드로가 고넬료를 만나기 직전에 하나님께서 보여주신 환상일 것이다. 이 환상 속에서 하나님은 "하나님께서 깨끗하게 하신 것을 네가 속되다 하지 말라"(행 10:15)고 여러 번 말씀하셨다. 그리고 이 말씀이 예루살렘 공의회의 결정의 바탕이 되었다(행 15:1-33). 만약 정말 위생이 문제였다면 왜 하나님은 신약 시대에 와서 불결한 짐승들도 깨끗하게 만드셨다고 선언하셨겠는가? 하나님은 고넬료 사건을 전후로 해서 돼지 등 부정한 짐승의 위생적 문제를 완전히 수정하신 것인가? 우리는 역사상 그 어느 자료에서도 돼지가 원래는 위생적으로 불결한 짐승이었다가 청결한 짐승으로 바뀌었다는 증거를 찾아낸 적이 없다. 이런 여러 가지 논거들을 고려할 때 끈질기게 음식법 해석에서 중요한 자리를 차지해온 위생적 해석은 기각되어야 한다.

(4) **상징적 해석.** 전통적으로 상징적 해석 역시 위생적 해석만큼이나 음식법 해석사에서 중요한 자리를 차지해왔다. 이것은 정결한 짐승들은 하나님의 의로운 백성의 예시로, 불결한 짐승은 죄인의 상징적인 예로 이해하는 것이다. 문제는 이런 식의 해석들이 알레고리적 성향을 띠거나 너무 이현령비현령 식의 주장으로 흐르는 경우가 많았다는 점이다.

그러나 이 상징적 해석은 현대에 와서 메리 더글라스(Mary Douglas)라는 유대인 문화인류학자의 연구를 통해 새롭게 각광을 받게 되었다.[189] 그녀의

189 그녀의 연구에 대한 간략한 정리는 Wenham, *Leviticus*, 169-172; Houston, "Foods, Clean and Unclean", 7-9; 김경열, *레위기의 신학과 해석*, 359-365를 보라.

이론이 기존의 상징적 해석과 차이가 나는 점은 그녀가 주먹구구식으로 어떤 상징들을 찾아내려고 하는 전통적 방식을 지양하고, 음식법 본문과 주변 문맥, 그리고 자신의 전공인 구조주의적 문화인류학 연구를 종합하여 일관된 해석 체계를 세우려 했다는 점이다.

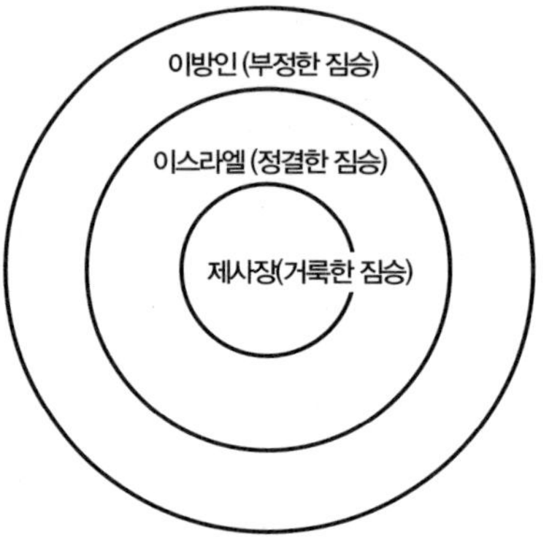

이 해석에 따르면 레위기 11장의 짐승의 구분은 인간의 세계를 비추는 거울이라는 점이다. 인간의 세계에서 사람들은 거룩(제사장), 정결(이스라엘), 부정(이방인)의 세 가지로 구분된다. 이와 마찬가지로 짐승의 구분 역시 거룩한 짐승(제사용 짐승), 정결한 짐승, 부정한 짐승의 세 가지로 구분된다. 이런 점에서 짐승의 세계는 이스라엘의 세계관 속에서의 인간의 세계와 상응한다.

짐승 중에서 어떤 특정한 패턴을 따라 행동하는 것들은 정결한 짐승이고, 그렇지 않은 것들은 부정한 짐승이다. 이와 마찬가지로 사람 중에서 하나님의 법을 따르는 이스라엘 백성은 정결하고, 그렇지 않은 이방인들은 부정하다. 그리고 정결한 이스라엘 자손들 중 하나님께서 선택하신 특정한 가문의 흠이 없는 자들이 제사장이 된다(레 21:17–23). 이와 마찬가지로 정결한 짐승들 중 흠이 없고 완전한 것들 중에서 선택된 것들이 제사용 짐승이 된다.

더글라스는 이때 짐승의 정결과 부정의 기준은 창조 세계의 세 영역, 즉 하늘, 땅, 물(창 1:20–30)의 각각의 영역에서 그에 합당한 이동 방식을 취하는 것에 기초하고 있다고 본다. 새들은 두 날개로 날고 두 다리로 걸으며, 물고기는 헤엄치기 위해 지느러미와 비늘을 갖추고 있고, 육지 짐승들은 달리기 위해 둘로 나뉘어진 굽을 갖추고 있어야 한다. 정결한 짐승은 각 영역에서 갖춰야 할 모습을 갖추고 그에 어울리는 이동 방식을 갖춘 것들이다. 부정한 짐승들을 이런 모습을 갖추고 있지 않고 그에 합당한 이동 방식도 취하지 않은 것들이다. 또한 정결한 짐승들은 각 영역의 구분선을 선명하게 지키는 것들이고, 부정한 짐승들은 그 경계선을 넘나드는 것들이다. 이런 점에서 '정결'이 일반적으로 '정상 상태'를 나타낸다는 개념이 이 경우에도 적용된다. 정결한 짐승은 각 영역의 경계를 지키며, 그 경계 내에서 '정상적인' 이동 방식을 하는 짐승들인 것이다.

이런 짐승의 구분 방식은 앞에서도 말한 바와 같이 하나님의 거룩하고 정결한 백성인 이스라엘의 신분과 그들의 삶의 방식에 대한 하나의 상징이었다. 마치 정결한 짐승이 주어진 영역의 경계선을 지키며, 자기 영역에서 규범에 따른 행동 양식을 따라 움직이듯이 하나님의 백성 역시 하나님께서 정하신 삶의 경계선들을 지키며 하나님께서 정하신 규범대로 살아야 한다는 것을 짐승의 정결/부정에 대한 규례가 가르쳐준다는 것이다. 따라서 이 규례는 궁극적으로는 하나님의 백성의 신분과 삶에 대한 시청각적 교재와 같은 것이었다고 볼 수 있다. 이스라엘 백성들은 정결한 짐승과 부정한 짐승을 구분하고, 오직 정결한 짐승만을 음식으로 취하는 것을 통해서 하나님의 백성으로서 세상과 구분된 뚜렷한 삶의 양식을 따라 살아야 한다는 것을 계속 상기해야 했다.

더글라스의 이런 해석이 매력적이기는 하지만 그녀의 해석이 모든 면에서 다 레위기 학자들에 의해 전적으로 수용된 것은 아니었다. 그녀의 주장들 중 특히 하늘, 땅, 물의 각 영역에서의 짐승의 정결과 부정의 분류 기준으로 그녀가 제시한 짐승의 이동 방식이라는 것이 과연 합당한 기준이냐 하는 것은 지속적인 비판의 대상이 되어 왔다.[190] 예를 들어 땅에서 움직이는 짐승들은 굽이 갈라지고 되새김질을 하는 것들만 정결한 짐승으로 분류되었다(레 11:3). 그러나 이것이 땅 짐승이 갖춰야 할 정상적인 모습이고, 이런 짐승의 움직이는 모습만이 땅 짐승의 적절한 이동 방식이냐 하는지는 의문이다. 이런 류의 비판은 하늘 짐승의 경우나 물 짐승의 경우에도 역시 마찬가지다.

그러나 이런 비판에도 불구하고 정결한 짐승과 부정한 짐승의 구분 문제

190 이에 대한 좋은 정리는 김경열, *레위기의 신학과 해석*, 362–365.

를 일관된 체계를 가지고 설명하며, 구약의 모든 관련 본문을 포괄하는 설명을 시도한 점은 가치가 인정된다. 또한 이 짐승들을 거룩, 정결, 부정의 세 가지 범주로 분류한 것이 제사장, 이스라엘 백성, 이방인의 세 가지 범주와 상응한다는 점도 역시 타당해 보인다. 그리고 정결한 짐승들이 어떤 특정한 모습과 행태를 가진 구별된 모습을 갖추고 있다는 점이 곧 이스라엘 백성도 이와 같이 특정하고 구별된 삶의 양식을 따라야 한다는 요구를 반영하고 있다고 보는 것 역시 타당하다.

레위기 11장의 음식법과 관련하여 마지막으로 중요한 것은 이 정결법이 가진 지향점이다. 시내 산 언약의 목표로 하나님께서 천명하신 바와 같이 이스라엘은 언약과 율법을 잘 준수함으로써 "제사장 나라, 거룩한 백성"이 되어야 했다(출 19:6). 음식법의 준수를 통해서 이스라엘이 도달해야 하는 목표 역시 이와 동일했다. 이 음식법 본문의 마지막 구절들이 밝히고 있듯이 이스라엘은 "나는 여호와 너희의 하나님이라 내가 거룩하니 너희도 몸을 구별하여 거룩하게 하고 땅에 기는 길짐승으로 말미암아 스스로 더럽히지 말라 나는 너희의 하나님이 되려고 너희를 애굽 땅에서 인도하여 낸 여호와라 내가 거룩하니 너희도 거룩할지어다"(레 11:44-45)라는 목표를 가졌다.

따라서 이스라엘 백성들은 주변 민족들과 확연히 구분되는 음식법의 준수를 통해서 자신들이 거룩한 하나님의 백성임을 보여주어야 했다. 이런 면에서 유대교가 이 음식법과 안식일법을 가장 중요한 법으로 여긴 것은 나름대로의 타당성을 가지고 있다.

그러나 신약 시대에 와서 정결한 이스라엘과 부정한 이방인의 구분이 철폐되고, 누구든지 그리스도의 사역을 통해 거룩한 하나님의 백성이 될 수 있게 되자 이스라엘과 이방 사이의 구분을 상징적으로 나타내 주는 정결한 짐승과 부정한 짐승의 구분도 그 시효를 다했다. 사도행전 10장의 고넬료 사건과 그로 인한 사도행전 15장의 예루살렘 공의회의 결정은 바로 이런 점에 있어서 시대의 분기점이 되었다. 이제 더 이상 음식물의 차별화가 사람 사이의 구분 표시가 되지 못했다. 음식법의 유효기간이 다했다.

하지만 이 음식법이 가르쳐 주는 영적인 교훈의 가치는 여전히 유효하다. 신약 이후의 성도들은 더 이상 음식을 표식으로 해서 자신의 신분을 나타낼 필요가 없었다. 그러나 그들은 여전히 거룩한 하나님의 백성으로서 이 세상 사람들과 다른 형태의 삶을 살아야 한다는 요구를 받았다(롬 13:12–14; 갈 5:19–26; 엡 4:17–24; 벧전 4:1–11). 이런 면에서 베드로 사도가 앞의 레위기 11:44–45의 말씀을 신약 시대의 성도들의 삶의 모습에 대한 근본적 요구로 인용하고 있다는 점은 아주 중요하다고 할 수 있다(벧전 1:16).

1단계: 사역

11:1 그리고 여호와께서 모세와 아론에게 말씀하여 그들에게 이르셨다.

11:2 이스라엘 자손에게 말하여 이르라. 이것은 땅 위의 모든 짐승들 중에서 너희가 먹을 수 있는 생물들이다.

11:3 짐승들 중에서 굽이 갈라져 있고 쪼개져 있으며 되새김질하는 모든 것들은 너희가 먹을 수 있다.

11:4 그러나 되새김질을 하고 굽이 갈라진 짐승 중에서 먹어서는 안 되는 것들은 [다음 것들]이다. 낙타는 되새김질은 하지만 굽이 갈라져 있지 않다. 그것은 너희에게 부정하다.

11:5 바위 오소리는 되새김질은 하지만 굽이 갈라져 있지 않다. 그것은 너희에게 부정하다.

11:6 토끼는 되새김질은 하되 굽이 갈라져 있지 않다. 그것은 너희에게 부정하다.

11:7 돼지는 굽이 갈라져 있고, 쪼개져 있지만 되새김질을 못한다. 그것은 너희에게 부정하다.

11:8 그것들의 고기를 먹어서는 안 되며, 그 사체도 만져서는 안 된다. 그것들은 너희에게 부정하다.

11:9 물에 있는 모든 것들 중에서 [다음 것]들은 너희가 먹을 수 있다. 물
들, 곧 바다와 하천에 있는 모든 것 중에서 지느러미와 비늘 있는 것
들은 너희가 먹을 수 있다.
11:10 그러나 물에 있는 모든 군서 생물들과 물에 있는 짐승들 중 바다와 하천
에 있으면서 지느러미와 비늘이 없는 것들은 너희에게 가증하다.
11:11 그것들은 너희에게 가증한 것이다. 너희는 그것들의 고기를 먹지 말
고 그것들의 사체를 가증하게 여겨라.
11:12 물 속에서 살면서 지느러미와 비늘 없는 것들은 모두 너희에게 가증
하다.
11:13 새들 중에서 [다음의 것]들은 가증하게 여겨라. 이것들은 가증하니
먹어서는 안 된다. [즉] 독수리, 수염수리, 검은 대머리수리,
11:14 솔개, 말똥가리 종류,
11:15 까마귀 종류,
11:16 밤 올빼미, 짧은 귀 올빼미, 긴 귀 올빼미, 매 종류,
11:17 작은 올빼미, 가마우지, 부엉이,
11:18 흰 올빼미, 소쩍새, 물수리,
11:19 황새, 왜가리 종류, 오디새, 박쥐 [등이다].
11:20 네 발로 다니는 공중의 군서 생물들, 그것들은 가증하다.
11:21 그러나 날개가 있고 네 발로 기어 다니는 모든 군서 생물들 중에서 그
발에 뛰는 다리가 있어서 그것으로 땅에서 뛰는 것들은 너희가 먹을
수 있다.
11:22 이것들은 먹을 수 있다. [즉] 메뚜기 종류, 베짱이 종류, 귀뚜라미 종
류, 팥중이 종류[가 그것들이다].
11:23 그러나 날개가 있고 네 발이 있는 군서 생물들은 너희에게 가증하다.
11:24 이런 것들을 가지고 너희는 자신들을 부정하게 만들 수 있다. 그것들
의 사체를 만지는 자들은 누구든지 저녁까지 부정할 것이다.
11:25 그것들의 사체를 옮기는 모든 자는 그 옷을 빨아야 하며, 저녁까지

부정할 것이다.
11:26 굽이 갈라진 모든 짐승 중에서 굽이 쪼개져 있지 않은 것들이나 되새
김질 하지 않는 것들, 그것들은 너희에게 부정하다. 그것들을 만지는
자들은 부정하게 된다.
11:27 네 발로 걷는 모든 생물들 중 그 발바닥으로 걷는 모든 것들, 그것들
은 너희에게 부정하다. 그것들의 사체를 만지는 자들은 저녁까지 부
정할 것이다.
11:28 그것들의 사체를 옮기는 자는 그 옷을 빨아야 하며, 저녁까지 부정할
것이다. 그것들은 너희에게 부정하다.
11:29 땅에서 군서 생활하는 군서 생물들 중에 [다음의 것들]은 너희에게
부정하다. [즉] 두더지, 쥐, 큰도마뱀 종류,
11:30 도마뱀붙이, 점박이 도마뱀, 벽도마뱀, 난장이 도마뱀, 카멜레온[이
그것들이다].
11:31 모든 군서 생물들 중에서 이것들이 너희들에게 부정한 것들이다. 그것
들이 죽었을 때 그것들을 만지는 모든 자는 저녁까지 부정할 것이다.
11:32 이것들 중의 어떤 것이 죽었을 때 그것 위에 떨어지는 모든 것은 나무
그릇이든, 옷이든, 가죽이든, 천이든, 어떤 일에 사용된 어떤 물건이
든 다 부정하게 된다. 그것은 물에 담가야 한다. 그러면 그것이 저녁
까지 부정하다가 정결하게 될 것이다.
11:33 그 [부정한 것들] 중 어떤 것이 질그릇에 떨어지면 그 속에 있는 것이
다 부정해진다. 그것을 깨뜨려야 한다.
11:34 물에 적신 먹을 음식은 다 부정하게 될 것이다. 그 그릇에 담긴 마실
것들도 다 부정하게 될 것이다.
11:35 그것들의 사체가 그 위에 떨어진 물건은 그것이 모두 부정하여지리
니 화덕이든 화로이든 다 깨뜨려라. 그것들은 부정하다. 그것들이 너
희에게 부정하게 된다.
11:36 오직 샘물이나 물이 모이는 웅덩이는 정결을 유지할 것이다. [그 외

에는] [부정한 것들의] 사체에 닿는 모든 것은 부정하게 될 것이다.

11:37 만약 씨를 뿌릴 종자식물의 씨 위에 이것들의 사체가 떨어진다 해도 그 [씨는] 정결하다.

11:38 그러나 만약 종자가 물이 묻었을 때에 그 사체들 중의 [어떤] 것이 그 위에 떨어지게 되면 그것은 너희에게 부정하게 된다.

11:39 너희에게 음식이 될 짐승 중에서 [어떤] 것이 죽으면 그것의 사체를 만지는 자는 저녁까지 부정하게 될 것이다.

11:40 그것을 먹는 자는 그 옷을 빨아야 하며, 저녁까지 부정할 것이다. 그것의 사체를 옮기는 자도 그 옷을 빨아야 하며, 저녁까지 부정할 것이다.

11:41 땅에서 군서 생활을 하는 군서 생물들은 가증하다. 먹어서는 안 된다.

11:42 땅에서 군서 생활을 하는 모든 군서 생물들 중에서 배로 걷는 모든 것과 네 발 혹은 많은 발로 걷는 것은 먹지 말라. 이것들이 가증하다.

11:43 너희는 군서 생활하는 모든 군서 생물로 인해 너희 자신을 가증하게 만들지 말라. 그리고 그것들로 스스로를 부정하게 만들지 말라. 너희는 그것들로 부정해져서는 안 된다.

11:44 이는 나 여호와가 너희 하나님이기 때문이다. 너희는 스스로를 성별하고 거룩한 상태가 되라. 이는 내가 거룩하기 때문이다. 너희 자신을 땅 위에서 우글거리는 모든 것들로 인해 더럽혀서는 안 된다.

11:45 왜냐하면 나는 너희의 하나님이 되기 위해 너희를 애굽 땅에서 인도하여 낸 여호와이기 때문이다. 너희는 거룩해야 한다. 내가 거룩하기 때문이다.

11:46 이것은 짐승과 날짐승과 물에서 우글거리는 모든 생물과 땅 위에서 군서 생활하는 모든 생물에 대한 규례이니

11:47 부정한 것과 정결한 것, 먹을 수 있는 생물과 먹어서는 안 되는 생물을 분별하기 위한 것이다.

2단계: 사역 해설

11:4 "그러나" *아크*(אַךְ)

이 접속사는 앞 절의 먹을 수 있는 것들의 기준에서 벗어나는 것들의 목록의 시작을 알리는 접속사이다. 개역개정은 이 접속사를 번역하지 않고 있다.

11:5 "바위 너구리" *샤판*(שָׁפָן)

이 동물은 보통 '바위 너구리'(rock hyrax)라고 알려져 있다. 그러나 11장에 나오는 짐승들의 정확한 정체는 파악하기 쉽지 않다.[191] 따라서 이 사역에서는 대체적으로 영어 성경들이 따르는 번역을 위주로 해서 따라가도록 하겠다.

11:10 "군서 생물" *쉐레쯔*(שֶׁרֶץ)

개역개정은 이것을 "움직이는 것", "우글거리는 것" 등으로 해석하고 있지만 이 단어의 기본 개념은 벌레나 파충류 등 함께 모여서 움직이는 짐승들을 가리키는 단어이다. 영어로는 보통 swarm이라고 표기된다. 이 사역에서는 '군서(群棲) 생물'이라고 번역하였다.

11:12 "가증하다" *쉐케쯔*(שֶׁקֶץ)

이 단어는 10-12절에 여러 번 반복되고 있는데, 개역개정은 12절에서만 이것을 "혐오하다"라고 번역하고 있다. 번역의 일관성 측면에서 '가증하다'라는 표현으로 바꾸었다. 이하의 구절들(20절 등)에서도 역시 마찬가지다.

---

191 Wenham, *Leviticus*, 164는 이 분야의 전문가들의 말을 빌려서 지적하기를 이 장에 나오는 동물들 중 40퍼센트 정도만 겨우 그 정체를 어느 정도 정확히 알 수 있다고 하였다. 개별적인 동물 이름에 대한 세세한 논의는 René Péter-Contesse and John Ellington, *A Handbook on Leviticus*. (UBS Handbook Series; New York: United Bible Societies, 1992), 155-176을 참고하도록 하라.

11:20 "군서 생물들" ***쉐레쯔***(**שֶׁרֶץ**)

개역개정은 이것을 "곤충"이라고 번역하고 있으며, 이 번역은 나름대로 타당성이 있다. 그러나 *쉐레쯔*란 단어는 10절 등에서도 쓰이고 있기 때문에 해당 단어에 대한 번역의 일관성을 위해서 계속 "군서 생물"이라고 번역한다.

11:21 "있어서"

히브리어 본문상으로 귀속을 나타내는 표현이 부정어인 *로*(**לֹא**, not)로 표기되어 있다. 그러나 주석가들은 이것이 '그것에게'(to it)란 뜻을 가진 *로*(**לוֹ**)로 수정되어야 한다고 본다.

"뛰는 다리" ***케라***(**כֶּרַע**)

이 단어는 원래는 '정강이'를 의미하는 단어이다. 그러나 이 음식법에서 다뤄지고 있는 날개가 있고 네 다리로 뛰는 군서 생물들에게 사용될 때는 '뛰는 다리'(jumping leg)라고 번역한다.

11:23 "네 발이 있는" ***아쉐르-로 아르바 라글라임***(**אֲשֶׁר־לוֹ אַרְבַּע רַגְלָיִם**)

히브리어로 명백히 '네 발이 있는'이란 뜻을 가진 표현을 개역개정은 "기어다니는"이라고 번역하고 있다. 아마 그 이유는 21절에 나오는 "뛰는 다리"에 대한 언급이 없다는 점에서 의역을 한 것으로 보인다. 그러나 이런 의역은 너무 과도해 보인다. 그래서 나는 원문을 살려 사역했다.

11:26 "그것들은 너희에게 부정하다"

개역개정은 "그것들은"을 "[그것들의] 주검은"이라고 번역하고 있다. 그러나 히브리어 원문상으로는 '주검'이라는 단어는 없다. 새번역 성경은 이 점에 있어서 원문을 제대로 번역하였다. 물론 문맥상으로 볼 때 단순히 부정한 짐승들을 만지는 것은 문제가 되지 않는다. 27절은 이 부정이 사체를 만지는 것을 통해서 이뤄진다는 것을 분명하게 해준다. 따라서 개역개정의 번역은 나름대로의 타당성을 갖고 있다고 할 수 있다.

3단계: 단락 구분

- 11:1–2a 도입구
- 11:2b–23 짐승 음식의 정결과 부정
    - 11:2b–8 땅 짐승
    - 11:9–12 물 짐승
    - 11:13–19 하늘 짐승
    - 11:20–23 군서 생물(곤충?)
- 11:24–43 짐승의 사체에 대한 접촉과 정결/부정
    - 11:24–25 군서 생물(곤충?)의 사체로 인한 부정
    - 11:26–28 땅 짐승의 사체로 인한 부정
    - 11:29–38 땅의 군서 생물로 인한 부정
    - 11:39–40 정결한 짐승의 사체로 인한 부정
    - 11:41–43 땅의 군서 생물의 사체로 인한 부정
- 11:44–45 신학적 논거
- 11:46–47 결론구

도입부(1–2a)와 결론구(46–47)를 제외한 본문은 크게 세 부분으로 나뉜다.

첫째, 2b–23절은 음식으로 섭취해야 하는 짐승을 정결한 것과 부정한 것으로 나누는 구분에 대해서 언급하고 있다. 이 구분 대상이 되는 짐승은 크게 네 부류이다. 처음 세 개는 짐승의 서식지를 땅(2b–8절), 물(9–12절), 하늘(13–19절)로 구분하여 해당 짐승의 정결/부정을 나누는 기준에 대해서 언급한다. 마지막으로 곤충을 따로 떼서 취급한다(20–23절).

둘째, 24–43절은 이들 짐승의 사체와 접촉을 했을 때에 발생하는 부정의 정

도와 취급에 대해서 다루고 있다. 그 상세한 내용은 위의 구조 분석을 참고하라.

셋째, 44–45절은 음식법 본문의 신학적 심장이라고 할 수 있다. 음식법의 신학적 목표는 이스라엘이 하나님을 닮은 거룩한 백성이 되도록 하기 위한 것이다.

4단계: 본문 해설

11:1 "그리고 여호와께서 모세와 아론에게 말씀하여 그들에게 이르셨다"

음식법 본문의 이 도입구는 기본적으로는 지금까지 단원 구분용으로 사용된 "그리고 여호와께서 모세에게 말씀하셨다"와 동일한 기능을 한다. 따라서 이 문구가 11장의 서두에 사용되었다는 것은 우리가 지금부터 새로운 단원을 맞이하게 된다는 표시이다. 실제로 이 문구를 통해 레위기의 전혀 새로운 단원인 정결법 본문(11–16장)이 시작된다.

그러나 이 구절에서 이 문구는 이전의 문구들과는 중요한 차이점이 두 가지가 있다.

첫째, 이 구절에서는 '아론에게'라는 문구가 첨가되었다. 그 이유는 아마 앞의 10:10에서 밝힌 제사장들의 두 번째 사역인 '거룩한 것과 속된 것, 그리고 부정한 것과 정결한 것을 분별'하는 사역과 관계가 있는 듯하다. 이제부터 시작되는 사역은 궁극적으로는 제사장들의 핵심 사역들 중의 하나였으며, 그들의 판단과 역할이 중요한 사역이었다.

둘째, '말씀하여 그들에게 이르셨다'란 표현에서 이처럼 '그들에게'란 문구가 들어가 있는 경우는 구약 전체에서 이 구절이 유일하다. 이렇게 이 구절은 '모세와 아론'이라는 하나님의 말씀의 대상을 이미 언급했지만 다시 한 번 '그들에게'라는 문구를 통해 이들이 공동 청자(listener)라는 것을 강조해주고 있다.

이런 두 가지 독특한 특징들을 통해서 레위기 저자는 모세와 더불어 아론을 정결법 규례에 대한 하나님의 말씀의 공동 청자로 내세움으로써 그의 역할의 중대성을 부각시켜주고 있다. 실제로 이처럼 아론이 이 단원 구분 문구에서 공동 청자로 언급된 경우는 이 정결법 본문뿐이다(11:1; 13:1; 14:33; 15:1).

11:2 "이스라엘 자손에게 말하여 이르라"

음식법의 주 청중은 "이스라엘 자손"이었다. 1절의 단원 구분 문구에 의해 이렇게 주 청중이 소개되는 경우들이 있다는 점은 이미 앞에서 여러 번 언급한 바가 있다. 1절과 2절을 종합해서 볼 때 음식법의 시행을 감독하는 역할은 제사장이고, 그 규례를 준수해야 하는 자들은 이스라엘 백성이었다.

11:2b-8 이 단원은 땅에서 사는 짐승들 중 정결한 짐승과 부정한 짐승, 즉 먹을 수 있는 짐승과 부정한 짐승의 구분 기준과 실례들을 담고 있다. 우선 3절은 정결한 땅 짐승의 구분 기준으로 두 가지 사항, 즉 굽이 갈라져 있으며 쪼개진 것과 되새김질을 하는 것을 제시하고 있다. 참고로 여기에서 '굽이 갈라진 것'과 '쪼개진 것'은 동의어적인 개념이다.

11:4-6은 되새김질은 하지만 굽이 갈라져 있지 않은 짐승들을 나열하고 있다. 낙타, 바위 오소리, 토끼 등이 그것들이다. 또 7절은 굽이 갈라져 있지만 되새김질을 하지 않는 짐승을 언급하고 있다. 돼지가 그것이다. 마지막의 8절은 이 단원의 결론구로서 이것들의 고기를 먹어서도 안 되고, 사체를 만져서도 안 된다는 것을 언급하고 있다. 형식적인 측면에서는 4-8절은 모두 "그것은(혹은 그것들은) 너희에게 부정하다"는 언급이 후렴구를 이룸으로써 이 본문의 규례의 중요성을 부각시켜주고, 통일성을 부여해주고 있다.

11:9-12 이 단원은 물에 사는 짐승들의 정결과 부정을 다루고 있다. 서론격인 9절은 정결한 짐승의 기준이 지느러미와 비늘의 유무임을 밝히고 있다. 이 단원과의 차이점은 두 가지이다.

첫째, 이 단원에서는 구체적인 짐승의 이름은 언급하지 않고 있다.

둘째, '부정하다'라는 후렴구 대신 '가증하다'라는 문구가 10-12절의 매 절마다 반복되고 있다. 밀그롬과 같은 학자는 두 문구가 상이한 의미를 갖고 있다는 주장을 한다.[192] 즉 '부정하다'(*타메*, טָמֵא)는 먹거나 만지면 부정해지는 경우를 가리키고, '가증하다'(*샤카쯔*, שָׁקַץ)는 먹으면 부정해지지만 만지는 것은 괜찮은 경우를 가리킨다는 견해를 피력한다. 실제로 일반적인 용례로 두 문구의 의미가 차이가 있기도 하다. 그러나 레위기의 문맥에서 이 주장에 대한 가장 큰 반대 논거는 레위기 7:21과 11:43-44이다. 전자의 본문은 '부정하고 가증한 것'이라는 표현을 쓰고 있고, 후자의 본문은 두 문구를 평행구에 사용하고 있는데, 두 본문은 두 용어를 동의어처럼 사용하고 있다.[193] 특히 후자의 본문은 음식법 본문의 일부이기 때문에 우리는 이 문구를 동의어로 이해하는 것이 가장 적절해 보인다.

11:13-19 이 단원은 하늘 짐승, 즉 새에 대해서 다루고 있다. 특별한 기준은 언급되지 않으며, 단지 나열된 새들이 '가증하다'란 언급만 나온다. 본문의 해석에 어려움을 더하는 것은 이 목록에 나오는 각 새가 정확히 어떤 새를 말하는지를 거의 파악할 수가 없다는 점이다.[194] 대체로 학자들의 의견은 이 새들이 맹금류이며, 죽은 고기를 먹는 종류들이라고 생각한다.

11:20-23 이 단원에서 다뤄지고 있는 짐승은 *쉐레쯔*(שֶׁרֶץ)라고 불린다. 이 단어는 *샤라쯔*(שָׁרַץ)라는 동사에서 파생되었으며, 그 뜻은 '떼 지어 다니다'(to swarm), '바글거리다'(to teem), '무수히 많다'(to be innumerable) 등이다. 따라서 이 단어는 어떤 짐승들, 특히 좀 작은 짐승들이 무수히 떼를 지어 바글바글하게 몰려다니는 것을 나타내는 단어이다. 이 단어는 창조 시의

192 Milgrom, *Leviticus 1-16*, 656.
193 Michael A. Grisanti, "שָׁקַץ, שִׁקּוּץ", in *NIDOTTE*, 4:243-244.
194 앞의 5절 '바위 너구리'의 "사역 해설"(353쪽)에서 언급한 바와 같이 레위기 11장의 짐승의 이름들 중 어느 정도 그 정체를 어렴풋이 짐작이라도 할 수 있는 것은 40퍼센트도 채 되지 않는다.

많은 생물들(창 1:20–21), 노아 홍수 때의 인간에 대한 축복(창 8:17), 출애굽기 1장의 이스라엘 백성의 기적적인 팽창(출 1:7) 등을 나타낼 때도 사용된 단어이다. 레위기 11장 본문 내에서도 명사 *쉐레쯔*는 땅의 짐승들의 종류를 지칭할 때 사용되었다(29, 41–44절). 또 동사 *샤라쯔*는 10절에서는 물의 짐승들, 그리고 29, 31절에서는 도마뱀 종류들을 나타낼 때 사용되기도 했다. 이처럼 이 단어는 굉장히 다양한 의미로 사용될 수 있는 단어이다.

그러나 현 단원에서 이 단어는 곤충들을 의미하는 것으로 학자들의 거의 만장일치적으로 생각한다.[195] 이것들은 대부분이 다 '가증하다'(20, 23절). 그러나 날개가 있고, 발에 뛰는 다리가 있어서 그것으로 땅에서 뛰는 것들은 먹을 수 있는 정결한 짐승이었다.

11:24-25 24–43절은 짐승들의 사체로 인한 부정에 대해서 다루고 있다. 그 첫 단원인 24–25절은 바로 앞 단원인 20–23절의 주 대상이었던 군서 생물들, 즉 곤충으로 여겨지는 군서 생물들의 사체로 인한 부정에 대해서 다루고 있다. 이런 사체는 만지는 사람을 저녁까지 부정하게 만든다. 그리고 그 사체를 옮기는 사람은 옷을 빨고 저녁까지 부정한 상태에 머무르게 된다.

---

195 이 본문을 읽는 독자들 중에는 곤충의 다리 개수를 네 개라고 하는 것에 껄끄러움을 느끼는 분들이 많이 있을 것이다. 곤충의 다리는 여섯 개이며, 누가 봐도 이 점은 자명한데 성경 본문은 네 개라고 언급하고 있기 때문이다. 그러나 이것 때문에 성경이 오류가 있다고 생각할 필요가 없다. 단지 이것은 고대 이스라엘인들이 무엇을 다리로 생각했느냐 하는 것에 대한 개념 차이일 수가 있기 때문이다. 이와 관련해서 흥미로운 점은 최근의 문어의 다리 개수에 대한 연구 결과이다. 물론 문어 다리가 여덟 개라는 것은 누구나 아는 상식이다. 그러나 전문가들이 오랫동안 면밀하게 관찰해 본 결과 문어는 두 개의 다리만을 정말 다리로 사용하고, 나머지 여섯 개는 손처럼 사용한다는 사실이 밝혀졌다. 이런 연구의 결과로 어쩌면 우리는 미래의 어느 시기에는 문어 다리는 두 개라고 해야 맞는 것이 될 수도 있다. 이처럼 곤충의 다리가 몇 개냐 하는 문제는 무엇을 다리로 계산하느냐 하는 분류학적인 판단에 따라 답이 달라질 수 있는 문제임을 아는 것이 중요하다. 참고로 문어의 다리에 대한 연구의 뉴스는 http://www.telegraph.co.uk/news-/newstopics/howaboutthat/2547597/Octopuses-have-two -legs-and-six-arms.html 등을 찾아보라.

11:26-28 이 단원은 땅에서 사는 짐승들의 사체를 만졌을 때의 부정에 대해서 다루고 있다. 앞 단원과 마찬가지로 만지는 사람은 저녁까지 부정하고, 그 사체를 옮긴 사람은 옷을 빨고 저녁까지 부정하다.

11:29-38 이 단원은 땅에서 군서 생활을 하는 군서 생물들에 대해서 다루고 있다. 종류로는 두더지, 쥐, 각종 도마뱀 등이다.

11:29-31은 서론적인 내용으로서 이것들을 만지면 부정해지고, 그 부정이 저녁 때까지 간다는 것을 밝히고 있다.

11:32-35은 이런 짐승의 사체가 그릇이나 옷 등에 떨어졌을 때의 경우를 다루고 있다. 32절은 나무 그릇이나 옷 등에 떨어진 경우를 다루고 있다. 이런 경우 당연히 부정해지며, 그것들을 물에 담가야 하고, 그 부정이 저녁 때까지 간다고 규정하고 있다. 물에 담그는 행위는 앞 문단들의 옷을 빠는 행위와 비슷한 것으로 생각된다.

11:33-35은 질그릇에 떨어진 경우를 다루고 있다. 부정한 군서 생물의 사체가 그릇 속으로 떨어지면 그 속에 있는 것들도 다 부정해진 것으로 간주된다. 이것은 그릇 속이 좁기 때문에 부정한 사체와 접촉이 이뤄진 것으로 판단되기 때문인 것으로 보인다. 부정한 접촉을 막기 위해서 질그릇을 깨뜨린다. 다른 그릇들과 달리 질그릇의 경우에 그것을 깨뜨리는 이유는 이것이 흙으로 만들어진 것이라 별로 가치가 없기 때문이다.[196] 34절은 질그릇에 담긴 음식이 물에 담겨 있는 경우, 또는 물이 들어 있는 경우 거기에 군서 생물의 사체가 떨어지면 그것들이 다 부정해진다고 규정하고 있다. 마지막으로 35절은 화덕이나 화로의 경우에도 질그릇과 마찬가지로 깨뜨리라고 규정하고

196 따라서 다른 경우들에도 질그릇은 이렇게 처리하라는 규례가 나온다(레 6:28; 15:12).

있다. 흙으로 만든 것들은 깨뜨려서 문제를 해결하는 것이다.

11:36은 샘물이나 물이 모이는 웅덩이의 경우를 다루고 있다. 이 경우는 물이 흐르거나 새 물로 채워지기 때문에 이런 동물의 사체가 그 위에 떨어져도 그 정결을 유지하는 것으로 보인다.

11:37–38은 종자에 군서 생물의 사체가 닿은 경우를 다루고 있다. 이 경우 마른 종자는 정결하다. 그러나 젖은 종자는 부정해진다. 이것은 위의 34절의 물이 담긴 질그릇의 경우와 비슷한 논리를 갖고 있는 것으로 보인다.

11:39-40 이 두 구절은 지금까지의 문맥과는 달리 정결한 짐승의 사체에 대해서 다루고 있다. 이 경우에도 부정의 문제는 동일하게 작용한다. 만진 자는 저녁까지 부정하다. 또 그것을 먹거나 옮긴 자는 옷을 빨아야 하며, 저녁까지 부정하다.

11:41-43 음식법의 세부적 항목들 중 마지막을 장식하고 있는 이 단락은 다시 한 번 군서 생물들을 조심할 것을 강조해서 말해주고 있다.

11:44-45 이 단락은 음식법의 심장 혹은 신학적 중심이라고 할 수 있다. 이스라엘이 음식에 있어서 정결을 유지해야 하는 이유는 그들이 거룩하신 하나님의 백성이기 때문이다. "이는 나 여호와가 너희 하나님이기 때문이다…거룩하게 돼라. 이는 내가 거룩하기 때문이다…너희는 거룩해야 한다. 내가 거룩하기 때문이다"라고 계속해서 하나님의 거룩성이 강조되고, 그에 따른 하나님의 백성의 거룩성에 대한 요구가 주어지고 있다. 이스라엘이 이렇게 정결의 유지를 통해서 거룩으로까지 나아가야 하는 이유는 결국은 시내 산 언약의 핵심이 그들이 "제사장 나라, 거룩한 백성"이 되어야 하는 것이기 때문이다.

이런 점에서 볼 때 45절 서두에서 하나님의 출애굽 사건을 언급하는 것은 중요하다. 하나님께서 이스라엘을 출애굽 시키신 목적은 "너희의 하나님이 되기 위해"서이다. 그리고 하나님이 거룩하시기 때문에 이스라엘은 그분을 닮아감으로써 그들 자신이 거룩한 자들이 되어야 한다. 이것은 하나님의 출애굽의 목적이 단순히 압제로부터의 해방이 아니라 거룩이라는 목적을 향한 것이라는 점이다. 사도 바울 역시 예수 그리스도의 죽음을 통한 구원이 단순히 죄로부터의 해방이 아니라 의와 거룩이라는 목적을 향한 것임을 말해주고 있다(롬 6:17-19).

11:46-47 이 마지막 단락은 음식법에 대한 총정리이다. 47절의 "부정한 것과 정결한 것, 먹을 수 있는 생물과 먹어서는 안 되는 생물을 분별하기 위한 것"이라는 표현은 레위기 10:10에 나오는 제사장 직분의 두 번째 임무를 연상시킨다. 제사장은 이 정결과 부정의 분별이 이스라엘 내에서 잘 시행되도록 하는 책임을 가진 수호자들이라고 할 수 있다. 이런 면에서 음식법에 대한 하나님의 명령을 아론이 모세와 함께 들은 것으로 언급하고 있는 1절의 내용은 이 마지막 절과 잘 상응한다.

5단계: 적용

11:44-45 이 본문은 하나님께서 이스라엘을 애굽에서 해방시키신 이유가 바로 그들의 하나님이 되시고, 그들이 거룩하신 하나님을 닮아 거룩하게 되도록 하기 위한 것임을 밝히고 있다. 또 신약에서 사도 바울도 그리스도의 십자가 사역을 통한 구원이 단순히 죄로부터의 해방이 아닌 의와 거룩을 향해 나가게 하려는 목적을 가진 것임을 밝히고 있다. 따라서 하나님의 구원을 받은 성도는 자신의 삶 전체를 바쳐서 하나님의 거룩을 닮으려고 노력해야 한다. 이런 면에서 레위기 11장의 음식법은 단순히 '무엇을 먹을 것이냐'의 문

제가 '하나님과 어떤 관계를 갖고, 어떤 형태의 삶을 살 것이냐'의 문제이다. 이런 면에서 볼 때 레위기 11장의 음식법은 아마 "그런즉 너희가 먹든지 마시든지 무엇을 하든지 다 하나님의 영광을 위하여 하라"는 사도 바울의 가르침의 바탕이 아닐까 하는 생각이 든다(고전 10:31).

사도행전의 고넬료 사건(행 10장)과 예루살렘 공의회의 결정(행 15장)을 통해 레위기의 음식법은 폐지되었다. 따라서 이 법은 기독교인의 삶에서 더 이상 문자적인 효력을 갖고 있지는 않다. 그러나 하나님의 거룩한 백성이 거룩한 삶을 위해 삶의 모든 부분을 다 하나님의 기준에 맞춰야 한다는 요구만은 아직도 유효하다. 이런 면에서 베드로전서 2:9의 "너희는 택하신 족속이요 왕 같은 제사장들이요 거룩한 나라요 그의 소유가 된 백성이니 이는 너희를 어두운 데서 불러내어 그의 기이한 빛에 들어가게 하신 이의 아름다운 덕을 선포하게 하려 하심이라"는 말씀은 큰 울림이 있다. 우리 성도들은 하나님의 거룩을 닮기 위해, 그의 거룩한 백성으로 살아가기 위해 우리 삶의 모든 영역에서 구별된 백성으로 살아가야 한다. 이런 면에서 레위기의 음식법이 가르치고자 하는 바는 우리 삶의 모든 영역에서 우리는 단순히 구원받고 천국에 들어갈 때까지 막연하게 기다리면서 살아가는 자들이 아니라 거룩한 하나님을 닮아가야 하는 신적 소명을 가진 자들임을 기억해야 한다.[197]

또한 '거룩하게 되라'는 소명과 관련해서 우리는 몇 가지 적용점을 생각해 볼 수 있다. 앞의 "정결법 개관"에서 다룬 바와 같이 '거룩'은 '온전함'(wholeness)과 '완전함'(completeness)이라는 개념을 갖는다. 이런 온전함과 완전함을 갖춘 것을 우리는 '고결성'(integrity)라고 부른다.[198] 이때 이 '고결성'의 영어 단어인 integrity는 전체를 구성하는 각 요소들이 어떤 불순한 것이 없이 완전하고 충만하고 흠결이 없는 것을 가리킨다. 음식법이 추구하는 거룩한 성도는 바로 삶의 모든 측면에서 이런 점들을 갖춰야 한다. 다시 말해 거룩하신 하나님을 믿는 성도들은 성품의 고결성(integrity of

197 Alexander, *From Paradise to the Promised Land*, 260.

198 Wenham, *Leviticus*, 184.

character)과 육체적인 온전함(wholeness of physical form)을 다 갖고 있어야 하며, 또 그렇게 되도록 노력해야 한다.

거룩한 성품과 모습이 신앙생활이나 예배 시에 나타나야 한다는 생각은 누구나 갖고 있다. 현대의 기독교인들도 이런 영적인 측면에서의 완전성은 마땅히 갖추어야 할 사항이라고 생각한다. 그러나 육적인 면에서의 흠 없음, 그리고 생활 면에서의 흠 없음, 특히 종교나 도덕 문제와 별 상관 없는 생활 면에서의 흠 없음은 충분히 생각하지 못하는 경우가 많은 것 같다. 우리가 사도 바울의 권면, 즉 "먹든지 마시든지 무엇을 하든지 다 하나님의 영광을 위하여" 해야 한다는 권면을 생각할 때 우리는 우리의 일상적인 삶에서의 완전함도 추구해야만 한다. 우리는 자신의 육체적인 측면, 일상 생활에서의 먹고 마시는 것, 시간 사용의 문제 등등에 있어서도 온전함을 추구해야만 한다. 영적 전사는 육적으로도 전사여야 하는 것이다.

6단계: 설교 "우리는 우리가 섬기는 자를 닮는다" (레 11:44-45; 벧전 1:15-16; 시 115:4-8)

몇 년 전에 나온 탁월한 신학 서적으로 그레고리 비일(G. K. Beale)의 "We Become What We Worship"이란 책이 있습니다.[199] 이 책은 왜 우리가 하나님 대신 우상을 섬기는지를 시편 115:4–8을 통해서 아주 선명하게 보여줍니다.

> 4 그들의 우상들은 은과 금이요 사람이 손으로 만든 것이라
> 5 입이 있어도 말하지 못하며 눈이 있어도 보지 못하며

199 Gregory K. Beale, *We Become What We Worship: A Biblical Theology of Idolatry* (Downers Grove: InterVarsity Press, 2008). 이 책은 한국어로는 *예배자인가 우상숭배자인가* (서울: 새물결플러스)이다.

6 귀가 있어도 듣지 못하며 코가 있어도 냄새 맡지 못하며
7 손이 있어도 만지지 못하며 발이 있어도 걷지 못하며 목구멍이 있어도
작은 소리조차 내지 못하느니라
8 우상들을 만드는 자들과 그것을 의지하는 자들이 다 그와 같으리로다

이 본문은 먼저 4–7절에서 우상에 대해서 묘사합니다. 이 우상들은 형상에 있어서는 마치 사람들처럼 입, 눈, 귀, 코, 손, 발, 목구멍 등을 갖추고 있습니다. 그러나 이런 신체 조직들의 모양은 단지 모양일 뿐, 전혀 제 기능을 하지 못합니다. 이런 가짜 몸을 가진 우상들은 감각도 없고, 행동도 못하고, 능력도 없습니다. 그 우상들은 그저 모양만 있을 뿐 실제로는 죽어 있는 것과 마찬가지입니다.

이런 우상들의 무감각과 무능력에 대한 묘사 후에 나오는 8절은 소름 끼치는 결론을 내리고 있습니다. '우상들을 만드는 자들과 그것을 의지하는 자들이 다 그와 같다'는 것입니다. 비일은 바로 이 마지막 절에서 자신의 책의 제목인 "우리는 우리를 섬기는 자를 닮는다"는 제목을 이끌어냈습니다.

우상을 섬기는 자들의 운명이 이러하다면 그 반대로 하나님을 섬기는 자들은 하나님의 운명을 닮을 것입니다. 바로 이 점이 하나님께서 오직 당신만을 섬기라고 요구하신 이유입니다. 저는 비일의 책을 만나기 전까지는 십계명 중 제1계명과 2계명은 하나님께서 당신 자신의 영광을 위해서 독점적인 신앙을 요구하신 내용이라고 생각했습니다. 그러나 비일의 통찰을 고려해볼 때 1, 2계명은 또한 우리 인간을 위한 것이기도 합니다. 하나님은 우리가 거짓되고 무능하고 감각도 없이 죽어 있는 신들인 우상들을 섬김으로써 그 우상들과 같은 운명을 겪게 되기를 원치 않으셨습니다. 죽어 있는 우상을 섬기는 자들은 죽은 자같이 될 것이고, 살아 있는 하나님을 섬기는 자들은 살아 있는 자들이 될 것입니다.

레위기 11:44–45은 이런 성경의 핵심 메시지의 연장선에서 "너희는 거룩해야 한다 내가 거룩하기 때문이다"라는 말씀을 주고 있습니다. 거룩하신 하

나님을 진실로 섬기는 성도들은 거룩을 닮게 되어 있고 또 닮아가야 합니다. 이런 면에서 베드로 사도는 베드로전서 1:15–16에서 이 레위기 말씀을 인용하면서 "오직 너희를 부르신 거룩한 이처럼 너희도 모든 행실에 거룩한 자가 되라"고 요구합니다. 거룩하신 하나님을 섬기는 성도는 '모든 행실'에서 거룩한 자가 되도록 되어 있고, 또 그렇게 되어야 하는 것입니다.

베드로의 이 가르침에서 중요한 것은 다음의 몇 가지입니다.

(1) **성도가 거룩하게 되어야 하는 이유는 우리를 부르신 하나님 자신이 거룩하신 분이기 때문입니다.** 그 부르심을 받은 자는 당연히 부르신 자의 성품을 닮아가야 합니다. 그것이 부름 받은 자가 해야 할 가장 중요한 태도 중의 하나입니다.

사자성어 중에 '부전자전'이라는 말이 있습니다. 인터넷에서 인기 있는 사진들 중에 아빠와 갓난 아기 아들이 같이 자고 있는 모습을 찍어 놓은 사진들이 있습니다. 신기하게도 아빠와 아기는 똑같은 모습을 하고 있습니다. 유전자의 힘은 무섭습니다. 아빠의 유전자를 받은 아들은 어린 나이에도 불구하고 아빠와 자는 모습까지도 똑같이 닮은 것입니다.

또 제가 영국에서 유학하던 당시에 영국 여인들의 모습을 자주 보면서 좀 인상 깊게 여겨졌던 점이 있습니다. 그것은 굉장히 많은 영국 여인들의 화장이나 헤어 스타일이나 패션이 다이아나 황태자비와 비슷했다는 것입니다. 그녀가 영국 여인들에게는 대표적인 롤모델이기 때문에 많은 여인들이 무의식적으로 그녀를 흉내 낸 것은 아닌가 하는 생각이 들었습니다.

이런 예들은 무수히 찾을 수 있습니다. 사람은 자신의 뿌리를 닮게 되어 있고, 자신이 바라보는 존재들을 닮게 되어 있습니다.

하나님께서는 자신이 선택하시고 출애굽 시키시고 언약을 맺으신 당신의 백성들이 당신의 모습을 닮기를 원하십니다. 하나님을 섬기는 자들이라면 당연히 그래야 합니다. 성도 여러분의 모습은 이 거룩한 하나님을 비추는 거울과 같아야 합니다.

(2) **성도가 거룩하신 하나님을 닮아야 하는 영역은 '너희의 모든 행실' 입니다.** 레위기의 음식법은 하나님의 백성이 음식과 같이 삶의 가장 원초적인 부분에서도 거룩하신 하나님을 따라 구별된 삶을 살아야 한다는 것을 가르치고 있습니다. 이처럼 성도들은 삶의 모든 영역에서 거룩해야 합니다. 어떤 부분은 거룩하게 살고, 어떤 부분은 그렇게 안 살아도 되는 것이 아닙니다. 혹은 이 부분에서 이 정도면 충분히 높은 기준으로 사니까 나머지 어떤 부분에서는 조금 느슨해도 된다고 할 수는 없는 것입니다.

그런데 안타깝게도 많은 분들이 이런 식으로 신앙 생활을 합니다. 교회 잘 섬기고 십일조 생활 잘하는 분들 중에서 회사에 가면 그 회사의 윤리 수준에 맞추어서 비기독교적인 삶을 사는 경우가 꽤 있습니다. 법을 어기면서 사업을 하고, 부도덕한 짓을 많이 저지릅니다. 절대 이래서는 안 됩니다. 우리가 거룩해야 하는 삶의 영역은 '너희의 모든 행실'임을 꼭 기억해야 합니다.

레위기 12장

출생으로 인한 부정

❑ 출생으로 인한 부정 개관

정결과 부정의 문제를 다루는 본문(11–15장) 중 11장의 음식법이 외부로부터 오는 부정의 문제를 다루었다면 12–15장은 사람의 내부로부터 초래되는 부정의 문제를 다루고 있다.[200] 이 중 12장은 아이를 출산함으로써 초래되는 부정의 문제에 대해서 다루고 있다.

이 본문은 대략 출산으로 인해 야기된 부정(2–5절)과 그 부정의 해결(6–8절)에 대한 내용으로 구성되어 있다. 출산으로 인해 야기된 부정(2–5절)은 남자 아이를 낳은 경우와 여자 아이를 낳은 경우를 구분해서 다루고 있다. 남자 아이를 출산한 경우 산모는 7일 동안 부정한 상태에 있게 된다. 8일째 되는 날에는 아기에게 할례를 베푼다. 산모는 33일의 '피가 정결해지는 기간'을 더 지나야 정결해진다. 따라서 남자 아이를 낳은 산모는 총 40일 동안 부정한 상태에 머물게 된다.

여자 아기를 출산한 경우 산모는 7일의 두 배인 14일 동안 부정한 상태에 있게 된다. 그리고 역시 남자 아이의 경우의 두 배인 66일 동안의 정결해지는 기간을 거쳐야 한다. 따라서 여자 아이를 낳은 산모는 총 80일 동안 부정한

---

200 Wenham, *Leviticus*, 186.

상태에 머물게 된다.

6–8절은 출산으로 인한 부정을 제의적으로 해결하는 방법에 대해서 언급하고 있다. 12–15장에서 부정을 처리하는 규례들에 따르면 7일 이상 계속된 부정을 정결하게 하기 위해서는 속죄제를 드려야 했다(14:13, 19, 22, 31; 15:15, 30). 출산으로 인한 부정 역시 7일 이상의 기간 동안 부정했기 때문에 당연히 속죄제를 드려야 했다. 또한 속죄제와 더불어 번제도 드렸다. 이때 속죄제물과 번제물로는 각각 비둘기 한 마리와 양 한 마리가 드려졌다(6–7절). 그리고 경제적 능력이 이에 못 미치는 경우는 비둘기 두 마리로 각각 번제와 속죄제를 드렸다(8절). 참고로 누가복음 2:22–24은 예수님의 부모가 그의 출산으로 인해 비둘기 두 마리로 제사를 드린 내용을 말해주고 있는데 이것은 그들이 가난했음을 보여준다.

출산으로 인한 부정에 대한 본문에서 난제는 두 가지이다.

첫째, 출산은 부정한 것인가?

둘째, 왜 여자 아이를 낳은 경우의 부정은 남자 아이의 두 배인가?

이 둘 중 첫 번째 문제에 대한 답은 본문 속에서 명쾌하게 찾아볼 수 있다. 출산 자체가 부정한 것이 아니라 출산이 유출(레 15장)을 동반하기 때문에 부정한 것이다.[201] 이 점은 현재 본문 속에서도 '그녀가 월경 기간처럼 부정할 것이다'는 문구를 통해 그 연결성을 찾아볼 수 있다(2절).

첫 번째 문제에서 파생되는 한 가지 질문은 유출이 왜 사람을 부정하게 만드는가 하는 점이다. 본문 자체는 이 점에 대해서 따로 언급을 하고 있지 않다. 그러나 이 점은 앞의 정결법 개관에서 다룬 바와 같이 '정결'이 '정상 상태'와 비슷한 개념이고 부정은 그 반대 개념이라는 점을 생각하면 설명이 되는 것으로 보인다. 이유야 어찌 됐든 몸에 유출이 있는 것은 온전한 상태에 있는 것이 아니다(레 15장). 출산은 그 자체가 병은 아니지만 일시적으로 유출 현상을 일으키며, 출산 전의 상태로 회복되기 전까지 '정상 상태'가 아닌

201 Wenham, *Leviticus*, 187.

상태에 있게 된다. 이런 면에서 출산으로 인한 유출은 부정한 것으로 간주된 듯하다.

위의 두 번째 문제, 즉 왜 여자 아이의 출산으로 인한 정결의 기간이 남자 아이의 경우보다 두 배가 되는가 하는 문제에 대한 직접적인 답은 현재 본문 속에서 찾기는 어려운 듯하다. 이 때문에 이 문제에 대해서는 여러 가지 가능성들이 제기되었다.[202]

첫째, 여자가 남자보다 어떤 면에서 열등하기 때문이다.

둘째, 여자 아이의 배아가 형성되는 기간이 남자 아이보다 길기 때문이다.

셋째, 여아 출산으로 인한 피의 유출 기간이 남자 아이의 경우보다 더 오래 지속되었거나 그 유독성(toxicity)이 더 강했기 때문이다.

넷째, 여자들은 죄의 심판 때문에 주어진 출산의 고통과 연결되어 있기 때문이다.

다섯째, 여자 아이들은 나중에 그들 자신이 또 산모가 될 것이기 때문에 그들의 어머니의 유출로 인한 부정과 자신들이 나중에 엄마가 돼서 출산할 때 흘리게 될 유출로 인한 부정을 합산해서 남자 아이보다 두 배의 부정의 기간을 치르기 때문이다. 이 마지막 견해는 레빈이 제시한 견해이다.[203] 이 중에서 레위기 내의 증거들을 고려할 때 마지막 견해가 가장 타당성 있어 보인다. 부정을 치르는 기간의 숫자도 이렇게 계산하면 딱 들어맞는다.[204]

---

202 이것들에 대한 간략한 정리는 Rooker, *Leviticus*, 183–184을 보라. 여기에는 각 주장에 대한 학자들의 문헌 목록도 제시되어 있다.

203 Levin, *Leviticus*, 250.

204 David I. Macht, "A Scientific Appreciation of Leviticus 12:1–5", *Journal of Biblical Literature*, 52 (1933), 253–260은 전혀 다른 시각에서 이 문제를 접근했다. 그는 남자 아이를 낳았을 때보다 여자 아이를 낳았을 때 더 독한 유해 물질이 산모의 피에서 발견된다는 과학적 통계를 언급한다. 그리고 이것이 여아 출산의 경우 정결 회복 기간이 더 긴 것을 설명해준다고 주장한다. 또한 이 점은 고대의 여러 문화권에서 여아의 출산 시에 더 긴 부정의 기간을 준수한 다른 문화권들의 자료와도 잘 상응한다고 지적한다. 그의 견해는 흥미롭기는 하나 이것이 레위기 12장 본문의 바탕에 깔린 논리인지는 확인할 수가 없다. 현 본문은 그의 주장과 상응하는 그 어떤 단서도 담고 있지 않다.

개관을 마치기에 앞서 한 가지 분명하게 해야 하는 점은 부정이 꼭 죄는 아니라는 점이다. 출산은 창조 때부터 축복이었다(1:28). 또한 많은 자녀는 하나님의 축복의 상징이었다(시 127:3-5). 반대로 자식이 없는 것은 좋지 못한 상태나 하나님의 심판을 나타내는 것이었음을 성경의 많은 본문들은 말해주고 있다(창 15-16장; 삼상 1장; 레 20:20; 신 28:18 등). 또 현재 본문에서도 결코 출산 자체를 죄로 보지는 않는다. 그럼에도 불구하고 출산은 유출로 인해 산모에게 부정을 야기하고, 부정은 반드시 정결의 기간을 엄수하고 제사를 통해서 속죄를 해야만 해결될 수 있었다. 그러므로 우리는 부정을 죄와 동일시해서는 안 된다는 것을 레위기 12장은 잘 보여준다.

1단계: 사역

12:1 그리고 여호와께서 모세에게 말씀하셨다.

12:2 이스라엘 자손에게 말하여 이르라 여인이 임신하여 남자 아이를 낳으면 그 아이는 7일 동안 부정하니 그녀가 월경 기간처럼 부정할 것이다.

12:3 여덟째 날에는 그의 포피의 살에 할례가 행해져야 한다.

12:4 그리고 그녀는 33일 동안의 피가 정결해지는 기간을 지내야 한다. 정결해지는 기간이 차기 전에는 성물을 만지지 말고, 성소에 들어가지 말아라.

12:5 여자 아이를 낳으면 그 아이는 7일짜리 두 번의 기간 동안 부정하니 그녀의 월경 기간처럼 부정할 것이다. 그리고 그녀는 66일 동안의 정결해지는 기간을 지내야 한다.

12:6 아들이나 딸을 위한 정결 기간을 채우고 나면 그녀는 번제를 위한 1년 된 양과 속죄제를 위한 비둘기류를 회막문 제사장에게 가져가야 한다.

12:7 [그 제사장은] 그것을 여호와 앞에 드려서 그녀를 위해 속죄하여라. 그러면 그녀가 그녀의 피의 원천으로부터 정결하게 될 것이다. 이것

은 아들이나 딸을 낳은 여인에 대한 규례이다.

12:8 만약 그녀의 손이 작은 네 발 가축에 미치지 못한다면 비둘기류 두 마리를 취하여 하나는 번제물로, 하나는 속죄제물로 삼아라. 그리고 제사장이 그녀를 위해 속죄를 하면 그녀가 정결할 것이다.

2단계: 사역 해설

12:4 "그녀는 삼십삼 동안의 피가 정결해지는 기간을 지내야 한다"

원문에 대한 직역은 "그녀는 33일 동안 정결함의 피 속에 머물러 있어야 한다" 정도이다. 이 말이 의미하는 바는 그녀가 제의적으로 정결해지기까지 33일이 걸린다는 것이 분명하므로 이렇게 사역하였다.

3단계: 단락 구분

레위기 12장의 구조는 다음과 같다.

- 12:1–2a 도입구
- 12:2b–5 아이 출산 시의 산모의 정결
  - 12:2b–4 남자 아이 출산 시의 산모의 정결
  - 12:5 여자 아이 출산 시의 산모의 정결
- 12:6–8 아이 출산 시의 산모의 정결 의식
  - 12:6–7 일반적인 경우
  - 12:8 가난한 경우

1–2a절은 레위기에서 새로운 단원을 시작하는 문구인 "그리고 여호와께서 모세에게 말씀하셨다"라는 문구에 이어 청중이 "이스라엘 자손"임을 밝히고 있다. 이어지는 2b–5절은 출산 시의 부정의 문제를 남자 아이와 여자 아이의 경우로 나누어서 다루고 있다. 6–8절은 이 출산으로 인한 부정을 정결하게 하는 절차에 대해서 다루고 있다.

4단계: 본문 해설

12:1-2a 이 도입부는 이 장의 말씀의 청중으로 모세를, 그리고 말씀의 주 대상으로 이스라엘 백성을 언급하고 있다. 11:1과 달리 왜 여기에서 아론의 이름이 빠졌는지는 이해하기가 쉽지 않다. 개인적으로 판단하기에는 어쩌면 출산으로 인한 부정은 13장의 악성 피부병의 경우와 달리 굳이 제사장의 분별이 필요 없는 문제이기 때문이 아닌가 생각된다. 물론 이 경우 14:1의 동일한 경우의 설명이 문제가 된다. 이와 달리 13:1; 14:33; 15:1 등은 다 모세와 아론을 하나님의 명령의 공동 청자로 언급하고 있다.

12:2b-5 이 본문은 아이 출산 시의 산모의 정결에 대해서 다루고 있는데, 남자 아이를 출산한 경우(2b–4절)와 여자 아이를 출산한 경우(5절)를 다음과 같이 구분해서 다루고 있다.

남자 아이의 경우 7일간 산모는 부정하다. 8일째에는 아이에게 할례가 행해진다. 산모는 이 날을 포함해서 33일 동안 출산으로 인한 피가 깨끗해지는 기간을 거쳐야 한다. 즉 산모가 출산으로부터 정결하게 되는 기간은 총 40일이었다. 여자 아이의 경우에는 각각의 경우에 그 두 배의 시간 동안 정결의 기간을 거쳐야 한다. 즉 그 기간은 총 80일이었다.

40일과 80일(40x2)에 대해 하틀리는 구약에서 40이라는 숫자는 완전성을 의미하며, 중요한 사회적 변화의 시간 혹은 금식이나 심판 등을 완전히 치르는데 걸리는 시간 등을 의미한다는 점을 지적한다.[205] 예를 들어 노아 홍수 시 비는 40일 동안 내렸다(창 7:12, 17). 모세는 황금 송아지 사건 때 40일을 금식 기도했다(신 9:9–10). 예수님의 광야 시험은 40일 동안 치러졌다. 또 이스라엘은 40년 동안 광야에서 머물렀다.

그는 이와 마찬가지로 40일 혹은 80일간의 정결의 기간은 출산으로 인해 가족에 생긴 중요한 변화를 상징한다고 본다. 이 해석은 상당히 흥미롭고 매력적이다. 그러나 본문 자체가 이 해석의 타당성을 긍정하거나 부정할 어떤 단서도 제공해주고 있지는 않다.

부정을 해소하는 기간 동안 산모는 성물에 대한 접촉이 금지되어 있고, 거룩한 처소에 들어가는 것이 금지되어 있었다. 이 점은 앞의 "정결법 개관"에서 다룬 바와 같이 거룩과 부정은 만나서는 안 되기 때문이었다.

12:6-8 이 단락은 출산으로 인한 부정을 정결하게 하는 기간을 다 채운 산모가 드릴 제사에 대해서 규정하고 있다. 6–7절은 일반적인 경우를 다루고 있으며, 8절은 일반적인 제물을 감당하지 못하는 가난한 사람을 위한 예외적 규례를 담고 있다. 이런 점은 레위기 1장의 새의 번제(1:14–17)나 새 또는 곡식 제물의 속죄제(5:7–13)처럼 하나님의 배려를 보여준다. 출산은 발생할 수밖에 없는 일이고, 이런 경우 비싼 제물만 인정됐다고 한다면 가난한 사람들은 곤란을 겪을 수밖에 없었을 것이다. 하나님은 이런 필수불가결한 경우에 예외적 규정을 두심으로써 당신의 모든 백성과 좋은 관계를 유지할 수 있기를 바라셨다.

각 경우의 제물과 절차는 다음의 도표와 같다.

---

205 Hartley, *Leviticus*, 168.

	일반적 경우	가난한 자의 경우
제사와 제물의 종류	번제: 1년 된 양 속죄제: 비둘기류 중 한 마리	비둘기류 중 두 마리를 준비해서 한 마리는 번제, 한 마리는 속죄제로 바침
절차	제물들을 제사장에게 가져감 여호와께 바쳐 속죄함 산모가 정결해짐	아마 옆의 일반적 경우와 비슷할 것으로 추정됨(1장과 5장의 새의 번제와 속죄제도 참고)

5단계: 적용

12:8 하나님은 자기 백성의 형편을 두루 살피시는 분이시다. 가난한 자들을 위한 새의 번제(레 1:14-17) 및 속죄제들(5:7-13)의 경우와 마찬가지로 하나님은 자기 백성의 경제적 형편에 따라서 속죄제를 드릴 수 있게 허락하셨다. 이런 하나님의 배려가 있기 때문에 모든 백성은 하나님 앞에서 정결함을 유지할 수 있었다.

앞의 11:44-45에서 말씀한 바와 같이 우리는 하나님의 거룩성도 닮아야 하지만 하나님의 이런 섬세한 배려도 닮아야 한다. 하나님께서 이처럼 자기 백성의 형편을 고려하시는 분이시라면 그런 하나님을 섬기는 우리들 역시 항상 공동체 내의 다른 사람들의 형편을 고려해야 한다. 안타깝게도 현재의 기독교는 자꾸 이런 부분을 망각하고 있다. 진정으로 성경의 가르침을 따르는 사람들이라면 우리가 속한 이 사회가 모든 구성원에게 배려가 있는 사회가 되도록 노력해야 할 것이다. 복음은 결코 추상적인 것도, 개인주의적인 것도 아니다.

6단계: 설교 "하나님의 공감각과 우리" (레 12:8; 눅 2:22-24; 히 4:15; 5:2)

청교도 문헌들 중 리차드 십스(Richard Sibbs)가 이사야서 42:3의 말씀에 바탕을 두고 전한 일련의 설교들을 묶어놓은 *꺼져가는 심지와 상한 갈대의 회복*이란 책은[206] 세상에 빛을 본 이후 많은 시대의 절망한 신앙인들에게 큰 희망과 위로를 주어 왔습니다. 로이드 존스 목사는 이 책에 대하여 말하기를 "리차드 십스는 내 영혼을 치료하는 향유"라고 말했다고 합니다. 우리가 섬기는 하나님은 꺼져 가는 심지도 꺼뜨리지 않고, 상한 갈대도 꺾지 않을 만큼 자비가 많으신 분입니다.

하나님의 이런 자비로운 성품은 레위기 본문에도 많이 나타나 있습니다. 특히 오늘 본문인 레위기 12:8은 가난한 산모가 출산으로 인해 부정해졌을 때 그것을 해결할 수 있도록 새의 제물을 허락하신 내용을 담고 있습니다. 하나님은 가난한 여인이 제물의 비싼 가격 때문에 당신과의 관계를 회복하는 길이 막히는 것을 원치 않으셨습니다.

이런 자비로운 성부 하나님과 마찬가지로 우리 구주 예수 그리스도도 자비로운 분이시고 우리의 연약함을 아시는 분입니다. 히브리서 4:15은 "우리에게 있는 대제사장은 우리 연약함을 체휼하지 아니하는 자가 아니요 모든 일에 우리와 한결같이 시험을 받은 자로되 죄는 없으시니라"(개역한글)고 말씀하십니다.

히브리서 저자가 예수님이 "우리의 연약함을 동정하지 못하실 이가 아니요"라고 말했을 때 이 말은 결코 빈 말이 아님을 우리는 레위기 12:8과 누가복음 2:22-24의 관계를 통해 알 수 있습니다. 레위기의 말씀을 따라 누가복음 본문에서 예수님의 육신의 부모가 비둘기로 예수님의 출산에 대한 제물을 드린 것을 볼 때 우리는 그들이 가난했다는 것을 알 수 있습니다. 따라서

---

206 리차드 십스, *꺼져 가는 심지와 상한 갈대의 회복* (서울: 지평서원, 2009).

예수님은 이 땅의 수많은 사람들처럼 가난을 겪으셨던 것입니다.

이처럼 예수님은 우리의 연약함을 겪으셨기 때문에 복음서의 많은 본문들은 예수께서 '불쌍히 여기셨다'는 말씀을 많이 담고 있습니다(예를 들어 마 9:36; 14:14; 15:32; 20:34 등). 예수께서도 성부 아버지를 닮아 은혜와 긍휼이 많으셨던 것을 우리는 알 수 있습니다.

이렇게 볼 때 우리는 레위기 11:44-45의 말씀처럼 하나님의 거룩도 닮아야 하지만 긍휼도 닮아야 함을 기억해야 합니다. 바울 사도는 골로새서 3:12에서 권면하기를 "그러므로 너희는 하나님이 택하사 거룩하고 사랑받는 자처럼 긍휼과 자비와 겸손과 온유와 오래 참음을 옷 입고"라고 하였습니다. 우리는 거룩한 자도 되어야 하지만 또한 긍휼과 자비를 갖춘 자도 되어야 합니다.

우리는 모두 하나님으로부터 긍휼을 받아 누리기를 소망합니다. 그런데 하나님의 긍휼을 받는 방법은 아주 간단합니다. 예수님은 "긍휼히 여기는 자는 복이 있나니 그들이 긍휼히 여김을 받을 것임이요"(마 5:7)라고 말씀하셨습니다. 긍휼을 받고자 하면 여러분 자신이 긍휼한 사람이면 됩니다.

거룩하신 하나님을 닮아 거룩한 자가 되고 싶은 여러분이여, 하나님은 거룩하실 뿐만 아니라 긍휼하시고 은혜가 많으신 분이기도 하다는 점을 기억하십시오. 우리는 하나님의 긍휼하심도 닮아가야 합니다. 여러분의 삶에 여러분이 남들에게 베푸는 긍휼이 넘침으로써 여러분을 향한 하나님의 긍휼도 넘치기를 축원합니다.

레위기 13장

악성 피부병의 정결과 부정

❑ 악성 피부병의 정결과 부정 개관

레위기 13–14장은 전통적인 성경 번역본들에서 '문둥병' 혹은 '나병'이라고 번역한 *짜라아트*(צָרַעַת)라는 현상과 관련된 정결과 부정의 문제를 다루고 있다. *짜라아트*는 단순히 사람의 피부에만 발생하는 것이 아니라 의복이나 옷감, 그리고 집의 벽 등에도 발생한다(13:47–59; 14:33–53). 그런 면에서 *짜라아트*에 대한 규례는 하나님의 백성이 하나님 앞에서 거룩해야 할 사명에는 인간의 영과 육, 그리고 주변 환경 등의 모든 전인격적인 사항들이 다 포함된다는 것을 보여준다.

짜라아트(צָרַעַת)와 관련하여 먼저 유념해야 할 것은 이것이 전통적인 성경 번역본들이 번역하고 있는 바와는 달리 '문둥병' 혹은 '나병'이라는 병이 아니라는 점이다.[207] 현대의 독자들은 '문둥병'(leprosy)을 현대 의학 용어로 '한센씨 병'(Hansen's disease)이라고 하는 병과 동일시하게 마련인데, 레위기 13–14장의 *짜라아트*(צָרַעַת)는 결코 이런 병일 수가 없다.

---

207 이 점은 이전의 "정결법(레 11–16장) 개관"에서 이미 다룬 바가 있다. 여기에서는 이것을 간단하게 요약한다. 이 문제에 대해서 거기에 언급된 참고문헌 외에 Hartley, *Leviticus*, 187–189의 섬세하고 정교한 정리를 참고하라.

첫째, 주전 5세기 전에는 팔레스타인과 그 주변 지역에서 이런 병이 존재했다는 증거가 없다.

둘째, 레위기 13-14장의 본문에 나타난 증상들은 한센씨 병과 완전히 다르다.

셋째, '한센씨 병'은 옷, 가죽, 집(13:47-58; 14:33-53 등)에 발병하지 않는다. 이런 연유로 해서 최근의 성경 번역본들은 사람의 몸에 나타난 피부 증상은 "악성 피부병" 등으로, 그리고 옷이나 가죽이나 집 벽 등에 나타난 증상은 "악성 곰팡이" 등으로 번역하는 경향이 있다(새번역 성경, NIV, TEV 등). 본 글에서는 *짜라아트*라는 단어가 이 모든 현상을 다 일관되게 지칭하고 있다는 점을 나타내기 위해 "악성 피부병"이라는 번역을 일관되게 사용하고 있다.

13-14장의 본문은 크게 세 개의 도입구에 의해 구획되어 있다(13:1; 14:1, 33).

첫 도입구인 13:1은 사람(13:2-46)과 의복 등의 생활 소품들(13:47-59)에 나타난 *짜라아트*의 진단 및 각종 조치에 대해서 다루고 있다.

두 번째 도입구인 14:1로 인도되는 본문은 이 *짜라아트* 문제가 해결되었을 때 치르는 정결 의식에 대해서 다루고 있다(14:2-32).

마지막 도입구(14:33)는 집에 나타난 *짜라아트*의 부정과 처리 문제를 다루고 있다(14:34-53). 이 13-14장의 *짜라아트* 본문은 그 모든 내용을 정리해주는 결론부(14:54-57)로 마무리된다.

구조상 흥미로운 점은 13:1-14:32의 몸과 생활 소품에 나타난 *짜라아트* 본문(A)과 14:34-53의 집에 *짜라아트*에 나타난 본문(B)이 둘 다 이중 구조를 띰으로 평행성을 갖고 있다는 것이다.

A. 몸과 생활 소품의 *짜라아트*	(13장)
A'. 정결 의식	(14:1-32)
B. 집의 *짜라아트*	(14:33-48)
B'. 정결 의식	(14:49-53)

이런 이중 구조를 통하여 이 *짜라아트* 본문은 앞에서 언급한 바와 같이 하나님의 백성이 자신의 몸뿐만 아니라 자신이 사는 주변 환경에 있어서도 하나님 앞에서 정결을 지키는 거룩한 존재여야 함을 가르치고 있다.

이런 거시적인 시각을 바탕으로 해서 이제 13장의 내용에 집중하여 보도록 하자. 13장의 각종 증상들의 진단과 처리 절차는 거의 일정한 패턴을 따라서 소개된다. 그 패턴을 첫 번째 *짜라아트* 의심 증상을 예를 들어 보면 다음과 같다.

- 증상의 발견 (13:2)
- 제사장의 진단 (13:3a)
- 진단에 따른 판결 및 조치 (13:3b–4)
- 조치 이후 증상의 변화에 따른 재진단 (13:5)
- 재진단 결과 정결해진 경우의 조치 (13:6)
- 재진단 결과 부정함이 확정되는 경우의 조치 (13:6–8)

위의 패턴의 흐름 중 각 진단 단계에서 *짜라아트*가 해결된 경우에는 그에 따른 정결의 조치와 확인이 따르기도 한다(6절).

본문의 내용에 기초해 볼 때 제사장이 환자의 피부의 상태를 보고 부정하다고 판단을 내리는 기준은 다음의 몇 가지인 것으로 보인다.

첫째, 병이 길고 지속적이어야 한다. 일시적인 병은 문제가 되지 않는다.

둘째, 병이 피부 표면에 머무르면 상관이 없다. 이 경우는 씻으면 해결된다. 그러나 피부 속으로 파고드는 경우는 부정하다.

셋째, 신체의 일부에만 영향을 주는 경우에는 문제가 되지만 전신에 다 퍼진 경우에는 오히려 '정결하다'는 선언을 받는다(예, 13절, 이 병은 아마 백반증인 것으로 생각됨).

13장의 본문에서 한 가지 유념해야 할 점은 여기에서 제사장들이 현대의 의학적인 개념에서의 의료 행위를 하고 있는 것이 아니라는 점이다. 이들은 단지 피부병의 상태를 파악하고, 그에 따라서 제의적인 관점에서 정결과 부정을 판단하고, 부정한 경우는 격리 등의 필요한 조치를 취하는 것뿐이다. 구약에서는 이처럼 소극적인 조치를 할 뿐 해결책을 제시하지는 않았다. 물론 왕하 5장의 나아만 장군의 예와 같이 기적적인 치료가 이루어지는 경우도 있었지만 이런 것들은 특수한 경우일 뿐이다.

예수 그리스도의 사역은 이런 점에서 구약과 확연히 차이가 난다. 예수는 일반 사람들은 가까이 하려고도 하지 않는 더러운 죄인들인 세리와 창녀들에게 손을 내밀고 그들을 구원하셨던 것처럼("세리와 죄인의 친구", 눅 7:34; 눅 19:1–10) *짜라아트*, 즉 '악성 피부병'으로 격리시켰어야 할 자들에게 손을 내밀어 그들을 치료하고 정결하게 해주셨다(마 8:1–4; 막 1:40–44; 눅 5:12–16).

이런 점들은 신구약의 관계에 대하여 몇 가지 중요한 통찰을 제공해준다.

첫째, 구약은 요구하고, 신약은 이루어 준다. 구약의 정결법을 통해 하나님은 우리에게 전 인격의 완전한 거룩성을 요구하셨다. 신약에서 예수 그리스도는 우리에게 완전한 전인격적 거룩성을 이룰 능력을 주신다.

둘째, 부정의 문제에 대한 구약의 조치는 소극적인 반면 신약은 적극적이다. 구약에서는 *짜라아트*로 인해 부정한 자들을 격리시킬 뿐이다. 그러나 예수 그리스도는 *짜라아트*를 치유하셔서 격리가 필요 없게 해 주신다.

그러나 이러한 차이점이 신구약 사이의 본질적 차이를 나타내는 것은 결코 아니다. 구약에서 완전한 거룩성을 요구하신 하나님과 신약에서 그 완전한 거룩성을 치유를 통해 선사하신 하나님은 동일한 삼위일체 하나님이다. 구약에서는 이 하나님은 악성 피부병에 대한 규례들을 통해 하나님의 백성이 어떤 삶을 살아야 하는지에 대해서 상징적인 가르침을 주셨고, 신약에서는 그 삶에 도달하도록 길을 주신 것뿐이다. 따라서 신구약의 변함없는 가르침은 "내가 거룩하니, 너희도 거룩하게 되어야 한다"는 공통적인 가르침이다(레 11:44, 45; 벧전 1:14–16; 참고, 고후 7:1; 요일 3:3 등). 신구약의 구원의 경륜의 표면적인 모습은 다르지만 그 근본적인 가르침은 동일하다는 점을 놓쳐서는 안 된다.

1단계: 사역

13:1 그리고 여호와께서 모세와 아론에게 말씀하여 그들에게 이르셨다.
13:2 만약 어떤 사람이 그의 피부에 무슨 융기나 딱지나 색점이 생겨서 그
의 피부에 악성 피부병의 병징 같은 것이 나타거든 그를 그 제사장 아
론이나 그의 아들들인 제사장들 중의 한 명에게로 데려가라.
13:3 그리고 제사장은 그 피부의 병징을 살펴보아라. 만약 병징 부위의 털
이 희게 되었고, 병징 부위가 피부보다 더 깊다면, 그것은 악성 피부
병의 병징이다. 제사장이 그를 살펴보고, 그것을 부정하다 선언하여
야 한다.
13:4 그리고 만약 그의 피부의 색점이 희지만 그것이 보기에 피부보다 깊
지 않고, 그것의 털이 희게 되지 않았다면, 제사장은 그 환자를 7일
동안 격리시켜야 한다.
13:5 그리고 제사장이 7일 후에 다시 살펴봐야 한다. 만약 그가 보기에 그
병징이 변하지 않고, 그 병징이 피부에 퍼지지 않았다면 제사장이 그
를 다시 7일 동안 격리시켜야 한다.
13:6 그리고 제사장이 7일 후에 다시 살펴봐야 한다. 만약 그 병징이 색이
엷어졌고 그것이 피부에 퍼지지 아니하였으면 제사장은 그것을 정결
하다고 선언해야 한다. 그것은 딱지이다. 그리고 [환자는] 자기 옷을
빨아라. 그러면 그가 정결하게 될 것이다.
13:7 그러나 그가 정결한지를 제사장에게 보인 후에 그 딱지가 피부에 퍼
지면 다시 제사장에게 보여야 한다.
13:8 그리고 제사장은 살펴보아야 한다. 만약 그 딱지가 피부에 퍼졌으면
제사장은 그것을 부정하다고 선언해야 한다. 이것은 악성 피부병이다.

13:9 만약에 악성 피부병의 병징이 사람에게 있으면 그는 제사장에게 보내
져야 한다.
13:10 그리고 제사장은 그를 살펴보아야 한다. 만약 피부에 흰 융기가 생기
고, 그것이 털을 희게 만들고, 생살이 그 융기에 생기면
13:11 그것은 그의 피부에 있는 만성적 악성 피부병이다. 제사장이 그를 부
정하다고 선언해야 한다. 그가 [이미] 부정한 상태이기 때문에 그를
격리시킬 필요는 없다.
13:12 만약 피부에 있는 악성 피부병이 크게 만발해서 그 악성 피부병이 병
징 있는 피부를 머리부터 발끝까지 제사장이 볼 수 있는 한 전부 덮었
으면
13:13 제사장은 그를 살펴보아야 한다. 만약 그 악성 피부병이 그의 전신을
덮었으면 그는 그 환자가 정결하다고 선언해야 한다. 그의 전부가 희
게 되었고, 그는 정결하다.
13:14 생살이 그에게 보인다면 그는 부정하다.
13:15 제사장은 그 생살을 살펴보고, 그를 부정하다고 선언해야 한다. 그
생살은 부정하다. 이것은 악성 피부병이다.
13:16 또는 만약 그 생살이 돌이켜서 다시 희게 되면 그는 제사장에게로 가라.
13:17 제사장은 그를 살펴보아야 한다. 만약 그 병징이 희게 되었으면 제사
장은 그 병징이 정결하다고 선언하여라. 그는 정결하다.
13:18 만약 그의 피부에 종기가 있었는데, 그것이 나았고,
13:19 그 종기 자리에 흰 융기나 희고 불그스름한 색점이 있으면 그는 제사
장에게 보여져야 한다.
13:20 그 제사장은 그것을 살펴보아야 한다. 만약 그것의 모양이 피부보다
깊고 그것의 털이 하얗게 되었으면 제사장은 그것을 부정하다고 선언
해야 한다. 이것은 악성 피부병의 병징이다. 이것은 종기 속에서 퍼
진 것이다.
13:21 그러나 만약 제사장이 살펴보아 거기에 흰 털이 없고 피부보다 깊지

않고 색이 옅으면 제사장은 그를 7일 동안 격리시켜야 한다.

13:22 그리고 만약 그것이 크게 피부에 퍼졌으면 제사장은 그것을 부정하다고 선언해야 한다. 그것은 [악성 피부병의] 병징이다.

13:23 그러나 만약 그 색점이 그 자리에 멈추어 있고 퍼지지 않았으면 그것은 종기의 흔적이다. 제사장은 그것을 정결하다고 선언해야 한다.

13:24 또는 피부가 불에 데었는데 그 덴 곳에 희고 불그스름하거나 흰 색점이 있다면

13:25 제사장은 그것을 살펴봐야 한다. 만약 그 색점의 털이 희고 그것의 모양이 피부보다 깊다면 그것은 화상에서 퍼진 악성 피부병이다. 제사장은 그것을 부정하다고 선언해야 한다. 그것은 악성 피부병의 병징이다.

13:26 그러나 만약 제사장이 살펴보아 그 색점에 흰 털이 없고 피부보다 깊지 않고 색이 옅으면 제사장은 그를 7일 동안 격리시켜야 한다.

13:27 그리고 제사장은 7일째에 그를 살펴봐야 한다. 만약 그것이 크게 피부에 퍼졌으면 제사장은 그것을 부정하다고 선언해야 한다. 그것은 악성 피부병의 병징이다.

13:28 그러나 만약 그 색점이 그 자리에 멈추어 있고 피부에 퍼지지 않았으며 빛이 옅으면 그것은 화상으로 인한 융기이다. 제사장은 그것을 정결하다 선언해야 한다. 왜냐하면 그것은 화상의 흔적이기 때문이다.

13:29 남자나 여자의 머리나 수염에 [악성 피부병의] 병징이 있으면

13:30 제사장은 그 병징을 살펴보아야 한다. 그리고 만약 그것의 모양이 피부보다 깊고 그 안의 털이 누르스름하고 드문드문하면 제사장은 그것이 부정하다고 선언해야 한다. 그것은 옴이다. 그것은 머리나 수염에 난 악성 피부병이다.

13:31 그리고 만약 제사장이 그 옴의 병징을 살펴보는데 그것의 모양새가 피부보다 깊지 않고 그 안에 검은 털이 없으면 제사장은 그 옴의 병징을 [가진 환자를] 7일 동안 격리시켜야 한다.

13:32 그리고 제사장은 7일째에 그 병징을 살펴봐야 한다. 만약 그 옴이 퍼
지지 않았고 그 안에 누르스름한 털이 없고 그것의 모양새가 피부보
다 깊지 않으면
13:33 그 [환자는] 털을 면도해야 하지만 옴[의 자리]는 면도를 해서는 안 된
다. 그리고 제사장은 옴 [환자]를 다시 7일 동안 격리해야 한다.
13:34 그리고 제사장은 7일째에 그 옴을 살펴봐야 한다. 만약 그 옴이 피부
에 퍼지지 않았고 그것의 모양새가 피부보다 깊지 않으면 제사장은
그것이 정결하다고 선언해야 한다. 그는 자기의 옷을 빨아야 한다.
그는 정결하다.
13:35 그가 정결하게 된 후에 옴이 크게 피부에 퍼지면
13:36 제사장은 그를 살펴봐야 한다. 만약 그 옴이 피부에 퍼졌으면 제사장
은 누른 털을 찾을 필요가 없다. 그는 부정하다.
13:37 그러나 만약 [제사장이] 보기에 그 옴이 멈춰 있고, 그 속에 검은 털이
났으면 그 옴은 치료된 것이다. 그 사람은 정결하다. 제사장은 그를
정결하다고 선언해야 한다.
13:38 남자나 여자의 피부에 색점 곧 흰 색점이 있으면
13:39 제사장은 살펴봐야 한다. 만약 그들의 피부의 색점이 옅은 흰 색이면
이것은 피부에 퍼진 백피증이다. 그는 정결하다.
13:40 만약 어떤 사람의 [뒤쪽의] 머리털이 빠지면 그는 대머리다. 그는 정
하다.
13:41 그리고 그의 앞머리가 빠지면 그는 이마 대머리이다. 그는 정하다.
13:42 그러나 [뒷]대머리나 이마 대머리에 희고 불그스름한 병징이 있으면 이
것은 그의 [뒷]대머리나 이마 대머리에 발생한 악성 피부병이다.
13:43 제사장은 그를 살펴봐야 한다. 만약 그 [뒷]대머리나 이마 대머리에 악
성 피부병과 같은 병징을 가진 희고 불그스름한 융기가 있으면
13:44 그는 악성 피부병 환자이다. 그는 부정하다. 제사장이 그의 머리에
있는 [악성 피부병의] 병징으로 인해 그를 확실히 부정하다고 선언해

야 한다.

13:45 그 병징이 있는 악성 피부병 환자는 반드시 옷을 찢고, 머리를 풀고, 콧수염을 가리고, "부정하다, 부정하다"라고 외쳐야 한다.

13:46 병징이 있는 기간 동안 그는 항상 부정할 것이다. 그는 부정하다. 그는 혼자 살아야 한다. 진영 밖이 그의 거처이다.

13:47 만약 악성 피부병의 병징을 가진 의복—즉 양모 옷, 베옷,

13:48 베나 양모로 짜거나 뜬 천, 가죽이나 가죽으로 만든 물품—

13:49 그런 옷이나 가죽, 혹은 뜨거나 짠 천, 혹은 모든 가죽 물품에 있는 병징이 푸르스름하거나 불그스름하면 이것은 악성 피부병의 병징이다. 제사장에게 보여져야 한다.

13:50 그리고 제사장은 그 병징을 살펴봐야 한다. 그리고 그 병징을 7일 동안 격리켜야 한다.

13:51 그리고 7일째에 그 병징을 다시 살펴봐야 한다. 만약 의복, 짜거나 뜬 천, 가죽—그 가죽이 어느 물품 속에 쓰였든—에 퍼졌으면 그 병징은 심한 악성 피부병이다. 그것은 부정하다.

13:52 그는 그런 병징이 있는 옷, 양모나 베를 가지고 짜거나 뜬 천, 모든 가죽 물품을 불태워야 한다. 왜냐하면 그것은 심한 악성 피부병이기 때문이다. 그것은 불로 태워져야 한다.

13:53 그러나 만약 제사장이 살펴보았는데 그 병징이 그 의복이나 짜거나 뜬 천이나 모든 가죽 물품에서 퍼지지 않았으면

13:54 제사장이 명령하여 그 병징이 있는 것을 빨게 하고 다시 7일 동안 격리시킨다.

13:55 그리고 제사장은 그 병징이 있는 것을 빤 후에 다시 살펴봐야 한다. 만약 그 병징이 퍼지지 않았지만 그 병징의 모습이 변하지 않았다면 그것은 부정하다. 너는 그것을 불로 태워라. 이것은 겉에 있든 속에 있든 악성 곰팡이이다.

13:56 만약 제사장이 살펴봤는데 그 병징이 빤 후에 색이 옅으면 그 옷이나

가죽, 짜거나 뜬 천에서 그것을 찢어내어라.
13:57 만약 그래도 그 옷이나 짜거나 뜬 천이나 모든 가죽 물품에서 [병징
이] 여전히 보이면 그것은 퍼지고 있는 것이다. 너는 그 병징이 있는
것을 불태워야 한다.
13:58 그러나 네가 빤 의복이나 짜거나 뜬 천이나 모든 가죽 물품에서 그 병징
이 사라지면 그것을 다시 한 번 빨아라. 그러면 그것이 정결할 것이다.
13:59 이것은 양모나 베로 된 옷, 짜거나 뜬 천, 모든 가죽 물품의 악성 피부병
의 병징에 대해 정결하거나 부정하다고 선언하는 것에 대한 규례이다.

2단계: 사역 해설

13:2 "악성 피부병" *짜라아트*(צָרַעַת)

이 단어를 문둥병으로 해석하는 것은 부적절하다. 이 점에 대해서는 앞의 개관에서 밝힌 것을 참고하라.

"병징" *네가*(נֶגַע)

이 단어는 '역병', '재앙', '표징' 등의 의미를 가진 단어이다. 이 단어는 구약성경 전체에서 총 78회가 사용되었으며, 그 중 레위기에만 총 61회가 사용되었는데, 전부 레위기 13–14장에만 등장한다. 그 중에서도 13장에만 총 47회가 사용되었다. 따라서 이 단어는 구약 전체에서 사용된 총 단어 수의 60퍼센트가 13장에 사용된 것이며, 14장에 사용된 경우까지 합치면 거의 80퍼센트에 육박한다. 그리고 이 13–14장에 사용된 경우는 '악성 피부병', 즉 *짜라아트*의 '징후'(sign, mark)라는 개념을 나타낸다. 이런 점을 살려서 이 사역에서는 이 단어는 전부 일관되게 "병징"이라고 번역하였다. 여기에 예외적인 경우는 아래 4절의 해설에 나와 있듯이 이 단어를 '환자'라고 번역해야 하는 경우이다. 그 외에는 이 단어는 13–14장에서 모두 동일한 의미를 가진 것으

로 이해해야 한다. 사실이 이러함에도 불구하고 개역개정이나 새번역 성경은 이 단어를 너무 다양한 용어로 번역함으로써 원문의 일관된 흐름을 모호하게 만들고 있다는 점을 유념하라.

13:4 "그 환자를" ***한네가***(הַנֶּגַע)

단어는 이미 앞에 나오는 '병징'이란 뜻을 가진 단어이다. 그러나 문맥상 이 단어는 '병징을 가진 사람', 즉 '환자'라는 의미로 확장된 경우들도 조금 있다. 4절이나 13절 등의 경우가 그러하다.

13:6-8 "딱지" ***미스파하트***(מִסְפַּחַת)

2절의 '딱지'란 뜻의 *삽파하트*(סַפַּחַת)와 동일한 어근을 가진 단어로 보이며, 그 어근이 무엇인지는 정확하지 않고, 뜻도 정확하지는 않다. 단지 6절과 2절의 단어가 동일한 어근을 가지며, 의미도 같거나 비슷한 것으로 보아야 할 것으로 생각된다. 개역개정은 이런 점을 잘 반영하고 있지 못하다.

13:10 "생살" ***바싸르 하이***(בָּשָׂר חַי)

직역하자면 "생살" 혹은 "살아 있는 살"이다. 이렇게만 보면 한국어 독자들은 이것이 병세가 좋은 것을 의미하는 것으로 착각하기 쉽다. 그러나 학자들은 이것이 건선, 즉 마른 버짐의 딱지가 벗겨진 부분 등을 나타내며, 이것이 '생살'이라고 불린 이유는 그런 부위가 붉은 기운을 띠기 때문이라고 생각된다.[208] 이런 부분들이 자꾸 보이는 것은 좋은 현상이 아니라 심각한 병세를 나타낸다.

---

208 Wenham, *Leviticus*, 198; Levine, *Leviticus*, 78; Hartley, *Leviticus*, 191; Milgrom, *Leviticus 1-16*, 784–785.

13:11 “만성적” *노쉐네트*(נוֹשֶׁנֶת)

동사의 어근은 *야샨*(יָשֵׁן, ‘늙다, to be old’)이며, 이 동사의 니팔 분사 여성형으로 “오래 된, 만성적인”이란 뜻의 형용사 역할을 하고 있다.

13:13 “그 환자가”

4절 참고.

13:40 “[뒤쪽의]”

이 표현은 히브리어 원문에는 나타나 있지 않다. 그러나 바로 다음 절이 이마 쪽의 대머리에 대해서 다루고 있고, 이어지는 구절들이 이마 대머리와 뒷대머리를 계속 구분하고 있는 점으로 고려할 때 40절에 이렇게 내용을 추가해서 이해하는 것이 좋은 듯하다. 이때 ‘뒤쪽’은 꼭 뒤통수를 의미하는 것이 아니라 41절이 언급하고 있는 이마 쪽 이외의 머리 부분들을 총칭하는 것으로 보인다.

13:45 “찢고” *프루밈*(פְּרֻמִים)

‘찢다’라는 뜻을 가진 동사인 *파람*(פרם)의 칼 분사 수동형. 이 단어는 구약성경에서 오직 세 번만 나오는 동사이며(레 10:6; 13:45; 21:10), 현재 구절인 레위기 13:45를 빼놓고는 모두 죽은 자에 대한 애도의 표시를 나타낼 때 사용된다. 또한 원래 애도의 표시로 ‘옷을 찢다’라는 의미에 사용되는 더 흔한 단어는 *카라*(קרע)인데 왜 이 단어 대신에 *파람*이 이 세 구절에만 사용되었는지는 분명하지가 않다.

“콧수염을 가리고” *알-싸팜 야아테*(עַל־שָׂפָם יַעְטֶה)

여기에서 *싸팜*은 콧수염을 의미하며, 이 동일한 숙어는 에스겔서 24:17, 22; 미가서 3:7에도 나온다. 개역개정은 이것을 “윗입술을 가린다”고 번역하였지만 새번역 성경은 이 사역과 같은 해석을 택하고 있다. 45절의 일련의 동작들은 비탄과 슬픔을 나타내는 행위들이다.

13:47 "악성 피부병" ***짜라아트*****(צָרַעַת)**

47절 이하에서 15장까지 나오는 의복과 집의 벽 등에 발생하는 '악성 피부병'은 지금까지 사람에게 발생하는 '악성 피부병'과 동일한 히브리어 단어를 쓴다. 그러나 의복이나 집이 악성 피부병이 걸릴 리는 없다. 이에 대해 개역개정은 "나병" 등의 용어로 번역함으로써 앞 단원들과의 연관성을 부각시키는 번역을 하고 있다. 반면에 새번역 성경은 "곰팡이"라고 완전히 다른 표현을 쓰고 있다. 영어 성경들도 대체로 이 두 흐름 중의 어느 하나를 따른다. 현 사역에서는 앞의 문단들과 어휘적 일관성을 부각시키기 위해 "악성 피부병"이란 용어를 유지한다. 그러나 실제로는 아마 이것은 '곰팡이' 등 사람에게도 해를 끼칠 수 있는 어떤 것을 가리킨다고 보는 것이 맞을 것이다.

13:55 "악성 곰팡이" ***프헤테트*****(פְּחֶתֶת)**

이 단어는 구약성경에 단 한 번 나온다. 영어 성경들이나 한글 성경 등에는 주로 '곰팡이'라고 번역되지만 그 정확한 의미는 알 수 없다. 이 단어의 어근은 역시 구약에는 등장하지 않는 *파하트*(פָּחַת)란 동사인데, 이 동사의 파생어들이 '구멍, 웅덩이' 등의 개념과 연결되어 있기 때문에 아마 이 *프헤테트* 역시 이런 의미와 연관되어 있지 않나 생각된다. 여기에서는 옷감을 심하게 상하게 한다는 개념을 담아 '악성 곰팡이'로 번역하였다.

3단계: 단락 구분

레위기 13장의 단락 구분은 다음과 같다.

- 13:1 　　　　　　　　　　도입구
- 13:2–46 　　　　　　　　피부에 나타난 '악성 피부병'
    - 13:2–8 　'악성 피부병'의 병징에 대한 진단
    - 13:9–17 　'악성 피부병'의 진단
    - 13:18–23 　종기의 진단
    - 13:24–28 　화상의 진단
    - 13:29–37 　옴의 진단
    - 13:38–39 　백피증의 진단
    - 13:40–44 　대머리의 진단
    - 13:45–46 　'악성 피부병' 환자에 대한 요구
- 13:47–59 　　　　　　　옷 등 생활 소품에 나타난 '악성 피부병'
    - 13:47–49 　옷감의 종류와 증세
    - 13:50–58 　검사 및 조치
    - 13:59 　옷 등의 '악성 피부병'의 결론구

위에서 보듯이 현재의 본문은 13:1의 "그리고 여호와께서 모세와 아론에게 말씀하여 그들에게 이르셨다"는 문구로 시작된다. 이 문구는 이미 앞에서 여러 번 보아왔듯이 새로운 단원의 시작을 알리는 문구이다. 또한 이 문구에 특정 청중이 명시되는 경우는 큰 단원의 시작점이고(예, 레 1:2, "이스라엘 자손에게 말하여 이르되"), 청중이 명시되지 않는 경우는 작은 단원의 시작점인데 이 경우는 청중이 명시되지 않기 때문에 작은 단원의 시작점, 즉 정결법이라는 단원 내의 '악성 피부병' 관련 소단원(13–14장)의 시작점을 표시하는 문구임을 알 수 있다.

13장의 본문은 다시 한 번 두 개의 부분으로 나뉜다.

13:2–46은 피부에 나타난 '악성 피부병'을 다루고 있고,

13:47–59은 옷 등의 생활 소품에 나타난 '악성 피부병'(*짜라아트*)을 다루고 있다.

마지막으로 이 단원의 내용과 관련하여 말할 수 있는 한 가지 사항은 이 장의 세부 단원들이 증세–진찰–재진찰 등의 일정한 패턴을 띠고 있다는 점이다. 또 이 패턴 속의 세부 단계마다 비슷한 반복구를 많이 사용하고 있다는 점이다. 이 점은 아래의 개별 본문을 통해서 좀 더 자세히 살펴보도록 하겠다.

4단계: 본문 해설

13:1 "그리고 여호와께서 모세와 아론에게 말씀하여 그들에게 이르셨다"
이 문구는 새로운 단원의 시작을 알리는 문구이다. 아론이 언급된 점은 13장의 악성 피부병의 진단에서 제사장의 역할이 지대하기 때문이다. 이런 점에서 이 구절은 11:1의 음식법 서두의 경우와 비슷하다고 할 수 있다.

13:2-8 13장의 본론의 첫 단락인 2–8절은 악성 피부병일 가능성도 있는 병징이 나타난 경우의 문제를 다루고 있다. 앞의 개관과 "단락 구분"의 해설란에서 언급한 바와 같이 13장의 단락들은 정해진 패턴을 따라서 내용이 전개되고 있는 경향이 강한데, 이 첫 단락 역시 예외가 아니다. 이런 점에서 볼 때 첫 단락을 통해 13장의 단락들의 패턴의 세부 내용을 살펴보는 것은 가치가 있다.

(1) **증상의 발견**: "만약 어떤 사람이 그의 피부에…병징 같은 것이 나타거든 그를 제사장…에게로 데려가라"(2절).

(2) **제사장의 진단**: "제사장은…병징을 살펴보아라. 만약 병징이…하다면"(3a절)

(3) **진단에 따른 판결 및 조치**: "…것은 악성 피부병의 병징이다…그는 부정하다 선언하여야 한다. 그리고 만약…않았다면 그 환자를 7일 동안 격리시켜야 한다" 등등(3b–4절)

(4) **조치 이후 증상의 변화에 따른 재진단**: "7일 후에 다시 살펴봐야 한다. 만

약…병징이…피부에 퍼지지 않았다면…다시 7일 동안 격리키셔야 한다"(5절)

(5) 재진단 결과 정결해진 경우의 조치: "7일 후에 다시 살펴봐야 한다. 만약 그 병징이…퍼지지 아니하였으면 제사장은…정결하다고 선언해야 한다…[환자는] 자기 옷을 빨아라. 그러면 그가 정하게 될 것이다"(6절).

(6) 재진단 결과 부정함이 확정되는 경우: "그러나…피부에 퍼지면 다시 제사장에게 보여야 한다…만약…피부에 퍼졌으면 제사장은 그를 부정하다고 선언해야 한다. 이것은 악성 피부병이다"(7–8절).

13장 전부도 그렇지만 2절의 경우에도 '융기', '딱지', '색점' 등의 피부의 상태를 묘사하는 단어들은 현재 우리가 그 정확한 의미를 다 파악하기는 쉽지 않다. 따라서 앞의 11장의 짐승들의 목록에 나오는 단어들과 마찬가지로 그 정확한 용어와 의미를 다 일일이 파악할 필요는 없다. 이런 세부적이고 불분명한 것들에 너무 집착하지 않고 큰 그림을 본다면 위의 패턴 분석에서 살펴본 바와 같이 본문의 내용의 흐름은 어렵지 않다. 어떤 환자의 피부에 악성 피부병으로 의심될 수도 있는 현상('병징'[*네가*], "사역 해설"[387쪽] 참고)이 나타나면 제사장은 살펴보고, 의심의 여지없이 악성 피부병이라고 판단되면 바로 그가 부정하다는 선언을 하면 된다. 그리고 악성 피부병이 아닐 여지가 있다면 7일 동안 격리한 후에 다시 살펴본다. 병징이 더 퍼지지 않은 경우 다시 7일을 더 격리시킨 후 병징이 퍼지지 않은 경우 제사장은 환자가 정결하다고 선언한다. 환자는 옷을 빨고 정결하게 된다. 만약 다시 살펴보았을 때 병징이 퍼졌으면 이것은 악성 피부병에 해당하며, 제사장은 환자가 부정하다고 선언한다.

13:9 9–17절의 단원은 병징이 악성 피부병인 것이 확실한 경우를 다루고 있다는 점에서 앞 단락과 차이가 난다.

13:10-11 이 단락에서 악성 피부병 병징의 핵심은 '생살'의 존재이다. 이 생살은 한국어 번역이 혹시 오해를 불러 일으킬 수 있지만 좋은 살이 아니라

악성 피부병의 강력한 징후이다. 이런 생살의 존재, 그리고 그에 관련된 징후를 통해 악성 피부병이 확실한 경우 제사장은 바로 환자의 부정을 선언하며, 재진찰을 위한 격리 조치는 필요하지 않다. 악성 피부병이 판정된 환자는 45–46절의 내용과 같이 진영 밖으로 내보내지며, 거기에서 그는 악성 피부병 환자가 해야 할 행동 지침을 따라야 했다.

13:12-13 아마 이 장에서 가장 흥미로운 부분은 이 부분일 것이다. 악성 피부병이 진행되어 결국 피부 전체를 다 덮고 피부 전체가 희어진 경우에는 놀랍게도 정결하다는 선언을 받게 된다. 우리가 막연히 생각할 때 이 점은 상당히 의아하게 여겨질 수 있다. 그러나 다음 몇 가지 점을 고려해 볼 수 있다.

첫째, 우선 우리는 레위기 13장의 악성 피부병, 곧 *짜라아트*가 현대적 개념의 문둥병, 즉 한센씨 병이 아님을 기억해야 한다. 한센씨 병이라면 당연히 피부 전체로 그 병징이 확대되면 결코 정결한 것일 수가 없다.

둘째, 이 병은 전염성이 없는 것으로 보이며, 그 증세는 환자 자신에게만 국한된다.

셋째, 악성 피부병이 몸 전체에 진행되어 피부 전체가 희어졌다는 것은 이 병의 진행이 완료되어 더 이상 병적인 효력이 없고 완치된 것을 의미할 수 있다.[209]

이처럼 악성 피부병이 피부 전체로 퍼져 전체가 다 하얗게 된 경우 부정하다고 간주되기는커녕 오히려 정결한 것으로 판정이 된다는 점은 상당히 흥미롭다. 이 점은 어쩌면 13장의 악성 피부병에 대한 내용들을 11장의 음식의 정, 부정의 문제와 마찬가지로 상징적인 측면에서 이해해야 하는 것이 아닌가 하는 점에 대한 단서가 될 수도 있지 않는가 생각된다. 다시 말해 음식이 이스라엘에게 정결과 부정 사이에서 하나님의 백성으로서 어떻게 살아야 할지를 보여주는 것처럼 피부 질환의 문제도 역시 하나님의 백성으로서 거룩과 완전함에 대한 가르침을 주기 위한 것이 아닌가 생각된다. 이런 면에서

209 마지막의 두 가지 점에 대해서는 Hartley, *Leviticus*, 191; Rooker, 188을 보라.

11:43-45의 거룩에의 요구는 13장의 경우에도 계속 적용되고 있다고 생각할 수 있다.

13:14-15 '생살'이 보이면 다시 문제가 된다. 이것은 악성 피부병이 아직 진행 중이라는 의미이기 때문이다. 이 경우 환자는 부정하다는 선언을 받게 된다.

13:16-17 재진찰 시 앞의 12-13절과 마찬가지로 병징이 희게 되었으면 악성 피부병이 해결된 것으로 간주되고, 환자는 정결의 선언을 받게 된다.

13:18-28 여기에 포함된 두 개의 문단은 각각 '종기'의 경우(18-23절)와 화상의 경우(24-28절)를 다루고 있다. 앞의 9-17절이 피부 전반에 관련된 문제를 다루고 있다면 이 두 경우는 좀 더 국지적인 측면에서의 병징을 다루고 있다. 진단의 핵심은 흰 털과 증상의 깊이이다. 이 두 가지 현상이 나타나면 그것은 악성 피부병으로 진단된다. 만약 그렇지 않은 경우 7일의 격리를 두 번 거치면서 증세를 살펴본다. 병징이 퍼졌으면 악성 피부병으로 진단되고, 부정하다고 선언된다. 그렇지 않은 경우는 정결하다고 선언된다.

13:29-37 이 단락은 털로 덮인 부위의 악성 피부병 여부를 다루고 있다. 기본적으로 거의 모든 상황 및 진단과 처리는 앞의 단락들과 비슷하다. 단지 병징이 있는 부위의 털이 흰 것 대신에 누르스름한 것의 여부가 관건이 된다는 점과 병징을 살피기 위해 병징 부위 주변을 면도해야 하는 점이 다를 뿐이다.

13:38-39 이 짧은 단락은 백피증에 대해서 다루고 있다. 이것은 정결하다고 선언된다.

13:40-44 이 단락은 대머리에게 발생하는 악성 피부병에 대해서 다루고

있다. 털이 빠지는 것은 것 자체는 문제가 되지 않지만 '희고 불그스름한 병징'이 나타나면 악성 피부병으로 진단된다.

13:45-46 사람에게서 발생하는 악성 피부병의 문제를 마무리 짓는 이 짧은 단락은지금까지 미뤄 왔던 중요한 주제, 즉 악성 피부병으로 진단된 사람들에게 취해지는 조치에 대해서 다루고 있다. 그에게 요구되는 사항들은 다음과 같다.

첫째, 악성 피부병 환자는 옷을 찢고, 머리를 풀고, 콧수염을 가리고 "부정하다"고 외치면서 다녀야 한다.

둘째, 그는 악성 피부병으로 판정된 병징이 있는 기간 동안 항상 부정하다. 46절 중간에 "그는 항상 부정할 것이다. 그는 부정하다"는 문구는 '부정'이라는 문구를 두 번 반복해줌으로써 그가 부정한 존재임을 강조해주고 있다.

셋째, 그는 하나님의 백성의 공동체로부터 격리되어 진영 밖의 장소에서 '혼자' 살아야 한다. 이때 '혼자' 살아야 한다는 말은 정말로 그가 다른 그 누구와도 동떨어져서 살아야 한다는 말은 아닌 것으로 생각된다. 일례로 열왕기하 7장에 나오는 악성 피부병 환자들은 함께 살았던 것으로 생각된다. 따라서 이 구절에서의 '혼자'란 표현은 정상인들의 공동체로부터 격리된 삶을 산다는 의미로 이해하는 것이 더 적절할 것이다.

악성 피부병 환자로 판정된 자에게 요구된 행동들은 대개 성경의 다른 곳들을 참고할 때 죽은 자들에 대한 애도를 나타내는 행동들이다. 특히 옷을 찢는 행위를 나타낼 때 사용된 *파람*은 구약성경에 오직 세 번만 사용된 단어인데, 이 레위기 13:45의 구절을 제외하고는 모두 대제사장 혹은 제사장이 죽은 자를 애도하는 것을 금지하는 명령에 사용되고 있다(앞의 "사역 해설"[389-390쪽] 참고). 그리고 이런 금지명령은 제사장 직분자들이 애도 행위를 통해 부정해지는 것을 막기 위한 것이었다. 이런 점에서 볼 때 악성 피부병 환자의 행동 지침들은 마치 그가 죽은 사람처럼 간주됨을 보여주는 것으로 생각된다. 웬함은 악성 피부병 환자의 삶이란 곧 "살아 있는 상태에서 죽음을 경험하는 삶"이라고 지적한다.[210] 다시 말해 악성 피부병 환자는 비록 살아 있기는 하나 죽어 있는 시체와 마찬가지인 존재인 것이다. 또 그가 이처럼 죽은 자와 같은 존재이며, 따라서 부정한 존재이기 때문에 다른 사람들이 그와의 접촉을 통해 부정하게 되지 않도록 그는 항상 "부정하다"고 외치고 다녀야 했다.

또한 그가 진영 밖에서 살도록 규정된 것도 그의 부정 때문이었다. 그의 부정한 상태는 거룩한 하나님이 거하시는 진영을 부정하게 할 수 있었다. 민 5:2-3은 "이스라엘 자손에게 명령하여 모든 나병 환자와 유출증이 있는 자와 주검으로 부정하게 된 자를 다 진영 밖으로 내보내되 남녀를 막론하고 다 진영 밖으로 내보내어 그들이 진영을 더럽히게 하지 말라 내가 그 진영 가운데에 거하느니라"고 명시하고 있다. 이 구절은 부정으로 인해 진영 밖으로 내보내져야 하는 자들로 악성 피부병 환자, 유출증이 있는 자, 주검 때문에 부정해진 자를 열거하고 있다. 이들 중에서 후자의 두 부류는 상대적으로 금방 부정이 해결될 수 있었다. 반면에 악성 피부병 환자는 상당히 긴 기간 동안 혹은 일생 동안 부정에서 벗어나지 못할 수도 있는 심각한 경우였다.

13:47-49 이 구절은 앞의 "단락 구분"에서 살펴본 바와 같이 앞과는 다른 주제, 즉 '악성 피부병', 즉 *짜라아트*가 사람의 몸에 발생한 경우가 아니라 '의복-즉 양모 옷, 베옷, 베나 양모로 짜거나 뜬 천, 가죽이나 가죽으로 만든 물품' 등 생활 소품에 나타난 경우들을 다루고 있다. 물론 현대 의학의 관점에서 볼 때 '악성 피부병'이 이런 물품들에 발생할 리는 없다. 따라서 현대의 많은 역본들(새번역 성경 등)은 이것을 "곰팡이" 등의 용어로 번역하고 있다. 하지만 히브리어로는 이것이 피부에 나타난 "악성 피부병"과 마찬가지로 *짜라아트*란 히브리어 단어를 쓰고 있기 때문에 번역의 일관성을 위해서 그냥 동일한 한국어 표현을 유지하고 있다는 점을 유념하라. 제의법적으로는 사

---

210 Wenham, *Leviticus*, 201.

람의 악성 피부병과 이런 물품에 발생한 어떤 현상이 동일시 되었던 것으로 보인다. 이 점은 나중에 다룰 14:33-53의 집에 발생한 *짜라아트*의 경우에도 마찬가지인 것으로 보인다.

13:50-58 이런 생활 소품에 나타난 *짜라아트*의 경우에도 그 진단과 처리 절차는 피부에 나타난 악성 피부병의 경우와 마찬가지였다. 따라서 세부적인 절차는 앞의 2-8절에 대한 "본문 해설"(392-393쪽)을 참고하라.

13:59 이 구절은 생활 소품에 나타난 *짜라아트*에 대한 본문의 결론구 역할을 하고 있다.

5단계: 적용

13:4, 45-46 악성 피부병이 의심되는 경우에는 경과를 보기 위해 한시적으로 격리 조치가 취해진다. 더 나아가서 악성 피부병이 확인되어 부정하다는 판단을 받는 경우에는 그 문제가 해결될 때까지 환자는 진 밖으로 나가서 혼자 있어야 했다(45-46절). 또한 그는 옷을 찢고, 머리를 풀고, 콧수염을 가리고 "부정하다"고 외쳐야 했다. 그가 이렇게 하도록 요구받은 이유는 그 자신의 부정함으로 해서 하나님의 공동체가 부정하게 되고, 그 결과 하나님의 임재를 위험하게 하거나 하나님의 진노를 야기시킬 수 있었기 때문이다. 하나님의 공동체는 하나님을 닮아 거룩해야 했기 때문에 이것은 반드시 필요한 조치였다(참고, 레 11:44-45). 완전한 거룩성을 요구받고 있는 공동체에서 그것을 저해하는 요소가 있는 경우 그것에 대해서는 적극적인 대처가 필요했다. 그런 면에서 이 가르침이 주는 영적 교훈은 현대 교회에도 반드시 필요하다. 영적 이스라엘이자 거룩하신 하나님의 신부인 교회는 모든 종류의 부정으로부터 자신을 지키고, 정결한 신부로서의 모습을 유지하는 일에 적

극적이어야만 한다(고전 11:2; 엡 5:31-32; 계 19:7-9). 이런 점에서 볼 때 현대 교회는 종교개혁자들이 중요시여겼던 권징과 치리를 회복해야만 한다. 부정에 적극적으로 대처하지 않는 교회는 더 이상 하나님의 백성도 아니고 정결한 신부도 아니기 때문이다. 그리고 이런 점은 성령께서 내주하시는 성령의 전인 개인의 경우에도 역시 마찬가지이다(고전 3:16-17; 6:15-20).

6단계: 설교 "하늘의 창을 여는 열쇠" (레 13:45-46; 왕하 7장[특히 3-10절])

새찬송가 242장의 "황무지가 장미꽃같이 피는 것을 볼 때에"라는 찬송은 하나님의 구원을 통한 놀라운 반전을 노래하고 있습니다. 생명이 없는 황무지에서 장미꽃이 피고(1절), 마른 땅에 샘물이 터지는 것처럼(3절) 이 세상의 모든 절망적인 것은 하나님과의 만남을 통해 희망을 노래할 수 있게 됩니다.

성경에는 이처럼 도저히 빛이 스며들 것 같지 않은 동굴과 같은 상황에서 빛을 발견한 사람들의 이야기들이 참 많습니다. 또 그렇게 빛을 발견한 사람들이 다시 다른 사람들에게 빛의 역할을 하는 이야기들도 많습니다.

오늘 레위기와 열왕기하 7장의 본문을 통해서 볼, 네 명의 악성 피부병 환자들, 즉 전통적인 번역에 따르면 나병 환자들의 이야기 역시 이런 이야기입니다.[211] 레위기 13:45-46에 따르면 나병 환자들은 마치 자신들의 죽음을 애도하듯이 옷을 찢고, 머리를 풀고, 콧수염을 가려야 했습니다. 또한 다른 사람들이 자신들과의 접촉을 통해 부정하게 되지 않도록 하기 위해서 항상 "부

---

211 설교 시에는 성도들에게 레위기 13장의 *짜라아트*라는 병에 대한 설명을 해주고 나서 혹시 선택에 따라서 '악성 피부병'이라는 용어를 계속 쓰든지, 아니면 개역개정의 번역을 따라 '나병'이라는 용어를 쓰든지 하면 될 것이라고 생각된다. 여기에서는 성경 원어에 익숙하지 않은 평신도들에게 주는 설교라는 장르의 특성을 고려하여 설교 예시 본문에서는 '나병'이라는 용어를 사용하도록 하겠다.

정하다, 부정하다"라고 외쳐야 했습니다. 또한 하나님께서 임재하시는 거룩한 진영을 부정하게 만들지 않도록 진영 밖에서 외따로이 살아야 했습니다.

열왕기하 7:3 이하에 나오는 네 명의 나병 환자 역시 이런 식의 삶을 살았던 것 같습니다. 그들은 자신들의 병 때문에 성 안에서 사람들과 어울려 살지 못하고, 성 밖의 어떤 외딴 곳에서 같은 병을 앓고 있는 사람들끼리 모여서 어려운 삶을 영위하고 있었습니다.[212] 신약에서는 예수 그리스도께서 나병 환자들을 치유하심으로써 기적적인 삶의 변화를 경험하는 사람들이 많지만 구약에서는 나아만 장군의 예를 제외하고는 이런 극적인 치유의 이야기는 나오지 않습니다. 이런 면에서 아마 이 네 명의 나병 환자들은 간절한 소망은 있지만 그 소망이 성취되리라는 기대는 접어놓고 있었을지 모릅니다.

열왕기하 7장의 본문은 이런 황무지와 같은 삶을 사는 네 명의 나병 환자들이 놀라운 방식으로 구원을 경험하는 이야기이며, 더 나아가서는 다른 사람들의 구원의 통로가 되는 이야기입니다. 이 놀라운 이야기가 현재 삶의 어둡고 긴 터널을 지나는 분들에게 희망을 줄 수 있게 되기를 바랍니다.

나병 환자들이 경험한 놀라운 구원의 이야기를 다루고 있는 열왕기하 7장의 이야기는 그 앞의 6:24–33의 아람 군대가 사마리아를 포위한 이야기를 바탕으로 하고 있습니다. 아람 군대의 포위가 길어지자 사마리아 사람들은 굶어 죽게 될 상황에 처합니다. 상황이 얼마나 심각했는지 두 여인이 자기네 자식들을 잡아먹는 와중에 다툼이 일어난 것을 이스라엘 왕이 목격한 적이 있을 정도입니다. 이 충격적인 일을 경험한 왕은 스스로 하나님 앞에 겸비하게 자신을 낮추기는커녕 선지자 엘리사에게 모든 책임을 돌리고 그를 죽이기 위해 사람을 파견합니다. 이런 상황 속에서 엘리사는 그 다음 날이 되면 모든 일이 정상화되고, 먹을 것의 가격이 정상으로 회복될 것이라는 여호와의 말씀을 선

---

212 이 설교는 지금까지 다룬 레위기 13장의 해설에도 바탕을 두고 있지만 또한 열왕기하 본문에 대한 나의 내러티브 분석에도 바탕을 두고 있다. 이 분석은 박철현, "하늘의 창: 두 차원의 세계, 두 개의 시각", 목회와신학편집부 편, *열왕기하: 어떻게 설교할 것인가* (서울: 두란노, 2008), 97–110에 실려 있다.

포함합니다(7:1). 그러자 이스라엘 왕의 한 장관이 이 하나님의 말씀에 대해서 대꾸하기를 "여호와께서 하늘에 창을 내신들 어찌 이런 일이 있으리요"라고 빈정댑니다(7:2). 하나님의 말씀을 모독하는 이 말을 들은 엘리사는 "네가 네 눈으로 보리라. 그러나 그것을 먹지는 못하리라"고 대답합니다(7:2).

참고로 '하늘의 창'이란 주제는 열왕기하 7장의 앞과 뒤를 감싸고 있습니다. 7장 서두의 1–2절에 등장한 이 주제는 7장의 끝인 19–20절에서 다시 한 번 이 장관의 빈정대는 말을 소개함으로써 다시 한 번 등장합니다. 특히 20절은 "그의 장관에게 그대로 이루어졌으니"라고 말씀함으로써 '하늘의 창'이 실제로 열리는 것과 같은 기적이 이루어졌고, 굶주린 사마리아 백성들은 풍성한 음식을 누릴 수 있게 되었지만 이 장관은 그 기적을 보기만 하고 누리지는 못했다는 점을 밝히고 있습니다. 이렇게 7장은 하늘의 창이 열리는 것에 대한 예고(1–2절)와 그것의 성취(19–20절)가 장의 시작과 끝을 장식하고 있는 수미쌍괄식 구조를 띠고 있습니다.

그러면 도대체 아람 군대가 사마리아를 완전히 포위하고 있고, 사마리아 성의 사람들은 도저히 그 포위를 풀 능력이 없는 상태에서 어떻게 하늘의 창이 열리고 음식이 사마리아 사람들에게 쏟아지게 되었을까요? 아마 교회에 좀 다닌 지 오래되고 신앙의 열심이 있는 성도들은 이 장의 이야기를 대부분은 잘 아실 것입니다. 다 아시다시피 하나님께서 저녁 때쯤에 아람 군대의 병사들에게 외국 군대가 쳐들어오는 소리를 환청으로 듣게 하셨습니다. 그러자 그들은 이스라엘 왕이 "헷 사람의 왕들과 애굽 왕들에게 값을 주고 그들을 우리에게 오게 하였다"고 착각하고는 혼비백산해서 달아나 버렸습니다(6–7절). 그 와중에 그들은 산더미와 같은 음식과 금은 보화와 옷들을 싹 다 버리고 갔습니다. 이것을 네 명의 나병 환자들이 보고 사마리아 성의 왕과 사람들에게 알림으로써 성 안의 모든 사람이 구원을 받고 굶주림의 문제도 해결된 것입니다.

그러나 이 유명한 이야기의 히브리어 원문을 보면 '하늘의 창'이란 표현과 아람 사람들이 착각한 '애굽' 군대란 표현과 관련된 좀 더 깊고 흥미진진한 블랙 유머가 숨어 있습니다. '하늘의 창'이란 표현은 히브리어로 *아룹보트 밧샤마임*이라고 합니다. 여기에서 *아룹보트*가 바로 숫자 4를 뜻하는 *아르바아*란 단어와 소리가 비슷합니다. 즉 현재 본문에서 나병 환자가 네 명인 이유가 바로 이것입니다. 어떤 면에서 이 나병 환자들은 하나님께서 당신의 말씀을 조롱한 장관을 위해 준비하신 블랙 유머 드라마에 출연한 주연 같은 존재인 것이지요.

사마리아가 아람 군대에 의해 포위되어 다 굶어 죽게 되었을 때 네 명의 나병 환자들도 역시 고통을 겪게 되었습니다. 성 안 사람들이 굶어 죽는 판에 이들에게 돌아올 식량 같은 것이 있을 리가 없겠지요.

아사의 위기에 몰린 이들은 큰 결심을 합니다. 자신들이 처한 상황 속에서 어차피 이들은 이래도 죽고 저래도 죽을 판이었습니다. 그래서 그들은 이왕 죽을 것이면 그나마 음식이 있는 아람 군대에 가보기로 합니다. 가서 그들이 먹을 것을 주면 살고, 그냥 자기네들을 잡아 죽이면 죽겠다고 생각합니다. 그들은 마치 에스더서의 에스더처럼 "죽으면 죽으리로다"라고 생각합니다(4절).

여기에서 다시 한 번 블랙 유머가 작동합니다. 이들이 아람 진영으로 다가갈 때 하나님께서 아람 병사들로 하여금 외국 군대가 쳐들어 오는 환청을 듣게 하신 것입니다. 이 때문에 혼비백산한 아람 군대는 '헷 사람의 왕들과 애굽 왕들'이 쳐들어 온다고 생각합니다. 여기에서 다시 한 번 하나님의 블랙 유머가 작동합니다. '애굽'이란 말의 히브리어 단어는 *미쯔라임*입니다. 그리고 '나병 환자들'이라는 히브리어 단어는 *므쪼라임*입니다. 소리가 굉장히 유사하지요? *므쪼라임*, 즉 '나병 환자들'이 아람 진영으로 다가갈 때 하나님께서는 그들의 발소리를 아람 사람들에게는 *미쯔라임*, 즉 '애굽'의 대군이 쳐들어 오는 소리로 듣게 하신 것입니다.

나병 환자들이 아람 진영에 도착하자 그곳은 사람들이 하나도 없이 텅 비어 있고, 그들이 급하게 도망가느라고 남긴 은, 금, 의복, 말, 나귀, 음식들만 잔뜩 쌓여 있었습니다(8절). 나병 환자들은 이것들을 마음껏 즐깁니다.

만약 이것으로만 끝났다면 이 이야기는 아마 성경에 기록되지도 못했을 것이고, 이들도 그냥 그렇게 한 번 호사를 누린 것으로 끝이 났을 것입니다. 그리고 사마리아 성의 사람들은 성 밖에 널린 엄청난 물자들을 놓고 굶어 죽었을 것입니다.

그런데 다행히도 이스라엘 사회의 소외자들인 나병 환자들은 자신들에게 굴러 떨어진 복을 누리는 와중에 문득 성 안의 사람들을 떠올립니다. 그리고 급히 왕에게 이 소식을 전합니다. 이 기쁜 소식을 듣고 성 안의 모든 사람들이 몰려 나가 아람 군대가 남긴 것들을 챙깁니다.

이렇게 해서 정말 '하늘의 창'이 희한한 방식으로 사마리아 성 사람들에게 열립니다. 하늘에서 창이 열려 곡식이 쏟아지는 것도 기적일 것입니다. 그러나 하나님은 "여호와께서 하늘에 창을 내신들 어찌 이런 일이 있으리요"라고 말하면서 당신의 능력을 조롱한 이스라엘 장관에게 기가 막힌 방식의 블랙 유머를 적용해서 '하늘의 창'을 여셨습니다. 즉 히브리어에서 '창'이란 단어와 비슷한 4라는 숫자, 그리고 '애굽'이란 단어와 비슷한 '나병 환자'란 단어를 조합해서 황당하고 어처구니 없는, 성경과 기독교 역사 그 어디에서도 비슷한 예를 찾아볼 수 없는 이적을 베푸심으로써 당신이 정말 '하늘의 창'을 여실 수 있는 분이심을 보여주셨습니다. 정말 하나님은 '능치 못한 일이 없는' 분이시며, '능치 못할 방법이 없는' 분이신 것입니다.

이처럼 하나님의 블랙 유머로 '하늘의 창'이 열렸을 때 벌어진 한 가지 중요한 결과는 하나님의 능력을 조롱한 장관이 당한 운명입니다. 그는 백성들이 급히 성 밖으로 몰려 나가는 와중에 왕의 명령을 따라 성문을 지키고 있다가 흥분한 백성들에게 밟혀 죽습니다. 이렇게 해서 7:2에서 엘리사가 말한 예언이 성취되었습니다. 그는 '하늘의 창'이 열리는 것을 보기는 했습니다. 그러나 그는 쏟아진 음식을 먹지는 못했습니다(7:2, 19). 이렇게 해서 이 장관은 하나님의 블랙 유머의 비참한 희생자가 되었습니다.

반면에 이 흥미롭고도 놀라운 사건을 통해서 고대 이스라엘의 사회적 소외자들인 나병 환자들은 하나님의 블랙 유머의 최고의 수혜자들이자 주연이 되었고, 그 나라와 사회의 구원자들이 되었습니다. 그들이 이럴 수 있었던 데에는 두 가지 이유가 있습니다.

첫째, 그들은 자신들이 처한 상황에서 좌절하지 않고 자신들이 택할 수 있는 가장 적극적인 방식을 선택해서 행동으로 옮겼습니다(왕하 7:3–4절).

둘째, 그들은 자신들의 용기가 가져온 행운을 독차지하지 않고 자기 동포들에게 나누어주고자 했습니다(왕하 7:9). 따라서 궁극적으로 중요한 것은 진 안에 있느냐 진 밖에 있느냐, 그리고 자신을 스스로 '부정하다'고 외쳐야만 하는 상황에 있느냐 없느냐 하는 것이 중요한 것이 아니라 자신이 처한 상황에서 어떤 정신자세와 마음가짐을 갖느냐 하는 것입니다. 상황에 밀려 주저앉는 사람에게는 미래가 없습니다. 그러나 상황을 타파하려는 몸부림을 가진 자들에게는 그런 상황마저도 기회가 됩니다.

이처럼 레위기 13장의 나병 환자들의 부정에 대한 가르침과 열왕기하 7장의 네 명의 나병 환자들의 놀라운 이야기는 현재를 살아가는 우리 성도들에게 커다란 도전이 됩니다. 혹시 여러분은 현재 자신에게 주어진 삶의 조건들 때문에 좌절하고 있지는 않습니까? 저는 그런 분들에게 과연 자신이 고대 이스라엘에서의 나병 환자들만큼이나 좌절스러운 상황에 처해 있는지 묻고 싶습니다. 그리고 또 하나님께서 전능하신 분이신 것과 언제, 어떤 상황에서도 원하시기만 하면 '하늘의 창'을 여실 수 있는 분이심을 믿는지를 묻고 싶습니다. 만약 믿으신다면 여러분의 삶에 열릴 '하늘의 창'을 소망하십시오. 그리고 '하늘의 창'을 향해 믿음의 도약을 하십시오. 여러분이 비록 처한 상황이 이 장의 이야기의 초반부에서 네 명의 나병 환자들이 처한 상황처럼 사방이 꽉 막힌 것 같더라도 놀라운 방식으로 '하늘의 창'이 열리는 경험을 하시게 될 것입니다.

레위기 14장
악성 피부병의 속죄 및 정결 의식

❑ 악성 피부병의 속죄 및 정결 의식 개관

14장은 크게 세 부분으로 나뉜다. 1–32절은 악성 피부병이 나은 사람이 치러야 하는 정결 의식에 대해서 다루고 있다. 그리고 33–53절은 집에 발생한 악성 피부병(*짜라아트*)의 처리에 대해서 다루고 있다. 이 부분은 근본적으로 13장과 14:1–32에서 다룬 악성 피부병과 그 처리 및 정결 의식의 내용과 동일하다고 보면 된다. 마지막으로 54–57절은 13–14장의 악성 피부병 본문의 결론부이다.

본문의 내용을 좀 더 자세히 살펴보면 14장의 전반부를 구성하고 있는 1–32절은 13장에서 악성 피부병으로 판명되어 진영 밖에 살던 사람(13:45–46 참고)이 정결하게 되었을 때 치르는 정결 의식에 대해서 기술하고 있다. 이 정결 의식은 크게 두 부분으로 나뉜다.

정결 의식의 첫 번째 단계(2–9절)는 정결 인정 과정의 절차를 다루고 있다. 이 과정은 먼저 제사장의 진찰로부터 시작된다. 제사장은 병의 회복을 확인하고 나면 환자로 하여금 새 두 마리와 백향목, 홍색 실, 우슬초를 가져오게 한다. 그는 두 마리 새들 중 한 마리를 흐르는 물 위에서 잡는다. 그리고 살아 있는 새를 그 죽은 새의 피에 담근 후 그 피를 환자의 몸에 일곱 번 뿌린다. 그리고 그가 "정결하다"고 선언한다. 그리고는 살아 있는 새를 들에 놓아준다. 이 의식은 속죄일(레 16장)에 염소 두 마리를 취한 후에, 그 중 한 마리를 잡아서 제사를 드리고, 남은 한 마리는 산 채로 광야로 보내는 의식을 연상시킨다(16:10, 20–22). 그리고는 환자는 옷을 빨고, 모든 털을 밀고, 물로 씻는다. 이렇게 정결 의식을 행한 후에 환자는 진영 안으로 들어올 수 있게 허락을 받는다. 그러나 그는 자기 장막의 밖에서 7일을 머물러야 한다. 7일째 되는 날 다시 한 번 그는 온 몸의 털을 깎고, 옷을 빨고, 몸을 씻는다. 이렇게 되면 그는 정결하게 된다.

정결 의식의 두 번째 단계(10–32절)는 8일째 되는 날에 각종 제사를 드리는 것이다. 속건제, 속죄제, 번제, 소제의 네 가지 제사, 즉 화목제를 제외한 네 가지 제사가 드려진다(10–20절). 이때 제물은 흠 없는 숫양 두 마리, 일년 된 흠 없는 암양 한 마리, 곡식 가루 3/10 에바에 기름 섞은 소제물, 기름 한 록이다. 가난해서 이만큼의 제물들을 감당할 수 없는 사람에 대한 규정이 여기에 따라 나온다(21–32절). 이 경우의 제물은 속건제의 숫양 한 마리, 곡식 가루 1/10에바에 기름 섞은 소제물, 기름 한 록, 비둘기류 두 마리이다. 흥미로운 점은 가난한 자의 경우에도 속건제물만은 숫양 한 마리여야 했다는 점이다. 그리고 이 점은 속건제물로 오직 숫양만이 허용된 앞의 5대 제사법 본문의 내용(5:14–6:7)과 상응한다.[213]

특별히 흥미로운 점, 그리고 14장의 본문이 상세하게 다루고 있는 점은 속건제와 관련된 의식이다(12–18, 24–29절). 제사장은 속건제물의 피를 취하여 정결함을 받은 자의 오른쪽 귓부리와 오른쪽 엄지 손가락과 오른쪽 엄지 발가락에 바르고, 기름도 취하여 위의 피 바른 부위들에 겹쳐 바른다. 이 의

---

213 물론 히브리어 단어상으로는 앞의 5:14–6:17에서의 숫양은 *아일*(אַיִל)을 쓴 반면에 여기에서는 *케세브*(כֶּשֶׂב)를 쓴다는 점이 다르다. 그러나 이 두 용어는 서로 다른 종류의 숫양을 가리키는 단어는 아니다. *케세브*가 '양'의 총칭으로 쓰일 수 있는 반면에 *아일*은 오직 '숫양'만을 가리킨다는 점이 틀릴 뿐이다. 또한 앞에서 이미 여러 번 언급한 바와 같이 *케세브*는 그 자체로 '어리다'라는 개념을 포함하고 있지는 않다. 그러므로 개역개정의 "어린 숫양"이라는 번역은 적절하지 못하다.

식은 대제사장 및 제사장 위임식의 절차(출 29:20; 레 8:23-24)를 연상시킨다. 이처럼 악성 피부병 환자의 정결 의식은 대제사장 및 제사장의 위임식의 과정, 그리고 속죄일(레 16장)의 각종 의식들과 상당히 유사한 점들이 많다.

이제 14장의 두 번째 단원인 33-53절을 살펴보자. 이 본문은 집에 발생한 '악성 피부병'(*짜라아트*)의 문제를 다루고 있다. 기본적으로 그 내용의 틀은 13:1-14:32의 악성 피부병의 진단 및 처리, 그리고 회복 시의 정결 의식과 거의 비슷하다. 따라서 '악성 피부병'의 발생지가 피부 혹은 의복 등의 생활 소품이 아니라 집이라는 점만 제외하면 대부분의 내용은 무난하게 이해할 수 있다. 그러나 한 가지 점만은 14장 앞 단원의 사람의 피부에 난 '악성 피부병'의 정결 의식의 경우와 뚜렷한 차이가 난다. 그것은 집에 난 '악성 피부병'의 경우에는 제사를 드리는 의식은 없다는 점이다.

위의 마지막 사항을 파악하고 나면 한 가지 떠오르는 의문은 그러면 의복 등의 생활 소품에 난 악성 피부병의 경우의 정결 의식은 어떻게 되느냐는 것이다. 13-14장의 그 어디에도 이 점을 다루고 있는 본문은 없다. 추측건대 이 생활 소품은 빨거나 태워 없애는 정도로 충분했기 때문에 더 이상 복잡한 정결 의식이나 제사 의식이 필요가 없지 않았나 생각된다.

1단계: 사역

14:1 여호와께서 모세에게 말씀하여 이르셨다.

14:2 이것은 악성 피부병 환자가 정결하게 되는 날의 규례이다. 그를 제사장에게로 데려가라.

14:3 제사장은 진 밖으로 나가서 살펴봐야 한다. 만약 환자의 악성 피부병의 병징이 치료됐으면

14:4 제사장은 명령하기를 그 정결함을 받을 자를 위하여 살아 있는 정결한 새 두 마리와 백향목과 홍색 천과 우슬초를 취하게 하여라.

14:5 제사장은 또 명령하기를 그 새 하나는 흐르는 물 위 질그릇 안에서 잡게 하고

14:6 다른 살아 있는 새를 백향목과 홍색 천과 우슬초와 함께 취하여라. 그리고 그것들과 살아 있는 새를 흐르는 물 위에서 잡은 새의 피에 담가라.

14:7 그리고 악성 피부병으로부터 정결함을 받을 자에게 일곱 번 뿌려라. 그리고 그를 정결하다고 선언하여라. 그리고 살아 있는 새는 들에 놓아 주어라.

14:8 그리고 정결함을 받는 자는 자기 옷을 빨고 모든 털을 밀고 물로 자신을 씻어라. 그리하면 그는 정결할 것이다. 그 후에 그는 진영에 들어올 것이나 자기 장막 밖에 7일을 머물러야 한다.

14:9 그리고 제7일에 그는 자기의 모든 털, 곧 머리털과 수염과 눈썹, 이 모든 털을 다 밀고, 자기 옷을 빨고 몸을 물에 씻어라. 그러면 그는 정결할 것이다.

14:10 여덟째 날에 그는 흠 없는 숫양 두 마리와 일 년 된 흠 없는 암양 한 마리와 곡식 가루 십 분의 삼 에바에 기름 섞은 소제물과 기름 한 록을 취하여라.

14:11 그리고 정결하게 할 제사장은 정결함을 받을 사람과 그것들을 회막 문 여호와 앞에 두어라.

14:12 그 제사장은 숫양 한 마리를 취하여 그것을 기름 한 록과 함께 속건제물로 드려라. 그것들을 여호와 앞에서 흔들기로 흔들어라.

14:13 그리고 그 숫양은 거룩한 장소 곧 속죄제물과 번제물을 도살하는 곳에서 도살하여라. 왜냐하면 속건제물은 속죄제물과 마찬가지로 제사장에게 귀속되기 때문이다. 이것은 지극히 거룩한 것이다.

14:14 제사장은 그 속건제물의 피를 취하여 정결함을 받을 자의 오른쪽 귓부리와 오른쪽 엄지 손가락과 오른쪽 엄지 발가락에 발라라.

14:15 그리고 제사장은 그 한 록의 기름[의 일부]를 취하여 자기 왼쪽 손바

닥에 부어라.
14:16 그리고 제사장은 오른쪽 손가락으로 왼쪽 손바닥의 기름을 찍어 그 손가락의 기름을 여호와 앞에 일곱 번 뿌려라.
14:17 그리고 손바닥에 남은 기름은 제사장이 정결함을 받을 자의 오른쪽 귓부리와 오른쪽 엄지 손가락과 오른쪽 엄지 발가락의 속건제물의 피 위에 발라라.
14:18 또 그 제사장의 손바닥에 아직도 남아 있는 기름을 그 정결함을 받는 자의 머리에 발라라. [이렇게] 제사장은 여호와 앞에서 그를 위하여 속죄하여라.
14:19 그리고 제사장은 속죄제를 드려 그 부정함으로부터 정결함을 받을 자를 위하여 속죄하여라. 그리고 그 후에 번제물을 도살하여라.
14:20 그리고 제사장은 그 번제물과 소제물을 제단에서 드려라. [이렇게] 제사장은 그를 위하여 속죄하여라. 그러면 그가 정결하게 될 것이다.
14:21 만일 그가 가난하여 그의 손이 미치지 못하면 그는 자기를 속죄하기 위하여 흔들기로 드릴 속건제의 숫양 한 마리와 곡식 가루 십분의 일 에바에 기름을 섞은 소제물과 기름 한 록과
14:22 그의 손이 미치는 비둘기류 두 마리를 취하여라. 하나는 속죄제물, 하나는 번제물이다.
14:23 그리고 그것들을 여덟째 날에 그 정결 의식을 위하여 회막 문 여호와 앞 제사장에게로 가져가라.
14:24 제사장은 속건제의 숫양과 기름 한 록을 취하여 그것들을 여호와 앞에 흔들기로 흔들어라.
14:25 그리고 그 속건제의 숫양을 도살하여라. 그리고 제사장은 그 속건제물의 피를 취하여 정결함을 받을 자의 오른쪽 귓부리와 오른쪽 엄지 손가락과 오른쪽 엄지 발가락에 발라라.
14:26 제사장은 그 기름[의 일부]를 자기 왼쪽 손바닥에 부어라.
14:27 그리고 제사장은 오른쪽 손가락으로 왼쪽 손바닥의 기름을 찍어 여

호와 앞에 일곱 번 뿌려라.

14:28 그리고 그 손바닥의 기름은 제사장이 정결함을 받을 자의 오른쪽 귓부리와 오른쪽 엄지 손가락과 오른쪽 엄지 발가락의 속건제물의 피를 바른 곳에 발라라.

14:29 또 그 제사장의 손바닥에 아직도 남아 있는 기름을 그 정결함을 받는 자의 머리에 발라서 여호와 앞에서 그를 위하여 속죄하여라.

14:30 그리고 그는 손이 미치는 비둘기류들 중에서 한 마리,

14:31 곧 그의 손이 미치는 것으로 한 마리를 속죄제로, 또 한 마리는 소제와 더불어 번제로 드려라. [이렇게] 제사장은 정결함을 받을 자를 위하여 여호와 앞에서 속죄를 하여라.

14:32 이것은 악성 피부병을 가진 자로서 그의 손이 정결 의식에 미치지 못한 자의 규례이다.

14:33 그리고 여호와께서 모세와 아론에게 말씀하여 이르셨다.

14:34 내가 너희들에게 기업으로 주는 가나안 땅에 너희가 들어갔을 때 내가 너희의 기업의 땅의 어떤 집에 악성 피부병이 발생하게 하거든

14:35 그 집 주인은 제사장에게 가서 말하여 알리기를 어떤 병징 같은 것이 집에 생겼다고 해야 한다.

14:36 제사장은 자신이 그 병징을 살펴보러 들어가기 전에 그 집을 비우도록 명령하여 그 집안에 있는 모든 것들이 부정하게 되지 않도록 해야 한다. 그 후에야 그 집을 들어가서 볼 수 있다.

14:37 그가 병징을 살펴볼 때 만약 그 집 벽에 있는 병징이 푸르스름하거나 불그스름한 우묵한 곳들이며, 그런 곳들이 벽보다 깊으면

14:38 제사장은 그 집 문으로 나와 그 집을 7일 동안 격리해야 한다.

14:39 그리고 그 제사장은 7일째에 다시 살펴봐야 한다. 만약 그 병징이 그 집의 벽에 퍼졌으면

14:40 그는 명령하여 병징이 있는 돌들을 빼내어 성 밖의 부정한 곳에 버리게 하고

14:41 집 안 사방을 긁어 그 긁어낸 흙을 성 밖 부정한 곳에 쏟아버리게 하고
14:42 다른 돌들을 취하여 그 돌들을 대신하게 하며 다른 흙을 취하여 집에 바르게 하여라.
14:43 만약 돌들을 빼어내고 집을 긁어내어 다시 바른 후에 병징이 다시 발생하면
14:44 제사장은 가서 살펴봐야 한다. 만약 그 병징이 집 안에 퍼졌으면 그것은 심한 악성 피부병이다. 그것은 부정하다.
14:45 그는 그 집, 곧 그것의 돌들과 나무들과 그 집의 모든 흙을 다 헐어내어 성 밖 부정한 곳으로 가져가야 한다.
14:46 그 집을 격리시키는 동안에 들어간 자는 저녁까지 부정하다.
14:47 그 집에서 자는 자는 자기 옷을 빨아야 하며 그 집에서 먹는 자도 자기 옷을 빨아야 한다.
14:48 만약 제사장이 와서 살펴봤는데 그 집을 고쳐 바른 후에 병징이 집에 퍼지지 아니하였으면 그 제사장은 그 집을 정결하다고 선언해라. 그 집은 병징이 치료된 것이다.
14:49 그리고 그는 그 집을 정결하게 하기 위하여 새 두 마리와 백향목과 홍색 천과 우슬초를 취해라.
14:50 그리고 새 한 마리를 흐르는 물 위의 질그릇 안에서 도살해라.
14:51 그리고 백향목과 우슬초와 홍색 천과 더불어 살아 있는 새를 취해서 도살한 새의 피와 흐르는 물을 찍어라. 그리고 그 집에 일곱 번 뿌려라.
14:52 그는 새의 피와 흐르는 물과 살아 있는 새와 백향목과 우슬초와 홍색 천으로 집을 정결하게 해라.
14:53 그리고 살아 있는 새는 성 밖 들에 놓아 주어라. [이렇게 해서] 그 집을 위해 속죄하여라. 그러면 그것이 정결하게 될 것이다.
14:54 이것은 규례니 곧 모든 악성 피부병과 옴과
14:55 의복 및 가옥의 악성 피부병과
14:56 융기와 딱지와 색점에 대해

14:57 어느 때는 부정하고 어느 때는 정결한 지를 가르치기 위한 것이다. 이것은 악성 피부병의 규례이다.

2단계: 사역 해설

14:5-6 "흐르는 물…살아 있는 새"

'흐르는 물'은 *마임 하임*(מַיִם חַיִּים)이다. 그리고 '살아 있는 새'는 *핫찌포르 하하야*(הַצִּפֹּר הַחַיָּה)이다. '흐르는'과 '살아 있는'은 모두 형용사의 성과 수에 따라 변화가 있기는 하지만 결국은 동일한 히브리어 단어인 *하이*(חַי, "살아 있는"[alive])를 사용하고 있다.

14:12 "록"

한 록(לֹג)은 약 1/6리터이다.

14:37 "우묵한 곳들이며" *쉬카아루로트*(שְׁקַעֲרוּרֹת)

이 단어는 성경에서 단 한 번, 이구절에만 나온다. 그 뜻은 대체로 '깊다'(to be deep) 정도의 의미를 가진 *샤카*(שָׁקַע) 혹은 *카아르*(קער)라고 학자들은 주장하지만 확실하지는 않다.[214]

3단계: 단락 구분

레위기 14장의 단락 부분은 다음과 같다.

---

214 이 단어에 대한 학자들의 견해의 정리는 히브리어 사전인 HALOT와 Milgrom, *Leviticus 1-16*, 870–871을 보라. Milgrom 자신도 여러 견해들을 정리한 후에 어떤 결론을 내리지는 않는다.

- 14:1–32　　악성 피부병 환자의 정결 의식
    - 14:1　　도입구
    - 14:2–9　　7일간의 정결 절차
    - 14:10–32　　8일째 날의 제사 의식
        - 14:10–20　　표준적 제사
        - 14:21–32　　가난한 자의 제사
- 14:33–53　　집에 발생한 악성 피부병의 진단과 처리
    - 14:33　　도입부
    - 14:34–42　　기본적 절차
    - 14:43–45　　조치 및 격리 후 악성 피부병 확인 시의 절차
    - 14:46–47　　격리된 집에 들어간 사람의 부정
    - 14:48–53　　조치 및 격리 후 정결 시의 절차
- 14:54–57　　결론부

앞의 개관에서 지적한 바와 같이 이 단원은 크게 세 부분으로 나뉘어 있다. 첫 단원(1–32절)과 두 번째 단원(33–53절)은 각각 레위기의 통상적인 도입구로 시작된다. 즉 1절은 "여호와께서 모세에게 말씀하여 이르셨다"라고 되어 있고, 33절은 "여호와께서 모세와 아론에게 말씀하여 이르셨다"라고 되어 있다. 1절이 모세를 말씀의 수용자로 언급하고 있는 점은 13–15장의 제사장 역할이 중대한 본문에서 약간 예외적인 듯하다. 아마 그 이유는 이 본문이 악성 피부병 환자의 정결 의식 및 제사 의식과 관련되어 있기 때문으로 보인다. 마치 레위기 1–10장의 제사 본문에서 항상 여호와의 말씀의 수용자로 모세가 언급된 것과 같이 이 경우에도 정결 의식과 제사 의식을 집중적으로 다루고 있는 본문에서는 모세만 언급되고 있는 것이다.

반면에 두 번째 단원의 도입구인 33절은 모세와 아론을 말씀의 공동 수용자로 언급하고 있는데, 이것은 13–15장의 일관된 흐름이다. 이 본문들에서 제사장의 정결과 부정의 판단은 절대적인 중요성을 갖고 있기 때문에 제사

장의 수장인 아론이 모세와 공동으로 언급되고 있는 것이다.

마지막으로 54–57절은 13–14장의 모든 내용을 다 압축해서 언급함으로써 이 큰 단원의 적절한 마무리 역할을 하고 있다. 이런 면에서 13–14장의 구성은 상당히 짜임새를 갖추고 있다.

4단계: 본문 해설

14:1 "여호와께서 모세에게 이르셨다"

이 도입구는 13:1–32 단원의 시작을 알리고 있다.

14:2-3 "악성 피부병 환자가 정결하게 되는 날의 규례"

하나님의 말씀의 서두를 장식하고 있는 이 문구는 1–32절의 제목과도 같은 역할을 하고 있다. 환자가 회복되면 다시 제사장에게 그를 데려가서 진찰을 받음으로써 정결 의식의 절차가 시작된다. 제사장은 치료가 된 것을 확인한다.

14:4 환자의 정결 의식은 두 단계로 치러진다. 4–9절은 7일간의 정결케 하는 의식을 서술하고 있다. 10–22절은 이 7일이 지나고 8일째 되는 날의 제사 의식을 담고 있다. 4–9절의 정결 의식의 준비물은 살아 있는 정결한 새 두 마리, 백향목, 홍색 천, 우슬초이다. 새는 '정결한' 상태여야 한다. 이런 요구 조건은 정결 의식에 적절하다. 나머지 세 가지 준비물의 각각의 의미에 대한 상징적 해석의 시도들은 주석들에 많이 나와 있지만 그런 해석들이 정말 맞는지에 대해서는 확정할 수가 없다. 확실한 것은 세 가지 물건이 민수기 19:6에서 시체를 만져 부정하게 된 자의 정결 의식용으로 사용되었다는 점이다. 이런 점에서 세 가지 물건의 조합은 정결 의식에 밀접하게 연결되어 있는 것으로 보인다.

14:5 두 마리의 새들 중 한 마리를 흐르는 물 위에 놓은 질그릇 안에서 잡는다.

14:6 살아 있는 새를 백향목, 홍색 천, 우슬초와 함께 취하여 5절에서 잡은 새의 피에 적신다. 앞 절의 '흐르는 물'의 히브리어를 직역하면 "살아 있는 물"이라고 할 수 있는데, 이것은 '살아 있는 새'와 겹친다. 이런 '살아 있는' 것에 대한 강조는 살아 있으나 죽은 자와 같은 취급을 받았던 악성 피부병 환자의 회복이 곧 생명의 회복이라는 점을 강하게 부각시켜주는 것으로 보인다.

14:7 6절의 피를 악성 피부병에서 벗어난 환자에게 일곱 번 뿌리고 나서 그가 정결하다는 선언을 제사장이 한다. 그리고는 살아 있는 새를 놓아 준다. 이처럼 피를 일곱 번 뿌리는 행위와 살아 있는 새를 놓아 주는 행위는 속죄일의 의식(레 16:14, 22)을 연상시킨다. 속죄일의 의식이 "이스라엘 자손의 <u>부정과 그들이 범한 모든 죄</u>"(16:16)를 정결하게 하고 속죄하는 것임을 생각할 때 악성 피부병 환자에 대한 이런 의식도 그의 모든 부정을 말소한다는 의미를 띠고 있는 것으로 보인다.

14:8-9 위의 의식을 다 마친 후 환자는 옷을 빨고, 모든 털을 밀고, 몸을 씻은 후 진영 안으로 돌아오는 것이 허락된다. 그러나 그는 자신의 장막 안으로 바로 들어가지 못하고 밖에서 7일을 머물러야 했다. 그리고 7일 후 다시 옷을 빨고, 모든 털을 밀고, 몸을 씻은 후에야 장막 안으로 들어갈 수 있었다.

14:10 8일째 되는 날에 그는 각종 제사를 드림으로써 이 정결 의식의 절차를 마무리했다. 7일 정결 의식 후 8일째에 마무리 의식을 치르는 것은 레위기 8–9장의 제사장의 위임식 패턴과 상응하는 바가 있다.

제 8일의 의식을 위해 환자는 흠 없는 숫양 두 마리, 일 년 된 흠 없는 암양 한 마리, 곡식 가루 3/10에바(약 6.6리터)에 기름 섞은 소제물, 기름 한 록(약

1/6리터)이었다. 이 중 숫양 한 마리는 속건제를 위한 것이었다(12-18절). 그리고 본문이 분명하게 밝히고 있지는 않지만 번제로는 암컷을 드릴 수 없었기 때문에 남은 숫양 한 마리는 번제물이었을 것이다. 그러면 자연스럽게 속죄물은 암양이 된다. 그리고 악성 피부병 환자의 정결 의식을 위해 드리는 제사에는 화목제물이 없었다.

14:11 제사장은 환자와 그의 제물들을 제사 드리는 장소에 위치시킨다.

14:12-13 속건제물로 드릴 숫양을 정해진 장소에서 잡아 기름 한 록과 함께 하나님 앞에서 흔들기로 흔든다. 흔드는 행위(개역개정의 "요제")는 그것이 제사장 몫임을 표시한다는 것은 앞에서 이미 살펴본 바가 있다(레 7:30 "사역 해설" [250쪽]).

14:14 14-18절의 속건제물과 기름을 가지고 악성 피부병 환자를 위해 치르는 의식들은 구약성경 전체에서 가장 복잡하고 가장 독특한 의식들 중의 하나이다. 14절에서 제사장은 속건제물의 피를 취하여 환자의 오른쪽 귓부리, 엄지 손가락, 엄지 발가락에 바른다. 구약성경 전체에서 이 의식과 유사한 다른 유일한 예는 제사장의 위임식에서 치러진 의식인데, 이것은 레위기 8:22-29 "본문 해설"(279쪽)에 나온다. 이 의식이 가진 의미에 대해서는 해당 본문의 해설을 참고하라. 그 동일한 의미가 이 환자의 경우에도 해당된다고 볼 수 있다.

14:15-18 제사장은 이어서 기름을 취하여 왼쪽 손바닥에 올려 놓고, 그 기름 중 일부를 찍어 먼저 여호와 앞에 일곱 번 뿌린 후에 남은 기름을 아까 피를 발랐던 곳들에 바른다. 그리고 남은 기름은 환자의 머리 위에 바른다. 이렇게 해서 그는 환자를 속죄한다.

14:19-20 앞에서 살펴본 바와 같이 속건제 의식을 마친 후에 제사장은 나머지 제사들, 즉 속죄제, 번제, 소제를 드린다. 이렇게 해서 최종적으로 환자의 속죄와 정결 의식이 마무리된다.

14:21-32 이 문단은 가난한 환자의 경우를 다루고 있다. 이 경우 속건제물은 앞의 5:14–6:7의 본문에서 살펴본 바와 같이 숫양을 다른 제물로 대체하는 것이 불가하기 때문에 그냥 드리고, 그 외의 짐승 제물들은 비둘기류로 대체된다. 그리고 곡식 가루는 일반적으로는 3/10에바를 드렸지만, 가난한 자는 1/10에바만 드리면 되었다. 기름은 동일하게 한 록이다. 이것을 표로 만들어 보면 다음과 같다.

	일반 백성	가난한 자
속건제(와 기름 1록)	숫양(과 기름 1록)	숫양(과 기름 1록)
속죄제	암양	비둘기
번제	숫양	비둘기
소제	3/10에바	1/10에바

속건제로 하는 의식은 가난한 자의 경우나 일반 백성의 경우나 다 동일하다(24–29절). 또한 기타 제사들의 경우 제물이 달라진 것을 제외하고는 다른 것이 없다(30–31절). 가난한 자의 의식은 32절의 결론부로 마무리된다.

14:33 "그리고 여호와께서 모세와 아론에게 말씀하여 이르셨다"

이 새로운 도입구는 레위기에서 항상 그래왔듯이 새로운 단원(33–53절)의 시작을 알린다. 새로운 단원의 내용은 집에 생긴 악성 피부병(*짜라아트*)에 대해서 다루고 있다. 앞의 의복 등의 생활 소품의 경우에서도 보아왔듯이 집에 생긴 *짜라아트*가 의학적으로 볼 때 피부에 생긴 것과 동일한 종류의 질병일 리는 없다. 그러나 히브리어 본문이 동일한 용어를 사용하고 있기 때문에 사역에서도 용어의 일관성을 위해 '악성 피부병'이라는 표현을 유지한다.

14:34 "내가 너희들에게 기업으로 주는 가나안 땅에 너희가 들어갔을 때"
이 문구가 명시적으로 밝혀주고 있듯이 이스라엘의 광야 생활은 원래 40년으로 계획된 것이 아니었다. 원래는 아마 이스라엘은 시내 산에서 하나님과 언약을 맺고 성막을 건설한 후 곧바로 가나안으로 들어가는 것이었다. 그런데 이런 계획이 바뀌게 된 것은 민수기 13-14장의 열두 정탐군 사건이었다(민 14:26-33). 이처럼 가나안 입성을 목전에 두고 있었기 때문에 본문은 이동용 거처로 쓰였던 장막들 대신에 가나안 땅의 내구성이 있는 집에 악성 피부병, 곧 *짜라아트*가 발생하는 경우들을 다루고 있다. 그중에서 34-42절은 기본적 혹은 표준적 진단 및 처리 절차를 다루고 있다.

14:35-36 거주 장소인 집에 악성 피부병이 생긴 경우가 앞의 다른 경우들과 다른 점은 이 장소가 그 안에 있는 다른 것들을 부정하게 만들 수 있는 위험이 있다는 점이다. 그래서 제사장이 하는 가장 첫 번째 일은 집안의 모든 것들을 비우는 것이다.

14:37-38 제사장이 집의 병징을 살펴볼 때 악성 피부병이 의심이 되면 그는 그 집을 악성 피부병 환자나 의복 등의 생활 소품의 경우와 마찬가지로 7일간 격리시킨다. 37절에서 나오는 단어들 중 '푸르스름하거나'란 표현은 13:49에 나오며, '불그스름한'이란 표현은 13:19, 24, 42, 43, 49에 나온다. 또한 '깊으면'이란 표현은 13:20, 21, 26에 나온다. '우묵한 곳들'이란 표현만 예외적인데, 이 표현은 "사역 해설"(412쪽)에서 다룬 바와 같이 구약성경에서 오직 이 구절에만 나온다. 이 마지막 단어를 제외한 나머지 단어들로 표현되는 증상이 피부나 생활 소품에 등장한 경우는 악성 피부병으로 진단되거나 의심되었다. 따라서 집의 경우에도 마찬가지의 판단을 하는 것은 적절해 보인다.

14:39-42 7일 격리 후의 재진단 시 판단의 중요한 기준은 앞의 피부나 생활 소품들의 경우와 마찬가지로 그 병징이 퍼졌느냐의 여부이다. 만약 퍼졌으면 해당 부분의 돌들을 빼내어 '성 밖의 부정한 곳'에 버리고, 집 안의 흙들도 다 긁어내서 내다버린다. 그리고 다른 돌들과 흙으로 해당 부분을 채운다. 여기에서 이 '성 밖의 부정한 곳'은 광야 생활 중의 진영 밖 부정한 곳과 상응한다.

14:43-45 앞의 조치들을 취한 후에 병징이 다시 발생하면 이번에는 '심한 악성 피부병'으로 판정된다(44절). 이 경우는 집 전부를 통째로 헐어내어 '성 밖 부정한 곳'으로 내어간다.

14:46-47 악성 피부병 진단 과정에서 격리된 집에 들어간 자는 부정한 자로 간주된다. 그 부정은 저녁까지 지속된다. 또한 거기에서 자거나 먹는 자는 옷을 빨아야 한다.

14:48-53 이 문단은 진단 후 격리 및 조치를 취하고 나서 악성 피부병의 문제가 해결됐을 때의 정결 의식을 다루고 있다. 우선 제사장은 집이 정결해진 것을 선언한다. 그리고는 앞의 14:4-9에 나오는 것과 동일한 정결 의식을 새 두 마리, 백향목, 홍색 천, 우슬초를 가지고 행한다. 사람에게 난 악성 피부병의 경우와 달리 제사 의식은 행하지 않는다. 이제 악성 피부병이 사람의 피부에 난 경우, 의복 등의 생활 소품에 난 경우, 집에 발생했다가 정결하게 된 경우의 정결 의식과 제사 의식을 정리해보면 다음의 도표와 같다.

	피부	생활 소품	집
정결 의식	○	언급 없음	○
제사 의식	○	언급 없음	x

생활 소품의 경우에는 성경 본문에 없기 때문에 실제로 이 의식들을 따로 행했는지 아닌지에 대해서 확답은 할 수 없다. 아마 생활 소품의 특성상 이런 의식 자체를 치룰 필요가 없어서 본문에 언급이 안 된 것이 아닌가 추정될 뿐이다.

14:54-57 이 본문은 레위기의 다른 큰 단원의 본문들과 비슷하게 13–14장의 내용을 요약, 정리해주고 있는 결론부이다. 히브리어 원문상으로는 "이것은 규례이다"(*조트 핱토라*, זֹאת הַתּוֹרָה)라는 문구가 이 결론부의 시작과 끝을 장식하고 있는 수미쌍괄식 구성을 갖고 있다.

5단계: 적용

14:10-20 악성 피부병으로 인해 초래된 부정으로부터 회복되는 절차들은 앞에서 다룬 바와 같이 대제사장과 제사장의 위임식(출 29장; 레 8–9장)이나 이스라엘의 절기들 중 가장 엄숙한 날인 속죄일(16장)에 치러지는 절차들을 연상시킨다. 또한 속건제물의 피를 바른 부위에 기름을 겹쳐 바르는 절차(15–18절) 같은 것은 이것들보다 더 복잡하기도 하다. 이런 모든 절차들은 부정으로부터의 회복이 얼마나 힘든 것인지를 보여준다. 악성 피부병에 대한 규례가 어느 정도 죄와 부정에 대한 상징성을 갖고 있다는 점을 고려할 때 환자의 정결 의식의 장엄함과 복잡함은 그가 육신의 부정으로부터 회복하는 과정이 가진 중대성을 보여준다.

이런 점에 비추어볼 때 신약 시대의 성도들은 죄의 문제를 너무 쉽게 생각하는 경향이 있다는 생각이 든다. 레위기 14장의 본문이 보여주듯이 죄로부터의 회복이 얼마나 중대하고 힘든 일인지를 깨닫는 자가 진정으로 하나님과 깊은 교제를 나눌 수가 있다.

14:14-17 악성 피부병을 앓았던 사람의 정화 의식 중 피와 기름을 오른쪽 귀와 엄지손가락과 엄지발가락에 바른 절차는 그의 전 존재가 다 정결하게 함을 받았다는 것을 상징한다. 이 절차는 출애굽기 29:20이 지시하고 있고, 레위기 8:22-24에서 시행된 바와 같이 위임식의 숫양의 피를 제사장의 몸의 동일한 부위에 바르는 의식과 비슷하다. 제사장 위임식의 의식은 앞의 해당 본문의 해설에서 본 바와 같이 그가 제사장으로 사역할 수 있도록 머리 끝부터 발 끝까지 완전히 정화된 것을 상징적으로 나타낸다. 이와 비슷한 의식을 치르는 악성 피부병으로부터 회복자 역시 머리끝부터 발끝까지의 모든 신체를 다 깨끗하게 함을 받는 의식을 치른다. 이 의식을 통해 그는 완전히 새 사람이 되는 것이다. 앞의 레위기 13:45-46에서 악성 피부병 환자는 마치 죽은 사람과 같은 취급을 받고, 죽은 자처럼 산다는 점을 지적한 바가 있다. 그는 살아 있으나 죽은 자와 같은 자였다. 이제 악성 피부병으로부터 회복된 자는 이런 면에서 볼 때 새로 태어난 자와 같다. 그는 마치 죽음에서 부활한 자처럼 다시 한 번 부여받은 생명을 누린다. 고린도후서 5:17은 "그런즉 누구든지 그리스도 안에 있으면 새로운 피조물이라 이전 것은 지나갔으니 보라 새 것이 되었도다"라고 말씀하고 있다. 모든 성도는 예수 그리스도의 피로 거듭남을 얻고 완전히 새롭게 된 삶을 살아가게 된다. 그런 면에서 새 삶은 과거의 죄악 된 삶으로부터 완전히 분리된 거룩한 삶이어야 한다.

14:33-37 이 본문은 집에 발생한 '악성 피부병', 즉 *짜라아트*에 대해서 다루고 있다. 이 경우에도 진단과 조치는 피부에 발생한 악성 피부병과 거의 유사한 방식으로 이루어졌다. 이것이 주는 교훈은 사람이 자신이 속한 주변 상황이나 환경과 결코 분리될 수 없다는 것이다. 사람은 그 자신만 하나님 앞에서 완전하고 거룩하게 살면 되는 것이 아니라 이런 주변 상황이나 환경에도 신경을 써야 하고, 책임도 져야 한다. 고린도 교회는 주변으로부터 너무나도 많은 영향을 받았기 때문에 사도 바울은 그들을 향하여 두 번 혹은 그 이상의 편지를 써야만 했다. 우리는 세상을 이기는 자가 되어야 할 뿐만 아니라 세상

을 변화시키는 자도 되어야 한다. 세상을 변화시키지 못하면 그 영향이 결국은 우리 자신에게로 돌아오게 된다. 우리는 우리를 둘러싼 환경을 거룩하게 지키는 노력을 해야 할 필요가 있다.

6단계: 설교 "죄의 회복의 무게를 알라"(레 14:4-20)

예수 그리스도의 피로 인한 속죄와 구원은 성경이 가르치는 가르침의 핵심입니다. 그러나 어떨 때 보면 예수 그리스도의 사역에 대한 강조는 현대 기독교인들에게 죄의 무게와 그것의 극복의 어려움과 가치에 대한 잘못된 인식을 심어주는 경향이 있습니다. 그들은 복음의 메시지를 듣고 예수 그리스도를 믿는다는 고백을 하면 모든 것이 다 해결되고 끝났다고 생각하기 때문에 앞에서 말한 것들의 가치를 모릅니다. 모든 것이 너무 쉽게 약속되고, 너무 쉽게 주어지고, 너무 쉽게 누려집니다. 마치 부자집에서 너무 많은 것들을 너무 쉽게 누린 아이들이 인생을 망치듯이 많은 기독교인들은 이런 값싸고 쉬운 복음에 영혼이 병이 든 경우들이 많습니다.

이런 점에서 미션이란 영화는 우리에게 죄 용서라는 것에 대해서 시사해주는 바가 많습니다. 카톨릭 예수회 신부 가브리엘(제레미 아이언스 분)과 더불어 영화의 이중 주인공을 구성하고 있는 로드리고 멘도자(로버트 드 니로 분)는 피도 눈물도 없는 노예 사냥꾼입니다. 그는 어느 날 자기 동생과 자기 애인이 불륜을 저지르는 것을 목격하고는 자기 동생을 살해합니다. 그리고는 그는 인간에 대한 깊은 실망과 죄책감에 시달려 괴로워하면서 식음을 전폐하고 죽어갑니다. 그러던 어느날 가브리엘 신부가 그를 찾아가 자기를 도와 선교 활동을 함으로써 과거의 죄를 씻기를 제안합니다. 멘도자는 신부의 제안을 받아들이고 원주민 마을로 갑니다.

이 대목에서 영화의 가장 인상적인 부분들의 한 장면이 나옵니다. 멘도자는 자신의 죄의 상징과도 같은 노예 사냥꾼 시절의 갑옷을 그물에 싸서 목과 등에 짊어지고 원주민 마을로 가는 길에 있는 엄청난 높이의 폭포수 옆 절벽을 기어올라갑니다. 그는 여러 번 미끄러져 죽을 뻔하는 위기들을 겪습니다. 갑옷의 무게는 화면을 뚫고 영화를 보고 있는 관객들에게 생생하게 다가옵니다. 차가운 폭포수가 세차게 내리치는 상황에서도 관객들은 손에 땀을 쥐고 멘도자의 과거의 죄 극복하기 장면을 바라봅니다. 그의 이런 고행은 마치 복음을 깨닫기 전의 마틴 루터의 고행을 보는 듯합니다. 드디어 멘도자는 폭포수 정상을 올라가는데 성공하며, 그 정상 위의 하천의 잔잔한 물길에 다다릅니다. 그는 온 힘을 다해 그곳에 이르렀기 때문에 이제 더 이상 손가락 하나 움직일 수도 없을 만큼 기진맥진한 상태에 있습니다. 이때 그가 폭포수를 오르는 장면을 가브리엘 신부와 함께 바라보고 있던 원주민들 중의 한 명이 날카로운 칼을 들고 그에게 다가갑니다. 멘도자는 아무것도 할 수가 없습니다. 과거에 수많은 원주민들을 죽음으로 몰아 넣었던 그의 목숨은 이제 원주민의 처분에 달려 있습니다. 그에게 다가온 원주민은 그의 목 쪽으로 칼을 가져 갑니다. 여기에서 놀랍게도 이 원주민의 칼은 멘도자의 목을 향한 것이 아니라 그의 목에 걸린 밧줄을 향합니다. 드디어 밧줄이 잘라지자 그 밧줄에 연결된 그물과 갑옷은 물의 힘과 자체의 무게로 인해 폭포수 아래쪽으로 엄청나게 요란한 소리를 내며 떨어집니다. 갑옷이 그에게서 떨어져 나간 것은 그의 죄가 사해진 것을 상징합니다. 멘도자는 원주민의 행동에 대해 어리둥절해 하며 어쩔 줄을 모릅니다. 그 광경을 바라보고 있던 원주민들은 처음에는 엄숙한 얼굴을 하고 있다가 서서히 미소를 머금으며, 얼마 안 가서 통쾌하게 웃기 시작합니다. 그들의 웃음을 여전히 어리둥절해 하며 바라보고 있던 멘도자 역시 그들을 따라서 웃기 시작합니다. 무겁고 처참한 죄로부터의 회복을 이렇게 가해자와 피해자 모두가 더 이상 선명할 수 없는 방식으로 경험합니다. 이후로 멘도자는 헌신적으로 원주민들을 섬깁니다. 그리고 결국은 원주민들을 위해 자발적으로 자신의 목숨을 버립니다.

여기에서 멘도자가 자신의 과거의 죄악의 상징인 갑옷을 입고 죽음의 위험 속에서도 힘들게 절벽을 오르는 모습은 우리 기독교인들이 한 번쯤은 처절하게 경험해 봐야 하는 일이라고 생각합니다. 하나님을 만나고 그 거룩하심을 체험하고, 하나님과 동행하는 삶이 주는 기쁨을 경험할 때 기독교인들은 자신의 과거의 죄악 된 모습 혹은 그에 대한 기억이 주는 끔찍함을 생생하게 느끼는 시간이 필요합니다. 구원 얻는 자의 기쁨과 과거의 끔찍함의 극단적인 대조를 얼마나 깊고 생생하게 느끼느냐가 그가 진정으로 거듭난 그리스도인으로 살아가는데 있어서 큰 힘이 됩니다. 그런 면에 있어서 레위기 14:4-20의 악성 피부병 환자의 정결 의식과 제사 의식은 우리 성도들이 죄와 부정의 무게감이 어떤 것이며, 그것을 벗어난다는 것이 얼마나 크게 영광된 일인지를 경험하는데 있어서 좋은 사색의 재료가 됩니다.

이런 면에서 본문이 주는 설교 주제들은 다음과 같습니다.

첫째, 악성 피부병 환자가 치르는 정결 의식과 속죄 의식은 죄와 부정으로부터 벗어나는 것이 얼마나 무겁고 힘든 것인지를 생생하게 보여줍니다.

둘째, 우리가 치러야 할 이런 힘든 과정을 예수 그리스도는 십자가 위에서 우리를 위해 대신 치르셨습니다. 이 십자가 사건이 예수께 얼마나 힘든 일이었는지는 그 전날의 겟세마네 동산에서의 기도가 잘 보여줍니다. 완전한 인간이지만 또한 완전한 신이셨던 분, 그리고 성부에 대한 절대적 순종을 보여주셨던 분이 "만일 할 만하시거든 이 잔을 내게서 지나가게 하옵소서"라는 기도를 땀을 피처럼 흘려가며 드리셨습니다(마 26:39).

셋째, 이렇게 힘든 고통을 극복하심으로써 예수 그리스도께서 우리의 죗값을 대신 치르셨다는 점은 우리로 하여금 어떻게 살아야 하는지를 가르쳐 줍니다. 마치 악성 피부병 환자가 병 중에 있을 때는 살았으나 죽은 자 같았지만 정결함을 인정받은 후에는 마치 죽음에서 부활한 자처럼 되었습니다. 마찬가지로 우리는 죄로 인해 죽었던 자이지만 예수 그리스도께서 십자가에 죽으심과 함께 우리도 죽고 그리스도의 사심으로 인해 다시 살아난 존재들입니다. 이렇게 새롭게 살아난 우리는 "자신을 죄에 대하여는 죽은 자요 그리스도 예수 안에서 하나님께 대하여는 살아 있는 자로" 여겨야 하며, 죄가 “몸을 지배하지 못하게 하여 몸의 사욕에 순종하지 말아야” 하며, 자신을 “불의의 무기로 죄에게 내주지 말고…자신을 죽은 자 가운데서 다시 살아난 자같이 하나님께 드리며…지체를 의의 무기로 하나님께 드려야” 합니다(롬 6:11-14).

레위기 15장

유출과 정결 의식

❑ 유출과 정결 의식 개관

이 장은 11－15장의 정결과 부정이라는 주제의 마지막 본문에 해당하며, 남녀의 몸으로부터 무엇인가가 흘러 나오는 유출 현상이 가져다 주는 부정과 그것의 정결 의식에 대해서 다루고 있다. 15장이 지금까지의 정결과 부정에 대한 본문들(11－15장)과 차이가 나는 점은 지금까지의 본문들이 주로 외부적인 요인에 의한 부정의 문제를 다루었다면 이 장은 신체 안으로부터 흘러 나오는 것들의 문제를 다루고 있다는 점이다.

이 본문의 내용으로부터 우리가 신학적으로 배울 수 있는 사항은 다음의 두 가지 정도이다.

첫째, 우리 몸의 거룩의 완전성은 외부적인 것에 의해서뿐만 아니라 자기 몸에서 나오는 것들에 의해서도 손상을 입을 수 있다는 점이다. 따라서 우리는 외적인 것에 대해서뿐만 아니라 자기 안에서 흘러나오는 것들에 대해서도 정결을 유지하고 회복해야만 한다.

둘째, 이 장이 다루고 있는 정액이나 월경으로 인한 유출의 경우는 월경과 같이 부득이하고 어쩔 수 없는 경우도 있지만 이런 경우에도 여전히 그런 유출 현상이 몸을 부정하게 하고, 그로 인해 성소에 나갈 수 없다고 규정되어 있다는 점이다(참고, 레 12:4; 15:31). 이런 점은 레위기 해설 전반을 통해서 계속 지적하고 있는 바와 같이 레위기가 가진 시청각적 기능을 보여주는 것으로 생각된다. 현대적인 의학적 개념이나 신약의 계시가 가르치는 바와는 차이가 나는 이런 요소는 구약 시대의 백성들에게 영적인 것의 문제를 육적인 것으로 형상화해서 정결과 부정의 개념을 가시적으로 이해할 수 있게 해주는 역할을 했다. 그러나 신약 시대에 와서 성도들이 영적으로 많은 것들을 잘 이해할 수 있게 된 지금에는 이런 점들은 더 이상 성도의 정결과 부정을 나누는 구분으로서의 기능은 하지 않는다. 그러나 이것들이 구약의 성도들에게 가르치고자 한 신학적 핵심만은 지금도 유효하다. 우리는 단순히 우리의 외부에서 오는 부정에 대해서만 신경 쓰는 것이 아니라 우리의 내적인 것들, 즉 우리의 생각과 의지 등에 대해서도 신경을 쓰고, 이것들이 우리의 육신을 악하게 만들지 않도록 노력해야 한다는 것이다.

15장의 본문의 내용은 도입부(1절)와 신학 및 결론부(31–33절)를 제외하고 크게 두 부분, 즉 남성의 유출 문제(2–18절)와 여성의 유출 문제(남성과 비슷한 유출 문제들과 더불어 생리 등으로 인한 유출 문제)(19–30절)를 다루고 있다.

또한 남녀의 유출 현상 각각은 지속적인 것과 일시적인 것으로 나누어 다뤄지고 있다.(3단계: "단락 구분"[435쪽]을 보라) 남자의 경우는 2–15절은 지속적인 것, 16–18절은 일시적인 것을 다루고 있다. 여자의 경우는 19–24절은 일시적인 것, 25–30절은 지속적인 것을 다루고 있다. 지속적인 경우의 정결 및 속죄 의식(남자, 13–15절; 여자, 28–30절)과 일시적인 경우의 정결 의식(남자, 16–18절; 여자의 경우는 언급이 없음)[215]을 앞의 악성 피부병(*짜라*

---

215 비록 본문 안에 언급은 되어 있지 않지만 남자의 일시적인 유출로부터의 정결 의식의 내용을 고려할 때, 그리고 일시적인 유출 현상을 겪고 있는 여자와 접촉한 사람들의 정결 의식(19–24절)을 고려할 때 아마 이 여자의 경우에도 월경으로 인한 부정의 기간 7일이 지나고 난 후 옷과 몸을 씻고 해당 일의 저녁까지 기다리는 것으로 부정이 해결되었을 것이다. 이런 견해는 Hartley, *Leviticus*, 211 등도 역시 피력하고 있다.

아트)의 정결 및 속죄 의식과 비교해 볼 때 유출병의 부정은 상대적으로 덜 심각했다고 볼 수 있다. 이 경우는 단지 옷과 몸을 씻고 저녁 때까지 기다리거나 7일을 기다린 후 새 두 마리를 속죄제물 및 번제물로 드리면 정결과 속죄 의식이 마무리되었기 때문이다.

이 장에서 우리 현대의 독자들에게 아마 가장 중요한 부분은 31절의 신학적 본문일 것이다. 이 구절은 "너희는 이와 같이 이스라엘 자손을 그들의 부정으로부터 분리시켜라. 이는 그들이 그들 가운데 있는 내 성막을 부정하게 함으로써 그들의 부정 가운데 죽지 않도록 하기 위함이다"라고 말씀하고 있는데, 이 말씀은 단지 15장의 내용뿐만 아니라 11–15장 전체의 내용에 대한 신학적 천명으로 이해하는 것이 옳다. 성도들은 거룩하신 하나님의 존전에 나아가기 위해서는 자신을 정결하게 유지해야만 하며, 그러기 위해서는 자신을 부정하게 하는 모든 사항들(11–15장)로부터 자신을 분리시켜야만 하는 것이다. 만약 이스라엘 백성들이 그렇게 하지 못할 때에는 이 장들을 둘러 싸고 있는 나답과 아비후 사건에 대한 언급들(레 10장; 16:1–2)이 예시하고 있는 바와 같이 치명적인 결과를 맞이할 수 있다.

이제 15장의 유출 현상이 가져오는 부정의 특징을 개관해보자.

첫째, 11–14장의 경우에는 부정한 것 혹은 부정한 사람과의 접촉은 그 직접적 접촉자만을 부정하게 했다. 그러나 15장의 유출 현상의 경우에는 연쇄적 부정에 대한 강조가 주어지고 있다. 유출 현상을 가진 자가 접촉한 침상(4–5절), 앉은 자리(6절), 안장(9절) 등은 부정해지며, 이것들에 접촉한 자도 역시 부정해진다. 따라서 연쇄적 접촉자 역시 몸과 옷을 씻고, 저녁까지 부정의 시간을 지내야 하는 정결 의식을 치러야 했다(5–11, 20–24, 27절). 이처럼 유출 현상으로 인한 부정은 전염성의 측면에서는 11–15장의 부정들 중에서 가장 강했다.

둘째, 유출 현상으로 인해 부정한 자나 그와의 접촉, 혹은 그 접촉에 의한 부정에 연쇄적으로 접촉한 자들은 대부분의 경우 옷 혹은 몸을 씻고, 저녁까지 기다리는 것으로 부정이 해결되었다. 반면에 앞의 악성 피부병에 의한 부정을 해결하기 위해서는 훨씬 더 복잡한 정결 및 속죄 의식이 필요하였다. 이런 면에서 볼 때 유출 현상에 의한 부정은 앞에서도 이미 지적한 바와 같이 그 강도에 있어서는 악성 피부병의 경우보다 상대적으로 약했다고 볼 수 있다. 즉 유출이 앞의 악성 피부병보다 부정의 전염성 측면에서는 더 강했지만 부정의 강도 측면에서는 더 약했던 것이다.

마지막으로 앞의 악성 피부병의 경우와 마찬가지로 유출에 의한 부정의 경우도 신약에서 나온다. 마가복음 5:25-34의 본문은 12년 동안 혈루증을[216] 앓던 여인의 이야기를 다루고 있다. 이 여인이 가진 부정은 그녀와 접촉한 사람이나 사물들 모두를 부정하게 만들었으며, 그 결과로 부정해진 사람 역시 다른 것들을 연쇄적으로 부정하게 만들었기 때문에 그녀는 비록 악성 피부병의 경우와 같이 사회적으로 완전히 격리되지는 않았을지 몰라도 아마 정상적인 사회생활은 어려웠을 것이다. 그런 그녀가 예수의 소문을 듣고 용감히 그에게 다가가 그의 옷을 만진다(27-28절). 율법의 금지 규례들을 넘어서는 이런 그녀의 적극적 태도와 행동은 부정한 죄인임에도 예수께로 나아가려 한 삭개오(눅 19:1-10)나 열 명의 문둥병자들(눅 17:11-19)을 연상시킨다. 그리고 그런 그녀의 적극성은 병 고침과 더불어 예수님의 승인을 얻어낸다(막 5:34). 이처럼 신약은 앞의 악성 피부병의 경우와 마찬가지로 유출 현상으로 인한 부정도 예수께서 고치실 수 있음을 보여준다. 이런 면에서 구약은 정결과 부정을 소극적으로 구분할 뿐이지만 신약은 부정을 치유해서 정결하게 하는 예수님의 능력을 통해 적극적으로 부정을 넘어서며, 모든 것을 정결하게 해서 하나님에게로 나아갈 수 있게 해준다. 이런 면에서 우리는 구약과 신약의 연결성과 더불어 구속사의 발전성을 볼 수 있다.

---

216 혈루증은 혈우병과 구분되어야 하는 병이다. 혈루증은 자궁의 만성 하혈 현상을 가리키며, 바로 이 레위기 15장이 여성의 유출 현상과 관련하여 다루고 있는 것과 같은 종류의 병이다. 반면에 혈우병은 X염색채와만 관련되어 있다는 유전학적 특징 때문에 거의 전적으로 남자에게만 발생하며, 자궁 이외의 신체 부위에서도 피를 흘리는 현상이 나타난다.

1단계: 사역

15:1 여호와께서 모세와 아론에게 말씀하여 이르셨다.

15:2 이스라엘 자손에게 말하여 이르라. 만약 어떤 남자든지 그 몸에 유출이 있으면 그 유출로 인해 그는 부정하다.

15:3 이것은 그의 유출로 인한 부정함에 대한 규례이다. 그의 몸에서 유출로 인해 흘러 나오는 것이 있든지, 아니면 유출로 인해 그의 몸에서 흘러 나오는 것이 막혔든지 간에 그는 부정하다.

15:4 유출 있는 자가 누운 침상은 다 부정하게 될 것이며, 그가 앉은 자리도 다 부정하게 될 것이다.

15:5 그리고 그의 침상에 접촉하는 자는 자기 옷을 빨고 물로 몸을 씻어야 하며, 저녁까지 부정할 것이다.

15:6 유출이 있는 자가 앉았던 자리에 앉는 자는 자기 옷을 빨고 물로 씻어야 하며 저녁까지 부정할 것이다.

15:7 유출이 있는 자의 몸에 접촉하는 자는 자기 옷을 빨고 물로 몸을 씻어야 하며 저녁까지 부정할 것이다.

15:8 만약 유출이 있는 자가 정결한 자에게 침을 뱉으면 그 [정결한] 자는 자기 옷을 빨고 물로 몸을 씻어야 하며 저녁까지 부정할 것이다.

15:9 유출이 있는 자가 탔던 안장은 다 부정하게 될 것이다.

15:10 그의 몸 아래에 있었던 것에 접촉한 자는 다 저녁까지 부정할 것이다. 그런 것을 옮기는 자는 자기 옷을 빨고 물로 몸을 씻어야 하며, 저녁까지 부정할 것이다.

15:11 유출이 있는 자가 물로 손을 씻지 않고 만진 모든 사람은 자기 옷을 빨고 물로 몸을 씻어야 하며 저녁까지 부정할 것이다.

15:12 유출이 있는 자가 만진 모든 질그릇은 깨뜨리고 나무 그릇은 다 물로 씻어야 한다.

15:13 만약 유출이 있는 자가 그의 유출로부터 정결해지거든 그는 정결 의

식을 위해 7일을 센 후에 옷을 빨고 흐르는 물에 몸을 씻어야 한다.
그러면 그가 정결하게 될 것이다.
15:14 그리고 여덟째 날에 자기를 위하여 비둘기류 두 마리를 가지고 회막
문 여호와 앞으로 가서 제사장에게 주어라.
15:15 제사장은 한 마리는 속죄제물로, 다른 한 마리는 번제물로 드려서 그
의 유출에 대하여 여호와 앞에서 그를 위해 속죄하여라.
15:16 만약 어떤 남자가 설정을 하면 그는 전신을 물로 씻어야 하며 저녁까
지 부정하다.
15:17 정액이 묻은 모든 옷과 가죽은 물에 빨아야 하며 저녁까지 부정하다.
15:18 남녀가 동침하여 설정을 한 경우에는 그들은 물로 씻어야 하며 저녁
까지 부정하다.
15:19 만약 어떤 여자에게 유출이 있는데 그 유출이 피이면 그녀는 7일 동
안 월경으로 인한 부정 속에 있는 것이다. 그녀를 만지는 자마다 저녁
까지 부정하다.
15:20 그녀가 월경으로 인한 부정 속에 있는 동안에 그녀가 누웠던 자리도
다 부정하며 그녀가 앉았던 자리도 다 부정하다.
15:21 그녀의 침상을 만지는 자는 다 옷을 빨고 물로 씻어야 하며 저녁까지
부정하다.
15:22 그녀가 앉은 자리를 만진 자도 다 옷을 빨고 물로 씻어야 하며 저녁까
지 부정하다.
15:23 침상이든 그녀가 그 위에 앉았던 어떤 물품이든 간에 그것을 만진 자
도 저녁까지 부정하다.
15:24 누구든지 그녀와 동침하여 그녀의 월경으로 인한 부정이 그의 위에
있게 되면 그는 7일 동안 부정하다. 그가 눕는 침상은 다 부정하다.
15:25 만약 어떤 여인의 피의 유출이 그녀의 월경으로 인한 부정의 기간이
아닌데도 여러 날이 간다든지 유출이 그녀의 월경으로 인한 부정의
기간을 지나도 계속된다면 그녀의 부정한 유출이 있는 모든 날 동안

은 그녀의 월경으로 인한 부정의 때와 같이 부정하다.

15:26 그의 유출이 있는 모든 날 동안에 그가 누운 침상은 그녀가 월경으로 인해 부정한 때의 침상과 같다. 그녀가 앉는 모든 자리도 그녀의 월경으로 인한 부정함의 때와 같이 부정하다.

15:27 그것들을 만지는 자는 다 부정하니 자기 옷을 빨고 물로 씻어야 하며 저녁까지 부정하다.

15:28 그녀가 유출로부터 정결해지면 그녀는 7일을 세야 한다. 그 후에 그녀는 정결하게 될 것이다.

15:29 그녀는 여덟째 날에 비둘기류 두 마리를 자기를 위하여 취하여 회막 문 앞 제사장에게로 가져가라.

15:30 그리고 제사장은 그 한 마리는 속죄제물로, 다른 한 마리는 번제물로 드려서 그녀의 부정한 유출로부터 그녀를 위해 여호와 앞에서 속죄하여라.

15:31 너희는 이와 같이 이스라엘 자손을 그들의 부정으로부터 분리시켜라. 이는 그들이 그들 가운데 있는 내 성막을 부정하게 함으로써 그들의 부정 가운데 죽지 않도록 하기 위함이다.

15:32 이것은 규례이니 [곧] 유출이 있는 자, 설정함으로 인해 부정하게 된 자,

15:33 월경으로 인한 부정을 겪는 여자, 유출이 있는 남녀, 그리고 부정이 있는 여자와 동침한 자에 대한 것이다.

2단계: 사역 해설

15:2 "만약 어떤 남자든지" ***이쉬 이쉬 키*****(אִישׁ אִישׁ כִּי)**

*이쉬*는 '남자, 사람'을 뜻하는 단어이다. 레위기에서는 보통 이 단어는 남녀를 다 포괄하는 뜻으로 쓰인다. 그러나 레위기 15장에서만은 앞의 개관에서 다룬 바와 같이 남자의 유출 현상(2–18절)과 여자의 유출 현상(19–30절)

을 구분하고 있기 때문에 이 점을 살려서 이 구절에서는 남자로 번역을 하였다. 또한 *이쉬*가 두 번 반복되는 경우는 '모든, 각자'(every, each)라는 개념이 추가되는데, 이 점은 '~든지'라는 조사로 그 의미를 살렸다.

한 가지 중요한 점은 이 표현 혹은 이와 유사한 표현이 15장에 총 4번이 나오며, 이것들이 이 15장의 큰 문단의 구분 표시 역할을 하고 있다는 점이다(2, 16, 19, 25절). 이 점을 좀 더 자세하게 다루면 다음과 같다.

15:2 *이쉬 이쉬 키*(אִישׁ אִישׁ כִּי)	남성의 지속적 유출(2–15절)
15:16 *붸이쉬 키*(וְאִישׁ כִּי)	남성의 일시적 유출(16–18절)
15:19 *붸잇샤 키*(וְאִשָּׁה כִּי)	여성의 지속적 유출(19–24절)
15:25 *붸잇샤 키*(וְאִשָּׁה כִּי)	여성의 일시적 유출(25–30절)

"몸" *바싸르*(בָּשָׂר)

이 단어는 15장 내에서는 '성기'에 대한 완곡어법적 표현으로 쓰이고 있다(2, 3, 13, 16, 19절). 아마 7절만은 여기에서 예외로 보인다. 이 경우에 '몸'은 '신체'란 의미로 쓰인 것으로 보인다. 이 점은 이어지는 8절이 유출로 인해 부정해진 사람의 침에 닿은 사람도 부정하게 된다고 말하고 있는 점을 미루어서 알 수 있다.

"유출…유출" *자브…조브*(זָב…זוֹב)

'유출'이라고 번역된 두 단어는 모두 *주브*(זוב)라는 동사에서 파생된 칼 분사 능동형과 명사이다. 두 단어 모두 '흐름'(flow)이란 정도의 뜻을 갖고 있다. 개역개정은 이 단어들을 대개 "유출병"이라고 번역하고 있다. 그러나 내용상으로 볼 때 이 신체 현상은 정액의 사정 등과 같이 현대 의학적 시각으로 볼 때는 전혀 병이 아닌 현상들도 포함하고 있기 때문에 이런 번역은 오해의 소지가 있다. 따라서 현 사역에서는 더 중립적인 '유출'이라는 단어로 일관되게 번역을 한다.

15:13 **"흐르는 물"**

14:5-6에서 다룬 바와 같이 '흐르는 물'은 *마임 하임*(מַיִם חַיִּים)이다. 즉 '흐르는' 물의 히브리어 단어는 *하이*(חַי, '살아 있는'[alive])이다. 이 점에 있어서 유출 현상에 대한 정결 의식은 어느 정도는 악성 피부병 환자의 경우와 상응하는 바가 있다.

15:19 **"월경으로 인한 부정"** ***닏다***(נִדָּה)

개역개정은 막연히 "부정"이라고 번역하고 있는 이 단어는 일반적으로 부정을 가리키는 단어인 *타매*(טָמֵא) 및 그 동족어들과는 구분되는 단어이다. 이 사역에서는 *닏다*는 '월경으로 인한 부정'이라고 번역함으로써 양자를 구분하고 있다.

15:31 **"너희는…분리시켜라"** ***붸힏자르템***(וְהִזַּרְתֶּם)

원형은 *나자르*(נָזַר)이며, 이 동사의 사역형인 히필형의 완료 2인칭 남성 복수 형태를 취하고 있다. 이 문맥에서는 완료형은 명령형의 효력을 갖고 있다. 중요한 것은 동사 *나자르*가 나실인을 뜻하는 *나지르*(נָזִיר)와 관련이 있다는 것이다. *나자르*의 히필형 동사는 구약성경 전체에서 총 6회가 나오며, 그 중에 레위기 15:31과 민수기 6:2을 제외한 나머지 경우는 모두 "나실인으로 자신을 구분하다"라는 뜻을 갖고 있다(민 6:3, 5, 6, 12). 또한 민수기 6:2의 경우 이어지는 본문 속의 구절들(앞의 참고 구절들)의 개념인 나실인으로 자신을 구분한다는 개념과 밀접하게 연결되어 "어떤 것들로부터 자신을 분리시키다"라는 개념을 말하고 있다. 이런 면에서 볼 때 위의 경우들을 제외하고는 구약성경 전체에서 유일하게 히필형으로 쓰인 다른 경우인 레 15:31의 단어 역시 단순히 '분리시킨다'는 개념을 말한다기보다는 마치 나실인처럼 '하나님을 위해 자신들을 어떤 것들로부터 분리시킨다'는 개념을 강하게 띤다고 보는 것이 더 적절해 보인다. 그런 면에서 31절이 정리해주는 11-15장의 정결과 부정 규례가 이스라엘을 마치 나실인들처럼 하나님을 향해 분리된 존재로 형상화하고 있는 것으로 보인다.

3단계: 단락 구분

레위기 15장의 단락 구분은 다음과 같다:

- 15:1 서론
- 15:2–18 남성의 유출 문제
    - 15:2–15 지속적 유출 문제
    - 15:16–18 일시적 유출 문제
- 15:19–30 여성의 유출 문제(월경을 빼고는 남자의 경우와 유사)
    - 15:19–24 일시적 유출 문제
    - 15:25–30 지속적 유출 문제
- 15:31–33 신학적 의의 및 결론부
    - 15:31 신학적 의의
    - 15:32–33 결론부

이 장의 서론부인 1장은 레위기의 새 단원의 표시 형식을 따라 "여호와께서 모세와 아론에게 말씀하여 이르셨다"라고 되어 있다. 모세와 더불어 아론이 언급된 점은 11–15장의 중요한 흐름 중의 하나로서(11:1; 13:1; 14:33) 정결과 부정의 문제에 있어서 제사장의 역할이 중요함을 강조해주고 있다. 이어서 2절의 서두는 "이스라엘 자손에게 말하여 이르라"라고 되어 있는데 이 문구는 이 장의 규례의 중심 청중이 누구인지를 보여주는 역할과 더불어 15장이 앞의 장들과 상대적으로 구분되는 내용을 담고 있다는 것을 표시해주는 역할을 한다.

이어지는 큰 단원인 2–30절의 본문은 앞의 2절의 "사역 해설"(433쪽)에서 다룬 바와 같이 *이쉬 키*(אִישׁ כִּי) 혹은 *잇샤 키*(אִשָּׁה כִּי) 형식을 가진 네 개의 문구, 즉 "만약 어떤 남자가/어떤 여자가"란 뜻을 가진 네 개의 문구에 의해 위의 "단락 구분"에서와 같이 네 단원으로 구분된다. 이 네 단원은 또한 ABB′A′의 형식(지속/일시//일시/지속)을 갖고 있다는 것이 특징이다.

31절은 15장뿐만 아니라 11–15장의 정결과 부정 본문 전체를 아우르는 신학적 의의를 밝히고 있다는 점에서 중요하다. 이어서 32–33절이 11–15장의 일관된 형식을 따라 15장의 내용을 요약정리해주면서 끝이 난다.

4단계: 본문 해설

15:2 "만약 어떤 남자든지 그 몸에 유출이 있으면"

'만약 어떤 남자든지'(*이쉬 이쉬 키*)란 문구는 15장의 단원 구분을 위해 중요한 표지 문구이다. 이에 대해서 2절의 "사역 해설"(432–433쪽)과 "단락 구분"(435쪽)의 내용을 참고하라. 이 구절은 2–15절의 남자에게 나타나는 지속적인 유출 현상에 대한 본문의 도입 구절이다. 이런 유출 현상이 있는 남자는 부정하다는 선언이 주어진다.

"몸"

히브리어로는 *바사르*. 이 단어는 "사역 해설"(433쪽)에서 설명한 바와 같이 성기를 가리키는 완곡어법적 표현이다. 15장의 유출 현상은 전부 남녀의 성기와 관련된 현상들을 다루고 있다.

15:3 "유출로 인해 흘러 나오는 것이 있든지, 아니면…막혔든지 간에"

남성의 유출 현상의 경우 그것이 줄줄 흘러 나오는 것이든, 아니면 흘러 나오는 것이 막혔든 간에 모두 부정한 것으로 간주된다.

15:4-6, 9-10

이 구절들은 유출 현상을 겪고 있는 사람과 접촉된 침상, 앉은 자리, 안장 등 접촉하는 모든 사물이 다 부정하게 되며, 그것들에 접촉하는 자들도 역시 부정하게 된다는 것을 천명하고 있다. 이처럼 유출병은 연쇄적으로 부정을 야기시킨다는 점이 분명하게 제시되고 강조되고 있다는 점에서 앞의 악성 피부병과는 차별화된다. 그러나 부정의 정도에 있어서는 악성 피부병보다 약했기 때문에 유출 현상의 경우에는 부정하다고 선언된 자가 옷과 몸을 물로 씻고 저녁까지 기다리면 부정이 해소되었다(5, 6, 10절).

15:7-8 유출 현상이 있는 자와 접촉하거나 그의 침에 맞은 사람도 역시 앞의 경우와 마찬가지로 부정해졌다. 그에 대한 해결책은 앞과 마찬가지로 옷과 몸을 물로 씻고 저녁까지 기다리는 것이었다.

15:11-12 이 구절은 앞의 7–8절의 유출 현상이 있는 자와의 접촉 문제에 대한 부가 본문이다. 유출 현상이 있는 사람과 접촉 시 부정의 여부는 그가 손을 씻었느냐에 달렸다는 점을 11절은 말하고 있다.

15:12 12절은 앞의 4–6, 9–10절의 유출한 자와 접촉된 사물의 경우에 대한 부연 설명이다. 그와 접촉된 그릇들 중 질그릇은 깨뜨리고, 나무 그릇은 물로 씻는다. 이 점은 레위기 6:28; 11:32–33에 나오는 규례와 본질적으로 상응한다.

15:13-15 이 본문은 지속적인 유출 현상을 겪는 자가 정결하게 되었을 때 치르는 정결 및 속죄 의식을 다루고 있다. 그 절차는 다음과 같다:

A. 정결 의식
(1) 7일을 기다린다.
(2) 옷을 빨고 흐르는 물에 몸을 씻는다.
그가 정결하게 된다(13절).

B. 속죄 의식
(1) 제8일에 비둘기 두 마리를 취하여 제사장에게 준다.
(2) 제사장이 이 두 마리를 각각 속죄제물과 번제물로 드린다.
그가 속죄된다(15절).

15:16-18 이 새로운 단원은 2절과 유사하게 *붸이쉬 키*, '만약 어떤 남자가'란 문구로 도입된다. 16–18절은 남자가 정수를 흘린 일시적인 유출 현상에 대해서 다루고 있다. 그런 경우 그는 온 몸을 씻어야 하며, 저녁까지 부정하다. 또한 그는 정수가 묻은 모든 옷과 가죽을 빨아야 하며, 그것들도 역시 저녁까지 부정하다. 또한 남녀의 동침으로 인해 설정을 한 경우에도 역시 그들 모두 같은 조치를 받는다. 또한 이 일시적인 유출 현상의 경우에는 속죄 의식을 치를 필요가 없다. 이런 점에서 설정은 상대적으로 부정의 정도가 가볍다고 할 수 있다.

15:19 "만약 어떤 여자에게"

여자의 일시적인 유출 현상을 다루고 있는 19–24절의 단원의 시작은 2, 16절과 유사하게 *붸잇샤 키*, '만약 어떤 여자에게'란 문구를 통해 도입된다.

15:19-24 이 단원은 여자의 일시적인 유출 현상, 즉 월경에 대한 단원이다. 이 경우 그녀는 7일 동안 부정하며, 그녀와 접촉하는 사람도 부정하게 된다. 또한 앞의 남자의 경우와 마찬가지로 그녀의 경우에도 그녀가 접촉한 침상(20–21절), 앉은 자리(22절), 기타 물품들(23절)은 다 부정하며, 또 연쇄적 부정을 야기시킨다. 이런 경우 그것들에 접촉한 사람은 옷과 몸을 씻고, 저녁까지 기다림으로써 정결해진다.

또한 그녀와 동침을 하는 남자는 그녀와 마찬가지로 7일 동안 부정하며, 부정의 연쇄 작용에 의해 그가 누운 침상도 역시 부정하게 된다(24절).

그녀와 동침한 남자가 7일 동안 부정하다는 점을 고려할 때 이것은 그녀가 월경을 겪는 중에 의도적으로 그녀와 성관계를 가진 것을 의미하는 것이 아니라 그녀의 월경이 시작되는 것을 모르고 성관계를 갖다가 월경이 시작되는 경우를 말하는 것으로 보인다. 왜냐하면 레위기는 월경 중에 있는 여자와 동침하는 것을 강력하게 금지하고 있기 때문이다.[217] 레위기 18:19은 그녀

---

217 Wenham, *Leviticus*, 220.

가 월경으로 인해 부정한 중에 동침하는 것을 금지하고 있으며(또한 겔 18:6; 22:10), 레위기 20:18은 월경 중인 여자가 동침을 한 경우 남녀 모두 백성 중에서 끊어지게 될 것임을 경고하고 있다.

15:25 "만약 어떤 여인의"

히브리어는 2, 16, 19절과 비슷하게 *붸잇샤 키*이며, 이 특정 문구는 15장에서 새로운 단원의 도입구 역할을 한다. 이 구절의 경우에는 25-30절의 여인의 지속적인 유출 현상에 대한 단원의 도입구로서의 기능을 하고 있다.

15:25-27 이 본문은 여인의 지속적인 유출 현상을 다루고 있다. 그녀의 유출 현상이 앞 문단(19-24절)에서 다룬 월경 기간이 아닐 때 발생하거나 월경 기간인 7일을 넘어서도 계속 지속되는 경우 그녀는 유출 현상을 겪는 모든 기간 내내 부정한 상태에 있게 된다(25절). 이 경우 그녀와 접촉하는 물건들, 그리고 그 물건들에 접촉한 사람들은 다 부정해지며, 이 경우 옷과 몸을 씻고 저녁까지 기다려야 한다(26-27절).

15:28-30 이 본문은 그녀가 지속적인 유출 현상으로부터 정결하게 된 경우를 다루고 있다. 이 경우의 절차도 앞의 남자의 경우(13-15절)와 동일하다.

15:31 "분리시켜라"

이 본문은 15장뿐만 아니라 11-15장 전체의 정결과 부정에 대한 본문의 신학을 천명하고 있다. 특히 '분리시켜라'는 명령은 중요하다. 이 단어는 "사역 해설"(434쪽)에서 다룬 바와 같이 나실인이라는 표현의 바탕이 되는 동사 *나자르*의 히필형이다. 이 동사는 소극적으로는 하나님의 백성이 부정으로부터 자신을 분리시켜야 한다는 요구를 담고 있다. 또한 적극적으로는 그런 부정을 떠나 하나님에게로 분리되어야 한다는 요구를 담고 있다. 출애굽기 19:6의 시내 산 언약의 목적 구절이 밝히고 있듯이 이스라엘은 "제사장 나라,

거룩한 백성"이 되어야 하는 것이다.

"그들이 그들 가운데 있는 내 성막을 부정하게 함으로써 그들의 부정 가운데 죽지 않도록 하기 위함이다"

31절이 11–15장 전체의 정결과 부정에 대한 신학의 정리 역할을 하고 있다는 점은 이 장의 개관 등에서 이미 언급한 바가 있다.

첫째, 비록 15장의 유출 현상으로 인한 부정이 11–14장의 부정들과 비교해서 덜 심각한 것이라고 해도 여전히 '그들 가운데 있는 나의 성막을 부정하게' 만들 수가 있으며, 그 때문에 '죽음을 면하지 못하게' 될 수 있다. 하나님과의 관계는 부정의 크기나 심각성에 따라서 달리 위협을 받는 것이 아니라 부정의 존재 자체에 의해서 위협을 받는다.

둘째, 심각성이 덜한 부정도 방치하지 말고 반드시 제거를 해야만 한다.

15:32-33 이 본문은 15장의 결론구로서 그 내용을 잘 요약해주고 있다.

5단계: 적용

15:5-7, 21-23 이 본문은 13–14장의 악성 피부병에 비해서 상대적으로 부정의 정도가 약한 유출의 문제가 부정의 연쇄 작용을 일으킨다는 점을 다루고 있다. 이처럼 상대적으로 덜 중요한 것이 오히려 더 큰 문제를 일으킬 수도 있다. 차라리 큰 문제나 큰 잘못은 거기에 적극적으로 대처하기 때문에 오히려 파장이 작을 수가 있다. 반면에 상대적으로 사소해 보이는 것은 방심했다가 나중에 오히려 파장이 커질 수가 있다.

이런 점에서 우리 성도들은 상대적으로 덜 위험해 보이는 죄들에 대해서 주의를 기울일 필요가 있다. 정말 신앙심이 있고 거듭난 체험을 한 성도들이 사회적으로 문제가 되는 큰 종류의 죄들을 저지르는 경우는 드물다. 그러나 이런 성도들도 상대적으로 작고 모호한 종류의 죄들은 방치하는 경우들이 꽤 있다. 그리고 이런 방심은 죄의 연쇄 작용을 통해 훨씬 더 큰 죄가 들어오는 통로가 될 수도 있다. 5–6절은 바로 이런 점에 대해서 우리에게 좋은 경고가 된다. 우리는 이런 덜 심각한 종류의 죄도 역시 죄이며, 이런 종류의 죄들도 적극적으로 대처하려는 태도를 취해야 한다. 이것이 바로 하나님의 거룩한 백성이 취해야할 태도이다(15:31).

15:16-18, 19-24 이 본문은 정당한 성관계에서 정수를 흘린 경우의 일시적인 부정에 대해서 다루고 있다. 본문에 근거해서 성은 피해야 할 더러운 것이라고 이해해서는 안 된다. "생육하고 번성하여 땅에 충만하라"는 것은 하나님의 창조명령이다(창 1:28). 또 하나님은 결혼 제도를 만드신 분이시며, 바른 관계 속에서 이루어지는 성은 아름다운 것이다(창 2:24–25). 그러나 하나님이 창조하신 좋은 것이라도 때를 따라 삼가는 것은 중요하다. 성경은 사람이 하나님을 만나려 할 때나 거룩한 일에 특별히 관련될 때에는 성관계를 삼갈 것을 명령하고 있다(출 19:15; 레 22:4–7 등).

15:31 하나님을 섬기는 사람들은 자신들을 모든 종류의 부정으로부터 분리시키도록 해야 한다. 간혹 기독교인들 중에는 오직 예수로만 구원을 얻기 때문에 윤리나 행위는 부차적인 것이라고 주장하는 사람들이 있다. 그러나 하나님을 섬긴다는 것은 곧 모든 종류의 부정이나 죄와 양립할 수가 없다는 것이다. 그러므로 거룩한 하나님을 섬기는 성도는 성경의 가르침을 왜곡하여 불의와 적당히 타협하려고 해서는 안 된다. 하나님을 섬기는데 있어서 다른 길은 존재하지 않는다. 정결하지 않고 하나님을 섬기는 방법은 존재하지 않는다는 것을 우리는 기억해야 한다.

또 한 가지 중요한 점은 모든 종류의 부정으로부터 자신을 '분리시키라'는 명령은 목회자나 나실인과 같은 특정한 사람들에게만 주신 명령이 아니라 하나님의 모든 백성 하나하나에게 주신 명령이라는 점이다. 따라서 스스로를 하나님 앞에서 정결하게 해야 할 임무는 어느 특정한 사람들에게만 국한된 것이 아니라 모든 사람에게 다 해당되는 것이다. 혹시 교인들 중에 자신이 목회자나 선교사 등이 아니라고 해서 스스로에게 적용하는 정결의 수준을 낮추고 있는 사람이 있다면 그것은 잘못된 생각이라는 것을 깨달아야 한다.

6단계: 설교 "모든 정결과 부정의 구분을 초월하신 예수" (레 15:25-30; 막 5:21-43)

레위기 15:25–30의 본문은 여성의 몸에 발생하는 지속적인 유출 현상에 대한 내용을 담고 있습니다.[218] 부자연스러운 이런 유출병은 그녀를 제의적으로 부정한 상태로 만듭니다. 또한 그녀의 부정은 그녀가 접촉한 사람과 사물을 부정하게 만들고, 부정의 연쇄 작용을 일으켜 그녀로 인해 부정해진 것들에 접촉한 사람이나 사물을 다시 부정하게 만들기 때문에 그녀는 성소에 나아갈 수도 없고, 사람들과 함께 사는 것도 힘들었을 것입니다. 특히 '그녀의 부정한 유출이 있는 모든 날 동안' 그녀는 부정하기 때문에 그녀가 이 유출병으로부터 치유함을 얻지 못하는 한 그녀는 이스라엘 백성의 삶의 근간인 제의와 공동체로부터 소외되고 고통스러운 삶을 살 수밖에 없었을 것입니다.

마가복음 5:25–34은 이런 유출병, 즉 '혈루병'으로 12년 동안 고통을 당해온 여인의 이야기를 담고 있기 때문에 앞의 레위기 15장의 유출로 인한 부정이 한 사람의 삶에 어떤 영향을 미치는지를 들여다볼 수 있게 해줍니다. 12년이라는 긴 시간 동안 그녀는 부정의 상태에 있었기 때문에 그녀의 삶은 피폐

218 이 설교 샘플은 주일예배용보다는 성경 특강용으로 더 적합할 수 있음을 유념하라. 일단 살펴봐야 하는 본문의 길이가 상당히 길기 때문에 통상적인 주일 예배용 설교에 있어서는 부담이 될 수 있다. 그러나 지혜로운 설교자라면 이 문제를 지혜롭게 해결할 수도 있을 것이다.

하기 그지없었을 것입니다. 당연히 그녀의 모든 소망은 고통스러운 삶의 이유인 혈루병으로부터 벗어나는 것이었을 것입니다. 실제로 본문은 그녀가 많은 의사들을 찾아다니며 이 병으로부터 벗어나기 위해 몸부림쳤던 것을 말해주고 있습니다(26절). 불행히도 그런 그녀의 노력은 상황을 악화시켰고, 그녀의 병은 더욱 심각해졌습니다. 이런 상황 속에서 그녀는 예수님의 병 고침 능력에 대한 많은 소문을 듣고 그에게 다가옵니다. 그리고 고침을 받습니다.

이것은 우리가 잘 아는 이야기입니다. 그러나 혈루병 걸린 여인의 이야기를 좀 더 확장하여 그 앞뒤를 감싸고 있는 야이로와 그의 병든 딸의 이야기와 함께 읽으면 이 본문은 좀 더 많은 것을 이야기해줍니다. 그리고 이것이 마가복음 저자의 의도이기도 합니다. 이 점은 두 본문이 합쳐져 다음과 같이 샌드위치 구성을 띠고 있다는 점을 통해서 알 수 있습니다.

A. 야이로와 딸 (5:21–24)
    B. 혈루병 걸린 여인 (5:25–34)
A′. 야이로와 딸 (5:35–43)

이런 구조는 저자가 독자들에게 두 이야기를 함께 읽어야 한다는 싸인을 주는 것입니다. 이런 구조와 상응하게 두 이야기 사이에는 여러 가지 연결고리들이 존재합니다.[219] 우선 두 이야기의 중요한 연결 고리가 되는 두 여인, 즉 야이로의 딸과 혈루병 걸린 여인은 몇 가지 공통점을 보여줍니다.

첫째, 두 여인 모두 12라는 숫자로 연결되어 있습니다. 혈루병 여인은 12년을 병으로 고생했고(25절), 야이로의 딸이 죽었다 살아난 때의 나이는 12살입니다(42절). 이 중요한 숫자의 연결 고리는 저자가 두 여인의 이야기를

219 이하의 분석은 나의 박사학위 논문의 일부에 바탕을 두고 있다. Chulhyun Park, "From Mount Sinai to the Tabernacle: A Reading of Exodus 24:12–40:38 as a Case of Intercalated Double Plot" (Ph.D. diss, Univ. of Gloucestershire, 2002), 129–137.

의도적으로 하나로 묶어 놓았음을 보여주는 아주 중요한 단서입니다.

둘째, 두 여인은 모두 '딸'이라고 불립니다(23, 34-35절).

셋째, 두 여인은 모두 제의적으로 부정합니다. 혈루병 걸린 여인은 레위기 15장이 말하고 있는 유출병을 앓고 있으며, 소녀는 죽음을 통해 부정하게 됩니다.

두 이야기 사이의 연결 고리는 이처럼 유사한 점만 있는 것이 아니라 대조적인 것들도 있습니다.

첫째, 소녀의 아버지인 야이로는 당시 유대 사회의 종교적 신분의 최상위 계층이었던 회당장이며, 또 이름이 밝혀져 있습니다. 반면에 혈루병 여인은 부정한 상태에 있기 때문에 제의적으로 소외된 자이며, 이름이 안 나옵니다. 이처럼 이 둘은 제의적인 신분상으로 철저하게 대조를 이루고 있습니다.

둘째, 앞의 신분상의 차이는 이들이 예수께 접근하는 방식에 있어서도 대조를 이룹니다. 야이로는 군중들 앞에서 공개적으로 예수께 다가옵니다. 반면에 여인은 몰래 예수 뒤로 다가옵니다.

두 이야기는 이런 사실적인 측면에서의 연결고리들 외에도 주제적인 측면에서도 연결점들을 갖고 있습니다.

첫째, '믿음'이라는 주제가 두 이야기를 묶어줍니다. 여인은 믿음으로 구원을 얻었습니다(34절). 야이로는 믿음을 가지라는 격려를 받습니다(36절).

둘째, '구원'이라는 주제가 두 이야기를 엮어 줍니다. 야이로는 "내 어린 딸이 죽게 되었사오니 오셔서 그 위에 손을 얹으사 그로 구원을 받아 살게 하소서"라고 간구합니다(23절). 여인은 "내가 그의 옷에만 손을 대어도 구원을 받으리라"(28절)는 소원을 말합니다. 그리고 실제로 예수님의 구원 선언을 듣게 됩니다(34절).

셋째, "두려워하다"란 주제 역시 두 이야기를 이어줍니다(33, 36절).

두 이야기의 이런 연결을 통해서 마가복음 저자는 어떤 효과를 내고, 어떤 주제를 부각시키고 싶은 것일까요? 주석가들이 이 질문에 대해서 많은 견해들을 제시했지만 이 본문의 모든 증거들을 가장 잘 설명해주는 견해는 저자가 동일한 주제를 가진 두 개의 이야기를 병행시킴으로써 자신이 내세우는 주제를 더욱 강렬하게 부각시키는 기법을 사용하고 있다는 것입니다. 저자는 오직 예수 그리스도에 대한 믿음만이 심각한 병(혈루병 여인), 그리고 사망으로부터의 구원(야이로의 딸)을 가져다 줄 수 있다는 것입니다.

우선 여인이 믿음을 가졌다는 것은 본문 자체로부터 분명합니다.

첫째, 자신의 혈루병으로부터 벗어나기 위한 12년 동안의 모든 노력이 실패하고, 재산도 다 날리고, 병마저도 더 심해진 상태(26절)에서 그녀에게 남은 유일한 희망은 이미 수많은 병자들을 고쳤다는 소문이 나 있던 예수 그리스도였습니다.

둘째, 그녀는 단순히 소문에 희망을 거는 것을 넘어서는 믿음을 보여줍니다. 그녀는 예수님의 옷을 만지는 것만으로도 병이 나을 것이라고 생각했는데, 이런 강력한 믿음은 그녀 이전의 그 어떤 병자에게서도 표현된 적이 없습니다(27–28절).

이처럼 여인의 큰 믿음은 본문이 분명하게 말하고 있기 때문에 누구나 다 그렇게 받아들입니다. 그러나 야이로 역시 큰 믿음을 보였다는 것은 대부분 놓치고 맙니다. 그래서 많은 주석가들은 저자가 이 여인의 큰 믿음을 야이로의 믿음 없음과 대조시키고 있다고 생각하는 경우가 많습니다. 그리고 이런 견해는 36절에서 예수님이 그에게 "두려워 말고 믿기만 하라"고 촉구하신 것을 통해서 증명된다고 생각합니다.

하지만 실제 본문을 주의 깊게 살펴보면 야이로 역시 대단한 믿음을 보여주고 있는 것을 알 수 있습니다. 그가 예수께 다가와 그 발 아래 엎드리는 행위는 그를 상당히 위태롭게 할 수 있는 것이었습니다(22절). 왜냐하면 마가복음 5장에 이르기 훨씬 전부터 이미 예수님과 유대 지도자들 사이에는 갈등이 쌓여가고 있었기 때문입니다. 심지어 그들은 어떻게 예수님을 죽일까 하는 것까지 논의를 한 상황이었습니다(3:6). 이처럼 유대 지도자들이 예수님께 심히 적대적인 태도를 보이는 상황 속에서 그 앞에 엎드리는 것은 엄청난 용기와 결심이 필요한 일이었음이 분명합니다. 이 점은 니고데모가 한 밤 중에 몰래 예수님을 찾아온 것과 비교해보면 분명하게 알 수 있습니다(요 3:1). 또한 야이로는 자기 딸의 죽음의 소식을 듣고도 믿음이 흔들리는 모습을 직접 보여준 적은 없습니다. 좌절의 모습을 보인 것은 그가 아니라 그의 집의 사람들입니다(35절).

지금까지 살펴본 바들을 정리해 볼 때 심각한 병과 죽음으로부터의 회복이라는 주제를 가진 두 이야기가 샌드위치 모양으로 결합된 이유는 믿음의 점증 효과를 보여주기 위한 것이라고 생각됩니다. 야이로가 죽어가는 자기 딸을 위해 예수님을 모시러 온 부분(A부분: 막 5:21-24)을 보면서 독자들은 복음서에서 흔히 발견하는 병과 치유의 이야기를 다시 한 번 맞이한다고 생각했을 것입니다. 그러나 여인의 이야기(B부분: 막 5:25-34)가 끼어들고, 그녀의 병이 얼마나 심각했는지에 대한 회고와 그런 그녀의 병이 얼마나 놀라운 방식으로 치유되었는지를 보면서 독자들은 복음서에서 지금까지 들어왔던 것(참고, 막 3:10 등)보다 예수의 능력에 대해 한 차원 더 높은 경험을 하게 됩니다. 그리고 이 여인의 놀라운 이야기에 대한 경험을 통해서 독자들은 예수님이 딸의 죽음의 소식을 들은 야이로에게 한신 믿음의 격려를 받아들일 준비가 됩니다(36절). 이 믿음에 따라 죽은 딸이 살아나는 것을 보면서 독자들은 예수님이 단순히 기적적 치유자일 뿐만 아니라 사망의 권세마저 이기신 구원자라는 것을 경험하게 됩니다.

야이로의 딸이 죽음에서 살아 돌아온 이야기와 혈루병 걸린 여인이 고침을 받은 이야기는 레위기 11-15장 및 레위기 전체의 신학과 상당히 밀접한 연결을 갖고 있습니다. 유출병은 전염성이 강한 부정을 야기시킵니다. 그리고 죽음은 부정의 궁극적인 모습입니다(참고, 레 11:24-40; 13:45-46 및 그 해설; 17:15-16; 21:1-3, 10-12등).

구약은 어떤 것이 정결한 것인지, 그리고 어떤 것이 부정한 것인지에 대해서 규정하고, 하나님의 백성이 모든 부정으로부터 자신을 분리시킬 것을 명령합니다(레 15:31). 그러나 구약의 가르침과 요구는 여기까지입니다.

반면에 신약은 부정한 자들이 정결하게 될 수 있는 해결책을 제시해줍니다. 그 해결책은 바로 예수 그리스도입니다. 오늘 본문에서 보듯이 예수님은 유출병으로 12년 동안 고통 받는 여인이 옷자락을 만지는 것으로도 바로 치유 받고 정결하게 될 수 있게 해주실 수 있는 분입니다. 그리고 예수님은 야이로의 딸의 경우와 같이 궁극적인 부정인 죽음을 맞이한 사람의 경우에도 예수님과 그 능력을 믿기만 하면 다시 살아날 수 있게 만드실 수 있는 분입니다. 구약과 달리 예수님은 이렇게 정결과 부정을 치유하고 소멸시키실 수 있는 분입니다.

그러므로 오늘 본문은 예수님께서 야이로에게 했던 말씀과 같이 우리에게 권면합니다. "두려워하지 말고 믿기만 하라"(막 5:36). 여러분 믿기만 하십시오. 혈루병 걸린 여인이 자신을 12년 동안이나 부정하게 만들고, 아무도 고치지도 못했던 병에서 놓임을 받았듯이, 야이로의 딸이 궁극적 부정인 죽음의 권세에서 놓임을 받았듯이 우리가 우리를 모든 부정과 죄로부터 정결하게 되는 길이 여기 있습니다.

레위기 16장

속죄일 규례-하나님의 리셋 버튼

❑ 속죄일 규례 개관

레위기 16장은 7월 10일(레 16:29)에 치러지는 속죄일의 의식을 다루고 있다. 정작 '속죄일', 즉 *욤 학킾푸림*(יוֹם הַכִּפֻּרִים, '속죄의 날'이라는 뜻)이라는 용어는 레위기 16장에는 나오지 않고 레위기 23:27; 25:9에 나온다. 특히 25:9의 본문은 희년과 관련되어 있는데, 50년마다 돌아오는 희년의 해를 선포하는 날이 바로 이 속죄일, 즉 7월 10일임을 언급하고 있다. 1년 중 가장 중요한 날이고 거룩한 날이자 가장 크게 죄 씻음을 받는 날인 속죄일에 모든 부채를 탕감 받는 희년의 해가 선포되는 것은 아주 적절해 보인다. 속죄일과 희년은 서로 간의 의미를 더욱 선명하게 해주는 것이다.

속죄일은 이처럼 레위기 신학의 중심이며, 일 년 중 가장 거룩한 날이다(16:29–34). 이날의 신학에 대해서 16, 30, 31, 34절은 다음과 같이 말한다. "이스라엘 자손의 부정과 그들의 모든 죄에 의한 반역으로부터 성소를 위하여 속죄하여라. 또 그들의 모든 부정함의 한 가운데에서 그들과 함께 있는 회막을 위하여 그렇게 행하여라…이 날에 그가 너희를 위하여 속죄하여 너희를 정결하게 할 것이다. 너희의 모든 죄들로부터 너희가 여호와 앞에 정결하게 될 것이다…이 날은 너희에게 안식일 중의 안식일이다…이스라엘 자손의 모든 죄들을 위하여 일 년에 한 번 속죄하여라."

이처럼 이 날의 속죄 의식을 통하여 이스라엘 전체가 모든 죄로부터 정결하게 된다는 점에 속죄일은 하나님께서 이스라엘에게 허락하신 리셋 버튼과 같다고 할 수 있다. 다시 말해 속죄일은 이스라엘의 모든 죄(30절), 그리고 11-15장에서 다루는 각종 제의적 부정이 미처 다 해결하지 못한 모든 것들을 1년에 한 번씩 처리하도록 해주는 하나님의 조치였다. 죄, 그리고 비록 죄는 아니지만 제의적인 부정은 진 한 가운데서 임마누엘 하시는 하나님의 성소를 더럽히며, 이런 오염이 방치되면 하나님은 진 중에서 이스라엘과 함께 하실 수 없게 된다. 그래서 각종 제사와 정결 의식으로 성막의 오염을 처리하지만 미처 다 처리 못하는 죄들이 있게 된다. 속죄일은 1년에 한 번 이런 것들을 처리할 기회를 이스라엘에게 주심으로써 하나님과 백성의 공존을 가능케 한다. 이처럼 하나님과의 관계에서 가장 깊숙한 문제까지 처리한다는 측면에서 속죄일의 제의는 평소에는 허락되지 않는 곳인 지성소까지 대제사장이 들어가는 것이 요구되며, 또한 허락된다.

속죄일 규례와 신약

속죄일 본문에 나오는 요소들은 신약에서 자주 언급된다. 우선 아사셀 염소는 이사야 53장을 거쳐 신약에서 "세상 죄를 지고 가는 어린 양"으로 연결된다(참고, 고후 5:21; 벧전 2:24).

1. 속죄일 의식은 히브리서 9-10장에서 다음과 같이 많이 반추된다.

(1) 예수께서 십자가에 달려 죽으실 때 지성소의 휘장이 찢어진 사건(마 27:51; 막 15:38; 눅 23:45)을 통해 이제 그리스도를 믿는 성도들은 성소로 들어갈 수 있게 되었다는 점을 히브리서 10:19-22은 강조하고 있다. 구약성경에서 이처럼 사람이 지성소 안으로 들어갈 수 있는 유일한 경우는 속죄일 때뿐이다. 그러나 신약에서는 완전한 속죄제물이신 예수 그리스도의 피가 십

자가 위에서 드려짐으로 인해 그를 믿는 모든 자들은 구약의 대제사장이 일년에 한 번만 들어갈 수 있었던 지성소, 즉 하나님의 가장 깊은 임재의 자리까지 언제든지 나아갈 수 있게 되었다. 이것은 예수 그리스도의 피가 구약의 모든 제사들보다 더 강력하고 위대함을 보여준다.

(2) 예수 그리스도께서 자신을 드리는 제사를 통해 매년의 속죄일의 속죄제(16:34)가 더 이상 필요 없게 되었다. 그리스도는 단번에 이 모든 반복되는 제사의 필요를 없애셨다(히 10:1-4).

2. 속죄일 의식은 아론과 예수 그리스도 사이의 여러 가지 차이를 보여준다.

(1) 아론은 백성을 위해 속죄일 제사를 치르기 전에 자신의 죄를 먼저 해결해야 했다. 그러나 예수 그리스도는 그럴 필요가 없으셨다(히 7:26-28)

(2) 아론은 반복적으로 제사를 드려야 했다. 그러나 예수는 단번에 영원한 구속을 이루셨다(히 9:6-14, 25-26).

(3) 아론은 지상의 성소에 들어갔다. 그러나 예수는 하늘의 성소에 들어갔다(히 9:24).

3. 이처럼 예수 그리스도의 제사는 자기 몸을 완전하고 영원한 제물로 드리심으로써 구약의 가장 중요한 제사인 속죄일의 제사를 폐지하셨다. 그러나 유념하여야 할 점은 **속죄일과 제사의 폐지가 곧 하나님 앞에서 우리가 '스스로를 낮추는' 태도(레 16:29, 31)를 불필요하게 만들지 않았다.** 속죄일이 우리에게 요구하고 있는 이런 태도를 우리는 역사가 끝날 때까지 계속 견지해야 한다. '심령의 가난함'이 진정한 구원의 도리임을 결코 잊지 말아야 한다.

1단계: 사역

16:1 아론의 두 아들이 여호와 앞에 나아가다가 죽은 후에 여호와께서 모

세에게 말씀하셨다.
16:2 그리고 여호와께서 모세에게 이르셨다. 네 형제 아론에게 말하여라. 죽지 않으려면 휘장 안의 성소의 법궤 위 속죄소 앞에 아무 때나 들어오지 말아라 이는 내가 구름 가운데에서 속죄소 위에 나타나기 때문이다.
16:3 들어올 때는 이렇게 해야 한다. 즉 수소를 속죄제물로, 그리고 숫양을 번제물로 [드려야 한다].
16:4 거룩한 세마포 속옷을 입고, 세마포 바지를 그의 살 위에 입고, 세마포 허리띠를 띠고, 세마포 관을 둘러야 한다. 이것들은 거룩한 옷들이다. [이것들을] 입기 위해서는 그는 물로 자기 몸을 씻어야 한다.
16:5 이스라엘 자손의 회중으로부터 속죄제물로 숫염소 두 마리와 번제물로 숫양 한 마리를 취하여라.
16:6 그리고 아론은 자기를 위한 속죄제의 수소를 드려라. 그리고 자기와 집안을 위하여 속죄하여라.
16:7 그리고 그 두 염소를 취하여 그것들을 회막 문 여호와 앞에 세워 두어라.
16:8 그리고 아론은 그 두 염소를 위하여 제비를 뽑아라. 한 제비는 여호와를 위한 것이고, 다른 한 제비는 아사셀을 위한 것이다.
16:9 그리고 아론은 여호와를 위하여 제비 뽑힌 염소를 드려서 속죄제를 행하여라.
16:10 그리고 아사셀을 위하여 제비 뽑힌 염소는 그것을 광야의 아사셀에게로 보내어 그것으로 속죄를 하도록 하기 위해 산 채로 여호와 앞에 세워 놓아라.
16:11 그리고 아론은 자신을 위한 속죄제의 수소를 드려라. 그리고 자신과 자신의 집을 위해 속죄하고 자신을 위한 그 속죄제 수소를 도살하여라.
16:12 그리고 여호와 앞 제단으로부터 불타는 숯으로 채워진 향로와 곱게 간 향기로운 향을 두 손에 가득 채운 것을 취해서 휘장 안으로 들어가라.
16:13 그리고 그 향을 여호와 앞에서 불 위에 올려라. 그러면 그 향의 연기

가 증거궤 위의 속죄소를 덮어서 네가 죽지 않게 될 것이다.
16:14 그리고 그 소의 피[의 일부]를 취하여라. 그리고 손가락으로 속죄소
동쪽에 뿌려라. 또 손가락으로 그 피[의 일부]를 속죄소 앞에 일곱 번
뿌려라.
16:15 또 백성을 위한 속죄제의 염소를 도살하여라. 그리고 그것의 피를 휘
장 안으로 들여가라. 그리고 그것의 피를 수소의 피를 가지고 행했던
것처럼 하여라. 즉 속죄소 위와 속죄소 앞에 뿌려라.
16:16 그리고 이스라엘 자손의 부정과 그들의 모든 죄에 의한 반역으로부터
성소를 위하여 속죄하여라. 또 그들의 모든 부정함의 한 가운데에서
그들과 함께 있는 회막을 위하여 그렇게 행하여라.
16:17 그가 지성소에 속죄하러 들어와서 자신과 자신의 집과 모든 이스라엘
회중을 위하여 속죄를 하고 나갈 때까지 누구도 회막 안에 있으면 안
된다.
16:18 그리고 그는 여호와 앞 제단으로 나와서 그것을 위하여 속죄하여라.
[곧] 그 수소의 피[의 일부]와 염소의 피[의 일부]를 취하여 제단 둘레
의 뿔들에 발라라.
16:19 그리고 손가락으로 그 피를 그 위에 일곱 번 흩뿌려서 이스라엘 자손
의 부정에서 제단을 정결하게 하고 거룩하게 하여라.
16:20 그리고 지성소와 회막과 제단을 위하여 속죄하기를 마치고 살아 있는
염소를 드려라.
16:21 아론은 자기 두 손을 살아 있는 염소의 머리에 얹으라. 그리고 이스라
엘 자손의 모든 불의와 그 모든 죄를 위한 반역을 자복하여라. 그리고
그것들을 그 염소의 머리에 두고, 미리 정한 사람이 광야로 데리고 가
게 하라.
16:22 염소가 그들의 모든 불의를 외딴 땅으로 지고 가면 그가 그 염소를 광
야 속으로 보내야 한다.
16:23 그리고 아론은 회막으로 들어가서 지성소에 들어갈 때에 입었던 세마

포 옷을 벗어서 거기에 둔다.
16:24 그리고 거룩한 곳에서 물로 자기 몸을 씻고 자기 옷을 입는다. 그리고
나와서 자기의 번제와 백성의 번제를 드려서 자기와 백성을 위하여
속죄한다.
16:25 그리고 속죄제물의 지방을 제단에서 불사른다.
16:26 그리고 염소를 아사셀에게 보낸 자는 자기 옷을 빨고 물로 자기 몸을
씻어라. 그 후에야 그는 진영에 들어올 수 있다.
16:27 그리고 속죄하기 위하여 그 피를 성소를 들여간 속죄제의 수소와 속
죄제의 염소를 진 밖으로 내어가라. 그리고 불로 그것들의 가죽과 고
기와 똥을 불태워라.
16:28 그것들을 불태운 자는 자기 옷을 빨고 물로 자기 몸을 씻어라. 그 후
에야 그는 진영에 들어올 수 있다.
16:29 이것은 너희를 위한 영원한 규례가 될 것이다. 일곱째 달 10일에 너희
는 스스로 괴롭게 하고 본토인이든 너희 중에 거하는 거류민이든 아
무 일도 하지 말아라.
16:30 이 날에 그가 너희를 위하여 속죄하여 너희를 정결하게 할 것이다. 너
희의 모든 죄들로부터 너희가 여호와 앞에 정결하게 될 것이다.
16:31 이 [날은] 너희에게 안식일 중의 안식일이다. 너희는 스스로 괴롭게
하여라. [이것은] 영원한 규례이다.
16:32 기름 부음을 받고 위임되어 자기 아버지를 대신하여 제사장의 직분을
행하는 제사장이 속죄를 하여라. 그는 세마포 옷 곧 거룩한 옷을 입고,
16:33 지성소를 속죄하며 회막과 제단을 속죄하고 또 제사장들과 회중의 모
든 백성을 위하여 속죄를 해야 한다.
16:34 이것은 너희를 위한 영원한 규례가 될 것이니 이스라엘 자손의 모든
죄들을 위하여 일 년에 한 번 속죄하여라. 그러자 아론이 여호와께서
모세에게 명령하신 대로 행하였다.

2단계: 사역 해설

16:2 "그리고 여호와께서 모세에게 이르셨다"

봐요메르 아도나이 엘-모쉐(וַיֹּאמֶר יְהוָה אֶל־מֹשֶׁה)

"그리고 여호와께서 모세에게 말씀하셨다"라는 문구, 즉 '말씀하다'에 *봐예답베르*(וַיְדַבֵּר)가 쓰인 문구(8:1; 11:1)는 레위기에서 단원 구분 문구로 많이 나왔지만 이 구절처럼 *봐요메르*가 쓰인 경우는 단 두 번 밖에 나오지 않는다(16:2; 21:1). 그런 면에서 16:2은 그 시작이 좀 독특하다고 할 수 있다.

"휘장 안의 성소의" *학코데쉬 밉베트 랍파로케트*(הַקֹּדֶשׁ מִבֵּית לַפָּרֹכֶת)

*파로케트*는 지성소와 성소를 구분해주는 커튼을 의미한다. 이 커튼은 단순히 문 위에만 드리워진 것이 아니라 지성소의 윗부분도 덮었던 것으로 생각된다(참고, 출 40:3, '가리고'는 '덮고'란 뜻).[220] 이런 면에서 '휘장 안의'(inside the curtain)란 표현이 적절하다. 이때 '안에'란 뜻의 전치사는 합성어인 *밉베트*(tyBemi)이다. 그리고 '휘장 안의 성소'는 당연히 '지성소'를 의미한다. 이처럼 '지성소'가 원래의 전문 용어인 *코데쉬 학크다쉼*(קֹדֶשׁ הַקֳּדָשִׁים), 즉 '성소들 중의 [가장 거룩한] 성소'란 용어 대신 그냥 '성소'(*코데쉬*)로만 불리는 경우도 꽤 있다(레 4:6 등). 특히 *파로케트*와 함께 쓰이는 경우는 성소와 지성소 사이에 혼동이 없기 때문에 더욱 그런 것으로 보인다.

16:3 "이렇게" *브조트*(בְּזֹאת)

직역을 하자면 "이것과 함께"(with this). 이 '전치사+지시대명사'의 조합은 3절의 제물들, 혹은 3-5절과 그 이하의 제의적인 준비까지의 사항들을 다 가리키는 표현일 수 있다.[221] 이 경우 이 표현은 2절의 "아무 때나 들어오지 말아라"와 대조되는 3절의 "들어올 때는"과 연결하여 중요한 메시지를 전달

---

220 Richard E. Averbeck, "פָּרֹכֶת", in *NIDOTTE*, 3:688.

221 Hartley, *Leviticus*, 220.

하는 것일 수가 있다. 기본적으로 대제사장은 자기 마음대로 지성소를 들락거릴 수가 없으며, 들어와야만 하는 경우에는 반드시 하나님의 지시에 따른 준비와 절차를 갖추어서 들어와야 한다는 것이다. 거룩하신 하나님의 직접적인 임재에 극히 가까이 다가가는 것은 이렇게 위험한 것이라는 점을 이 히브리어 어구는 보여주는 것이다.

16:18 "둘레의" *사비브*(סָבִיב)

*사비브*가 제단 둘레를 가리키는 표현이냐, 아니면 제단의 뿔 둘레를 가리키는 표현이냐 하는 것은 논쟁의 대상이 되어 왔다.[222] 레위기 전체에서 이 단어가 사용된 다른 용례들을 고려할 때 이 단어는 제단 둘레를 가리키는 표현이라고 이해하는 것이 더 적절할 것이다(참고, 8:15 등).

16:19 "정결하게 하고 거룩하게 하여라" *붸티하로 붸 킨드쇼*(וְטִהֲרוֹ וְקִדְּשׁוֹ)

히브리어로는 이렇게 두 단어로 되어 있는 표현을 개역개정 성경은 하나로 뭉뚱그려 "성결하게"라고 번역하고 있다. 물론 '성'과 '결'이 히브리어의 각 동사를 번역하는 것으로 이해할 수도 있지만 두 글자를 합친 '성결'이 또한 하나의 히브리어 동사를 번역하는데 쓰인 경우도 많기 때문에 이 번역은 원문의 뉘앙스를 살리고, 또한 일관성 있는 번역을 하는데 있어서는 좋은 것은 아니다. 따라서 이 사역에서는 히브리어의 두 동사를 한글의 두 동사로 상응하게 번역하였다.

16:20 "지성소" *학코데쉬*(הַקֹּדֶשׁ)

*코데쉬*란 단어 자체는 '성소'란 의미를 갖고 있다. 그러나 현재 문맥상 이 단어는 지성소를 지칭하는데 쓰이고 있으며, 레위기에서는 이미 여러 번 이 단어를 이런 식으로 사용하고 있다.

---

222 이에 대한 논의의 정리는 Milgrom, *Leviticus 1-16*, 521을 보라.

16:21 "미리 정한" *읻티*(עִתִּי)

이 단어는 구약성경에서 단 한 번 나온다. 그리고 그 때문에 이 단어의 어근은 파악하기 힘들다. 많은 히브리어 성경은 이 단어가 시간(time)을 의미하는 *에트*(עֵת)에서 파생된 단어라고 보며, 기본적인 의미는 '적시의'(timely)란 뜻이라고 본다. 그러나 이 뜻이 현재 문맥과 어떻게 상응하는지는 파악하기가 쉽지 않다. 사역에서는 개역개정이 택한 전통적인 번역을 채택하고 있다.

16:22 "외딴" *그제라*(גְּזֵרָה)

가제르(גָּזֵר)의 여성 단수형. 이 단어는 구약 전체에서 단 한 번만 사용된 형용사이다. 이 단어의 어근은 *가자르*(גָּזַר), 즉 '나누다'란 뜻을 가진 동사로 간주된다. 따라서 그 형용사인 *그제라*는 기본적으로 '분리된, 나뉘어 있는' 정도의 뜻을 가지는 것으로 판단된다. 따라서 이 형용사는 아사셀 염소를 이스라엘 진으로부터 분리된 곳, 동떨어진 곳으로 데려간다는 개념을 내포한다.

16:27 "불태워라" 히브리어는 *싸라프*(שָׂרַף)

이 단어는 제물들 중 진 밖에서 폐기용으로 불태우는 동작을 나타내는 동사이다. 반면에 제단 위에서 불살라 하나님께 올리는 동작은 *히크티르*(הִקְטִיר)이다. 두 단어의 차이에 대한 해설은 레 1:9(68쪽); 4:12(166쪽)의 "사역 해설"을 보라.

16:31 "스스로 괴롭게 하여라"

이 단어의 히브리어는 *인나*(עִנָּה : ענה의 피엘형)이다. 그 의미는 '억압하다', '괴롭히다', '겸비하다'(humiliate) 등이다. 따라서 31절의 "너희는 스스로 괴롭게 할지니"란 표현의 원문의 직역은 "너희들의 영혼을 괴롭게 할지니" 혹은 "너희들의 영혼을 겸비하게 할지니" 정도가 될 것이다. 4절은 대제사장이 속죄일에 출애굽기 28장에 서술된 화려한 대제사장 의복이 아니라 거룩한 옷들, 즉 세마포로 된 옷을 입을 것을 요구하고 있는데, 이런 요구는 바로 이 31절의 "스스로 괴롭게 하여라"는 명령과 관련이 있는 것으로 보인다.

16:33 "지성소" ***미크다쉬 학코데쉬*(מִקְדַּשׁ הַקֹּדֶשׁ)**

이 어구는 구약성경에서 단 한 번만 나온다. 직역하자면 "그 성소(혹은 "거룩한 처소")의 성소" 정도가 된다. 문맥상 지성소를 가리키는 것으로 주석가들은 이해한다.

3단계: 단락 구분

레위기 16장의 단락 구분은 다음과 같다.

- 16:1–2 서론
- 16:3–34a 하나님의 지시
    - 16:3–5 제물들
    - 16:6–10 속죄일 의식의 개괄적 절차
    - 16:11–28 의식의 상세한 묘사
        - 16:11–19 속죄제의 피 의식
        - 16:20–22 아사셀 염소
        - 16:23–28 의식 참여자들의 정결 및 번제
    - 16:29–34a 속죄일의 의의 및 백성들의 태도에 대한 언급
- 16:34b 속죄일 의식 수행에 대한 언급

1–2절은 이 단원의 도입부 역할을 하고 있는데, 이 도입부는 레위기 전체에서 가장 독특하다. 다른 단원들의 경우에는 16:2의 경우와 같이 "그리고 여호와께서 모세에게 이르셨다"로 시작된다. 그러나 16장만은 이 문구 앞에 이전의 사건에 대한 언급을 먼저 한다. "아론의 두 아들이 여호와 앞에 나아가

다가 죽은 후에 여호와께서 모세에게 말씀하셨다"(1절). 이처럼 나답과 아비후의 죽음(10:1-2)을 언급함으로써 16장과 10장은 그 사이에 낀 11-15장을 둘러싸는 수미쌍괄식 구조의 테두리 역할을 하고 있다.

이런 구조적 특징은 레위기의 거시적 흐름을 이해하는 데 있어서 아주 중요하다.

첫째, 10장과 16장은 레위기 전체를 3중 구조로 나눠주는 역할을 한다.

둘째, 레위기 10장은 레위기의 3중 구조에서 첫 번째 큰 단원인 1-10장의 마무리 역할을 한다. 나답과 아비후 사건은 1-10장의 제사 본문이 가르치는 내용, 즉 제사가 거룩하신 하나님 앞에서 죄인이 죽지 않고 살아가는 방법을 가르친다는 점과 잘 상응한다. 제사장과 이스라엘은 오직 하나님께서 명령하신 방법을 통해서만 그에게 다가갈 수 있으며, 그렇지 않을 때는 나답과 아비후처럼 죽을 뿐이다.

셋째, 레위기 10장과 16장은 11-15장의 정결과 부정에 대한 본문을 감싸주는 역할을 한다. 이 점은 레위기 16:16이 밝히고 있듯이 16장의 속죄일 의식이 "이스라엘 자손의 부정과 그들의 모든 죄에 의한 반역으로부터" 성소와 회막을 속죄하기 위한 것이라는 점을 통해 분명해진다.

넷째, 레위기 16장은 또한 1-16장, 즉 레위기의 거시적인 구조상 단원 1(1-10장), 단원 2(11-16장) 전체의 대미를 장식하고 있기도 하다. 이 점 역시 앞의 16절의 "부정과 그들의 모든 죄"라는 문구를 통해서 설명된다.

1-2절에 이어지는 16장의 내용은 궁극적으로 동일한 내용이 계속 반복되면서 점점 더 상세하게 소개되는 동심원적 형태로 되어 있다.

우선 3-5절은 속죄일에 드릴 제물들과 대제사장 아론이 갖춰 입을 의복에 대한 개괄적 소개를 담고 있다.

이어지는 6-10절은 이 제물들과 의복을 갖춰 입고 수행해야 할 의식 절차들을 간략하게 소개하고 있다.

세 번째 11-28절은 앞의 개괄적 지시를 발전시켜서 가장 상세하게 속죄일의 의식을 기술하고 있다. 그 절차의 큰 줄기는 세 부분, 즉 속죄일의 피 의식(11–19절)과 아사셀 염소의 의식(20–22절)과 의식 참여자들의 정결 및 번제 의식(23–28절) 등이다.

마지막으로 29–34a절은 속죄일의 신학에 대해서 상세하게 다루고 있다. 그 내용은 속죄일의 의의가 무엇이고, 이 날에 백성들이 취해야 할 태도가 무엇인지 등을 언급하고 있다. 그리고 34b절은 16장의 속죄일 의식에 대한 하나님의 명령이 그대로 아론에 의해 시행되었음을 알리는 간략한 결론구를 담고 있다.

지금까지 분석한 단락 구분을 알기 쉽게 시각화하면 다음과 같다.[223]

레 16:1–34
동심원적 구조 형태

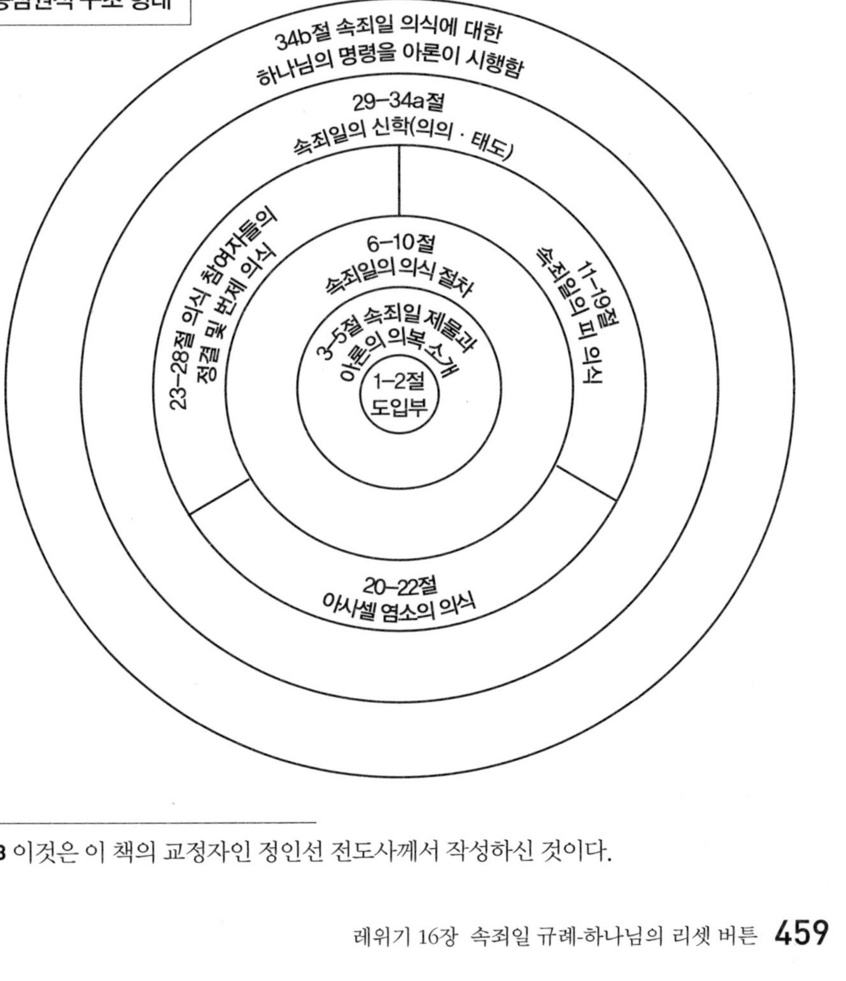

223 이것은 이 책의 교정자인 정인선 전도사께서 작성하신 것이다.

4단계: 본문 해설

16:1-2 두 구절은 속죄일 규례 본문(레 16장)의 서론 역할을 한다. 새로운 단원의 시작을 알리는 이 서론 본문은 위의 "단락 구분"에서도 언급한 바와 같이 레위기 전체에서 독특하다. 왜냐하면 이 본문은 "여호와께서 모세에게 이르셨다"는 전형적인 문구로 시작되는 것이 아니라 10장의 나답과 아비후의 죽음 사건에 대한 언급으로 시작되고 있기 때문이다. 본문은 이렇게 10장의 사건에 대한 언급을 통해 10장과 짝을 이룸으로써 그 사이에 낀 11–15장의 정결과 부정에 대한 본문의 외곽틀을 형성하고 있다. 이런 구성이 가진 기타 역할에 대해서는 앞의 단원 구분의 해설을 참고하라.

"네 형 아론에게 말하여라"

이 문구는 속죄일의 규례에 대한 말씀의 가장 중요한 수용자가 아론임을 밝히고 있다. 이 날의 규례의 중심에는 속죄제물의 피를 지성소 안으로 가지고 들어가는 의식이 있는데, 이 의식의 수행자가 바로 대제사장 아론이기 때문이다.

"죽지 않으려면"

이 문구는 1절이 언급하고 있는 나답과 아비후 사건과 연결된다. 하나님께 다가가는 것의 위험성에 대한 이런 두 번의 언급은 다음의 두 가지 사실을 상기시킨다.

첫째, 거룩하신 하나님 앞에 서는 것은 지극히 위험한 일이다.

둘째, 이러한 위험은 속죄일의 의식이 얼마나 중요하며, 또 이 의식을 통해서 보여지는 하나님의 은혜가 얼마나 큰 것인지를 보여준다.

16:3-5 이 본문은 속죄일에 아론이 준비해야 할 제물들과 갖추어야 할 복장에 대한 내용을 담고 있다. 아론이 갖추어야 할 제물들은 두 가지 부류로 나뉜다.

첫 번째는 자기 자신을 위해 준비해야 할 제물들이며,

두 번째는 백성들을 위한 제물들이다.

우선 아론이 자기 자신을 위해 준비해야 할 제물들은 속죄제로 드릴 수소와 번제물로 드릴 숫양이다(3절). 그리고 백성들을 위해 준비해야 할 제물들은 속죄제물로 드릴 두 마리의 숫염소와 번제물로 드릴 숫양이다(5절).

또한 이 날에 아론은 '거룩한 옷들'을 입어야 했다. 이 거룩한 옷들은 세마포 속옷, 세마포 속바지, 세마포 띠, 세마포 관으로 구성되어 있었다. 대제사장은 속죄일에는 출애굽기 28장에 언급된 통상적인 대제사장 의복을 입지 않고, 이처럼 세마포로 된 단출한 복장을 입었다. 또한 그는 이 옷들을 입기 전에 물로 몸을 씻었다.

거룩한 옷들, 즉 세마포 복장이 어떤 의미를 갖고 있는지에 대해서는 본문 자체에 설명이 나오지 않는다. 그러나 아마 이것은 중대한 날에 대제사장이 하나님 앞에서 겸손하게 낮아진 태도를 취하는 것으로 이해하는 것이 맞지 않을까 생각된다. 16:31은 "이 날은 너희에게 안식일 중의 안식일이다. 너희는 스스로 괴롭게 하여라"고 말씀하고 있다. 이때 '괴롭게 하여라'는 표현은 "사역 해설"(456–457쪽)에서 다룬 바와 같이 '겸비하여라'는 뜻으로도 해석될 수 있다. 괴롭게 함 혹은 겸비함에 대한 명령은 이스라엘 일반 백성들뿐만 아니라 대제사장에게도 적용되는 것이었다. 따라서 대제사장의 세마포 복장은 이런 의미에서 볼 때 아마 그의 스스로를 괴롭게 함 혹은 겸비함을 나타내는 것으로 보인다. 그리고 이런 의식은 대제사장 자신도 결국은 하나님 앞에서 죄 씻음을 받아야 할 죄인임을 상징적으로 보여주는 것으로 생각된다.

16:6-10 이 본문을 통해서 하나님은 속죄일의 의식에 대한 개괄적 절차를 명령하고 계신다. 이 날의 절차는 다음과 같이 크게 두 부분으로 나뉘어진다.

(1) 대제사장 자신을 위한 의식

속죄제의 수소를 가지고 "자기와 집안을 위하여" 속죄한다(6절; 11절에서 다시 한 번 반복). 대제사장 아론은 속죄일의 모든 의식을 시작하기 전에 먼저 자기 자신에 대한 속죄제를 드린다. 이스라엘의 일반 백성들뿐만 아니라 그 자신도 결국은 하나님 앞에서 죄인들 중의 하나이기 때문에 그 자신에 대한 속죄가 선행하는 것은 중요하다. 또한 이 본문은 "자기와 집안을 위하여"라고 말씀하고 있는데, 아론은 자기 자신뿐만 아니라 제사장 가문 전체를 위해서도 이 속죄제를 드렸다. 제사장 집단의 수장인 그의 속죄제는 이처럼 그의 집단을 위한 것이기도 했다.

(2) 백성을 위해 준비한 숫염소 두 마리 (5절)로 치르는 의식

여기에는 다음의 세 가지 세부적인 의식들이 포함되어 있다.

첫째, 여호와를 위한 염소와 아사셀을 위한 염소를 선택한다.

둘째, 먼저 여호와를 위한 염소를 속죄제물로 드린다.

셋째, 아사셀을 위한 염소를 아사셀을 위해 광야로 보낸다(8절).

이 본문, 그리고 레위기 전체를 통해서 가장 커다란 난제들 중의 하나는 도대체 여기의 '아사셀'이란 것의 정체가 무엇인가 하는 것이다. 이와 관련해서는 크게 다음과 같이 세 가지 견해가 있다.[224]

가. 아사셀이 죄를 지고 가는 양의 이름이라는 견해

이 견해는 아사셀의 히브리어를 '염소'(*에즈*, עֵז)와 '떠나다'란 동사(*아잘*, אָזַל)의 조합으로 본다. 즉 아사셀(원어의 발음은 *아자젤*)은 '떠나갈 염소' 정도의 의미라는 것이다. 이 견해가 가진 문제는 16:8의 본문이 아사셀을 여호와와 대조시키고 있다는 점이다. 즉 아사셀은 여호와와 대조되는 어떤 것이지, 양 자체의 이름이 아닌 것이다. 이런 점에서 이 해석은 문제가 있다.

---

224 아래의 견해들의 정리는 J. E. Hartley, "Atonement, Day Of." in T. Desmond Alexander and David W. Baker (ed.), *Dictionary of the Old Testament: Pentateuch* (Downers Grove, IL: InterVarsity Press, 2003), 59를 따른 것이다. 아사셀에 대한 견해들의 정리는 또한 Wenham, *Leviticus*, 234–235 등에서도 찾아볼 수 있다.

나. 아사셀이 죄를 짊어진 염소가 가는 외딴 곳을 지칭한다고 보는 견해

이 견해에 대한 반박은 레 16:22에 이 염소가 가는 장소로 '접근하기 어려운 땅'(*에레쯔 그제라*, אֶרֶץ גְּזֵרָה)이라는 장소가 언급되고 있다는 점이다(이 문구에 대해서는 "사역 해설"[456쪽] 참고). 아사셀이 특정한 장소를 가리키는 고유명사라고 한다면 왜 굳이 22절이 이 곳을 다시 '접근하기 어려운 땅'이라고 표현하고 있는지를 설명하기가 어렵다.

다. 아사셀이 어떤 악마적 존재를 나타낸다고 보는 견해

이 견해는 가장 많이 채택되는 견해이다. 이 견해는 16:8에서 아사셀을 여호와와 평행 관계 속에서 언급하고 있는 이유를 잘 설명해준다는 점에서 매력이 있다. 다시 말해 아사셀은 여호와와 대조되는 어떤 존재라는 것이다. 또한 학자들 중에는 레위기 17:7; 역대하 11:15; 이사야 13:21; 34:14 등의 본문이 '염소' 우상, 혹은 염소 같이 생긴 어떤 악마적 존재에 대해서 언급하고 있다고 보는 사람들이 많은데, 이 본문들에서 이 '염소' 우상을 가리킬 때 사용된 단어가 *사이르*(שָׂעִיר)이다. 이 단어의 기본적인 뜻은 '털이 많은 존재'이며, 다른 문맥들에서는 '염소'를 지칭하는 용어로 많이 사용된다. 그리고 신구약 사이의 중간기 문헌들은 이 아사셀을 악마의 수장으로 보는 경우가 많다(에녹 1서 8:1; 9:6; 10:4, 8; 13:1–2 [참고 11QTemple 26:3–13]). 또한 고대 랍비들 중에서도 이 견해를 택한 자들이 많다. 이들의 견해에 따르면 이 염소가 아사셀의 거처인 외진 곳으로 회중의 죄를 가져감으로써 그 죄를 회중으로부터 완전히 제거했다는 것이다.

이런 인기 있는 견해에 대한 강력한 반박은 악마에게 어떤 제물이 바쳐지는 것을 하나님께서 결코 용인하지 않으셨을 것이라는 점이다. 그러나 이런 반박에 대해서는 학자들은 다음의 몇 가지 반대 논거를 제시한다.

첫째, 현 본문이 이 아사셀 염소를 제물로 간주하고 있지 않다. 이 염소는 제의적으로 도살되지 않았으며, 그 피가 제단에 뿌려지지도 않았기 때문이다.

둘째, 이 염소는 백성의 죄로 인해 더럽혀졌기 때문에 여호와께 드려질 수 없었다.

셋째, 이 염소에게 아사셀에게로 가는 역할을 맡기신 분은 회중이 아니라 여호와 자신이시다.

그러나 우리가 신중히 생각해볼 때 레위기 본문은 이처럼 아사셀 염소를 제물로 보지 않는 위의 근거들 중 최소한 첫 번째 및 두 번째의 근거와는 충돌하는 것 같다.

첫째, 5절은 아사셀 염소 역시 속죄제물이라는 점을 분명히 밝히고 있다.

둘째, 제물이 봉헌자의 죄를 전가 받는다는 견해를 따를 경우 이 염소가 백성의 죄로 더럽혀져서 여호와께 바쳐질 수 없다는 견해는 적절하지 않다. 모든 제물은 다 봉헌자의 죄짐을 짊어지는 것이기 때문이다.

이 견해가 가진 가장 큰 문제는 과연 구약성경이 아사셀을 어떤 악마적 존재로서의 염소 신 혹은 악마 같은 존재를 상정하고 있느냐 하는 것이다. 이런 악마적 존재에 대해서는 구약 자체에 구체적이고 명확한 증거가 없다. 위에서 증거 구절로 언급된 본문들은 기껏해야 모호할 뿐이다. 이 본문들이 악마적 존재로서의 염소를 지칭한다고 보는 견해들은 기껏해야 역사비평학자들의 과도한 본문 쥐어짜기를 통해서만 가능해 보인다.

결론적으로 말해 아직까지 아사셀에 대해서는 어떤 결론을 내리기가 쉽지 않다. 이처럼 아사셀의 정체 자체는 모호하지만 아사셀 의식의 의미 자체는 명료하다. 이스라엘의 모든 죄를 이 염소에게 전가하고 그것을 사람이 접근하기 힘든 광야로 떠나 보내는 것을 통해 이스라엘의 모든 죄가 완전히 소멸된다는 것을 이 의식은 상징적으로 나타내 주고 있는 것이다.[225]

16:11-28 이 본문에서 하나님은 속죄일의 의식을 좀 더 상세하게 지시하신다. 이 의식은 다음과 같이 크게 세 가지 사항을 담고 있다.

---

225 Wenham, *Leviticus*, 235.

(1) 16:11-19　속죄제의 피 의식
(2) 16:20-22　아사셀 염소
(3) 16:23-28　의식 참여자들의 정결과 번제

(1) 16:11-19 속죄제의 피 의식

이 본문은 속죄일의 가장 중요한 절차 중의 하나로서 아론이 지성소에 들어가 피로 의식을 치르는 내용을 담고 있다. 이때 이 의식은 아론 자신을 위한 것과 백성을 위한 것으로 나뉜다.

16:11-14은 아론 자신과 그의 집안을 위한 속죄제물과 피의 의식을 다루고 있다. 먼저 그는 수소를 도살한다. 그리고 향로를 가지고 지성소 휘장 안으로 들어가 속죄소를 연기로 가린다. 이것은 죽음을 방지하기 위한 조치이다. 그리고 다시 수소의 피를 가지고 들어가서 손가락으로 그 피를 찍어 속죄소 동쪽에 뿌린다. 또 한 속죄소 앞에 일곱 번 뿌린다.

16:15-19에서 아론은 백성을 위한 속죄제물의 의식을 치른다. 이 일을 위해 그는 백성을 위해 준비한 두 마리 염소 중 여호와를 위한 염소를 잡는다. 그리고 그 피로 그는 앞에서 자신을 위해 치렀던 의식과 똑같은 의식을 치른다(15절).

16:16은 이 절차의 의미를 설명해주는 구절이다. "그리고 이스라엘 자손의 부정과 그들의 모든 죄에 의한 반역으로부터 성소를 위하여 속죄하여라. 또 그들의 모든 부정함의 한 가운데에서 그들과 함께 있는 회막을 위하여 그렇게 행하여라."

이 구절이 밝히고 있는 바에 따르면 피 뿌리는 의식의 목적은 백성을 위하여 속죄하는 것이 아니라 '성소를 위하여', '회막을 위하여'라는 점을 주목하라. 그리고 이 점은 18-19절의 내용과도 상응한다. 이 구절에 따르면 뜰의 제단, 즉 '여호와 앞 제단'에 대한 피의 의식도 그것을 '정결하게 하고 거룩하게'(19절) 하기 위한 것이라고 되어 있다. 또한 20절 역시 "지성소와 회막과 제단을 위하여 속죄하기를"이라고 말씀하고 있다.

16:17은 아론이 이 의식을 행할 때의 주의 사항을 말씀하고 있다. 그것은 이 의식이 치러지는 동안 회막에 누구도 있어서는 안 된다는 것이다. 이 조치는 아마 추가적인 부정을 막기 위한 것으로 보인다.

16:18-19은 제단을 속죄하기 위한 절차들을 담고 있다. 우선 아론은 수소와 염소의 피로 제단 귀퉁이 뿔들에 바른다. 그리고 손가락으로 그 피를 찍어 제단 위에 일곱 번 뿌린다. 그 목적은 앞에서도 언급한 바와 같이 "이스라엘 자손의 부정에서 제단을 정결하게 하고 거룩하게" 하는 것이다. 여기에서 한 가지 주의해야 할 중요한 점은 개역개정이 원문의 "정결하게 하고 거룩하게"라는 두 개의 동사를 하나로 뭉뚱그려서 "성결하게"라고 번역함으로써 원문의 의미를 흐리고 있다는 점이다. 분명히 원문은 먼저 속죄제의 기본 기능인 '정결하게 하는' 기능을 하고 나서 그 다음에 '거룩하게' 한다는 점을 밝히고 있다.

(2) 16:20-22 속죄일의 염소

속죄일의 아주 독특하고 중요한 의식은 백성을 위한 속죄제의 염소 중 살아 있는 염소를 가지고 하는 의식이다. 대제사장 아론은 염소의 머리에 두 손으로 안수를 한다. 안수의 목적은 두 가지로 명시되어 있다(21절).

첫째, "이스라엘 자손의 모든 불의와 그 모든 죄를 위한 반역을 자복"하는 것이다.

둘째, 그 모든 불의와 죄를 "그 염소의 머리에 두고, 미리 정한 사람이 광야로 데리고 가게" 하는 것이다.

(3) 16:23–28 의식 참여자들의 정결 의식과 번제

위의 절차들이 끝난 다음에 마지막 단계로 대제사장 아론은 속죄일을 위한 거룩한 옷들, 곧 세마포로 된 옷들을 벗고 통상적인 대제사장 의복으로 갈아입는다. 이 의복의 교체는 속죄일의 죄 처리 의식 중 큰 단계가 이제 마무리 되었으며, 아론이 다시 일상적인 역할로 돌아왔음을 상징하는 것으로 보인다.

이제 아론은 속죄제와 관련된 모든 의식들에서 벗어나서 번제를 드리는 의식으로 전환한다. 그는 자신의 번제물과 백성의 번제물을 드려 속죄를 한다. 이 단계에서 그는 또한 속죄제물의 기름을 제단에 태운다(25절). 그리고 그는 자신이 성막 안으로 피를 가지고 들어가 의식을 치렀던 속죄제의 수소와 속죄제의 염소의 남은 것들, 즉 그것들의 '가죽과 고기와 똥'을 진 밖으로 내어가 불사르게 한다(27절). 이 절차는 4:1–21에 나오는 대제사장의 속죄제와 회중의 속죄제의 절차와 잘 상응한다. 또한 아사셀을 광야로 보내는 역할을 한 자(26절)와 제물을 밖으로 내어가 태우는 역할을 한 자(28절)가 옷을 빨고 물로 자기 몸을 씻는다. 마치 부정한 자들이 정결 의식을 거친 후에야 진영 안으로 들어 올 수 있었던 것처럼 부정한 것들을 처리하는 일을 담당한 이들 역시 이 과정을 거쳐야만 진영 안으로 들어올 수 있었다.

16:29-34a 지금까지의 16장의 본문들이 속죄일의 의식과 절차에 집중했다면 이 본문은 속죄일의 의의와 신학, 그리고 그것을 대하는 백성들의 태도에 대해서 다루고 있다. 우선 본문은 속죄일의 규례가 중요하다는 점을 '영원히 지킬 규례'라는 문구를 세 번 반복함으로써 강조해준다(29, 31, 34절). 그리고 세 번의 반복구를 통해서 본문의 내용이 다음과 같이 자연스럽게 나뉜다.

먼저 29b–31a절의 본문은 다음과 같은 사항들을 밝힌다.

첫째, 속죄일은 7월 10일이다.

둘째, 속죄일에 백성들이 갖추어야 할 자세와 참여 범위와 의의는 다음과 같다.

(1) 스스로를 괴롭게 해야 한다(29, 31절). 여기에서 '괴롭게 하다'에 해당하는 동사는 "사역 해설"(456-457쪽)에서 설명한 바와 같이 '겸비하게 하다'라는 의미를 나타낼 수도 있다.

(2) 이 날에는 아무 일도 하지 말아야 한다(29절). 그 이유는 31절이 밝히고 있듯이 이 날이 '안식일 중의 안식일'이기 때문이다.

(3) 이 날에는 본토인과 거류민 모두가 참여해야 한다(29절). 이처럼 이스라엘 공동체에 속한 모든 자들이 하나도 빠짐없이 참여해야 한다는 것은 속죄일이 대제사장이 원맨쇼를 하는 날이 아니라 모든 백성들의 거룩한 동참을 요구하는 날이라는 것을 보여준다. 이런 요구가 가진 중요성은 다음 두 가지이다.

첫째, 결국 속죄일의 의식을 통한 정결과 속죄는 외적인 의식을 통해서 성취되는 것이 아니라 각자가 하나님 앞에서 가진 바른 태도에 의해서 성취된다.

둘째, 이런 요구는 각 성도의 능동적 참여가 중요함을 보여준다. 평신도들 중에는 오직 사역자들에게만 의지하고 자신은 그냥 몸만 예배의 자리에 가져오면 된다고 생각하는 사람들이 있다. 그러나 이런 태도로는 아무것도 이루어지지 않는다. 궁극적으로 하나님과의 관계는 이런 대리 행위를 통해서 이루어지는 것이 아니다. 성도 본인이 하나님 앞에서 바른 태도를 직접 취하는 것을 통해서 이루어지는 것이다.

(4) 이 본문은 속죄일의 신학적 의의를 밝히고 있다. "이 날에 그가 너희를 위하여 속죄하여 너희를 정결하게 할 것이다. 너희의 모든 죄들로부터 너희가 여호와 앞에 정결하게 될 것이다"(30절).

16:32-33은 속죄일에 대제사장이 하는 역할 및 그가 치르는 의식의 효과가 무엇인지를 강조해주고 있다는 점에서 백성들에게 초점이 맞춰진 29b-31a절과 대조를 이룬다. 즉 대제사장은 지성소와 회막과 제단을 속죄하는 일을 한다. 그리고 이런 속죄 작업의 결과로 제사장들과 회중의 모든 백성들이 속죄함을 받는다.

마지막으로 **34a**절은 이미 여러 차례 표현된 속죄일의 기능을 다시 한 번 강조해준다. "이스라엘 자손의 모든 죄들을 위하여 일 년에 한 번 속죄하여라." 이처럼 속죄일의 의식을 통해 하나님은 이스라엘의 모든 죄가 해결되고, 다시 하나님과의 관계가 정상으로 돌아온 것으로 인정해주셨다. 이런 점에서 속죄일의 제사는 진정으로 하나님이 이스라엘을 위해 마련해주신 '리셋 버튼'과 같다고 할 수 있다.

16장의 대단원의 막은 34b의 결말 구절로 끝을 맺는다. 그 내용은 "아론이 여호와께서 모세에게 명령하신 대로 행하였다"는 것이다. 이런 면에서 볼 때 이 16장은 1절의 나답과 아비후의 죽음에 대한 언급으로 시작해서 아론의 성실한 말씀 수행에 대한 내용으로 끝을 맺고 있다. 나답과 아비후가 죽음을 맞이한 이유가 "여호와께서 그들에게 명령하시지 않은 허락되지 않은 불을 여호와 앞으로" 가져갔기 때문이라는 점을 고려할 때 아론이 '여호와께서…명령하신 대로' 행했다는 점은 그의 아들들이 저지른 치명적 실수를 그가 극복했음을 보여준다. 하나님께서 이스라엘과의 관계를 위해서 허락하신 가장 큰 선물인 '속죄일'의 규례와 그 규례에 대한 아론의 성실한 수행을 통해 다시 한 번 하나님의 백성은 거룩하신 하나님 앞에서 죽지 않고 살아갈 수 있게 된 것이다.

5단계: 적용

16:1-2, 17 1절은 나답과 아비후가 여호와께서 명령하시지 않은 불을 가지고 성소에 들어갔다가 죽은 사건(10:1-2)을 언급하고 있다. 이어서 2절에서 하나님은 아론에게 "아무 때나 들어오지 말아라"고 명령하신다. 또한 17절은 아론이 성소 안으로 들어가 속죄 작업을 하고 나갈 때까지 아무도 회막 안에 있으면 안 된다고 명령하신다. 이런 모든 본문이 가르치는 바는 거룩하신 하나님을 만나는 것은 오직 하나님께서 정하신 때에, 정하신 방식으로,

정해진 절차와 준비를 통해서만 다가갈 수 있는 분이라는 것이다. 우리는 결코 우리의 방식과 우리의 의지로 하나님을 만날 수가 없다. 그러므로 하나님을 만나는 것은 그 자체가 큰 은혜이다. 우리는 이것이 얼마나 소중한 것인지를 깨달아야 한다.

16:4 아론은 지성소에 들어가기 위해 속죄 제사를 드릴 때 화려한 대제사장 의복이 아니라 단출한 세마포 옷을 입었다. 그는 자신을 위해 속죄제를 드릴 때 대제사장으로서 하나님 앞에 서는 것이 아니라 한 명의 겸비한 죄인의 모습으로 선다. 이처럼 먼저 자신을 낮추고 죄 사함을 구하는 것이 있어야만 대제사장으로서의 그의 사역도 할 수 있게 된다. 이와 마찬가지로 우리는 하나님 앞에서 다른 어떤 것을 하기 전에 먼저 자신의 죄의 문제를 해결해야 한다. 죄의 해결이 없이는 하나님과의 그 어떤 평화도 존재할 수 없으며, 그 어떤 사명도 있을 수가 없다. 이사야가 사역을 시작하기 전에 먼저 제단 숯불로 그 입술을 정결케 함을 받은 것처럼 우리도 죄 사함이 먼저 있고 나서야 우리의 사명을 받고 수행하는 것이 가능하다는 것을 결코 잊어서는 안 된다(참고, 사 6:6-7).

16:22 아사셀의 염소가 전혀 돌아오지 못할 곳으로 보내지는 것은 하나님께서 죄를 영원히 기억하지 않으시는 분이심을 보여준다(렘 31:34; 히 8:12). 그러나 이것의 진정한 성취는 오직 성자 하나님이신 예수 그리스도께서 자신의 몸을 완전한 제물로 드린 후에야 이루어진다(히 9:26b). 하나님은 죄를 기억하지 않는 분이실 뿐만 아니라 또한 기억하지 않게 만드는 분이시기도 하다. 속죄의 모든 것은 다 하나님의 은혜에 속한 것이다. 따라서 우리는 죄 사함에 있어서 우리가 할 것은 아무것도 없으며, 오로지 하나님의 은혜에 의존할 뿐임을 유념하고 항상 그 앞에서 겸손해야 한다.

6단계: 설교 "하나님의 리셋 버튼"(레 16:16, 30)

이 본문은 구약 이스라엘 시대의 일년 중에서 가장 거룩하고 중요한 날인 속죄일의 역할이 무엇인지를 밝혀주는 본문입니다. 이 날은 하나님께서 "이스라엘 자손의 부정과 그들의 모든 죄에 의한 반역으로부터"(16절) 속죄를 허락하셔서 이스라엘이 다시 '여호와 앞에서 정결하게' 되는 날입니다. 이스라엘 백성이 아무리 조심하여 제사를 드리고(레 1-10장), 자신을 모든 부정으로부터 정결하게 지키고(레 11-15장) 싶어도 여전히 삶의 모든 죄와 부정으로부터 완전하게 자유로울 수는 없었습니다. 그리고 이처럼 죄와 부정을 해결하지 못하면 이스라엘 백성은 원래는 거룩하신 하나님 앞에서 죽음을 맞이할 수밖에 없었습니다(10:1-2의 나답과 아비후).

그러나 하나님은 단지 거룩하실 뿐만 아니라 또한 은혜가 많으신 분이시기 때문에 이스라엘 백성들에게 매년 하루, 7월 10일의 속죄일 의식을 통해 모든 죄와 부정으로부터 깨끗해지는 길을 마련해 주셨습니다. 이런 면에서 속죄일의 의식은 이스라엘 백성에게는 컴퓨터의 리셋 버튼과 같았습니다. 컴퓨터를 사용하다 보면 이런 저런 이유로 해서 프로그램간에 충돌이 생기거나 여러 가지 문제들이 야기됩니다. 그런 것들이 쌓이다 보면 컴퓨터는 작동을 멈추고 파란 화면이 뜨게 됩니다. 이런 경우 마우스나 키보드로 뭔가를 해보려고 해도 입력도 되지 않습니다. 이럴 때 리셋 버튼을 누르면 컴퓨터는 강제로 꺼졌다가 다시 켜지게 됩니다. 그리고 대부분의 경우는 이것만으로도 모든 문제들이 해결되고, 컴퓨터는 마치 아무 일도 없었던 것처럼 정상적으로 작동됩니다. 구약 시대의 이스라엘의 삶에서 속죄일이 하는 역할은 이런 것이었습니다.

구약 안에는 이처럼 사람이 죄와 부정으로 자신의 인생을 어그러뜨림으로써 모든 것이 엉망이 되어 버려 자신의 힘으로는 도저히 삶의 위기를 극복할 수 없을 때 하나님께서 허락하신 리셋 버튼으로 완전히 새 삶을 살게 되는 이야기들이 많이 있습니다. 일례로 야곱은 라헬에 대한 과도한 사랑 때문에 항상 집 안에 갈등과 문제들을 야기시킵니다. 그의 집착으로 인한 집안의 갈등은 창세기 34장의 디나 사건을 통해 극에 달합니다. 시므온과 레위는 같은 어머니에게서 태어난 자기 동생 디나가 세겜에게 당한 수치에 대해서 야곱이 아무런 조치를 취하지 않자 대신 나서서 세겜의 남자들을 다 죽여버립니다. 그리고 이 때문에 야곱은 큰 위기에 빠집니다(창 34:30). 이때 만약 하나님이 야곱과 그의 집안을 방치하셨더라면 그들은 다 처참한 운명을 맞이했을 것입니다. 그러나 이때 하나님은 야곱으로 하여금 다시 한 번 벧엘로 가서 당신을 찾게 하십니다(창 35:1). 이 하나님의 부르심은 야곱에게는 일종의 리셋 버튼과 같았습니다. 야곱이 그 말씀대로 순종하여 벧엘로 가서 집안의 모든 우상들을 버리고 다시 한 번 하나님 앞에 제단을 쌓자 하나님께서는 가나안 사람들이 그를 해하지 못하게 그를 보호하셨습니다(35:5).

이와 마찬가지로 하나님은 다윗이 밧세바와 간음을 저지르고 그것을 은폐하기 위해 우리아까지 잔인하게 음모를 꾸며 살해한 상황, 즉 다윗의 영혼의 가장 어두운 순간에도 나단 선지자를 통해서 그에게 경고하시고 회개하게 하심으로써 그가 다시 한 번 새로운 삶을 살아갈 수 있게 하셨습니다(삼하 11–12장). 이때도 하나님께서 다윗의 인생에 리셋 버튼이 작동하게 은혜를 베푸시지 않으셨다면 다윗의 말로(末路)는 비참하였을 것입니다.

사도 바울의 경우도 마찬가지입니다. 만약 그가 예수 그리스도의 교회를 박해하는 일을 계속하게 방치하셨더라면 그는 영원한 벌을 면치 못했을 것입니다. 그러나 하나님은 예수 그리스도의 교회를 박해하는데 혈안이 된 그에게 다메섹 도상에서 만나주시고 그가 회개하게 하심으로써 그의 삶에 리셋 버튼이 작동하게 하셨습니다. 그리고 그가 남은 인생을 오직 주를 위하여 헌신하게 하셨습니다(행 9장).

예수님의 십자가 사건은 이런 개인적인 삶에서의 리셋 버튼을 넘어서서 온 인류의 운명에 있어서 궁극적인 리셋 버튼이라고 할 수 있습니다. 온 인류는 첫 번째 아담의 죄와 그의 원죄의 영향 속에 모두 멸망할 수밖에 없었습니다. 그러나 온 인류가 이처럼 하나님 앞에서 반역의 유전자를 가지고 살아갈 때 하나님께서 친히 먼저 화해의 방편으로 당신의 아들을 십자가에 내어주심으로써 그들은 하나님과 화해할 수 있었습니다(롬 5:8–11). 이처럼 단 한 번의 죽으심을 통해서 완전하고 영원한 속죄일 제물이 되심으로써 예수님은 구속사의 리셋 버튼을 누르셨습니다. 이제 우리에게는 다른 제사가 더 필요 없으며, 오직 그를 믿기만 하면 우리는 하나님과 완전한 평화를 누릴 수 있게 되었습니다.

레위기 17-27장

개관

레위기 전체를 개관하면서 레위기는 레위기 10:8-11에 기초해서 크게 세 부분, 즉 1-10장, 11-16장, 17-27장으로 나눌 수 있다는 점을 언급한 바가 있다. 이 중에서 첫 부분인 1-10장의 "제사법"은 제사를 통해 죄를 속죄함으로써 하나님과 함께하는 법을 가르친다. 두 번째 부분인 11-16장의 "정결법"은 하나님 앞에서 적절한 정결의 상태를 유지함으로써 하나님과 함께하는 법을 가르친다. 그리고 세 번째 부분인 17-27장의 "성결법"은[226] 삶의 다양한 영역에서 하나님의 백성으로서 거룩한 삶을 유지하는 것을 통해 하나님과 함께하는 법을 가르친다.

이처럼 하나님의 백성이 거룩하신 하나님 앞에서 거룩하게 살아가는 법을 가르치고 있기 때문에 그 다루는 내용은 제사법과 정결법을 넘어선 좀 더 다양한 내용들을 다루고 있다. 예를 들어 18-20장은 일반 백성들이 지켜야 할 성 윤리(18, 20장), 각종 사회 윤리(19장) 등을 다루고 있다. 또 25장의 안식년과 희년에 대한 율례들은 경제적 정의에 대한 많은 내용들도 품고 있다.

---

226 "성결법"이라는 표현은 역사비평학자들이 레위기 17-26장에 적용하는 "성결법전"(the Holiness Code)이라는 개념과는 구별되어야 한다. 비평학자들은 레위기 후반부의 책이 레위기의 다른 부분과 그 내용 및 문체에 있어서 확연하게 차이가 난다는 입장에서 이런 용어를 사용하고 있음을 유의하라. 그러나 나는 레위기가 하나의 통일성을 가진 책이라는 입장에서 주해를 하고 있다.

또한 언뜻 보기에는 제사법이나 종교적인 것에만 국한되어 있는 것처럼 여겨지는 사항들도 분명히 1–16장보다는 훨씬 넓은 일상적 삶의 영역에 관계된 사항들을 다루고 있다. 예를 들어 17장은 피의 섭취에 대한 문제를 다루고 있는데, 이 피의 섭취는 제사 제도 밖에서의 도축과 관련된 사항들도 다루고 있다는 점에 있어서 7:22–27의 본문과는 상당한 차이를 보여준다. 그리고 이런 점은 21–22장의 제사장과 제물의 거룩에 대한 본문들도 역시 마찬가지이다. 이 본문은 단순히 제사장 자신만의 문제가 아니라 그의 가족과 관련된 많은 사항들을 집중적으로 취급한다(21:1–22:16). 또한 제물을 바치는 본문 역시 단순히 제사장들뿐만 아니라 이스라엘 백성 전체가 신경 써야 할 점들에 대해서 상세하게 다루고 있다(22:17–33). 또한 23절의 각종 종교적 절기들에 대한 내용 역시 그것들을 대하는 백성들의 삶의 태도와 관련된 사항들을 담고 있다. 또한 26장의 축복과 저주에 대한 본문 역시 단순히 제사나 정결을 넘어서서 제반 율법의 준수에 따른 이스라엘 백성들의 운명에 대해서 다루고 있다.

이런 면에서 볼 때 레위기는 거룩하신 하나님과 그의 백성의 관계를 동심원적으로 다루고 있다고 할 수 있다.

1–10장은 제사를 통해 죄의 문제를 해결함으로써 거룩하신 하나님과 함께하는 법을 가르치고 있고,

11–16장은 그렇게 해서 함께하게 된 하나님과의 관계 유지의 방법으로 제의적 정결을 유지하는 법을 가르치고 있고,

17–27장은 성, 절기, 경제, 이웃과의 관계 등의 모든 사항들에 있어서 거룩한 하나님의 백성으로 살아가는 법을 가르치고 있는 것이다.

이제 17–27장의 거시적 구조를 잠깐 살펴보도록 하자. 이 단원의 장들의 내용 및 구성은 다음과 같다.[227]

---

227 이 구조는 게리 쉬니처, *토라 스토리* (서울: 솔로몬, 2014), 406을 바탕으로 해서 내용을 조금 손질한 것이다.

• 17장		피의 섭취 금지
• 18–20장		백성들을 위한 규례들
	18장	금지된 성관계들
	19장	거룩한 백성의 율례들
	20장	금지된 성관계에 대한 처벌들
• 21–22장		제사장과 제물에 대한 규례들
• 23장		종교력
• 24장		제사장과 백성에 대한 추가적 규례들
	24:1–9	거룩한 기름과 빵
	24:10–23	신정 모독자의 처형
• 25장		땅에 관한 규례들
	25:1–7	안식년
	25:8–55	희년
• 26장		축복과 저주
• 27장		십일조, 서원, 희년과 관련된 규례들

위의 구조 분석에서 보듯이 이 본문은 지금까지 보아온 레위기 1–16장과 달리 상당히 다양한 종류의 규례들을 담고 있어서 그 흐름을 파악하기가 쉽지 않다.[228] 그러나 다음 몇 가지 사항은 이 부분을 이해하는데 있어서 도움

228 최근에 레위기의 거시적 구조와 관련하여 여러 가지 시도들이 제기되었다. 예를 들어 Rolf Rendtorff and Robert A. Kugler, *The Book of Leviticus: Composition and Reception* (Leiden: Brill, 2003)과 Thomas Römer (ed.), *The Books of Leviticus and Numbers* (BETL 215; Leuven: Peeters, 2008)의 구조에 대한 논문들, Mary Douglas, *Leviticus as Literature* (Oxford: Oxford University Press, 1999), 195–217; Gary A. Rendsburg, "The Two Screens: On Mary Douglas's Proposal for a Literary Structure to the Book of Leviticus", *Jewish Study Quarterly* 15 (2008), 175–189 등을 보라. 그러나 레위기 전체의 구조를 밝히려는 이런 시도들은 세부적인 일부 부분들에 대해서는 어느 정도 통찰력을 제공했지만 거시적인 측면에서는 좀 억지스러운 측면들이 많다.

을 주고 있는 것으로 보인다.[229]

첫째, 이 본문에는 일종의 수미쌍괄식 구조(inclusio, A–X–A′)가 자주 나타난다. 우선 18–20장은 19장의 거룩한 백성으로 살아가는데 있어서 지켜야 할 여러 가지 다양한 율례들을 18, 20장의 금지된 성관계에 대한 규례 본문이 감싸고 있는 형태를 띠고 있다. 또한 25–27장은 26장의 축복과 저주 본문을 안식년과 희년에 관계된 25, 27장이 감싸고 있는 형태로 되어 있다. 그리고 어쩌면 18–24장이 또한 이중 수미쌍괄식 구조를 가지고 있을 가능성도 있다. 이것을 좀 더 자세하게 정리하면 다음과 같다.[230]

A. 18–20장	백성을 향한 가르침
B. 21–22장	제사장을 향한 가르침
X. 23장	종교력
B′. 24:1–9	제사장을 향한 가르침
A′. 24:10–23	백성을 향한 가르침

둘째, 오경의 법전 혹은 언약 본문들과 고대 근동의 종속조약들(suzerain vassal treaties) 사이의 유사성에 대한 연구들이 17–27장의 본문들의 존재 의의를 어느 정도 밝혀줄 수 있는 것으로 보인다.[231] 특히 26장의 "축복과 저주(혹은 심판)"에 대한 본문이 왜 레위기 속에 나오는지를 밝혀준다는 점이 이런 비교문헌학적인 연구의 공헌이라고 할 수 있다.

---

229 쉬니처, *토라 스토리*, 407–408.

230 John R. Master, "The Place of Chapter 24 in the Structure of the Book of Leviticus", *Bibliotheca Sacra* 159 (2002), 420–423. 이 문헌은 쉬니처, *토라 스토리*, 407–408을 통해서 접근하게 되었다.

231 쉬니처, *토라 스토리*, 407.

	언약의 책 출애굽기 20-23장	성결법전 레위기 17-26장	토라 법전 신명기 12-28장
서론	20:22-26[20:19-23]	17장	12장
계명들	21:1-23:9	18-25장	13-26장
땅의 의무들	23:10-11	19:9-10, 23-25	15장; 24:19-22; 26장
종교력	23:12-19	23장	16:1-17
축복과 저주	(23:20-33)	26장	27-28장

마지막으로 비록 17-27장의 본문이 상당히 다양한 주제들을 다루고 있지만 그 핵심은 '거룩'이라는 주제로 귀결된다고 할 수 있다. 레위기 20:7-8은 "너희는 스스로 깨끗하게 하여 거룩할지어다. 나는 너희의 하나님 여호와니라. 너희는 내 규례를 지켜 행하라. 나는 너희를 거룩하게 하는 여호와니라"고 말씀하고 있다. 이와 동일하거나 비슷한 주제는 이 단원 전체를 통해서 지속적으로 반복된다(19:2; 20:7, 26; 21:6-8, 15, 23; 22:9, 16, 32).

또한 이런 주제적 요구는 또한 이것을 간단하게 줄인 다음의 문구들을 통해서 계속 반복된다.

> "나는 여호와이니라"(19:12 등).
> "나는 여호와 너희의 하나님이니라"(19:2-4 등).

물론 이런 문구들에는 '거룩'이라는 단어 자체가 사용되고 있지는 않다. 그러나 "나는 여호와"란 문구나 "나는 너희의 하나님 여호와"(원문상으로는 "나는 여호와 너희의 하나님"이 맞음)란 문구는 앞에서 인용한 20:7-8의 본문의 요약판이라고 할 수 있으며, 이런 면에서 "거룩할지어다"란 문구를 내포하고 있다고 할 수 있다. 이런 면에서 볼 때 17-27장의 본문을 "성결법"이라고 부르는 것은 아주 적절하다고 할 수 있다.

레위기 17장

제물 및 일반 육식과 관련된 피의 섭취 금지

❑ 피의 섭취 금지 규례 개관

레위기의 큰 세 번째 단원(17–27장)인 "성결법" 본문을 여는 17장은 이 단원의 성격에 어울리게 이스라엘 사회의 모든 사람에게 관계된 내용을 담고 있다. 2절이 밝히고 있듯이 이 본문의 내용은 "아론과 그의 아들들, 그리고 이스라엘의 모든 자손들"이다.

그 구체적인 내용은 회막 외에서의 일반적 도축과 제물의 도축의 금지(3–12절), 사냥한 고기의 피의 섭취의 금지(13–14절), 그리고 스스로 죽은 짐승이나 들짐승에 의해 찢겨 죽은 짐승의 피의 섭취의 금지(15–16절)이다. 후반부의 내용을 고려할 때 아마 전반부의 내용 역시 피가 함부로 남용되거나 섭취되는 것을 피하기 위한 것으로 보인다.

그리고 이런 면에서 볼 때 아마 이 장에서 현대의 독자들에게 신학적으로 가장 중요한 본문은 피의 섭취를 금지하는 신학적 이유를 담고 있는 11, 14절일 것이다. 이 두 본문의 내용은 다음과 같다:

11절 왜냐하면 육체의 생명, 그것이 피에 있기 때문이다. 내가 너희의 생명을 위하여 속죄하게 하려고 그것을 너희를 위해 제단 위에 주었다. 왜냐하면 그 피 그것이 생명을 통해 속죄를 하기 때문이다.

14절 모든 육체의 생명에게 있어서 그것의 피는 곧 그것의 생명과 같다. 그래서 내가 이스라엘 자손에게 말하기를 너희는 어떤 육체의 피든지 먹지 말라고 한 것이다. 왜냐하면 모든 육체의 생명, 그것은 그것의 피이기 때문이다. 그것을 먹는 모든 자는 끊어질 것이다.

구약성경 전체에서 피와 속죄의 관계에 대해서 가장 선명한 언급을 하고 있는 두 구절에 근거해서 많은 성경 독자들은 피를 통한 속죄를 절대시하는 경향이 있다. 또 이 구절을 히브리서 9:22과 연결시켜 "율법을 따라 거의 모든 물건이 피로써 정결하게 되나니 피흘림이 없은즉 사함이 없느니라"는 말씀이 바로 이런 신학을 반영하고 있다고 생각한다.[232] 그러나 사실 이 히브리서 본문은 "거의 모든 물건이 피로서 정결하게 되나니"라고 말씀하고 있음으로 해서 '거의'(almost) 그런 것이지 전부 다 그런 것은 아님을 밝히고 있다. 또한 근접 문맥인 히브리서 10:4은 "이는 황소와 염소의 피가 능히 죄를 없이 하지 못함이라"고 분명히 밝히고 있다.[233]

그러면 우리는 이것을 어떻게 이해해야 하는가? 다음의 네 가지 정도가 이 구절들로부터 얻어낼 수 있는 피의 신학의 핵심 사항들일 것이다.

첫째, 이 구절들은 피는 곧 생명이라는 등식(피=생명)을 말하고 있지 않다. 단지 이 구절들은 피가 생명에 대한 이해를 도와주는 시청각적 도구임을

232 예를 들어 Hartley, *Leviticus*, 274는 히브리서 구절이 이런 의미를 전달하고 있다고 이해한 점에서는 잘못을 저지르고 있다. 그가 본질적으로 피와 속죄의 관계에 대해서 적절한 해석을 제공하고 있다는 점을 생각할 때 히브리서 9:22에 대한 그의 잘못된 이해는 아쉽기 그지없다.

233 F. F. Bruce, *The Epistle to the Hebrews* (NICNT; Eerdmans, 1990), 226–227; 양용의, 히브리서 어떻게 읽을 것인가 (서울: 성서유니온, 2014), 272–273.

밝히고 있는 것뿐이다. 쉬니처는 이런 점을 다른 말로 표현하기를 피가 생명에 대한 '3차원적 환유'(metonymy), 즉 부분으로 전체를 나타내는 '환유'라는 수사법을 물리적인 형태로 치환한 예라고 본다.[234] 즉 피는 결코 그 자체가 생명과 동일시 될 수 있거나 그 자체로 죄인의 죄를 해결하고 생명을 얻게 해주는 능력을 내재하고 있는 것이 아니다. 속죄를 하고 생명을 부여해주는 능력은 오직 하나님에게만 속한 것이다. 피는 단지 "피의 제사에 참여하는 자의 신앙을 나타내주는 도구 혹은 상징"일 뿐이다.[235] 피의 제사의 참여자는 단지 하나님께서 그런 방식을 통해서 속죄를 주시겠다고 하신 하나님께 순종하는 것일 뿐이다. 따라서 피가 그 자체로 속죄의 능력을 갖고 있다고 생각하는 것은 중대한 신학적 오류임을 우리는 기억해야 한다.

둘째, 모든 피가 다 속죄의 기능을 하는 것이 아니라 오직 하나님과 바른 관계를 가진 사람이 바른 규례와 절차를 통해 드린 제물의 피만이 하나님에 의해 정당한 것으로 인정되고, 또 속죄의 능력을 발휘할 수 있다.[236] 피 자체가 생명도 아니고, 속죄의 능력을 내재적으로 갖추고 있는 것도 아니라는 점, 그리고 속죄의 주권이 하나님께 속한 것이라는 점을 고려할 때 이런 이해는 제사와 피의 신학을 이해하는데 있어서 아주 중요하다.[237]

셋째, 이처럼 속죄의 주권은 피가 아니라 하나님께 있기 때문에 구약성경에는 굳이 제물의 피가 없이도 속죄가 이루어지는 경우들을 많이 있다. 예를 들어 하틀리는 가장 가난한 사람들을 위한 속죄제물로서의 소제(5:11–13), 악성 피부병으로부터 회복된 사람을 위해 기름을 바르는 의식(14:15–18), 속전(출 30:15–16), 모세의 간구(출 32:30), 그리고 하나님이 제사와 상관없이 친히 속죄를 베푸시는 경우들(시 65:3; 78:38; 79:9)이 있음을 지적한다.[238]

---

234 쉬니처, *토라 스토리*, 408–409.

235 쉬니처, *토라 스토리*, 408–409.

236 Hartley, *Leviticus*, 273.

237 이 점에 대해서는 "레위기 1–10장의 개관" 중 "5. 제사와 속죄의 관계"(41–50쪽)라는 항목에서 자세하게 다룬 바가 있다.

238 Hartley, *Leviticus*, 274.

여기에 우리는 비느하스의 열심(민 25:11-13) 사건을 추가할 수 있을 것이다. 또한 민수기 21:4-9의 불뱀 사건도 비록 '속죄'라는 표현 자체는 사용하고 있지 않지만 하나님에 의해서 속죄가 이루어진 경우로 분명히 이해할 수 있을 것이다. 이처럼 구약성경에는 꼭 속죄가 피로만 이루어지지 않는 경우들을 많이 볼 수 있다.[239] 이런 예들은 피와 속죄의 관계를 너무 절대시하는 것이 옳지 않음을 보여준다.

넷째, 위와 같은 점을 반드시 유념하여야 하지만 제물의 피가 하나님께서 자기 백성에게 주신 속죄의 가장 중요한 수단인 것 역시 분명하다. 따라서 피의 섭취를 금지한 규례는 바로 피의 이런 점을 부각시켜 주는 것이라고 할 수 있다.

17장과 관련하여 마지막으로 고려해야 할 사항은 이 장의 세속적 도축 금지 규례의 한시성이다. 이 본문은 광야 생활 중의 이스라엘 백성들이 세속적으로 도살을 하는 것을 금지하고 있다(3-7절). 그들은 반드시 성막으로 제물을 가져와서 화목제를 드린 후에야 그 제물의 고기를 먹을 수가 있었다. 그러나 만약 이런 금지명령이 가나안 땅에 정착한 후에도 시행되었다면 예루살렘으로부터 멀리 떨어진 곳에 사는 백성들은 결코 고기를 먹을 수가 없었을 것이다. 따라서 가나안 땅 정착 이후의, 이에 대한 규례를 담고 있는 신명기 12:15은 세속적인 도축을 허용하고 있다. 이처럼 레위기 17장의 세속적 도축 금지 규례는 광야 시대라는 특정한 시공간에 한정된 것임을 유념해야 한다.

1단계: 사역

17:1　여호와께서 모세에게 말씀하셨다.

17:2　아론과 그의 아들들, 그리고 이스라엘의 모든 자손들에게 말하며 그들에게 일러라. 이것이 여호와께서 명령하신 것이다.

---

239 추가적인 경우들은 "레위기 1-10장의 개관" 중 "5. 제사와 속죄의 관계"(41-50쪽)라는 항목을 참고하라.

17:3 만약 이스라엘 집의 어떤 사람이 소나 양이나 염소를 진영 안이나 진
영 밖에서 도살하였는데
17:4 그것을 회막 문으로 가져와서 여호와의 성막 앞에서 여호와께 예물로
드리지 않았다면 그 피[의 죄]는 그 사람의 것으로 간주되어야 한다.
그가 피를 흘렸기 때문에 그는 자기 백성 중에서 끊어질 것이다.
17:5 그러므로 이스라엘 자손이 들에서 잡던 자기들의 제물을 회막 문 여
호와께로 끌고 와서 제사장에게 [주어야 하며], 그것들을 화목제로
여호와께 드려야 한다.
17:6 그리고 제사장은 그 피를 회막 문 여호와의 제단에 뿌리고 그 지방을
불살라 여호와께 향기로운 냄새가 되게 하여라.
17:7 그들은 음란하게 좇던 숫염소들에게 다시는 제사하지 말아야 한다.
이것은 영원한 규례이며, 이것이 그들에게 대대로 지켜져야 한다.
17:8 너는 또 그들에게 말하여라. 만약 이스라엘 집의 어떤 사람이나 너희
들 중에 거류하는 거류민 중에서 어떤 사람이 번제나 제물을 드리는데
17:9 그것을 회막 문으로 가져다가 여호와께 드리지 않는다면 그는 백성
중에서 끊어질 것이다.
17:10 만약 이스라엘 집의 어떤 사람이나 너희들 중에 거류하는 거류민 중
에서 어떤 사람이 아무 피든지 먹었다면 내가 그 피를 먹는 사람을 적
대시하며, 내가 그를 자기 백성 중에서 끊을 것이다.
17:11 왜냐하면 육체의 생명, 그것이 피에 있기 때문이다. 내가 너희의 생
명을 위하여 속죄하게 하려고 그것을 너희를 위해 제단 위에 주었다.
왜냐하면 그 피 그것이 생명을 통해 속죄를 하기 때문이다.
17:12 그 때문에 내가 이스라엘 자손에게 말하기를 너희 중에 아무도 피를
먹지 말며 너희 중에 거류하는 거류민도 피를 먹지 말라 하였다.
17:13 만약 이스라엘 집의 어떤 사람이나 너희들 중에 거류하는 거류민 중
에서 어떤 사람이 먹을 만한 짐승이나 새를 사냥했다면 그것의 피를
흘리고 흙으로 그 [피]를 덮어라.

17:14 모든 육체의 생명에게 있어서 그것의 피는 곧 그것의 생명과 같다. 그래서 내가 이스라엘 자손에게 말하기를 너희는 어떤 육체의 피든지 먹지 말라고 한 것이다. 왜냐하면 모든 육체의 생명, 그것은 그것의 피이기 때문이다. 그것을 먹는 모든 자는 끊어질 것이다.

17:15 그리고 본토인이나 거류민 중에서 [스스로] 죽은 것이나 [들짐승에게] 찢겨 죽은 것을 먹은 자들은 모두 자기 옷을 빨고 물로 몸을 씻어라. 그는 저녁까지 부정하며, [그 후에] 정하게 될 것이다.

17:16 만약 그가 [자기 옷을] 빨지 아니하거나 자기 몸을 물로 씻지 않으면 그는 죄를 짊어질 것이다.

2단계: 사역 해설

17:4 "그 피[의 죄]" ***담*(דָּם)**

원문의 표현은 직역하자면 그냥 "피"로만 되어 있다. 그러나 문맥상 이 단어는 위의 사역과 같이 '그 피의 죄'를 의미하는 것으로 이해하는 것이 더 낫다.

17:5 "그러므로" ***르마안 아쉐르*(לְמַעַן אֲשֶׁר)**

이 문구는 원래는 앞의 주절에 대한 목적절을 이끄는 접속사이다. 즉 앞의 3-4절의 규례가 가진 목적이 5절의 내용인 것이다. 한국어로는 3절에 걸친 이 긴 문장의 주절-목적절 관계를 잘 살릴 수가 없어서 할 수 없이 이렇게 절별로 끊고, 대신 '그러므로'란 접속사를 넣었다. 그러나 원문상으로 이 각 절이 문장 내에서 하는 역할이 무엇인지를 제대로 파악할 필요가 있다.

"끌고 와서…[주어야 하며]"

히브리어상으로는 '끌고 오다'라는 동사 하나 밖에 없으며, 이 동사의 목적어로 '회막 문', '여호와', '제사장'이란 세 어구가 함께 걸린다. 이처럼 히브리어로는 공간적 지향점을 나타내는 여러 개의 어구가 한 동사에 걸리는 경우가 많은데 우리 말로는 이 점을 적절히 표현할 수가 없어서 할 수 없이 '주어야 하며'란 문구를 추가하였다.

17:7 "지켜져야" *티흐예*(תִּהְיֶה) 직역하자면 "있어야"(to be).

17:10 "내가 적대시하며" *붸나탙티 파나이 판네페쉬*(וְנָתַתִּי פָנַי בַּנֶּפֶשׁ)

'주다'란 뜻의 *나탄*(נתן) 동사 1인칭 단수에 '얼굴'이란 뜻의 *파님*(פָּנִים)과 전치사 *브*(בְּ)가 결합된 형태가 사용된 경우는 구약성경에서 총 6번이며(레 17:10; 26:17; 20:3, 6; 겔 14:8; 15:7), 그 뜻은 모두 적대적인 의미를 띠고 있다. 이 점을 살려서 이 사역에서는 "내가 적대시하며"라고 번역하였다. 개역개정의 "내 얼굴을 대하여"란 표현은 너무 막연하고 모호하다. 그리고 새번역의 "그대로 두지 않겠다"는 표현은 쓸 데 없이 과도한 의역이다.

17:11 "그 피 그것이 생명을 통해 속죄를 하기 때문이다"
***키-핟담 후 반네페쉬 예캎페르*(כִּי־הַדָּם הוּא בַּנֶּפֶשׁ יְכַפֵּר)**

속죄의 피와 생명의 관계에 대한 이 구절은 레위기 전체를 통해서 가장 난해하고 가장 논쟁의 대상이 되는 구절일 것이다. 이 구절에서 논쟁의 핵심은 특히 *반네페쉬*라는 문구에 있다. 이 문구는 기본적으로는 '~안에'(in)란 뜻을 가진 전치사 *브*(בְּ)에 '생명'이란 뜻의 *네페쉬*가 결합된 형태이다. 여기에서 문제는 이 전치사 *브*의 문맥상의 의미가 무엇이냐 하는 것이다. 이와 관련해서는 크게 세 가지의 견해가 있다.[240]

첫 번째 견해는 *브*를 '본질의 *브*' 혹은 '동격의 *브*'로 보는 것이다. 이 견해에 따르면 이 구절은 '피는 곧 생명'이라는 정도의 의미로 이해된다.

두 번째 견해는 '값의 *브*'로 보는 것이다. 이 경우 피는 생명의 값이 된다.

---

240 이에 대한 탁월한 정리는 Hartley, *Leviticus*, 274–277을 보라.

세 번째 견해는 '도구의 브'로 보는 것이다. 이 경우 피는 그 안에 있는 생명을 도구로 해서 속죄를 하는 것이다(참고, 11절 전반절, '생명, 그것이 피에 있기 때문이다'). 세 번째 견해가 이 문구와 전반절과의 관계를 고려할 때 가장 적절한 것으로 보인다. 개역개정과 새번역 성경의 번역은 히브리어 본문에 대한 어떤 구문론적 이해를 바탕으로 하고 있는 것인지가 모호하다.

3단계: 단락 구분

레위기 17장의 구조는 다음과 같다.

17:1–2	서론
17:3–7	회막 밖에서 가축을 잡는 것의 금지
17:8–9	회막 밖에서 희생제사를 드리는 것의 금지
17:10–12	피 먹는 것의 금지
17:13–16	사냥한 고기에서 피를 섭취하는 것의 금지

1절은 "여호와께서 모세에게 말씀하셨다"고 말씀하고 있다. 이 문구가 새로운 단원의 시작의 표시로 항상 레위기가 사용하고 있는 문구라는 점은 이미 여러 차례 보아왔다.

앞의 1절이 단지 작은 단원의 시작을 알리는 것이 아니라 정말 큰 단원이나 전혀 새로운 내용의 시작을 알리는 문구로 사용되는 경우는 이어지는 구절이 해당 본문의 중심 청중을 밝히는 경우라는 점 역시 앞에서 몇 차례 보아왔다(레 1:1–2; 4:1–2; 6:8–9 등). 17–27장의 시작을 알리는 현 본문에서도 2절은 "아론과 그의 아들들, 그리고 이스라엘의 모든 자손"이라고 주 청중을 알리고 있다는 점에서 큰 단원의 도입구로서 적절하다.

이어지는 본문은 크게 네 번에 걸쳐서 반복되는 "만약 이스라엘 집의 어떤 사람이" 혹은 그와 유사한 문구(3, 8, 10, 13절)를 통해 위의 구조와 같이 네 부분으로 나뉜다. 이 문단 구분 표시 문구를 좀 더 자세하게 써보면 다음과 같다.

17:3	"만약 이스라엘 집의 어떤 사람이"
17:8, 10, 13	"만약 이스라엘 집의 어떤 사람이나 너희들 중에 거류하는 거류민 중에서 어떤 사람이"

즉 이 문단 구분 문구는 3절을 빼고는 전부 "너희들 중에 거류하는 거류민 중에서 어떤 사람이"라는 문구를 추가하고 있다. 이 문구들을 통해서 17장의 중심 본문은 위에서 본 바와 같이 선명하게 네 부분으로 나뉘고 있다.

4단계: 본문 해설

17:1-2 "여호와께서 모세에게 말씀하셨다"란 문구가 단원 구분 표식으로 레위기에서 자주 사용되고 있다는 점은 앞에서 여러 번 보았다. 흥미로운 대목은 이 본문의 청중을 밝히고 있는 2절이다. 이 구절은 몇 가지 측면에서 독특한 요소들을 갖고 있다.

첫째, 주 청중으로 소개된 사람들의 목록이 레위기 내에서 가장 길다. 이 구절은 "아론과 그의 아들들, 그리고 이스라엘의 모든 자손들"이라고 언급하고 있는데 이런 목록이 사용된 경우는 레위기뿐만 아니라 구약 전체를 통틀어서도 단 세 번 밖에 안 된다(17:2; 21:24; 22:18).

둘째, 앞의 세 번의 구절들 중에서 17:2과 동일한 경우는 한 번 밖에 안 된다(22:18). 이 두 본문은 앞의 긴 청중 목록과 더불어 "…에게 말하며 그들에게 일러라"고 말씀하고 있다.

셋째, 오직 이 17:2만이 "이것이 여호와께서 명령하신 것이다"라는 문구를 추가적으로 갖고 있다.

17:2의 특징으로 위에서 기술한 것들을 고려할 때 이 구절의 중요성은 다음의 몇 가지로 정리될 수 있다.

첫째, 이 독특한 구절은 꼼꼼하게 레위기를 읽는 독자들에게 아주 새로운 단원이 시작되고 있음을 선명하게 주지시켜주는 역할을 한다.

둘째, 이 구절은 레위기에서 가장 넓은 대상을 주 청중으로 밝히고 있다. 즉 이 17장의 본문은 대제사장 아론, 그의 아들들인 일반 제사장들, 그리고 일반 백성 모두가 다 분명하게 주목을 해야 하는 내용들을 다루고 있다. 이런 점은 레위기의 큰 세 번째 단원인 17–27장의 "성결법"의 성격과 아주 잘 어울린다.

17:3-7 이 단락은 이스라엘 백성들이 회막 밖의 사사로운 장소에서 가축들을 도살하는 것을 금지하고 있다. 그들은 "여호와의 성막 앞에서 여호와께 예물로" 그것들을 가져와서 "화목제로 여호와께" 드려야 했다(4–5절). 화목제물은 하나님께 지방을 불살라 드리고, 제사장들이 자신들의 몫을 취하고 난 다음에 나머지는 전부 봉헌자의 몫으로 돌려졌기 때문에 광야 시대의 이스라엘 백성들은 이런 방법을 통해서만 고기를 섭취할 수 있었다. 4절은 이 규례를 어긴 자들은 '피 흘린 자'들로 간주되어 '그 피의 죄'에 대한 책임을 져야 했으며, 그로 인해 백성 중에서 끊어지는 벌을 받게 된다고 밝히고 있다. 물론 앞의 이 장의 개관에서 밝힌 바와 같이 이 규례는 광야 여행 중에만 적용되는 것이며, 약속의 땅에 들어가면 사적인 용도의 도축이 허용되게 된다(신 12:15).

이 단락의 끝 구절인 7절은 이 규례의 목적을 밝히고 있는데, 그것은 이스라엘이 "음란하게 좇던 숫염소들에게 다시는 제사하지 말아야" 하기 때문이라고 한다. 숫염소 신을 섬기는 행위는 '음란하게 좇는다'는 문구로 표현되어 있다. 이 본문 이전에 숫염소를 섬기는 것에 대한 언급은 오경 내에는 나오지 않는다. 그러나 이스라엘의 조상들이 아브라함이 부름 받기 이전에 우상을 섬겼다는 성경적 증거들이 있다(수 24:2, 14).

또한 이런 영적 간음은 족장들의 시대에도 최소한 야곱 가족의 일부 등에게는 남아 있었을 수 있었다(창 35:4; 참고, 31:19, 30, 32, 53). 또한 이스라엘이 출애굽 이전의 애굽 생활 중에 이방 신들을 섬겼다는 성경적인 증언도 있다(겔 20:7–8). 또한 숫염소 숭배 사상은 최소한 여로보암 시대(대하 11:15)에도 있었던 것으로 보인다. 또한 어쩌면 남왕국 유다 중 가장 영적으로 타락한 시대인 므낫세 시대(왕하 23:8)에도 이런 숭배 의식이 시행되었을 가능성도 있다.[241] 우리가 문맥상 정확히 다 파악하기는 힘들지만 현 본문은 광야 시대에 회막 외의 장소에서 이루어지는 도축을 금지한 이유가 바로 이런 숫염소를 '음란하게 좇는' 것을 방지하기 위한 것이라고 밝히고 있다.

이런 7절의 내용은 십계명의 제1계명과 출애굽기 22:20 등의 우상 숭배 금지에 대한 율법들과 관련되어 있다. 숫염소 신을 음란하게 좇고 거기에 제사를 드리는 것은 이런 규례들의 위반인 것이다. 그리고 이런 점에서 볼 때 '백성 중에서 끊어질 것이다'란 강력한 심판의 규정은 적절하다고 할 수 있다(4, 9절).

17:8-9 이 두 구절은 회막 밖에서 희생제사 드리는 것을 금지하고 있다. 내용상으로 볼 때 아마 이 단락 역시 규례의 논리는 앞의 7절과 연결되어 있는 것으로 보인다. 즉 7절이 이 두 단락의 연결고리이자 규례의 토대가 된다고 보는 것이 적절해 보인다. 이것을 도식화하자면 다음과 같다.

---

241 이것은 이 구절의 '성문의 산당들'이란 표현에서 '성문'에 해당하는 히브리어 단어인 *쉬아림*(שְׁעָרִים, 원래는 복수이며 '성문들'이라고 번역해야 맞음)을 '염소들'(*쓰이림*, שְׂעִרִים)이라고 맛소라 본문에 수정을 할 때 가능하다. 이 견해가 가진 장점은 *쉰*(שׁ)과 *씬*(שׂ)이 기본적으로 동일한 형태를 갖고 있기 때문에 전통적인 자음 본문을 사실상 수정할 필요가 없이 맛소라 학자들이 추가한 모음만 바꾸면 되는 것이기 때문에 충분히 타당성이 있다. Hartley, *Leviticus*, 272; Mordechai Cogan and Hayim Tadmor, *II Kings: A New Translation with Introduction and Commentary* (Anchor Yale Bible; New Haven; London: Yale University Press, 2008), 286–287을 보라.

17:3–6	회막 밖에서 가축 잡는 것의 금지
17:7	숫염소 섬기는 것의 금지
17:8–9	회막 밖에서 희생 제사 드리는 것의 금지.

또한 이 규례 역시 광야 기간 동안만 적용되는 한시적인 규례였을 것이다.

한 가지 더 유념해야 할 점은 이 규례가 단지 '이스라엘 집 사람'뿐만 아니라 '그들 중에 거류하는 거류민'에게도 적용된다는 점이다. 이처럼 율법의 규정이 단순히 이스라엘 백성에게 국한되지 않고 함께 사는 거류민들에게도 적용되는 것으로 명시된 것은 레위기 내에서 16:29을 제외하고는 이 구절이 처음이다. 그리고 이처럼 거류민에게도 적용된다는 언급은 레위기 17–27장의 "성결법" 전체를 통해서 풍부하게 나타난다(총 17절에 21회). 이처럼 율법 규례의 적용 대상의 확대 역시 성결법의 중요한 특징이다.

17:10-12 이 단락과 다음 단락(13–16절)은 피를 섭취하는 것의 금지를 다루고 있다. 이 금지 규례의 중요성은 이것이 이 짧은 단락에 여러 번에 걸쳐 반복되고 있다는 점을 통해 확인된다. 또한 피의 섭취 금지에 대한 규례는 노아 시대(창 9:4)부터 시작해서 신약의 예루살렘 공의회의 결정(행 15:20; 21:25)에까지 계속된다는 점을 통해서도 확인된다. 피의 섭취 금지 규례에 대한 구약 내의 다른 본문들은 레 7:26–27; 신 12:16, 23; 15:23; 삼상 14:32–34 등이다.

이 단락이 밝히고 있는 피의 섭취 금지에 대한 규례의 이유는 두 가지이다.

첫째, 육체의 생명이 피에 있기 때문이다(11절 전반절).

둘째, 제사에서 피가 하는 역할 때문이다(11절 후반절). "내가 너희의 생명을 위하여 속죄하게 하려고 그것을 너희를 위해 제단 위에 주었다. 왜냐하면 그 피 그것이 생명을 통해 속죄를 하기 때문이다."

물론 17장의 개관에서 밝히고 있는 바와 같이 이 구절을 너무 문자 그대로 이해하는 것은 곤란하다. 피가 그 자체로 속죄하는 능력이 있는 것이 아니라 이런 방식을 통해서 속죄를 하시겠다는 하나님의 결정이 더 중요하다. 이미 레위기 해설을 통해서 여러 차례 강조한 바와 같이 속죄의 주권은 하나님께 속한 것이다. 히브리서 10:4이 밝히고 있는 바와 같이 "황소와 염소의 피가 능히 죄를 없이 하지 못한다"는 점을 우리는 잊어서는 안 된다. 제물의 피는 단지 하나님 앞에서 죄를 해결 받고 하나님과 관계를 회복하기를 갈망하는 백성들을 위해 하나님께서 허락하신 하나의 속죄의 수단일 뿐이다.

그럼에도 불구하고 봉헌자의 하나님을 향한 마음가짐과 바른 태도가 갖춰진 상태에서 바르게 드려진 제물의 피를 통해서 하나님께서 당신의 백성의 죄를 속해주시는 것도 역시 사실이다. 하나님께서 그 제물의 피를 통해 당신의 백성과의 관계를 회복하기로 정하셨기 때문이다. 이런 면에서 피는 비록 내재적 가치는 없지만 하나님에 의해 부여된 의미와 가치는 갖고 있다. 또 바로 이런 이유 때문에 피를 함부로 대하지 않고, 섭취하지 않는 것은 중요했다. 따라서 이 규례를 지키지 않는 자에게는 하나님이 "적대시하며, 내가 그를 자기 백성 중에서 끊어 놓을 것"이라는 강력한 처벌 규정이 첨부되어 있다.

17:13-16 이 문단은 다음과 같이 두 부분으로 다시 세분화해 볼 수 있다.

17:13–14　사냥한 고기의 피 섭취 문제
17:15–16　죽어 있는 고기의 섭취 문제

이 두 본문 역시 17장 전체의 논조를 볼 때 피의 섭취 문제가 주제라고 볼 수 있다. 우선 13–14절의 첫 번째 구절인 13절은 이스라엘 백성이 먹어도 되는 정결한 짐승을 사냥했을 때는 그것의 피를 다 그 짐승의 몸으로부터 빼어내고 그것을 흙으로 덮으라고 명령한다. 이것은 피를 섭취하지 않도록 하는 조치이다. 이어서 14절은 10–12절과 비슷한 내용을 다시 한 번 반복함으로써 피의 섭취가 정말 조심해야 하는 문제임을 다시 한 번 강조해 주고 있다.

죽어 있는 상태로 발견된 짐승의 고기를 먹는 문제를 다루고 있는 15–16

절은 언뜻 보기에는 피와 상관이 없는 것으로 생각될 수 있다. 그러나 사실 이 본문 역시 피의 섭취 문제를 다루고 있는 것으로 읽어야만 할 것이다. 왜냐하면 짐승은 죽은 직후에 피를 처리하지 않으면 그 피를 제거하기가 어렵다. 또한 그렇게 죽어 있는 시체의 고기를 먹으면 부정해진다(참고, 레 5:2; 7:24; 11:39-40; 22:8).

참고로 신명기 14:21은 짐승의 죽은 시체의 경우 이스라엘 백성은 먹으면 안 되지만 거류민이나 이방인이 먹는 것은 허용하고 있는 것으로 보인다. 이런 차이는 모순이라기보다는 아마 광야 시기와 가나안 정착 시기의 차이 때문인 것으로 보인다. 레위기의 법은 광야 시기에 하나의 종교 집단으로서의 이스라엘이 이동 생활을 하고 있는 상황을 반영하고, 신명기의 법은 가나안 땅에서 여호와 종교를 받아들이지 않은 이방인들도 부득이하게 함께 사는 상황을 반영하고 있지 않나 생각된다. 물론 레위기 17장이 명시하고 있듯이 광야 방랑 시대에도 분명히 이스라엘과 함께 여행하고 있는 거류민들은 존재했다. 그러나 이들은 정착 시기에 부득이하게 이스라엘 영토 내에서 거류하게 되는 이방인들과는 달리 하나님을 섬기는 신앙 공동체의 일원이었다.

이런 점에서 신명기 14:21의 "너희는 너희의 하나님 여호와의 성민"이라는 개념은 더 중요하다. 이스라엘은 가나안 땅에 정착해서 이방 속에서 살아가는 '거룩한 나라'로서의 모습을 지켜야만 한다. 반면 광야에 홀로 떨어져 있는 광야 공동체는 이스라엘 사람이든 거류민이든 하나의 단일한 성격을 가진 신앙 공동체 집단으로서의 정체성을 유지했어야 하지 않나 생각된다.

레위기 17:15b-16은 이렇게 죽은 짐승의 사체를 먹고 부정해지면 정결 의식을 통해 그 부정을 해결해야 한다는 점을 규정하고 있다. 그 절차 및 세부적 사항들은 다음과 같다.

첫째, 옷을 빨고 물로 몸을 씻는다.

둘째, 저녁까지 부정한 상태에 머무르다가 그 후에 정결해진다.

셋째, 이런 정결 의식을 치르지 않는 자는 죄를 짊어지게 된다.

5단계: 적용

17:7 "그들은 음란하게 좇던 숫염소들에게 다시는 제사하지 말아야 한다"
하나님은 온 세상의 유일한 신이시고, 절대적인 주권자이시다. 하나님과 다른 어떤 것을 같이 섬기는 것은 불가능하다(마 6:24). 혹시 당신은 하나님을 섬긴다고 하면서도 하나님보다 중요하게 여기는 어떤 것을 갖고 있지는 않은가? 성공, 돈, 권력, 자기 육체에 대한 환상 등 다른 것을 하나님보다 더 중요하게 생각하고 있지 않은가? 우상숭배는 하나님보다 다른 어떤 것을 더 중요하게 여기는 것이다.

17:10-12 비록 피가 모든 생물의 생명에 있어서 가장 중요한 것들 중의 하나이긴 하지만 그렇다고 해서 피가 자동적으로 인간의 죄를 대신할 수 있는 것은 아니다. 하나님께서 제물의 피를 통하여 인간의 죄를 용서해주시기로 하셨기 때문에 피가 인간의 죄를 속죄할 수 있게 된 것이다. 제사 제도는 그 자체가 자동적으로 죄를 속죄해주는 마술적인 효력을 갖고 있는 것이 아니다. 제사 제도 역시 십자가를 통한 구속과 마찬가지로 하나님의 은혜의 방편일 뿐이다. 하나님의 은혜가 아니면 속죄는 불가능하다. 하나님은 은혜로운 분이심을 기억하라. 속죄는 피가 아니라 하나님이 주시는 것이다.

6단계: 설교 "하나님 섬김에 대한 가르침들"(레 17:7-14)

레위기 17장의 본문은 일반적인 도축이나 제사를 위한 도축이 성막 외의 장소에서 행해지는 것에 대한 금지와 더불어 피의 섭취의 금지에 대해서 다루고 있습니다. 이 본문을 통해서 우리는 하나님을 섬기는 것과 관련하여 최소한 두 가지 점을 배울 수 있습니다.

첫째, 이 본문은 우리가 오직 하나님만을 섬기며, 하나님 외의 그 어떤 존재도

음란하게 좇아서는 안 된다는 것을 가르치고 있습니다(7절). 성막을 진 한 가운데 모시고 살아가는 광야 시대의 신앙 공동체에게 있어서 도축은 그것이 일반적인 것이든 제사를 위한 것이든 간에 상관 없이 성막의 제사장들에게 가져가서 정식으로 하나님께 제사를 드리는 경우에만 그것이 인정을 받을 수가 있다는 것이 명시되어 있습니다(3-9절). 이런 규례가 가진 중요한 목적은 이스라엘이 조상 때부터 하나님 대신 음란하게 섬기던 숫염소 우상에게 제사를 드리는 것을 방지하기 위한 것이었습니다.

여러 가지 성경적 증거들을 볼 때 이스라엘은 믿음의 조상 아브라함이 부름 받기 이전부터 유다의 멸망 때까지 숫염소 우상이나 기타 거짓 신들을 좇곤 했습니다(수 24:2, 14; 대하 11:15; 왕하 23:8 등). 이런 우상 숭배는 우리가 항상 겪는 문제이자 우리의 신앙에 있어서 가장 본질적인 문제입니다. 이 때문에 하나님은 십계명의 제1계명으로 "너는 나 외에는 다른 신들을 네게 두지 말라"고 하셨습니다. 하나님 이외에 다른 신을 섬기는 것은 하나님의 백성이 절대로 해서는 안 되는 가장 근본적인 금지 사항이었습니다. 바로 이런 이유 때문에 하나님은 당신의 공동체에서 이런 일이 일어나지 않게 3-6절의 요구들을 하신 것입니다.

구약의 우상에 대한 이런 가르침은 신약의 예수 그리스도의 가르침을 통해 더 깊어지고 넓어집니다. 예수님은 마태복음 6:24에서 "한 사람이 두 주인을 섬기지 못할 것이니 혹 이를 미워하고 저를 사랑하거나 혹 이를 중히 여기고 저를 경히 여김이라"고 말씀하고 있습니다. 사람은 하나님을 주인으로 섬기거나 다른 어떤 것을 주인으로 섬기거나 할 수 있을 뿐 하나님과 다른 어떤 것을 결코 같이 섬길 수는 없다는 것입니다. 우리 성도들의 삶에 있어서 우리의 관심과 사랑을 두고 하나님과 경쟁하는 모든 것들은 다 우상인 것입니다.

마틴 루터는 자신의 대요리문답(Large Catechism) 중 제1계명에 대한 내용을 다루면서 "하나님을 둔다는 것(to have a god)이 무엇을 의미하는가, 혹은 하나님은 무엇인가"란 질문을 던지고 그에 대한 대답으로 이렇게 말합니다.

> ‘하나님’이란 존재는 우리가 그것으로부터 모든 선한 것을 기대할 수 있고, 우리가 모든 비탄의 상태 중에 피난처로 삼고자 하는 어떤 것을 의미한다. 그러므로 하나님을 둔다는 것은 전심으로 그를 신뢰하고 믿는다는 것 외의 어떤 다른 것을 의미하지 않는다. 내가 자주 말해온 바와 같이 마음의 확신과 신앙만이 하나님과 우상을 만든다(즉 판가름한다—나의 의역). 만약 당신의 신앙과 신뢰가 옳다면 당신의 하나님은 참된 분이다. 그러나 만약 당신의 신뢰가 잘못되고 틀린 것이라면 당신은 참된 하나님을 모시고 있지 않다. 왜냐하면 신앙과 하나님, 이 둘은 서로 하나로 묶여 있는 것이기 때문이다. 내가 다시 말하건데 당신이 당신의 마음을 드리는 것, 당신의 신뢰를 드리는 것이 곧 당신의 신이다. 그러므로 이 계명의 의도는 마음의 진정한 신앙과 신뢰를 유일하게 참되신 하나님께 정초시키고, 그에게만 매달리라는 것이다. 다시 말해 이것은 마치 다음과 같이 [하나님께서] 말씀하시고 있는 것과 같다. “오직 나만이 너의 하나님이 되게 하고, 다른 어떤 이도 찾지 말라는 것이 이 계명이 말하고자 하는 바이다. 즉 네가 어떤 좋은 것이 부족하거든 나에게서 그것을 찾고, 그것을 위해 나를 바라보도록 해라. 또한 네가 불행이나 슬픔을 겪을 때마다 나에게 다가와 나에게 매달려라. 내가 너에게 충분히 주고, 너의 모든 필요를 채우리라. 너의 마음이 다른 어떤 것에 매달리거나 그것에서 안식을 찾게 하지 말라.”

그러므로 우리가 만약 하나님 외의 다른 어떤 존재나 어떤 것에 우리의 신뢰를 맡기고, 그것으로부터 위로를 찾고자 하면 그것이 바로 오늘 본문의 숫염소 우상과 같이 우리가 하나님 대신 ‘음란하게 좇는’ 우상입니다. 따라서 이 우상은 단순히 바알이나 아세라와 같은 이방 신들뿐만 아니라 우리가 하나님 대신 의지하는 그 어떤 것도 될 수 있습니다. 돈, 권능, 육체적 능력도 우리의 우상이 될 수 있고, 우리가 미치도록 사랑하는 남편이나 아내나 연인이 우리의 우상이 될 수도 있습니다. 그리고 사실 바알이나 아세라보다 이런 후자의 것들이 더 위험합니다. 왜냐하면 웬만한 성도라면 당연히 바알과 아세라는 우상이라고 생각하지만 후자의 것들은 우상이라고 미처 생각하지 못할 때가 많기 때문입니다.

그러나 우리는 오늘 본문을 숙고해봐야 합니다. 본문에서 하나님은 광야 여행 중의 이스라엘이 혹시라도 저지를 수 있는 우상 숭배를 방지하시기 위하여 일반적인 도축이든 제사용 도축이든 간에 모두 성막으로 가져와서 하나님께 바른 절차를 통해 먼저 제사로 드린 후에 섭취하게 하셨습니다. 이와 마찬가지로 우리도 하나님을 우리 가운데 모실 때 우리의 영적이고 육적인 모든 측면에서 하나님 외에 다른 어떤 것을 '음란하게 좇지' 않도록 유의해야 할 것입니다.

둘째, 하나님은 하나님께서 정하신 방식대로 섬겨야 합니다(10-12, 14절). 11절에서 하나님은 "왜냐하면 육체의 생명, 그것이 피에 있기 때문이다. 내가 너희의 생명을 위하여 속죄하게 하려고 [피를] 너희를 위해 제단 위에 주었다. 왜냐하면 그 피 그것이 생명을 통해 속죄를 하기 때문이다"라고 말씀하십니다.

물론 흔히 성경의 독자들이 생각하는 것과 달리 피가 곧 생명과 동일시될 수 있는 것이거나 오직 피를 통해서만 속죄가 가능하다는 생각은 잘못된 것입니다. 성경은 속죄의 권능은 오직 하나님에게만 속한 것임을 분명히 하고 있습니다.

이처럼 속죄는 오직 하나님만이 가지신 특권이라는 점을 우리가 분명히 인식한 상태에서 우리가 놓치지 않아야 할 또 한 가지 중요한 사실은 하나님께서 당신의 백성이 피를 통해서 속죄를 받을 수 있게도 하셨다는 사실입니다. 다시 말해 피가 속죄의 유일한 통로는 결코 아니지만 또한 피가 속죄를 받는 가장 중요한 수단들 중의 하나라는 점 역시 아주 분명합니다.

하나님께서는 속죄의 주권이 오직 당신에게만 속한 것임을 정확히 인식하고 있고, 또 그런 하나님과 바른 관계를 회복하기 위해 당신에게 나아오고자 하는 당신의 백성들이 속죄를 받는 가장 보편적이고 분명한 통로의 역할을 제물의 피에 부여하셨던 것입니다. 그리고 하나님께서 이런 중요한 역할을 피에 부여하셨기 때문에 피를 함부로 대하지 않는 것은 중요합니다. 이런 점을 하나님의 백성이 망각하지 않도록 하나님은 피를 함부로 섭취하는 것을 막으셨으며, 이것을 위반하는 자들은 백성 중에서 끊어지게 된다는 것을 역설하셨습니다(14절). 그리고 이런 하나님의 강조는 예루살렘 공의회의 결정을 통해서도 계속 지속되게 하셨습니다(행 15:29).

하나님을 섬긴다는 것은 곧 하나님께서 정하신 방식대로 하나님을 섬기는 것을 의미합니다. 비록 피가 하나님의 속죄의 유일한 통로는 아니지만 하나님께서 그것을 가장 중요한 통로 중의 하나로 삼으셨고, 그 점을 하나님의 백성이 분명하게 인식할 수 있도록 피의 섭취를 금지하셨다면 우리는 그런 하나님의 결정을 따라야만 합니다. 하나님만을 진정한 주인으로 모시는 자는 주인이 섬김을 받고자 하는 방식대로 섬겨야 한다는 점을 잊어서는 안 됩니다.

레위기 18장

백성들을 위한 규례 I

❑ 백성들을 위한 규례 I 개관

레위기 18장을 이해하는데 있어서 중요한 몇 가지 점들은 다음과 같다.

첫째, 레위기 18–20장은 하나의 단원으로 묶여 있으며, 이 점은 앞뒤의 문맥 및 대상 청중에 대한 언급을 보면 알 수 있다. 우선 이 세 장짜리 단원(18–20장)의 앞 문맥은 레위기 17장의 피의 섭취의 금지에 대한 본문이다. 이 본문의 청중은 "아론과 그의 아들들, 그리고 이스라엘의 모든 자손들"이다(17:2). 그리고 뒷 문맥인 21–22장은 제사장 및 제물에 대한 본문이다. 본문의 청중은 "아론의 자손 제사장들"(21:1), "아론과 그의 아들들"(22:2), "아론과 그의 아들들과 이스라엘 온 족속"(22:18)이다. 이처럼 18–20장을 둘러싼 문맥은 제사법과 관련된 내용들이고, 그 중심 청중은 주로 아론과 제사장 직분자들이다. 반면에 18–20장은 주로 금지된 성관계라든지 각종 삶의 윤리에 대한 내용이며, 중심 청중은 일반 이스라엘 백성이다("이스라엘 자손", 18:2; 20:2; "이스라엘 자손의 온 회중", 19:2). 이런 면에서 18–20장은 하나의 단원으로 이루어져 있다.

둘째, 우리는 앞의 "레위기 17–27장의 개관"에서 18–20장이 수미쌍괄식 구조(inclusio) 혹은 교차대조법적 구조를 다음과 같이 갖고 있는 것을 보았다.

A. 18장	금지된 성관계들
X. 19장	거룩한 백성의 율례들
A'. 20장	금지된 성관계에 대한 처벌들

즉 이 본문은 가운데의 19장을 중심으로 해서 그 앞뒤로 주로 금지된 성관계에 대한 목록들 및 그에 대한 처벌을 담고 있는 18, 20장이 감싸고 있는 형태로 되어 있다. 특히 이러한 구조는 18장과 20장이 결국은 동일한 사안에 대해 두 가지 다른 강조점을 갖고 있다는 점을 보여주고 있는 측면에서 중요하다. 18장은 어떤 것들이 금지된 성관계들인지를 말해주고 있고, 20장은 그런 불법적인 성관계들을 저지를 때 받아야 할 처벌에 대해서 다루고 있다.

셋째, 이 세 장은 "나는 여호와 너희 하나님"이라는 문구를 통해서 서로 밀접하게 연결되어 있다. 이 문구는 레위기에서 11:44에 나온 이후에 처음으로 18:2에 다시 나오며, 이후로 17-27장의 가장 중요한 반복구 중의 하나로 사용된다. 그중에서도 특히 이 문구는 18-20장에 집중적으로 사용된다(총 13회, 18:2, 4, 30; 19:2, 3, 4, 10, 25, 31, 34, 36; 20:7, 24). 레위기에 사용된 총 22회 중 13번, 즉 6할에 해당하는 경우가 18-20장에 집중되어 있는 것이다. 이후로 이 문구는 24-26장에 다시 집중되며(총 8회, 23:22, 43; 24:22; 25:17, 38, 55; 26:1, 13). 흥미롭게도 18-20장의 직접적 문맥인 17장과 21-22장에는 한 번도 사용되지 않는데, 이 점 역시 앞에서 말한 바와 같이 18-20장이 하나의 단원임을 선명하게 보여준다.

넷째, "나는 여호와"란 표현 역시 굉장히 많이 반복된다(예를 들어 18:5, 6 등). 이 문구 역시 앞의 문구와 비슷한 분포를 보이는 경향이 있으며, 본질적으로 앞의 문구의 단축 형태로 보아도 대체로는 무방할 것이다. 단지 "나는 여호와 너희 하나님"이란 문구가 구조적으로 좀 더 큰 틀을 형성하고 있다면 "나는 여호와"란 문구는 좀 더 작은 단위에서 어떤 구조적 작용을 하고 있는 것 같다. 예를 들어 18장의 경우 전자의 문구("나는 여호와 너희 하나님")는 18장의 시작과 끝(18:2, 4, 30)을 장식하고 있는 반면에 후자의 문구("나는 여호와")는 그 사이 본문(18:5, 6, 21)을 장식하고 있다.

다섯째, 18장의 두드러진 특징 중의 하나는 장의 서두와 끝에 애굽 및 가나안의 규례들(*훅코트*, חֻקּוֹת)과 하나님의 규례들(*훅코트*) 사이에 대조를 강조하고 있다는 점이다(3–5, 26, 30절; 아래의 3절의 "사역 해설"[505쪽] 참고). 그리고 이런 강조는 18장과 대응하는 장인 20장에도 나타나 있다(8, 22절). 따라서 서로 짝을 이루고 있는 레위기 18장과 20장의 핵심은 애굽 및 가나안 땅의 규례들과 하나님의 백성의 규례를 대조시키는 것이다.

여섯째, 앞의 대조를 고려할 때 19장의 역할이 드러나게 된다. 18장과 20장이 애굽과 가나안의 규례들, 즉 이스라엘이 하지 말아야 할 것들을 강조하고 있는 반면에 그 사이에 낀 19장은 하나님 백성의 규례들, 즉 이스라엘이 해야 할 것들을 강조하고 있다. 이런 점에서 19장은 오경의 규례들의 요약집과 비슷한 느낌을 준다. 유대교의 랍비들은 19장이 십계명을 담고 있다고 말해왔다. 물론 19장이 정말로 십계명 자체를 담고 있는 것은 아니지만 18–20장의 구성을 고려할 때 19장이 십계명과 비슷한 느낌을 주는 이유는 납득이 간다. 19장은 애굽과 가나안의 규례들과 대조되는 하나님의 백성의 규례를 담고 있기 때문에 율법의 핵심들을 담고 있는 것이다.

일곱째, 18:5의 "만약 사람이 이것들을 행하면 그것들로 말미암아 살 것이다"란 말씀은 에스겔 20:11, 13, 21에 의해 인용된 후에 다시 신약에서 바울에 의해 몇 번 인용되고 있고, 또한 율법과 복음의 관계에 있어서 핵심 본문 중의 하나이기 때문에 주목할 필요가 있다(롬 10:5; 갈 3:12). 언뜻 보기에는 이 구절과 신약의 바울의 인용 방식을 고려할 때 마치 이 구절이 구약에서는 사람이 율법 준수를 통해서 구원을 얻고 신약에서는 오직 믿음으로 구원을 얻는다는 식의 이해를 조장시키는 것처럼 여겨질 수 있다. 그러나 이것은 진실이 아니다. 웬함은 바울이 주장한 바는 율법 준수가 칭의의 수단이 아니라 열매라고 주장했다는 점을 지적한다.[242] 그리고 이런 점에 있어서 바울의 해

242 Wenham, *Leviticus*, 261.

석이 그의 신학적 대적자들의 해석보다 더 레위기 18:5의 본문의 문맥적 해석에 더 충실하다고 주장한다. 왜냐하면 율법과 규례는 이스라엘 백성이 구원을 얻고자 할 때 뛰어넘어야 할 도덕적인 허들 경기 장애물과 같은 것이 아니라 언약 백성이 이미 출애굽의 구원을 경험한 후에 받은 것이기 때문이다. 다시 말해 율법은 구원을 얻는 도구가 아니라 구원 얻는 성도들이 살아가는 삶의 방식을 서술한 것이다.

여덟째, 레위기 18장은 이스라엘이 애굽과 가나안의 풍습들과 규례들을 따르느냐 하나님의 명령들과 규례들을 따르느냐에 따라 그들의 운명이 결정된다는 것을 땅의 의인화 기법을 통해서 나타내준다.[243] 가나안 사람들이 땅에서 추방되는 운명을 겪게 된 것은 그들이 땅을 부정하게 만들고, 그로 인해 하나님의 심판을 받았으며, 땅이 부정한 그들을 토해냈기 때문이다(25절). 그리고 이 점에 있어서는 이스라엘 앞에 놓인 운명도 마찬가지이다. 만약 그들이 가나안 족속들과 같은 가증스러운 짓들을 저지르면 그들 역시 땅이 토해내게 될 것이다(28절). 그러나 만약 그들이 하나님의 법도와 규례를 따라 살면 땅이 그들을 토해내지 않을 것이다(20:22).

여덟째 사항은 하나님의 공의와 관련해서 중요하다. 언약 백성의 운명은 결코 하나님이 당신의 백성에게만 일방적이고 무조건적인 은혜를 베푸는 것에 달려있지 않다. 가나안 족속이 가증스러운 풍습으로 인해 땅에 의해 토해냄을 당했던 것처럼 이스라엘 역시 그들의 풍습을 따르면 그들과 같은 운명을 당할 것이다. 이처럼 약속의 땅에서의 이스라엘의 운명은 공의에 의해 결정될 것이며, 가나안 거민들에 대해 행했던 하나님의 공의는 정당화된다. 하나님은 자기 백성에게 땅을 주기 위해 무작정 가나안 거민들에게 폭력을 행하신 분이 아닌 것이다. 또한 가나안 거민들과 마찬가지로 이스라엘 백성 역시 그들과 같은 짓들을 저지르면 같은 운명을 당하게 될 것이다.

이런 면에서 여호수아의 가나안 정복 활동을 단순히 폭력/비폭력의 시각

---

243 쉬니처, *토라 스토리*, 411–412.

에서만 논쟁하는 것은 부적절하다. 이것은 더 큰 의미에서 하나님의 윤리와 공의의 시각에서 다뤄야만 한다. 이런 면에서 레위기 18장은 이 문제에 대한 적절한 신학적 토대를 제공하고 있다.

1단계: 사역

18:1 그리고 여호와께서 모세에게 말씀하셨다.

18:2 너는 이스라엘 자손에게 말하고 그들에게 이르라. 나는 여호와 너희 하나님이다.

18:3 너희는 너희가 거주하던 애굽 땅의 행위를 따르지 말며, 내가 너희를 인도해 가고 있는 가나안 땅의 행위도 따르지 말며, 그들의 규례들대로 행하지 말라.

18:4 너희는 내 법도들을 따르며 내 규례들을 지켜 그대로 행하여라. 나는 여호와 너희 하나님이다.

18:5 너희는 내 규례들과 법도들을 지켜라. 만약 사람이 이것들을 행하면 그것들로 말미암아 살 것이다. 나는 여호와다.

18:6 각 사람은 자기의 근척(近戚)과 가까이 하여 벌거벗음을 드러내지 말아야 한다. 나는 여호와다.

18:7 네 어머니의 벌거벗음은 곧 네 아버지의 벌거벗음이니 너는 [그것을] 드러내지 말라. 그녀는 네 어머니이다. 너는 그녀의 벌거벗음을 드러내지 말라.

18:8 너는 네 아버지의 아내의 벌거벗음을 드러내지 말라. 왜냐하면 그녀는 네 아버지의 벌거벗음이기 때문이다.

18:9 너는 네 자매 곧 네 아버지의 딸이나 네 어머니의 딸—그들이 가족 내에서 출생했든지 가족 밖에서 출생했든지 간에 [상관 없이]—의 벌거벗음을 드러내지 말라.

18:10 너는 네 손녀나 네 외손녀의 벌거벗음을 드러내지 말라. 왜냐하면 그들은 너의 벌거벗음이기 때문이다.

18:11 네 아버지의 아내의 딸은 네 아버지에게서 출생한 자니 네 누이이다. 너는 그의 벌거벗음을 드러내지 말라.

18:12 너는 네 고모의 벌거벗음을 드러내지 말라. 그녀는 네 아버지의 근척이다.

18:13 너는 네 이모의 벌거벗음을 드러내지 말라. 그녀는 네 어머니의 근척이기 때문이다.

18:14 너는 네 아버지의 형제의 아내를 가까이 하여 그녀의 벌거벗음을 드러내지 말라 그녀는 네 숙모이다.

18:15 너는 네 며느리의 벌거벗음을 드러내지 말라. 그녀는 네 아들의 아내이다. 그녀의 벌거벗음을 드러내지 말라.

18:16 너는 네 형제의 아내의 벌거벗음을 드러내지 말라. 그것은 곧 네 형제의 벌거벗음이다.

18:17 너는 어떤 여인과 그 여인의 딸의 벌거벗음을 아울러 드러내지 말라. 또 그 여인의 손녀나 외손녀를 취하여 그들의 벌거벗음을 드러내지 말라. 그녀들은 근친이니, 이것은 악한 일이다.

18:18 너는 아내가 살아 있는 동안 그녀의 자매를 취하여 경쟁 상대가 되게 하고 그녀를 거슬러 그녀의 벌거벗음을 드러내지 말라.

18:19 너는 여인이 월경으로 인해 부정한 동안에 그녀를 가까이 하여 그녀의 벌거벗음을 드러내지 말라

18:20 너는 네 지인의 아내와 동침하여 설정하므로 그 여자로 인해 자기를 부정하게 하지 말라.

18:21 너는 너의 자녀를 몰렉을 위해 [불을] 지나가게 함으로써 너의 하나님의 이름을 욕되게 하지 말라. 나는 여호와이다.

18:22 너는 여자와 동침함 같이 남자와 동침하지 말라. 이것은 가증스러운 일이다.

18:23 너는 짐승과 교합하여 자기를 부정하게 하지 말라. 여자는 짐승 앞에 서서 그것과 교접하지 말라. 이것은 혼잡스러운 일이다.
18:24 너희는 이 모든 일로 스스로 부정하게 만들지 말라. 내가 너희 앞에서 내보 낼 민족들이 이 모든 일로 말미암아 부정하게 되었기 때문이다.
18:25 그 땅도 부정해졌으며, 내가 그것 때문에 그것의 악을 벌했고, 그 땅도 그 거주민을 토해냈다.
18:26 그러므로 너희는 본토인이든 너희 가운데의 거류민이든지 다 내 규례들과 내 법도들을 지켜라. 그리고 이런 모든 가증스러운 것들을 행하지 말아라.
18:27 왜냐하면 너희 앞에 있던 그 땅의 사람들이 이런 모든 가증스런 일들을 행했고 그 땅도 부정하게 되었기 때문이다.
18:28 너희도 그 땅을 부정하게 하면 그것이 너희 앞의 민족들을 토한 것처럼 너희를 토하지 않겠느냐?
18:29 이 가증스런 모든 일을 행하는 자, 곧 범하는 모든 영혼은 자기 백성 중에서 끊어질 것이다.
18:30 그러므로 너희는 내 명령을 지키고 너희 앞에서 행해지던 가증스러운 규례들을 행하지 않음으로써 그것들로 스스로 부정하게 되지 말아라. 나는 여호와 너희 하나님이다.

2단계: 사역 해설

18:2 "너는 이스라엘 자손에게 말하고 그들에게 이르라"

이것과 동일한 문구는 구약성경 전체에서 총 13회가 나온다(레 1:2; 18:2; 23:2, 10; 25:2; 27:2; 민 5:12; 6:2; 15:2, 18, 38; 33:51; 35:10). 그리고 레위기에서는 총 6회가 나오는데, 이 본문은 두 번째 구절이다.

18:3 "규례들" *훅코트*(חֻקּוֹת)

'규례'를 의미하는 여성명사 *훅카*(חֻקָּה)의 복수형. 이 단어는 레위기 18장에서 총 5회가 나온다(3, 4, 5, 26, 30절). 그리고 이 단어는 이방의 악한 풍습들과 하나님의 규례들을 대조시키는 역할을 하고 있다. 예를 들어 3절은 "그들의 규례들대로 행하지 말라"고 하고 있고, 4절은 "내 규례들을 지켜 그대로 행하여라"고 하고 있다(5절도 마찬가지). 이런 관계는 26, 30절의 경우도 마찬가지다. 이런 면에서 이 단어는 이방 풍습을 따르는 삶과 하나님의 규례들을 따르는 삶을 대조시키는데 있어서 가장 중요한 핵심 어휘라 할 수 있다. 이 중 이방 풍습을 가리키는 뜻으로 사용될 때는 '풍습'이라고 번역하는 것이 한국어로 좀 더 자연스러운 번역이겠지만 이것이 하나님의 '규례들'이라는 표현과 대조를 이루고 있다는 점을 부각시키기 위해 3절의 이방의 풍습을 가리키는 경우에도 부득이하게 '규례들'로 번역하였다.

18:6 "자기의 근척(近戚)" *쉬에르 브싸로*(שְׁאֵר בְּשָׂרוֹ)

*쉬에르*는 '육체, 몸, 살' 등의 뜻을 갖고 있으며, 바로 뒤에 나오는 *바싸르*(בָּשָׂר)와 동의어이다. 따라서 이 문구는 직역하자면 "자기 육체의 육체"란 뜻인데, 이처럼 현재 문맥에서는 '가까운 친척', 즉 '근척'이라는 의미로 사용되고 있다.

"벌거벗음을 드러내지" *르갈로트 에르봐*(לְגַלּוֹת עֶרְוָה)

에르봐(עֶרְוָה)는 '벌거벗음'(nakedness)이라는 뜻이다. 따라서 *르갈로트 에르봐*는 직역을 하자면 "벌거벗음을 드러내다" 정도의 뜻을 가진 어구이다. 이 어구는 '성관계를 갖다'란 표현에 대한 일종의 완곡어법적 표현이다.

18:7 "네 어머니의 벌거벗음은 곧 네 아버지의 벌거벗음이니"

원문상으로 직역하자면 "네 아버지의 벌거벗음과 네 어머니의 벌거벗음." 여기에서 중간의 등위 접속사, '~과'(히브리어로는 *붸*[וְ])는 앞의 문구를 부연 설명해주는 역할을 한다. 따라서 '네 아버지의 벌거벗음'에 대한 부연 설명이 '네 어머니의 벌거벗음'이라는 것이다. 또한 더 나아가서 이 장에서 말하는 근친상간의 전반적인 논조는 부부 중의 아내의 벌거벗음은 곧 그 남편의 벌거벗음과 동일시된다는 것이다.

18:14 "너는 네 아버지의 형제의 아내를 가까이 하여 그녀의 벌거벗음을 드러내지 말라"

원문을 직역하면 "네 아버지의 형제의 벌거벗음을 드러내지 말며 그의 아내를 가까이 하지 말라." 여기에서 '네 아버지의 형제의 벌거벗음을 드러낸다'는 표현은 '자기 삼촌과 성관계를 갖는다'는 것을 의미하는 것이 아니다. 앞의 7절의 본문을 참고하면 '삼촌의 벌거벗음'은 곧 '그의 아내의 벌거벗음'을 가리키는 말이다. 이 때문에 이 구절의 원문에서 "아버지의 형제의 벌거벗음"에 바로 이어서 "그의 아내를 가까이 하지 말라"는 표현이 뒤따라 나오는 것이다. 이러한 점을 반영한 것이 바로 14절의 사역 본문이다.

18:17 "그녀들은 그녀의 근친이니"

'근친'에 해당하는 단어는 *샤아라*(שַׁאֲרָה)라고 되어 있다. 만약 이것이 맞는 단어일 경우 이 단어는 구약성경에 단 한 번 밖에 안 나온다. 주석가들은 이 단어가 앞의 6절에서 다룬 *쉬에르*란 단어에 3인칭 여성 단수 소유격 인칭대명사가 붙은 형태, 즉 *쉬에라흐*(שְׁאֵרָהּ)라고 보는 것이 맞다고 생각한다.[244] 이 견해는 자음 본문을 수정할 필요가 없다는 점, 그리고 성경에 단 한 번 밖에 안 나오는 단어를 상정할 필요가 없다는 점으로 인해 유효성이 크다. 이 사역에서도 이런 해석을 택해서 위의 어구를 '그녀의 근친'이라고 해석하였다.

244 좀 더 상세한 설명은 Hartley, *Leviticus*, 283을 보라.

"악한 일" *짐마*(זִמָּה)

*짐마*란 '고려하다', '계획하다', '음모를 꾸미다' 등의 뜻을 가진 *자맘*(זָמַם) 이란 동사에서 파생된 명사로서, 단어 자체의 원래의 뜻은 '계획, 음모, 악한 계획' 등이다. 그러나 이 단어가 레위기나 기타 구약의 책들 속에서 '매춘, 근친상간' 등을 가리키는 용어로 사용되는 경우들도 있다(삿 20:6).[245] 이런 문맥에서 *짐마*란 단어가 쓰인 경우는 아마 이런 성적으로 강한 표현들에 대한 일종의 완곡어법적인 표현일 것이다. 사역은 이런 견해를 반영하고 있다.

18:18 이 본문에서 개역개정은 원문의 구문론적 형태에서 벗어나서 좀 자유롭게 번역하고 있는데, 그 이유는 원문을 직역할 경우 한국어 표현이 좀 어색해질 수 있기 때문이다. 본질적으로 히브리어 원문을 잘못 해석하고 있는 것은 아니다. 이 사역에서는 원문의 구문에 좀 더 가까이 다가가면서도 한국어로 최대한 어색해지지 않는 방식의 번역을 택하였다.

18:20 "지인" *아미트*(עָמִית)

이 단어를 개역개정은 "이웃"이라고 번역하고 있으나 이 단어의 의미의 폭은 통상적인 '이웃'의 개념보다는 넓다. 아마 '지인'이라는 번역이 *아미트*의 뜻으로는 좀 더 적절할 것이다. 이 단어에 대한 좀 더 상세한 해석은 6:2의 "사역 해설"(212쪽)을 보라.

18:21 "자녀" *제라*(זֶרַע)

'자녀'라고 번역한 단어의 히브리어는 *제라*, 곧 '씨앗'이란 단어이다. '씨앗' 이란 개념에서 '후손, 자녀'란 개념이 파생되었다. 흥미로운 점은 *제라*란 단어가 20절의 '설정', 즉 '정액의 흘림'이란 단어의 '정액'의 히브리어 단어이기

---

245 William Lee Holladay, *A Concise Hebrew and Aramaic Lexicon of the Old Testament* (Leiden: Brill, 2000), 89; John E. Hartley, "זָמַם", in *NIDOTTE*, 1:1113.

도 하다는 점이다. 20절과 21절은 사역이나 기타 성경 번역본들을 보면 연결성이 보이지도 않고, 몰렉 제사에 대한 언급이 왜 근친상간에 대한 율법 본문 속에서 갑자기 튀어나오는가 하는 의문도 가질 수가 있을 것이다. 그러나 최소한 원문상으로 보면 이 두 구절 사이에는 핵심 단어의 연결고리가 존재한다는 점을 인식할 필요가 있다.

"불을"

히브리어 원문상으로는 단순히 '지나가게 하다'란 동사밖에 나오지 않는다. 그러나 왕하 23:10 등의 본문을 참고해볼 때 이 동사에는 '불을'(through the fire)이라는 어구를 넣어서 읽는 것이 적절해 보인다.

18:23 "교접하지"

'교접하다'라는 단어는 '매복하다, 누워 기다리다'라는 뜻을 가진 *라바*(רָבַע)란 단어가 '성교'의 의미로 사용된 경우에 맞추어 번역한 것이다. 이런 뜻으로는 구약성경에서 단 세 번만 사용되었다(레 18:23; 19:19; 20:16). 이 세 번이 모두 하나의 단원을 이루고 있는 18-20장에만 나온다는 점이 흥미롭다.

"혼잡스러운 일" *테벨*(תֶּבֶל)

*테벨*이라는 단어는 구약에서 단 두 번만 사용되었으며, 전부 부적절한 성관계와 관련된 본문에 사용되었다(레 18:13; 20:12). 이 단어의 어원은 '섞다, 혼잡케 하다'란 뜻을 가진 *발랄*(בָּלַל)(참고, 창 11:9의 바벨탑 사건)이다.

18:28 "토하지 않겠느냐"

이 본문을 현재 자음 본문 그대로 평서문으로 읽어서 '토하지 않을 것이다'라고 해석하는 것은 의미가 통하지 않는다. 그래서 자음 본문을 살짝 수정한다든지 하는 여러 가지 대안들이 제시되어 왔다. 그러나 가장 간단한 해결책은 이 구절을 수사의문문으로 해석하는 것이다. 사역은 이런 견해를 반영하고 있다.

3단계: 단락 구분

레위기 18장의 단락 구조는 다음과 같다.

- 18:1–2a 서론
- 18:2b–4 규례의 두 갈래 길(이방의 규례 대 하나님의 규례)
- 18:5 규례들의 서론
- 18:6–29 구체적 규례들
    - 18:6–20 불법적 성관계의 금지
        - 18:6–18 근친상간의 금지
        - 18:19–20 부정한 성관계의 금지
    - 18:21–23 다양한 풍습의 금지(성적인 측면 주로 강조)
    - 18:24–29 규례의 두 갈래 길과 신학적 진술
- 18:30 결론구: 규례의 두 갈래 길 (이방의 규례 대 하나님의 규례)

우선 1–2절은 레위기의 지금까지 본문들과 마찬가지로 새로운 단원 표시로 시작된다. 1절은 "그리고 여호와께서 모세에게 말씀하셨다"라고 말씀하고 있고, 2절은 "너는 이스라엘 자손에게 말하고 그들에게 이르라"고 말함으로써 주 청중이 누구인지를 밝혀준다.

2b–4절과 30절은 "나는 여호와 너희 하나님"이라는 문구로 연결되어 있으며(2b, 4, 30절), 이렇게 짝을 이룬 본문이 18장의 본문을 수미쌍괄식의 구성으로 다음과 같이 둘러싸고 있다.

2b–4절

5–29절

30절

또한 2b–4절 역시 "나는 여호와 너희 하나님"이라는 문구가 앞뒤로 둘러싼 수미쌍괄식 구성을 띠고 있다.

5절은 18장에 나오는 규례들을 담고 있는 본론의 서론 역할을 하고 있다. 그리고 구체적인 규례들에 대한 본문은 크게 세 부분, 즉 6–20절, 21–23절, 24–29절로 나뉜다. 우선 6–20절은 위에서 제시한 바와 같이 각종 불법적 성관계에 대한 금지 규례들을 담고 있다. 그리고 21–23절은 추가적으로 다양한 이방 풍습의 금지를 담고 있다. 그러나 21절의 몰렉에게 자녀를 바치는 풍습을 제외하고는 역시 불법적 성관계에 대한 내용으로 구성되어 있다.

본론의 마지막 단락인 24–29절은 이방의 풍습과 규례를 따를 것인지 여호와의 규례를 따를 것인지를 언약 백성의 운명과 연계해서 다루고 있다. 이 운명은 '땅의 토해 냄'이라는 의인화적 표현을 통해 시각화된다.

18장의 끝은 30절에 의해서 장식된다. 이 끝 구절은 자신과 짝을 이루고 있는 2b–4절의 내용을 요약적으로 반복함으로써 18장의 외곽틀을 형성하고 있다.

4단계: 본문 해설

18:1-2a 18장의 이 서론 본문은 새로운 시작을 알리는 문구인 "그리고 여호와께서 모세에게 말씀하셨다"(1절)란 문구와 주 청중이 누구인지를 밝히고 있는 문구로 시작된다. 주 청중은 "이스라엘 자손"이며, 주 청중에 대한 언급은 앞의 개관에서 밝힌 바와 같이 18–20장을 묶어주는 하나의 도구가 된다.

18:2b-4 이 본문은 앞의 "단락 구분"에서 언급한 바와 같이 마지막 절인 30절과 더불어 18장의 외곽틀을 형성하고 있다. 또한 이 본문은 "나는 여호와 너희 하나님이다"란 구절이 다시 다음과 같이 외곽틀을 형성하고 있는 형태로 이루어져 있다:

2b절		나는 여호와 너희 하나님이다
	3-4a절	두 갈래의 규례들
4b절		나는 여호와 너희 하나님이다.

3-4a절은 애굽 땅의 풍습이나 가나안 땅의 풍습이나 규례를 따르지 말고 하나님의 법도와 규례를 따를 것을 촉구하고 있다. 이처럼 두 종류의 규례의 대비와 더불어 하나님의 규례에 대한 순종이 이 장의 핵심이라고 할 수 있다(참고, 30절).

18:5 이 구절은 6-23절에 나오는 구체적인 규례들의 서론 역할을 하고 있다. 내용은 두 가지이다.

첫째, 이미 4절에서 언급된 바와 같이 "내 규례들과 법도들을 지켜라"는 명령이 나온다. 그리고 그에 대한 약속으로 이것들을 행하면 "그것들로 말미암아 살 것이다"라는 문구가 나온다. 이 문구는 앞의 개관에서도 다룬 바와 같이 결코 행위 구원을 의미하는 것이 아니다. 단지 이 구절은 하나님의 언약 백성은 세상의 풍습이나 규율이 아니라 하나님의 규례를 따라 살아야 한다는 것을 말하고 있는 것뿐이다. 이런 면에서 이 구절이 의미하는 바는 에베소서 4:22-24의 내용과 동일하다고 할 수 있다. "너희는 유혹의 욕심을 따라 *썩어져 가는 구습을 따르는 옛 사람을 벗어 버리고* 오직 너희의 심령이 새롭게 되어 하나님을 따라 의와 진리의 거룩함으로 지으심을 받은 새 사람을 입으라."

18:6-20 이 단락은 18장의 규례 본문의 첫 번째 본문이다. 이 본문은 다시 두 개의 세부적인 본문으로 나뉘는데, 첫 번째 본문은 6–18절의 근친상간의 금지에 대한 본문이고, 19–20절은 기타 부정한 성관계의 금지에 대한 본문이다.

18:6–18은 근친상간에 대한 상세한 목록을 담고 있는데, 그 목록은 다음의 표와 같다.[246]

직계 가족	부모와 관계된 친족	자신의 결혼에 의한 친족	부모의 친족의 친족
어머니(7절)	고모와 이모(12-13절)	계모(8절)	숙모(14절)
친자매(9절) (아버지, 어머니쪽 다 포함)	이복 누이 (11절) 배우자의 딸(17절)	형제의 아내(16절)	
손녀, 외손녀(10절)	배우자의 손녀와 외손녀(17절)	며느리(15절)	

이 단락과 관련하여 다음의 몇 가지 점들을 정리해볼 수 있다.

첫째, 6절은 6–18절의 서론 역할을 한다. 이 구절은 '근척'과 가까이 하여 "벌거벗음을 드러내지 말아야 한다"는 표현을 통해서 근친상간에 대한 금지를 나타내고 있다. 이 단락 전체에는 '근척'이 누구인지에 대한 상세한 목록을 제시하며, 그런 관계에 있는 여인들과의 성관계를 금지한다는 것을 "벌것벗음을 드러내지 말아야 한다"는 반복어구를 통해서 지속적으로 표현하고 있다.

둘째, 이 본문은 여인과 그 여인의 남편이 일심동체라는 사상을 바탕으로 하고 있는 듯하다. 창세기 2:24은 결혼이라는 것이 남자와 여자가 '한 몸이 된다'는 것임을 천명하고 있는데, 창조 질서가 이런 사상의 배경일 것이다.

---

246 이 표는 Wenham, *Leviticus*, 254의 것을 좀 더 보기 좋게 각색한 것이다.

이 때문에 이 단락에는 "네 어머니의 벌거벗음은 곧 네 아버지의 벌거벗음이니…네 아버지의 아내의 벌거벗음(은)…네 아버지의 벌거벗음"이라는 식의 표현이 지속적으로 나온다(7–8, 16절).

셋째, 본문에서 아마 가장 흥미로운 점은 근친상간의 목록에 딸이 생략되어 있다는 점일 것이다. 물론 이 생략이 딸과의 성관계를 허용하는 것일리는 없다. 아마 이런 생략은 이것이 너무나도 당연하고 기본적인 금지 항목이기 때문이라고 봐야 할 것이다. 이런 점에서 이것은 안식일 계명에 안식을 취할 사람이나 가축들의 목록 중 배우자가 빠져 있다는 점과 상응한다. 아내는 남편과 한 몸이기 때문에 '너'란 언급 속에 '너의 아내'란 언급도 이미 포함되어 있는 것이나 마찬가지이다(출 20:8–11).

18:19–20은 레위기 15장에서 이미 다룬 사항들의 반복이라고 할 수 있다. 월경 중인 여인은 일종의 유출 현상을 겪고 있는 중이기 때문에 불결하다(19절; 레 15:19–24). 또한 설정을 하는 것 자체(15:16–18)가 이미 불결한데, 더욱이 '지인의 아내'와 동침하는 것은 더욱 부정할 수밖에 없다. 이것은 십계명 중 제7계명과 10계명을 위반하는 것이다.

18:21-23 이 단락 역시 21절을 제외하고는 부정한 성관계에 대한 금지를 다루고 있다는 측면에서는 앞의 단락들과 연관이 있다. 우선 22절은 동성애를 금지하고 있다. 특별히 하나님의 강한 혐오를 나타내는 표현인 '가증한 일'(*토에바*, תּוֹעֵבָה, 18장에서 5회가 사용[22, 26, 27, 29, 30])란 표현이 동성애와 관련하여 처음으로 사용되었다는 점은 동성애에 대한 하나님의 태도를 보여준다.

18:23은 짐승과의 성관계를 의미하는 수간(獸姦)을 금지하고 있다. 이것은 '혼잡스러운 일'(*테벨*, תֶּבֶל)이라고 표현되어 있는데, 앞의 "사역 해설"(508쪽)에서 설명한 바와 같이 이 단어는 '혼잡하다'란 뜻을 가진 *발랄*(בָּלַל)에서

파생된 명사이다. 수간이 불법적인 이유는 바로 이것이 종류별로 세상을 창조하신 하나님의 창조 질서(창 1:11, 21, 24–25)를 넘어서는 일이기 때문이다. 이런 창조 질서의 관점에서 우리는 *테벨*이란 단어가 쓰인 경우도 이해할 수 있을 것이다(레 20:12).

18:21의 몰렉 제사의 금지 본문이 왜 불법적 성관계의 금지를 다루고 있는 본문들 사이에 끼어 있는지는 파악하기가 쉽지 않다. 굳이 따지자면 '자녀'란 뜻의 히브리어 *제라*(זֶרַע)는 원래 '씨'(seed), '정자'(sperm) 등을 의미하는데, 바로 앞의 20절의 '설정하다'에 이 단어가 사용된다는 것 정도가 유일한 문맥적 연결점인 것으로 보인다.[247] 어찌 됐든 몰렉에게 자기 자녀를 갖다 바쳐서 제사를 드리는 행위는 하나님의 이름을 욕되게 하는 것이었다. 이때 '욕되게 하다'란 표현의 히브리어는 *힐렐*(חִלֵּל)인데, 이 단어는 하나님께 속한 거룩한 것을 거룩하지 않은 것으로 만드는 행위, 즉 '속되게 하다'란 뜻을 갖는 것이었다. 몰렉 제사는 하나님의 이름을 '속되게' 하려는 행위와 마찬가지였던 것이다. 이처럼 이것은 굉장히 중대한 위반 사항이었고, 하나님의 강력한 심판을 받아 마땅한 것이었다(레 20:2–5).

18:24-30 이 단락은 지금까지의 내용을 신학적으로 다시 조명하는 본문이다. 이 본문의 내용 및 특징을 정리해보면 다음의 몇 가지이다.

첫째, 이 단락은 지금까지 다뤄왔던 각종 부정한 성관계와 몰렉 제사 등 가나안 땅에서 저질러지던 풍속들을 평가하면서 지속적으로 '부정하다'(24[x2], 25, 27, 28절)란 표현과 '가증스러운 일'(*토에바*)이란 표현을 쓴다.

둘째, 이런 악행들은 그 땅의 거민들을 토하게 만든다(25[x2], 28절). 가나안 땅의 거민들이 토함을 당했으며, 이스라엘 역시 같은 짓들을 저지르면 역시 토함을 당할 것이다. 이런 결과는 또한 '끊어지다'란 어휘를 통해서도 역

247 Rooker, *Leviticus*, 245.

시 표현된다(29절).

셋째, 이 단락의 신학적 무게 중심이라고 할 수 있는 27절은 언약 백성이 이런 가증스러운 풍속들과 규례 대신에 하나님의 '규례들과 법도들'을 지킬 것을 촉구하고 있다.

18:30 18장의 결론구 역할을 하고 있는 이 구절은 같이 외곽틀을 형성하고 있는 2b–4절의 요약판이다. 다시 한 번 "내 명령을 지키고 너희 앞에서 행해지던 가증스런 규례들을 행하지" 말 것을 촉구하고 있다.

5단계: 적용

18:2-5 하나님은 당신의 백성이 세상의 풍조를 따르는 것이 아니라 당신의 뜻과 원칙대로 살기를 원하신다. 또한 사람이 생명을 누리는 비결은 하나님의 규례와 법도를 지키며 사는 것이다(5절). 하나님의 기준대로 사는 삶이 가장 두드러지게 잘 나타나는 곳이 성적인 정결의 문제일 것이다. 지금 한국은 성적인 문제에 있어서 심각하게 잘못되어 있다. 각종 드라마나 인터넷 매체들은 매일 하나님이 증오하시는 성 문화를 조장하면서 사람들을 타락의 길로 유혹하고 있다. 그러나 하나님을 믿는 자들은 결코 이런 잘못된 문화에 휩쓸려서는 안 된다.

18:22 최근에 한국에서는 동성애 합법화가 큰 이슈가 되고 있다. 성경을 따르지 않는 사람들은 동성애는 개인의 생물학적 성향일 뿐이고, 개인의 취향일 뿐이며, 죄가 아니라고 주장한다. 그러나 이에 대해 우리 성도들의 삶과 가치 판단의 기준인 성경은 분명히 이것이 죄라고 말씀하고 있다. 특별히 22절의 본문은 18장의 모든 성적 일탈 중에서도 동성애를 가장 강한 표현, 즉 '가증스러운 일'이라는 표현으로 나타내고 있다. 점점 세상이 종말을 향해 급

속히 악화되어가고, 사람들이 점점 더 성경적 윤리로부터 멀어지고 있는 가운데 우리 하나님의 백성들은 이 문제 있어서 성경 말씀을 바탕으로 해서 분명하게 중심을 잡아야 한다.

18:24, 30 오늘 본문이 보여주듯이 세상에서 용인된 풍속을 따르는 것은 단순히 묻어가는 정도의 문제가 아니라 '스스로를 부정하게 만드는' 행위이다. 하나님을 믿는 사람은 이런 면에서 선명한 윤리 의식을 가져야 한다. '이 정도는 세상이 다 용인하는 것이니까 뭐 나도 이 정도는 해도 괜찮겠지'라는 식의 태도로는 진정한 하나님의 백성으로서의 삶을 살 수가 없다. 하나님을 믿는 사람은 모든 행동에 있어서 중립적이고 타협적인 삶을 사는 것이 아니라 적극적으로 하나님의 명령을 살아내는 삶을 살아야 한다. 우리는 결코 애굽이나 가나안 땅 사람들이 사는 식의 삶을 살면서 또한 거룩한 하나님의 백성으로 살아갈 수 없는 것이다. 우리는 이 문제에 대해서 선명하게 차든지 덥든지 해야만 한다.

6단계: 설교 "당신은 어떤 삶의 법칙을 따를 것인가?" (레 18:1-5)

우리는 급속한 변화의 시대에 살고 있습니다. 지금으로부터 3–40년전의 시대와 지금은 너무나도 다릅니다. 오늘 본문의 주제와 관련해서 이야기하자면 성 문제에 대한 환경도 그때와 지금은 너무나도 다릅니다. 예전에는 일반 사람들이 성적으로 음란한 자료들을 구하는 것은 극히 힘들었습니다. 반면에 지금은 초등학생들마저도 스마트폰 등의 모바일 기기들을 통해 너무나도 쉽게, 예전에는 상상도 못하던 자료들을 구할 수 있어서 문제가 됩니다. 특히 부모 세대는 이런 변화를 잘 좇아가지 못하는 반면에 신세대는 이런 매체들을 부모들보다 더 잘 다루기 때문에 관리도 힘듭니다. 이처럼 통제 불능의 현대적 상황 속에서 성적인 타락은 너무나도 급속하게 진행되고 있습니다.

그러나 한 가지 우리가 알아야 할 것이 있습니다. 이런 성적인 타락은 결코 새로운 것이 아니었다는 것입니다. 20세기 중반의 강해설교자인 버넌 맥기(J. Vernon McGee)는 이렇게 지적을 합니다.

> 우리는 성적 혁명(sexual revolution)의 시대를 살고 있다고 합니다. 그러나 나는 사람들이 레위기 18장을 읽어 보기는 했는지 의문입니다. 단언컨대 성적 타락과 관련해서 새로운 것은 존재하지 않습니다. 이런 것들은 사람들이 애굽과 가나안에서 이미 경험했던 것들입니다.

버넌 맥기의 지적은 아주 적절합니다. 우리는 레위기 18장에서 현대인들이 경험하고 있는 성적 일탈뿐만 아니라 현대의 대부분의 사람들에게도 굉장히 충격적인 성적 일탈까지 거의 모든 것들의 목록을 봅니다. 18장은 각종 근친상간(6−18절)뿐만 아니라 주변의 지인들의 배우자들과의 불륜(20절)에 대한 내용도 보며, 동성애(22절)뿐만 아니라 짐승과의 성교(23절) 등에 대한 내용들도 봅니다.

이런 면에서 현대인들은 마치 자신들이 역사상 처음으로 성과 관련하여 가장 깨어있는 시대에 살고 있는 것처럼 착각하지만 그것은 진실이 아님을 알아야 합니다. 이 문제에 있어서도 전도서의 "이미 있던 것이 후에 다시 있겠고 이미 한 일을 후에 다시 할지라 해 아래에는 새 것이 없나니 무엇을 가리켜 이르기를 보라 이것이 새 것이라 할 것이 있으랴 우리가 있기 오래 전 세대들에도 이미 있었느니라"는 말씀은 진리입니다(전 1:9−10).

이런 면에서 우리는 오늘 본문의 말씀처럼 떠나온 애굽과 나아갈 가나안(18:3), 지나간 시대와 다가올 시대에 항상 끼어 있는 존재입니다. 우리는 인간의 굴레처럼 항상 모든 상황에서 이렇게 끼어 있는 존재라는 사실을 알아야 합니다.

그러면 이런 인간의 실존 속에서 하나님의 백성인 우리는 어떤 생각을 하고 어떻게 살아야 할까요? 이에 대해서 오늘 본문은 다음의 몇 가지 점을 가르쳐 줍니다.

첫째, 우리는 우리의 삶에 대한 주권이 하나님께 있음을 항상 인정해야 합니다. 오늘 본문에서 하나님은 자신을 "나는 여호와 너희 하나님"이라고 여러 번에 걸쳐서 밝히시고 있습니다(2, 4, 30절). 또한 이 문구의 단축형인 "나는 여호와이다"라는 말씀도 거듭해서 말씀하시고 있습니다. 이 문구는 기본적으로 출애굽기 20:2의 "나는 너를 애굽 땅, 종 되었던 집에서 인도하여 낸 네 하나님 여호와니라"는 문구와 연관이 있습니다(레 19:36; 23:43).[248] 이런 문구들은 하나님의 백성의 정체성에 대해서 가장 중요한 성경적 주장을 하고 있는 것입니다. 우리는 하나님에 의해 구원을 얻은 하나님의 백성인 것입니다. 이 점을 인정할 때 우리는 우리 삶의 주권이 누구에게 있는지, 우리 삶의 주인이 누구인지를 분명하게 인식할 수 있습니다. 하나님을 믿는 모든 성도는 자신의 삶의 주인이 자신이 아니라 하나님이라는 사실을 알아야 하고, 또 받아들여야만 합니다.

그리고 이 점을 받아들이고 나면 한 가지가 선명해집니다. 우리는 우리가 살고 싶은 삶을 사는 것이 아니라 우리의 주인이신 하나님이 살라고 하시는 삶을 살아야 합니다. 이것이 오늘 본문의 핵심적인 가르침들 중의 첫 번째이고, 가장 중요한 것입니다.

둘째, 우리의 삶은 항상 두 종류의 삶의 방식 중에서 어느 하나를 선택해야 하는 삶입니다. 오늘 본문의 2–4절은 "너희가 거주하던 애굽 땅의 행위를 따르지 말며, 내가 너희를 인도해가고 있는 가나안 땅의 행위도 따르지 말며, 그들의 규례들대로 행하지 말라. 너희는 내 법들을 따르며 내 규례들을 지켜 그대로 행하여라"고 권면하고 있습니다.

즉 우리 앞에는 두 종류의 삶의 방식, 즉 애굽과 가나안의 행위와 규례들을 따르는 삶의 방식과 하나님의 규례와 법도를 따르는 삶의 방식이 놓여 있습니

---

248 Wenham, *Leviticus*, 250–251.

다. 하나님은 이 둘 중에서 후자의 삶의 방식, 즉 하나님의 규례와 법도를 따르는 삶의 방식대로 살 것을 요구하시고 있습니다. 하나님을 내 삶의 주권자로 모시고 사는 우리는 바로 이런 하나님의 요구를 받아들여야만 합니다.

셋째, 하나님께서 요구하신 삶의 방식은 하나님께서 세상에 심어 놓으신 창조 질서를 따르는 삶의 방식입니다. 창조 질서를 따르는 결혼에 대해 창세기 2:24은 **"이러므로 남자가 부모를 떠나 그의 아내와 합하여 둘이 한 몸을 이룰지로다" 라고 말씀하고 있습니다.** 결혼은 한 남자와 한 여자가 결합하여 완전히 한 사람이 된 것처럼 사는 삶입니다. 이 점에 대해서는 예수님께서도 동일한 지적을 하신 바가 있습니다(마 19:4–6; 참고, 말 2:14–16).

(1) 오늘 본문인 레위기 18장의 6–18절은 바로 이런 질서를 깨뜨리는 모든 성적 관계를 적극적으로 금지하고 있습니다. 사람은 결혼을 하고 배우자를 얻게 되면 여러 종류의 친인척들을 얻게 됩니다. 한 남자가 한 여자와 한 몸을 이루는 관계를 통해서 얻어지는 이런 추가적 관계들은 그 사람에게 가깝다고 해도 마음대로 넘나들어도 되는 관계를 허락해주는 것이 아닙니다. 한 몸을 이룬 배우자 사이의 정당한 성관계를 넘어서는 모든 성관계들은 전부 창조 질서를 위반하는 것입니다. 여러 통계들에 따르면 대다수의 성폭행이 가까운 사람들, 특히 친인척간에 벌어진다고 합니다. 우리는 18장이 제시하고 있는 근친상간 금지의 규례를 통해 하나님의 백성이 어떤 삶을 살아야 하는지를 분명하게 인식해야 합니다.

(2) 동성애 역시 창조 질서를 깨뜨리는 것입니다(22절). 남자끼리, 혹은 여자끼리 성관계를 맺는 것은 이런 질서에 대한 위반입니다. 지금 우리가 살아가고 있는 현대 사회는 자꾸 이런 비창조적인 결합을 개인의 성향이라든지, 그런 자들의 유전자적 특성이라는 식으로 몰아가고 있습니다. 그리고 성경에 근거해서 그런 것을 거부하는 사람들은 편협한 사람들이 되어가고 있습니다. 그러나 성경적 신앙을 지키는 성도들은 이런 현 시대의 압박에 굴복해서는 안 됩니다.

(3) 짐승과의 성관계 역시 창조적 질서에 대한 위반입니다(23절). 우선 이

것 역시 창세기 2:24의 위반입니다. 또한 이것은 세상의 생물들을 종류별로 내신 창조 질서와 관련해서도 역시 위반입니다(창 1:11, 21, 24–25). 레위기 18:23절은 이런 비성경적 성관계에 대해 "혼잡스러운 일"이라고 말씀하고 있습니다.

가나안 땅에 살았던 거민들은 하나님의 질서에 어긋나는 이런 짓들을 저지름으로써 땅에 의해 토함을 당했습니다(25, 28절). 이스라엘 백성들 역시 이런 짓들을 저지르면 토함을 당할 것입니다(29절).

설교를 정리하겠습니다. 오늘 본문이 제시하고 있듯이 하나님의 백성은 두 종류의 삶의 방식 사이에서 선택을 요구받고 있습니다. 우리를 구원하신 하나님께서 요구하시는 방식대로 살면 우리는 그분 앞에서 영원히 살 것입니다. 그러나 그분의 요구대로 살지 않으면 우리는 그 어느 곳에 있든지 토함을 당할 것입니다. 우리 각자는 이에 대해서 현명한 선택을 해야만 합니다. 신앙은 막연한 어떤 것이 아니라 바로 바른 선택을 하는 것이라는 점을 잊지 마십시오.

레위기 19장
백성들을 위한 규례 II

❑ 백성들을 위한 규례 II 개관

레위기 19장을 이해하는데 있어서 중요한 몇 가지 점들은 다음과 같다.

첫째, 앞의 18장의 개관에서 살펴본 바와 같이 레위기 18-20장은 하나의 단원으로 묶여 있을 뿐만 아니라 또한 교차대조법 구조(A-X-A′)를 띠고 있는데, 19장은 그 중심 자리를 차지하고 있다. 그리고 외곽 자리를 차지하고 있는 18, 20장이 절대로 해서 안 되는 부정적인 것들에 초점이 맞추어져 있다면 19장은 살아야 하는 삶이 어떤 것인지를 말해주는 긍정적인 측면에 초점을 맞추어져 있다.

둘째, 전통적으로 주석가들은 이 장을 십계명과 연결시키려는 시도를 많이 했다. 랍비들은 이 장이 레위기의 중심이자 오경의 중심 위치에 있으며, 십계명과 쌍을 이루는 본문으로서 실제로 십계명의 많은 내용을 반복하고 있다고 보아 왔다.[249] 또한 이 장과 십계명 사이의 관계에 대한 연구는 기독교 학자들 사이에서도 오랫동안 계속 시도되어 왔다.[250] 그러나 현재의 학자

---

249 J. H. Hertz, *Leviticus: Pentateuch and Haftorahs* (Oxford: Oxford University Press, 1932), 188.

250 이에 대한 좋은 정리들은 B. S. Childs, *Exodus* (Louisville: Westminster Press, 1974), 388-401; Hartley, *Leviticus*, 311-312 등에서 찾을 수 있다.

들의 공통된 견해는 비록 레위기 19장이 십계명의 여러 문구들과 상응하는 것들이 있기는 하지만 그럼에도 불구하고 십계명에 상응하는 체제를 갖춘 것으로 보지는 않는 것이다.

셋째, 앞뒤를 둘러싸고 있는 18, 20장과 마찬가지로 19장에도 "나 여호와 너희 하나님"이란 표현(총 8회; 2, 3, 4, 10, 25, 31, 34, 36절)이나 "나 여호와"란 표현(총 8회; 12, 14, 16, 18, 28, 30, 32, 37절)이 자주 등장하고 있다. 여러 학자들이 이 표현들이 19장의 구조와 관련하여 중요한 역할을 하고 있지 않는가 하고 많은 시도를 했지만 아직까지는 일부분의 경우를 빼놓고는 장 전체를 아우를 수 있는 구조와 이 표현들 사이의 상관관계에 대한 신빙성 있는 주장을 내놓지 못하고 있다.

넷째, 19장의 주 청중은 2절이 밝히고 있는 바와 같이 "이스라엘 자손의 온 회중"이다. 이 점에 있어서 19장은 앞뒤의 18, 20장과 상응한다.

다섯째, 19장의 핵심은 2절에 나온다. "너희는 거룩하라 이는 나 여호와 너희 하나님이 거룩하기 때문이다"라는 말씀은 레위기에서는 11:44, 45; 20:7, 26; 21:8 등에도 나오는 말씀이다. 특히 이 문구는 앞의 음식법 본문(11장)에서 한 번 나온 다음에는 모두 17-27장의 "성결법"에 집중되어 있다. 이런 점에서 우리는 "성결법"의 핵심이 하나님의 백성의 거룩임을 다시 한 번 확인할 수 있다.

1단계: 사역

19:1 그리고 여호와께서 모세에게 말씀하셨다.

19:2 너는 이스라엘 자손의 온 회중에게 말하고 그들에게 이르라. 너희는 거룩하라. 이는 나 여호와 너희 하나님이 거룩하기 때문이다.

19:3 너희 각 사람은 부모를 공경하라. 그리고 내 안식일들을 지켜라. 나는 여호와 너희 하나님이다.

19:4 너희는 헛된 신들에게로 돌이키지 말며, 너희를 위하여 부어 만든 신
들을 만들지 말라. 나는 여호와 너희 하나님이다.
19:5 너희는 화목제물을 여호와께 드릴 때에 너희가 열납되도록 드려라.
19:6 그 제물은 드리는 날과 이튿날에 먹어야 한다. 그리고 셋째 날까지
남은 것은 불태워야 한다.
19:7 만약 셋째 날에 그것을 먹기라도 한다면 그것은 부정한 것이 되어 기
쁘게 받아들여지지 않을 것이다.
19:8 그것을 먹는 자는 죄를 짊어져야 한다. 왜냐하면 그가 여호와의 성물
을 더럽혔기 때문이다. 그런 자는 자기 백성들 가운데에서 끊어질 것
이다.
19:9 너희가 너희 땅에서 추수를 할 때 너는 밭의 모퉁이까지 다 추수를
하지 말아라. 그리고 추수한 곡식에서 떨어진 것들도 줍지 말아라.
19:10 네 포도원에서 열매를 다 따지 말며, 네 포도원에 떨어진 열매도 줍
지 말아라. 가난한 사람과 거류민을 위하여 그것들을 버려 두어라.
나는 여호와 너희 하나님이다.
19:11 너희는 도둑질하지 말고, 네 지인을 속이거나 거짓으로 대하지 말아라.
19:12 너희는 내 이름으로 거짓 맹세함으로 네 하나님의 이름을 욕되게 하
지 말아라. 나는 여호와이다.
19:13 너는 네 이웃을 착취하지 말며, 강탈하지 말며, 품꾼의 삯을 밤을 넘
겨 아침까지 너에게 두지 말라.
19:14 너는 귀먹은 자를 저주하지 말며, 맹인 앞에 장애물을 놓지 말라. 그
리고 네 하나님을 경외하라. 나는 여호와이다.
19:15 너희는 재판할 때에 불의를 행하지 말며, 가난한 자의 편을 들거나 세
력 있는 자를 달리 취급하지 말고, 공의로 네 지인을 재판하여라.
19:16 너는 네 백성들 중에 사람을 비방하고 다니지 말며, 네 이웃의 피를
이용해서 살지 말아라. 나는 여호와이다.
19:17 너는 네 형제를 마음으로 미워하지 말며, 네 지인을 반드시 견책하여

네가 그에 대하여 죄를 감당하지 않게 하여라.

19:18 복수를 하지 말며, 네 백성의 일원에게 분노를 품지 말라. 네 이웃을 너 자신처럼 사랑하라. 나는 여호와이다.

19:19 너희는 내 규례들을 지켜라. 네 가축을 두 종류를 교차교배시키지 말라. 네 밭에 두 가지 씨앗을 섞어 뿌리지 말라. 그리고 두 가지 재료로 직조한 옷을 입지 말라.

19:20 만약 어떤 사람이 어떤 여자와 동침하여 설정했는데, 그 여자가 어떤 사람에게 주어지기로 이미 배정된 여종이고, 그녀가 아직 속량되거나 해방되지 않았다면 배상 책임이 [그에게] 있다. 그러나 그가 죽임을 당하지는 않을 것이다. 왜냐하면 그 여인이 해방되지 못한 상태에 있기 때문이다.

19:21 그 사람은 자기 속건제물 곧 속건제의 숫양을 회막 문 여호와께로 끌고 와야 한다.

19:22 제사장은 그가 범한 죄를 위하여 그 속건제의 숫양으로 여호와 앞에 속죄하여라. 그러면 그가 범한 죄를 사함 받으리라.

19:23 만약 너희가 그 땅에 들어가 각종 과일 나무를 심었다면 그것의 열매를 할례 받지 못한 것으로 간주해라. 그것은 삼 년 동안 할례 받지 못한 상태에 있을 것이다. 그것을 먹어서는 안 된다.

19:24 넷째 해에는 그 모든 과실이 거룩하며. 하나님께 속한 찬양의 제물이다.

19:25 다섯째 해에는 그 열매를 먹을 수 있도록 너희의 소산에 더할 수 있다. 나는 여호와 너희 하나님이다.

19:26 너희는 피째 무엇을 먹지 말며, 점을 치지 말고, 술법을 행하지 말라.

19:27 너희의 머리 둘레를 둥글게 깎지 말며 수염 끝을 쳐내지 말라.

19:28 죽은 자 때문에 너희의 살에 상처를 내지 말며, 문신을 새기지 말라. 나는 여호와이다.

19:29 네 딸을 더럽혀서 창녀가 되고, 땅이 음란하여 악한 일로 가득 차게 되지 않게 하여라.

19:30 내 안식일들을 지키고 내 성소를 중하게 여겨라 나는 여호와이이다.
19:31 너희는 죽은 자를 접신하는 자와 죽은 영으로 말하는 자에게로 가지 말라. 그들을 찾아가서 그들로 인해 부정하게 되지 말라. 나는 여호와 너희 하나님이다.
19:32 너는 흰 머리 앞에서 일어나고, 노인의 얼굴을 공경함으로써 네 하나님을 경외하여라. 나는 여호와이다.
19:33 만약 거류민이 너희의 땅에 거류하여 함께 있다면 그들을 학대하지 말라.
19:34 너희와 함께 있는 거류민을 너희 가운데에 있는 본토인과 같이 여기며, 그를 너 자신처럼 사랑해라 왜냐하면 너희도 애굽 땅에서 거류민이었기 때문이다. 나는 여호와 너희 하나님이다.
19:35 너희는 재판이나 길이나 무게나 부피에 있어서 악을 행하지 말아라.
19:36 공평한 저울과 공평한 추와 공평한 에바와 공평한 힌을 사용하여라. 나는 여호와 너희 하나님, 곧 너희를 애굽 땅에서 인도하여 낸 자이다.
19:37 너희는 내 모든 규례들과 내 모든 법도들을 지켜 행하라. 나는 여호와이다.

2단계: 사역 해설

19:2 "너는 이스라엘 자손의 온 회중에게 말하고 그들에게 이르라"

이와 비슷한 어구는 많이 있지만(예를 들어 18:2, "너는 이스라엘 자손에게 말하고 그들에게 이르라") 이와 완전히 동일한 어구는 구약성경 내에서 존재하지 않는다. 이 어구가 사용된 경우는 여기가 유일하다.

19:4 "헛된 신들" ***엘릴림*****(אֱלִילִים)**

엘릴(אֱלִיל)이라는 단어의 복수. *엘릴*은 기본적으로 '헛된, 무가치한'

(worthlessness) 정도의 의미이다. 그러나 현 구절과 같은 문맥에서는 이방 신들을 지칭할 때 조롱의 의미로 쓰이는 표현이기도 하다. 여기에서는 이 두 가지 의미를 병합하고 뉘앙스를 살려 '헛된 신들'이라고 번역하였다.

19:7 "부정한 것" *픽굴*(פִּגּוּל)

이 단어는 구약성경에서 단 네 번 나온다(레 7:18; 19:7; 사 65:4; 겔 4:14). 간단하게 정리하자면 이 단어는 구약에 총 4회, 그리고 레위기에 2회(7:18; 19:7) 나온다. 이 단어는 화목제물 중 3일째까지 남아서 제의적으로 섭취가 불가능해진 상태를 가리키는 전문용어로 보면 된다. 이 단어에 대한 좀 더 자세한 해설은 레위기 7:18의 "사역 해설"(249쪽)을 참고하라.

19:9 "너희는…너는"

2인칭 복수와 단수가 한 문장 안에 함께 사용되고 있다. 히브리어에서 이처럼 단수와 복수가 함께 사용되는 것은 드물지 않은 현상이다.

19:11 "네 지인" *아미트*(עָמִית)

개역개정은 이 단어를 "서로"라고 번역하고 있다. 그러나 *아미트*는 "지인"이라고 번역하는 것이 더 낫다. 더 자세한 논의는 15절의 해당 문구에 대한 "사역 해설"을 보라.

19:13 "착취…강탈"

동사는 각각 *아샤크*(עָשַׁק)와 *가잘*(גָּזַל)이다. 이 단어들이나 그 동족어는 6:2에 나온다. 자세한 사항은 해당 구절의 "사역 해설"(213쪽)을 참고하라.

19:15 "공의로 네 지인을 재판하여라"

이 문장에서 '지인' 역시 *아미트*(עָמִית)이다. 이 단어는 앞의 18:20의 "사역 해설"(507쪽)에서 자세하게 다룬 바와 같이 일반 사람이 아니라 어떤 관계가 있는 사람이다. 따라서 이 문장은 재판을 할 때 자신과 관계가 있는 사람에게 편벽되이 호의를 베푸는 것을 금지하는 구절로 이해해야 한다. 개역개정의 "공의로 사람을 재판할지며"는 이런 뉘앙스를 살리지 못하고 너무 막연하게 번역하고 있다.

19:16 "네 이웃의 피를 이용해서 살지 말아라"

이 히브리어 문구를 단순하게 직역을 하자면 "네 이웃의 피 위에 서지 말라"이다. '서다'라는 단어는 '서 있다'(to stand)란 뜻을 가진 *아마드*(עָמַד)이다. 그리고 '위에'란 단어는 전치사 *알*(עַל)인데, 이 단어는 영어의 거의 모든 전치사와 치환될 수 있을 만큼 뜻이 다양한 전치사이다. 따라서 이 문장은 상당히 해석하기가 어려운 본문이다. 이 문장의 해석으로 레빈(Levine)은 유대교 문헌들과 학자들의 견해들을 바탕으로 크게 세 가지 해석 가능성을 제시한다.[251]

첫째 견해는 "너의 이웃의 피 옆에 (가만히) 서 있지 말라", 즉 "적극적으로 대처해라"는 뜻으로 해석하는 것이다.

둘째 견해는 "너의 이웃의 피(즉 생명)를 거슬려 일어나지 말라", 즉 "이웃을 해하는 쪽에 서거나 음모를 꾸미지 말라"는 뜻으로 해석하는 것이다.

셋째 견해는 "이웃의 피를 수단으로 해서(혹은 의존해서) 생존하다"라는 해석이다. 이와 관련해서 레빈은 에얼리히(Ehrlich)란 학자의 입장을 따라 에스겔서 33:26의 비슷한 어구, 즉 *아마드*와 *알*의 조합을 제시한다. 해당 본문은 "너는 칼에 의존해서 생존했다"(사역)는 의미를 갖고 있다. 따라서 이와 동일한 동사와 전치사의 조합을 가진 현재 본문 역시 "네 이웃의 피를 이용해서 살지 말아라"는 정도의 의미를 가진다고 보는 것이다. 레빈은 마지막 견해를 채택하고 있으며, 이 사역 역시 이런 견해를 따르고 있다.

---

251 Levine, *Leviticus*, 129.

19:20 "어떤 사람에게 주어지기로 이미 배정된" *네헤레페트*(נֶחֱרֶפֶת)

이 단어는 구약성경에서 단 한 번만 나오는 단어이다. 이 단어는 니팔 수동 분사 형태이며, 그 원형이 되는 *하라프*(חָרַף)란 동사는 아카드어 *하라프*, '이르다, 일찍 도착하다'(to be early, arrive early)란 동사와 동족어인 것으로 보인다.[252] 이것에 기초해서 추정해볼 때 이 단어의 뜻은 '미리 배정된'(assigned in advance) 정도가 되는 것으로 보인다. 개역개정의 번역은 이런 점이 반영이 안 되어 있다.

"배상 책임" *빅코레트*(בִּקֹּרֶת)

이 단어 역시 앞의 단어와 마찬가지로 구약성경에 단 한 번 나온다. 이 단어 역시 아카드어의 *바카루*, '배상하다'(to indemnify)와 동족어인 것으로 보인다. 개역개정의 번역은 이런 점이 반영이 안 되어 있다.

19:28 "죽은 자" *네페쉬*(נֶפֶשׁ)

'혼, 생명, 목숨, 사람' 등을 의미하는 이 단어는 때로는 '죽은 사람'이란 뜻을 가질 수도 있다(레 21:1; 민 5:2; 9:6–7, 10).[253]

3단계: 단락 구분

이 장의 특별한 구조를 찾기는 쉽지 않다. 그러나 하틀리가 지적한 구조가 가장 본문 자체의 성격에 다가서는 것으로 보여 그것을 바탕으로 해서 다음과 같이 구조를 제시한다.[254] 그러나 현재 단계에서는 이것도 역시 충분한 분석은 아니라는 점을 간과해서는 안 된다.

---

252 Levine, *Leviticus*, 130.
253 설명 및 참고 구절은 Levine, *Leviticus*, 133에서 가져온 것이다.
254 Hartley, *Leviticus*, 308–309.

• 19:1–2a		서론
• 19:2b		주제절: 거룩하라
• 19:3–18		첫 번째 규례 묶음
	19:3–10	'나는 여호와 너희 하나님' 묶음
	19:11–18	'나는 여호와' 묶음
• 19:19–29		두 번째 규례 묶음
• 19:30–36		세 번째 규례 묶음
• 19:37		결론구

이 구조에서 1–2a절은 서론 역할을 하고 있다. 1절은 새로운 단원을 시작하는 의미로 레위기 저자가 지속적으로 사용하고 있는 "그리고 여호와께서 모세에게 말씀하셨다"란 표현을 쓰고 있다. 그리고 2a절은 "이스라엘 자손의 온 회중"이라고 주 청중을 밝히고 있다.

2b절은 아마 이 장의 규례들을 지키라는 하나님의 요구의 핵심이 무엇인지를 표현해주고 있다는 점에서 이 장 전체를 통해서 가장 중요할 것이다. 이 구절은 "너희는 거룩하라. 이는 나 여호와 너희 하나님이 거룩하기 때문이다"라는 말씀을 담고 있는데, 이것은 이 장의 규례들이 결국은 거룩하신 하나님을 닮아 이스라엘 백성 역시 거룩한 모습을 갖기 위해서 따라야 하는 행동 양식들임을 보여준다.

나머지 부분인 3–37절의 구조는 파악하기가 힘들다. 그러나 하틀리가 지적한 바와 같이 이 부분에 네 번 사용된 '지키다'(*샤마르*, שמר)란 동사가 중요한 역할을 하고 있는 것만은 분명해 보인다. 그의 견해를 조금 각색해서 살펴보자면 다음과 같다.

19:3		(*샤마르*, שמר)	"내 안식일들을 지켜라"
	19:3a	(*야레*, ירא)	"너희 각 사람은 부모를 공경하라"
19:19		(*샤마르*, שמר)	"내 규례들을 지켜라"

19:30	(*샤마르*, שמר)	"내 안식일들을 지켜라"
19:30b	(*야레*, ירא)	"내 성소를 중히 여겨라"
19:37	(*샤마르*, שמר)	"내 모든 규례들과…지켜 행하라"

하틀리가 충분히 분명하게 근거를 대지 않았지만 이런 구조 분석은 몇 가지 추가적인 매력을 갖고 있다.

첫째, *샤마르* 동사와 함께 쓰이는 문구들이 '안식일-규례-안식일-규례'라는 규칙적인 모습을 보이는 것이 인상적이다.

둘째, 서로 맞물리는 3절과 30절은 "안식일들을 지켜라"는 문구와 더불어 *야레*('두려워하다', '경외하다')라는 동사를 똑같이 쓰고 있다. 그리고 이것은 우연의 일치가 아닌 것 같다. 따라서 아마 앞으로 좀 더 나은 구조 분석이 나오지 않는 한은 이러한 구조가 본문 속에 들어 있다고 보는 것이 좋을 것이다.

이처럼 19장은 *샤마르* 구절들을 거시적인 구조적 틀로 사용하고 있는 것으로 보인다. 위의 "단락 구분"에서 본 처음 세 번의 *샤마르*를 통해 19장의 본론 부분은 위의 구조 분석과 같이 세 부분(3-18, 19-29, 30-36절)으로 나뉜다. 그리고 마지막 37절의 *샤마르*는 결론구를 도입한다.

위의 "단락 구분"에서 한 가지 더 지적할 사항은 첫 번째 규례 묶음인 3-18절이 다시 두 부분, 즉 3-10절과 11-18절로 나뉘는 것으로 보인다는 점이다. 우선 후자인 11-18절은 매 두 절의 끝에 "나는 여호와이다"란 문구가 나옴으로 해서 본문에 구조적 통일성이 부여되어 있다(12, 14, 16, 18절). 그리고 전자의 본문은 3-10절은 세 번에 걸쳐서 사용된 "나는 여호와 너희 하나님이다"란 문구가 역시 단락의 앞과 뒤를 감싸고 있는 것으로 보인다. 따라서 3-18절을 이렇게 두 부분으로 나누는 것이 옳은 것 같다.

4단계: 본문 해설

19:1-2a 이 본문은 서론 역할을 한다. 위의 "단락 구분"에서 살펴본 바와 같이 단원의 시작을 알리는 1절에 이어 2a절은 주 청중을 밝히고 있다.

19:2b 2b절은 19장의 신학적 주제를 밝히고 있다. 그것은 "너희는 거룩하라. 이는 나 여호와 너희 하나님이 거룩함이니라"는 말씀이다. 이 장에 언급된 거룩한 삶의 모습은 극히 현실적이고, 구체적이다. 거룩은 결코 막연하고 추상적인 개념이 아니다. 거룩은 각자가 현실에서 하나님 및 세상 사람들과의 관계 속에서 구체적인 행동들을 통해서 나타내야 하는 어떤 것이다.

19:3-10 3–18절의 전반부를 형성하고 있는 이 단락은 "나는 여호와 너희 하나님이다"란 문구를 통해서 단락 구분 표시가 되어 있다(3, 4, 10절). 그러나 그것을 넘어서서 세부적인 규례들 사이의 연결성을 찾아내기는 쉽지 않다.

19:3은 크게 몇 가지 점에서 구조적으로 중요하다.

첫째, "내 안식일들을 지켜라"는 문구는 19장의 거시적 구조에 있어서 중요하다는 점을 앞의 "단락 구분" 항목에서 다뤘다.

둘째, "나는 여호와 너희 하나님이다"란 문구는 세부적인 단락인 3–10절의 외곽틀 역할을 하고 있다는 점에서 역시 중요하다.

셋째, "너희 각 사람은 부모를 공경하라"는 말씀에서 '공경하라'의 히브리어는 *야레*(יָרֵא)인데, 이 단어 역시 위의 "단락 구분" 항목에서 다룬 바와 같이 구조적 틀을 잡아주는 역할을 하고 있는 것으로 보인다.

이 구절에서 한 가지 주석적으로 흥미로운 점은 "부모를 공경하라"는 표현이 십계명의 제 5계명인 "네 부모를 공경하라"는 말씀(출 20:12; 신 5:16)과 사실상 동일한 내용을 담고 있지만 동사는 다른 것을 쓰고 있다는 점이다. 십계명의 말씀에서는 '공경하다'라는 문구에 *카베드*(כַּבֵּד)란 단어를 쓰고 있는 반면에 이 레위기 19:3은 "여호와를 경외하라"는 문구 등에 쓰이는 '두려워하다, 경외하다'란 뜻의 *야레*를 쓰고 있는 것이다. 그런데 원래 *야레*란 동사는 하나님 경외와 관련하여 주로 쓰이는 표현이다. 이 표현이 부모 공경에 대해 사용됨으로써 19장은 부모를 공경하는 것이 가진 중요성을 강력하게 부각시키고 있다. 눈에 보이는 가장 직접적인 권위인 부모에 대한 경외는 하나님 경외의 바탕이다. 부모를 제대로 경외하지 못하는 자가 하나님을 경외할 수가 없는 것이다(히 12:9). 따라서 부모 경외는 2절의 말씀과 같이 거룩한 백성이 자신의 거룩을 나타내는 가장 중요한 방법 중의 하나였다.

19:4은 우상 숭배 금지 조항을 담고 있다. '헛된 신'이라고 번역된 *엘릴*(lylia)이란 표현은 오경에 두 번(레 19:4; 26:1)만 나오며, 이사야 등에 주로 사용된다. 한국어 번역에 반영된 바와 같이 이 단어는 하나님과 대비되는 이방신들을 조롱하는 의미로 사용된다. 우상 숭배를 하지 않는 것은 거룩하게 사는 삶의 가장 중요한 요소들 중의 하나였음은 말할 나위가 없다.

19:5-8은 화목제를 드릴 때 조심해야 할 사항들에 대해서 다루고 있다. 해당 내용은 이미 레위기 7:15-18 "본문 해설"(259쪽)에서 다뤄진 바가 있다. 제물을 바르게 드리고, 화목제물과 같이 하나님께서 봉헌자에게 다시 돌려주신 제물을 바르게 섭취하는 것 역시 바른 경건의 핵심 요소였다.

19:9-10은 추수를 할 때 가난한 사람들과 거류민들을 위하여 곡식과 과일을 악착같이 다 거두지 말 것에 대한 규례이다. 비슷한 규례들은 레위기 23:22; 신 24:19-21 등에도 나온다.

룻기는 이런 규례가 어떻게 한 가족을 구원하고, 그 가족을 통해 성군 다윗이 탄생하는지를 보여준다. 이처럼 작은 친절을 베푸는 것이 거룩한 삶의 일부이며, 이처럼 거룩은 구체적이다. 앞에서 살펴본 구조 분석이 맞는다고 한다면 9-10절은 종교적 거룩이 결코 사회적 베풂 및 윤리와 분리되어 있지 않다는 것을 보여주고 있기 때문에 중요하다. 경건은 단순히 하나님과의 관계에 대한 문제일 뿐만 아니라 우리 주변에 있는 사람들과의 관계에 대한 문제이기도 한 것이다. 주변 사람들을 함부로 대하면서 하나님 앞에서 바른 경건을 갖는 것은 불가능하다. 이런 면에서 9-10절은 3-10절의 거룩에 대한 가르침들을 11-18절의 이웃과의 관계에서의 거룩에 대한 가르침들과 연결시켜주는 통로가 되는 것으로 보인다.

19:11-18 이 단락은 19장 전체에서 내용 및 구조적으로 가장 명료한 본문이다. 우선 내용상으로 볼 때 이 단락은 전부 주변 사람들을 대하는 방식에 대한 규례들이다. 또한 구조적으로 볼 때 이 여덟 개의 절은 두 절씩 선명하게 구분되어 있는데, 이 구분선의 역할을 매 2절 끝의 "나는 여호와이다"란 문구가 하고 있다. 좀 더 상세한 구성은 다음과 같다.[255]

	형제 (*아흐*, אָח)	지인 (*아미트*, עֲמִית)	백성 (*암*, עַם)	이웃 (*레아*, רֵעַ)	후렴구
11-12절		○[256]			나는 여호와이다
13-14절				○	상동
15-16절		○	○	○	상동
17-18절	○	○	○	○	상동

위의 도표에서 주변 사람들을 가리키는 표현은 '형제', '지인', '백성', '이웃'인데, 이 단어들은 점점 더 사용 정도가 늘어나다가 마지막의 17-18절에는 모두 등장한다. 이것은 이 단락에서 마지막의 두 절이 클라이맥스라는 것을 보여준다. 그리고 이 클라이맥스는 "네 이웃을 너 자신처럼 사랑하라"는 황금률로 장식된다.

---

255 이 도표는 Wenham, *Leviticus*, 268을 바탕으로 한 것이다.

256 개역개정의 번역에 대해서는 앞의 "사역 해설"(526쪽)을 보라.

이제 내용을 좀 더 자세히 살펴보자.

19:11-12은 도둑질, 속임수, 거짓말, 그리고 하나님의 이름을 걸고 거짓 맹세하는 것을 금지하고 있다. 특히 하나님의 이름을 걸고 하는 맹세는 하나님의 이름을 욕되게 하는 일이라고 지적하고 있다.

19:13-14은 이웃을 착취하고 강탈하는 것, 품꾼의 삯을 착취하는 것, 장애인들을 학대하는 것을 금지하고 있다. 이 세부 단락은 특히 그 끝이 "그리고 네 하나님을 경외하라"고 되어 있는데, 이것은 이런 주변 사람들을 대하는 방식이 하나님 경외와 관련이 있음을 보여준다. 우리는 결코 경건을 추상적으로 여겨서는 안 된다.

19:15-16은 공의로운 재판, 거짓 비방, 다른 사람의 목숨을 이용해서 이득을 취하는 행위 등을 금지하고 있다. 공의로운 재판과 관련해서는 "가난한 자의 편을 들거나 세력 있는 자를 달리 취급하지 말고"라고 되어 있다. 이것은 흔히 사람들이 좋은 재판은 힘 있는 사람들에게 특혜를 주지 않고 가난한 사람들에게 호의를 베푸는 것이라고 생각하는 것과는 좀 차이가 있다. 진정한 공의는 가난한 사람들에게 무조건적으로 호의를 베푸는 것이 아니라 모든 사람에게 편벽되지 않게 판결하는 것이다.

19:17-18은 11-18절의 내용을 구성하고 있는 네 개의 하부 단락의 마지막 단락이자 이 전체 단락들의 클라이맥스이다. 17절은 '형제' 혹은 '지인'으로 표현된 주변 사람들을 미워하지 않으면서, 그들의 잘못을 교정하는 일을 하라('견책하라')고 명령하고 있다. 보통 우리는 주변 사람들이 잘못하면 미움의 감정을 먼저 가지기 마련이다. 그러나 성경은 이것을 금하고 있다. 지혜롭게 미움 없이 상대방을 바른 길로 인도하는 것은 참 실행하기가 어려운 명령이다.

19:18은 17절의 어려운 명령에 대한 해결책이자 11–18절 전체의 결론이다. 즉 '이웃'으로 대변되는 주변 사람을 '너 자신처럼 사랑'하면 다 해결되는 일이다. 이처럼 율법의 가르침은 아주 구체적이고 세세하다.

18절의 "네 이웃을 너 자신처럼 사랑하라"는 가르침과 관련하여 우리가 꼭 인식해야 하는 다른 중요한 사항은 이 구절과 33–34절과의 연관성이다. 34절은 "거류민을…본토인과 같이 여기며, 그를 너 자신처럼 사랑해라"고 말씀하고 있다. 이 두 본문에서 '너 자신처럼 사랑해라'는 표현의 히브리어는 완전히 동일하다.[257] 그러므로 19장이 전체적으로 가르치고 있는 이웃 사랑의 가르침에서 이웃은 단순히 나의 형제나 동포만 포함하는 것이 아니라 자기 땅에 사는 이방인들도 포함하고 있다는 점을 잊어서는 안 된다. 결국 이스라엘의 사랑의 대상은 국적과 혈통을 넘어서는 것이다.

이처럼 사랑의 대상으로 이방인까지 포함하는 것에 대해서 34절은 말하길 "왜냐하면 너희도 애굽 땅에서 거류민이었기 때문이다"라고 천명하고 있다. 이것은 예수께서 산상수훈 중에 주신 황금률인 "그러므로 무엇이든지 남에게 대접을 받고자 하는 대로 너희도 남을 대접하라 이것이 율법이요 선지자니라"라는 말씀과 상응한다(마 7:12).

19:19-29 19장의 규례들의 모음집 중 큰 두 번째 단원은 19–29절이다. 이 본문의 내용은 크게 다음과 같이 네 가지로 나뉘는 듯하다.

19:19	혼합 금지의 규례(가축, 곡식, 의복)
19:20–22	금지된 성관계와 죄의 해결에 대한 규례(여종의 경우)
19:23–25	약속의 땅의 과일 섭취의 규례
19:26–29	다양한 금지 규례들
19:26	피 섭취, 점, 술법 금지

257 히브리어의 모음이 약간 차이 나 보이기는 하지만 이것은 액센트 때문에 일어나는 현상일 뿐 어휘 자체는 완전히 동일하다.

19:27	머리와 수염 면도 금지
19:28	죽은 자와 관련된 상처 및 문신 금지
19:29	딸을 창녀로 파는 것의 금지

19:19은 가축, 곡식, 의복의 천 재료를 혼합하는 것을 금지하고 있다(참고, 신 22:9–11). 이 가르침은 종류별로 구분해서 창조하신 하나님의 창조 질서를 지키는 것과 관련이 있는 것으로 보이며, 이런 면에서 19장을 둘러싼 18:23; 20:15–16의 수간 금지 등의 규례와 상응하는 것으로 보인다. 또한 정결한 짐승과 부정한 짐승 사이의 구분을 가르치고 있는 레위기 11장의 법과도 상응하는 것으로 보인다. 이런 가르침들은 하나님의 백성이 하나님의 법을 따라 사는 선명한 삶을 살아야 한다는 것에 대한 일종의 시청각적 장치라고 할 수 있다.

19:20–22은 정혼한 여종과의 성관계의 금지 및 해결에 대해서 다루고 있다. 만약 어떤 사람이 정혼한 여종과 성관계를 가진다면 그 여자의 신분 때문에 비록 사형을 당하지는 않지만 그 여자에 대해서 배상을 해야 한다. 그리고 속건제의 원칙(레 6:1–7)에 따라 하나님에게도 역시 속건제를 드려야 한다. 이처럼 지은 죄에 대해서 사람과 하나님 모두에게 배상을 하는 문제는 레위기 5:14–6:7의 속건제 규례에 대한 "본문 해설"(220–224쪽)을 참고하라.

19:23–25은 약속의 땅에 들어간 후에 새로 심은 과일 나무와 관련된 규례를 다루고 있다. 첫 3년 동안은 그 나무의 열매는 '할례 받지 못한 것'으로 간주해서 먹지 말아야 한다. 그리고 4년째 가서 그 열매를 하나님께 드린다. 과일 나무는 원래 처음에는 열매가 별로 없다가 4년 정도가 되면 열매가 많이 맺히기 시작하는데 이것을 하나님께 첫 열매로 드리는 것이다. 즉 하나님께 제대로 드릴 만한 것을 드리는 것이다. 이렇게 헌신할 때에 5년째부터 풍성한 열매를 허락하실 것을 하나님은 약속하시고 있다. 25절 끝의 "나는 여

호와 너희 하나님"이라는 문구는 이런 약속에 대한 보증이다.

19:26-29은 하나로 딱 묶기 힘든 정말 다양한 규례들을 담고 있다.

우선 **26절**은 크게 두 가지 금지 사항을 담고 있다.

첫째, 피를 고기와 같이 먹는 것을 금지하고 있다. 이것에 대해서는 레위기의 여러 본문을 통해서 이미 보아왔다.

둘째, 점이나 술법을 금지하고 있다.

27절은 머리 둘레나 수염 끝을 면도하는 것을 금지하고 있다.

28절은 죽은 자 때문에 몸에 상처를 내거나 문신을 새기는 것을 금지하고 있다.

29절은 이런 것들이 금지된 이유는 아마 이것들이 이방 풍습들과 구분되는 것이었기 때문인 듯하다.

마지막의 **29절**은 딸을 창녀로 파는 것의 금지명령을 담고 있다. 이런 일이 저질러질 경우 "땅이 음란하여 악한 일로 가득 차게 된다"고 말씀하고 있다. 금지된 일과 땅의 관계는 앞 장인 18장의 18:24-30의 내용을 연상시킨다.[258]

19:30-36 마지막 규례 단락이다. 이 단락 역시 19장의 다른 단락들과 마찬가지로 여러 가지 다양한 규례들을 담고 있다.

19:30은 "내 안식일을 지키고"란 문구로 시작된다. 이 문구가 19장의 구조와 관련해서 중요한 일을 하고 있다는 점은 위의 "단락 구분" 항목에서 다

---

258 Hartley, *Leviticus*, 321.

루었다. 또한 이 구절은 "내 성소를 중하게 여겨라"고 말씀하고 있다. 이때 '중하게 여겨라'는 표현은 30절과 맞물리는 3절 서두의 "부모를 공경하라"란 문구의 '공경하라'와 같이 *야레라*는 동사를 쓰고 있다는 점을 3절 해설에서 이미 지적한 바 있다.

19:31은 죽은 자와 접신하는 자를 찾아가는 것을 금지하고 있다. 이 규례는 20:6에도 언급되어 있으며, 그런 면에서 18-20장의 연결성을 보여주고 있다. 이런 자들과의 접촉은 거룩한 백성을 부정하게 만든다.

19:32은 노인에 대한 공경과 하나님 경외(*야레*)를 연결시키고 있다. 이런 면에서 이 구절은 3절의 부모 공경(*야레*)의 규례와 상응한다. 우선 자기보다 연장자를 높인다는 점, 그리고 *야레*라는 어휘를 공유한다는 점이 그렇다. 하나님 경외는 부모님이든 공동체의 다른 연장자이든 자기보다 더 나이 든 분들을 잘 섬기는 것을 통해서 표현된다.

19:33-34은 거류민들에 대한 학대 금지 규례를 담고 있다. 앞의 18절 해설에서 지적한 바와 같이 "네 이웃을 네 자신처럼 사랑하라"는 규례는 이 구절을 통해 이방인에게도 확장된다. 그리고 여기에서 예수께서 하신 선한 사마리아인의 비유(눅 10:25-37) 등의 토대를 찾을 수 있다.

이런 가르침이 가진 의의로 두 가지 정도를 지적할 수 있다.

첫째, 이방인들도 사랑하라는 이런 가르침은 창세기 12:1-3절의 아브라함의 소명과 관련된다. 아브라함이 받은 소명은 단순히 '너는 복이 될지라'가 아니라 '땅의 모든 족속이 너로 말미암아 복을 얻을 것이라'는 것이다. 따라서 아브라함의 믿음의 후예이자 그 소명의 계승자인 이스라엘 역시 자신들 안과 주변의 이방인들을 복되게 만드는 삶을 사는 것이 소명이라 할 수 있다.[259]

---

259 이에 대해서는 박철현, *토라 스토리* (서울: 솔로몬), 56-72를 보라.

둘째, 또한 이런 가르침은 '원수를 사랑하라'는 가르침까지 확장할 수 있는 바탕이 된다(마 5:43–48). 쉬니처가 잘 지적한 바와 같이 이웃 사랑으로부터 원수 사랑으로의 사랑의 확장은 19:18, 33–34의 연결을 통해서 볼 때 '주석학적인 발명품들이라기보다는 주석학적인 발견 사항들'이라고 볼 수 있다.[260] 결코 예수께서는 구약에서 찾을 수 없는 어떤 가르침을 창조해내신 것이 아니다.

19:35–36은 재판이나 사업에 있어서 공의를 취할 것을 요구하고 있다. 그리고 이스라엘이 이런 공의로운 삶을 살아야 하는 이유로 그들이 하나님에 의해 애굽에서 구원을 받은 자들이라는 것을 들고 있다. 이런 점이 보여주는 중요한 가르침은 우리가 해방된 것의 최종적인 종착역은 자유롭게 사는 자가 되는 것이 아니라 하나님의 백성으로서 공의롭게 사는 자가 되는 것이라는 점이다. 이런 점에서 이 말씀은 사도 바울이 로마서 6:15–18에서 가르친 바와 잘 상응한다. "그런즉 어찌하리요 우리가 법 아래에 있지 아니하고 은혜 아래에 있으니 죄를 지으리요 그럴 수 없느니라…. 혹은 죄의 종으로 사망에 이르고 혹은 순종의 종으로 의에 이르느니라…. 하나님께 감사하리로다. 너희가 본래 죄의 종이더니 너희에게 전하여 준 바 교훈의 본을 마음으로 순종하여 죄로부터 해방되어 의에게 종이 되었느니라." 모든 성도가 기억해야 할 것은 우리가 예수의 피로 구원을 얻었다 할 때 우리는 죄에서 해방되어 자유인이 되는 것이 아니라 거룩하신 하나님에게 사로잡힌 '의의 종'이 되는 것이라는 점이다.

19:37 37절은 결론구이다. 다시 한 번 "내 모든 규례들과 내 모든 법도들을 지켜 행하라"는 말씀으로 마무리된다.

---

260 쉬니처, *토라 스토리*, 417.

5단계: 적용

19:2 레위기 전체의 중심 주제들 중의 하나이자 또한 레위기 19장의 중심 주제들 중의 하나는 하나님께서 거룩하신 분이시라는 것이다. 거룩한 하나님은 또한 당신의 백성들이 당신의 성품을 닮아 거룩해야 한다고 명령하시고 있다. 따라서 거룩은 우리가 지켜야 할 가장 큰 하나님의 명령이자 사명이다. 거룩은 선택의 문제가 아니다. 혹시 우리는 스스로 거룩하고자 하는 적극적인 의지도 없이 적당히 살아가면서도 하나님의 거룩한 백성이라고 자부하고 있지 않은가? 하나님의 "제사장 나라, 거룩한 백성"(출 19:6)이 되는 것은 거룩한 삶이 없이는 결코 불가능한 것이다. 우리는 거룩에 대해 타협해서는 안 된다.

19:4 이 본문은 가난한 자들이 자신들의 품격에 손상을 받지 않고 편안한 마음으로 수거해갈 수 있도록 추수 때에 곡식이나 과일을 논이나 과수원의 모퉁이까지 거두는 것을 금지하고 있다. 주변의 어려운 자들을 배려하는 이런 율법의 규례들을 보면서 강하게 받는 인상은 성경이 제시하는 복지가 얼마나 품격과 배려가 넘치는가 하는 것이다. 대한민국은 지난 몇 년간 무상급식이나 소득 재분배의 문제 등에 있어서 심각한 갈등을 겪어 왔다. 그 와중에서 많은 기독교 지도자들은 무상급식 등의 복지 확대 움직임들을 잘못된 것으로 치부하고, 무상급식 등을 받으려면 해당자들이 자신들의 가난을 증명해야 한다는 식의 주장을 펼치곤 했다. 그러나 이런 식의 주장들은 현재 본문의 가르침과 상응하지 않는다. 이런 문제들에 대한 성경적 가르침은 베풂을 받는 자들의 존엄성까지도 고려해야 한다는 것이다. 그리고 이런 일에 있어서 교회는 더욱 앞장 서야 한다. 불행히도 지난 몇 년간의 논쟁에서 한국 교회는 이런 일에 앞장을 서기는커녕 이 사회의 다른 조직들보다도 더욱 가난한 자들에게 상처를 주는 일들을 하고는 했다. 한국 교회가 이런 안타까운 일을 멈추고 이 사회의 진정한 빛과 소금의 역할을 해야 할 것이다.

19:13-14 이 본문은 주변 사람들이나 약자들을 착취하지 말라는 가르침과 더불어 이런 악한 행동들을 행하지 않는 것을 '하나님 경외'와 연결시키고 있다. 본문이 보여주듯이 '하나님 경외'는 추상적인 어떤 것이 아니라 구체적으로 주변 사람들에게 해악을 끼치지 않는 것이다. 특히 기독교인들 중에 사업을 하는 사람들은 '품꾼의 삯을 밤을 넘겨 아침까지 너에게 두지 말라'는 가르침을 염두에 둬야 한다. 기독교 사업가들이 자신들의 경외를 증명하는 아주 간단한 방법은 하나님께서 자신들에게 맡기신 일꾼들을 공의롭고 자비롭게 대하느냐 하는 것이다. 만약 그들이 피고용자들을 가혹하게 대하고, 그들의 노동의 대가들을 자꾸 착취한다면 그들은 자신들의 믿음과 구원에 대해서 심각하게 고민을 해봐야 한다.

이와 관련하여 최근에 한 유명한 기독교 기업의 문제는 마음을 어둡게 한다. 이 기업은 원래는 선교사들을 후원하기 위해서 시작되었다고 한다. 그리고 한 때는 한국에서 정말 모범이 될 만한 기업으로 손꼽혔으며, 믿지 않는 일반인들의 입에서까지 찬사를 받았다. 그리고 심지어는 전국의 대학생들이 가장 가고 싶어하는 회사로 우리 나라의 모든 대기업들을 다 제치고 1등까지 하였다. 그러나 불행히도 이 기업은 원래의 목표와 중심적 가치관을 상실하고 지난 10여년 동안은 대한민국에서 대표적인 악덕기업으로 지탄을 받아 왔다. 또한 최근에도 그 기업의 한 계열사에서 일하는 알바생들과 직원들의 임금을 여러 가지 편법을 동원해서 착취하다가 처벌을 받고 사람들의 지탄을 받기도 했다. 우리 성도들이 정말 하나님의 말씀을 중히 여기고, 자신의 경외심과 구원을 중히 여긴다면 이런 일이 없어지게 될 것이다. 보이는 사람들을 잘 대하지 못하는 자가 보이지 않는 하나님을 잘 대할 수는 결코 없다. 경건은 보이는 것들에서 충성함으로써 보이지 않는 하나님을 경외하는 것이다.

19:18, 33-34 거류민을 자기 몸처럼 사랑하라는 가르침과 더불어 "너희도 애굽 땅에서 거류민이었기 때문이다"는 말씀이 따라 나온다. 이 말씀을 통해서 우리는 다음의 몇 가지 적용점들을 생각해볼 수 있다.

첫째, 우리의 사랑은 우리와 가까운 자들에게 머물러서는 안 된다. 이방인들, 더 나아가서는 '땅의 모든 족속'에게까지 사랑을 베푸는 것은 아브라함의 후예로서 모든 믿음의 사람들이 가져야 할 태도이다(참고, 창세기 12:1–3).

둘째, 예수님은 이 사랑을 더 확장시키셔서 원수까지도 사랑해야 한다고 하셨다(마 5:44). 이 가르침은 참으로 두렵고 떨리며, 죄성이 많은 우리를 좌절하게 만드는 말씀이지만 또한 우리가 반드시 도달해야 할 목표이기도 하다. 말할 수 없는 탄식으로 우리의 연약함을 위해 기도하시는 보혜사 성령의 도우심과 더불어 우리는 이런 수준에까지 나아가도록 노력해야 한다.

셋째, 우리가 이방인도 사랑해야 하는 이유는 우리도 어딘가에서는, 또 어느 때인가는 이방인이었을 수도 있고 또 이방인이 될 수도 있기 때문이다. 우리는 단순히 현재의 상황에만 안주해서 자신의 과거를 잊거나 미래의 가능성을 무시해서는 안 된다. 항상 우리는 "그러므로 무엇이든지 남에게 대접을 받고자 하는 대로 너희도 남을 대접하라 이것이 율법이요 선지자니라"라는 예수님의 가르침을 잊어서는 안 될 것이다(마 7:12).

6단계: 설교 "하나님의 백성의 의무로서의 거룩과 자비" (레 19:2)

레위기 19장은 하나님의 백성이 살아야 할 길을 지시해주는 여러 가지 규례들을 많이 담고 있습니다. 그 규례들은 종교적인 것부터 사회 생활과 관련된 것까지 아주 다양합니다. 이런 다양성에도 불구하고 레위기 19장의 본문을 통해서 몇 가지 가르침들을 살펴보고자 합니다.

첫째, 레위기의 가장 바탕이 되는 가르침은 거룩에 대한 것입니다. 이미 레위기 11:44–45에서도 본 바와 같이 2절에서 하나님은 "너희는 거룩하라. 이는 나 여호와 너희 하나님이 거룩하기 때문이다"라고 명령하십니다. 여러분, 거룩은 우리의 선택 사항이 아니라 필수불가결한 사명입니다. 거룩하신 하나님을 섬기는 자가 살아야 할 가장 근본적인 삶의 방식은 딱 한 가지입니다. 곧 거룩입니다. 우리가 거룩해지는 것 외에는 결코 하나님과 함께 할 수 있는 다른 방법은 존재하지 않습니다.

둘째, 하나님을 경외하는 것은 주변 사람들에 잘 대하는 것을 통해서 증명됩니다. 특히 19장에서 3절과 32절은 부모님과 노인들을 공경하는 것이 하나님을 경외하는 것과 직결됨을 말해주고 있습니다. 우선 3절은 "너희 각 사람은 부모를 공경하라"고 말씀할 때 '공경하라'라는 단어는 십계명 중의 동일한 계명에 사용된 *카베드*란 단어가 아니라 주로 하나님을 '경외하라'고 할 때 사용되는 *야레*라는 단어를 사용하고 있습니다. 또한 32절은 노인에 대한 공경을 명령한 후에 바로 "네 하나님을 경외하여라"는 말씀을 덧붙임으로써 양자를 연결시키고 있습니다. 이런 단어 사용과 본문 구성을 통해서 19장은 자신의 부모나 노인 공경이 바로 하나님을 경외하는 삶의 표출임을 가리키고 있습니다. 이처럼 성경에서 하나님 경외는 추상적인 개념이 아니라 우리 성도 개개인이 살아야 하는 구체적인 삶의 모습이라는 사실을 기억해야 합니다.

셋째, 19장의 본문은 정말 다양한 규례들을 통해서 거룩한 삶이 무엇인지를 묘사하고 있지만 그중에서도 가장 많이 나오고 눈에 띄는 주제들 중의 하나는 약자들에 대한 태도와 관련된 주제입니다. 우선 9–10절은 추수를 할 때 밭의 모퉁이의 곡식들까지 다 추수를 하거나 모든 과실 나무에서 과일을 다 거두는 것을 금지하고 있습니다. 13–14절은 이웃에 대한 착취 금지, 품꾼의 삯을 잘 주지 않는 것의 금지, 장애인들을 괴롭히는 것의 금지를 다루고 있습니다. 20–22절은 여종을 함부로 성적으로 착취하는 것을 금지하고 있습니다. 또한 33–34절은 이스라엘 백성들과 함께 사는 이방 거류민들을 본토인과 똑같이 사랑할 것을 명령하고 있습니다.

우리는 강한 사람에게는 약하고 약한 사람에게는 강하기 쉽습니다. 우리는 우리보다 약한 사람들에게 가혹하기가 참 쉽습니다. 특히 현재 한국 사회는 이런 일이 비일비재하게 일어납니다. 우리는 어느 지역에 장애인 센터가 들어선다고 하면 그 동네 주민들이 집값 떨어진다고 극렬한 반대를 하는 님비 현상에 대한 기사들을 자주 접합니다.

또한 우리는 자신보다 더 약한 사람들에게 가혹하게 말하고 행동하는 경우들을 참 많이 봅니다. 제가 다니는 교회에는 주차 봉사를 하시는 분들이 여러 분들이 있습니다. 이 분들 중에는 사회적으로 굉장히 대단한 성취를 이루신 분들이 꽤 됩니다. 그런 분들이 교회에서는 겸허하고 낮아진 마음으로, 그리고 하나님에 대한 섬김의 마음으로 가장 힘든 봉사의 자리를 맡고 있는 경우가 많습니다. 그런데 가끔 이런 것을 모르는 분들이 교회 봉사하는 분들을 마치 허드렛일을 하는 일꾼들인 양 함부로 대하는 경우들이 꽤 있다고 합니다. 그래서 담임목사님이 설교 중에 그런 분들에게 함부로 대하지 말라고 하는 안내를 한 적이 여러 번 있습니다.

그래도 이처럼 봉사하시는 분들이 정말 사회적으로 성공한 경우는 그나마 낫습니다. 그러나 봉사자들 중에서 정말 사회적으로도 힘든 일이 많은 분들의 경우는 그런 일을 당하면 크게 상처를 받을 수 있습니다. 교회는 그런 분들이 위로 받고, 용기를 얻는 곳이어야지 상처를 받아야 하는 곳은 결코 아닙니다.

결국 이 세 번째의 가르침 역시 하나님 경외는 우리 삶의 구체적인 행위들을 통해서 나타난다는 것입니다. 하나님을 경외하는데 삶의 열매가 없다는 것은 거짓입니다. 예수님께서는 분명하게 다음과 같이 말씀하셨습니다. "이와 같이 좋은 나무마다 아름다운 열매를 맺고 못된 나무가 나쁜 열매를 맺나니 좋은 나무가 나쁜 열매를 맺을 수 없고 못된 나무가 아름다운 열매를 맺을 수 없느니라. 아름다운 열매를 맺지 아니하는 나무마다 찍혀 불에 던져지느니라. <u>이러므로 그들의 열매로 그들을 알리라</u>"(마 7:17-20).

이런 가르침을 통해서 여러분이 신앙의 추상성에서 벗어나게 되기를 바랍니다. 신앙은 구체적인 행동을 통해서 표현되는 것입니다. 야고보 사도가 말씀했듯이 "이와 같이 행함이 없는 믿음은 그 자체가 죽은 것이라…. 영혼 없는 몸이 죽은 것 같이 행함이 없는 믿음은 죽은 것"(약 2:17, 26)입니다. 성경은 우리에게 이와 다른 가르침을 주신 적이 없습니다. 성도 여러분이 삶의 구체적인 것들을 통해 여러분 안의 거룩이 표출되는 그런 분들이 되시기를 축원합니다.

레위기 20장

백성들을 위한 규례Ⅲ

❑ 백성들을 위한 규례Ⅲ 개관

레위기 20장은 18–20장으로 이루어진 단원의 마지막 장이다. 이 단원은 19장을 중심으로 18, 20장이 외곽틀을 형성하고 있는 형태이며, 이 두 장의 내용이 서로 짝을 이루고 있다는 점을 앞에서 여러 차례 언급한 바가 있다.

20장과 관련된 중요한 사항들을 몇 가지 언급하면 다음과 같다.

첫째, 20장은 18, 19장과 한 단원을 이루고 있기 때문에 서로 상응하는 본문들이 많이 있다. 그것들을 20장을 기준으로 해서 정리해 보면 다음과 같다.[261]

	20장	18장	19장
몰렉 제사 금지	2-5절	21절	
죽은 자와 접촉 금지	6, 27절		31절
거룩에 대한 권면	7-8, 22-26절	2-5, 24-30절	36-37절
부모 공경	9절		3절
금지된 성관계	10-21절	6-20, 22-23절	

261 Wenham, *Leviticus*, 277.

둘째, 20장은 19장을 가운데 두고 짝을 이루는 18장과 좀 더 밀접한 관계를 맺고 있는데, 18장은 금지된 사항들이 무엇인지를 말해주고 있다면 그 짝인 20장은 그런 금지된 사항들이 저질러졌을 때의 처벌들에 대한 내용을 담고 있다.

셋째, 위의 특징은 사용된 어휘들에도 역시 반영된다. 18장이 금지에 초점을 두고 있는 반면 20장은 처벌에 집중하고 있기 때문에 처벌과 관련된 다음의 용어들이 집중적으로 나타나 있다. 그것들은 다음과 같다.

(1) "끊을 것이다" 혹은 그 수동형인 "끊어질 것이다"란 표현(*카라트*, כרת) (3, 5, 6, 17, 18절). 물론 이 표현은 18–20장 전체에서 18:29; 19:8에도 사용되었다. 그러나 20장에 현저히 더 많이 나온다.

(2) "(반드시) 죽임을 당해야 한다"(*모트*, מות) (2, 4, 9, 10, 11, 12, 13, 15, 16, 20, 27절[총 11절에 20회]; 이 중 9회는 강조적 의미를 가진 부정사 절대형 구문, 2, 9, 10, 11, 12, 13, 15, 16, 27절). 18–19장에는 단 1회만 나오며, 심판과는 상관이 없다(19:20).

(3) "돌로 치라"(*라감*, רגם) (2, 27절).

(4) "피로 치를 죗값이 있다"('피'라는 뜻의 *담*[דָּם]과 전치사 *브*[בְּ]의 조합) (9, 11, 12, 13, 16절).

(5) "자기 죄를 짊어진다"(*나싸 아본*[נָשָׂא עָוֹן] 혹은 *나싸 헤트*[נָשָׂא חֵטְא]) (17, 19, 20절).

넷째, 율법 조항의 양식적 특징이 18–19장과 20장 사이에 차이가 난다. 18–19장의 규례들은 정언적(apodictic) 형태를 띤다. 즉 조건절 없이 그냥 '~하지 마라' 형태의 단언적 명령들을 담고 있다. 반면에 20장은 결의적(casuistic) 형태를 띤다. 즉 조건절과 함께 사용되어 '만약 ~을 한다면 ~게 된다' 형태를 띤다.

1단계: 사역

20:1 그리고 여호와께서 모세에게 말씀하셨다.
20:2 너는 또 이스라엘 자손에게 일러라. 이스라엘 자손이나 이스라엘에
거류하는 거류민 중의 누구든지 자기 자식을 몰렉에게 주면 그는 반
드시 죽임을 당해야 한다. 그 땅의 백성이 그를 돌로 쳐라.
20:3 그리고 나도 내 얼굴을 그 사람에게 돌려 그를 그의 백성 중에서 끊을
것이다. 왜냐하면 그가 자기 자식을 몰렉에게 주어서 내 성소를 더럽
히고 나의 거룩한 이름을 욕되게 하였음이라.
20:4 그가 그의 자식을 몰렉에게 주는 것에 대해 그 땅의 백성이 정말로 눈
을 감고, 그를 죽이지 아니하면
20:5 내가 그 사람과 그의 가문을 향해 내 얼굴을 돌려 그와 그를 본받아 몰
렉을 음란하게 섬긴 모든 자들을 자기네 백성들 중에서 끊을 것이다.
20:6 죽은 자를 접신하는 자와 죽은 영으로 말하는 자에게로 가서 그들을
음란하게 따르는 자에게 내가 내 얼굴을 돌려 그를 그 백성 중에서 끊
을 것이다.
20:7 너희는 스스로 거룩하게 하며, 거룩하여야 한다. 나는 여호와 너희
하나님이다.
20:8 너희는 내 규례들을 지키고 그것들을 행하여라. 나는 여호와, 너희를
거룩하게 하는 자이다.
20:9 만약 누구든지 자기 아버지나 어머니를 저주하는 자는 반드시 죽임
을 당해야 한다. 그가 자기의 아버지나 어머니를 저주하였다. 그의
피로 치를 죗값이 그에게 있다.
20:10 누구든지 남의 아내와 간음하는 자, 곧 자기 이웃의 아내와 간음한 자
의 경우에는 그 간음한 남자와 여자는 반드시 죽임을 당해야 한다.
20:11 누구든지 자기 아버지의 아내와 동침하여 자기 아버지의 벌거벗음을
드러낸 자의 경우에는 반드시 죽임을 당해야 한다. 그 둘 다에게 피

로 치를 죗값이 있다.
20:12 누구든지 자기 며느리와 동침한 경우에는 그 둘 다 죽임을 당해야 한다. 그들이 혼잡스러운 일을 행하였으니 그들에게 피로 치를 죗값이 있다.
20:13 누구든지 여인과 동침하듯 남자와 동침하면 그 둘이 가증한 일을 행한 것이다. 그들은 죽임을 당해야 한다. 그들에게 피로 치를 죗값이 있다.
20:14 누구든지 아내와 장모를 함께 취하면 악한 일이다. 그와 그들을 함께 불태워라. [이런] 악한 일이 너희 중에 없어야 한다.
20:15 남자가 짐승과 교합하면 그는 반드시 죽임을 당해야 한다. 또한 너희는 그 짐승도 죽여야 한다.
20:16 여자가 짐승과 가까이 하여 교합하면 너는 그 여자와 짐승을 죽여야 한다. 그들은 반드시 죽임을 당해야 한다. 그들에게 피로 치를 죗값이 있다.
20:17 누구든지 그의 자매 곧 그의 아버지의 딸이나 그의 어머니의 딸을 취하여 그녀의 벌거벗음을 보고 그녀는 그의 벌거벗음을 보면 그것은 수치스러운 일이다. 그들이 백성들의 눈 앞에서 끊어질 것이다. 그는 자기 자매의 벌거벗음을 드러내었으니 그가 자기 죄를 짊어져야 한다.
20:18 누구든지 월경 중의 여인과 동침하여 그녀의 벌거벗음을 드러내면 그는 그녀의 근원을 드러낸 것이고 그녀는 자기의 피의 근원을 드러낸 것이다. 둘 다 백성 들 중에서 끊어질 것이다.
20:19 네 이모나 고모의 벌거벗음을 드러내지 말라. 왜냐하면 그가 자기 근척[의 벌거벗음]을 드러내는 것이기 때문이다. 그들은 자기네 죄를 짊어져야 한다.
20:20 누구든지 자기 숙모와 동침하면 자기 숙부의 벌거벗음을 드러내는 것이다. 그들은 자기네 죄를 짊어져야 한다. 그들이 자식이 없이 죽을 것이다.
20:21 누구든지 자기 형제의 아내를 취하면 그것은 더러운 것이다. 그가 자기

형제의 벌거벗음을 드러낸 것이니 그들에게 자식이 없을 것이다.

20:22 너희는 나의 모든 규례들과 법도들을 지키고 행하여라. 그러면 내가 너희를 인도하여 거주하게 한 땅이 너희를 토해내지 않을 것이다.

20:23 너희는 내가 너희 앞에서 몰아낼 민족들의 규례들을 따르지 말아라. 그들이 이 모든 일을 행하였기 때문에 내가 그들을 가증히 여겼다.

20:24 내가 전에 너희에게 이르기를 너희가 그들의 땅을 기업으로 받을 것이며 내가 그 땅 곧 젖과 꿀이 흐르는 땅을 너희에게 주어 유업을 삼게 할 것이라고 하였다. 나는 여호와 너희 하나님, 곧 너희를 만민 중에서 구별한 자이다.

20:25 너희는 정결하고 부정한 짐승, 그리고 정결하고 부정한 새를 구별하고, 내가 너희를 위하여 부정한 것으로 구별한 짐승이나 새나 땅에 기는 것들로 너희 자신을 더럽히지 말라.

20:26 너희는 나에게 거룩하여야 한다. 왜냐하면 나 여호와가 거룩하고 내가 또 너희를 나의 소유로 삼으려고 너희를 만민 중에서 구별하였기 때문이다.

20:27 만약 남자든 여자든 너희들 중에서 죽은 자를 접신하거나 죽은 영으로 말하는 자는 죽임을 당해야 한다. 돌로 그들을 쳐라. 그들에게 피로 치를 죗값이 있다.

2단계: 사역 해설

20:2 "그 땅의 백성" *암 하아레쯔*(עַם הָאָרֶץ)

이 표현은 특별히 지도자적인 위치에 있지 않은 일반 백성을 가리키는 표현으로서 레위기에는 총 3번 나온다(4:27; 20:2, 4).[262]

---

262 이 표현에 대한 좀 더 자세한 참고문헌 및 논의는 Levine, *Leviticus*, 25, n. 25을 참고하라.

20:3 "나도 내 얼굴을 그 사람에게 돌려"

'돌려'라는 단어는 히브리어로 *나탄*(נָתַן)이란 동사이며, 그 기본적인 뜻은 '주다'(to give)이다. 따라서 이 관용적 표현의 직역은 "나도 내 얼굴을 그 사람에게 주어" 정도가 될 것이다. 이 관용구는 '심판을 하려는 의도를 갖다' 정도의 뉘앙스를 갖는다.

20:4 "정말로 눈을 감고"

히브리어로 부정사 절대형이 사용되고 있다. 부정사 절대형은 강조를 나타낸다. 따라서 이 구절은 몰렉에게 자녀를 바치는 사람의 악행을 해당 지역 사람들이 분명히 인지하고 있었음에도 불구하고 의도적으로 애써 모른 척한 것을 강조하고 있다.

20:5 "내 얼굴을 돌려"

위에서 설명한 3절의 관용구와 비슷하지만 이 경우에 동사는 *나탄*이 아니라 *씸*(שִׂים)이다. 근본적으로 뉘앙스는 동일하다.

20:7 "스스로 거룩하게 하며"

개역개정은 "스스로 깨끗하게 하여"라고 번역하고 있으나 원문은 "스스로 거룩하게 하며"가 맞다. 개역개정처럼 불필요하게 의역할 필요가 없으며, 이런 의역은 레위기의 신학적 시스템과 잘 어울리지도 않는다. 이것은 단순한 정결의 문제가 아니라 하나님의 백성의 거룩성의 문제이기 때문이다.

20:9 "그의 피로 치를 죗값"

'피로 치를 죗값'은 원어로는 '피'(blood)를 뜻하는 단어인 *담*(דָּם)의 복수형인 *다밈*(דָּמִים)이다. 히브리어 명사들 중에서는 이 '피'란 단어처럼 단수형일 때는 정상적인 상태의 '피', 즉 사람 몸 속에서 정상적으로 작동하고 있는 피를 나타내고, 복수형일 때는 비정상적인 상태의 '피', 즉 살인을 당하여 흘려진 피 등을 가리키는 경우들이 있다.[263] 레빈은 현 문맥에서 복수 *다밈*은 사형죄(death penalty)를 의미한다고 본다.[264] 현 사역에서는 피로 치를 죗값이라고 번역하였다.

20:17 "수치스러운 일" *헤세드*(חֶסֶד)

이 단어는 흔히 '자비, 사랑' 등으로 번역되는 단어와 동음이의어이다. 이처럼 이 단어가 '수치스러운 일'이라는 뜻으로 사용된 경우는 구약에 단 두 번뿐이다(레 20:17; 잠 14:34).

3단계: 단락 구분

이 장의 구조는 다음과 같이 서론 본문(1-2a절) 다음의 내용 전체가 교차대조법(chiasm)적 형태를 띠고 있다.

- 20:1–2a 서론
- A. 20:2b–6 종교적인 죄의 처벌
    - B. 20:7–8 거룩에 대한 권면
        - C. 20:9–21 가족과 성에 대한 죄의 처벌
    - B′. 20: 22–26 거룩에 대한 권면
- A′. 20:27 종교적인 죄의 처벌

우선 1-2a절은 지금까지 레위기에서 흔히 보아온 형태이다. 1절은 "그리고 여호와께서 모세에게 말씀하셨다"라는 새로운 단원 시작 문구로 되어 있다.

---

263 Ronald J. Williams, *Williams' Hebrew Syntax* (3rd ed.; rev. and expanded by John C. Beckman; Toronto: University of Toronto, 2007), 3.

264 Levine, *Leviticus*, 137.

그리고 2a절은 본문의 주 청중을 밝히고 있다. "이스라엘 자손"이 그들이다.

2b–27절은 위에서 보는 바와 같이 교차대조법적 형태를 띠고 있으며, B–B′ (7–8, 22–26절)를 제외한 나머지 부분 A–C–A′ (2b–6, 9–21, 27절)은 그 서두 부분이 다음과 같이 서로 상응한다.[265]

20:2b *이쉬 이쉬*(אִישׁ אִישׁ)	"누구든지"
20:9 *키 이쉬 이쉬*(כִּי אִישׁ אִישׁ)	"만약 누구든지"
20:27 *붸 이쉬 오 잇샤 키*(וְאִישׁ אוֹ אִשָּׁה כִּי)	"만약 남자든 여자든"[266]

이처럼 서로 구조적으로 상응하고 있는 A–C–A′ 사이에 낀 B–B′의 '거룩에 대한 권면'이 이 장의 신학적 핵심이다. 그리고 신학적 핵심은 18, 19장의 신학적 핵심 주제인 '거룩'과 상응한다. 이처럼 궁극적 신학적 주제의 측면에서 18–20장은 분명히 짝을 이루고 있다.

4단계: 본문 해설

20:1-2a 이 본문은 새 단원의 시작과 더불어 주 청중이 "이스라엘 자손"임을 알리는 역할을 하고 있다.

20:2b-6 위의 구조에서 A단원에 해당하는 이 단원은 두 가지 내용을 담고 있다.

첫째, 몰렉에게 자식을 바친 사람은 하나님께서 백성 중에서 끊을 것이

---

265 이 구조는 Wenham, *Leviticus*, 276–277을 바탕으로 해서 발전시킨 것이다.

266 웬함은 27절이 2b, 9절과 상응한다는 점은 보지 못하였다. 그러나 27절이 분명히 이 앞의 구절들과 히브리어적으로 상응하고 있으며, 또한 이렇게 봐야 교차대조법적 구조가 완성된다.

며, 이런 일을 방관한 사람들도 역시 같은 운명에 처할 것이다(2b-5절).

둘째, 죽은 자를 접신하거나 죽은 영으로 말하는 자와 접촉한 자들 역시 하나님께서 그들을 백성 중에서 끊으실 것이다.

본문에서 하나님의 강력한 심판의 의지는 "반드시 죽임을 당해야 한다"(2절), "돌려 쳐라"(2절), "끊을 것이다"(3, 5, 6절), "내 얼굴을 돌려"(3, 6절)란 표현 등의 다중적 표현에 의해서 분명해진다.

20:7-8 구조상 B단원에 해당하는 이 단원은 상응하는 B′단원(22-26절)과 마찬가지로 거룩에 대한 권면을 담고 있다. 이 단원은 다음과 같이 다시 교차대조법 형태를 띠고 있다.

a. 20:7a	너희는 스스로 거룩하게 하며, 거룩하여야 한다.
b. 20:7b	나는 여호와 너희 하나님이다.
x. 20:8a	너희는 내 규례들을 지키고 그것들을 행하여라.
b′. 20:8b	나는 여호와,
a′. 20:8c	너희를 거룩하게 하는 자다.

이 본문에서 중심은 x부분이다. 이스라엘 자손들에게 규례들을 지키고 행할 것을 촉구하고 있다.

이 중심 부분을 둘러 싸고 있는 a-b와 a′-b′는 거룩이라는 동일한 주제를 갖고 있다. 그런데 흥미로운 점은 이 '거룩'이 신인 양성적 차원을 갖고 있다는 점이다.

(1) 인성적 측면: '너희는 스스로 거룩하게 해야 한다'(a-b).

(2) 신성적 측면: '나는 너희를 거룩하게 하는 여호와'(a′-b′).

물론 궁극적으로는 하나님의 은혜와 힘 주심에 의해서 우리가 거룩해지는 것이지만 사람 역시 자신의 삶 속에서 거룩을 추구하는 노력을 해야 한다. 이런 점은 오직 믿음으로 구원 얻는 것을 강조한 사도 바울이 "항상 복종하여 두렵고 떨림으로 너희 구원을 이루라"(빌 2:12)고 요청한 것과 상응한다.

20:9-21 19장의 본문 구조 속에서 가운데 자리(C)를 차지하고 있는 이 단원은 근친과의 불법적인 성관계에 대해서 다루고 있다. 그 대부분의 내용은 주로 금지된 성관계에 대해서 다루고 있는 18장과 상응하는 바가 많다.

20:9은 부모를 저주한 자가 반드시 죽임을 당할 것임을 언급하고 있다. 그의 피가 자기에게 돌아간다고 본문은 말씀하고 있다.

20:10은 간음죄를 저지른 사람들의 경우 그 둘 모두가 죽임을 당해야 한다고 말씀하고 있다. 이런 성경적 가르침은 간음의 죄를 남녀 개인의 문제로 보고 형사법적인 책임은 없이 하고 단지 민법적 책임만 법적으로 따지게 만든 최근의 흐름과 역행한다. 창조적 결혼(창 2:24)의 개념을 따르는 성도들은 이런 점에 있어서 이 세상의 풍조를 따라서는 안 된다.

이어지는 구절들 속에서는 근친상간에 대한 규례들이 기타 불법적 성관계에 대한 규례들 사이에 끼어 있는 형태로 되어 있다. 이 점을 도식화하면 다음과 같다.

- 20:11–12 근친상간의 죄–다 죽임
  - 20:13 동성연애–그의 피가 자기에게 돌아감
- 20:14 근친상간–불살라 죽임
  - 20:15–16 수간: 사람과 짐승 다 죽임–그들의 피가 자기들에게 돌아감
- 20:17 근친상간–스스로 죄를 짊어져야 함
  - 20:18 월경 중인 여인과 동침–둘 다 백성 중에서 끊어짐
- 20:19–21 근친상간–죄를 담당, 무자함.

이런 죄들은 이미 18장에서 다루어진 것들이고, 20장의 이 단락은 이런 죄

들에 대한 처벌들을 다루고 있다.

20:22-26

구조상 B′단원에 해당하는 이 본문은 그에 상응하는 B단원(7-8절)과 마찬가지로 거룩에 대한 권면을 담고 있다.

20:22a인 "너희는 나의 모든 규례들과 법도들을 지키고 행하여라"란 말씀은 7-8절의 한 가운데를 차지하고 있는 내용과 거의 일치한다. 이런 면에서 이 두 단락은 결국은 하나의 주제를 말하고 있다고 볼 수 있다.

20:22b은 이처럼 이스라엘이 하나님의 규례들과 법도를 따르면 땅이 그들을 토해내지 않을 것이라고 말씀하고 있다.

20:23은 가나안 땅의 거민들이 하나님에 의해 쫓겨난 이유는 그들이 그 땅의 규례들을 따랐기 때문이라고 말씀하고 있다. 이처럼 22절과 23절은 하나님의 규례와 가나안 땅의 규례를 대조시키고 있는데, 이런 대조는 이미 18:3-5, 26, 30에서 살펴본 바가 있다(500-501쪽).

20:24-25은 이스라엘이 그 땅의 거민들 대신에 그 땅을 기업으로 받게 되었고 하나님께서 만민 중에서 구별한 자들이므로 그들이 정결하고 부정한 것들을 구별하는 삶을 살아야 한다고 말씀하고 있다.

20:26은 앞의 두 구절을 받아서 다시 한 번 22절과 마찬가지로 하나님의 구별된 백성으로서 거룩한 삶을 살아야 한다고 요구하고 있다.

20:27 이 구절은 구조상 A′에 해당하는 부분으로서 A 단락과 상응하는 내용을 담고 있다. 특히 A의 내용 중 6절의 메아리 역할을 하고 있다.

5단계: 적용

20:4-5 이 본문은 죄가 자행되는 것을 보고도 그 주변 사람들이 그것을 방관하면 하나님께서 그들에게 진노를 나타내시게 될 것임을 경고하고 있다. 너무나도 개인주의화된 현대 사회 속에서 우리는 주변 사람들의 죄, 그리고 교회 내의 죄들에 대해서 너무나도 쉽게 방관해버린다. 그러나 죄는 전염성이 있어서 결국은 주변사람들도 타락시키며, 이들 역시 하나님에 의해 끊어지게 되는 운명에 처하게 될 수 있다. 이 때문에 요한 칼빈과 같은 종교개혁자들은 교회의 중요한 임무로 권징, 즉 죄를 지은 사람에 대해서 처벌을 하는 것을 중요하게 여겼다. 권징이 힘을 잃은 교회는 타락할 수밖에 없다. 거룩한 백성은 인간관계보다 하나님과의 관계를 더 무서워해야만 한다.

20:7-8 레위기 뒷부분의 장들에 계속 반복되는 요구인 '거룩하라'는 요구의 핵심에는 하나님 자신이 거룩하신 분이라는 근본적인 이유가 있다(참고, 레 11:44-45). 거룩하신 하나님과 교제할 수 있는 유일한 방법은 나 자신이 거룩하게 되는 것뿐이다. 거룩성이 없이 하나님과 교제할 수 있다는 가르침들은 모두 거짓이다. 거룩하신 하나님을 섬기는 자가 "거룩하신 분을 따라 모든 행실을 거룩하게" 하지 않고는 결코 그분과 교제하는 것은 불가능하다(벧전 1:15-16).

20:3, 5, 6, 17, 18 이 본문에서 지속적으로 나오는 표현은 '끊어지다' 혹은 '끊어지게 되다'라는 표현이다. 이 표현들의 궁극적인 주체는 하나님이시다. 하나님은 자기 백성 가운데서 벌어지는 가증한 죄들을 방치하시는 분이 아니라 적극적으로 개입하셔서 그것들을 처벌을 하시는 분이시다. 현대의 기독교는 사랑의 하나님에 대한 지나친 강조 때문에 공의의 하나님에 대해서는 잊고 지내는 경우가 너무 많다. 하나님이 단지 은혜의 하나님일 뿐만 아니라 또한 공의와 심판의 하나님이라는 사실을 제대로 깨달을 때에야 우리는

하나님의 사랑이 무엇인지 더 잘 깨닫게 된다.

20:17-21 우리는 참으로 거룩한 삶을 살기 힘든 시대에 살고 있다. 우리를 둘러싸고 있는 미디어들은 연일 이 본문이 죄악으로 규정하고 있는 잘못된 일들로 가득 채워진 드라마나 영화 등을 우리에게 홍수처럼 쏟아붓고 있다. 이런 죄악 된 것들을 방치하면 이것들은 점점 더 우리의 영혼을 좀먹는다. 우리 성도들은 이런 것들에 휘둘리지 말고 우리 자신이 이 사회의 윤리적 기준이 되어야 한다. 이런 것들의 노예가 되지 않으려면 자기 자신만 거룩한 삶을 사는 것이 아니라 이런 것들에 맞서서 목소리를 내고 싸워야 할 필요가 있다. 한 때는 교회들은 이런 것들에 대해서 목소리를 높였지만 요즘은 잘 그렇게 하지 못하는 것 같다. 다시 한 번 교회가 몸을 떨쳐 일어나야 할 때이다. 그러나 그 전에 먼저 우리의 심각하게 훼손된 거룩을 회복시켜야만 하겠다.

20:23 하나님은 죄를 가증히 여기는 분이시다. 죄를 짓고 하나님 앞에 설 수 있는 사람은 없다. 마치 땅이 가증한 죄를 지은 사람들을 토해내듯이 거룩하신 하나님 역시 이런 자들을 멀리하실 수밖에 없다. 우리는 혹시 우리 자신이 '입술이 부정한 자'로서 '부정한 백성들 가운데서' 아무 죄책감 없이 살고 있으면서도 거룩한 하나님과 함께 할 수 있다고 착각하고 있지는 않은가(사 6:5)? 그런 뻔뻔한 태도로 죄 가운데 빠져 있는 자들은 예수 그리스도의 피마저도 해결하지 못한다(히 10:26–27). 레위기가 지속적으로 가르치고 있듯이 우리가 하나님과 함께 할 수 있는 유일한 방법은 거룩하게 되는 것 뿐임을 잊지 말아야 한다.

20:24 하나님이 구별하신 거룩한 백성은 이 세상의 풍조와 규례들로부터 자신을 지켜야만 한다. 하나님의 거룩한 산 제물인 우리는 이 세대와는 다른 삶을 살아야 한다(롬 12:1–2).

6단계: 설교 "거룩하라"(레 20:7-8, 22-26)

레위기 20장은 '거룩'이라는 신학적 주제를 중심으로 전개되는 18–20장의 단원을 마무리 짓는 장입니다. 그리고 '거룩'이라는 주제를 특히 많이 말씀하고 있는 장이기도 합니다. 이 주제는 7–8절과 22–26절에 몰려 있습니다. 이 구절들과 20장 전체의 내용을 통해서 거룩에 대해서 살펴보고자 합니다.

첫째, 거룩은 분리입니다. 22–23절은 "너희는 나의 모든 규례들과 법도들을 지키고 행하여라…. 너희는 내가 너희 앞에서 몰아낼 민족들의 규례들을 따르지 말아라"고 말씀하고 있습니다. 여기에서 '나의 모든 규례'와 '민족들의 규례'가 대조를 이루고 있습니다. 거룩이라는 것은 나의 삶을 이전의 모든 삶의 방식에서 분리시켜 하나님이 요구하시는 삶의 방식으로 옮겨가는 것입니다. 마치 하나님께서 아브라함을 믿음의 길로 부르셨을 때 가장 먼저 요구하셨던 것이 '고향과 친척과 아버지의 집을' 떠나는 것이었던 것처럼 거룩을 향한 삶의 여정의 첫 번째 단계는 이전의 익숙하던 것들과의 결별, 즉 이전의 삶의 방식들, 세상의 삶의 방식들과의 결별입니다. 이처럼 하나님을 위해 하나님 이외의 것들과 분리되는 것이 바로 거룩입니다.

둘째, 거룩은 닮음입니다. 26절은 "너희는 나에게 거룩하여야 한다. 왜냐하면 나 여호와가 거룩하고"라고 말씀하고 있습니다. 이 말씀은 레위기에서 이미 여러 번 본 말씀입니다(11:44–45; 19:2). 거룩은 바로 이 하나님의 모습을 닮는 것입니다. 이 닮음은 8절이 말씀하고 있듯이 "내 규례들을 지키고 그것들을 행하는 것"을 통해서 이루어집니다.

이처럼 우리의 거룩은 세상의 규례로부터의 분리와 하나님의 규례를 통한 닮음을 통해서 이루어집니다. 이런 주제와 관련하여 예전에 교회 대학부 선배의 간증이 기억이 납니다. 이분은 대학부에서 순장을 오랫동안 하시면서 후배들에게 좋은 모범을 보이셨고, 대학 졸업 후에 상위 부서로 올라가셔서 한동안은 자주 못 봤던 선배입니다. 하루는 우리 대학부에서 이분에게 후배들을 위한 신앙 간증을 해달라고 초청을 했습니다. 그리고 저는 그 선배의 간증을 통해 제 인생에서 가장 신선하고 인상적인 간증들 중의 하나를 들을 수 있었습니다.

이 선배는 원래 대학교 때까지 교회를 다녀본 적이 없는 분이었습니다. 그런데 어쩌다 우리 교회 대학부에 나오게 되었습니다. 그리고 일단 나오고 나서는 매주 꼬박꼬박 대학부 집회에 참석했습니다. 문제는 그분이 신앙심이 있어서 그런 것이 아니고 단지 우리 대학부에 오면 같이 술벗이 될 수 있는 친구들 세 명을 만날 수 있었기 때문이었습니다. 굉장히 충격적이죠? 미리 결과부터 말씀드리면 이 술벗 네 명 중에 제가 잘 알지 못하는 세 분은 다 신학을 공부하고 목회자가 되어 사역을 위해 교회를 떠나셨다고 합니다. 그리고 이 선배만 신학을 하지는 않았지만 우리 후배들에게 존경받는 신앙의 선배로서 간증을 하러 오셨던 것입니다. 이처럼 하나님께서 사람들을 부르시고 사용하시는 방식은 참 희안할 때가 있습니다.

하여튼 이 선배는 교회 대학부 와서 술벗들을 만나서 그날 대학부 전도사님의 설교나 성경 공부 시간의 다른 대학부원들의 외식적인 모습을 술안주 삼아 조롱도 하고 빈정대기도 하면서 술을 마시는 재미로 한동안 살았습니다. 그리고 앞서 말씀드린 대로 이분들에게 하나님의 감화가 슬슬 작동해서 이분들이 다 나름대로 헌신하고 목회자가 되거나 교회 순장이 되었습니다.

그런데 이 선배는 그렇게 순장까지 되고 나서도 하나님께서 자기를 그렇게 슬슬 변화시켜 나가시는 것을 그다지 눈치채지는 못했다고 합니다. 그러기를 한참 지나서 어느 날 이 선배가 학교의 동문 모임에 참석을 했다고 합니다. 그가 자리에 앉자 당연히 술잔이 그의 앞에 놓여지고 소주가 부어졌습니다. 그런데 이 선배가 생각지도 못한 경험을 그 순간 하게 되었습니다. 자기가 그렇게 술을 잘 마시고는 했는데, 술이 부어지고 그 냄새가 코에 풍겨오는 순간 마시지도 않았는데 갑자기 머리가 핑 돌면서 도저히 술을 못 마시겠더랍니다.

'왜 그러지?' 하면서 돌이켜 생각해보니 이 선배가 자기도 모르는 사이에 신앙 생활에 젖어서 교회 일을 열심히 하다 보니까 세상의 친구들을 만난 지가 꽤 되었고, 술을 마신 지도 꽤 오래 되었더랍니다. 그러면서 그 순간 선배의 마음 속에 퍼뜩 든 생각이 '아 하나님은 나를 신앙적으로만 바꾸어 놓은 것만이 아니라 육적으로도 바꾸어 놓았구나. 그래서 내가 이제는 술을 마실 수 없는 몸이 되었구나'라는 것이었다고 합니다. 그리고는 이 선배는 자신이 진짜로 그리스도인이 되었다는 사실을 그 순간에 강렬하게 인식하게 되었다고 합니다. 신앙적으로 달라지면 육체도 거기에 따라 달라진다는 말이 참 멋있지 않습니까?

이처럼 레위기 20장이 거룩에 대해서 가르치는 바는 세상의 규례, 곧 삶의 방식으로부터의 분리와 하나님의 규례를 지키는 것을 통해 하나님을 닮아가는 것입니다. 앞의 선배의 간증처럼 우리도 하나님을 닮아가다 보니 어느 순간 세상의 규례가 거추장스러운 옷처럼 느껴지고, 하나님의 규례가 몸에 꼭 맞는 옷처럼 편안한 여러분이 되시기를 축원합니다.

레위기 21장

제사장의 정결에 대한 규례

❑ 제사장의 정결에 대한 규례 개관

21장은 제사장의 정결에 대한 규례들을 다루고 있다. 그러나 이것에 대한 개관을 다루기 전에 먼저 알아야 할 점은 21장이 제물에 대한 규례들을 다루고 있는 22장과 짝을 이루고 있다는 점이다. 아래의 도표는 이 두 장이 가진 구조 및 내용의 상응성을 정리한 것이다.

21장			22장		
A	21:1-9	일반 제사장의 장례와 결혼에 대한 규례	A′	22:1-9	성물을 먹는 것에 대한 규례
	21:10-15	대제사장의 장례와 결혼에 대한 규례		22:10-16	성물을 먹을 수 있는 제사장 가족의 범위
B	21:16-24	제사장의 신체적 결함에 대한 규례	B′	22:17-33	제사용 제물의 신체적 결함에 대한 규례

두 장 사이의 구조적 상응성을 좀 더 자세히 살펴보면 다음과 같다.

첫째, 위의 도표에서 보듯이 각 장은 크게 A-B와 A′-B′의 두 부분으로 나뉜다. 이러한 단원 구분의 표시는 B-B′의 시작 부분에 나오는 “여호와께서 모세에게 말씀하셨다”란 문구(21:16; 22:17), 그에 이어지는 주 청중에 대한 언급(21:17; 22:18)이다. 이처럼 도입 문구와 청중의 새로운 소개가 레위기 내에서 새로운 단원의 표시 역할을 한다는 점은 여러 번 이야기한 바가 있다.[267]

둘째, B–B′ 부분의 상응성은 자명하다. B 단락(21:16–24)은 제사장의 신체적 결함에 대해서 다루고 있고, B′ 단락(22:17–33)은 제물로 바쳐질 짐승의 신체적 결함에 대해서 다루고 있다.

세 번째 사항은 조금 더 설명이 필요하다. 위 구조상의 여섯 단락의 끝에는 "나는 너희를[또는 "그를", "그들을"] 거룩하게 하는 여호와"란 문구가 후렴구처럼 사용되고 있다(21:8, 15, 23; 22:9, 16, 32). 이 후렴구는 구약성경에서 레위기 21–22장을 빼놓고는 그 바로 앞의 20:8, 그리고 출애굽기 31:13; 겔 20:12에만 나온다는 점을 고려할 때 중요하다. 이 후렴구는 A–A′ 내에서 문단을 구분해주는 요소로 작용한다. A 단락(21:1–15)에서는 이 후렴구를 바탕으로 해서 '일반 제사장의 장례 및 결혼에 관련된 규례' 본문(21:1–9)과 '대제사장의 장례 및 결혼에 대한 규례' 본문(21:10–15)이 나뉜다. 그리고 B 단락(22:1–16)에서는 '성물을 먹는 것에 대한 규례' 본문(22:1–9)과 '성물을 먹을 수 있는 제사장 가족의 범위'에 대한 규례 본문(22:10–16)이 나뉜다.

21장의 제사장의 정결에 대한 규례에 집중하도록 하자. 위의 도표 설명에서 이미 지적한 바와 같이 21장은 크게 A–B의 두 부분으로 나뉘며, A 부분은 다시 "나는 너희를[또는 "그를"] 거룩하게 하는 여호와"(21:8, 15)란 문구를 통해 두 부분으로 나뉜다. 이렇게 해서 21장에는 총 세 개의 단원이 존재하게 되며, 그 각각의 내용은 위의 도표에 제시된 바와 같다.

이제 이 단원의 내용들을 개관해보자. 첫 두 단원인 21:1–9과 21:10–15은 제사장 집단의 장례 의식 및 결혼에 대한 규례들을 담고 있다. 앞 단원은 일반 제사장과 관련된 내용이고, 뒷 단원은 대제사장과 관련된 내용이다.

---

267 참고로 B′ 단원(22:17–33) 내에서는 다시 한 번 문단이 26절에서 갈리고, 새로운 내용이 도입된다. 그러나 26절의 단원 도입구에는 주 청중에 대한 언급이 따라 나오지 않기 때문에 이것은 B′ 단원의 하부 단원으로 이해해야 한다.

일반 제사장의 경우(21:1-9)에는 그들이 죽은 시체와 접촉하는 것이 그들을 부정하게 만들기 때문에 접촉이 금지되었다(1절). 심지어 그들은 죽은 자를 위한 애도의 행위들도 할 수 없었다(5절). 그러나 친가족의 장례를 치르는 경우에는 예외적으로 시체와의 접촉이 허용되었다(2절). 이 허용 범위는 부모, 친자식, 형제였다. 자매의 경우는 남편이 없는 경우에만 허용되었다(3절). 이것은 아마 자매가 시집을 간 경우 그녀는 제사장 가문에서 이탈한 것으로 간주되었기 때문인 것으로 보인다.

또한 제사장들은 처가 쪽 사람들의 장례로는 자신들을 더럽힐 수가 없었다(4절).[268] 아마 이것은 앞의 출가한 자매의 경우와 마찬가지로 아내 쪽의 가족이 직계 가족보다는 친인척 관계가 한 단계 더 먼 것으로 간주되었기 때문으로 보인다. 제사장의 거룩은 그런 관계에 있는 사람의 시신으로 인해 훼손되어서는 안 되었다. 이것은 제사장에게 상당히 엄격한 수준의 거룩이 요구되었음을 보여준다.

일반 제사장들은 또한 결혼 문제에 있어서도 거룩을 훼손하면 안 되었다. 따라서 그들은 성적으로 문란한 여인들과 결혼해서도 안 되었고, 이혼 당한 여인들과 결혼해서도 안 되었다. 특히 후자의 경우는 일반 백성들에게는 별로 문제가 안 되었다는 점을 고려할 때 제사장들의 거룩성에 대한 요구가 일반 백성들에 대한 것보다 더 높았음을 알 수 있다.

한편 대제사장의 경우(21:10-15)에는 일반 제사장들보다 더 높은 수준의 거룩이 요구되었기 때문에 직접적인 가족들, 심지어 부모님 상을 치를 때도 접촉이 허용되지 않았다(11절). 그리고 심지어는 성소에서 나오는 것도 금지되었다(12절). 이런 규례는 그들이 부정하게 되는 일이 발생하는 것을 미연에 방지하기 위한 것으로 보인다.

또한 결혼 문제에 있어서도 그는 일반 제사장들보다 더 높은 수준의 거룩을 요구받았다. 일반 제사장들과 달리 그는 처녀가 아닌 여자와 결혼할 수 없

---

268 물론 4절의 원문에 대한 이런 이해에는 난점들이 존재한다. 이에 대해서는 아래의 "사역 해설"(569-570쪽)을 참고하라.

었다(13절). 이런 높은 요구는 부정한 여인과의 결혼을 통해서 대제사장의 자손이 부정하게 되는 것을 방지하기 위한 것이었다(14–15절).

21장의 마지막 단원(위 도표의 B단원, 21:16–24)은 제사장의 가문 중 신체적 결함이 있는 자들에 대해서 다루고 있다. 이 본문과 짝을 이루는 22:17–33의 본문(위 도표의 B′단원)에서 흠이 있는 제물이 바쳐지는 것이 금지된 것처럼 제사장 집안의 사람들 중 신체에 흠이 있는 사람도 역시 제사장 사역을 하는 것이 금지되었다. 이처럼 흥미롭게도 제물과 제사장의 흠 혹은 결함에 대한 목록은 서로 상응하는 바가 많다. 이런 결함들을 갖고 있는 자들은 비록 제사장 집안의 일원이지만 제사장으로서의 사역은 할 수 없었다. 그러나 그들은 제물 중 제사장의 몫으로 할당된 것들을 먹을 수는 있었다(22절).

1단계: 사역

21:1 여호와께서 모세에게 이르셨다. 제사장들, 곧 아론의 아들들에게 이르고 그들에게 일러라. [제사장은] 자기 백성 가운데서 죽은 자 때문에 자신을 부정하게 만들어서는 안 된다.

21:2 그러나 그의 근친들, 곧 그의 어머니, 아버지, 아들, 딸, 형제[로는 부정하게 할 수 있다].

21:3 그리고 남편이 없는 처녀인 자매로는 그가 자신을 부정하게 할 수 있다.

21:4 그는 자기 백성 중에서 남편으로서 자신을 더럽혀서 자신을 속되게 해서는 안 된다.

21:5 그들은 머리를 민대머리처럼 깎지 말고, 수염의 끝을 면도하지 말며(레 19:27 등), 몸에 문신을 새기지 말아라.

21:6 그들은 자기들의 하나님께 대하여 거룩해야 하며, 자기들의 하나님의 이름을 속되게 하지 말아야 한다. 그들은 여호와의 화제, 곧 자기들의 하나님의 음식을 드리는 자이기 때문에 거룩해야 한다.

21:7 그들은 부정한 창녀인 여인을 취해서는 안 된다. 또한 남편에게 이혼 당한 여인을 취해서도 안 된다. 그는 자기 하나님께 거룩해야 하기 때문이다.

21:8 너는 그를 거룩하게 여겨야 한다. 왜냐하면 그가 네 하나님의 음식을 드리는 자이기 때문이다. 그는 너에게 거룩한 자여야 한다. 왜냐하면 나 여호와 너희를 거룩하게 하는 자가 거룩하기 때문이다.

21:9 만약 어떤 제사장의 딸이든지 행음하여 자신을 속되게 하면 그녀는 자기 아버지를 속되게 하는 것이다. 그녀는 불태워져야 한다.

21:10 자기 형제들 중 관유로 부음을 받고 위임이 되어 그 의복들을 입은 대제사장은 자기 머리를 풀지 말며 옷을 찢어서는 안 된다.

21:11 그 어떤 죽은 시체도 가까이 하지 말아야 한다. 자기 아버지나 어머니 때문에 자신을 부정하게 해서는 안 된다.

21:12 성소에서 나오지 않아야 하며, 자기 하나님의 성소를 속되게 해서는 안 된다. 왜냐하면 그의 하나님의 관유로 인한 성별됨이 그의 위에 있기 때문이다. 나는 여호와이다.

21:13 그리고 그는 처녀를 데려다가 아내를 삼아야 한다.

21:14 과부나 이혼 당한 여자나 창녀 짓을 하는 더러운 여인, 이런 자들을 취해서는 안 된다. 대신 자기 백성 중에서 처녀를 아내로 취해야 한다.

21:15 그래서 자기 자손을 자기 백성들 가운데에서 속되게 만들지 말아야 한다. 왜냐하면 나는 그를 거룩하게 하는 여호와이기 때문이다.

21:16 여호와께서 모세에게 말씀하셨다.

21:17 아론에게 말하여라. 누구든지 대대로 너의 자손 중에서 육체에 흠이 있는 자는 자기 하나님의 음식을 드리려고 가까이 다가와서는 안 된다.

21:18 정말로 누구든지 흠이 있는 자는 가까이 다가와서는 안 되는데, 곧 맹인이나 저는 자나 갈라지거나 늘어난 부분이 있는 자나

21:19 발이나 손에 부러진 곳이 있는 자나

21:20 곱사등이나 난장이나 눈에 백막이 있는 자나 습진이나 버짐이 있는

자나 고환 상한 자 등이다.

21:21 제사장 아론의 자손 중에서 흠이 있는 자는 여호와께 화제물들을 드리기 위해 다가와서는 안 된다. 그에게는 흠이 있다. 자기 하나님의 음식을 드리기 위해 다가와서는 안 된다.

21:22 그는 지극히 거룩한 것이든 거룩한 것이든 간에 자기 하나님의 음식을 먹을 수는 있다.

21:23 그러나 그는 [지성소] 휘장 안으로 들어가지 못하고 제단에 가까이 다가가서는 안 된다. 왜냐하면 그에게 흠이 있기 때문이다. 그는 나의 성소를 속되게 해서는 안 된다. 왜냐하면 나는 그들을 거룩하게 하는 여호와이기 때문이다.

21:24 모세가 아론과 그의 아들들과 온 이스라엘 자손에게 말하였다.

2단계: 사역 해설

21:1 "여호와께서 모세에게 이르셨다"

21장 규례의 말씀을 도입하는 이 문구는 레위기 전체를 통해서 상당히 독특하다. 레위기는 단원 도입구로 항상 *다바르*(דבר)란 단어를 써왔다(레 1:2 등). 그러나 이 21장의 도입구에서만 유일하게 *아마르*(אמר)를 쓰고 있다. 또한 이 21:1는 하나님의 말씀을 직접화법적으로 도입하는 상용구인 *레모르*(לֵאמֹר)도 사용하고 있지 않다. 이처럼 다른 단어를 사용함으로써 저자는 독자들에게 본문의 내용이 독특함을 표시해주고 있다.

"제사장들, 곧 아론의 아들들에게 이르고 그들에게 일러라"

청중이 누구인지를 밝히는 이 문장 역시 여러 면에서 독특하다.

첫째, 지금까지 레위기는 "아론의 아들들인 제사장들"이라는 문구(1:5, 8 등)를 써왔다. 그러나 여기에서만 "제사장들, 곧 아론의 아들들"이라는 문구,

즉 순서가 뒤집힌 문구를 사용하였다.

둘째, 이 문장에 사용된 두 동사 중 첫 번째 동사는 레위기에서는 항상 다바르(דבר)인데 오직 이 구절에서만 *아마르*(אמר)가 사용되었다.

"[제사장은]"

본문에는 '제사장은'이란 문구가 없고, 그냥 동사 안에 3인칭 남성 단수인 '그'(he)가 내포되어 있을 뿐이다. 그러나 21장의 규례가 제사장들을 향한 것이고, 이것이 모세를 통해서 전달되는 것이기 때문에 '그'는 제사장의 일원을 가리킨다. 개역개정의 번역에서는 '그'가 누구인지가 조금 모호하기 때문에 사역에서는 '제사장'이라는 주어를 추가하여 '그'가 누구인지를 명확하게 하였다.

"죽은 자" *네페쉬*(נֶפֶשׁ)

보통은 '영혼', '목숨', '혼' 등을 의미하는 이 단어는 19:28의 "사역 해설"(528쪽)에서 이미 보았듯이 '죽은 자'를 의미할 수도 있다.

"때문에" *르*(לְ)

이 전치사는 때로는 '~때문에'(because of)란 의미를 가질 수도 있다.

21:2 "그러나…[로는 부정하게 할 수 있다]"

2절은 원래 1절 하반절의 "[제사장은]… 자신을 부정하게 만들어서는 안 된다"라는 문구와 더불어 하나의 문장을 이루고 있다. 1절 하반절이 주절이며, 2절은 "부정하게 만들어서는 안 되는" 것에 대한 예외적 경우들, 즉 '근친들'의 예들을 나열하고 있다. 다시 말해 1b–2절을 한국어로 어순을 살려서 번역하자면 "근친들, 곧 그의 어머니…형제를 제외하고는 [제사장은] 자기 백성 가운데서 죽은 자 때문에 자신을 부정하게 만들어서는 안 된다"가 될 것이다. 그러나 불행히도 이미 확립된 절의 구분으로 인해 이런 식의 번역은 불가능하기 때문에 부득이하게 현재의 사역과 같이 번역하였다.

"근친들" *르쉬에로 학카로브*(לִשְׁאֵרוֹ הַקָּרֹב)

18:6의 "사역 해설"(505쪽)에서 지적한 바와 같이 *쉬에르*(שְׁאֵר)란 단어는 원래는 '육체, 몸, 살' 등의 뜻을 갖고 있는데 현재의 문맥에서는 '친척들'이라는 집합명사적 의미로 사용되고 있다. 여기에 가깝다는 뜻을 가진 형용사인 *카로브*가 붙어있기 때문에 전체 어구를 '가까운 친척'이라는 뜻의 '근친들'로 사역하였다.

21:4 "남편으로서" *바알*(בַּעַל)

4절은 문장 자체가 난해하고 의미를 파악하기 힘들어서 많은 이견이 존재한다. 그 문제들은 *바알*이라는 단어와 주로 관련되어 있다. 이 문제들을 간단하게 살펴보면서 사역의 이유를 설명하자면 다음과 같다.

첫째, *바알*이란 단어는 바알 신의 이름으로도 쓰이는 단어인데, 이 단어는 원래 히브리어로 '주인'(lord) '남편'(husband) 등의 뜻을 갖고 있다. 개역개정은 아마 '주인'이란 뜻에 바탕을 두고, 윗사람이란 의미에서 '어른'으로 번역한 듯하다. 그 결과 개역개정의 번역은 마치 제사장이 '백성의 어른이기 때문에' 자신을 부정하게 만들어서는 안 된다는 뉘앙스를 띠고 있는 것 같다. 그러나 이런 해석은 근거가 약하다. 이 사역이 택하고 있고 개역개정의 난외주에 표시된 바와 같이 '남편'이라고 이 단어를 번역하는 것이 더 나아 보인다.

*바알*과 관련된 두 번째 문제는 개역개정이 '어른'이란 단어 다음에 조사로 '인즉'이라는 표현을 사용하고 있다는 점인데, 이것 역시 히브리어 원문에 대한 구문론적 이해가 무엇인지 불분명하다. 학자들이 대체적으로 많이 선택하는 견해를 따라 이 조사를 '~으로서'(as)라고 이해하는 것이 더 나아 보인다.[269]

위의 두 가지 사항을 종합할 때 비록 여전히 논란거리들이 없지는 않지만 4절은 사역에서처럼 "남편으로서"라고 번역하는 것이 가장 적절해 보인다. 그리고 이 경우 본문의 의미는 제사장이 혼인을 통해 맺어진 친척들의 시신

---

269 Levine, *Leviticus*, 142 등을 보라.

때문에 자신의 몸을 부정하게 만들어서는 안 된다는 것을 의미한다.

21:5 "그들은"

21장의 제사장에 대한 규례는 4절까지는 단수를 쓰다가 5절에서 갑자기 복수를 쓰고 있다. 이처럼 율법 본문들 중에서 단수와 복수가 섞여 쓰이는 것은 드문 현상은 아니다. 이 구절의 경우는 첫 문장은 단수이고, 이후로는 다 복수이지만 절 내의 통일성을 위해 다 복수로 쓰인 것처럼 간주해서 절 서두에 '그들은'이라는 주어를 표시했다.

21:7 "부정한 창녀인 여인" ***잇샤 조나 봐할랄라***(אִשָּׁה זֹנָה וַחֲלָלָה)

*조나*는 '음란한 여자' 혹은 '창녀'를 의미한다. *할랄라*는 '성적으로 더럽혀진'이라는 뜻을 가진 단어이다. 두 단어 사이의 관계에 대해서는 여러 가지 견해가 있지만[270] 두 단어의 결합이 중언법(hendiadys)적 표현이라고 보는 것이 가장 적절해 보인다.[271]

"이혼 당한" ***그루샤***(גְּרוּשָׁה)

이 단어는 '쫓아내다'란 뜻을 가진 *가라쉬*(גָּרַשׁ)의 칼 분사 수동형이다. 부부 사이의 맥락에서는 '이혼 당하다'란 특정한 의미로 사용되기도 한다. 이 단어는 14절에도 나온다.

21:18 "정말로" ***키***(כִּי)

이 접속사는 여기에서는 앞 문장의 핵심 부분을 다시 한 번 확인시켜 주는 강조적 의미로 사용되고 있다.

---

270 Hartley, *Leviticus*, 343.

271 Levine, *Leviticus*, 143.

"갈라지거나 늘어난 부분이 있는 자나" *하룸 오 샤루아*(חָרֻם אוֹ שָׂרוּעַ)

칼 분사 수동형 형태를 가진 이 두 단어는 각기 성경에 두 번(*하룸*, 레 21:18; 사 11:15)과 세 번(*샤루아*, 레 21:18; 22:23; 사 28:20)만 나오는 단어이다. 그래서 그 정확한 의미를 알기가 힘들다. 그러나 이 단어들이 레위기 밖에서 사용된 유일한 다른 경우들에 대한 통상적인 의미를 받아들여서 사역하였다. *하룸*은 이사야서 11:15에서 동일 어간의 히필형이 '가르다'(to split)란 의미로 사용되었고, *샤루아*는 이사야서 28:20에서 동일 어간의 히트파엘형이 '(몸을) 펴다'(to stretch out)란 의미로 사용되었다.

21:20 "흰 반점이 있는" *트발룰*(תְּבַלֻּל)

이 단어의 어근이나 의미는 아직까지 정확히 파악되지 않았다.[272] 현재의 번역은 아카드어의 동족어로 제시된 단어와 제롬의 라틴어 역본인 불가타(the Vulgate) 등에 기초한 것이다.[273]

"습진이나 버짐이 있는 자나 고환 상한 자나"

여기에 사용된 단어들은 전부 구약에서 한 번 밖에 사용되지 않은 단어들이다. 같은 언어군에 있는 단어 등을 통해 추정된 의미들이다.

21:23 "[지성소] 휘장" *파로케트*(פָּרֹכֶת)

이 단어는 성막에 있는 세 개의 휘장, 즉 뜰의 휘장, 성소의 휘장, 지성소의 휘장 중 맨 마지막의 것을 가리키는 특수 용어이다. 이 점을 분명하게 하기 위해서 '[지성소]'란 단어를 추가하였다.

---

272 Ludwig Koehler and Walter Baumgartner, *The Hebrew and Aramaic Lexicon of the Old Testament* (Leiden: Brill, 1994–2000)의 해당 단어에 대한 항목에서 여러 가지 설들을 정리해 놓은 것을 보라.

273 Levine, *Leviticus*, 146.

3단계: 단락 구분

이 본문의 구조는 앞의 개관에서 이미 전반적으로 살펴본 바가 있다. 이것을 좀 더 자세히 세분화해 보면 다음과 같다.

- 21:1–15 제사장의 장례와 결혼에 대한 규례
    - 21:1a 도입구
    - 21:1b–9 일반 제사장에 대한 규례
        - 21:1b–5 장례에 대한 규례
            - 21:6 규례의 이유: 거룩
        - 21:7a 결혼에 대한 규례
            - 21:7b–8 규례의 이유: 거룩
        - 21:9 제사장의 딸과 거룩
    - 21:10–15 대제사장에 대한 규례
        - 21:10–12 장례에 대한 규례
        - 21:13–15 결혼에 대한 규례
- 21:16–23 제사장의 신체적 결함에 대한 규례
    - 21:16–17a 도입구
    - 21:17b–23 제사장의 신체적 결함에 대한 규례
- 21:24 결론구

이 장의 구조를 이해하기 위해서는 다음의 몇 가지 사항을 필수적으로 주목해야 한다.

첫째, 앞의 개관에서 다룬 바와 같이 이 장은 다음 장인 22장과 구조 및 내용에 있어서 상당한 상응성을 갖고 있다.

둘째, 이 장을 크게 두 부분으로 나누어 주는 요소는 새로운 단원의 도입을 알리는 레위기의 문구인 "여호와께서 모세에게 말씀하셨다"란 문구이다.

이 장에는 이 문구가 두 번 나오며(1, 16절), 이것이 레위기를 크게 두 부분으로 나누어 주고 있다.

셋째, 21-22장의 본문을 더 세부적으로 나누어 주는 특수한 요소로 "나는 너희(그, 그들)를 거룩하게 하는 여호와"란 표현이 사용되고 있는데, 이 표현이 이 장에 세 번 나오며(8, 15, 23절), 이 장의 본문을 좀 더 세분하게 나누어 주고 있다. 이런 세 가지 점에 기초해서 이 장을 나누면 위의 "단락 구분"과 같다.

이 장의 구조에 있어서 가장 독특한 점이자 레위기 전체를 통해서도 유례가 없는 점은 24절의 결론구이다. 24절은 1a, 16-17a절의 도입구에 제시된 청중과 달리 아론(17a절)과 그의 아들들(1절)뿐만 아니라 "온 이스라엘 자손"도 역시 언급하고 있다. 이처럼 도입구에 언급되지 않은 청중이 결론구에 언급된 경우는 21장이 유일하다.

이에 대한 설명으로 밀그롬은 크게 세 가지 이유를 제시한다.[274]

첫째, 그가 자기 제자의 박사 논문에 기초해서 말하는 바에 따르면 17-21장에는 하나님께서 모세에게 말씀하신 경우가 총 7회가 나온다(17:1; 18:1; 19:1; 20:1; 21:1, 16, 24[275]). 이 중 첫 번째(17:1)와 마지막 번째(21:24)가 아론/아들들/이스라엘 자손을 주 청중으로 언급하고 있다. 그리고 다섯 장의 한 가운데에 있는 장인 19장의 1절이 '온 회중'에 대해서 말한다. 이런 면에서 이 본문은 어느 정도 균형을 갖추고 있다.

둘째, 제사장이 정결을 상실하고 부정하게 되는 것은 이스라엘에게도 영향을 미치는 문제이기 때문에 이스라엘 자손이 언급되고 있다.

셋째, 17-26장의 "성결법"은 이스라엘 백성 전체의 삶에 대한 문제이기 때문에 비록 아론과 제사장 집단이 1차적 청중인 경우에도 그 내용이 이스라

---

274 Milgrom, *Leviticus 17-22*, 1832-1834. 밀그롬은 기본적으로 이 결론구가 본문의 저자의 손에 의해서 쓰여진 것이 아니라 편집자의 손에 의해서 쓰여진 것이라는 점을 주장하고 있다는 점은 유념할 필요가 있다.

275 21:21-24에서는 사실 하나님이 모세에게 말한 것이 아니라 모세가 하나님의 말씀을 청중들에게 전한 것으로 되어 있다는 점을 유의하라.

엘 백성 전체의 삶에 절대적 영향을 미칠 수 있다는 점 때문에 이렇게 '이스라엘 백성'이 추가적으로 언급되었다. 밀그롬이 제시한 이런 이유들은 24절의 결론구의 독특함에 대한 충분한 설명이 되는 것으로 보인다.

4단계: 본문 해설

21:1a 21장의 전반부인 1–15절의 도입부 역할을 하고 있는 이 구절은 레위기의 통상적인 단원 도입구와 더불어 주 청중을 언급하고 있다. 그 청중은 '제사장들, 곧 아론의 아들들'이다. 이런 청중에 대한 언급은 제사장의 장례 및 결혼의 문제를 다루고 있는 이 장의 내용과 잘 상응한다.

21:1b-3 이 구절은 제사장이 죽은 자의 시신으로 인해 자신을 부정하게 만들어서는 안 된다는 점을 명시하고 있다. 시신과의 접촉은 사람을 부정하게 만들기 때문에 하나님 앞에서 사역을 해야 할 제사장들이 시체와의 접촉을 피해야 한다는 것은 당연지사이다(참고, 민 19:11–22). 그러나 대제사장의 경우(10–12절)와 달리 일반 제사장은 직접적인 가족이 죽은 경우에는 그들의 시신과 접촉하는 것이 허용되었다. 이 허용된 범위는 부모, 자녀, 형제까지였다. 그리고 자매도 결혼하지 않은 경우에는 시신과의 접촉이 허용되었다. 이런 점은 구약의 율법이 원칙과 허용 사이에서 어떤 균형 감각을 보여주고 있는지를 잘 보여준다. 하나님은 당신의 사역자들에게 언제나 엄격한 구별만을 요구하신 것이 아니라 꼭 필요한 경우에는 이처럼 예외도 허용하신다.

21:4 이 구절의 히브리어는 여러 가지 난점이 있지만[276] 아마 제사장이 자

---

276 "사역 해설"(569–570쪽)을 참고하라.

기 처가 쪽 식구들의 시신으로 인해 자신을 부정하게 만들어서는 안 된다는 점을 말씀하고 있는 듯하다. 이런 점에서 이 구절은 3절의 "남편이 없는 처녀"가 아닌 자매, 즉 시집을 가서 가족을 떠난 자매의 시신과의 접촉을 금지하고 있는 3절의 내용과 잘 상응한다.

21:5 이 구절이 금지하고 있는 면도나 문신 행위는 현재 본문의 내용을 고려할 때 죽은 자에 대한 애도 의식의 일환으로 이렇게 하는 것을 가리키는 것으로 보인다. 단순히 죽은 자와의 접촉뿐만 아니라 이런 애도 행위까지도 제사장들에게는 금지되었다.

21:6 앞의 "단락 구분"에서 보듯이 8절과도 상응하는 이 구절은 장례와 관련하여 왜 제사장들에게 이런 금지 규례들이 주어졌는지에 대한 근거를 제시하고 있다. 하나님 앞에서 하나님의 음식인 화제를 드리는 일을 담당했던 그들은 당연히 거룩을 유지해야 했다. 그들이 부정하게 되는 것은 하나님의 이름을 속되게 하는 것이었다.

21:7a 장례의 경우와 마찬가지로 결혼에 있어서도 제사장들은 거룩을 요구받았다. 따라서 그들은 아무 여인과 함부로 결혼할 수가 없었다. 부정한 창녀, 이혼 당한 여인 등이 금지 대상으로 언급되고 있다.

21:7b-8 이 본문은 6절과 상응하며, 그 결과 21:1b–8까지의 본문을 ABA′B′의 구조로 만든다.

A 장례에 관한 규례	(21:1b–5)
B 규례의 근거–거룩	(21:6)
A′ 결혼에 관한 규례	(21:7a)
B′ 규례의 근거–거룩	(21:7b–8)

또한 6절과 7b–8절 사이에는 구문상으로로 많은 상응점들이 보인다.

6절	7b–8절
그들은 자기들의 **하나님께 대하여 거룩해야 하며,**	그는 자기 **하나님께 거룩해야 하기** 때문이다.
	너는 그를 거룩하게 여겨야 한다.
자기들의 하나님의 이름을 속되게 하지 말아야 한다.	
그들은 여호와의 화제, 곧 자기들의 **하나님의 음식을 드리는 자**이기 때문에 거룩해야 한다.	왜냐하면 그가 네 **하나님의 음식을 드리는 자**이기 때문이다.
	그는 너에게 거룩한 자여야 한다. 왜냐하면 나 여호와 너희를 거룩하게 하는 자가 거룩하기 때문이다.

위 도표의 맨 아래 칸의 내용은 양 본문 사이에서 상응점이 없는 부분이다. 이 부분은 앞의 "단락 구분"에서 설명한 바와 같이 이 단원 내에서 일반 제사장의 규례와 대제사장의 규례 사이의 구분으로서 중요한 역할을 한다.

21:9 앞의 8절에 설명한 바와 같이 1–8절의 완벽히 균형 잡힌 구조 바깥에 있는 이 구절은 일반 제사장의 규례 본문(1–9절)과 대제사장의 규례 본문(10–15절) 사이에 끼어 있으며, 문맥상 겉도는 것처럼 느껴질 수 있다. 그러나 그 이유는 이 규례가 제사장 및 그 집안의 정결과 관련하여 아주 중요하면서도 특별한 내용을 담고 있기 때문으로 보인다.

우선 이 구절은 현재 본문 내에서 7절과 연결되어 있다. 7절은 제사장의 아내가 되기에 부적합한 여인으로서 '부정한 창녀인 여인'을 지목하고 있다. 이것의 히브리어는 *잇샤 조나 바할랄라*(אִשָּׁה זֹנָה וַחֲלָלָה)였다. 이것에 대해서는 앞의 "사역 해설"(570쪽)에서 설명을 하였다. 여기에서 '부정한'이라는 단어는 어근으로 *할랄*(חָלַל)이란 단어를 쓰고 있고, '창녀'란 단어는 어근으로 *자나*(זָנָה)란 단어를 쓰고 있는데, 이 두 단어가 모두 9절에서 딸이 하는 행동, 즉 '행음하여…속되게 하면'에 사용되고 있다. 따라서 이 9절은 궁극적으로는 7절과 아주 밀접한 관계를 맺고 있다고 할 수 있다. 제사장의 아내도 음행과 속됨에서 벗어난 여인이어야만 했고, 그의 딸도 역시 이 두 가지에서 벗어난 상태를 유지해야만 했던 것이다.

만약 제사장의 딸이 음행을 저질러 자신을 속되게 만들면 그것은 거기에서 그치는 것이 아니라 그의 아버지인 제사장을 속되게 만들었기 때문에 치명적이었다. 그리고 치명적인 죄에 대해서는 불태워 죽이는 처벌이 규정되었다. 구약성경의 율법 중에서 죄인을 불태워 죽이라는 명령은 이 구절을 제외하고는 오직 레위기 20:14의 "사역"(549쪽)에서 한 여인과 그녀의 어머니를 함께 성적으로 범하는 경우에만 주어졌다는 점, 그리고 구약성경에서 죄인을 불태워 죽인 것에 대한 언급이 나오는 유일한 경우가 여호수아서 7장의 아간과 그의 집안의 경우(수 7:15, 25)밖에 없다는 점을 고려할 때 제사장 딸의 음행에 대한 규정이 얼마나 엄한 지를 느낄 수 있다.[277]

21:10 10-15절은 대제사장의 장례와 결혼에 대한 규례를 담고 있다. 그 중 서두를 장식하고 있는 이 구절은 대제사장이 애도의 표시를 하는 것조차 금지되어 있음을 밝히고 있다. 이 점은 일반 제사장의 애도 금지에 대한 5절의 규례와 상응한다.

21:11-12 대제사장은 "하나님의 관유로 인한 성별됨이 그의 위에 있기 때문"에 장례와 관련하여 더 높은 수준의 거룩을 요구받았다. 일반 제사장들(2-3절)과 달리 그는 심지어 자기 부모가 죽은 경우에도 그 시신과의 접촉이 금지되었다. 또한 아예 성소에서 나오는 것 자체가 금지되었다. 아마 이런

277 행음한 여인을 죽이라고 한 다른 유일한 경우는 창세기 38:24이다. 그러나 이 경우는 오히려 이 명령을 한 유다의 정당성을 창세기 저자가 비판적으로 보고 있기 때문에 우리의 고려 대상은 아니다.

강력한 규정은 혹시라도 있을 수 있는 부정의 발생을 미연에 방지하기 위한 것으로 보인다. 아론의 아들들인 나답과 아비후의 갑작스러운 죽음 후 그들의 장례에 대한 내용을 담고 있는 레위기 10:4–7에서 대제사장 아론과 그의 아들들은 하나님으로부터 본문의 내용과 상응하는 지시를 받았다.

21:13-15 결혼에 관해서도 대제사장은 일반 제사장들(7절)보다 더 높은 요구를 받았다. 그는 아예 오직 처녀와만 결혼할 수 있었던 것이다. 그런 높은 요구가 이루어진 추가적인 이유가 15절에 나온다. 그로부터 대제사장이 나오게 되어 있었기 때문에 그는 부정한 여인과의 결혼으로 인해 그의 자손에게 부정이 임할 수 있는 가능성마저도 피해야만 했던 것이다.

21:10–15의 끝을 장식하고 있는 15절 끝의 "나는 그를 거룩하게 하는 여호와"란 문구가 가진 구조적 중요성에 대해서는 앞의 개관과 "단락 구분"에서 지적한 바가 있다. 여기에서 대제사장의 장례 및 결혼에 대한 본문이 끝을 맺고, 다음 단원이 시작된다.

21:16-17a 16절의 문구와 더불어 17a절의 주 청중에 대한 언급은 새로운 단원, 즉 제사장의 신체적 결함에 대한 규례 본문(16–23절)의 시작을 알린다. 그 중심 청중은 '아론'이다. 이에 대해서 밀그롬은 이처럼 제사장의 가족 중 신체적 결함을 가진 일원을 걸러내는 책임이 대제사장 아론에게 있었기 때문이라고 지적한다.[278]

21:17b-21 이 본문은 17b, 21절이 수미쌍괄식 구성으로 앞뒤를 감싸고 있으며, 또한 제사장의 신체적 결함에 대한 본문의 신학을 제공해주는 역할을 하고 있다. 그것은 육체에 흠이 있는 자가 하나님 존전으로 나아가 사역

---

278 Milgrom, *Leviticus* 17–22, 1823.

을 해서는 안 된다는 것이다. 언뜻 보기에 이 규례는 현대인들의 장애인에 대한 의식에 기초해서 볼 때는 좀 불편하게 느껴질 수 있다. 그러나 이것이 평행 본문인 제물의 흠결에 대한 본문(22:17-33)과 상응한다는(588쪽 도표) 점을 생각하면 이해가 된다. 하나님께 흠이 있는 제물이 드려져서는 안 되는 것처럼 흠이 있는 자가 제사장으로 하나님 앞에 나아가서도 안 되는 것이다. 이런 점에 있어서 제사장과 제물은 상응하는 바가 있다. 또한 이것은 이스라엘의 종교 체제 속에서 사람과 짐승 사이에 다음과 같은 상응성이 있음을 보여준다. 짐승이 '제사용 짐승/ 정결한 짐승/ 부정한 짐승'으로 3분되어 있는 것처럼 사람도 '제사장/ 이스라엘 백성/ 이방인'으로 3분되어 있는 것이다.

거룩	제사장	제사용 짐승
정결	일반 이스라엘 백성	정결한 짐승
부정	이방인	부정한 짐승

또한 21:18-20절의 제사장의 신체적 결함의 목록은 22:22-24의 제물의 흠의 목록과 상응하는 바가 많다. 이런 점은 다시 한 번 위의 이스라엘의 사람들과 짐승들 사이의 체제의 상응성을 증명해준다.

21:22 이처럼 제사장 가문에서 신체적 결함이 있는 자들은 제사장으로서의 사역은 할 수 없었지만 다른 일원들이 제사장 사역을 통해서 얻은 제물들은 섭취할 수 있었다. 이것은 당신의 백성을 향한 하나님의 배려의 한 자락을 보여준다.

21:23 이 구절은 앞의 17b, 21절과 마찬가지로 다시 한 번 제사장의 신체적 결함에 대한 규례의 신학을 반복해서 언급하고 있다. 그리고 그 마지막의 "나는 그들을 거룩하게 하는 여호와"란 문구는 21-22장 내에서의 구조적 역할을 따라 16-23절 단원을 마무리하는 역할을 하고 있다.

21:24 이 독특한 결론구는 앞의 단원 해설에서 지적한 바와 같이 이런 제사장에 대한 규례를 "온 이스라엘 자손"도 잘 알고 있어야 함을 알려주고 있다.

5단계: 적용

21:8, 15, 23 "나 여호와 너희를(너를/그들을) 거룩하게 하는 자"

21-22장에서 가장 자주 반복되는 문구들 중의 하나는 하나님이 당신의 사역자들을 "거룩하게 하는 자"이시라는 문구다. 하나님은 거룩하신 분일 뿐만 아니라 또한 당신 앞에서 사역하는 자들을 거룩하게 만드시는 분이기도 하다. 따라서 하나님 앞에서 어떤 사역을 맡은 자들은 그 하나님이 단순하게 자기들에게 임무를 맡기신 분이 아니라 또한 자기들을 거룩하게 만드시는 분이기도 하다는 것을 기억해야 한다. 따라서 만약 사역자가 하나님을 섬기면서도 그 사역을 통해 거룩하게 되지 않는다면 그는 하나님의 이런 본질을 거부하는 자이다. 하나님께서 맡기신 임무를 수행하는 자는 이 점을 기억하고, 자신이 거룩을 향해 나아가고 있는지를 항상 점검해야 한다.

21:9 "어떤 제사장의 딸이든지 행음하여 자신을 속되게 하면 그녀는 자기 아버지를 속되게 하는 자이다"

제사장이 거룩해야 한다는 의무는 그의 가족들에게도 적용된다. 이것은 거룩한 사역을 맡은 자는 자신의 거룩뿐만 아니라 자신의 주변 사람들의 거룩에 대해서도 신경을 써야 할 의무가 있다는 것을 보여준다. 거룩이란 것은 혼자만 거룩하다고 해서 되는 것이 아니다. 사역자나 교회의 중요한 직책에 있는 사람들은 자신의 가족들의 잘못된 행실로 인해 하나님의 거룩한 이름이 손상을 입게 해서는 안 된다. 이러한 원칙은 신약에도 그대로 적용되어 교회의 각종 지도자들에게 같은 원칙이 적용되고 있다(딤전 3:4-5, 12; 딛 1:6).

21:10-15 이 본문은 대제사장과 관련된 장례 및 결혼 규례에 대해서 다루고 있다. 대제사장은 일반 제사장들보다 훨씬 더 높은 수준의 거룩을 요구받았다.

첫째, 죽은 시신을 만지는 것에 대해서 일반 제사장들의 경우에는 친가족의 시신만은 만질 수 있게 허용된 반면에 대제사장의 경우에는 금지되었다. 심지어 친부모가 돌아가신 경우에도 대제사장은 그들의 시신을 만지거나 애도를 해서는 안 되었다.

둘째, 결혼의 경우에도 일반 제사장들과 달리 대제사장은 반드시 처녀와만 결혼을 할 수 있었다(14절). 이런 엄격한 금지의 이유는 혹시 잘못된 결혼을 통하여 하나님의 거룩성이 훼손되는 것을 미연에 방지하기 위한 것으로 보인다. 이처럼 대제사장에게 제사장보다 더 높은 수준의 거룩이 요구된 것은 거룩하신 하나님 앞에서 더 많은 책임을 진 사람에게 더 많은 의무가 부여된다는 것을 보여준다. 교회에서 직분을 맡은 자들은 자신의 책임이 클수록 하나님의 거룩에의 요구도 더 커진다는 것을 기억하고 항상 자신을 돌아보아야 한다.

21:13 "그는 처녀를 데려다가 아내를 삼아야 한다"

대제사장의 아내는 흠이 없는 정결한 여인이어야 한다. 마찬가지로 대제사장이신 예수 그리스도의 신부인 교회와 성도들 역시 마찬가지로 정결한 처녀와 같은 모습을 갖추어야 한다. 그는 그리스도 앞에서 '티나 주름 잡힌 것이나 이런 것들이 없이 거룩하고 흠이 없는' 모습이어야 한다(엡 5:27; 계 19:7-8; 21:2).

21:18 "정말로 누구든지 흠이 있는 자는 가까이 다가와서는 안 된다"

이 구절은 제사장 가문의 사람들 중 신체에 흠이 있는 자가 하나님께 나아와 사역을 해서는 안 된다는 것을 밝히고 있다. 이것은 흠이 있는 제물이 하나님께 바쳐져서는 안 된다는 말씀(22:18-20)과 상응한다. 물론 신약의 예수 그리스도의 사역을 통해서 이러한 제약은 제거된다. 예수께서는 지속적으로 병자들을 고치셨으며 비록 비유의 말씀이긴 하지만 천국 잔치에 '몸 불편한 자들과 맹인들과 저는 자들을' 부르시기도 하셨다(눅 14:21). 그러므로 예수 그리스도의 초림 이후의 성도들이나 사역자들에게 이런 육체적 제약은 더 이상 문제가 되지 않는다. 그럼에도 불구하고 18절의 말씀은 하나님께 나아가는 자들이 여전히 영적으로 어떤 상태에 있어야 하는지를 가르쳐 준다. 하나님께 나아가는 자는 반드시 흠이 없는 정결한 모습을 갖추어야 한다.

21:22 하나님은 신체적인 결함 때문에 제사장 사역을 못하는 자들에게도 당신의 제물을 먹을 수 있도록 허락해주시는 분이시다. 이처럼 하나님은 당신의 백성의 모든 사람들이 하나님 안에서 어떤 방식으로든 은혜를 누릴 수 있도록 해주시는 분이시다.

6단계: 설교 "나는 너희를 거룩하게 하는 여호와" (레 21:1-9; 사 6:1-8; 눅 5:1-11)

레위기 21:1–9은 제사장과 관련한 장례와 결혼의 규례를 다루고 있습니다. 그리고 그 주제 구절은 6, 8절이라고 할 수 있습니다. 이 주제 구절들의 핵심적인 내용을 정리하자면 제사장들은 "거룩하신 하나님께 음식을 드리는 자이기 때문에, 또 하나님이 그들을 거룩하게 만드시는 분이기 때문에 거룩해야 한다"는 것입니다. 조금 더 풀어서 쓰자면 하나님은 거룩하신 분이시기 때문에 그 앞에서 제사 사역을 담당하는 제사장들 역시 거룩성을 갖추어야 하며, 하나님은 그들을 거룩하게 만드신다는 것입니다.

이 주제를 이사야서 6:1–8과 누가복음 5:1–11을 통해 살펴봤으면 합니다. 먼저 이사야서 6:1–8입니다. 이 본문에서 이사야는 환상 속에서 하나님을 만나고, 그 하나님으로부터 소명을 받게 됩니다. 소명 본문의 핵심 메시지는 두 가지입니다.

첫째, 하나님이 거룩하신 분이라는 것입니다.

둘째, 이 거룩하신 하나님은 사람에게 소명을 주시기 전에 먼저 그를 거룩하게 만드신다는 것입니다.

그러면 먼저 본문에 나타난 하나님의 거룩에 대해서 살펴보겠습니다. 본문에서 이사야가 보는 환상은 하나님의 거룩하심에 대한 이미지들로 가득 차 있습니다. 특히 여호와의 존전에 있는 스랍들이 이 점을 강조해주고 있습니다(2절). 우선 스랍들은 여섯 날개 중의 한 쌍의 날개로 자기 얼굴을 가리고 있습니다. 이것은 출애굽기 3:1–6에서 모세가 자기를 부르시는 분이 하나님인 줄 알고 '하나님 뵈옵기를 두려워하여 얼굴을 가리'는 것과 상응합니다(6절). 모세가 거룩하신 하나님을 대면하는 것이 두려워서 얼굴을 가렸듯이 하나님의 가장 가까운 곳에서 섬기는 스랍들 역시 하나님의 거룩 앞에서 감히 얼굴을 드러내 놓을 수가 없는 것입니다.

또한 스랍들은 다른 한 쌍의 날개로는 발을 가리고 있습니다(사 6:2). 이것 역시 앞의 출애굽기 본문의 모세의 경험과 상응합니다. 모세가 하나님 앞에 나아가다가 신발을 벗으라는 요구를 받았듯이 스랍들 역시 하나님 앞에서 사역을 할 때 감히 발을 드러내지 못하고 발을 감춘 채로 사역을 합니다.[279]

스랍들은 또한 함께 외치기를 "거룩하다 거룩하다 거룩하다 만군의 여호와여 그의 영광이 온 땅에 충만하도다"(사 6:3)라고 합니다. 여기에서 "거룩

---

279 참고로 Nahum M. Sarna, *Exploring Exodus: The Origins of Biblical Narrative* (New York: Shocken Books, 39–40)은 고대 이집트의 신전에서 사역하던 제사장들 역시 신발을 신지 않고 사역했다는 점을 소개하며, 이와 마찬가지로 이스라엘의 제사장들 역시 성막에서 사역할 때 신발을 신지 않았을 가능성을 이야기한다. 구약성경이 이 문제에 대해서 침묵하고 있기 때문에 정확히 알 수는 없지만 출애굽기 28장의 제사장 의복에 대한 상세한 본문 속에서 신발에 대한 언급이 나오지 않는다는 점이 어쩌면 이런 추측의 타당성에 대한 간접적 증거가 될 수 있지 않을까 하고 사르나(Sarna)는 생각한다.

하다"라는 표현을 세 번 사용한 것은 최상급을 나타내는 것입니다. 즉 하나님께서 최고의 거룩을 가지신 분이라는 뜻입니다. 이처럼 스랍들의 모습과 행동과 말은 전부 다 하나님이 거룩한 분이심을 나타내 줍니다.

이런 거룩하신 하나님을 만나자 이사야는 이렇게 말합니다. "화로다 나여 망하게 되었도다 나는 입술이 부정한 사람이요 나는 입술이 부정한 백성 중에 거주하면서 만군의 여호와이신 왕을 뵈었음이로다"(사 6:5).

여기에서 우리 말의 "나여 망하게 되었도다"란 표현은 시제가 미래 시제인 것처럼 되어 있기 때문에 원문의 느낌이 잘 살아나지 않습니다. 그러나 이 표현의 히브리어는 과거형으로 되어 있습니다. "내가 끝장 나버렸구나" 정도로 번역해야 히브리어의 느낌을 더 잘 반영한다고 할 수 있습니다. 이사야는 거룩 그 자체이신 하나님을 뵈었을 때 자신의 전 존재가 다 무너져내리는 것과 같은 충격을 받았던 것입니다.

이와 더불어 그는 또한 거룩하신 하나님과의 대면을 통해 자신의 죄성에 대한 뼈저린 깨달음을 얻게 됩니다. 그는 "나는 입술이 부정한 사람"이라고 외칩니다.

이사야의 이런 모습은 성경에서 이처럼 정말로 하나님을 만난 사람들이 일관되게 경험하는 바입니다. 그들은 하나님의 거룩을 체험할 때 자신의 전 존재가 무너져내리는 느낌을 받게 되며, 또한 거룩하신 하나님 앞에서 자신들의 죄성에 대한 철저한 인식을 하게 되는 것입니다.

그리고 그들의 이런 경험이 결코 추상적인 이야기가 아닌 것을 레위기는 잘 보여주고 있습니다. 레위기 10:1-2에서 나답과 아비후가 제사장 위임식을 치르고 난 첫 번째 사역에서 "여호와께서 명령하시지 아니하신 다른 불", 다시 말해서 여호와께서 허락하지 않으신 불을 가지고 성막 안으로 가지고 들어갔다가 즉시 죽임을 당했습니다. 웃사는 법궤를 나르는 중에 소들이 날뛰어 법궤가 수레에서 떨어지려고 하는 것을 잡았다가 그 자리에서 죽임을 당했습니다(삼하 6:6-7). 이런 일들은 모두 하나님의 거룩하심을 침해할 때 구약의 성도들이 경험했던 바였습니다. 이처럼 하나님의 거룩은 결코 추상적인 개념이 아니라 정말 치명성을 가지고 있고, 또한 실제적 사실입니다. 진정한 하나님 경험은 이런 하나님의 치명적인 거룩에 대한 경험이 없이는 정말로 시작되지 않습니다. 하나님의 거룩이 추상적인 것이 아니라 실재하는 강력한 어떤 것이라는 것을 체험하고 깨닫게 될 때에야 진짜 하나님에 대한 경험이 시작되는 것입니다.

다시 본문으로 돌아가서 보겠습니다. 이사야가 하나님의 거룩 앞에서 깊이 두려워하며 떨 때 하나님의 은혜가 찾아옵니다. 스랍 중의 하나가 제단에서 숯불 하나를 가져다가 이사야의 입술에 대며 말합니다. "이것이 네 입에 닿았으니 네 악이 제하여졌고 네 죄가 사하여졌느니라"(사 6:7). 이렇게 해서 이사야가 하나님을 만나는 순간에 그를 철저하게 좌절시킨 그의 죄성이 해결됩니다. 그는 오늘 레위기 본문의 말씀처럼 "나는 너희를 거룩하게 하는 자"로서의 하나님을 경험하게 됩니다.

그때에 하나님께서 말씀하십니다. "내가 누구를 보내며 누가 우리를 위하여 갈꼬"(사 6:8). 이 말씀에 이사야가 대답합니다. "내가 여기 있나이다 나를 보내소서." 이사야의 사역은 이렇게 해서 시작됩니다. 오늘 레위기의 말씀처럼 하나님은 거룩하신 분이며, 또한 당신의 종들을 거룩하게 하시는 분입니다. 따라서 하나님의 소명을 받은 자는 반드시 거룩한 모습을 갖춰야만 합니다.

아주 흥미로운 점은 이사야의 이런 경험이 누가복음 5:1-11의 베드로의 소명 경험과 상응하는 바가 많다는 것입니다. 본문의 시작 부분에서 예수님은 밤새 고기 잡는 일을 하다가 잡지 못하고 뭍으로 나와 그물을 손질하고 있는 베드로의 배에 올라 그 배를 게네사렛 호수 물로 조금 들어가게 부탁을 하시고는 그 배 위에서 무리들에게 가르침을 주십니다(1-3절). 따라서 베드로는 예수님의 가르침을 들었을 것입니다. 가르치기를 마치신 후 예수님은 베드로에게 그물로 고기를 잡으라고 명령하십니다.

이때 5절의 베드로의 명령이 나중에 살펴볼 8절과의 관계 속에서 중요합니다. 5절에서 그는 이렇게 말합니다. "선생님 우리들이 밤이 새도록 수고하였으되 잡은 것이 없지마는 말씀에 의지하여 내가 그물을 내리리이다." 그리고는 예수님의 명령을 따랐을 때 그는 그물이 찢어질 정도로 많은 고기를 잡게 되었습니다. 이것은 우리가 잘 아는 이야기입니다. 그런데 흥미로운 것은 그 다음입니다. 8절에서 그는 예수님의 무릎 아래에 엎드리며 이렇게 말합니다. "주여 나를 떠나소서 나는 죄인이로소이다."

여기에서 우리는 5절과 8절의 베드로의 말에 주목할 필요가 있습니다.

첫째, 이 두 대사의 관계 속에서 흥미로운 점은 예수님에 대한 베드로의 호칭이 달라진 것입니다. 5절에서 그는 예수님을 "선생님"이라고 불렀습니다. 이 칭호는 헬라어로 *에피스타테스*(ἐπιστάτης)라고 합니다. 이 단어는 이방인 독자를 목표로 했던 누가복음 속에서 예수님의 제자나 예수님과 아주 가까운 사람들이 예수님을 부를 때 사용하는 칭호이며, 유대인의 선생을 가리키는 '랍비'라는 칭호와 버금가는 칭호입니다. 5절까지만 해도 베드로에게 있어서 예수님은 랍비와 같은 선생님이었던 것입니다. 그러나 고기를 엄청나게 잡은 직후인 8절에서 그가 사용하는 칭호는 '주', 곧 *퀴리오스*(κύριος)라는 단어로 바뀌었습니다. 이 단어는 잘 알다시피 신약에서 나중에 하나님으로서의 예수 그리스도를 가리킬 때 사용하는 표현입니다. 이런 칭호의 변화는 흥미롭습니다.

또한 그는 "나를 떠나소서"라고 하면서 "나는 죄인이로소이다"라고 말합니다. 과연 사람이 누구를 만나면 자신을 죄인이라고 고백하게 될까요? 우리가 사람을 만나서 이렇게 되지는 않습니다. 도대체 무슨 일이 그에게 있었던 것일까요?

이에 대해서 저는 다음과 같이 생각합니다. 베드로가 5절까지 경험했던 예수님은 신성과 인성의 양성 중 인성의 두꺼운 장막을 쓰고 있는 예수님이었습니다. 그는 예수님의 가르침을 다 듣고도 그냥 예수님이 좀 특별한 선생 정도라고 생각했던 것 같습니다. 그러나 고기를 엄청나게 잡는 사건을 겪으면서 그는 어쩌면 두꺼운 인성의 껍질을 비집고 언뜻언뜻 비춰지는 예수님의 신성을 경험한 것이 아닌가 생각됩니다.

오직 이럴 때 비로소 그가 갑자기 칭호를 바꾸어 예수님을 "주"라고 부르고, 자신이 "죄인"이라고 고백한 것이 설명이 됩니다. 이런 점에서 이 사건은 이사야서 6장의 이사야의 경험과 맞닿아 있는 것으로 생각됩니다. 물론 누가복음 5장에서의 예수님은 아직까지는 당신의 신성을 다 밖으로 드러내지 않으셨기 때문에 베드로의 경험은 이사야의 경험의 축소판 정도이기는 하지만 말입니다.

그래도 이 사건만으로도 베드로는 충분히 이전까지와는 다른 삶을 살겠다는 결심을 할 정도의 영향을 받은 것으로 보입니다. 9절은 그가 "고기 잡힌 것으로 말미암아 놀랐다"고 말씀하고 있고, 예수님이 그에게 사람을 낚는 어부가 되게 하겠다고 말씀하셨을 때 그가 '모든 것을 버려 두고' 예수님을 따랐으니 말입니다(10–11절).

이런 여러 성경 본문들이 보여주는 바는 레위기 21:6, 8의 말씀과 상응합니다. 이것을 바탕으로 해서 본문에서 배울 바들을 정리해 보면 다음과 같습니다.

첫째, 하나님은 거룩하신 분입니다. 이 거룩은 추상적인 것이 아니라 지금도 진정으로 하나님의 임재를 경험한 사람들에게 동일하게 역사하는 실제입니다.

둘째, 거룩하신 하나님 앞에서 사역을 하는 모든 자들, 그리고 더 나아가서 거룩하신 하나님 앞으로 나아가 그 앞에서 살아가는 모든 자들은 자신의 삶 속에 하나님의 거룩성을 반영해야 합니다. 하나님은 거룩하신 분이시고, 또한 그 앞에 나아가는 자들을 거룩하게 만드시는 분이시기 때문입니다.

레위기 22장

절기 규례 I

❑ 절기 규례 I 개관

21장과 짝을 이루고 있는 22장은 21장의 개관에서 살펴본 바와 같이 크게 두 개의 단원(A′–B′)으로 나뉜다. 그리고 두 단원 중 첫 단원(A′)은 다시 두 개의 하부 단원으로 나뉜다.

22장		
A′	22:1-9	성물을 먹는 것에 대한 규례
	22:10-16	성물을 먹을 수 있는 제사장 가족의 범위
B′	22:17-33	제사용 제물의 신체적 결함에 대한 규례

큰 두 단원은 각각 "여호와께서 모세에게 말씀하셨다"란 문구와 더불어 각 단원의 해당 청중이 누구인가를 밝히고 있는 도입부(1–2a, 17–18a)에 의해서 구획된다. 또한 큰 첫 단원(A′)은 다시 두 개의 하부 단원으로 나뉘게 됨으로써 결과적으로 이 장은 크게 세 개의 단원으로 구획되어 있는데, 이 세 단원의 끝에 "나는 그들을(혹은 "너희를") 거룩하게 하는 여호와"란 문구가 배치됨으로써 단원 구분선의 역할을 해주고 있다.

큰 첫 단원(A′) 속의 두 단원은 결국 성물을 먹는 것에 대한 문제를 다루고 있기 때문에 서로 연결성이 있다는 점은 자명하다. 반면 첫 단원(A′)과 두 번째 단원(B′) 사이의 연결성은 언뜻 보기에는 없는 듯이 보인다. 그러나 이 단원이 주로 서원제, 자원제, 감사제 등의 화목제의 하부 범주들에 대해서 다루고 있고(18, 21, 23, 29–30절 등), 결국은 이 감사제물 중 제사장의 몫으로 돌려진 부분인 성물을 섭취하는 문제(29–30절)를 다루고 있기 때문에 이 B′ 단원이 A′의 두 단원과 어느 정도 연결되어 있다는 점을 알 수 있다.

1단계: 사역

22:1 여호와께서 모세에게 말씀하셨다.

22:2 아론과 그의 아들들에게 말하여라. 그들은 이스라엘 자손이 나에게 성별하여 드리는 성물들을 경외감을 가지고 대함으로써 나의 거룩한 이름을 속되게 하지 말아야 한다. 나는 여호와이다.

22:3 그들에게 이르라. 대대로 네 자손 중에서 누구든지 몸에 부정이 있으면서도 이스라엘 자손이 성별하여 여호와께 드리는 성물에 다가가는 자는 그 영혼이 내 앞에서 끊어질 것이다. 나는 여호와이다.

22:4 아론의 자손 중 누구든지 악성 피부병이나 유출병이 있는 자는 정결하게 되기 전까지는 성물에 참예해서는 안 된다. 시체의 부정에 접촉한 자나 설정한 자나

22:5 그를 부정하게 만들 수 있는 군서 생물이나 그를 부정하게 만들 수 있는 사람과 접촉한 자는 그 부정이 무엇이든지 간에

22:6 그런 것에 접촉한 사람은 저녁까지 부정하다. 그는 자기 몸을 물로 씻는 경우를 제외하고는 성물을 먹어서는 안 된다.

22:7 해가 지면 그는 정결하게 된다. 그 후에야 그는 성물을 먹을 수 있다. 왜냐하면 그것이 그의 음식이기 때문이다.

22:8 [스스로] 죽은 것이나 [들짐승에게] 찢겨 죽은 것을 먹음으로써 그것

으로 자기를 더럽히지 말라. 나는 여호와이다.

22:9 그들은 내 명령을 지켜야 하고, 그것을 속되게 함으로써 그것 때문에 죗값을 짊어지고 그것 때문에 죽게 되지 말아야 한다. 나는 그들을 거룩하게 하는 여호와이다.

22:10 허락되지 않은 모든 자는 성물을 먹어서는 안 된다. 제사장 집에 머무르는 자나 품꾼도 다 성물을 먹어서는 안 된다.

22:11 그러나 제사장이 돈으로 어떤 사람을 샀으면 그는 그것을 먹을 수 있다. 그의 집에서 출생한 자도 역시 [제사장의] 음식에 참예할 수 있다.

22:12 그리고 만약 제사장의 딸이 허락되지 않은 자에게 출가하면 들어올리기의 성물을 먹어서는 안 된다.

22:13 그러나 만약 그녀가 과부가 되든지 이혼을 당하든지 자식이 없이 자기 아버지의 집으로 돌아와 젊었을 때와 같다면 그녀는 자기 아버지의 음식을 먹을 수 있다. 그러나 허락되지 않은 모든 자는 그것에 참예해서는 안 된다.

22:14 만약 어떤 사람이 부지중에 성물을 먹으면 그는 그것에 오분의 일을 더하여 그 성물을 제사장에게 주어야 한다

22:15 [제사장들은] 이스라엘 자손의 성물, 즉 그들이 여호와께 들어올려 드리는 것을 속되게 하지 말아야 한다.

22:16 그들이 성물을 먹는다면 [제사장들은] 그들에게 죄책을 짊어지게 하는 것이 된다. 왜냐하면 나는 그들을 거룩하게 하는 여호와이기 때문이다.

22:17 여호와께서 모세에게 말씀하셨다.

22:18 아론과 그의 아들들과 모든 이스라엘 자손들에게 말하고 그들에게 일러라. 만약 이스라엘 집의 어떤 사람이나 너희들 중에 거류하는 거류민 중에서 어떤 사람이 서원제물이나 자원제물로 번제와 더불어 여호와께 예물로 드리려면

22:19 너희가 기쁘게 받아들여질 수 있게 소나 양이나 염소 중에서 흠 없는 수컷을 드려라.

22:20 흠 있는 것은 어떤 것도 너희가 드리지 말아야 한다. 왜냐하면 그것
이 너희를 위하여 기쁘게 받아들여지지 않을 것이기 때문이다.
22:21 만일 누구든지 서원이나 자원한 것을 갚기 위해 소나 작은 네 발 가축
으로 화목제물을 여호와께 드리는 자는 기쁘게 받으심이 되도록 하
기 위해 흠이 없어야 한다. 그것에게 아무 흠도 없어야 한다.
22:22 너희는 눈 먼 것이나 부러진 데가 있는 것이나 잘린 데가 있는 것이나
종기 있는 것이나 습진이 있는 것이나 버짐이 있는 것, 이런 것들을
여호와께 드리지 말라. 이런 것들로부터 여호와께 제단 위에 화제물
이 드려져서는 안 된다.
22:23 지체가 늘어난 데가 있거나 줄어든 데가 있는 소나 작은 네 발 가축은
너희가 자원제물로 쓸 수는 있다. 그러나 서원제물로는 기쁘게 받아
들여지지 않을 것이다.
22:24 너희는 고환이 찌그러졌거나 눌렸거나 뜯겼거나 잘린 것은 여호와께
드리지 말라. 너희 땅에서 이렇게 해서는 안 된다.
22:25 너희는 외국인에게서도 이런 것들을 받아 너희의 하나님의 음식으로
드려서는 안 된다. 왜냐하면 이것들에게는 결점이 있고 흠이 있기 때
문이다. 그것들이 너희를 위해 기쁘게 받으심이 되지 못할 것이다.
22:26 여호와께서 모세에게 말씀하셨다.
22:27 소나 양이나 염소가 나거든 7일 동안 그것의 어미와 같이 있게 하여
라. 여덟째 날부터는 여호와를 위한 화제의 예물로 기쁘게 받으심이
될 것이다.
22:28 그리고 소든지 작은 네 발 가축이든지 간에 그 어미와 새끼를 같은 날
에 잡지 말라.
22:29 만약 너희가 여호와께 감사제물을 드리려거든 기쁘게 받으심이 되도
록 드려라.
22:30 그것은 그 날에 먹고 아침까지 남겨 두지 말라. 나는 여호와이다.
22:31 내 계명들을 지키고 그것들을 행하여라. 나는 여호와이다.

22:32 너희는 내 거룩한 이름을 속되게 하지 말라. 나는 이스라엘 자손 중에서
거룩하게 함을 받아야 한다. 나는 너희를 거룩하게 하는 여호와,
22:33 곧 너희의 하나님이 되려고 너희를 애굽 땅에서 인도하여 낸 자이다.
나는 여호와이다.

2단계: 사역 해설

22:2 "경외감을 가지고 대해야 한다" *인나즈루 민*(יִנָּזְרוּ מִן)

동사의 원형은 *나자르*(נזר)이며, 이것의 니팔형에 전치사 *민*이 결합된 형태가 사용되고 있다. *나자르*는 니팔형이 기본형으로 사용되고 있으며, 그 뜻은 '자신을 헌신하다'(dedicate oneself to)란 뜻이다. 그러나 오직 레위기 22:2에서만 '경외감을 가지고 대하다'(to treat with owe)란 뜻을 가진 것으로 히브리어 사전들이 제시하고 있다.

"나에게 거룩하게 드리는 성물들을"

이 문구가 원문상으로는 "나의 거룩한 이름을 속되게 하지 말아야 한다" 다음에 나온다. 그런 면에서 이 구절의 원문의 어절들의 순서는 통상적이지는 않다. 사역에서는 이런 점들을 고려하여 한국어로 최대한 자연스러운 흐름을 갖게 번역하였다.

22:4 "성물에 참예하다" *아칼 박코다쉼*(אָכַל בַּקֳּדָשִׁים)

여기에서 전치사 *브*(בְּ)는 '참여의 *브*'(partitive בְּ)이다(Gesenius §119m).

22:5 "군서 생물" *쉐레쯔*(שֶׁרֶץ)

레 11:10, 20의 이 단어의 "사역 해설"(353, 354쪽)을 참고하라. 이 단어는 기본적으로 집단으로 모여서 우글거리는 종류의 동물을 가리키는 단어다.

22:10 "허락되지 않은" *자르*(זָר)

이 단어에 대한 자세한 설명은 레위기 10:1의 "사역 해설"(313–314쪽)을 참고하라. 현재 문맥에서 이 단어는 기본적으로 '제사장이 아닌 자'(non-priest), 그래서 성물을 먹을 수 있는 권한을 갖고 있지 못한 자를 가리킨다. 그러나 좀 더 엄밀하게 말하자면 제사장이 아닌 사람들 중에서도 제사장과의 특수 관계에 의해서 성물을 먹을 수 있는 자들이 있기 때문에 이런 정의 역시 완전히 적절한 것은 아니다. 따라서 앞의 레위기 10:1의 "사역 해설"에서 논의한 바와 같이 '허락되지 않은 자'란 전문적인 개념을 살려서 번역하는 것이 최선이다.

참고로 개역한글은 이 단어를 '외국인'이라고 번역하고 있는데, 이것은 완전히 부적절한 번역이다. 한편 개역개정의 "일반인", 그리고 새번역의 "제사장이 아닌 여느 사람"이란 번역은 '외국인'보다는 낫지만 여전히 위에서 지적한 바와 같이 이 본문의 내용을 곡해하게 할 수 있는 소지가 있다는 점을 유념하라.

"집에 머무는 자" *토샤브*(תּוֹשָׁב)

이 단어는 구약성경에 총 14회가 나오며, 그 중 절반인 7회는 레위기 25장의 희년 본문에 나온다(레 25:6, 23, 35, 40, 45, 47[2회]). 이 단어는 '거주하다'란 뜻을 가진 *야샤브*(יָשַׁב)란 동사에서 파생되었다. 그러나 이 단어는 구약성경 내에서 다양한 의미로 사용된다.[280] 그 중 문맥상 고려할 수 있는 것은 두 가지 정도이다.

첫째, 이 단어는 이방 민족 출신의 거류민을 가리키는 *게르*(גֵּר)와 거의 동의어적인 의미로 사용될 수 있다. 굳이 양자의 차이점을 말한다면 *게르*가 좀 더 이스라엘 민족에게 동화된 사람들을 가리킬 수 있다. 그러나 이런 차이는 절대적이지는 않다.

둘째, 레빈은 *토샤브*가 채무 등으로 인해 그것을 다 처리할 때까지 채권

---

280 이 단어에 대한 기본적인 설명은 A. H. Konkel, "תּוֹשָׁב", in NIDOTTE, 4:284–285를 보라.

자의 집에서 일을 해야 하는 동거인이라고 본다(참고, 레 25:35–36, 47–48). 이런 경우 *토샤브*는 노예가 아니라 채무 관계에 있는 사람일 뿐이기 때문에 상대적으로 자유가 있었으며, 경우에 따라서는 부유하게 될 수도 있었다(참고, 레 25:47–48).[281] 사역에서는 이 둘 중 어느 한 가지 뜻을 선택하지 않고 양자를 포괄할 수 있도록 '집에 머무르는 자'라는 번역을 선택하였다.

"품꾼" *싸키르*(שָׂכִיר)

이 싸키르 역시 앞의 *토샤브*와 마찬가지로 어느 정도 자유를 가지고 있으며, 임금을 받고 고용된 자들이었다(hired laborer). 역시 노예와는 개념이 다르다.

22:12 "들어올리기"

개역개정의 '거제'. 7:14의 "사역 해설"(248쪽)을 보라.

22:15-16 "[제사장들은]"

이 구절에서 동사의 주어나 대명사 등이 정확히 누구를 가리키는지 파악하기가 거의 불가능하며, 또 이것들과 관련해서 어떤 견해를 따라야 하는지에 대한 확실한 근거도 찾기 어렵다. 그러나 세부적으로 이것들이 정확히 누구를 가리키는지에 대한 이견이 있다 할지라도 궁극적으로는 15–16절은 제사의 관리자로서의 제사장들에 대한 책임을 부각시키는 것만은 분명해 보인다.[282] 이런 면에서 이 사역은 큰 틀에서 이 점을 명확히 하는 사역을 택하였으며, 그에 따라 '제사장들은'이라는 문구를 삽입하여 이 점을 분명히 하였다.

---

281 Levine, *Leviticus*, 149.

282 Levine, *Leviticus*, 150.

22:18 "서원제물이나 자원제물로 번제와 더불어 여호와께 예물로 드리려면"

히브리어 원문을 가장 단순하게 문자 그대로 직역하자면 "그들이 여호와께 번제로 드릴 서원제물이나 자원제물로 예물을 드리려면"이라고 되어 있다. 즉 개역개정에는 "번제와 더불어"라고 되어 있는 부분이 "번제로 드릴"이라고 되어 있는 것이다. 그리고 원문의 이러한 모습은 굉장한 난제들을 야기시킨다.

첫째, 원문의 "번제로 드릴"이라는 절은 구문론적으로 겉도는 것처럼 보이며, 이것이 없을 때 원문이 더 자연스러워 보인다.

둘째, 더 큰 문제는 원문상으로는 서원제와 자원제를 번제와 동일시하고 있다는 것이다. 그러나 레위기 1–7장의 분석에서 보아 왔듯이, 그리고 7:16이 명시하고 있듯이 이 두 가지 종류의 제사는 화목제의 일부이다. 따라서 이 두 가지 제사가 번제와 동일시될 수는 없다.

이러한 난점은 고대로부터 느껴졌던 것처럼 보인다. 그래서 헬라어 역본인 칠십인경과 라틴어 역본인 불가타는 서원제와 자원제 부분을 "자신들의 고백과 자신들의 선택에 따라"(according to all their confession and according to all their choice)라고 번역함으로써 원문과는 좀 다른 길을 간다.[283] 이 번역은 각각 '서원제'와 '자원제'란 히브리어 원어가 '서원'과 '자원'(freewill)이라는 일반 명사의 의미를 가질 수도 있다는 점에 기초하고 있다. 그리고 이런 번역을 택할 경우 서원제 및 자원제와 번제 사이의 충돌은 막을 수 있다. 그러나 현재 22:18의 문맥이 이 구절을 제외하고는 분명히 이 두 단어를 각각 '서원제'와 '자원제'로 번역하고 있고, 또한 두 가지 제사를 화목제의 일부로 보고 다루고 있다는 점과는 충돌한다.

이런 고대적인 해결책과 달리 근대 및 현대의 대부분의 주석은 이 난제에 대해서 침묵함으로써 이것을 외면하고 있는 것처럼 보인다. 단지 극히 적은

283 이 번역은 70인경의 Brenton 번역을 따른 것이다. 불가타의 번역도 궁극적으로는 이 70인경의 번역과 동일하다고 생각하면 된다.

몇몇만 이에 대해서 언급하고 있을 뿐이다.

첫째, 밀그롬은 '번제로 드릴'이라는 문구가 후대에 첨가된 것이며, 이런 첨가는 제사장 신학의 변화 과정을 보여준다고 본다.[284] 그러나 그 자신도 이런 변화에 대한 자신의 설명이 모든 문제를 다 해결하지 못한다는 것을 자인하고 있기 때문에 그의 해결책은 수용할 수가 없다.

둘째, 머피(Murphy)는 서원제물과 자원제물을 화목제로 드릴 것인지 번제로 드릴 것인지를 봉헌자가 결정할 수 있었다고 본다.[285] 그러나 이런 주장은 레위기 전체의 논조를 볼 때 수용하기 힘들다.

불행히도 현재 단계에서 이 구절의 문제를 해결하기는 쉽지 않다. 따라서 현재 단계에서는 부득이하게 개역개정의 번역을 따른다. 이것이 현재 단계에서는 레위기 전체의 신학과 상응하는 유일한 해결책인 듯하다.

22:21 "작은 네 발 가축" *존*(צֹאן)

개역개정에 '양'이라고 번역된 이 단어의 번역에 대해서는 레위기 1:2의 "사역 해설"(61–62쪽)을 참고하라.

22:23 "작은 네 발 가축" *쎄*(שֶׂה)

이 단어는 21절의 *존*(צֹאן)과 동의어라고 생각하면 된다.

22:28 "소든지 작은 네 발 가축이든지" *쇼르 오 쎄*(שׁוֹר אוֹ שֶׂה)

개역개정은 "암소나 암양을 막론하고"라고 번역하고 있다. 그러나 *쇼르*는 27절의 '수소'와 같은 단어이다. 이 단어를 28절에서는 아무 근거 없이 개역개정은 "암소"라고 바꾸고 있다. 또한 *쎄*는 23절에서 본 바와 같이 '작은 네 발 가축'이며, '암컷'만을 가리키는 개념은 들어 있지 않다. 이 단어는 암수를

---

284 Milgrom, *Leviticus*, 1872.

285 James G. Murphy, *A Critical and Exegetical Commentary on the Book of Leviticus* (Andover: W. F. Drapers, 1872), 263.

통틀어 일컫는 총칭 단어이다. 개역개정의 번역은 본문에 의도되지 않은 '암컷'이란 개념을 이 두 단어에 부여하고 있기 때문에 문제가 있다. 따라서 사역에서는 이 점을 수정하였다.

3단계: 단락 구분

이 장이 크게 세 단원으로 나뉘어 있다는 점은 이미 앞에서 설명한 바가 있다. 이제 여기에서는 이 단원을 좀 더 세분화해 보면 다음과 같다.

- 22:1–16 성물의 섭취와 관련된 규례
    - 22:1–2a 도입구
    - 22:2b–9 성물을 먹는 것에 대한 규례(한시적 제한)
        - 22:2b–3 원칙
        - 22:4–8 구체적 열거
        - 22:9 정리
    - 22:10–16 성물을 먹을 수 있는 제사장 가족의 범위(상시적 제한)
        - 22:10–14 구체적 열거
        - 22:15 원칙
        - 22:16 정리
- 22:17–30 화목제물의 신체적 결함에 대한 규례
    - 22:17–18a 도입구(서원제물, 자원제물)
    - 22:18b–25 제물의 신체적 결함
    - 22:26–28 제물과 성물에 대한 추가 규례들
    - 22:29–30 감사제물의 봉헌과 섭취 규례들
- 22:31–33 결론구

이렇게 세부적으로 들어가면 22장의 구조는 21장보다는 복잡하다. 그럼에도 불구하고 하나씩 따져보면 본문 안에 어느 정도 구조에 대한 표지들이 나타나 있음을 알 수 있다. 그리고 이 점들을 하나씩 따라가 보면 어느 정도 체계적인 분석이 가능하다.

우선 22장의 가장 큰 구조적 표지는 "여호와께서 모세에게 말씀하셨다"란 문구와 더불어 중심 청중에 대한 언급이다(1–2a, 17–18a절). 이것이 이 장의 본문을 크게 두 부분으로 나누어 준다. 그리고 21장의 개관에서 이미 보았듯이 "나는 그들을(또는 "너희를") 거룩하게 하는 여호와"란 표현(9, 16, 32절)이 추가적인 단원 구분의 표지가 된다. 특히 22장의 전반부인 1–16절을 크게 두 부분, 즉 1–9절과 10–16절로 나누는 역할을 해준다는 점에서 중요하다.

22절의 후반부인 17–33절은 두 번에 걸쳐서 사용된 "여호와께서 모세에게 말씀하셨다"란 표현으로 이분화된다(17, 26절). 17절과 달리 26절은 중심 청중에 대한 언급이 따라 나오지 않기 때문에 17절과 같은 큰 단원의 구분선 역할을 하지 않고, 17–33절 내의 하부 단원의 구분선 역할을 한다.

거시적 구조와 관련하여 마지막으로 볼 사항은 31–33절이다. 이 단락은 단원 구분 표지에 의해서 앞의 본문들과 구분되어 있지는 않다. 그러나 내용상으로 볼 때 22장 전체에 대한 마무리 차원에서 신학적 권면 등을 담고 있기 때문에 이 "단락 구분" 항목에서는 따로 떼어서 다루었다.

이제 각 단원의 내용의 특징이나 구성에 대한 점들을 파악하고 있는 것이 이 장의 내용을 이해하는데 도움이 되기 때문에 몇 가지 살펴보도록 하자.

첫째, 전반부인 1–16절의 본론을 차지하고 있는 두 단원(2b–9절과 10–16절)은 '원칙', '구체적 열거', '정리'의 항목으로 이루어져 있다는 점에서 내용 구성의 일관성이 있다. 또한 이 세 항목 중 끝의 '정리' 항목에서 각각 '죗값'(9절), '죄책'(16절)이라는 표현을 쓰고 있는 것도 양자 간의 상응성을 높여준다. 반면에 두 단원 중 첫 단원(2b–9절)은 "나는 여호와이다"라는 문구가 구조적 뼈대(2, 3, 8절) 역할을 하고 있는 반면에 두 번째 단원(10–16절)에는 이 문구가 사용되고 있지 않다는 점에 있어서는 양자 간에 차이도 있다.

둘째, 후반부인 17–33절의 본론을 구성하고 있는 두 단원(18b–25, 26–33절)도 몇 가지 상응점과 차이점이 있다. 우선 상응점은 이 두 단원을 관통하여 "기쁘게 받아들여지다(혹은 "받아들여지지 않다")"란 표현이 사용되고 있다는 점이다(19, 20, 21, 23, 25, 29절). 반면에 차이점은 첫 번째 단원이 '서원제물'과 '자원제물'에 대해서 언급하고 있는 반면 두 번째 단원은 '감사제물'에 대해서 언급하고 있다는 점이다.

4단계: 본문 해설

22:1-2a 이 본문은 22장의 전반부인 1–16절, "성물의 섭취와 관련된 규례" 본문의 도입구 및 중심 청중 소개를 담고 있다. 이 말씀의 중심 대상은 제사장들이다. 이 본문이 하나님께 바쳐진 제물들 중 하나님께서 제사장의 몫으로 허락하신 성물을 섭취하는 문제를 주로 다루고 있기 때문에 이러한 청중의 명시는 아주 적절하다.

22:2b-9 이 단원은 22장의 전반부의 첫 단원으로서 성물을 먹는 것에 대한 규례를 다루고 있는데, 주로 한시적인 부정 때문에 성물을 먹을 수 없게 되는 상황들을 다루고 있다. 이런 점에서 더 상시적인 이유 때문에 성물을 먹을 수 없는 문제를 다루고 있는 다음 단원(10–16절)과 대조를 이루고 있다 할 수 있다.

이 단원 중 22:2b-3은 원칙을 다루고 있다. 제사장은 성물들을 대할 때 '경외감을 가지고' 대해야 한다(2절). 경외감을 갖는 태도를 풀어서 말하자면 몸에 부정이 있는 상태로 성물에 접근하지 않는 것이다(3절). 이것을 어기는 자는 그 영혼이 하나님 앞에서 끊어질 것이라고 경고하고 있다.

22:4-8은 제사장들로 하여금 성물을 먹을 수 없는 상태에 빠지게 하는 몸의 부정이 어떤 것들인지에 대해서 구체적인 사항들을 열거하고 있다. 또한 이 각각에 대해서 그에 따른 조치가 언급되어 있는 경우도 있다. 그 사항들은 다음과 같다.

(1) 악성 피부병, 유출병(4절): 이 경우에는 성물을 섭취하는 것이 금지되어 있다. 앞의 레위기 13-15장의 내용에 기초해 볼 때 제사장은 이런 몸의 상태로부터 완전히 벗어나고 정결 의식과 속죄 의식을 치른 후에야 다시 성물을 먹을 수 있었을 것이다.

(2) 시체와 접촉, 설정, 부정한 것들과의 접촉(4-7절): 저녁까지 부정하다가 몸을 씻고 먹을 수 있었다.

(3) 스스로 죽은 것, 들짐승에 찢겨 죽은 것의 섭취(8절): 조치에 대한 언급이 없이 아예 이런 것들의 섭취가 금지되어 있다. 이 점은 일반 백성에게 주어진 규례들(레 11:39-40; 17:15-16)에 비하면 강화된 것이다.[286] 왜냐하면 이런 본문에 의하면 일반 백성들의 경우에는 이런 것들의 섭취를 허용하되 저녁까지 부정한 것으로 되어 있기 때문이다.

22:9은 이 단원 전체의 내용을 갈무리하고 있으며, 사용되고 있는 표현들은 2b-3절의 원칙에 대한 소개와 상응하는 측면들이 있다. 이런 면에서 2b-3절과 9절이 수미쌍괄식 구성으로 4-8절의 구체적 사항들의 목록을 감싸고 있다고 할 수 있다. 이 구절에 따르면 성물 섭취 금지에 대한 규례를 어기는 것은 하나님을 속되게 하는 것이며, 죗값을 짊어지고, 죽음을 당할 수 있는 사항이다.

22:10-16 이 단원은 성물을 먹을 수 있는 제사장의 가족의 범위를 다루고 있다. 이런 점에서 성물 섭취에 대한 일시적 제한 사항을 다루고 있는 앞 단

---

286 Hartley, *Leviticus*, 355.

원과 달리 상시적 제한 사항을 담고 있다고 할 수 있다.

22:10-14은 어떤 경우에 성물 섭취가 상시적으로 금지되는지에 대한 구체적 사항들을 열거하고 있다. 또한 이 본문에서는 "허락되지 않은 모든 자는 성물을 먹어서는 안 된다"는 반복구가 구조적 뼈대 역할을 하고 있다(10a, 13b절). 다시 말해 첫 번째 문구(10a절)에 구체적 사항들의 열거가 나오고, 두 번째 문구(13b절) 후에 그것의 위반 시 취할 조치가 언급되고 있다. 이런 구조를 표시해보면 다음과 같이 aba′b′ 구조를 이루고 있다.

a. 22:10a	"허락되지 않은 모든 자는 성물을 먹어서는 안 된다"
b. 22:10b-13a	허락되지 않은 자들 명시
a′. 22:13b	"허락되지 않은 모든 자는 [성물]에 참예해서는 안 된다"
b′. 22:14	위반 시의 조치

이 구조를 따라 내용을 살펴보자. 10a절의 반복적인 문구 다음에 나오는 10b-13a절은 성물을 먹는 것이 허락되지 않은 자들이 구체적으로 누구인지를 밝히고 있다.

(1) 제사장 집에 머무는 자나 품꾼은 성물을 먹을 수 없으나 그 집에 소속된 종은 먹을 수 있었다(10b-11절). 여기에서 핵심은 돈을 주고 산 종이나 그의 자식들은 완전히 제사장의 집에 소속된 사람들로 간주되었으며, 그에 따라 그들의 경제권이 그 집에 종속되어 있었기 때문에 성물을 먹을 수 있었다는 점이다. 반면에 '제사장 집에 머무는 자'인 *토샤브*와 '임금 노동자'인 *싸키르*는 제사장 집에 매인 자들이 아니었고, 어느 정도 경제적으로 분리되어 있는 존재들이었기 때문에 성물을 먹을 수가 없었다.

(2) 출가한 딸은 성물을 먹을 수가 없었다. 그러나 그녀가 과부가 되거나 이혼하게 되면 다시 제사장 집안으로 재편입된 것으로 간주되었기 때문에 성물을 먹을 수가 있었다(12-13a절).

22:13b에서 다시 한 번 반복구를 언급한 다음에

22:14은 부지중에 이런 성물 섭취 금지 규례를 위반한 경우의 조치를 다루고 있다. 이런 경우 위반자는 성물의 가치에 1/5을 더하여 제사장에게 주어야 한다. 이런 조치는 5:14–6:7의 속건제의 규례와 상응한다(5:16의 "본문 해설"[218쪽]).

문제는 5:14–6:7의 속건제 규례에서는 이렇게 성물에 1/5을 더하여 제사장에게 주고, 또한 속건제로 수양을 바쳐야 했는데, 과연 22:14의 경우에도 이처럼 수양을 바쳐야 했느냐 하는 것이다. 이 문제와 관련해서 대부분의 주석가들은 침묵하고 있다. 오직 하틀리 정도가 이 구절은 제사장 집안과 관련된 내용이라 일반 백성의 속건제(5:14–16)와 차이가 난다고 주장한다.[287]

22:15은 2절과 거의 같은 내용으로 다시 한 번 성물 섭취와 관련된 원칙을 천명한다. 제사장들은 백성들이 바친 성물로 하나님을 속되게 해서는 안 된다.

22:16은 9절과 맞물리는 구절로서, 10–16절을 정리하면서 다시 한 번 성물 섭취 금지 규례를 어기면 죄책을 지게 된다는 언급을 하고 있다.

22:17-18a 이 본문은 22장 후반부(17–33절)의 도입구 및 중심 청중을 고지하는 역할을 하는 본문이다. 중심 청중은 "아론과 그의 아들들과 모든 이스라엘 자손"이다. 즉 제사장과 일반 백성 모두가 다 이후에 나오는 말씀의 적용 대상인 것이다. 이런 점은 화목제물의 흠결 및 섭취에 대한 내용을 담고 있는 현재 본문의 내용과 잘 상응한다. 제사장이야 제사의 관리자로서 당연히 이런 내용에 대해서 숙지하고 있어야 하지만 일반 백성들 또한 화목제물의 상태 및 섭취 절차에 대해서 잘 알고 있어야만 했다. 왜냐하면 화목제물은 일반 백성이 그 제물의 섭취에 참여하는 유일한 제사이기 때문이다.

---

287 Hartley, *Leviticus*, 356.

22:18b-25 이 단원은 제물의 흠결에 대해서 다루고 있다. 특히 29-30절에서 따로 다뤄질 감사제물을 제외한 화목제물, 즉 서원제물 및 자원제물과 관련해서 다뤄지고 있다. 다른 제사들을 제외하고 이렇게 화목제물들에 대해서만 다루고 있는 이유는 다른 제물들의 경우에는 흠 있는 제물은 아예 봉헌할 수가 없었기 때문이다. 반면에 23절이 밝히고 있듯이 자원제물의 경우는 흠이 있는 제물들도 바칠 수가 있었다. 따라서 정확히 어떤 흠들이 허용이 되고, 어떤 흠들이 허용이 안 되는지를 사람들이 잘 알고 있어야만 했던 것이다.

22:18b-21은 하나님 앞에서 서원제물이나 자원제물로 드릴 제물들에 관하여 원칙들을 밝히고 있다. 여기에는 몇 가지 주목해야 할 중요한 점들이 있다.

(1) 이 제물은 이스라엘 사람뿐만 아니라 그들 가운데 거류하는 거류민들도 드릴 수가 있었다(18절). 신약뿐만 아니라 구약 시대에도 이처럼 이방인들이 하나님을 섬기는 것이 허용되어 있었다.

(2) 제물은 소나 양이나 염소 중에서 흠이 없는 수컷을 드리며, 흠이 있는 것은 절대 드리지 말라고 되어 있다(19-21). 특별히 흠이 있는 것을 드려서는 안 된다는 점을 두 번씩이나 강조하고 있다.

(3) 흠이 없는 것을 드리지 말라고 하시는 이유는 하나님께서 '기쁘게 받으시는' 문제를 결정하기 때문이다. 앞의 "레위기 1-10장의 개관" 중 "제사와 속죄의 관계"를 다루면서 제사에 있어서 제물보다 더 중요한 것은 봉헌자의 마음이라는 점을 지적한 바가 있다. 죄의 용서 및 하나님과의 관계 회복을 간절히 바라는 성도는 당연히 정성을 다한 제물을 준비해야 한다. 흠이 있는 제물을 갖다 바치는 것은 "여호와의 식탁을 경멸히 여기는" 것이며(말 1:7), 결코 하나님을 기쁘시게 할 수 없다.

22:22-25은 제물의 흠에 대해서 구체적인 목록을 나열하고 있다. 이 목록과 관련하여 중요한 사항들은 다음과 같다.

(1) 이 목록의 상당히 많은 것들은 21:18-21의 제사장 집안의 흠 있는 자

들의 목록과 상응한다.

(2) 이런 흠이 있는 것들도 자원제물로는 쓸 수 있었다(22:23). 그러나 서원제물로는 쓸 수가 없었다. 이런 점에서 볼 때 앞의 18b–21절의 흠 없는 제물에 대한 강력한 규정은 일반 원칙이고, 여기의 자원제물에 흠 있는 것들의 허용은 세부적인 특수 원칙이라고 할 수 있을 것이다. 이런 점은 율법 본문들의 해석에 있어서 중요하다. 어느 특정한 규례는 항상 율법 본문 전체와의 상호 관계 속에서 파악해야 한다. 때로는 표면적인 문자적 의미가 꼭 그 규례가 말하고자 하는 모든 바가 아닐 수도 있는 것이다.

(3) 흠의 종류에 따라 그 어떤 제물에도 결코 허용이 되지 않는 것들도 있었다. 바로 24–25절에 있는 바와 같이 "고환이 찌그러졌거나 눌렸거나 뜯겼거나 잘린 것"은 그 어떤 경우에도 결코 인정되지 않았다.

22:26 중심 청중에 대한 소개 없이 "여호와께서 모세에게 말씀하셨다"란 문구만 나오는 경우는 완전히 새로운 단원을 소개하는 문구라기보다는 특정 단원 내의 세부적인 내용의 구분을 위한 장치로 사용되는 경우들이 많다. 이 구절의 경우가 그런 경우이다.

22:27-28 26절의 도입구에 이어 나오는 이 두 구절은 두 가지 사항을 담고 있다.

(1) 제물의 새끼가 탄생한 경우 7일까지는 그 어미와 함께 있을 수 있게 규정하고 있다(27절). 오직 8일째부터 제물로 사용될 수 있었다. 출 22:30은 가축의 첫 새끼를 하나님께 바칠 때도 이 규정을 따르도록 명령하고 있다. 하나님께 봉헌물로 바쳐질 수 있기 위해서는 7일이 지나야만 했던 것이다.

(2) 제물을 바칠 때 그 어미와 새끼를 같은 날에 잡지 못하게 규정하고 있다.

22:29-30 이 두 구절은 감사제물을 하나님께 기쁘게 받으심이 되게 바치고 나서 그 다음날까지 남기지 말고 당일에 다 먹으라고 규정하고 있다(참

고, 레 7:15). "기쁘게 받으심이 되게 바친다"는 말씀의 뜻은 위의 20–21절에 따라 흠이 없는 것을 드리라는 말씀으로 이해할 수 있다.

22:31-33 이 마지막의 세 구절은 장 전체의 내용의 핵심, 즉 계명 위반을 통해 하나님의 이름을 속되게 하는 일을 하지 말아야 한다는 점을 강조하고 있다. 또한 이런 요구의 근거로 하나님은 당신이 이스라엘을 애굽에서 구원해내신 분이심을 언급하고 있다. 이런 출애굽의 하나님에 대한 언급이 어떤 율법적 요구에 대한 기초가 된다는 점은 레위기 전반과 오경 전반을 통해 여러 번 나타난다(레 11:45; 19:36; 25:38; 출 6:7; 20:2; 민 15:41; 24:8 등).

5단계: 적용

22:19-21 "기쁘게 받으심이 되도록 하기 위해"

17–33절에서 가장 두드러지는 표현은 "기쁘게 받으심이 되도록 하기 위해" 혹은 그와 유사한 표현들이다(원문상으로 명사, 19, 20, 21, 29절; 동사, 23, 25, 27). 이것이 주는 적용점들은 다음과 같다.

첫째, 하나님께 드리는 제물은 무작정 기계적으로 드리는 것이 아니었다. 이것들은 하나님께서 기쁘게 받으시는 것이 되어야만 했다. "기쁘게 받으심이 되도록"이라는 표현은 제사와 제물을 하나님께 바치는 것이 결코 기계적이거나 일종의 요식행위로 하는 것이어서는 안 된다는 것을 보여준다.

둘째, 마음이 중요하다고 해서 외적인 형식을 무시하는 것은 위험하다. 하나님이 즐거이 받으실만한 제물은 흠이 없는 것이어야 했다. 흠이 있는 제물을 바치면서 마음만 받아달라고 하나님께 간구하는 것은 하나님을 멸시하는 것이다(말 1:8).

신약에서 사도 바울은 성도들이 자신들의 몸을 "하나님이 기뻐하시는 거룩한 산 제물로 드리라"고 요청한다(롬 12:1). 신약의 성도들은 더 이상 자신들의 죄를 대신하여 가축들을 제물로 바칠 필요는 없었다. 대신 그들은 각자 자신의 몸을 하나님 앞에 흠이 없는, 거룩한 산 제물로 드려야 한다. 예수 그리스도는 이 땅에서 사시는 동안 흠 없는 제물로서의 삶이 어떤 것인가 하는 것에 대해서 우리의 모범이 되셨다(히 9:14; 벧전 1:19; 2:22). 따라서 그리스도를 본받아야 하는 우리(롬 15:5)도 당연히 하나님께서 기뻐 받으실 수 있도록 흠 없고 거룩한 산 제물이 되어야 한다.

22:32-33 "나는 너희를 거룩하게 하는 여호와…너희의 하나님이 되려고 너희를 애굽 땅에서 인도하여 낸 자"

이 두 구절에는 "너희를 거룩하게 하는 여호와"로서의 하나님과 "너희를 애굽 땅에서 인도하여 낸 자"로서의 하나님이라는 두 가지 개념이 만나고 있다. 구원의 하나님은 또한 성화의 하나님이기도 하다. 많은 기독교인들은 하나님을 구원하시는 분으로만 생각하고 마는 경향이 있다. 그러나 하나님의 구원은 분명히 목적이 있는 구원이다. 다시 말해 당신의 백성을 거룩하게 만드시기 위한 구원이다. 즉 그들을 "제사장 나라, 거룩한 백성"이 되게 만드시기 위한 구원이다(출 19:6). 따라서 거룩함을 목적으로 하지 않는 구원에 대해서 이야기하는 것은 성경의 메시지를 절반만 이야기하는 것이라고 할 수 있다. 하나님은 우리를 거룩하게 하심으로써 당신의 형상을 닮은 존재가 되게 만들기를 원하시는 분이시다. 하나님이 그 목적을 위해서 우리를 구원하셨다는 것을 결코 망각해서는 안 된다.

6단계: 설교 "성전 문을 닫을 자를 찾습니다" (레 22:19-21; 말 1:6-10)

예전에 제2차 세계대전 당시 미국의 모병 포스터를 본 적이 있습니다. 그 포스터는 미국의 상징인 엉클 샘이 중절모에 양복을 입은 상반신 그림으로 채워져 있습니다. 엉클 샘은 포스터 밖의 젊은이들을 향해 집게 손가락을 뻗고 있습니다. 그리고 포스터의 하단에는 "I want you! For U.S. Army", 즉 "나, 곧 미국은 당신이 미군 부대에 입대해 주기를 원한다"는 문구가 새겨져 있습니다. 이 인상적인 포스터는 미국을 위해 전쟁터에 나가 싸워줄 젊은이들을 찾는 구인광고인 것입니다.

말라기 1:10에서 저는 이와 비슷한 구인광고의 이미지를 봅니다. "만군의 여호와가 이르노라. 너희가 내 제단 위에 헛되이 불사르지 못하게 하기 위하여 너희 중에 성전 문을 닫을 자가 있었으면 좋겠도다." 엉클 샘 대신 만군의 여호와께서 집게 손가락으로 우리를 가리키고 있습니다. 그리고 말씀하십니다. "I want you!" 그런데 이 말씀에서 충격적인 것은 하나님께서 구인광고를 내신 목적입니다. 하나님은 '성전 문을 닫을 자', 다시 말해 성전을 폐쇄시킬 자를 찾고 계신 것입니다. 하나님은 말라기 당시의 타락한 성전 제의로 인해 사람들이 레위기 22장의 본문에서 금지하고 있는 흠 있는 제물들을 갖다 바치는 것으로 신물이 나셔서 더 이상 사람들이 하나님의 제단 위에서 흠 있는 제물을 '헛되이 불사르지 못하게' 하도록 성전 문을 닫을 자를 찾고 계신 것입니다.

저는 말라기 1:10의 말씀을 보면서 한편으로는 하나님의 마음의 고통을 알 수가 있었습니다. 다른 한편으로는 하나님의 이 구인광고 포스터가 단순히 말라기 선지자의 시대에만 국한된 것이 아니라 지금 현재 한국 교회에도 해당되는 것이라는 점을 생각하지 않을 수 없었습니다.

레위기 22장의 말씀과 그 말씀에 기초해서 주어진 말라기 선지자의 말씀들을 종합해볼 때 우리는 다음의 몇 가지 메시지를 얻을 수 있습니다.

첫째, 레위기 22:19–21은 흠이 있는 제물은 하나님이 결코 기쁘게 받으실 수 없다고 말씀하고 있는데, 그 이유에 대해서 말라기 1장의 본문은 선명한 답을 줍니다. 다시 말해 흠이 있는 제물들이 하나님을 기쁘시게 할 수 없는 이유는 그것이 제사 참여자들의 하나님에 대한 태도, 즉 하나님을 멸시하고 하나님을 두려워하지 않는 태도를 반영하고 있기 때문입니다(말 1:6). 예수님은 "네 보물이 있는 그곳에는 네 마음도 있느니라(마 6:21)"고 하셨습니다. 사람이 어떤 것에 가치를 두면 그는 그것을 위해 자신이 가진 귀한 것들을 내어놓기 마련입니다. 따라서 제물의 상태는 봉헌자의 마음의 상태를 반영합니다. 봉헌자가 흠 있는 제물들을 바친다는 것은 그 제물의 수납자이신 하나님을 그 정도밖에 취급하지 않는 것입니다.

둘째, 제사의 타락은 곧 하나님과의 관계의 단절을 가져옵니다. 말라기 1:9은 이렇게 말씀하고 있습니다. "만군의 여호와가 이르노라. 너희는 나 하나님께 은혜를 구하면서 우리를 불쌍히 여기소서 하여 보라. 너희가 이같이 행하였으니 내가 너희 중 하나인들 받겠느냐?" 사람마저도 기쁘게 할 수 없는 제물을 갖다 바치면서 그런 것들로 하나님을 기쁘시게 할 수 있다고 생각하는 것은 어불성설입니다(말 1:8). 혹시 우리의 삶에 하나님의 은혜가 없다면, 하나님과의 관계가 메마른 상태에 있다면 그 이유가 우리의 예배의 타락, 하나님 섬김의 타락 때문이 아닌지 살펴볼 필요가 있습니다. 하나님의 은혜는 오직 우리가 하나님을 진정으로 공경하고 경외할 때만 얻을 수 있는 것임을 결코 잊어서는 안 됩니다.

셋째, 레위기 22장의 제물의 흠에 대한 언급들(22–25절)은 레위기 21의 제사장의 흠에 대한 언급들(18–20절)과 상응한다는 점을 살펴본 바가 있습니다. 구약의 제사에서 제물과 사람 사이에는 유비 관계가 있습니다. 제물과 사람은 상응합니다. 이런 면에서 볼 때 로마서 12:1에서 사도 바울이 성도들에게 자신들의 몸을 "하나님이 기뻐하시는 거룩한 산 제물로 드리라"고 요청한 것은 중요합니다(롬 12:1). 이처럼 말라기 선지자의 말씀 속에서도 제물의 상태와 거룩한 백성의 상태를 연결시키고 있는 본문들이 많습니다. 예를 들어 말라기 3:3-4은 이렇게 말씀하고 있습니다. "그가 은을 연단하여 깨끗하게 하는 자 같이 앉아서 레위 자손을 깨끗하게 하되 금, 은 같이 그들을 연단하리니 그들이 공의로운 제물을 나 여호와께 바칠 것이라. 그때에 유다와 예루살렘의 봉헌물이 옛날과 고대와 같이 나 여호와께 기쁨이 되려니와." 제물의 회복과 사람의 회복은 밀접하게 연결되어 있습니다. 따라서 하나님과의 관계의 회복은 제물의 회복뿐만 아니라 제물을 봉헌하고 주관하는 사람들의 회복을 통해서만 가능하다는 점을 우리는 기억해야 합니다.

레위기 23장

절기 규례 II

❑ 절기 규례 II 개관

23장은 앞 장인 22장과 연결점과 대조점을 갖고 있다. 우선 연결적 측면에서 보자면 성물의 섭취의 문제를 다루고 있는 22장 다음에 절기 참여에 대해서 집중적으로 다루고 있는 23장이 나오는 것은 적절하다. 절기들에는 필연적으로 백성들의 제물의 섭취가 동반될 수밖에 없기 때문이다.

반면에 23장에는 22장과의 대조점도 존재한다. 21–22장의 주 청중이 제사장들이었던 반면에 23장의 주 청중은 이스라엘 백성이다. 또한 23–27장 전체의 주 청중이 항상 이스라엘 백성이기도 하다. 이런 면에서 23장은 주 청중이 제사장 집단에서 일반 백성으로 바뀌는 시발점의 역할을 하고 있다.

23장은 민수기 28–29장과 더불어 구약의 절기들을 가장 체계적으로 방대하게 다루고 있는 본문이다.

두 본문의 절기의 목록을 도표화시켜 보면 다음과 같다.

	레위기 23장	민수기 28-29장
상번제		28:1-8
안식일	23:3	28:9-10
초하루		28:11-15
유월절/무교절	23:4-8	28:16-25
초실절	23:9-14	
칠칠절(오순절/맥추절)	23:15-22	28:26-31
나팔절	23:23-25	29:1-6
속죄일	23:26-32	29:7-11
초막절/장막절/수장절	23:33-43	29:12-39

양 본문 사이의 이런 차이는 민수기 28–29장에는 다루고 있는데 레위기 23장은 언급하지 않고 있는 사항들, 즉 상번제와 매달 초하루에 대한 내용을 왜 후자의 본문이 다루고 있지 않은지를 설명해준다. 민수기 28–29장은 각 날짜 혹은 절기에 드려야 할 제물의 목록에 대한 내용을 다루고 있기 때문에 매일 드리는 번제인 상번제과 관련된 상세한 제물의 목록과 매달 초하루에 드려야 하는 제물의 목록을 빼뜨릴 수가 없다. 반면에 레위기 23장의 경우에는 이 날들이 제사장들에게는 중요해도 일반 백성들이 관여하는 사항은 아니기 때문에 다루지 않고 있는 것이다.

한 가지 의문점은 레위기 23장에서 자세하게 언급하고 있는 초실절(23:9–14)을 민수기 28–29장은 다루고 있지 않은가 하는 점이다. 이에 대해서는 아직까지 명확한 설명은 존재하지 않는 것으로 보인다.

어찌 됐든 레위기 23장과 민수기 28–29장의 본문은 목록상으로는 비슷해 보이지만 실제로 각 절의 내용을 보면 각자의 강조점이 뚜렷하게 차이가 난다. 레위기 23장의 본문은 절기의 성격과 준수 태도와 방식 등에 좀 더 초점을 맞추고 있는 반면에, 민수기 28–29장은 각 절기에 드려야 하는 제물의 구체적 목록에 더 초점을 맞추고 있다.

안식일의 경우를 예로 들어서 살펴보면 다음과 같다.

안식일	
레위기 23:3	**민수기 28:9-10**
• 엿새 동안은 일할 것이요 일곱째 날은 쉴 안식일이니 성회의 날이라. • 너희는 아무 일도 하지 말라. • 이는 너희가 거주하는 각처에서 지킬 여호와의 안식일이니라	• 안식일에는 일 년 되고 흠 없는 숫양두 마리와 고운 가루 십 분의 이에 기름 섞은 소제와 그 전제를 드릴 것이니 이는 상번제와 그 전제 외에 매 안식일의 번제니라

위 비교 도표에서 보듯이 레위기의 본문은 안식일의 성격과 그 날 백성들의 행동 지침 등에 대해서 주로 다루고 있다. 반면에 민수기의 본문은 안식일에 드려야 하는 제물들의 목록에만 집중하고 있다. 이처럼 레위기 23장과 민수기 28–29장은 비록 절기의 목록을 담고 있다는 점에서는 유사하지만 그 내용과 목적에 있어서는 확연한 차이를 보이고 있다.

이제 레위기 23장이 다루고 있는 절기들의 목록을 좀 더 자세하게 살펴보도록 하자.[288]

날짜	절기	내용 및 증거 본문
매 7일	안식일	• 출 20:8-11; 23:12; 31:12-17; 35:1-3; 레 23:3; 신 5:12-15
첫 달(아빕월 [3-4월])[289] 14일, 총 8일 (참고, 아빕월=니산월)	유월절(14일)과 무교절(15-21일)	• 이스라엘이 애굽에서 구원 얻은 것을 기념해서 '첫 달'로 취급 • 무교절 첫 날과 마지막 날은 안식일 • 3대 순례 절기(출 23:14-15) 중 하나 • 출 12:1-20; 13:3-10; 23:15; 34:18; 레 23:5-8; 민 9:1-14; 28:16-25; 신 16:1-8

---

288 이 도표는 게리 쉬니처, *토라 스토리*, 제 19장의 표 19–B(토라 스토리, 421쪽)와 19–C(토라 스토리, 422쪽)를 병합하고 거기에 누락된 용어나 내용들을 조금 더 추가해서 다시 만든 것이다.

289 사각 괄호 안의 달 표시는 현대 역법에서의 달을 가리키는 것이다. 성경 시대의 달은 현대 역법에서는 두 달 사이에 엇갈리게 걸쳐 있다.

무교절 다음날 (참고, 레 23:11)	초실절	• 하나님께 감사와 헌신의 행위로 첫 소산을 드리는 절기 • 레 23:9-14
초실절로부터 일곱 안식일과 하루가 되는 날 (시반월[5-6월])	칠칠절 (오순절, 맥추절)[290]	• 7주에 하루를 더하면 50일이 됨(즉 오순절) • 안식일 • <u>3대 순례 절기(출 23:16) 중 하나</u> • 출 23:16; 34:22; 레 23:15-21; 민 28:26-31; 신 16:9-12
7월 1일 (티쉬리월[9-10월]) (개역개정은 "디스리"로 표기)	나팔절	• 두 주 후에 오는 순례절기를 표시하기 위해 나팔을 부는 날 • 안식일 • 후대에 와서 이 날은 유대교의 새해 첫 날, 즉 *로쉬 하샤나*[Rosh Hashanah]가 됨 (참고, 히브리어 명칭은 시편 81:3에 근거한 것임) • 레 23:23-25; 민 29:1-6
7월 10일	속죄일	• 지성소, 제단, 성막, 제사장, 그리고 이스라엘 진영 전체를 정화시키는 날(레 16장) • 안식일 • 레 16장; 23:26-32; 민 29:7-11
7월 15일부터 8일간(15-22일)	초막절 (장막절, 수장절)	• 백성이 애굽을 출발했을 때 임시 거처들 속에서 살았던 것을 기념하기 위해 장막들 속에서 생활하는 절기. • 첫 날과 마지막 날은 안식일 • <u>3대 순례 절기(출 23:16) 중 하나</u>

마지막으로 본문에서 절기들과 관련하여 사용된 용어들에 대해서 조금 설명할 필요가 있다.

---

290 출애굽기 34:22은 "맥추의 초실절"이라는 표현을 쓰고 있는데, 이것은 칠칠절, 곧 맥추절을 가리키는 것이며, 도표에 나오는 초실절과는 구분해야 한다.

첫째, '절기'(*모에드*, מוֹעֵד)란 용어가 자주 반복되고 있다(2[x2], 4[x2], 37, 44절, 총 6회). 이 단어는 '모임 장소', '모임', '(정해진) 절기' 등을 의미하며, 성막의 다른 이름인 '회막'의 이름(*오헬 모에드*, אֹהֶל מוֹעֵד, Tent of Meeting)으로도 사용되고 있다. 현재 문맥에서는 '절기'라는 뜻으로 사용되고 있다.

둘째, '거룩한 집회일'(*미크라 코데쉬*, מִקְרָא קֹדֶשׁ)이라는 용어 역시 자주 사용되고 있다(2, 3, 4, 7, 8, 21, 24, 27, 35, 36, 37절, 총 11회). *미크라*는 '외치다, 선포하다'라는 뜻을 가진 동사 *카라*(קָרָא)에서 파생됐는데, 역시 절기들을 가리킬 때 사용되고 있다.

셋째, '안식일'이라는 용어가 자주 사용되고 있다. 이 단어는 꼭 일주일 중의 하루로서의 안식일을 가리키는 것이 아니라 단지 '아무 일도 하지 않는 날'을 의미할 수 있다(참고, 23:32 속죄일).

넷째, '특별한 안식의 기념(일)'이라는 뜻의 *샵바톤*이라는 단어가 몇 번 언급되고 있다(3, 24, 32, 39[x2], 총 5회). 이 단어는 안식일 중에서도 좀 더 특별한 안식을 필요로 하는 날을 가리킨다. 좀 더 상세한 논의는 아래의 3절의 "사역 해설"(618–619쪽)을 보라.

다섯째, "아무 일도 하지 마라"는 명령이 자주 반복되고 있다. 절기들 중의 어떤 날들은 안식일로 간주되었기 때문에 그 날에는 일을 해서는 안 되었다.

절기들은 하나님과 언약 백성 사이의 여러 측면들을 기념하게 하고 기억하게 한다는 측면에서 중요했다. 따라서 절기들 중의 어떤 것들은 명확히 역사적 사건들에 정초하고 있다. 예를 들어 유월절과 무교절이 그러했다. 또 어떤 절기들은 하나님 앞에서 관계를 재정립하는 날 등으로 중요했다. 예를 들어 이스라엘의 1년 동안의 모든 죄와 부정을 씻는 속죄일이 그러했다(참고, 레 16:16, 21, 29–34).

1단계: 사역

23:1 여호와께서 모세에게 말씀하셨다.

23:2 이스라엘 자손들에게 말하고 그들에게 일러라. 이것들이 너희가 거룩한 집회일들로 선포할 여호와의 절기들, 곧 나의 절기들이다.

23:3 엿새 동안은 일하여라. 그리고 일곱째 날은 특별한 안식의 기념을 위한 안식일이며, 거룩한 집회일이다. 너희는 아무 일도 하지 말라. 이것은 너희의 모든 거처에서 지킬 여호와의 안식일이다.

23:4 이것들은 여호와의 절기들, 곧 너희들이 그것들의 절기에 선포해야 할 거룩한 집회들이다.

23:5 첫째 달, 그 달의 14일 황혼은 여호와의 유월절이다.

23:6 이 달 15일은 여호와의 무교절이다. 너희는 7일 동안 무교병을 먹어야 한다.

23:7 그 첫 날에 너희는 거룩한 집회를 가져라. 아무 노동도 하지 말라.

23:8 7일 동안 여호와께 화제를 드려라. 7일에는 거룩한 집회가 있다. 아무 노동도 하지 말아라.

23:9 여호와께서 모세에게 말씀하셨다.

23:10 이스라엘 자손들에게 말하고 그들에게 일러라. 너희는 내가 너희에게 주는 땅에 들어가서 그 땅의 곡물을 거둘 때에 너희의 곡물의 첫 이삭 한 단을 제사장에게로 가져와야 한다.

23:11 그리고 그 [제사장은] 여호와 앞에서 너희를 위하여 기쁘게 받으심이 되도록 그것을 흔들어 드려라. 안식일 다음 날에 그것을 흔들어 드려야 한다.

23:12 너희가 그 단을 흔들어 드리는 날에 일 년 된 흠 없는 숫양을 여호와께 번제로,

23:13 그리고 기름 섞은 곡식 가루 십분의 이 에바를 소제로 여호와께 화제 곧 향기로운 냄새로, 그리고 포도주 사분의 일 힌을 전제로 드려라.

23:14 너희는 너희 하나님께 예물을 가져오는 바로 그 날까지 떡이든 볶은 곡식이든 새로 익은 곡식이든 먹어서는 안 된다. 이것은 너희의 모든 거처에서 대대로 지킬 영원한 규례이다.
23:15 안식일 이튿날 곧 너희가 흔들기를 위해 곡식단을 가져온 날로부터 계수해서 일곱 번의 안식일을 채우고
23:16 일곱 번째 안식일의 다음 날까지 해서 오십 일을 계수하여 새로운 소제를 여호와께 드려라.
23:17 너희의 거처에서 흔들어 바치는 떡을 가져와라. 그 떡은 십분의 이 에바의 곡식 가루로 만든 것 두 개이며, 누룩을 넣어서 구운 것이어야 한다. 이것이 처음 익은 소산[의 예물]이다.
23:18 너희는 또 이 떡과 함께 일 년 된 흠 없는 숫양 일곱 마리와 수소 한 마리와 숫양 두 마리를 드려라. 이것들이 소제 및 전제와 함께 드릴 번제이며, 화제 곧 여호와께 향기로운 냄새이다.
23:19 또 속죄제로 숫염소 하나, 화목제로 일 년 된 숫양 두 마리를 드려라.
23:20 제사장은 처음 익는 소산[의 예물]과 더불어 이것들, 곧 숫양 두 마리를 흔들어 바쳐라. 이것들은 여호와께 속한 성물로서 제사장들을 위한 것이다.
23:21 바로 이 날에 선포하여라. 이 날은 너희에게 거룩한 집회일이다. 어떤 노동도 하지 말라. 이것은 너희의 모든 거처에서 대대로 지킬 영원한 규례이다.
23:22 너희 땅의 곡물을 벨 때에 밭 모퉁이까지 다 베지 말라. 그리고 떨어진 것을 줍지 말라. 가난한 자와 거류민을 위하여 남겨라. 나는 여호와 너희 하나님이다.
23:23 여호와께서 모세에게 말씀하셨다.
23:24 이스라엘 자손들에게 말하여라. 일곱째 달 곧 그 달 첫 날은 너희에게 특별한 안식의 기념일이다. 나팔을 불어 기념할 날이고 거룩한 집회일이다.

23:25 어떤 노동도 하지 말라. 여호와께 화제를 드려라.

23:26 여호와께서 모세에게 말씀하셨다.

23:27 진실로 이 일곱째 달의 10일은 속죄일이다. 이것은 너희를 위한 거룩
한 집회일이다. 너희는 너희 스스로 괴롭게 하고, 여호와께 화제를
드려라.

23:28 바로 이 날에는 어떤 일도 하지 말아라. 왜냐하면 이 날은 너희 하나님
여호와 앞에서 너희를 위해 속죄를 하는 속죄일이기 때문이다.

23:29 바로 이 날 스스로 괴롭게 하지 않는 자는 자기 백성 중에서 끊어질
것이다.

23:30 이 날에 어떤 일을 하는 자는 누구든지 내가 그 사람을 자기 백성 중
에서 멸절시킬 것이다.

23:31 너희는 아무 일도 하지 말라. 이것은 너희의 모든 거처에서 대대로 지
킬 영원한 규례이다.

23:32 이것은 특별한 안식의 기념을 위한 안식일이다. 너희는 스스로 괴롭
게 하여라. 이 달 9일 저녁 곧 그 저녁부터 이튿날 저녁까지 안식일을
준수하여라.

23:33 여호와께서 모세에게 말씀하셨다.

23:34 이스라엘 자손들에게 말하여라. 이 일곱째 달 15일은 여호와를 위해
7일 동안 지키는 초막절이다.

23:35 첫 날에는 거룩한 집회가 있다. 너희는 아무 노동도 하지 말라.

23:36 7일 동안 너희는 여호와께 화제를 드려라. 여덟째 날에는 너희를 위
한 거룩한 집회가 있다. 여호와께 화제를 드려라. 이것은 종결일이
다. 너희는 어떤 노동도 하지 말라.

23:37 이것들은 너희들이 거룩한 집회일들로 선포해야 할 여호와의 절기들
이다. 여호와께 화제, 곧 번제, 소제, 희생제사, 전제를 각각 그 날에
드려라.

23:38 이것들은 너희가 여호와의 안식일과 너희의 헌물과 모든 서원제물과

모든 자원제물 외에 여호와께 드리는 것들이다.

23:39 너희는 토지 소산을 거두기를 마쳤을 때 일곱째 달 15일부터 7일 동안 여호와의 절기를 지켜라. 첫 날도 특별한 안식의 기념일이고, 여덟째 날도 특별한 안식의 기념일이다.

23:40 첫 날에는 너희는 아름다운 나무 실과들과 대추야자 나무 가지들과 무성한 나무 가지들과 시내 버들을 취하여라. 그리고 너희 하나님 여호와 앞에서 7일 동안 즐거워하여라.

23:41 너희는 매년 7일 동안 여호와께 이 절기를 지켜라. 너희 대대의 영원한 규례이다. 너희는 일곱째 달에 이것을 지켜라.

23:42 너희는 7일 동안 장막에 거주하여라. 이스라엘 원주민은 모두 장막에 거주해야 한다.

23:43 이것은 내가 이스라엘 자손을 애굽 땅에서 인도하여 내던 때에 그들이 장막에 거주하게 한 것을 너희 대대로 알게 하려는 것이다. 나는 여호와 너희의 하나님이다.

23:44 모세가 여호와의 절기들에 대해서 이스라엘 자손에게 말하였다.

2단계: 사역 해설

23:3 "특별한 안식의 기념을 위한 안식일" *샵바트 샵바톤*(שַׁבַּת שַׁבָּתוֹן)

*샵바트*는 우리가 잘 알고 있는 '안식일'이란 용어이다. 그러나 한 가지 유념해야 할 점은 이 단어가 단지 일주일 중의 쉬는 날을 가리키는 용어로만 사용된 것이 아니라 레위기 23장에서 보듯이 각종 절기 중의 쉬는 날을 가리키는 용어로 사용되기도 했다는 점이다. 이 점을 제외하면 안식일이라는 용어에는 별다른 어려움이 없다.

그러나 좀 더 복잡한 사항은 위의 문구 중 두 번째 단어인 *샵바톤*이다. 이 단어는 구약성경에서 총 11회 나오는 특별한 단어이다(출 16:23; 31:15; 35:2;

레 16:31; 23:3, 24, 32, 39[x2]; 25:4, 5). 그리고 이 단어는 일반적으로 '안식일'을 의미하는 *샵바트*에 어미 *온*이 추가된 것이다. 여기에서 문제는 이 어미 *온*이 과연 무엇이냐는 것이다. 이에 대해서는 크게 세 가지 견해가 있다.[291]

첫째, *샵바트*를 그냥 약간 변형해서 다시 쓴 것이라는 견해이다. 이 견해는 근거가 미약하다.

둘째, 이 단어는 *샵바트*에 지소격 조사인 *온*을 붙인 것이라는 견해이다. 즉 '작은 안식일'을 의미한다는 것이다. 그러나 이 견해는 해당 구절들의 문맥적 의미를 고려할 때 지지를 받기 힘들다.

셋째, 히브리어와 동족어 관계에 있는 아카드어의 접미어인 *안*, *아눔*에 기초하여 이 어미가 추가되는 경우 해당 단어의 개별적이고 구체적인 한 개체를 의미한다고 보는 것이다. 즉 *샵바트*에 *온*이 붙으면 그것은 특별히 엄격한 준수를 하는 안식일이거나 특별한 기념을 위해서 지켜지는 안식일을 가리킨다는 것이다. 최근의 주석가들은 주로 이 마지막 견해를 따르는 경향이 있다. 또 이 견해는 문맥과도 잘 상응한다.

*샵바톤*이 특별히 중요한 안식일을 의미한다는 점은 이 단어가 사용된 문맥에서 이 용어를 강조해주는 어구들이 사용되고 있다는 점을 통해서도 확인된다. 예를 들어 출애굽기 16:23은 *샵바톤*을 '거룩한 안식일'이라고 다시 부연해서 설명해주고 있다. 또한 출애굽기 31:15; 35:2은 이 단어를 '여호와께 거룩한' 날이라고 말하고 있다. 그리고 레위기 23:3, 24은 이 단어를 '성회', 즉 '거룩한 집회'와 연결시키고 있다. 이런 점들을 고려할 때 *샵바톤*은 '특별한 안식의 기념' 정도로 이해할 수 있으며, *샵바트 샵바톤*은 '특별한 안식의 기념을 위한 안식일' 정도로 번역하는 것이 적절해 보인다.

291 이것은 Ludwig Koehler and Walter Baumgartner, *The Hebrew and Aramaic Lexicon of the Old Testament* (Leiden: Brill, 1994–2000)의 해당 단어에 대한 해설을 약간의 각색을 해서 정리한 것이다.

23:11 "흔들어 드려라" ***헤니프*(הֵנִיף)**

이 동사의 원형은 *누프*(נוּף)이며, 그것의 히필형이다. 이 단어는 개역개정 성경에서는 보통 "요제로 드리다"라고 번역된다. 그러나 '요제'라는 번역 때문에 이것을 제사의 일종으로 아는 사람들이 많은데 그것은 잘못된 것이다. 그냥 이 단어는 제물을 하나님에게 바치는 것을 나타내는 동작(레 7:30)을 가리키는 것이며, 이 동작을 통해 하나님의 것으로 귀속된 것은 다시 제사장 몫으로 주어진다. 비록 이 구절에는 이 점이 명시되어 있지 않지만 레 23:20을 바탕으로 해서 추정할 때 11절의 경우에도 역시 이렇게 드려진 봉헌물은 제사장 몫이 되었다고 보는 것이 옳을 것이다.

23:13 "드려라" ***봐아씨템*(וַעֲשִׂיתֶם)**

원문상으로는 이 동사는 원래는 12절에 사용되었으며, 이 동사에 12-13절의 번제, 소제, 전제가 다 목적어로 걸린다. 한국어의 어순 때문에 13절에 이 동사를 집어넣었다.

23:14 "새로 익은 곡식" ***카르멜*(כַּרְמֶל)**

구약성경에서 오직 세 번 사용되었다(레 2:14; 23:14; 왕하 4:42). 개역개정의 "생 이삭"이라는 표현은 '조리하는 곡식'이라는 의미로 오해될 소지가 있어서 이렇게 바꿔 번역하였다.

23:17 "처음 익은 소산[의 예물]" ***빅쿠림*(בִּכּוּרִים)**

이 단어를 직역하자면 "처음 익은 소산"이다. '[의 예물]'이라는 표현은 없다. 그러나 문맥상 이것이 하나님께 바쳐지는 것이기 때문에 이해를 위해 이 문구를 추가하였다.

23:36 "종결일" ***아쩨레트*(עֲצֶרֶת)**

아짜라(עֲצָרָה)라고도 표기되는 이 단어는 '억제하다'(to hold back), '삼가

다'(to restrain) 등의 뜻을 가진 *아짜르*(עָצַר)로부터 나온 단어이다. 이 단어는 구약성경에서 총 11회가 사용되었으며, '일을 쉼'(withdraw from labor)을 의미하거나 '절기의 마지막 날'(closing day)을 의미할 수 있다.[292] 현재의 문맥에서는 두 가지 의미가 다 가능해 보인다. 따라서 이 사역에서는 일을 종결하고 쉬는 날이라는 뜻과 절기를 종료하는 날이라는 뜻 모두를 포괄할 수 있는 '종결일'이라는 번역을 택하였다.

3단계: 단락 구분

이 장의 구조상의 중요한 틀은 두 가지이다. 첫째 문구는 "여호와께서 모세에게 말씀하셨다"란 문구이다(1, 9, 23, 26, 33절). 둘째 문구는 "너희의 모든 거처에서 지킬"(3절) 또는 "너희의 모든 거처에서 대대로 지킬 영원한 규례이다"(14, 21, 31절)란 문구이다.

여기에 한 가지 더 고려할 점이 있는데 그것은 앞의 "여호와께서 모세에게 말씀하셨다"란 문구에 중심 청중에 대한 언급이 나오는 경우들(2, 10, 24, 34절)을 어떻게 이해할 것이냐 하는 것이다. 레위기의 다른 장들에서는 이 문구와 청중에 대한 언급의 결합은 큰 단원의 구분점이었고, 이 문구에 청중에 대한 언급이 따라 나오지 않는 경우는 큰 단원의 하부 단원의 구분점이었다. 이 장에서는 이런 통상적인 역할이 정말 이런 식으로 작동하고 있는지는 첫 번째 경우(1–2a절)를 빼놓고는 분명하지가 않다. 따라서 이 마지막 사항을 배제하고 위의 지적사항들을 기초로 해서 본문을 구분해보면 다음과 같다.

23:1–2a	도입부
23:2b.	절기 본문 표제

---

292 Hartley, *Leviticus*, 388.

23:3	안식일
23:4–8	유월절과 무교절
23:9–14	초실절
23:15–22	칠칠절
23:23–25	나팔절
23:26–32	속죄일
23:33–43	초막절
23:44	결말부

4단계: 본문 해설

23:1-2a 이 도입부 본문은 새로운 단원의 시작을 알리고, 중심 청중이 "이스라엘 자손들"이라는 점을 밝히고 있다. 이제 앞으로 레위기의 남은 장들(23–27장)의 중심 청중은 항상 "이스라엘 자손들"이다. 이런 면에서 이 장은 제사장이 중심 청중이었던 21–22장과 대비되는 새로운 큰 단원의 서막 역할을 하고 있다고 할 수 있다.

23:2b 이 구절은 23절 절기 본문의 표제 역할을 하고 있는 것으로 보인다. 위의 개관 마지막 부분에서 다룬 "여호와의 절기들", "거룩한 집회일" 등의 표현이 나온다.

23:3 안식일이 모든 절기의 서두를 장식하고 있다. 카일은 이 안식일이 오경이 언급하고 있는 모든 절기들의 원칙을 제공하고 있다는 점을 지적했다.[293]

---

293 C. F. Keil, *Manual of Biblical Archaeology* I (Edinburgh: Clark, 1887), 469–471. 여기에서는 Wenham, *Leviticus*, 301이 정리 요약한 기초로 하고, 거기에 원문을 참고해

첫째, 1년 중에는 23장이 다루고 있듯이 일곱 번의 절기들이 들어 있다.

둘째, 이 절기들에는 총 7일의 안식일이 있다. 무교절의 첫 날과 마지막 날, 칠칠절, 나팔절, 속죄일, 초막절의 1일과 7일이 그것들이다.

셋째, 이 절기들 중의 상당수가 7월에 나온다.

넷째, 매 7년은 안식년이다(출 21:2–6; 레 25:2–7; 신 15:1–6).

다섯째, 안식년을 일곱 번 치른 후에는 희년이 온다(레 25:8–55).

이처럼 이스라엘의 모든 절기들과 안식년과 희년은 매주의 안식일의 패턴을 따르고 있다. 이스라엘의 삶의 중요한 절기들과 기간들의 기초가 되고 있는 안식일이 창조의 패턴을 따르고 있다는 점도 결코 간과되어서는 안 된다.[294] 하나님은 6일을 일하고 하루를 쉬셨다(창 2:1–3). 이처럼 하나님의 창조 사역의 패턴을 반영하고 있는 안식일 준수에 대한 요구는 곧 우리로 하여금 창조주의 일하는 방식을 따라 살 것에 대한 요구이다. 창조주께서 그러하셨던 것처럼 우리도 삶에서 일과 안식의 적절한 배분을 지키는 것이 중요하다.

안식일이 모든 절기들과 중요한 기간들의 바탕이 되며, 하나님의 백성의 삶의 리듬의 바탕이 된다는 점을 고려할 때 이 안식일을 "특별한 안식의 기념을 위한 안식일"(*샵바트 샵바톤*, 3절 "사역 해설"[618–619쪽] 참고)이라고 부른다는 점이 납득이 간다. 우리는 속죄일 등의 큰 절기들이 중요하다는 것은 쉽게 인정하고 받아들인다. 그러나 매주 돌아오고, 가장 별 볼 일 없어 보이는 매주의 안식일을 중요한 것으로 여기기는 쉽지 않다. 하지만 본문을 통해서 볼 때 하나님은 모든 절기의 기초인 매주의 안식일을 아주 중요하게 여기셨다. 따라서 안식일이라는 삶의 작은 단위에서의 충성이 하나님과의 바른 관계의 기초임을 우리는 망각해서는 안 된다. 작은 것에서 충성하지 못한 자가 큰 것에서 충성하기 쉽지 않은 법이다.

서 각색을 했다.

294 Wenham, *Leviticus*, 301–302.

23:4-8 이 단락은 매 년의 절기의 첫 자리를 차지하고 있으며, 또한 이스라엘 역사상 가장 큰 구원 사건을 기념하는 유월절과 무교절에 대해서 다루고 있다. 유월절은 한 해의 첫째 달의 14일에 치러진다(참고, 출 12:1–6). 그리고 그 다음 날부터 7일 동안은 무교절로 치러진다. 또한 무교절의 첫 날과 마지막 날은 안식일로 치러서 아무 일도 하면 안 되었으며, 대신 '거룩한 집회'를 가졌다.

23:9-14 이 단락은 무교절의 마지막 날인 안식일 다음날(23:11)에 치러진 것으로 보이는 "초실절"을 다루고 있다. 물론 이 단어 자체가 본문에 나오지는 않는다. 단지 본문은 "곡물의 첫 이삭 한 단"을 제사장에게 갖다 바치라(23:10)는 언급을 하고 있는데, "초실절"이란 절기 이름은 여기에서 파생된 것이다.

한 가지 주의할 점은 "초실절"이라는 표현과 "맥추의 초실절"(출 34:22), 또는 "맥추절"(출 23:16)이라는 표현은 구분이 필요하다는 점이다.[295] 후자의 절기는 "칠칠절" 또는 "오순절"이라고도 불리는 절기로서 다음 단락(15–22절)에서 다뤄지고 있으며, 초실절로부터 7주가 지난 다음날에 치러지는 절기이다.

초실절에 하나님께 드리는 예물의 목록은 다음과 같았다.

첫째, '곡물의 첫 이삭 한 단'을 제사장에게 가져왔다(10절). 제사장은 그것을 '흔들어' 하나님께 드렸다.

둘째, 이 날의 제사 제물은 다음과 같았다(12–14절).

---

295 개역개정은 성경의 각 본문이 어떤 절기들에 대해서 언급하고 있는지, 그리고 그 절기들의 이름은 어떻게 번역해야 하는지에 대해서 혼란과 오류가 많다. 물론 이런 혼란과 오류는 구약의 절기에 대한 본문들의 모호성에도 어느 정도는 기인하며, 이런 본문들의 해석에 있어서 학자들 사이에 견해 차이가 꽤 있기도 하지만 말이다. 이 글에서는 나름대로 정확성을 기해서 각 절기를 다루려고 노력하였다. 그러나 때로는 앞에서 언급한 이유들로 해서 정확성과 일관성을 유지하기에 한계가 있을 수밖에 없고, 또 다른 자료들과 차이가 나는 경우들도 있을 수밖에 없음을 이해해주기 바란다.

(1) 번제: 일 년 된 흠 없는 숫양 한 마리(12절)

(2) 소제: 기름 섞은 곡식 가루 2/10 에바(총 4.5리터 정도)(13절).

(3) 전제: 포도주 1/4힌(약 0.9리터 정도)(13절)

이처럼 한 해의 소산의 첫 곡식단을 하나님께 바쳐 드리는 것은 소산물들이 하나님에게서 왔으며, 그것들 전부가 다 하나님의 소유라는 것을 인정하는 행위였다.[296] 이처럼 하나님의 것을 먼저 드리기 전에는 이스라엘 백성들은 그 소산물들 중의 그 어떤 것도 섭취하면 안 되었다(14절). 이 소산물들이 다 하나님의 것이며, 하나님으로부터 온 것이라고 여기는 자들에게는 이것은 당연한 것이었다. 종이 주인보다 먼저 소산물을 차지할 수는 없는 법이다. 이런 면에서 초실절은 하나님이 자신들의 주인임을 인정하고 기념하는 절기였다고 할 수 있다.

23:15-22 이 단락은 "칠칠절"을 다루고 있다. 이 명칭 자체가 본문에 나오는 것이 아니라 15–16절의 절기에 대한 묘사에서 파생된 것이다. 이 절기는 앞 단락의 초실절로부터 7주를 계수하고 난 후 그 다음날에 치르는 것이었다(7x7+1=50). 이런 점에서 7주를 일곱 번 계수한다 해서 "칠칠절", 그 다음날인 50일째 날에 치른다 해서 "오순절"이라고 부른 것이다. 또한 앞의 개관의 도표에서 보듯이 이 날은 "맥추절"이라고도 불렸다. 이 날의 예물들은 다음과 같다.

첫째, '흔들어' 바치는 떡을 드려야 했다(17절). 그 떡은 2/10에바의 곡식 가루로 만든 떡 두 개였다. 이것에는 누룩을 넣었다. 본문은 이것을 '처음 익은 소산[의 열매]'(*빅쿠림*, בִּכֻּרִים)라고 부르고 있다.

둘째, 이 날 역시 앞 단원의 초실절처럼 다른 제물들도 드렸다. 그것들의 목록은 다음과 같다.

---

296 Rooker, *Leviticus*, 286.

(1) 번제 : 흠 없는 숫양 일곱 마리, 수소 한 마리, 숫양 두 마리(18절)

(2) 속죄제: 숫염소 한 마리(19절)

(3) 화목제: 일 년 된 숫양 두 마리(19절). 이 숫양 두 마리를 '흔들어' 소산의 예물과 바쳐 드림으로써 이것들이 제사장 몫이 된다는 점을 본문은 명시하고 있다(20절).

이처럼 한 해의 가장 풍성한 추수를 기념하는 칠칠절은 뒤에 나오는 초막절을 제외하고는 가장 풍성한 제물이 바쳐지는 날이기도 했다(33-43절; 민 29:12-39). 이어서 21절은 이 날이 '거룩한 집회'이며, 어떤 노동도 해서는 안 되는 안식일로 지켜짐을 밝히고 있다.

마지막으로 이 절기 본문에서 흥미로운 내용이 추가적으로 언급된다. 그것은 추수를 할 때 밭 모퉁이까지 추수하지 말고, 떨어진 것을 줍지 말고, 그것들을 가난한 자와 거류민을 위하여 남기라는 것이다(22절). 레위기 19:9-10의 일반적 규례와도 상응하는 이런 절기 규례는 이스라엘의 절기와 영성의 중요한 한 측면을 보여준다. 언약 백성에게서 영성은 단순히 하나님과의 관계만을 신경 쓰는 것이 아니라 주변의 약한 자들을 배려하는 것도 포함하는 개념이다. 바른 신적 관계는 바른 인적 관계 속에 반영된다. 인적 관계가 없는 신적 관계란 있을 수가 없다. 이런 면에서 22절은 야고보 사도의 다음의 말의 선구자와 같다. "하나님 아버지 앞에서 정결하고 더러움이 없는 경건은 곧 고아와 과부를 그 환난 중에 돌보고 또 자기를 지켜 세속에 물들지 아니하는 그것이니라"(약 1:27). 하나님 앞에서 바른 경건의 제1표지는 주변의 약자들을 돌보는 것이다. 진정한 절기는 이처럼 강자가 약자들을 돌아봄으로써 모든 구성원들이 함께 하나님 앞에서 즐거워하는 것이다. 이런 면에서 칠칠절은 사도행전의 초대교회의 모습을 연상시킨다(행 6:1; 11:29; 24:17; 딤전 4:9-10).[297] 하나님과의 바른 관계가 회복된 자들은 다른 사람들과의 관계도

---

297 Rooker, *Leviticus*, 288. 인용구 중 '딤전 4:9-10'은 '살전 4:9-10'의 잘못된 표기인 것으로 보인다.

바르게 갖게 되는 법이다.

23:23-25 여기에서부터는 이스라엘의 역법상 7월에 해당하는 절기들, 즉 나팔절(23–25절), 속죄일(26–32절), 초막절(33–43절)이 다뤄진다. 이 절기들의 공통 특징들은 모두 "특별한 안식의 기념일"(*샵바톤*, שַׁבָּתוֹן)로 분류되었다는 점이다(24, 32, 39절). 이 용어로 절기가 표현된 경우는 매일의 안식일(3절)을 빼놓고는 7월달의 절기들이 유일하다.

이런 7월달의 절기들 중에서 첫 단락인 23–25절은 7월 1일에 치러지는 나팔절에 대해서 다루고 있다. 이날은 나팔을 불어 기념을 했기 때문에 나팔절이라고 부른다. 포로기 이후 시대의 역법에서는 7월이 새해의 첫 달이 되었기 때문에 나팔 부는 의식은 새해를 기념하는 것이 되었다.[298] 이런 연유로 해서 유대교에서는 이날을 *로쉬 핫샤나*(רֹאשׁ הַשָּׁנָה), 즉 '새해의 머리' 혹은 '새해의 시작'이라는 용어로 불렀다.

이날은 "특별한 안식의 기념일"이기 때문에 일을 하면 안 되었다. 그리고 이날 역시 다른 절기들과 마찬가지로 화제를 드렸는데, 레위기 23장에서는 그냥 "화제를 드려라"는 명령만 나온다. 화제의 상세한 목록은 민수기 29:2–6에 나온다. 이런 점은 앞의 개관에서 지적한 바와 같이 레위기 23장과 민수기 28–29장의 절기 본문 사이의 성격 차이를 반영하고 있다.

23:26-32 이 단락은 이스라엘의 모든 절기들 중에서 가장 엄숙한 날인 속죄일을 다루고 있다. 속죄일의 제사와 각종 의식들에 대해서는 레위기 16장이 상세하게 언급하고 있다. 이와 대조적으로 현재 본문에서는 이 속죄일을 지키는 백성들의 준수 방식에 주로 집중하고 있다.

백성의 준수 방식과 관련한 사항들은 다음과 같다.

첫째, 백성들은 이 날 "스스로 괴롭게 해야" 한다. 이 표현은 이 짧은 단락

---

298 R. K. Harrison, *Leviticus: An Introduction and Commentary* (Tyndale Old Testament Commentaries vol. 3; Downers Grove: InterVarsity Press, 1980), 220–221.

에서 총 3회나 반복된다(27, 29, 32절). 스스로 괴롭게 하지 않는 자는 백성 중에서 끊어질 것이라는 강력한 경고가 주어지고 있다.

둘째, "아무 일도 하지 말아야 한다." 이 표현도 세 번이나 반복되고 있다(25, 28, 31절). 그리고 일을 하면 백성 중에서 멸절시킬 것이란 강력한 경고도 주어진다. 이처럼 이 날은 절대적으로 일을 쉬면서 스스로 하나님 앞에서 낮추는 날로 지켜져야 했다.

23:33-43 이 단락은 7월 15일부터 7일 동안 치러지는 초막절에 대해서 다루고 있다. 초막절에는 모든 것을 마무리하는 집회가 제8일에 있었다. 이렇게 결과적으로 총 8일 동안 초막절은 준수되었다. 이 8일 중 첫날과 마지막 날은 거룩한 집회를 가졌고(35-36절), 또한 '특별한 안식의 기념일'로 준수하였다(39절).

초막절은 모든 절기 중 가장 많은 제물을 하나님께 드리는 절기였다. 비록 레위기 23장의 본문에서는 그냥 단순히 37-38절에서 번제, 소제, 희생제사(화목제를 의미), 그리고 전제를 드린다고 간략하게 언급하고 있지만 민수기 29:13-39은 초막절의 8일 동안 매일 드리는 제물의 목록을 굉장히 상세하게 다루고 있다. 제물의 숫자를 계산해보면 수소만 총 70마리, 숫양이 15마리, 1년 된 숫양이 105마리, 숫염소가 8마리나 된다. 이처럼 많은 제물들이 매일 드리는 상번제와 안식일의 제물들, 그리고 기타 예물들과 함께 드려졌던 것이다.

또한 초막절의 첫날에는 "아름다운 나무 실과들과 대추야자 나무 가지들과 무성한 나무 가지들과 시내 버들을"을 취하였다(레 23:40). 이것들의 용도에 대한 설명은 본문에는 나오지 않지만 학자들은 초막을 만드는데 사용되었을 것이라고 추측한다.[299] 그리고 이렇게 만들어진 초막에서 이스라엘 백성들은 7일 동안 거주하면서 이 절기를 준수하였다. 이것은 출애굽과 광야

---

299 예를 들어 Rooker, *Leviticus*, 290을 보라.

생활을 기억하게 하기 위한 것이었다.

한 가지 중요한 것은 초막절의 분위기였다. 앞의 절기인 속죄일의 절기가 엄숙하기 그지없는 절기였던 반면에 초막절의 절기는 기쁘고, 즐거운 잔치와 같은 성격을 갖고 있었다(40절). 이러한 양자 간의 대조는 우리 신앙 생활의 분위기에 대한 좋은 지침이 된다. 우리의 신앙 생활은 거룩하신 하나님 앞에서 죄를 자복하고 통회하는 엄숙함도 있어야 하지만 구원 얻은 자가 누리는 충만한 기쁨도 있어야 한다. 참된 경건은 이처럼 엄숙과 기쁨이 균형을 갖춘 두 바퀴 수레와 같다. 어느 한 가지만으로 경건이란 수레는 제대로 기능할 수 없다.

23:44 이 짧은 결론부는 모세가 절기들에 대한 하나님의 명령을 전달한 것을 고지함으로써 23장을 마무리한다. 흔히 사람들은 오경의 율법들이 현대의 법전과 같은 것이라고 생각하지만 레위기는 이처럼 끊임없이 내러티브와 규례들 사이를 오가고, 또 규례들이 내러티브의 테두리 안에서 전달되고 있다는 점이 다르다. 구약의 율법들은 역사적 흐름 속에서, 실제 상황 속에서 주어진 것이며, 따라서 실제 상황 속에서 의미를 갖는 것들이다.

5단계: 적용

23:3 "엿새 동안은 일하여라. 그리고 일곱째 날은 특별한 안식의 기념을 위한 안식일이며, …너희는 아무 일도 하지 마라"

23장의 절기들 목록의 첫 자리는 매주 돌아오는 안식일이 차지하고 있다. 또한 평범해 보이는 안식일을 강조하여 '특별한 안식의 기념을 위한 안식일'(*샵바트 샵바톤*)이라고 명시하고 있다. 하나님께서는 언약 백성이 당신의 창조 사역의 패턴을 따라서 일주일에 하루를 온전히 쉬기를 요구하셨다. 바쁜 현대 사회 속에서 살아가면서 이 규례를 지키는 것은 쉽지 않다. 그러나 어려운 가운데에서도 이러한 절대적 쉼을 누리는 것이야말로 진정으로 하나님의 권능과 주권에 대한 인정이 된다(출 16:23, *샵바톤*). 만약 우리의 삶이 매주 이런 안식의 시간을 갖지 못할 정도로 바쁘다면, 또 그래야 인생이 살아진다면 우리는 다시 한 번 자신의 삶을 제고해볼 필요가 있다. 또한 우리는 자신도 이런 안식을 누리려고 노력해야 하며, 자신의 주변 사람들도 이런 안식을 누릴 수 있도록 해주어야 한다(출 20:10).

23:14 "너희는 너희 하나님께 예물을 가져오는 바로 그 날까지…먹어서는 안 된다"

하나님께 첫 곡식단을 바치기 전까지 아무것도 먹지 않는다는 것 역시 앞의 안식일의 경우와 마찬가지로 하나님께서 나의 모든 것의 주인 되신다는 것을 인정하는 행위이다. 하나님의 진정한 백성은 하나님을 자신의 삶의 중심에 놓는 사람이다. 자신이 다른 어떤 것보다 하나님과의 관계에 우선순위를 부여하고 있는지를 우리 성도들은 스스로에게 물어봐야 한다.

23:22 "가난한 자와 거류민을 위해 남겨라"

하나님은 약자들을 배려하는 하나님이다(출 22:21–27). 특히 직접적으로 사회적 약자들에게 도움의 손길을 주는 것보다 22절의 본문처럼 약자들을 은근한 방법으로 돕게 하신 것이 참 매력적이다. 직접적인 방식보다 이런 은근한 방법이 약자들에게는 덜 자존심이 상하고 고마운 방법이었을 것이다. 이처럼 하나님은 배려가 무엇인지를 가르쳐 주시는 분이시다. 그분의 형상을 닮아 창조된 우리 역시 하나님의 이런 배려를 갖추어야 한다. 이런 것이 진정한 경건이다.

23:40 "하나님 여호와 앞에서 7일 동안 즐거워하여라"

하나님은 절기와 축제의 하나님이시다. 절기들 중에는 속죄일(레 16장; 23:26–32) 등과 같이 한없이 엄숙한 날도 있지만 즐거운 날들도 많다. 궁극적으로 이스라엘의 절기들은 하나님께서 이스라엘 백성들을 번거롭게 하거나 괴롭히시기 위해서 만들어진 것들이 아니었다. 이 절기들 중에는 추수와 관련되어 있는 것들도 많고, 또 안식일을 포함하고 있는 것들도 많았다. 아마 이런 절기들 중에는 많은 축제와 놀이가 포함되어 있었을 것이다. 이스라엘의 절기는 하나님이 주신 소산의 축복에 동참하여 하나님의 은혜를 기억하고 감사하며 수고한 사람들이 쉬면서 함께 즐거워하는 기간이었다. 구약의 종교가 한없이 엄숙하고 장엄하기만 했다고 생각하면 오산이다.

23:29, 40 궁극적으로 말해 참된 경건은 엄숙과 즐거움이 균형을 갖춘 것이어야 한다. 하나님은 속죄일과 초막절을 통해 하나님의 백성에게 두 가지 완전히 상반된 모습을 요구하신다. 두 절기가 5일간의 기간을 사이에 두고 연속으로 치러진다는 것은 흥미롭다. 속죄일에 하나님 앞에서 엄숙한 가운데 자신을 철저히 낮추고 자숙하는 모습과 초막절에 7일 동안이나 즐거워하는 모습은 극과 극이다. 그러나 사실은 두 가지 모습이야말로 사람이 하나님 앞에서 갖추어야 할 태도이다. 하나님 앞에서 우리는 엄숙한 모습으로 살아가야 한다. 그러나 또한 그 경건의 삶은 즐겁기도 해야 한다. 이 두 상반된 모습 사이에서 균형을 잘 잡고, 두 모습을 잘 병행하는 것이야말로 신앙의 진수이다. 참된 경건은 이 신비를 알고 실천하는 것이다. 이 신비를 통해 더 깊은 차원의 신앙으로 들어가게 되기를 바란다.

23:43 하나님은 이스라엘 백성을 이집트에서 구원해내신 분이다. 23장의 모든 절기는 바로 하나님이 구원자라는 사실에서 출발한다. 하나님과의 관계는 구원자 하나님을 체험하는 것에서부터 시작된다. 하나님과의 진정한 관계는 오직 구원의 감격이 있는 사람만이 누릴 수 있는 것이다.

6단계: 설교 "안식일은 모든 신앙의 기초이다" (레 23:3)

전통적으로 기독교는 주일을 굉장히 소중히 여겨왔고, 그것의 준수를 금과옥조로 여겼습니다. 그래서 전통적으로 교회는 성도들이 주일에 이른 아침부터 교회에 와서 하루 종일 예배하고, 말씀을 나누고 교제할 수 있도록 권장하고, 또 그렇게 할 수 있는 환경을 제공했습니다. 또한 주일에는 함부로 세상 일을 하거나 돈을 쓰는 것도 금지해왔습니다. 그러나 현대에 와서 이런 것들이 마치 율법주의인 양 치부되면서 많은 교회들과 성도들은 더 이상 예전처럼 주일성수를 하지 않는 일이 만연되어 있습니다.

그러나 성경에는 주일, 구약으로 말하면 안식일의 성수를 신앙의 가장 중요한 바탕으로 언급하고 있는 본문들이 많습니다. 예를 들어 이사야서 56:1–7은 하나님의 구원을 받을 사람들의 경건의 가장 중요한 지표로 '안식일을 지켜 더럽히지 아니하는'(56:6) 것들을 꼽고 있습니다. 그런 사람들은 심지어는 이방인나 고자라도 구원을 주실 것이라고 말씀하시고 있습니다(56:3). 참고로 여기에서 이방인들과 고자들은 신명기 23:1–8에 따르면 '여호와의 총회'에 들어갈 수 없는 자들로 지목된 자들이었습니다. 이런 자들마저도 하나님과의 관계를 회복하고자 하는 마음의 표시로 안식일을 잘 지키고 더럽히지 않을 때 관계가 회복될 수 있다는 것을 이 이사야서 본문은 강조해서 말씀하시고 있는 것입니다.

이사야 선지자는 또한 58:13–14에서는 "만일 안식일에 네 발을 금하여 내 성일에 오락을 행하지 아니하고 안식일을 일컬어 즐거운 날이라, 여호와의 성일을 존귀한 날이라 하여 이를 존귀하게 여기고 네 길로 행하지 아니하며 네 오락을 구하지 아니하며 사사로운 말을 하지 아니하면 네가 여호와 안에서 즐거움을 얻을 것이라 내가 너를 땅의 높은 곳에 올리고 네 조상 야곱의 기업으로 기르리라"고 말씀하고 있습니다.

구약의 이런 많은 구절들은 안식일 준수를 경건의 가장 중요한 지표로 삼고 있습니다. 또한 예수님도 안식일 준수 자체를 문제 삼으신 것이 아니라 단지 안식일에 외식하는 것을 문제 삼으셨으며, 당신이 "안식일의 주인"이라고 선포하셨습니다(마 12:8; 막 2:28; 눅 6:5). 따라서 안식일 준수는 성도들의 삶에 있어서 가장 중요한 것이고 가장 가치 있는 것입니다.

오늘 본문인 레위기 23장의 본문도 안식일을 중요시 여기고 있다는 점을 여러 가지로 살펴볼 수 있습니다. 우선 이 안식일은 모든 절기의 서두를 장식하고 있습니다(3절). 또한 나머지 절기들도 그 자체가 안식일로 준수되거나, 그 절기의 중요한 부분들이 안식일로 준수되는 경우가 많았습니다(7, 8, 21, 25, 31–32, 35–36절). 또한 6일을 일하고 하루를 쉬는 안식일의 패턴은 이스라엘의 절기 전체의 구조, 안식년, 희년 등의 더 큰 체계의 등뼈 역할을 하고 있습니다. 이런 모든 체계들이 다 안식일 패턴을 따르고 있기 때문입니다.

이런 여러 가지 점들을 살펴볼 때 안식일은 구약적 경건, 그리고 더 나아가서는 성경적 경건의 기본 틀이라고 할 수 있습니다. 안식일과 관련하여 성경적 가르침을 몇 가지 살펴보고자 합니다.

첫째, 6일을 일하고 하루를 쉬는 매주의 안식일은 창조의 패턴을 따른 것입니다. 창세기 1:1–2:3은 하나님께서 바로 안식일의 패턴을 따라서 세상을 창조하셨다고 말씀하고 있습니다. 하나님은 6일 동안 세상 창조의 사역을 하셨습니다. 그리고 제7일을 따로 구분하여 쉬셨습니다. 그리고 이런 창조의 패턴은 이스라엘의 삶의 모든 영역에 스며들어 있습니다. 레위기 23장의 절기가 보여주듯이 이스라엘의 절기가 총 일곱 개로 이루어져 있고, 안식년이 7년 주기로 이루어지며, 희년이 7년이 일곱 번 지난 후에 오는 가장 큰 규모의 안식절이라고 할 수 있습니다. 이처럼 구약의 시간들이 창조의 패턴을 따르고 있다고 볼 수 있습니다. 이런 점들을 고려할 때 성도들의 삶 역시 이 창조의 패턴을 따라야만 합니다. 안식일을 잘 준수한다는 것은 하나님의 창조 패턴을 따라 사는 것을 의미합니다.

둘째, 안식일은 하나님의 주권을 인정하는 것입니다. 하나님은 말씀으로 세상을 6일에 걸쳐 창조하셨습니다. 그리고 그 창조 전체에 대해서 "심히 좋았더라"고 말씀하셨습니다. 그리고는 쉬셨습니다. 안식일을 준수한다는 것은 이런 창조주의 창조 행위 전체를 인정하고, 그런 창조를 하신 하나님을 받아들인다는 것입니다. 그리고 이것은 곧 하나님이 온 세상의 주인이심을 인정하는 것입니다. 이 세상이 창조주의 주권에 따라 운영된다는 것을 인정하는 것입니다. 출애굽기 16:19-30에서 하나님은 이스라엘 백성에게 매일의 양식으로 만나를 주시면서 7일째 되는 안식일에는 만나를 거두지 못하게 하셨습니다. 그러나 이스라엘 백성들 중에는 이날의 양식을 얻지 못할까 두려워서 만나를 구하러 밖으로 나갔다가 하나님의 책망을 들은 사람들도 있었습니다. 이들은 그 전날 하나님께서 분명히 두 배의 만나를 주셨고, 그것을 먹게 하셨지만 여전히 하나님을 신뢰하지 못했던 것입니다. 만나 사건이 보여주는 바는 바로 하나님의 주권을 인정하는 삶을 살아야 한다는 것입니다. 하나님이 주시면 누리고, 하나님이 쉬라 하실 때는 쉬는 것입니다. 우리 주님은 우리가 이처럼 당신의 주권을 인정하며 살아갈 때 우리에게 적절하게 주시기도 하시고 거두시기도 하십니다. 이런 만나의 경험과 신학은 주께서 가르치신 기도에도 들어 있습니다. "오늘 일용할 양식을 우리에게 주시옵고"(마 6:11). 주님께서는 우리에게 '일용할 양식'을 특정하여 말씀하셨습니다. 이처럼 하나님은 우리가 매일매일 당신의 주권을 인정하고, 그의 뜻에 따라 사는 삶을 살기를 원하셨던 것입니다. 하나님은 우리가 물질의 풍부함 등으로 인해 당신의 주권을 망각하는 것을 가장 싫어 하십니다(신 8:13-14). 안식일을 준수한다는 것은 이처럼 내 삶의 구석구석 모든 영역에서 하나님의 주권을 인정하는 표시입니다.

셋째, 안식일에는 모든 사람이 다 철저하게 쉬어야 합니다. 안식일은 단순히 나만 쉬는 것이 아닙니다. 십계명 중의 제4계명인 안식일 계명 본문은 이렇게 말씀하고 있습니다. "엿새 동안은 힘써 네 모든 일을 행할 것이나 일곱째 날은 네 하나님 여호와의 안식일인즉 너나 네 아들이나 네 딸이나 네 남종이나 네 여종이나 네 가축이나 네 문 안에 머무는 객이라도 아무 일도 하지 말라"(출 20:9-10). 즉 이 날에는 자신이나 자신의 가족들뿐만이 아니라 자신이 고용하고 있는 모든 사람들, 자신의 손님들, 그리고 가축들까지도 다 안식할 수 있게 해야 했습니다. 안식일의 영성은 이처럼 자신이 누리는 것 모두를 다른 사람들도 나눌 수 있게 도와주는 것을 포함합니다. 과연 기독교인 사업가들 중에서 몇 사람이나 이 점을 시행하고 있을까요? 부모들 중 과연 몇 사람이나 자기 자녀들이 이처럼 안식을 누릴 수 있게 해주고 있을까요? 아니 더 나아가서 우리 사회는 모든 사람이 이럴 수 있도록 해주고 있는 사회이긴 한 걸까요? 우리가 문화 변혁적인 측면에서 이 세상을 바라볼 때 우리 성도들은 우리들뿐만 아니라 우리 주변의 모든 사람, 아니 더 나아가서는 우리 사회의 구성원 모두가 안식을 누릴 수 있는 곳으로 만드는 노력을 해야 할 필요가 있습니다.

말씀을 정리하겠습니다. 안식일은 하나님의 창조 질서를 따르는 삶을 의미하며, 하나님의 주권을 인정하는 행위이며, 모든 사람이 다 안식을 누릴 수 있게 힘쓰는 날입니다. 이것이 하나님의 창조 질서의 틀이자 참된 경건의 핵심입니다.

레위기 24장

하나님의 임재 앞의 삶

❑ 하나님의 임재 앞의 삶 개관

레위기 24장의 본문은 내용상 크게 두 부분으로 나뉜다. 성막 안의 등잔불 및 진설할 떡을 다루는 전반부(1–9절)와 신성모독 및 인과응보를 다루는 후반부(10–23절)가 그것이다.

레위기 학자들이 갖고 있는 가장 큰 의문점들 중의 하나는 바로 이 레위기 24장의 내용들이 주변 문맥과 어떤 관계를 갖고 있으며, 또한 현재의 자리가 이런 내용들이 놓일 적절한 자리인가 하는 것이다. 그러나 여기에 대해서 매력적이고 자명한 답은 아직까지는 좀 더 찾아야 하는 것으로 보인다.

단지 두 가지 정도의 사항이 어느 정도 이 문제에 대해서 빛을 던져줄 수 있는 가능성이 있다.

첫째, 이미 앞의 "레위기 17–27장의 개관"에서 다룬 바와 같이 24장의 두 단원은 주변 문맥이 갖고 있는 교차대조법적 구조와 관련이 있을 수 있다. 이 구조를 다시 한 번 살펴보자면 다음과 같다.[300]

---

300 John R. Master, "The Place of Chapter 24 in the Structure of the Book of Leviticus", *Bibliotheca Sacra* 159 (2002), 420–423. 이 문헌은 쉬니처, *토라 스토리*, 407–408을 통해서 접근하게 되었다.

A. 18–20장	백성을 향한 가르침
B. 21–22장	제사장을 향한 가르침
X. 23장	종교력
B′. 24:1–9	제사장을 향한 가르침
A′. 24:10–23	백성을 향한 가르침

물론 이미 23장을 다루면서 살펴본 바와 같이 B′(24:1–9) 단원의 주 청중이 "이스라엘 자손"으로 되어 있기 때문에 이 구조는 한계가 있다. 그러나 다른 한편으로는 이 단원의 내용이 성막 안의 등잔대와 여호와 앞에 진열할 떡을 올려 놓은 상의 관리에 대해서 다루고 있고, 관리 담당자가 제사장이기 때문에 위의 구조가 아예 타당성이 없는 것도 아니다.

둘째, 이 장의 후반부의 단원(10–23절)은 어쩌면 레위기의 거시적 구조와 관련이 있을 수 있다. 우리는 앞의 레위기 10장의 나답과 아비후 사건이 레위기 1–16장의 제사 및 정결법의 가르침의 실제성에 대한 예시라는 점을 살펴본 바가 있다. 이와 마찬가지로 신성모독자의 인과응보를 통한 죽음의 에피소드는 레위기 17–27장의 '삶 속에서의 거룩'이란 핵심 주제의 예시일 수가 있다. 24장의 본문 이전에 있는 레위기 본문들은 하나님의 이름을 욕되게 하는 것에 대해서 여러 번 언급하고 있다(레 18:21; 19:12; 20:3; 21:6; 22:2, 32). 욕되게 하는 이유들로는 몰렉 제사(18:21; 20:3), 성물(21:6; 22:2, 32), 거짓 맹세(19:12) 등이다. 이처럼 하나님의 이름을 욕되게 하는 자들 역시 나답과 아비후처럼 실제로 그 죄의 값을 짊어져야 함을 24장 후반부 단원은 예시적으로 보여줄 수 있는 것이다. 그리고 이렇게 볼 때 레위기의 유일한 두 에피소드 본문이 각각 레위기의 전반부(1–16장)와 후반부(17–27장)의 규례 위반에 대한 예시 역할을 한다는 측면에서 본문의 균형성을 보여주고 있을 수 있다.

24장과 관련하여 다음으로 생각해볼 수 있는 문제는 24장의 두 단원(1–9절, 10–23절) 사이에 무슨 관계가 있느냐 하는 것이다. 이 문제 역시 주석가들을 난감하게 하는 문제이다. 그리고 본문에서 답이 있는 것도 아니다. 단지 다음 두 가지 정도의 사항을 향후의 연구를 위해 기억해 둘 필요는 있다.

첫째, 앞 단원(1–9절)과 뒤 단원(10–23절) 사이에 내러티브적으로 연결성이 있을 가능성이 별로 없음에도 불구하고 레위기 저자는 10절에서 이 두 단원 사이에 연결성을 전제하고 있는 듯이 시제를 사용하고 있다. 이 때문에 일부 주석가들은 뒤 단원이 여기에 존재해야 하는 것에 대한 유일한 설명은 이 사건이 앞 단원의 말씀을 모세가 하나님으로부터 받은 직후에 벌어진 것이라고 봐야 한다고 주장하기도 한다.[301] 그러나 이것만으로는 본문의 흐름이 정당화되지는 않는다. 레위기 저자는 얼마든지 내용 구성에 따라 사건들의 시간적 흐름은 재배열할 수 있기 때문이다. 단지 이런 관찰은 저자가 우리 독자들이 아직 눈치채지 못한 뭔가를 의도했을 가능성을 보여준다는 점만은 분명해 보인다.

둘째, 우리는 이 두 본문 사이에 주제적인 연결이 있을 수도 있다는 점을 생각해 볼 수 있다. 전반부 단원(1–9절)이 하나님의 지속적인 임재(등잔대의 불)와 그 임재 앞에 있는 이스라엘 백성(진설한 열두 덩이의 떡)을 상징하는 것이라면 양자의 관계는 서로 간에 대한 사랑과 경외를 통해서 유지되어야 한다. 이스라엘이 하나님을 경외하는지에 대한 가장 직접적 증거들 중의 하나는 하나님의 이름을 얼마나 존귀히 여기느냐 하는 것일 수가 있다. 십계명에서도 하나님과 이스라엘과의 관계의 바탕이 되는 처음 두 계명이 언급된 이후에 하나님과의 관계를 사랑과 미움으로 표현한 내용(출 20:5–6)이 나오고, 그에 바로 이어지는 제3계명은 "네 하나님 여호와의 이름을 망령되이 부르지 말라 여호와는 그의 이름을 망령되게 부르는 자를 죄 없다 하지 아니하리라"는 말씀을 담고 있다(7절). 그리고 이 제3계명의 내용이 정확히 레위기 24장의 후반부(10–23절)의 내용이다. 후반부는 하나님의 이름을 저주한 자를 '죄 없다 하지 않고'(출 20:7) 처벌하는 이야기를 다루고 있는 것이다. 이처

---

301 예를 들어 Rooker, *Leviticus*, 292–293 등. Hartley, *Leviticus*, 396은 Rooker 이전의 학자들 중에서 이런 주장하는 학자들에 대한 간단한 목록을 담고 있다.

럼 하나님의 이름을 망령되이 일컫는 것에 대한 강력한 처벌이 주어지는 이유는 바로 이것이 하나님에 대한 백성의 본질적 태도를 보여주기 때문이다. 하나님을 경외하는 자가 하나님의 이름을 망령되이 일컫거나 저주할 수는 없는 법이다. 이처럼 레위기 24장의 전반부(1–9절)와 후반부(10–23절)는 하나님과 백성 사이의 모범적 관계와 그 관계에 대한 위협의 처벌에 대한 내용으로 묶여 있을 수 있다.

위의 두 번째 사항이 나름대로의 타당성을 갖는다면 첫 번째 사항, 즉 24장의 전반부(1–9절)와 후반부(10–23절)는 시간적으로 바로 연결되어 있는 본문이라는 주장 또한 어느 정도 매력적이 될 수는 있다. 그러나 여전히 저자가 이처럼 시간적, 주제적 연결 고리들을 만들고자 했다면 어휘적 연결 등도 더 첨가했을 것이다. 이런 점에서 24장의 두 본문 사이의 관계는 여전히 주석가들에게 숙제로 남아 있다. 위에서 지적한 두 가지 사항을 바탕 삼아 더 추가적인 연구들이 아직은 필요하다고 본다.

이제 좀 더 세부적인 사항들을 두 가지 다뤄보도록 하자. 먼저 생각해 볼 점은 전반부의 두 단락인 순금 등잔대 본문(1–4절)과 진설병(5–9절) 본문 사이의 관계이다. 이 둘 사이의 관계는 다음 몇 가지 점에서 충분히 찾아볼 수 있다.

첫째, 두 본문 사이에는 많은 어휘들이 공통적으로 나타나 있다.

(1) '순전한'(*자크*, זַךְ)이라는 드문 단어가 이 두 본문에 나타난다. 이 단어는 아래의 "사역 해설"(643쪽)에서 보듯이 오직 '순전한 감람유'(출 27:20; 레 24:2)와 '순전한 유향'(출 30:34; 레 24:7)에만 쓰인 단어이며, 이 레위기 24장에서 연속된 두 개의 본문에만 나타나 있다.

(2) 두 본문 사이의 연결은 '정결한 등잔대'(4절)와 '정결한 상'(6절)에 사용된 '정결한'(*타호르*, טָהֹר)란 단어를 통해서 더욱 강화된다. '정결한 등잔대'란 표현은 출애굽기 31:8; 39:37에도 두 번 더 나오지만 '정결한 상'이라는 표현은 오직 이 구절에만 나오기 때문에 역시 양 본문 사이의 강력한 연결 도구로 간주될 수 있다.

(3) 민 8:1–4에 따르면 등잔대는 앞쪽을 향하도록 되어 있었다. 등잔대의 불은 항상 꺼지지 않게 유지되어야 했는데, 이것은 하나님의 지속적인 임재를 상징하는 것이었다.[302] 그리고 성막 내의 기물들의 배치상 등잔대의 불빛이 향하도록 되어 있는 곳에는 진설병 상이 놓였고, 그 상 위에는 이스라엘 열두 지파를 의미하는 떡이 진열되어 있었다. 이처럼 두 성막 기물은 하나님이 언약 백성인 이스라엘에게 빛을 비추시는 것을 상징하는 형태로 배치되어 있다. 이 경우 두 본문 사이의 연결은 의도적일 수 있다.

(4) 두 본문 사이에는 다른 여러 가지 어휘들이 양자를 연결시키고 있다. '항상'(2, 3, 4, 8절), '영원한 규례'(3, 9절), '관리하다' 혹은 '진열하다'를 의미하는 *아라크*(עָרַךְ) (3, 4, 8절), '여호와 앞'(3, 4, 6, 8절) 등이 그것들이다.

세부적으로 중요한 마지막 사항은 후반부 단원(10–23절) 중 하나님의 명령과 그 실행 부분(13–23절)이 깔끔한 교차대조법 구조를 띠고 있다는 점이다.[303]

A. 24:13–14	저주한 사람을 돌로 치라는 명령
B. 24:15–16	거류민과 본토인에게 법 동일
C. 24:17	사람 목숨은 목숨으로 갚음
D. 24:18	짐승은 짐승으로 갚음
X. 24:19–20	인과응보 원칙
D′. 24:21a	짐승은 짐승으로 갚음
C′. 24:21b	사람 목숨은 목숨으로 갚음
B′. 24:22	거류민과 본토인에게 법 동일
A′. 24:23	저주한 사람을 돌로 침

그리고 인과응보 원칙을 천명하고 있는 X (19–20절) 역시 다시 세부적으로 다음과 같이 교차대조법 구조를 띠고 있다.

---

302 Sklar, *Leviticus*, 288.

303 게리 쉬니처, *토라 스토리* (서울: 솔로몬, 2014), 423.

a. 24:19 행한 대로 당해야 함

x. 24:20a "상처에는 상처, 눈에는 눈, 이에는 이"

a′. 24: 20b 행한 대로 당해야 함

이런 본문들 사이의 연결과 본문 내의 짜임새 있는 구조는 24장의 본문들이 공들여 작성된 것임을 보여준다. 따라서 비록 우리 독자들이 미처 파악하지 못한 부분들이 있더라도 우리는 신중함과 존중심을 가지고 본문을 연구해야 한다.

1단계: 사역

24:1 여호와께서 모세에게 말씀하셨다.

24:2 이스라엘 자손에게 명령하여 그들이 너에게 빻아서 만든 순전한 감람유를 등불을 위해 가져오게 해서 등잔불이 항상 타고 있게 해라.

24:3 회막 안 증거궤 휘장 밖에서 아론은 저녁부터 아침까지 여호와 앞에서 항상 그것을 관리해야 한다. 이것의 너희 대대의 영원한 규례이다.

24:4 그는 여호와 앞에서 정결한 등잔대 위의 등잔들을 항상 관리해야 한다.

24:5 너는 곡식 가루를 취하여 그것으로 열두 개의 떡을 구워라. 각 떡은 십분의 이 에바이다.

24:6 여호와 앞 정결한 상 위에 두 줄로 한 줄에 여섯 개씩 진열하여라.

24:7 너는 또 그 각 줄 위에 순전한 유향을 올려 놓아라. 그것이 기념물 곧 여호와를 위한 화제이다.

24:8 이 떡은 매 안식일마다 여호와 앞에서 항상 진열되어야 한다. 이것은 이스라엘 자손에게 영원한 언약이다.

24:9 또한 이것은 아론과 그의 자손에게 속한 것이다. 그들은 그것을 거룩한 곳에서 먹도록 하여라. 이것은 여호와의 화제 중 그에게 돌리는 지

극히 거룩한 것이다. 이것은 영원한 규례이다.
24:10 이스라엘 자손 중에서 어머니가 이스라엘 사람이고 아버지는 애굽 사
람인 사람이 이스라엘 가운데로 나왔다. 그리고 그 이스라엘 여인의
아들과 어떤 이스라엘 사람이 진중에서 싸웠다.
24:11 그런데 그 이스라엘 여인의 아들이 여호와의 이름을 모독하고 저주
하였다. 그러자 사람들이 그를 모세에게 데리고 갔다. 그의 어머니의
이름은 슬로밋이고, 단 지파 사람인 디브리의 딸이었다.
24:12 사람들이 그를 감금하고 여호와의 명령에 따라 자기들에게 결정이 내
려지기를 기다렸다.
24:13 여호와께서 모세에게 말씀하셨다.
24:14 그 저주한 사람을 진영 밖으로 끌어내라. 그리고 들은 모든 사람이 자
신들의 손을 그의 머리에 얹어라. 그리고 온 회중이 돌로 그를 쳐라.
24:15 그리고 너는 이스라엘 자손에게 말하여라. 누구든지 자기 하나님을
저주하면 죄를 짊어져야 한다.
24:16 그리고 여호와의 이름을 모독하는 자는 반드시 죽임을 당해야 한다.
온 회중이 반드시 돌로 그를 쳐야 한다. 거류민이든지 본토인이든지
여호와의 이름을 모독하면 죽임을 당해야 한다.
24:17 사람의 생명을 친 자는 반드시 죽임을 당해야 한다.
24:18 짐승의 생명을 친 자는 그것을 물어줘야 한다. 즉 짐승으로 짐승을 대
신해야 한다.
24:19 사람이 만약 자기 주변 사람에게 상해를 입혔으면 그는 자기가 행한
대로 행함을 당해야 한다.
24:20 상처에는 상처로, 눈에는 눈으로, 이에는 이로 갚아라. 남에게 상해
를 입힌 그대로 그에게 상해가 입혀져야 한다.
24:21 짐승을 죽인 자는 그것을 물어줘야 한다. 그리고 사람을 죽인 자는 죽
임을 당해야 한다.
24:22 거류민에게든지 본토인에게든지 판결은 동일하다. 나는 여호와 너희

하나님 여호와이다.

24:23 모세가 이스라엘 자손에게 [이렇게] 말했다. 그러자 그들이 그 저주한 자를 진영 밖으로 끌어내고, 돌로 쳤다. 이스라엘 자손이 여호와께서 모세에게 명령하신 대로 행했다.

2단계: 사역 해설

24:2 "순전한" *자크*(זָךְ)

구약성경에 총 11번 나오는 이 단어는 지혜서에서 사람의 성품을 나타낼 때 사용된 경우(총 7회)를 빼고는 전부 오경에 나온다(출 27:20; 30:34; 레 24:2, 7). 즉 출애굽기에 두 번, 레위기에 두 번이 나오며, 각각 '순전한 감람유'(출 27:20; 레 24:2)와 '순전한 유향'(출 30:34; 레 24:7)을 지칭하는데 두 번씩 사용되고 있다. 이 단어는 '순결한'(pure), '깨끗한'(clean)이란 뜻을 갖고 있다.

24:3 "관리해야 한다"

동사는 '진열하다, 배열하다'(to arrange, put in order)는 뜻을 가진 *아라크*(עָרַךְ)이다. 그러나 현재 문맥에서는 이 동사는 등불과 관련된 모든 관리 업무를 의미하는 것으로 생각된다.[304] 사역은 이 점을 반영하였다.

24:7 "기념물" *아즈카라*(אַזְכָּרָה)

이 단어의 자세한 의미 및 논의는 레위기 2:2의 "사역 해설"(106–107쪽)을 보라. 이 단어는 소제에서 한 움큼을 집어서 하나님께 드린 부분을 지칭하는 용어이다. 그 외의 나머지는 제사장의 몫으로 돌려졌다.

---

304 Hartley, *Leviticus*, 395. Hartley는 또한 John Durham, *Exodus* (WBC 2; Waco: Word, 1987), 379, n. 21.a에 기초하고 있다.

24:8 "진열되어야 한다"

동사는 3절의 '관리해야 한다'의 원어인 *아라크*(עָרַךְ)와 동일하다. 문맥상 자연스러운 번역을 위해 할 수 없이 다른 한국어 단어로 번역했지만 원문상으로는 이 두 단어는 동일하다.

24:18 "짐승으로 짐승을" *네페쉬 타하트 네페쉬*(נֶפֶשׁ תַּחַת נָפֶשׁ)

직역을 하자면 "생명으로 생명을"이다. 그러나 이렇게 직역하면 그 생명이 사람의 생명인지 짐승의 생명인지 불분명하므로 "짐승으로 짐승을"로 의역하였다.

3단계: 단락 구분

앞의 개관에서 살펴본 바와 같이 이 장의 본문은 크게 세 부분으로 나뉜다. 여기에 도입부 등을 고려해 조금 더 세분화해보면 다음과 같다.

• 24:1–2a	도입부
• 24:2b–4	등잔의 관리
• 24:5–9	진열한 떡의 관리
• 24:10–23	신성모독자의 처벌
24:10–13	신성모독 사건
24:14–23	하나님의 심판과 시행

4단계: 본문 해설

24:1-2a 이 도입부 본문은 기본적으로는 새로운 단원의 시작의 신호로서 레위기의 통상적인 틀을 따라 "여호와께서 모세에게 말씀하셨다"란 도입 문구와 더불어 주 청중이 누구인지를 밝히고 있다. 23–27장의 모든 장들이 다 그렇듯이 이 장의 청중 역시 "이스라엘 자손"이다.

그러나 레위기의 다른 본문들에서는 주 청중에 대한 소개와 더불어 '말하다'란 단어가 쓰이고 있는 반면에 이 2a절에서는 '명령하다'(*짜봐*, צָוָה)란 단어를 사용하고 있다는 점에서 차이가 있다.[305] 그러나 이런 점은 출애굽기 27:20의 등잔대 본문과의 연관 속에서 이런 것으로 보인다. 후자의 본문이 밝히고 있는 바와 같이 성막 내부를 밝히기 위해 등잔대에 사용될 기름은 이스라엘 자손이 헌납해야 하는 것이었다. 물론 그 기름의 관리는 제사장들이 해야 했지만 말이다.

24:2b-4 이 본문의 내용은 출애굽기 27:20–21과 상응한다. 이스라엘은 "빻아서 만든 순전한 감람유"를 봉헌하고, 제사장들은 그것으로 불이 꺼지지 않게 항상 관리를 해야 했다.

이 짧은 단락 속에 "여호와 앞에서 항상"이란 표현이 두 번이나 반복되고 있다(3, 4절). 그 이유는 아마 이 등잔 불빛이 여호와의 임재를 상징했기 때문인 것으로 보인다.[306] '등불이 켜져 있고, 빵이 식탁에 있으면 누군가 '집에' 있는 것이다.'[307] 이처럼 켜져 있는 불빛이 하나님의 임재를 상징했기 때문에 제사장들은 이 불빛이 꺼지지 않도록 해야만 했다. 이런 면에서 이것은 반드

---

305 Hartley, *Leviticus*, 397.

306 Sklar, *Leviticus*, 288.

307 R. E. Averbeck, "Tabernacle", in T. D. Alexander and D. W. Baker (eds.), *Dictionary of the Old Testament: Pentateuch* (Grand Rapids: IVP Academic, 2003), 815. 이 재미있는 설명은 Sklar, *Leviticus*, 289에서 재인용한 것이다.

시 지켜져야 하는 "영원한 규례"였다.

24:5-9 이 본문은 여호와 앞에 항상 진설해 두어야 할 떡에 대해서 다루고 있다. 이 떡은 총 열두 개를 만들어야 했으며, 각 떡은 2/10 에바(약 4.4리터)로 만들어졌다.[308] 그러니 굉장히 크기가 컸을 것이다. 그리고 이 떡 위에는 '순전한 유향'을 올려 놓았는데, 이것은 "기념물 곧 여호와를 위한 화제"였다(7절).[309]

열두 개의 떡은 이스라엘 열두 지파를 상징하는 것으로 보이며, '하나님 앞에 항상' 진열되어 있어야 했다(8절). 앞의 개관에서 언급한 바와 같이 떡이 등잔대 정면에 놓여 있고, 등잔불이 이 떡을 향해 항상 비취도록 되어 있는 것을 볼 때 이 둘의 조합은 하나님과 그의 백성의 지속적 관계를 나타내는 것이었다. 따라서 이것은 "영원한 언약"을 상징한다고 볼 수 있다(8절).

또한 이 떡은 다른 소제들과 마찬가지로 제사장의 몫으로 돌려졌다. 그리고 이 떡이 "영원한 언약"의 상징이자 하나님 앞에서 언약 백성의 상징이었기 때문에 이 떡과 관련된 규례는 "영원한 규례"였다(9절).

24:10-12 이 단락은 다툼 중에 하나님의 이름을 모독하고 저주한 한 혼혈인의 심판과 처형에 대한 이야기를 담고 있다. 그가 신성모독을 한 사건은 13-23에서 하나님께서 율법의 가장 핵심 원칙 중의 하나인 인과응보의 원칙(출 21:23-25)을 다시 한 번 분명하게 천명하시는 계기가 되고, 이 혼혈인은 이 원칙에 따라 처형을 당한다.

내레이터는 이 사람의 어머니가 이스라엘 사람이고 아버지는 애굽 사람이라는 사실을 처음부터 밝히고, 또 그 어머니의 이름과 출신 지파 등에 대해서 아주 상세한 정보를 제공하고 있다. 아마 그 이유는 그의 혼혈인으로서의 정

---

308 Levine, *Leviticus*, 165.

309 이 인용부호 속의 표현들을 위해서는 레위기 2:2의 "사역 해설"(106-107쪽) 및 "본문 해설"(111쪽)을 참고하라.

체성이 이런 인과응보의 적용 범위가 '거류민에게든지 본토인에게든지'(16, 22절) 동일하게 적용된다는 것을 보여주기 좋기 때문이 아닌가 생각된다.

사람들은 그가 신성모독을 하는 것을 목격하고 그를 감금한 상태에서 하나님의 결정을 기다린다. 이런 생생한 묘사는 사건의 현장성을 좀 더 부각시켜주는 것으로 보인다.

24:13-23 이 단락은 앞에서 벌어진 사건의 판결에 대해서 백성들이 기다리는 가운데 주어진 하나님의 인과응보의 원칙의 말씀과 그 원칙에 따른 처형을 담고 있다. 앞의 개관에서 본 바와 같이 이 본문은 아주 잘 구성된 교차대조법적 구조를 갖고 있다. 그리고 그 중심에는 "상처에는 상처로, 눈에는 눈으로, 이에는 이로 갚아"라는 인과응보의 원칙을 정리한 핵심 문장이 들어 있다(20절).

24:13의 도입구에 이어 14절에서 하나님은 저주한 사람을 진영 밖으로 이끌어내어, 그의 신성모독을 목격한 자들이 그의 머리에 손을 얹고, 온 회중이 돌로 치라고 명령하셨다. 아마 진영 밖으로 끌고 가서 처형하는 이유는 죄인의 피로 인해 진이 부정해지는 것을 막기 위해서였을 것이다.[310]

24:15-16은 하나님의 이름을 모독하면 반드시 돌로 쳐죽일 것이며, 이 법이 이스라엘 본토인과 거류민 모두에게 동일하게 적용됨을 밝히고 있다. 현대의 세속화된 사회의 시각에서 볼 때는 이런 처벌이 너무 과한 것으로 여겨질 수 있다. 그러나 다음의 몇 가지 점을 생각해봐야 한다.

첫째, 하나님의 이름을 모독하는 것은 십계명의 제3계명의 위반이다. 또한 오경의 제의법들은 거룩하신 하나님과 함께하는 것이 얼마나 치명적인 위험을 갖고 있는 것인지에 대해서 누누히 밝혀 왔다. 레위기 10장에서 나답

310 Sklar, *Leviticus*, 291–292.

과 아비후는 "여호와께서 명령하시지 아니하신 다른 불을 담아" 가지고 하나님께 다가가다가 죽임을 당했다. 그런데 거룩하신 하나님의 이름을 모독하는 행위는 이것보다 훨씬 더 심한 죄였다. 이것은 하나님의 거룩 그 자체를 훼손하는 것이었다. 따라서 그런 자들 역시 죽음을 당할 수밖에 없는 것은 레위기의 체계 속에서는 당연한 귀결이다.

둘째, 오경의 율법은 부모 공경을 강조하고, 그 부모를 함부로 대하는 것에 대해서 경고하고 있다. 특히 부모를 저주하는 경우에는 죽임을 당하는 처벌을 받는 것을 규정하고 있다(출 21:17 레 20:9; 신 27:16; 참고, 잠 20:20). 만약 부모를 저주하는 것만으로 사형을 당해야 한다면 그 부모보다 훨씬 더 지존하신 하나님의 이름을 저주하는 것이 사형죄에 해당한다는 것은 너무나도 당연한 일이다.

24:17–21은 인과응보의 대원칙을 천명하고 있다. 죄인은 자신이 지은 죄에 대해서 그에 상응하는 벌을 받아야만 한다는 점을 교차대조법적 구조를 통해서 상세하게 언급하고 있다(앞의 개관 참고). 사랑을 강조하는 현대 기독교인들에게 있어서 이런 인과응보의 원칙은 불편하게 느껴질 수 있다. 그러나 사실 모든 정의의 근간은 인과응보이다. 인과응보가 없는 정의란 존재할 수가 없다. 오직 정의가 먼저 굳건히 선 후에야 사랑과 관용이 이야기될 수 있다.

24:22은 다시 한 번 이 인과응보의 원칙이 이스라엘 본토인이나 거류민에게 동일함을 밝힌다. 그리고 23절이 신성모독자에게 법이 집행된 것을 서술하고 24장이 마무리된다. 이렇게 해서 레위기 내에서 내러티브 형식으로 된 유일한 다른 본문인 레위기 10장과 더불어 24:10–23의 본문은 거룩하신 하나님의 백성으로 살아가는 것이 무엇인지를 예시해준다. 거룩하신 하나님과 함께하는 삶은 그의 거룩성을 훼손하지 않는 것이어야 한다.

5단계: 적용

24:1-9 하나님의 임재를 상징하는 성막의 등불과 그 앞에서 살아가는 이스라엘 열두 지파를 상징하는 떡은 하나님과 그 백성 사이의 모습을 형상화하고 있다. 이 본문에서 계속 반복되는 단어처럼 성도는 '여호와 앞에서 항상' 같은 모습을 가져야 한다.

24:11 하나님을 경외하는 것은 우리의 입을 조심스럽게 관리하는 것을 통해서 가장 잘 드러난다. 야고보 사도의 말과 같이 "스스로 경건하다 생각하며 자기 혀를 재갈 물리지 아니하고 자기 마음을 속이면 이 사람의 경건은 헛것"이다(약 1:26). 하물며 그 입으로 하나님께 외람된 말을 한다면 그것은 더욱 더 경건과는 먼 일이 될 것이다.

24:19-20 많은 사람들이 느끼기에 현재 한국 사회는 심각하게 병들어 있다. 그리고 그렇게 느끼는 가장 큰 이유는 사법 정의가 제대로 시행되지 않기 때문이다. 최근에는 자기 애인을 죽여서 콘트리트 속에 암매장한 사람이 겨우 징역 3년을 선고받았다. 또 몇 조나 되는 액수의 사기를 치고, 수십만 명에게 피해를 입힌 사람이 법망을 피해가는 일이 몇 번이나 있었다. 나라의 근간을 흔드는 국방 비리에 역시 수 조원의 돈을 착복하고도 생계형 비리라고 무죄가 선고되는 일도 있었다. 이런 일들이 우리 나라에서 너무 많이 벌어지고 있다.

그러나 이런 현상은 결코 성경적이지 않다. 성경이 가르치고 있는 대원칙은 인과응보이다. '상처에는 상처, 눈에는 눈, 이에는 이'가 성경적 심판의 원칙이다. 우리 기독교는 이런 면에서도 성경의 사상을 바탕으로 사회변혁적 행동들을 할 수 있어야 한다고 생각한다. 세상이 원칙이 무너져갈 때 온 세상의 주인이신 하나님의 말씀으로 무장한 거룩한 백성이 이 사회에 바른 원칙을 외쳐야 한다고 생각한다.

6단계: 설교 "코람 데오의 신앙으로 살라"(레 24:1-9)

오늘 본문은 성막의 내부인 성소에 놓은 두 기구에 대한 내용을 담고 있습니다. 첫 번째 것은 정결한 등잔대입니다(1-4절). 그리고 두 번째 것은 하나님 앞에 진설해야 할 떡을 올려놓는 정결한 상입니다(5-9절).

이스라엘 백성들은 특별한 방식으로 준비한 순전한 감람유(출 27:20-21)를 성막 안의 등잔대에 부어 그것으로 등불을 피우고, 절대로 그 등불이 꺼지지 않게 유지해야 했습니다.

또 이스라엘은 하나님의 백성인 자신들을 상징하는 떡을 열두 덩이를 만들어서 특별한 방식으로 준비한 순전한 유향(출 30:34-38)을 그 위에 올린 후에 그것을 성막 안의 정결한 상 위에 한 주일 동안 진열하였습니다.

이 떡을 진열한 상은 성막의 성소 내에서 앞의 등잔대와 서로 마주 보는 형태로 배치되어 있었던 것으로 보입니다. 그리고 이것은 언약 관계에 있는 거룩하신 하나님과 그의 백성이 서로를 마주 보고 있는 것을 나타내는 것으로 생각됩니다. 이 경우 등잔대와 떡의 조합은 이스라엘 백성이 항상 하나님의 임재 앞에서 살아가는 것을 상징합니다.

본문으로부터 우리는 다음의 몇 가지 교훈을 얻을 수 있습니다.

첫째, 우리 성도는 '코람 데오'(coram deo)의 정신으로 살아가야 합니다. 이 코람 데오는 라틴어로, '하나님 앞에서'(in front of God)라는 뜻을 갖고 있습니다. 이 문구는 종교개혁자들의 가장 중요한 문구들 중의 하나였습니다. 그들에게 있어서 성도는 곧 항상 하나님 앞에 서 있는 것처럼 사는 사람들을 의미했습니다. 이처럼 코람 데오의 정신, '하나님 앞에서'의 정신, 곧 신전 의식(神前 意識)은 신앙의 본질입니다.

아마 21세기에 세계에서 가장 큰 영향력을 미친 사람을 뽑으라고 하면 많은 이들이 스티브 잡스를 뽑을 것입니다. 그가 이룩한 기술적 혁신은 21세기의 세계의 많은 사람들의 삶의 모습을 바꾸어 놓았습니다. 그가 그럴 수 있었던 데는 그의 완벽주의가 크게 작용했다고 많은 사람들은 생각합니다.

그와 관련된 일화 중 이런 것이 있습니다. 그는 어떤 제품을 개발할 때 처음부터 자신이 창조해낼 다음 세대의 제품과 디자인을 먼저 구상하고는 그의 회사의 개발자들이 그의 구상 속의 제품과 디자인을 현실화시킬 것을 요구하는 경우가 많았습니다. 그리고 이런 개발 방식은 개발자들에게는 크나큰 고통거리와 숙제거리인 경우가 많았습니다. 당대의 기술로는 생각할 수 없는 것을 생각하기 힘든 디자인에 구겨 넣는 일은 당연히 어려울 수밖에 없었던 것입니다.

그럼에도 불구하고 어찌어찌해서 겨우 새로운 제품을 만들어 새로운 기술을 혁신적 디자인 속에 구겨 넣어 가면 스티브 잡스는 겉은 됐는데 속의 부품의 배열이 마음에 안 든다고 트집을 잡고는 했다고 합니다. 그래서 한 번은 어떤 기술자가 따졌다고 합니다. "도대체 제품의 속을 누가 본다고 그래요?" 그러자 스티브 잡스가 화를 버럭 내며 대꾸했다고 합니다. "내가 봅니다. 내가 본다고요." 스티브 잡스의 애플 신화는 이처럼 제품의 겉뿐만 아니라 속까지 완벽하고자 했던 그의 철저함과 열정이 만들어낸 것입니다.

저는 코람 데오의 정신이란 것도 결국은 이런 것이 아닐까 생각합니다. 우리가 하나님 앞에서 살아갈 때 그것은 사람이 보든지 안 보든지 항상 하나님 앞에 서 있는 것과 같은 마음을 가지고 살아가는 것이라고 생각합니다. 마치 성막의 등잔대 앞에 있는 진열되어 있는 떡이 항상 하나님의 임재 앞에서 서 있는 언약 백성을 의미하듯이 말입니다. 이처럼 코람 데오의 정신으로 살아가는 성도는 사람들이 보든 보지 않든 항상 하나님이 바라보고 계심을 인식하고 거룩하고 정결한 살아가야 합니다. 따라서 사람들이 있을 때와 없을 때 행동거지가 달라지는 사람은 진정한 의미에서 신앙인이라 할 수 없습니다.

둘째, 하나님의 백성은 자신의 삶의 모든 시간을 이렇게 코람 데오의 정신으로 살아야 합니다. 오늘 본문에서 이스라엘 백성들은 등잔대의 등불이 '항상 타고 있게' 해야 했습니다(2절). 또한 이 등잔대를 마주 보고 있는 곳에 진열되어 있는 떡은 매 안식일마다 새로운 것으로 바꾸어, 역시 항상 등잔대 앞에 놓여 있게 해야 했습니다. 즉 하나님의 임재를 상징하는 등불과 언약 백성을 상징하는 떡이 항상 같은 모습으로 유지되어야 했던 것입니다. 따라서 코람 데오의 정신으로 살아가는 모든 성도는 자신의 삶의 모든 시간을 다 하나님 앞에서 사는 자처럼 살아가야 합니다. 성도의 시간은 주일만 거룩한 것이 아닙니다. 일주일의 모든 시간이 다 거룩한 것입니다.

셋째, 언제나 코람 데오의 정신으로 살아가는 성도는 그 정신을 자신의 삶의 구체적인 영역에서 보여줘야 합니다. 오늘 본문인 레위기 24장의 후반부(10-23절)는 바로 이런 점에서 실패한 한 사람의 이야기를 담고 있습니다. 이스라엘인 어머니와 애굽인 아버지를 둔 한 사람이 이스라엘 백성 중 한 명과 싸우는 중에 하나님의 이름을 모독하고 저주했습니다(11절). 이 사람은 이스라엘 백성 중에서 살면서 본문이 말씀하고 있듯이 '거류민', 즉 이스라엘의 신앙에 일정 수준 이상으로 동화된 자였지만 불행히도 그는 하나님의 임재를 충분히 의식하고 살지는 못했던 것으로 보입니다. 그래서 그는 신앙을 가진 사람이 해서는 절대 안 되는 일, 즉 하나님의 이름을 모독하고 저주하는 참람한 일을 행합니다. 그 결과 그는 이런 문제에 대한 처리의 모델이 됩니다. 하나님의 이름을 모독하는 자는 돌로 죽임을 당해야 한다는 규례가 이렇게 해서 만들어집니다.

반면에 우리는 하나님 앞에서 거룩한 삶을 살면서 진정으로 하나님에 대한 존중을 가지고 살아가는 자가 가진 복들에 대해서도 많은 예들을 성경에서 찾아볼 수 있습니다. 아마 그중에서도 가장 돋보이는 예들로는 한 백부장의 이야기가 있습니다(마 8:5-13). 이 백부장은 자기 집의 종이 중풍으로 고생하는 것을 낫게 해달라고 예수께 간구하기 위하여 나아옵니다. 예수님이 그의 집으로 가시겠다고 하자 그는 성경의 모든 신앙인들의 입에서 나올 수 있는 말들 중에서 가장 기념비적인 말들 중의 하나를 합니다. "주여 내 집에 들어오심을 나는 감당하지 못하겠사오니 다만 말씀으로만 하옵소서 그러면 내 하인이 낫겠사옵나이다 나도 남의 수하에 있는 사람이요 내 아래에도 군사가 있으니 이더러 가라 하면 가고 저더러 오라 하면 오고 내 종더러 이것을 하라 하면 하나이다"(8-9절). 군인으로서 그는 자신보다 높은 권위에 순종하는 법을 압니다. 그리고 가장 높으신 권위 앞에 어떤 태도를 보여야 하는지도 압니다. 그래서 그는 예수님 앞에서 자신이 보일 수 있는 가장 큰 존경을 보입니다. 그에 대해서 마태는 예수님이 "놀랍게 여겼다"고 말씀하고 있습니다(10절, 또한 눅 7:9의 평행본문). 이 본문은 예수께서 이스라엘 사람들의 믿음 없음에 놀라신 것(막 6:6)을 제외하고는 유일하게 놀라움을 표시하신 본문입니다. 이어서 예수님은 "내가 진실로 너희에게 이르노니 이스라엘 중 아무에게서도 이만한 믿음을 보지 못하였노라 또 너희에게 이르노니 동서로부터 많은 사람이 이르러 아브라함과 이삭과 야곱과 함께 천국에 앉으리라"(마 8:10-11)로 칭찬하십니다. 그리고는 예수님은 그의 종을 치료해 주십니다. 그는 예수님에 대한 큰 존중심을 가진 결과로 단순히 자기 종만 치유 받은 것이라 구원의 약속까지 받게 된 것입니다.

이렇듯 코람 데오의 정신으로 사는 사람은 항상 하나님 앞에서 살아가는 자처럼 살아가야 합니다. 하나님이 항상 자기 앞에 서 계시는 것을 느끼며 살아가야 합니다. 그 하나님에 대한 경외감과 존중감을 가지고 살아가야 합니다.

레위기 25장

안식년과 희년

❑ 안식년과 희년 개관

여기에서는 안식년과 희년에 대해서 다루고 있는 25장에 대한 제반 사항을 개관하도록 하겠다. 가장 먼저 살펴볼 사항은 25–27장이 한 묶음으로 되어 있다는 점이다. 이 장들 사이의 연결은 최소한 두 가지 점에서 찾아 볼 수 있다. 첫째, 레위기의 세 번째 큰 단원(17–27장)의 마지막을 장식하고 있는 이 세 장은 교차대조법적 구조를 통해 하나로 묶여 있다. 이 구조의 가운데 자리는 언약의 준수에 따른 축복과 저주를 담고 있는 26장이 차지하고 있으며, 그 앞과 뒤를 희년에 대한 내용을 가진 이 25장과 27장이 감싸고 있다.

25장		희년
	26장	언약의 축복과 저주
27장		희년

25–27장의 두 번째 연결고리는 '시내 산'에 대한 언급이다. 이 언급은 레위기 전체에서 7:38을 제외하고는 이 세 장에만 나온다(25:1; 26:46; 27:34). 이 점 역시 앞의 교차대조법 구조와 더불어 이 세 장 사이의 밀접한 관계를

보여주고 있다.

이처럼 세 장으로 구성된 레위기의 마지막 단원의 첫 자리를 차지하고 있는 25장은 크게 안식년(1–7절)과 희년(8–55절)이라는 구약의 중요한 종교 및 사회경제적 체계를 다루고 있는데, 이 두 가지 안식 체계는 23:2–3에서 다룬 바 있는 안식일 체계의 확장판이라고 할 수 있다. 안식일이 7일의 마지막 날에 안식을 갖는 것이라면, 안식년은 7년의 마지막에 안식을 갖는 것이고, 희년은 일곱 번의 안식년이 지난 후 쉬는 것으로서, 안식년의 상위 개념이라고 할 수 있기 때문이다.[311]

25장의 안식년 및 희년의 정신과 신학은 23절이 제공하고 있다. "토지를 영구히 팔지 말 것은 토지는 다 내 것임이니라 너희는 거류민이요 동거하는 자로서 나와 함께 있느니라." 여기에서 핵심은 두 가지이다.

첫째, 이스라엘 백성의 땅의 주인은 하나님이다. 모든 토지는 다 그에게 속한 것이다.

둘째, 이스라엘은 주인이신 하나님의 땅에 '거류민과 동거하는 자'의 신분으로서 사는 것이다.

여기에서 나올 수 있는 신학적 메세지들은 명백하다.

첫째, 이스라엘은 땅이 자기 소유라고 생각해서는 안 된다. 그들은 주인이신 하나님의 은혜로 그 땅에 얹혀 살게 된 자들일 뿐이다.

둘째, 땅의 주인은 하나님이시기 때문에 토지를 어떤 방식으로 운용할 것인지에 대한 결정권은 하나님에게 있다. 그 땅에 곡식을 심든지, 아니면 그냥 놀리든지, 또는 놀려도 얼마를 놀릴 것인지 하는 것 등에 대한 모든 결정권은 소유자이신 하나님의 몫이다.

셋째, 그 땅에 얹혀 사는 사람들의 삶의 모습과 방식의 결정자 역시 땅의 소유자인 하나님이시다. 하나님의 이런 권리를 거부하는 자는 그 땅에 살 자

311 희년이 일곱 안식년, 즉 49년이 지난 그 다음 해인 제 50년을 의미하는지, 아니면 제 49년을 특별한 이름으로 부르는지에 대해서는 논란이 많다. 이에 대한 논의는 10절의 "본문 해설"(667–669쪽)에서 다루도록 하겠다.

격이 없다.

그러면 하나님께서 원하시는 그 땅의 사람들의 삶의 모습과 방식의 핵심은 무엇인가? 그것은 하나님과의 바른 관계, 즉 경건이 꼭 제의적인 것만이 아니라 사회, 윤리, 경제적인 것이기도 하다는 것이다. 이 본문은 하나님의 소유인 땅의 사용 문제, 땅을 사고 파는 것의 문제, 그 땅에 사는 사람들의 자유의 문제 등을 다루고 있는데, 이런 점들은 모두 하나님과의 바른 관계가 이런 자연 및 사람과의 바른 관계에 직결된다는 것이다.

그리고 이런 점을 가장 분명히 밝혀주고 있는 구절들은 17, 36, 43절 등이다. 다음의 인용에서 보듯이 이 구절들은 전부 하나님 경외를 사회적 윤리와 강하게 연결시키고 있다.

17절 "너희 각 사람은 자기 이웃을 갈취하지 말고 네 하나님을 경외하라."
36절 "너는 그에게서 이자나 이득을 취해서는 안 된다. 너는 네 하나님을 경외하여 네 형제가 너와 함께 생활하게 하여라."
43절 "너는 그를 혹독하게 대해서는 안 된다. 너는 네 하나님을 경외하여라."

이제 25장의 구체적인 내용을 살펴보자면 다음과 같다.

첫째, 1–7절은 안식년(1–7절)에 대해서 다루고 있다. 이 안식년은 이어서 다뤄지는 희년으로 확장되며, 희년을 통해서 궁극적으로 완성된다.
둘째, 8–55절의 희년 규례는 다음의 몇 가지 내용을 담고 있다.
25: 8–17은 희년의 기본 규례에 대해서 언급하고 있고,
25:18–22은 안식년과 희년을 잘 지킬 때의 축복에 대해서 다루고 있다.
25:28–38은 희년에 빚진 자의 땅의 회복에 대해서 다루고 있고,
25:39–55은 희년에 빚 때문에 종이 된 자의 해방에 대해서 다루고 있다.

이 희년은 구약의 나중 본문들에서 거의 언급되지 않는다. 그러나 이것이 종말론적인 유토피아의 원형으로서 작용하는 것을 여러 군데서 찾아볼 수 있다. 이사야서 61:1-3은 하나님의 소명을 받은 한 기름 부음 받은 종의 사명에 대해서 언급하고 있는데, 여기에서 1절의 '자유를…선포하며'라는 표현(*카라 드로르*, קָרָא דְרוֹר)은 이 본문을 빼놓고는 오직 레위기 25:10에만 나오는 표현이다.[312] 그리고 예수 그리스도께서 자신의 사역의 시작을 선포하실 때 회당에서 이 말씀을 낭독하셨다(누가복음 4:17-19). 이런 면에서 볼 때 희년은 하나님의 백성들이 누릴 궁극적인 해방과 자유와 회복을 형상화한 것이라고 할 수 있을 것이다.

1단계: 사역

25:1 여호와께서 시내 산에서 모세에게 이르셨다.

25:2 이스라엘 자손에게 말하며 그들에게 일러라. 내가 너희에게 주는 땅에 들어갔을 때 너희는 그 땅이 여호와 앞에서 안식하게 하여야 한다.

25:3 너는 육 년 동안 네 밭에 파종하며 육 년 동안 그 포도원을 가꾸고, 그 소출을 거두어라.

25:4 그러나 일곱째 해에는 그 땅의 특별한 안식의 기념을 위한 안식, 곧 여호와께 대한 안식이 있어야 한다. 너는 네 밭에 파종하지 말고 포도원도 가꾸지 말라.

25:5 네가 소출을 거둔 후에 자라난 것을 거두지 말고 가꾸지 않은 포도나무가 맺은 열매를 거두지 말라. 이것은 땅을 위한 특별한 안식의 기념을 위한 해이다.

25:6 땅의 안식년의 소출은 너희, 곧 너와 네 남종과 네 여종과 네 품꾼과

312 John D. W. Watts, *Isaiah 34-66* (Rev. Ed.; WBC 25; Nashville: Thomas Nelson, 2005), 873.

너와 함께 거류하고 있는 네 집의 체류자와
25:7 네 가축과 네 땅에 있는 들짐승들을 위한 것이다. 그것의 소출은 [너
희 모두가] 먹을 것이다.
25:8 너는 일곱 번의 안식년을 세어라. 칠 년이 일곱 번이다. 안식년 일곱
번이니 사십구 년이다.
25:9 일곱째 달 곧 그 달 10일에 신호 나팔을 불어라. 곧 속죄일에 너희의
온 땅에서 나팔을 불어라.
25:10 너희는 오십 년째 해를 거룩하게 하라. 그리고 그 땅에 있는 모든 주
민을 위하여 해방을 선포하라. 이 해는 너희에게 희년이다. 너희는
각자 자기 소유지로 돌아가고, 각자 자기의 친족에게 돌아가라.
25:11 그 오십 년째 해는 너희에게 희년이다. 너희는 파종하지 말고 스스로
자란 것을 거두지 말고 가꾸지 않은 포도를 거두지 말라.
25:12 이것은 희년이다. 너희에게 거룩한 것이 될 것이다. 너희는 밭의 소
출을 먹을 것이다.
25:13 이 희년에는 너희는 각자 자기의 소유지로 돌아가라.
25:14 네 주위 사람에게 무엇을 팔든지 네 주위 사람의 손에서 무엇을 사든
지 간에 너희 각 사람은 상대방을 갈취해서는 안 된다.
25:15 그 희년 후의 연수를 따라서 너는 주위 사람에게서 살 것이요 그도 소
출을 얻을 연수를 따라서 너에게 팔아야 한다.
25:16 연수가 많으면 너는 그것의 값을 많이 매기고 연수가 적으면 너는 그
것의 값을 적게 매겨라. 즉 그는 소출의 다소를 따라서 너에게 팔아
야 한다.
25:17 너희 각 사람은 자기 이웃을 갈취하지 말고 네 하나님을 경외하라 나
는 여호와 너희 하나님이다.
25:18 너희는 내 규례를 행하고 내 법도를 지키고 그것을 행하여라. 그러면
너희가 그 땅에 안전하게 거주할 것이다.
25:19 땅은 자기 열매를 낼 것이며, 너희가 배불리 먹을 것이다. 그리고 너

희가 거기에 안전하게 거주할 것이다.
25:20 만약 너희가 말하기를 우리가 파종하지도 않고 우리의 소출을 거두
지도 못한다면 우리가 일곱째 해에는 무엇을 먹을 것인가 하고 말한
다면
25:21 내가 여섯째 해에 너희를 위해 나의 복에게 명령하여 그것이 삼 년을
위한 소출을 내게 할 것이다.
25:22 너희가 여덟 번째 해에는 파종해라. 그러나 너희는 묵은 소출을 먹어
야 한다. 아홉째 해에 그 해의 소출이 오기까지 너희는 묵은 것을 먹
어야 한다.
25:23 토지를 불가역적으로 팔아서는 안 된다. 토지는 다 내게 속한 것이
며, 너희들은 나와 함께 있는 거류민이자 체류자[의 신분이기] 때문
이다.
25:24 너희 기업의 온 땅에서 너희는 토지 무르기를 허용해야 한다.
25:25 만약 네 형제가 가난하게 되어 자기 기업 중에서 얼마를 팔았으면 그
에게 가까운 기업 무를 자가 너에게 와서 자기 형제가 판 것을 무를
수 있게 해라.
25:26 그리고 만약 그에게 기업 무를 자가 없고 스스로 감당할 능력이 되어
스스로 기업 무르기에 충분하게 되면
25:27 그가 판 해를 계산하여 그 남은 값을 산 자에게 주고 자기 기업으로
되돌려라.
25:28 그러나 만약 스스로 그것을 되돌이킬 능력이 없으면 그가 판 것은 그
것의 구입자의 것으로 희년 때까지 남게 될 것이다. 그리고 희년에
자기 소유로 되돌려질 것이다.
25:29 만약 어떤 사람이 성벽이 있는 성 내의 거처를 팔았으면 그는 판 지
일 년이 꽉 차기까지는 무를 수가 있다. 그 기간이 그가 무를 수 있는
기간이다.
25:30 일 년이 꽉 찰 때까지 무르지 못하면 벽이 있는 성 안의 거처는 불가

역적으로 대대로 산 자의 것이 될 것이다. 그것이 희년에 환수되지
않을 것이다.
25:31 그러나 성벽으로 둘러싸여 있지 않은 거주지의 거처들은 나라의 전
토와 같이 되돌려져야 한다. 무를 수 있는 권리가 그것에게 있고, 그
것은 희년에 환수되어야 한다.
25:32 레위 사람들의 성읍들은 그들의 소유이다. 영원히 무를 수 있는 권리
가 레위인들에게 있다.
25:33 만약 레위인들만 무를 수 있는 경우라면 그의 소유지가 있는 성읍 안
의 가옥은 희년에 환수되어야 한다. 왜냐하면 레위 사람의 성읍의 가
옥은 이스라엘 자손 중에서 그들의 기업이기 때문이다.
25:34 그러나 그들의 성읍 주위에 있는 들판은 팔아서는 안 된다. 왜냐하면
그것은 영원히 그들의 소유이기 때문이다.
25:35 네 형제가 가난해져서 네 곁에서 궁핍하거든 너는 그를 도와서 거류
민이나 체류자처럼 너와 함께 살게 해라.
25:36 너는 그에게서 이자나 이득을 취해서는 안 된다. 너는 네 하나님을
경외하여 네 형제가 너와 함께 생활하게 하여라.
25:37 너는 그에게 이자를 받고 돈을 꾸어 주거나 이득을 위하여 네 양식을
꾸어 주어서는 안 된다.
25:38 나는 너희에게 가나안을 주고 너희에게 하나님이 되기 위해 너희를
애굽에서 인도하여 낸 여호와 너희 하나님이다.
25:39 너와 함께 있는 네 형제가 가난하게 되어 너에게 몸이 팔리거든 너는
그를 종으로 부리지 말고
25:40 품꾼이나 체류자와 같이 너와 함께 있게 하라. 그가 희년까지 너를
섬길 것이다.
25:41 그리고 그가 자기 자녀들과 함께 너에게서 나가 자기 가족 및 자기 조
상의 기업으로 돌아가게 하여라.
25:42 그들은 내가 애굽 땅에서 인도하여 낸 내 종들이다. 그들은 종으로

팔려서는 안 된다.
25:43 너는 그를 혹독하게 대해서는 안 된다. 너는 네 하나님을 경외하여라.
25:44 너와 함께 할 남종과 여종은 네 주변의 열방들 중에서 취해라. 그들
중에서 네 남종과 여종을 사라.
25:45 또한 너희 중에 거류하는 체류자들의 자녀들 중에서도 너희가 살 수
도 있고, 또한 그들이 너희 땅에서 낳아서 너희와 함께 있는 그들의
가족 중에서도 그럴 수 있다. 그들이 너희의 소유가 될 것이다.
25:46 너희는 그들을 너희 뒤에 오는 후손에게 기업으로 주어 그들이 영원
히 종이 되게 해라. 그러나 너희 형제 이스라엘 중에서는 서로 간에
혹독하게 대해서는 안 된다.
25:47 만약 너와 함께 있는 거류민이나 체류자가 부유하게 되고 그와 함께
있는 네 형제는 가난하게 되어 그가 너와 함께 있는 거류민이나 체류
자, 혹은 거류민의 후손에 팔리게 되면
25:48 그가 팔린 후에 그에게 속량 받을 권리가 있다. 그의 형제 중 하나가
그를 속량하거나
25:49 또는 그의 삼촌이나 그의 삼촌의 아들이 그를 속량하거나 그의 가문의
근척이 그를 속량하거나 그가 부유하게 되어 스스로 속량할 수 있다.
25:50 그가 팔린 해부터 희년까지의 해를 산 자와 더불어 계산해라. 그가
팔린 값은 그와 함께 있는 품꾼의 기간과 마찬가지로 그 햇수에 맞춰
져야 한다.
25:51 만약 그 햇수가 많으면 그것에 맞추어서 그를 속량하는 값을 그가 팔
린 값으로부터 그 사람에게 돌려줘야 한다.
25:52 그리고 만약 희년까지 남은 햇수가 적으면 그와 계산하여 그 햇수대
로 그를 속량하는 값을 그에게 돌려 줘라.
25:53 그가 매년 품꾼으로서 그와 함께 있을 것이다. 네 앞에서 그가 그를
혹독하게 대하지 못하게 해라.
25:54 그가 이같이 속량하지 않으면 그, 곧 그와 그의 자녀들이 희년에 나

가게 해라.

25:55 왜냐하면 이스라엘 자손은 나의 종들이기 때문이다. 그들은 내가 애굽 땅에서 인도하여 낸 내 종들이다. 나는 여호와 너희 하나님이다.

2단계: 사역 해설

25:3 "가꾸고" 동사는 *자마르*(זָמַר)

이 단어는 구약성경에서 총 3번 나온다(레 25:3, 4; 사 5:6). 원래는 "가지치기를 하다"(to prune)라는 뜻이지만 이것이 포도원을 가꾸는 모든 동작에 대한 환유법이라고 봐서 이렇게 번역하였다.

25:4 "특별한 안식의 기념을 위한 안식" *샵바트 샵바톤*(שַׁבַּת שַׁבָּתוֹן)

이 단어는 이미 23장에서 안식일 등의 절기를 다루면서 사용된 표현이다. 23:3의 해당 문구에 대한 "사역 해설"(618–619쪽)을 보라.

25:6 "땅의 안식년의 소출" *샵바트 하아레쯔*(שַׁבַּת הָאָרֶץ)

직역하자면 그냥 '땅의 안식'. '소출'이란 단어는 본문에 나오지 않는다. 또한 *샵바트*는 '안식년'을 가리킨다기보다는 포괄적인 의미에서의 '안식'을 의미한다. 그러나 문맥상 이 문구는 '땅의 안식년의 소출'을 의미한다고 이해해야 하며, 사역은 이 점을 반영하고 있다.

"체류자" *토샤브*(תּוֹשָׁב)

이 단어에 대한 설명은 22:10 "사역 해설"(593–594쪽)을 보라.

"너와 함께 거류하고 있는 네 집의 체류자"

23:10의 해설에서 보듯이, 여기에서 체류자로 번역된 *토샤브*와 통상적으

로 '거류자'로 번역되는 *게르*(גֵּר)는 구분되어 사용되게 마련이다. 그러나 여기에서는 '거류자'란 단어의 바탕이 되는 *구르*(גּוּר)란 동사와 *토샤브*가 함께 사용되고 있다는 점을 유의하라.

25:7 "[너희 모두가]"

본문에는 이 문구가 나오지 않지만 원문의 문장을 이해하기 위해서는 반드시 이것이 포함되어야 한다.

25:14, 17 "갈취하다" *토누*(תּוֹנוּ)

야나(ינה)의 히필형. 이 동사를 개역개정은 "속이다"로 번역하고 있으나 사실 이 단어의 의미는 훨씬 더 강하다. 이 단어는 자신보다 힘이 없는 자를 압박해서 빼어내는 것을 의미하며, 그 목적어로는 과부나 고아 등의 약자들이 언급된다. 따라서 현재 문맥에서도 이 단어는 단순히 상대방을 속이는 것을 의미하지 않는다고 이해하는 것이 더 타당하다.

25:21 개역개정의 번역은 "내가 명령하여 여섯째 해에 내 복을 너희에게 주어 그 소출이 삼 년 동안 쓰기에 족하게 하리라"고 되어 있다. 그러나 이 문장에서 분명히 원문상으로 하나님의 명령의 대상은 복이다. 그리고 이 복이 하나님의 명령을 따라 3년의 소출을 만들어낸다. 즉 이 본문에서는 '복'이 의인화되어 있는 것이다. 사역은 이 점을 살려 놓았다.

25:22 "묵은" *야샨*(יָשָׁן)

이 단어는 원래 '늙다(to become old)'는 뜻을 가진 동사에서 파생된 형용사이다. 현재 문맥에서는 이전 해들에 생산된 곡식들을 수식하는 어휘이다.

"그 해의 소출이 들어오기까지는" *아드-보 트부아타흐*(עַד־בּוֹא תְּבוּאָתָהּ)

개역개정은 "그 땅에 소출이 들어오기까지"라고 번역하고 있는데, 이것은 위의 히브리어 문구 중 3인칭 여성 단수 소유격 인칭대명사가 '그 해'가 아니라 '그 땅'이라고 간주한 것으로 보인다. 그러나 원문상으로는 '그 해'가 이 소유격 인칭대명사의 선행사로 보는 것이 더 타당하다.

25:23 "불가역적으로" *리쯔미투트*(לִצְמִיתֻת)

쯔미투트(צְמִיתֻת)란 단어는 구약성경에서 단 두 번, 레위기 25:23, 30에만 나타난다. 이 단어가 정확히 의미하는 바가 무엇인지를 완전히 파악하기는 힘들지만 그 어원으로 추정 되는 *짜마트*(צמת)란 단어가 '파괴하다', '사라지게 하다' 등의 뜻을 가지는 점과 더불어 25장의 문맥을 고려할 때 아마 이 단어가 의미하는 바는 토지 매매가 '불가역적으로' 체결되는 것을 의미하는 것으로 보인다. 개역개정의 "영구히"란 표현도 이 점을 반영하고 있기는 하지만 법률적으로는 '불가역적'이라는 표현이 더 정확하게 보인다.

25:25 "가난하게 되어" 동사는 *무크*(מוּךְ)

구약에 총 5회 사용된 단어이며, 레위기 25장(25, 35, 39, 47절)과 27장(8절)에만 나온다.

25:30 "벽이 있는" *아쉐르 로 호마*(אֲשֶׁר לֹא חֹמָה)

여기에서 로(לֹא) 때문에 마소라 사본에 따르면 이 문구는 '벽이 없는'으로 해석해야 한다. 그러나 문맥상 이것은 소리는 같지만 철자법이 틀린 로(לוֹ)로 봐야 한다.

"불가역적으로" *랒쯔미투트*(לַצְּמִיתֻת)

23장의 동일 어구의 해설을 참고하라. 이 30절의 문구는 정관사가 추가된 것을 제외하고는 완전히 동일하다.

25:33 "그의 소유지의 있는 성읍 안의 가옥"

***바이트 붸이르 아훗자토*(בַּיִת וְעִיר אֲחֻזָּתוֹ)**

굳이 직역하자면 "그의 소유의 집과 성읍" 정도가 된다. 그러나 이것은 의미가 잘 통하지 않는다. 제롬의 라틴어 번역본인 불가타 역(the Vulgate)은 '성읍'(*이르*, עִיר) 앞의 *붸*(וְ)를 아마 전치사 *베트*(בְּ)로 보고 있는 것으로 생각되며, 이 경우 문맥과의 상응성이 생긴다. 또한 접속사 *붸*와 *베트*는 현재의 경우처럼 모음으로 *쉐봐*가 오는 경우에는 발음상 충분히 필사상의 혼란이 초래될 수 있다. 따라서 문맥과 필사상의 개연성을 고려할 때 이렇게 해석하는 것이 최선으로 보인다.

3단계: 단락 구분

레위기 25장의 단락 구분은 다음과 같다.

- 25:1–2a 도입구
- 25:2b–22 안식년과 희년의 기본 규례
  - 25:2–7 안식년
  - 25:8–17 희년의 기본 규례
  - 25:18–22 두 절기 준수에 대한 축복의 약속
- 25:23–38 희년의 땅의 회복
- 25:39–55 희년의 빚진 자의 구속

이 구조 분석에 있어서 중요한 문구는 이미 레위기의 다른 부분들에서도 많이 봐왔듯이 "나는 여호와 너희 하나님"이란 세 번의 문구이다(17, 38, 55절). 우선 이 문구의 첫 번째 것은 첫 번째 큰 단원(2b–22절)의 뼈대 역할을 한다. 2b–17절은 안식년과 희년에 대한 기본적인 규례를 설명해주고 있으며, 여기에 18–22절의 보충적 본문이 따라 나온다. 그 내용은 안식년과 희년을 준수할 경우의 식량의 부족 가능성에 대한 질문과 답이다. 23–38절은 희년의 땅의 회복에 대해서 다루고 있다. 그리고 마지막의 39–55절은 빚진 사람이 희년에 회복되는 것에 대해서 다루고 있다.

4단계: 본문 해설

25:1-2a 이 장 도입구의 문구들은 레위기의 다른 장들과 상응하는 점과 구별되는 점을 동시에 갖고 있다. 우선 상응하는 점에 대해서 말하자면 "여호와께서…모세에게 이르셨다"란 문구와 그에 이어지는 청중에 대한 언급이 새로운 단원의 시작을 알린다는 점이다. 이 점은 익히 앞에서 많이 보아 온 사항이다. 반면 구별되는 점은 '시내 산에서'란 문구가 추가되었다는 점이다. 이 문구는 앞의 개관에서도 지적한 바와 같이 7:38의 경우를 제외하고는 오직 25–27장의 세 장에서만 나타나는 사항이다(654쪽). 따라서 이 문구가 이 세 장을 묶어 주는 역할을 하고 있다고 할 수 있다.

이 도입구는 이 새로운 단원의 주 청중이 "이스라엘 자손"임을 밝히고 있다. 이 점은 17–27장 내에서 일부 예외적인 경우를 제외하고는 항상 적용되는 사항이다. 실제로 25장이 다루고 있는 내용이 이스라엘의 모든 백성들의 삶과 깊은 연관을 맺고 있기 때문에 이러한 청중에 대한 명시는 적절하다고 할 수 있다.

25:2b-7 이 단원은 안식년에 대해서 다루고 있다. 희년 규례와 더불어 이 규례의 신학적 근거는 23절이 말씀하고 있듯이 땅의 소유권이 하나님에게 있기 때문이다. 이스라엘은 자신들이 살게 될 땅의 주인이신 하나님의 뜻대로 살아야만 한다.

25:2b–5에서 하나님은 이스라엘이 6년 동안은 열심히 땅을 경작하고 포도원을 가꾸며 살지만 제7년은 4절의 "사역 해설"(662쪽)에서 다룬 바와 같이 '특별한 안식의 기념을 위한 안식'(*샵바트 샵바톤*, שַׁבַּת שַׁבָּתוֹן)의 해로 지켜야 한다는 것을 명령하고 있다.

25:6–7은 이 안식년에는 파종하거나 포도원을 가꾸지 않은 상태에서 자연적으로 나는 땅의 소산물을 가지고 먹고 살도록 명령하고 있다. 이 경우 이스라엘 백성들은 하나님의 명령을 따라 이렇게 안식년을 지킬 때에 음식의 부족 문제를 어떻게 해결해야 할지에 대한 의문을 야기하거나 불만을 가질 수가 있었다. 이에 대한 답을 해결하는 것이 18–22절의 가상적인 질문과 응답의 말씀을 통해서 주어진다. 하나님께서는 여섯 번째 해의 소출을 세 배가 많게 하셔서 이스라엘 백성이 안식년의 식량 부족의 문제를 해결하도록 해 주겠다고 약속하신다.

25:8-17 이 단원은 희년에 대해서 다루고 있다. 그 서두를 장식하고 있는 8–9절은 희년의 시간적 사항들에 대해서 말씀해주고 있다. 이 희년은 7년 주기의 안식년을 일곱 번 지킨 때, 즉 49년째에 온다.

여기에서 난제는 8절에서는 49년째에 희년이 도래하는 것처럼 말씀하고 있는 것으로 보이고, 10–11절은 50년째 되는 해, 즉 49년 동안 일곱 번의 안식년을 치르고 난 직후의 해가 안식년이라고 말씀하고 있는 듯하다는 점이다. 이것이 통상적인 이해이지만, 이렇게 되면 49년째 해에도 안식년이라 농사를 지으면 안 되고, 50째 해에도 희년이라 농사를 지으면 안 되는 상황에 빠지게 된다. 그리고 이것은 22절의 '여덟 번째 해에는 파종해라'는 말씀과도 잘 어울리지 않아 보이며, 8–9절의 내용과도 충돌하는 것으로 보인다. 이런 어려움 때문에 레위기 학자들은 여러 가지 해결책들을 제시해 왔다.[313] 그

---

313 이런 견해들에 대한 정리는 Wenham, *Leviticus*, 319; Hartley, *Leviticus*, 434–436을 보라.

중에서 아마 본문의 난제들을 잘 설명해주고, 고대의 관행들과도 가장 잘 일치하는 견해는 일곱 번째 안식년인 제 49년과 희년이 동일한 해라고 보는 것이다.[314] 다시 말해 49년째 되는 해는 레위기 23장에서 본 이스라엘의 절기의 바탕이 되는 7의 패턴의 정점이며, 이것을 '희년'이라는 특별한 이름으로 부를 뿐, 결코 이 이름이 그 다음 해를 가리키는 특별한 이름이 아니라는 것이다. 이 견해가 가진 매력은 다음의 몇 가지이다.

첫째, 이 견해는 20-22절의 내용과 다음의 몇 가지 점에서 잘 상응한다.

(1) 언뜻 보기에는 이 본문은 통상적인 견해를 따라 50년째의 희년과 관련이 되어 있는 듯하지만 사실은 안식년과 더 잘 어울린다. 우선 20절에서 어떤 가상적인 이스라엘 백성이 던지는 질문은 "우리가 일곱 째 해에는 무엇을 먹을 것인가" 하는 것이다. 만약 이 구절이 8년째의 희년에 관한 것이라면 질문이 달라졌어야 한다.

(2) 만약 이 본문이 50년째의 희년과 관련되어 있다면 이스라엘은 49년째의 안식년에 이어 50년째에 다시 한 번 휴경을 해야 했기 때문에 안식년 후의 해인 제8년째에 다시 한 번 농사를 짓지 말아야 했을 것이다. 그러나 22절은 "여덟 번째 해에는 파종하라"고 분명히 말씀하고 있다. 이 점 역시 희년이 49년째의 안식년과 겹친다고 보면 해결된다.

둘째, 희년을 50년째 해라고 부르는 것은 일종의 포괄적 언어 표현(an inclusive language)일 수 있다. 이것을 좀 쉽게 빗대어 말하자면 우리는 여행을 할 때 3박 4일 등과 같은 표현을 쓴다. 이때 실제 여행 일수는 엄밀하게 24시간 체계로 말을 하면 3일이 맞다. 그러나 이 3일의 여행이 첫째 날 중간에 시작해서 넷째 날 중간에 끝나기 때문에 현대인들은 3박 4일이라는 표현을 쓴다. 이런 경우 고대 이스라엘에서는 이것을 4일이라고 부르는 경우들이 꽤 있었다. 일례로 요한복음 20:26은 "여드레를 지나서", 즉 '8일 후'라고 말하고 있지만 이것을 현대적 표현으로 하면 '일주일 후', 즉 '7일 후'가 된다.

---

314 이 견해는 A. van Selms, "Jubilee, Year of," *Interpreter's Dictionary of the Bible: Supplementary Volume* (Nashville: Abingdon, 1976), 496-98에 나오는 것이다.

셋째, 포로기 이후 시대의 증거들에 따르면 안식년의 경우는 준수 연도를 기록하고 있지만 희년을 따로 계수하고 있지는 않다(예를 들어 Josephus, *Antiquities*, 13.9.5; 14.10.6). 이런 점은 희년을 일곱 번째의 안식년과 겹치는 것으로 이해하면 해결된다.

물론 이런 근거들이 매력이 있고, 본문의 여러 난해한 부분들을 더 잘 이해하게 해주기 때문에 이 견해는 긍정적으로 고려해야 할 부분들이 많다. 그러나 아직까지는 "오십 년째 해"(10-11절)라는 표현을 과연 위의 주장대로 이해할 수 있느냐 하는 부분 등은 좀 더 연구가 필요하고, 또한 다수의 학자들과 성경의 독자들은 아직도 전통적인 희년 이해를 선호하는 경향이 있기 때문에 신중함이 요구된다. 또한 다행히도 희년의 정확한 계수 방식에 대해서 어떤 견해를 택하느냐가 희년의 정신을 이해하는 데 별로 방해가 되지 않는다. 따라서 이 해설에서는 이 점은 열린 채로 남겨두고 나머지 해설을 진행하고자 한다.

25:9은 희년의 공식 시작이 해당 해의 7월 10일이라고 밝히고 있다. 이 날은 23장에서 살펴본 바와 같이 속죄일이다. 즉 희년은 해당 해의 모든 죄와 부정을 정화하는 날인 속죄일에 시작된다는 점이 시사하는 바가 크다. 이 날 언약 백성은 죄의 해결과 더불어 모든 사회 경제적 문제들의 해결도 경험하게 된다. 이런 희년의 시작은 '신호 나팔'을 부는 것을 통해서 표시된다.

25:10-12은 희년 규례를 핵심적으로 정리해주고 있다. 그것들을 정리하면 다음과 같다.

(1) 이 해는 해방의 해이다(10절). 땅의 모든 사람들. 특히 어떤 이유로 해서 다른 사람의 종이 되었던 사람들은 각자 자기 소유지와 친족에게로 돌아갈 수 있게 된다(39-55절).

(2) 희년도 큰 안식년과 같기 때문에 땅을 쉬게 해야 한다(11절).

(3) 농사를 하지 않기 때문에 사람들은 그냥 땅에서 자연스럽게 자라난 것

으로 식량을 삼아야 한다(12절, 참고, 6-7절).

25:13-17은 앞의 10-12절의 내용을 좀 더 구체적으로 다루고 있다. 즉 모든 사람은 희년에 자기 소유지로 돌아가야 한다는 점(13절), 그리고 토지를 사고 팔 때 희년이 매매의 기준이 된다는 점(14-16절) 등이 그것이다. 그리고 이런 희년 규례의 핵심 사항들은 23-38절의 토지 매매에 대한 세부 규례들과 39-55절의 사람의 매매에 대한 세부 규례들을 통해서 사례별로 더 구체적으로 다뤄지게 된다. 이처럼 율법의 말씀들은 처음에 핵심을 말하고, 그것을 조금 더 구체적으로 다루고, 마지막에 가서 더 세부적으로 다루는 식의 동심원적 구성이 많다는 점을 알면 내용 파악에 도움이 된다.

13-17절에서 특별히 새롭게 강조되고 있는 점은 두 가지이다.

첫째, 언약 백성은 토지 매매와 관련하여 상대방을 '갈취'해서는 안 된다(14, 17절). 이 단어는 레위기 전체에서 총 3번 나오는 단어이며, 19:33 외에는 오직 이 문단에만 등장한다. 19:33에서는 이 단어는 "학대하다"(개역개정)로 번역되어 있는데, 이 번역은 이 단어가 가진 뉘앙스를 잘 드러내주고 있다. 언약 백성은 땅을 사고 팔 때는 희년에 그 땅을 돌려줘야 한다는 점을 기억하고 희년까지의 남은 연수에 따라 매매가를 정해야 하고, 부당한 방식으로 가격을 정하면 안 되었다.

둘째, 17절은 자기 이웃을 갈취하지 않는 것과 하나님 경외를 연결시키고 있다. 이것은 25장이 사회 경제적 문제와 하나님 경외를 연결시키고 있는 총 세 번의 구절들(17, 36, 43절) 중의 첫 번째 경우이다. 이 구절들이 가르치고 있는 바는 하나님 경외가 결코 추상적인 개념이 아니라 삶의 구체적인 영역에서 다른 사람들을 어떻게 대하느냐 하는 것을 통해서 드러난다는 것이다. 삶이 없는 경건은 헛된 경건이다(약 1:27; 2:14-26).

25:18-22은 이처럼 안식년과 희년을 지킬 때의 하나님의 약속과 그에 대해 나올 수 있는 질문에 대해서 구체적으로 다루고 있다. 그중에서 먼저

18–19절은 이 안식년과 희년의 규례들을 지킬 것에 대한 촉구와 더불어 그것들을 지킬 때의 복에 대해서 말씀하고 있다. 그들은 땅에서 안전하게 거주하고, 먹을 것을 풍족하게 누릴 것이다.

25:20-22은 안식년과 희년을 지킬 때 올 수 있는 식량의 어려움에 대해서 질문하고 답하는 형식을 띠고 있다.[315] 하나님은 안식년 시작하기 전해인 제7년 째 되는 해에 세 배의 소출을 거두게 해주겠다고 약속하신다. 따라서 궁극적으로 안식년과 희년은 출애굽기 16장의 만나처럼 결국은 하나님의 은혜에 대한 백성들의 신뢰와도 직격된 문제이다.

이런 하나님의 약속을 강조하기 위해서 본문이 사용하고 있는 독특한 수사법은 인상적이다. 21절은 "나의 복에게 명령하여 그것이 삼 년을 위한 소출을 내게 할 것이다"란 표현을 사용하고 있는데, 마치 '복'이 하나님의 종인 것처럼 의인화해서 이 '복'이 하나님의 명령대로 시행하는 것처럼 묘사하고 있다. 아쉽게도 개역개정은 이런 원문의 수사법을 살리지 않고, 의역함으로써 원문의 맛을 죽이고 있다. 어찌 됐든 이 독특한 수사법은 하나님의 약속 수행에 대한 의지를 강조해주고 있다. 이스라엘이 할 일은 하나님의 이 약속을 믿고 안식년과 희년을 충실히 지키는 것이다. 그럴 때 약속이 정말 시행되는지 아닌지에 대한 책임은 오롯이 하나님의 몫이 된다.

25:23-38은 25장의 두 번째 큰 단원을 형성하고 있다. 이 본문의 세부적인 단락은 다음과 같다.

- 25:23–24 희년 신학의 근본 정신
- 25:25–28 희년과의 관계 속에서의 토지 매매의 대원칙

315 안식년과 희년의 관계에 대한 이해는 8–9절에 대한 해설을 참고하라. 일곱 안식년의 끝인 제49년과 희년이 동일한 해를 지칭한다고 보는 견해를 취해야 현재의 이 본문은 더 잘 이해되는 것으로 보인다.

• 25:29-34		구체적인 경우들에 따른 세부 지침
	25-28	팔린 토지를 되물리는 것에 대한 규례
	29-31	성벽 안과 밖의 토지의 경우
	32-34	레위인들의 토지의 경우
• 25:35-38		가난해진 동포를 대하는 태도에 대한 가르침

25:23-24은 레위기 25장 전체의 신학적 바탕이자 토지 매매에 깔린 희년 신학의 기본 바탕을 제공하고 있다. 이스라엘의 토지는 근본적으로 하나님께서 그들이 살도록 허락하신 땅으로서, 하나님의 소유이다. 그리고 그 땅에 사는 자들은 주인이 아니라 하나님과 함께 사는 '거류민이자 체류자'이다. 따라서 이 본문은 이어지는 토지와 사람의 매매의 대원칙을 제공해준다. 하나님 외의 그 누구도 땅을 궁극적으로 소유할 수 없고, 사람도 영원히 부릴 수가 없다. 희년은 마치 컴퓨터의 리셋 버튼과 같이 50년 동안의 모든 경제활동을 한 번씩 원점으로 돌려 놓고, 하나님께서 처음 각 지파에게 땅을 배분하셨을 때와 같은 상황으로 돌아가게 만든다. 이 덕분에 희년이 제대로 시행되었을 경우 이스라엘 백성들은 50년마다 새롭게 다시 한 번 인생을 새롭게 살 수 있는 기회를 갖게 되었을 것이다.

25:25-28은 팔린 토지를 되무르는 것에 대한 규례를 담고 있다. 가문 내의 어떤 사람이 가난 때문에 할 수 없이 토지를 팔게 되면 그 토지는 언제나 되물릴 수 있게 해야 했다. 되물리는 사람은 가까운 친척(25절)일 수도 있고, 본인 자신(26-27절)일 수도 있다.

25:27-28은 희년 때문에 토지는 영원히 매매될 수 없는 것이라 매매 가격은 50년의 기간에 대한 사용료임을 말해주고 있다. 그래서 토지를 팔 때는 희년까지 남은 햇수를 계산해서 팔고, 되물릴 때도 역시 지나간 시간들만큼의 가격을 빼고 희년까지 남은 사용료를 건네주고 토지를 회복했다.

25:29-31은 약간 특수한 경우로 벽으로 둘러싸인 성 안의 가옥과 성 밖의 토지를 구분하여 취급하고 있다. 성벽 안의 가옥은 되무를 수 있는 기간이 1년이며, 이 기간이 지나면 영구히 팔린 것으로 간주하였다. 이 경우는 희년에도 환수되지 않는다(29-30절).

반면에 성벽 밖에 있는 가옥들은 일반적인 땅과 같이 취급되었다. 무를 수 있는 기간에 대한 제한이 없으며, 희년이 되면 원래의 주인에게로 되돌려졌다(31절).

이처럼 성벽 안의 가옥과 성벽 밖의 가옥이 달리 취급된 이유는 서로 간의 다른 경제적 이유 때문인 것으로 보인다. 농사가 주요한 경제적 수단이었던 고대 이스라엘에서 성벽 안의 가옥들은 가족의 항구적인 삶에 영향을 주지 않지만 성벽 밖의 가옥들은 일반 토지와 같이 취급되었기 때문으로 생각된다.[316]

25:32-34은 레위인들의 경우는 일반인들과 달랐기 때문에 특별한 세부 규정이 본문에 담겨 있다. 레위인들의 가옥은 일반 백성들의 토지와 같이 하나님이 그들의 기업(민 35:1-8)으로 허락하신 것이기 때문에 혹시 팔린 경우는 항상 되무를 수 있어야 했다. 그리고 레위 성 주변의 토지도 하나님께서 그들에게 허락하셨는데, 이것은 아예 매매의 대상이 될 수 없었다. 이런 규례들은 레위 성과 그 주변 토지 외에는 수입원이 없었던 레위 지파를 위한 하나님의 안전 장치였기 때문에 일반 백성들의 경우보다 더 철저한 제한이 따라야만 했던 것이다.

25:35-38은 가난해진 동포들을 대하는 법에 대해서 가르치고 있는데, 그 신학적 토대는 38절이 제공하고 있다. 이스라엘 백성은 항상 자신들이 하나님에 의해 애굽의 노예 생활에서 구출 받은 존재임을 기억해야 했다. 따라서 그들은 자신들이 종이었다가 구원받았다는 사실을 기억하고 절대 같은

---

316 Hartley, *Leviticus*, 439.

언약 백성 중의 다른 사람들을 가혹하게 대하면 안 되었다. 대신 그들은 가난한 동포를 도와서 그가 함께 살 수 있도록 해주어야 했다(35절). 또한 동포의 가난을 통해서 이익을 얻으려 해서는 안 되었다(36–37절).

25:39-55 이 본문은 25장의 마지막 큰 단원을 형성하고 있다. 그 내용은 가난 때문에 팔린 사람의 속량에 대해서 다루고 있는데, 이 단원을 세분화하면 다음과 같다.

25:39–43	희년과의 관계 속에서 사람의 속량에 대한 기본 규례
25:44–46	언약 백성의 노예에 대한 규례
25:47–55	거류민이나 체류자에게 팔린 노예의 속량에 대한 규례

25:39–43은 이스라엘 백성들 중에서 빚 때문에 다른 사람의 종이 된 사람이 희년과의 관련 속에서 속량되는 것에 대해서 다루고 있다. 본문의 신학적 원리는 42-43절이 제공하고 있다. 이스라엘 백성은 애굽의 노예 생활 중에 하나님에 의해서 속량을 받은 자들이기 때문에 그들을 다시 노예(*에베드*, עֶבֶד)가 되게 해서는 안 되며, 그들을 가혹하게 대하는 것도 안 되었다.

이런 기본 원칙에 따라 39–40절은 빚 때문에 가난해진 이스라엘 백성을 돈으로 산다고 해도 결코 그를 '종' 혹은 '노예'(*에베드*, עֶבֶד)처럼 대하지 말고, '품꾼'(*싸키르*, שָׂכִיר)이나 '체류자'(*토샤브*, תּוֹשָׁב)처럼 대해야 한다고 가르치고 있다. '품꾼'이나 '체류자'는 22:10의 "사역 해설"(593–594쪽)에서 다룬 바와 같이 어떤 연유로 해서 '임금 노동자'처럼 사는 자들을 가리킨다는 점에서 '종' 혹은 '노예'를 가리키는 *에베드*와는 다른 개념이다. 따라서 본문이 말하는 바는 희년 때문에 다른 사람에게 팔린 이스라엘 백성의 일원을 노예로 삼아서는 안 된다는 것이다. 그리고 그들은 희년이 되면 자기 기업과 가문에게로 돌아갈 수 있었다(40b–41절).

25:44-46은 이스라엘 사회에서 종이 허용되는 예외적 경우를 다루고 있다. 종은 오직 이스라엘 외의 열방 사람들 중에서 구해야 했다. 또한 이방 거류민이나 체류자들 중에서도 구할 수 있었다. 그러나 이스라엘 사람은 결코 종으로 삼아서 가혹하게 대하면 안 되었다.

25:47-55은 또 하나의 특수한 경우에 대해서 자세하게 다루고 있다. 그것은 이스라엘 중에 거하는 거류민들이나 체류민들이 부유하게 되어 이스라엘 백성들 중의 빚진 자들을 돈을 주고 사는 경우들이다. 이 본문의 경우 신학적 토대는 본문 마지막의 구절인 **55절**이 제시하고 있다. 이스라엘 백성은 하나님이 애굽에서 구원해내신 자들이기 때문에 하나님의 '종'(*에베드*, עֶבֶד)이다. 결코 하나님 외의 다른 사람들의 종이 되어서는 안 되었다. 앞의 39-43절의 "본문 해설"(674쪽)에서 이스라엘 백성이 동포 백성을 종으로 대우해서는 안 된다고 명령하신 것을 볼 때 이방인들이 이스라엘 백성을 종으로 삼는 것은 속히 해소되야 되는 사항이었다.

따라서 거류민이나 체류자가 가난한 이스라엘 사람을 종으로 사게 되면 그 이스라엘 사람은 언제든지 속량될 수 있는 자격을 갖고 있었다. 그의 친인척이 그를 속량해주거나 그 자신이 스스로 부유하게 되어 속량할 수 있었다(48-49절).

25:50-52은 속량할 때의 값의 산정 방식에 대해서 다루고 있다. 앞의 14-17절의 땅의 매매의 경우와 마찬가지로 속량의 값은 희년까지 남은 기간에 맞추어서 계산되었다.

25:53은 이방인 주인이 이스라엘 노예를 대하는 법에 대해서 지적하고 있다. 이미 43, 46절에서 본 바와 같이 주인은 노예를 절대 학대해서는 안 되었다. '혹독하게'(*브페레크*, בְּפֶרֶךְ)란 표현은 구약에서 총 5회(출 1:13; 레 25:43, 46, 53; 겔 34:4)가 사용되었는데, 그중에 세 번이 레위기 25장에서 사

용되고 있다. 그리고 이 중 두 번이 이스라엘인 주인이 이스라엘 노예를 다루는데 사용되었고, 나머지 한 번이 53절에서 이방인 주인이 이스라엘 노예를 다루는데 사용되었다. 따라서 후자의 노예 대응 방식은 전자의 규례에 준해야 했던 것이다.

25:54은 이스라엘 노예가 희년 전에 속량되지 못한 경우에는 희년에는 반드시 속량되어야 함을 명령하고 있다. 그뿐만 아니라 그의 자녀들 역시 다 속량되어야 했다. 이미 앞에서 말한 바와 같이 **55절**은 54절의 희년의 속량에 대한 이유절이자 신학적 근거를 대는 절이다. 이스라엘은 궁극적으로는 다른 누구의 종도 아닌 하나님의 종이며, 하나님의 종이 되기 위하여 애굽에서 속량을 받은 자들이다. 따라서 이스라엘 백성은 하나님 외의 그 어떤 누구의 영원한 노예도 되어서는 안 되었다. 그런 것은 하나님의 구속 사역과 충돌하는 것이었다.

5단계: 적용

25:17 "너희 각 사람은 자기 이웃을 갈취하지 말고 네 하나님을 경외하라"

하나님 경외와 이웃에 대한 배려는 서로 밀접하게 연결되어 있는 사항이다. 우리는 경건을 추상적으로 생각하기 쉽다. 그러나 경건은 가장 현실적이고, 실제적인 것이다. 이웃 사람을 부당하게 대하는 것과 하나님에 대한 경건은 결코 함께 할 수 없는 것이다. '믿음에 행함이 따르지 않으면' 그 믿음은 죽은 믿음이다(약 2:17). 우리는 삶의 실천적인 부분에서 하나님께서 가르치신 사항들을 간과해서는 안 된다.

25:18-22 하나님은 자기에게 충성하는 자들을 돌보시는 분이다. 하나님은 당신의 규례와 법도를 따라 사는 사람들이 '안전하게 거주할 수' 있게 해

주겠다고 약속하신다(18절). 또한 안식년과 희년을 지킬 때에 필요한 곡식을 넘치도록 제공해주겠다고 약속하신다(21–22절).

25:23 "토지는 다 내게 속한 것"

안식년과 희년을 지킬 때 기억해야 할 것은 자신이 소유하고 있는 땅이 원래부터 자신의 것이 아니라 하나님께서 주신 것이라는 점이다. 안식년은 원래 하나님의 것이었던 땅에 대한 자신의 권리를 포기하고 그 땅이 자신의 것이 아니라 하나님의 것임을 인정하는 신앙의 행위이다. 진실로 우리가 누리고 있는 모든 것은 하나님께서 우리에게 허락하신 것이다. 하나님은 당신의 주권을 인정하는 사람들을 기뻐하신다. 우리는 혹시 우리가 현재 누리고 있는 것들이 우리 자신의 노력을 통해 획득한 우리 자신의 소유라고 착각하고 있지는 않은가? 하나님의 주권에 대한 인정이 진정한 신앙의 출발점이다.

25:36 "네 하나님을 경외하여 네 형제가 너와 함께 생활하게 하여라"

하나님에 대한 경외는 어려움을 겪는 '네 형제가 너와 함께 생활하게' 하는 것을 통해서 표현된다. 형제가 고통을 겪고 있는데 방치하는 것은 결코 제대로 된 경건이라고 할 수 없다(약 2:15–16; 요일 3:17–18). 경건은 추상적인 것이 아니라 바로 자기 주변에 있는 사람들에 대한 자비와 사랑을 통해서 증명되는 것이다.

25:38 "나는 너희에게 가나안을 주고 너희에게 하나님이 되기 위해 너희를 애굽에서 인도하여 낸 여호와 너희 하나님이다"

하나님은 우리에게 사랑과 자비를 요구하시기 전에 먼저 당신의 사랑과 자비를 보여주신다(마 18:33; 요일 4:11). 하나님은 폭군처럼 우리에게 아무것도 베푸시지 않고 무조건 명령만 하시는 분이 아니다. 우리가 제대로 된 신앙을 갖기 위해서는 하나님이 우리에게 먼저 베푸시는 분임을 깨닫고, 그 베푸신 사항이 무엇인지를 구체적으로 파악하고 느끼는 것이다. 많은 경우 우리의 신앙이 척박한 이유는 이 하나님의 선행적인 은혜에 대한 깨달음이 없기 때문이다.

25:42, 55 "그들은 내가 애굽 땅에서 인도하여 낸 내 종들이다. 그들은 종으로 팔려서는 안 된다"

하나님의 구원을 받은 모든 사람은 궁극적으로는 하나님의 종들이다(참고, 롬 6:6-20). 하나님을 믿는 모든 사람은 바로 이 점을 자신의 신앙의 출발점으로 삼아야 한다. 우리들 중에 혹시 하나님을 믿는다고 하면서도 마치 자신이 하나님으로부터 독립된 자인 것처럼 여기는 사람이 있지 않은가? 하나님께서 우리가 아직 죄의 종이었을 때 우리를 예수 그리스도의 피값으로 속량하심으로써 우리가 죄의 종에서 하나님의 종으로 신분이 바뀌게 되었다는 사실을 제대로 깨달아야 우리는 진정한 신앙의 깊은 영역에 들어갈 수 있게 된다.

또 한 가지 알아야 할 사실은 하나님의 종이 된다는 것은 하나님이 우리를 노예처럼 함부로 다루신다는 의미가 결코 아니라는 점이다. 이 점은 하나님께서 종을 함부로 다루지 말라는 말씀을 여러 번 반복하고 계시다는 점을 통해서 알 수 있다(39, 43, 46, 53절). 사실 하나님의 종이 된다는 것은 삶의 다른 모든 것으로부터 진정한 자유를 누리게 된다는 말과 같다. 하나님은 궁극적인 자유를 주시는 분이시다. 그러나 이 자유는 오직 우리가 하나님 안에 있을 때 누리게 되는 것이다. 우리 각자는 자신이 진정한 자유를 누리는 하나님의 종인가, 아니면 거짓 자유를 누리는 세상의 다른 어떤 것의 종인가를 따져봐야 한다.

25:43, 46, 53 "너는 그를 혹독하게 대해서는 안 된다"

최근에 우리 나라에서 가장 화제가 되고 있는 사항들 중의 하나는 소위 '갑질 문화'라는 것이다. 회사의 경영진이 사원들을 종처럼 취급한다든지, 아파트 입주자 대표가 경비원들을 가혹하게 대한다든지, 대학 청소부들이 마음 편히 밥 먹을 곳도 없어 화장실에서 밥을 먹어야 한다든지 하는 뉴스들을 자주 접한다. 이런 모든 것들은 조금 더 가진 자들이 덜 가진 자들에게 갑질하는 데서 비롯되었다는 공통점이 있다. 거기에 대한 안티테제로서 이 구절들은 결코 사람을 대할 때 자신보다 못한 위치에 처한 사람들을 함부로 다루어서는 안 되며, 이것이 곧 하나님에 대한 경외와 밀접하게 연결되어 있다는 것을 말씀하고 있다. 또 이것이 성경의 일관된 가르침이기도 하다(잠 14:31; 17:5; 마 25:40, 45). 따라서 우리는 우리가 주변 사람들을 대하는 태도 속에 하나님에 대한 우리의 경건을 반영하고 있는지를 끊임없이 물어야 한다.

6단계: 설교 "진정한 하나님 경외와 사람에 대한 태도의 관계"(레 25:35-43; 마 25:31-46)

마태복음 25:31–46의 양과 염소의 비유는 많은 성도들에게 곤혹감을 줍니다. 이 비유에서 왕이신 예수님은 모든 민족을 양과 염소처럼 구분하여 각각 오른편과 왼편에 배치합니다(31–33절). 그리고 오른편에 있는 양과 같은 사람들에게 천국을 상속받을 것을 말씀하시면서 그 이유를 다음과 같이 말씀하십니다. "내가 주릴 때에 너희가 먹을 것을 주었고 목마를 때에 마시게 하였고 나그네 되었을 때에 영접하였고 헐벗었을 때에 옷을 입혔고 병들었을 때에 돌보았고 옥에 갇혔을 때에 와서 보았느니라"(35–36절). 그러자 양 떼로 분류된 사람들이 자신들이 언제 그런 일들을 하였느냐고 묻습니다. 그러자 왕이신 예수께서 다시 대답하십니다. "내가 진실로 너희에게 이르노니 너희가 여기 내 형제 중에 지극히 작은 자 하나에게 한 것이 곧 내게 한 것이니라"(40절).

구원론과 이신칭의 등의 문제와 본문의 해석을 엮어서 본문의 의미를 다른 식으로 해석하려는 분들도 많지만 본문의 기본적인 의미는 자명합니다. 양 떼로 분류되어 천국 입성을 약속받은 사람들은 자기 형제들 중의 '지극히 작은 자 하나'가 어려움 가운데 있을 때 그들에게 도움을 준 자들입니다. 천국의 보좌를 차지하고 계시는 우리 주님은 이런 식으로 약한 자들을 돌봐주는 것이 곧 주님 자신에게 한 것과 동일하다고 말씀하십니다.

그리고 이런 예수님의 가르침은 레위기 25:39–43의 가르침과도 상응합니다. 이 본문 역시 하나님에 대한 경외와 사람에 대한 연민과 배려를 연결시켜서 말씀하고 있습니다. 우리가 어떻게 참된 경건, 즉 우리의 삶을 통한 경건을 갖게 될 수 있는지를 본문의 내용을 따라 살펴보고자 합니다.

첫째, 이런 경건을 갖기 위해서는 하나님의 백성은 자신의 신분을 정확히 알아야 합니다. 우리 레위기 본문은 이스라엘 백성이 '종' 혹은 '노예'(*에베드*, עֶבֶד)라고 말씀하고 있습니다(38절). 왜냐하면 그들은 하나님께서 그들이 애굽에서 종살이 하고 있을 때 오로지 당신의 능력과 이적을 통해서 그들을 구원해 내신 존재들이기 때문입니다.

이 점에 있어서는 신약의 성도들 역시 마찬가지입니다. 우리는 예수 그리스도께서 값 주고 사신 존재들입니다. 따라서 우리는 항상 자신들을 하나님의 종이라고 여겨야만 합니다. 신약의 사도들은 서신서의 서두에 항상 자신들을 예수 그리스도의 '종'(*둘로스*, *δοῦλος*)이라고 불렀습니다(롬 1:1 등). 심지어는 예수 그리스도의 육신의 형제였던 야고보마저도 자신을 "하나님과 주 예수 그리스도의 종"(약 1:1)이라고 불렀습니다.

많은 성도들은 자신이 예수 그리스도의 피로 구원받았다는 말씀을 들을 때 자신이 해방자, 자유자가 되었다고 착각합니다. 그러나 이것은 절반의 진실일 뿐입니다. 우리는 죄로부터 해방되기는 했지만 결코 아무 주인에게도 얽매이지 않은 자유자가 된 것은 아닙니다. 우리는 죄의 종의 신분에서 의의 종으로 신분이 옮겨간 자들입니다(롬 6:15–18). 우리는 이 점을 망각해서는 안 됩니다.

둘째, 우리 주변의 형제들 역시 우리와 같은 하나님의 종입니다(42절). 따라서 하나님의 백성은 비록 형제들이 부득이하게 가난하게 되어 다른 사람들에게 빚을 지고 신세를 지게 된다고 해도 그들을 대할 때 결코 마치 주종 관계에 있는 것처럼 그들을 함부로 대하면 안 됩니다. 우리는 우리 자신 역시 하나님의 종이며, 하나님 앞에서 그들과 같은 처지에 있는 사람이라는 것을 기억해야 합니다.

셋째, 따라서 우리는 결코 우리의 형제들을 가혹하게 대해서도 안 되고(43, 46절), **다른 사람들이 그들을 가혹하게 대하는 것도 방치해서는 안 됩니다**(53절).

넷째, 이처럼 주변 사람들에게 어떻게 대하느냐 하는 것은 하나님 경외와 직결됩니다(43절). 서두의 양과 염소의 비유에서 보았듯이 우리의 경건은 추상적인 것이 아니라 이처럼 다른 사람들을 어떻게 대하느냐 하는 것과 직결되어 있습니다.

최근에 우리 나라에서 가장 화제가 되는 것들 중의 하나는 소위 갑질 문화입니다. 이 갑질 문화는 우리 사회의 곳곳에 깊이 뿌리박혀 있고, 곳곳에서 문제를 일으키고 있습니다. 큰 기업이 하청 기업을 혹독하게 다루는 것, 프랜차이즈 회사들이 가맹점들을 가혹하게 착취하는 것, 회사들이 직원들을 온갖 편법으로 착취하는 것 등부터 시작해서 아파트 경비원들에게 인간 대접을 제대로 해주지 않는 것 등까지 말도 못하게 다양한 곳들에서 사람을 차별하고 괴롭히는 일들이 발생하고 있습니다.

그리고 이런 점은 교회도 별로 자유롭지 못한 것 같습니다. 많은 교회들은 담임 목사가 상대적으로 너무 많은 것을 누리는 반면에 부교역자들에게는 소위 열정 페이 수준의 보상만 이루어지는 경우들이 많습니다.

이런 모든 것들은 단순히 사람을 박대하는 것으로 끝나지 않습니다. 성경은 이런 것들이 우리의 영성의 표상이라고 말씀하고 있습니다. 레위기 25장은 총 세 번에 걸쳐서 사회, 경제적 측면에서 다른 사람들을 어떻게 대하느냐 하는 것과 하나님 경외를 연결시키고 있습니다(17, 36, 43절). 또한 신약의 야고보서에서도 역시 비슷한 말씀을 한 바가 있습니다. "하나님 아버지 앞에서 정결하고 더러움이 없는 경건은 곧 고아와 과부를 그 환난 중에 돌보고 또 자기를 지켜 세속에 물들지 아니하는 그것이니라"(약 1:27). 또한 이런 행함이 없는 믿음은 죽은 믿음이라고 가르치기도 했습니다(약 2:14-26).

그러므로 성도 여러분, 하나님 경외, 그리고 믿음은 결코 추상적인 어떤 것이 아닙니다. 육적인 것이 철저하게 배제된 영적인 문제만이 아닙니다. 하나님과 예수님에게만 "주여 주여" 한다고 해결되는 문제가 아닙니다.

마태복음 25장의 양과 염소의 비유와 오늘의 레위기 본문으로 돌아가서 말하자면 우리에게 궁극적인 구원을 주는 믿음은 행동하는 믿음, 우리 주변 사람들에게 배려와 연민을 갖고 그들을 가혹하게 대하지 않는 믿음입니다. 이 단순하고 명쾌한 성경의 가르침을 외면하지 말고, 성도 각자가 정말 하나님과 바른 관계에 있다면 그것을 이웃과의 관계를 통해서 증명하시기 바랍니다.

레위기 26장

언약에 따른 축복과 저주

❑ 언약에 따른 축복과 저주 개관

26장은 레위기 25–27장의 중간 부분을 형성하고 있는 본문이다. 이 본문은 언약의 준수 여부에 따른 축복과 저주를 다루고 있다. 본문이 이 자리에 위치하는 것에 대해서는 레위기 17–27장의 개관에서 이미 다룬 바와 같이 고대 근동의 조약 문서 양식 및 그와 상응하는 구약의 본문 배열 방식을 통해서도 설명이 된다는 것을 다음의 도표를 통해 보여준 바가 있다(478쪽).

	언약의 책 출애굽기 20–23장	성결법전 레위기 17–26장	토라 법전 신명기 12–28장
서론	20:22–26[20:19–23]	17장	12장
계명들	21:1–23:9	18–25장	13–26장
땅의 의무들	23:10–11	19:9–10, 23–25	15; 24:19–22; 26장
종교력	23:12–19	23장	16:1–17
축복과 저주	(23:20–33)	26장	27–28장

이처럼 언약 및 율법 본문의 마무리를 심판과 저주로 하는 것은 고대 근동의 관행이었다. 그러나 웬함이 잘 지적한 바와 같이 고대 근동의 조약 문서들과 성경의 축복과 저주 본문 사이에는 중요한 차이점들이 있다.[317]

첫째, 성경에서는 하나님이 직접 이런 축복과 저주를 주관하시겠다는 취지의 말씀을 말씀 중계자들을 통해서 천명하신다. 그러나 고대 근동의 문헌들에서는 이런 축복과 저주를 시행해달라는 부탁을 사람이 신들에게 하는 형식을 취하고 있다. 이처럼 하나님의 주도적이고 의지적인 측면이 성경과 고대 근동의 유사 문헌들 사이의 차이이다.

둘째, 이스라엘 주변의 이방 문헌들은 다신교적이기 때문에 축복과 저주를 담당하는 각각의 신들에게 따로따로 부탁하는 형식을 취하고 있다. 그러나 성경은 유일신 신앙을 담고 있기 때문에 이 모든 것을 한 분 하나님이 다 주관하시는 것으로 되어 있다.

이제 이 장의 내용 자체를 개관하도록 하자.

첫째, 이 장은 17–27장의 다른 본문들과 마찬가지로 "나는 여호와이다"란 문구가 자주 나오며, 또한 구조적으로 중요한 작용을 하고 있다(1, 2, 13, 44, 45절). 따라서 이 장의 구조는 주변의 다른 장들과 마찬가지로 대체적으로 이 문구를 따라서 구획된다.

둘째, 이 장의 내용은 인과응보적인 요소가 두드러진다. 다시 말해 언약 백성인 이스라엘 백성들에게 임하는 축복과 저주는 그들의 행동에 따라 결정된다. 예를 들어 23b–24a절은 이렇게 말씀하고 있다. "만약 너희가…나를 거슬려 행하면 나도 역시 너희를 거슬려 행하며." 즉 하나님이 이스라엘 백성에게 적대적으로 대하시는 것은 이스라엘이 먼저 하나님께 적대적으로 대했기 때문이다.

셋째, 물론 인과응보적인 요소가 있지만 궁극적인 운명은 역시 하나님의

---

317 Wenham, *Leviticus*, 327.

은혜에 의해서 결정된다(40–45절). 이런 점에서 이 장이 다루고 있는 하나님의 백성의 궁극적인 운명은 성경 전체의 메시지와 상응한다.

넷째, 이 장은 크게 세 개의 단원, 즉 축복(3–13절), 저주(14–39절), 회복의 약속(40–45절) 본문으로 구획되는데, 이 세 단원 사이에는 여러 가지 상응점들이 있다.

주제	축복	저주	회복의 약속
언약	9절	15, 25절	42, 44절
규례, 계명	3절	14–15절	
너희 하나님이 되다	12절		45절
애굽에서 인도하다	13절		45절
싫어하다	11절	15, 30절	43, 44절

1단계: 사역

26:1 너희는 너희를 위하여 우상을 만들지 말며, 너희를 위하여 조상이나 주상을 세우지 말아라. 너희 땅에 조각한 석상을 세우고 그것에게 경배하지 말아라. 나는 여호와 너희 하나님이다.

26:2 너희는 나의 안식일들을 지키고, 내 성소를 경외하여라. 나는 여호와이다.

26:3 너희가 내 규례대로 행하고 내 계명들을 지키고 행하면

26:4 내가 너희에게 때를 따라 비를 내리고, 땅이 그 산물을 내고, 들의 나무가 그 열매를 맺을 것이다.

26:5 너희의 타작 기간이 포도를 딸 때까지 이르고, 너희의 포도 따는 것이 파종할 때까지 이를 것이다. 너희가 음식을 배부르게 먹고 너희 땅에서 안전하게 거할 것이다.

26:6 내가 땅에 평화를 줄 것이며, 너희가 눕고, 너희를 두렵게 할 자가 없
을 것이다. 내가 나쁜 짐승을 땅에서 제거할 것이며, 칼이 너희 땅을
누비지 않을 것이다.
26:7 너희가 너희 원수들을 쫓을 것이며, 그들이 너희 앞에서 칼에 쓰러질
것이다.
26:8 너희들 중의 다섯 명이 백 명을 쫓고, 너희들 중의 백 명이 만 명을 쫓
을 것이며, 너희 원수들이 너희 앞에서 칼에 쓰러질 것이다.
26:9 내가 너희를 돌아 볼 것이며, 너희를 생육하고 번성하게 할 것이다.
내가 너희와 함께한 내 언약을 확고하게 할 것이다.
26:10 너희가 오래 저장되었던 묵은 곡식을 먹다가 새 곡식 덕분에 묵은 곡
식을 제거하게 될 것이다.
26:11 내가 내 성막을 너희 중에 세울 것이며, 내 마음이 너희를 싫어하지
않게 될 것이다.
26:12 내가 너희 가운데에서 행하며, 내가 너희를 위하여 너희 하나님이 되
고, 너희는 나를 위하여 내 백성이 될 것이다.
26:13 나는 너희를 애굽 땅, 그들에게 종노릇하던 것에서 이끌어낸 여호와
너희 하나님이다. 나는 너희의 멍에의 빗장을 깨뜨리고, 너희가 똑바
로 서서 행하게 하였다.
26:14 그러나 만약 너희가 나를 청종하지 않고 이 모든 명령들을 준행하지
않으며,
26:15 내 규례들을 거부하고, 너희 마음이 내 법도를 싫어하여 내 모든 명령
들을 준행하지 아니하며 내 언약을 깨뜨리면
26:16 나도 역시 너희에게 이렇게 행할 것이다. 곧 내가 너희에게 공포, 그
리고 눈을 어둡게 하고 생명을 쇠약하게 하는 폐병과 열병을 선고할
것이다. 너희가 헛되이 씨앗을 파종하리니 너희 원수가 그것을 먹을
것이다.
26:17 또 내가 얼굴을 너희를 대적하여 돌릴 것이다. 너희가 너희 원수 앞

에서 퇴패할 것이며, 너희를 미워하는 자들이 다스릴 것이며, 너희는
쫓는 자가 없어도 도망갈 것이다.
26:18 이럴 때까지도 너희가 나를 청종하지 않으면 내가 너희 죄들로 인해
너희를 일곱 배나 더 훈육할 것이다.
26:19 내가 너희의 힘에 대한 교만을 깨뜨리고, 너희 하늘을 철과 같이, 그
리고 너희 땅을 놋과 만들 것이다.
26:20 너희의 수고가 헛되이 소진될 것이다. 땅이 그 산물을 내지 않고, 땅
의 나무가 그 열매를 맺지 않을 것이다.
26:21 만약 너희가 나를 거슬러 행하며, 나를 청종하기를 원하지 않는다면
내가 너희의 죄를 따라 일곱 배나 더 재앙을 내릴 것이다.
26:22 내가 들짐승들을 너희 중에 보내며, 그것들이 너희 자녀를 빼앗고,
너희 가축들을 멸하며, 너희 숫자를 줄게 만들며, 너희의 길들이 황
폐하게 될 것이다.
26:23 만약 너희가 이런 일을 당하여도 훈육되지 않고 나를 거슬려 행하면
26:24 나도 역시 너희를 거슬려 행하며 나도 또한 너희 죄들로 인해 너희를
일곱 배나 더 칠 것이다.
26:25 내가 언약에 대한 복수의 칼을 너희에게 보낼 것이다. 너희가 성읍에
모인다 해도 내가 너희 중에 염병을 보낼 것이며, 너희를 원수의 손에
넘길 것이다.
26:26 내가 너희의 양식 [나르는] 막대기를 부러뜨릴 때 열 명의 여인이 한
개의 화덕에서 너희의 떡을 구울 것이다. 그들이 너희의 떡을 무게에
맞춰 분배하게 되리니 너희가 먹어도 배부르지 못할 것이다.
26:27 만약 너희가 이같이 되어도 내게 청종하지 않고 나를 거슬려 행하면
26:28 내가 진노로 너희를 거슬려 행할 것이며, 너희의 죄를 따라 일곱 배나
더 훈육할 것이다.
26:29 너희가 너희 아들들의 살을 먹을 것이며, 너희 딸들의 살을 먹을 것이다.
26:30 또 내가 너희의 산당들을 파괴하고, 너희의 분향단들을 부수며, 너희

의 시체들을 우상들의 시체들 위에 버리고 내 마음이 너희를 싫어할 것이다.

26:31 또 내가 너희 성읍들을 황폐하게 하고 너희 성소들을 황량하게 할 것이다. 또한 내가 너희의 향기로운 냄새를 흠향하지 않을 것이다.

26:32 내가 그 땅을 황무하게 하리니 거기 거주하는 너희 대적들이 그것으로 인해 공포스러워 할 것이다.

26:33 내가 너희를 여러 민족 중에 흩을 것이요 내가 칼을 뺄 것이다. 너희 땅이 황무하고, 너희 성읍이 황폐하게 될 것이다.

26:34 그러면 너희가 대적의 땅에 있고 땅이 황무한 모든 날 동안 땅이 자기 안식을 즐길 것이다. 그때에 쉬면서 자기 안식을 즐길 것이다.

26:35 너희가 그 땅에 거주하는 동안 너희의 안식 때에 땅이 안식하지 못했던 것을 황무할 동안 안식할 것이다.

26:36 너희들 중의 남은 자들에게는 내가 그들의 대적들의 땅에서 그들의 마음에 낙심함을 가져다 줄 것이다. 바람에 날려가는 잎사귀 소리가 그들을 쫓아가며, 추적자가 없는데도 칼을 피해 도망하는 자처럼 도망하다가 넘어질 것이다.

26:37 그들은 쫓는 자가 없는데도 칼 앞에서 있는 것처럼 서로 걸려 넘어질 것이다. 대적 앞에서 맞설 힘이 너희에게 없을 것이다.

26:38 너희가 열방 중에서 망할 것이며, 너희 대적들의 땅이 너희를 삼킬 것이다.

26:39 너희들 중의 남은 자들이 너희 대적들의 땅에서 자신들의 죄로 인해 쇠잔할 것이다. 또한 그들에게 있는 그들의 조상들의 죄로 인하여 쇠잔할 것이다.

26:40 그러나 그들이 내게 불신실하고, 또한 나를 거슬러 행하여 (나도 또한 그들을 거슬러 행하여 그들을 그들의 대적들의 땅으로 보냈다) 저지른 자신들의 죄악과 자기네 조상들의 죄악을 자복하거나

26:41 그들의 할례 받지 않은 마음이 낮아져서 자신들의 죄책을 기쁘게 받

아들이면

26:42 내가 야곱과 맺은 내 언약을 기억할 것이다. 또한 이삭과 맺은 내 언약과 아브라함과 맺은 내 언약도 기억할 것이며, 그 땅을 기억할 것이다.

26:43 그들이 나의 법도들을 거부하고 그들의 마음이 나의 규례들을 싫어했기 때문에, 바로 그것 때문에 이 땅은 그들로부터 버려질 것이고, 그들로부터 황무하게 될 때 안식을 즐길 것이며, 그들은 자신들의 죄책을 기쁘게 받아들이게 될 것이다.

26:44 그러나 이 모든 것들에도 불구하고 그들이 자기 대적들의 땅에 있을 때에 내가 그들을 거부하지 않으며 그들을 싫어하여 그들을 멸절시키지 않고 그들과 맺은 나의 언약을 폐하지 않을 것이다. 왜냐하면 나는 여호와 그들의 하나님이기 때문이다.

26:45 그리고 내가 그들을 위해 조상들과의 언약을 기억할 것이다. 이들은 내가 열방들의 목전에서 그들의 하나님이 되기 위해 그들을 애굽에서 이끌어낸 자들이 다. 나는 여호와이다.

26:46 이것은 여호와께서 시내 산에서 자신과 이스라엘 자손 사이에 모세를 통해 주신 규례들과 법도들과 율법들이다.

2단계: 사역 해설

26:16 "나도 역시" *아프-아니*(אַף־אֲנִי)

26장의 중요한 특징들 중의 하나는 이스라엘 백성들의 행위를 따라 하나님도 똑같이 응대하시겠다는 인과응보적 심판의 개념이다. 이처럼 이스라엘이 어떤 행동을 할 때 그에 똑같이 맞추어서 하나님도 대응하시겠다는 개념을 나타내는데 있어서 '~도 또한', '역시'(also) 등의 뜻을 가진 *아프*란 단어는 중요하다. 불행히도 개역개정은 이 표현을 살리지 못하고 있어서 사역에서는 이 점을 수정하였다.

“폐병과 열병” *에트-핫샤헤페트 붸에트-학칸다하트*

(אֶת־הַשַּׁחֶפֶת וְאֶת־הַקַּדַּחַת)

이 두 단어는 쌍을 이루어 사용되며, 오직 레위기 26:16과 신명기 28:22에만 나온다. 뜻은 추정적인 어근 동사의 뜻과 전통적인 해석을 따른 것이다. 그러나 확정적인 것은 아니다.

26:18 “훈육할 것이다” 동사는 *야사르*(יָסַר)의 피엘형

개역개정은 이 단어를 “징벌하리라”로 번역함으로써 너무 부정적 뉘앙스를 띠고 있지만 원래 이 단어는 ‘교육하다’란 뜻을 가진 단어이다. 따라서 현재 문맥에서도 하나님의 심판은 죄에 대한 심판에 있다기보다는 훈육에 있다고 봐야 할 것이다.

26:21 “거슬려” *크리*(קְרִי)

이 단어는 구약성경에서 총 7번 사용되었고, 전부 레위기 26장에만 나오는 단어이다(21, 23, 24, 27, 28, 40, 41절). 단독으로, 혹은 전치사 *브*(בְּ)와 함께 ‘거슬려’(in opposition to)란 뜻으로 사용되고 있다. 개역개정은 이 단어를 처음만 ‘거슬려’로 해석하고, 나머지는 전부 ‘대항하여’로 해석하고 있다.

26:23 “훈육되지 않고” 동사 *야사르*(יָסַר)의 니팔형

야사르는 18절의 “사역 해설”(690쪽)에서 설명한 바와 같이 ‘훈육하다’란 뜻을 갖고 있다. 그것의 수동적 의미를 가진 니팔형은 ‘훈육되다’로 번역하는 것이 가장 적절해 보인다. 개역개정의 “돌아오지 아니하고”란 번역은 원어가 가진 뉘앙스를 잘 살렸다고 볼 수 없다. 너무 막연한 번역이다.

26:24 “나도 역시”

이에 대해서는 16절의 “사역 해설”(689쪽)을 참고하라.

"나도 또한" *감-아니*(גַּם־אֲנִי)

앞의 '나도 역시'와 거의 동의어적 표현이다.

26:40 "불신실하고" 동사 *마알*(מעל)

이 단어는 거의 절대적으로 많은 경우 하나님에게 불신실하게 행동하는 것을 나타내는 단어이다. 5:15(207–208쪽); 6:2(211–212쪽)의 이 단어에 대한 "사역 해설"을 참고하라.

"(나도 또한…보냈다)"

괄호 속의 내용은 사실 원문상으로는 41절의 전반절이다. 그러나 이것은 문맥상 40절의 두 번째 문장인 "또한 나를 거슬려 행하여"와 맞물리는 구절이며, 그 다음에 오는 구절과의 사이에 들어가는 삽입구 내지 보조 설명절이다. 이것을 현재의 개역개정의 절 구분에 맞추어서는 제대로 의미를 살리기 힘들어서 이렇게 40절의 괄호 속에 넣었다. 그러나 원문상으로는 41절의 전반절에 해당한다는 점을 유념하라.

26:41, 43 "자신들의 죄책을 기쁘게 받아들이면", "그들은 자신들의 죄책을 기쁘게 받아들일 것이다"

***웨아즈 이르쭈 에트-아보남*(וְאָז יִרְצוּ אֶת־עֲוֺנָם),**
***웨헴 이르쭈 에트-아보남*(וְהֵם יִרְצוּ אֶת־עֲוֺנָם)**

거의 동일한 이 두 문구에 대해서 개역개정은 "[그들이] 그들의 죄악의 형벌을 기쁘게 받으면"(41절)과 "그들은 자기 죄악의 형벌을 기쁘게 받으리라"(43절)고 번역하고 있고, 새번역 성경은 "자기들이 지은 죄로 벌을 기꺼이 받으면"(41절)과 "그들은…죗값을 치를 것이다"(43절)라고 다르게 번역하고 있다. 그 이유는 *이르쭈*의 원형이 되는 *라짜*(רצה)라는 동사가 과연 '~를 기뻐하다'(to be pleased with) 혹은 '수용하다'(to accept)란 뜻을 가진 단일 어근인지, 아니면 이 어근 외에도 동음이의어로서 '값을 치르다, 보상하다'(to pay for)라는 뜻을 가진 또 하나의 어근이 있는 것인지에 대한 견해 차이때문이다. 고전적인 히브리어 사전들인 게제니우스 사전과 BDB는 단일 어근 견해를 따르고 있으며, 좀 더 현대적인 HALOT와 그것에 바탕을 둔 Holladay 사전은 이중 어근 견해를 따르고 있다. 그러나 이 문제에 대한 모든 견해들과 문맥들을 세심하게 고려할 때 고전적인 견해인 단일 어근설을 따르는 것이 더 적절한 것 같다. 그 근거는 두 가지이다.

첫째, '~를 기뻐하다' 혹은 '수용하다'란 뜻은 그 연장선에서 얼마든지 문맥에 따라 '~의 값을 치르다, 보상하다'란 의미를 띄는 것으로 이해할 수 있다.

둘째, 문맥상으로 볼 때 41절과 43절의 *이르쭈*란 단어는 34, 43절의 "땅이 안식을 즐길 것이다(*라짜*)"란 표현과 분명한 언어유희 관계에 있다. 이때 이 언어유희 속에서 '땅의 즐김'과 '이스라엘이 자신들의 죄악에 대해서 기꺼이 인정함'이라는 표현이 굳이 다른 어근을 갖고 있다고 봐야할 근거가 상당히 미약하다.[318] 따라서 이 사역에서는 단일 어근설을 따라서 본문을 번역하였다.

26:43 "때문에, 바로 그것 때문에" *야안 우브야안*(יַעַן וּבְיַעַן)

원문에는 이스라엘 백성의 하나님에 대한 거부와 그 결과를 이렇게 이유절 접속사를 두 번 반복하는 것을 통해서 강조하고 있다. 사역은 이 점을 살리고 있다. 참고로 구약성경에서 이처럼 *야안*을 두 번 반복한 경우는 총 3번이다(레 26:43; 겔 13:10; 겔 36:3).

318 이 문제에 대한 위의 논의와 거의 동일한 입장은 Richard Averbeck, "רצה II", in Willem VanGemeren (ed.) *New International Dictionary of Old Testament Theology & Exegesis* (Grand Rapids, MI: Zondervan Publishing House, 1997), 3:1186–1188을 보라.

3단계: 단락 구분

이 단원은 서론과 결론 사이에 다음과 같이 단원 구분이 이루어진다.

- 26:1–2 서론
- 26:3–13 축복
    - 26:3 축복 본문의 도입구
    - 26:4–5 비와 풍성한 수확
    - 26:6–10 평화
    - 26:11–13 하나님의 임재
- 26:14–39 저주
    - 26:14–17 일반적 저주–질병, 기근, 패배
    - 26:18–20 가뭄과 흉년
    - 26:21–22 들짐승
    - 26:23–26 전쟁, 염병과 기근
    - 26:27–39 전쟁, 식인, 땅의 황폐와 추방
- 26:40–45 회복의 약속
- 26:46 결론구

우선 서론은 레위기 전체에서 가장 독특하다. 지금까지 보아온 바로는 레위기는 새로운 단원의 시작을 "여호와께서 시내 산에서 모세에게 이르셨다"(25:1 등)라는 문구로 했다. 그러나 현재 본문은 이런 문구를 아예 사용하고 있지 않으며, 그냥 하나님의 금지명령으로 시작하고 있다. 이 때문에 고대의 랍비들은 26장의 본문이 25장의 안식년 및 희년 본문의 연장선에 있다는 주장을 하고는 했다.[319] 그러나 그들의 주장이 특별히 설득력이 있는 것으

---

319 Milgrom, *Leviticus 23-27*, 2275–2276.

로 보이지는 않는다. 내용상으로 볼 때 현재 본문은 분명히 새로운 주제를 다루고 있는 새로운 단원의 시작 본문이라고 생각된다. 따라서 이 문제에 대해서는 앞으로 좀 더 연구가 필요하다. 반면에 46절의 결론구는 결론구로 적절하다(참고, 레 27:34).

이런 서론과 결론 사이에 낀 3–45절의 본문은 레위기의 다른 부분들에서도 익히 보아온 바와 같이 '만약~한다면'(*임*, אִם)이라는 단어가 대체적으로 큰 뼈대 역할을 한다(3, 14, 15[x2], 18, 21, 23, 27절). 특히 이 단어가 나오는 구절들 중 14–15절에는 *임*(אִם)이 세 번이 몰려 나오는데, 이것이 위의 구조에서 보듯이 축복과 저주 본문의 분기점 역할을 하고 있다는 점이 중요하다.

축복과 저주 본문은 이 *임*(אִם) 이외에도 기타 문구들이 구조를 더 세분화하는 보조적인 역할을 하고 있다. 축복 본문의 경우에는 '내가…줄 것이다'(I will give, *붸나탈티*, וְנָתַתִּי)라는 문구가 이 역할을 하고 있다(4, 6, 11절). 물론 이 문구를 사역을 할 때는 한국어 뉘앙스에 맞추어서 조금씩 변형을 하기는 했지만 말이다.

저주 본문의 경우에는 기본적으로 '너희가 청종하지 아니하고'(*붸로 티쉬므우 리*, וְלֹא תִשְׁמְעוּ לִי) 및 그것을 약간 변형한 문구가 세부 구조의 틀 역할을 하고 있다(14, 18, 21, 27절). 그리고 여기에 '거슬려'란 단어(*크리*, קְרִי)(21, 23, 24, 27, 28, 40, 41)와 '7배'란 단어(*쉐바*, שֶׁבַע) (18, 21, 24, 28절)의 조합도 역시 보조적이면서도 중요한 역할을 하고 있다. 이것들을 종합한 결과를 반영한 것이 위의 단원 구분이다.

대부분의 주석가들은 40–45절의 회복의 약속 본문을 저주 본문의 일부로 넣는다. 그러나 이 분문은 비록 개관의 제일 마지막 부분의 도표(685쪽)에서 보았듯이 저주 본문과 상응점들이 없는 것은 아니지만 그럼에도 불구하고 새로운 단원으로 보아야 한다고 생각한다. 그 이유들은 다음 두 가지이다.

첫째, 그 내용상 본문은 하나님의 저주의 경고가 아니라 이스라엘이 회개할 때의 하나님의 용서와 구원의 약속을 담고 있다.

둘째, 이런 새로운 주제를 위해 26장에서 처음으로 등장하는 표현들이 다

수 사용되고 있다. “자복하다”(*야다*, ידה, 40절), “그들의 할례 받지 않은 마음이 낮아지다”(*잌카나 르바밤 헤아렐*, יִכָּנַע לְבָבָם הֶעָרֵל, 41절), “기억하다”(*자카르*, זָכַר, 42절) 등의 회개 및 용서와 관련된 중요한 신학적 표현들이 새롭게 이 본문에 등장한다. 따라서 이 본문을 새로운 단원으로 구분 짓는 것이 더 타당해 보인다.

또한 이미 개관에서 지적한 바와 같이 축복, 저주, 회복의 약속 본문 사이에는 여러 가지 연결점들이 있다는 점도 잊어서는 안 된다. 이런 요소들이 이 장의 본문들 사이에 통일성을 부여해주고 있다.

마지막으로 이 장은 46절의 결론구로 끝을 맺고 있다. 이 결론구는 25장, 27장과 마찬가지로 이 규례가 시내 산에서 주어진 것이란 점을 강조함으로 서로 간에 밀접한 연결성을 드러내주고 있다.

4단계: 본문 해설

26:1-2 이 본문은 이 장의 서론 역할을 하고 있다. 지금까지 하나님께서 주신 율법들 중 대표적인 것들, 즉 십계명의 제 1, 2, 4계명을 언급하고 있는데, 이 점은 언약의 준수 여부에 따른 축복과 저주에 대한 본문의 서론으로서 아주 적절하다.

이 본문에서 1절은 ‘하지 말라’는 금지명령을 다루고 있고, 2절은 ‘하라’는 긍정 명령을 다루고 있다는 점에서 서로 대비된다. 그리고 양 구절은 각각 “나는 여호와 너희의 하나님이다”라는 문구와 “나는 여호와이다”라는, 서로 상응성 있는 문구들로 마무리되고 있다. 이 두 문구가 레위기 17–27장에서 자주 후렴구로 사용되는 중요한 문구임은 이미 앞에서 살펴본 바가 있다.

위의 금지명령들과 긍정 명령들은 지금까지 다뤄진 모든 ‘규례와 계명’(3절)의 대표적인 것들로 구성되어 있는 것으로 보인다. 특히 이것들이 대표적인 규례들로 언급된 이유는 그 준수 여부가 가장 눈에 잘 띄는 계명들이기 때문인 것으로 보인다. 이런 가시적인 계명들을 잘 지키지 못하는 사람들이 눈에 잘 띄지 않는 계명들을 지킬 리가 없을 것이다.

또한 1절의 금지명령에는 '너희를 위하여'(*라켐*, לָכֶם)란 문구가 두 번 반복된다. 이 문구는 "나는 여호와 너희 하나님"(1절) 및 "나는 여호와"(2절)라는 두 개의 문구와 대조가 된다. 자신이 아니라 여호와의 영광을 위해 사는 것이 사람의 제1되는 목적인 것이다.

26:3 이 구절은 축복 본문(3–13절)의 도입구 역할을 하고 있다. 그 시작에 나오는 '만약 ~한다면'(*임*, אִם)이라는 문구가 이 단원의 시작을 알리고 있다. "너희가 내 규례대로 행하고 내 계명들을 지키고 행하면" 복이 주어진다. 이어지는 축복 본문은 앞의 "단락 구분"에서 살펴본 바와 같이 "비와 풍성한 수확"(4–5절), "평화"(6–10절), "하나님의 임재"(11–13절)라는 세 개의 문단으로 이루어져 있다. 이 각 문단의 시작은 "내가 주리라"(I will give, *붸나탈티*, וְנָתַתִּי)는 문구로 구성되어 있다(4, 6, 11절).

26:4-5 이 구절은 축복 본문의 첫 번째 단락으로서 "비와 풍성한 수확"에 대한 내용을 담고 있다. '때를 따라 비를 내리고'라는 약속은 이스라엘에게 있어서는 아주 중요한 약속이었다. 건기와 우기가 뚜렷이 나뉘고, 우기의 시작과 끝에 이른 비와 늦은 비가 내려야만 제대로 농사를 지을 수 있었던 이스라엘 백성들에게 있어서 제철에 내리는 비는 생명줄과 같았다. 따라서 이것은 구약의 많은 본문들이 하나님의 축복을 다룰 때 즐겨 사용하고 있는 표현이다(시 67:6; 85:12; 겔 34:26, 27; 36:30; 욜 2:23, 24; 슥 8:12 등).

4절의 비의 약속은 5절의 풍성한 추수란 결과를 가져온다. 또한 5절의 "너희의 타작 기간이 포도를 딸 때까지 이르고, 너희의 포도 따는 것이 파종할 때까지 이를 것이다"란 표현 역시 중요하다. 고대 이스라엘에서는 곡식을 보통 초여름(4/5월)에 거두어들였다. 그리고 포도는 늦여름(8/9월)에 거두었다. 마지막으로 씨는 이른 비가 내리는 시기(10/11월)에 뿌렸다. 따라서 추수, 포도 수확, 파종 시기 사이에는 빈 시간들이 있었다. 하지만 5절은 이스라엘 백성들이 규례와 계명을 잘 지키면 각 시기 사이에 빈틈이 없을 정도로 쏟아지는 풍성한 수확을 얻게 해주시겠다고 약속하고 있다. 즉 첫 곡식의 추수가 엄청나서 포도 수확 때까지 이어지며, 포도 수확 역시 엄청나서 다시 파종 때까지 이어진다는 것이다. 아모스서 9:13은 이 생각만 해도 즐거운 이미지를 써서 하나님의 축복을 강조하고 있는데, 이런 이미지의 출발점은 레위기 26장이다.

26:6-10 축복 본문의 두 번째 단락은 "평화"에 대해서 다루고 있다. 이 문단에서 하나님은 '평화'(샬롬)를 주시겠다고 하신다. 그리고 이 평화는 네 가지로 표현된다.

(1) "너희가 눕고, 너희를 두렵게 할 자가 없을 것이다" (6절)
(2) "내가 나쁜 짐승을 땅에서 제거할 것이며" (6절)
(3) "칼이 너희 땅을 누비지 않을 것이다…" (6–8절)
(4) "묵은 곡식 대신에 새 곡식을 먹게 될 것이다" (10절)

26:9은 이 문단의 주제절이라고 할 수 있는데, 그 내용은 물론 다 그렇지는 않지만 주로 창세기의 약속들을 연상시키는 것들이다.

(1) '내가 너희를 돌아볼 것이다'. '돌아본다'는 표현은 원문을 직역하면 "얼굴을 ~를 향하여 돌린다"는 뜻이다. 민 6:24–26의 제사장 축복의 마지막 문구는 "여호와는 그 얼굴을 네게로 향하여 드사 평강 주시기를 원하노라"이다. 하나님이 평화를 주시겠다고 말씀하고 있는 도입구과 이 '얼굴을 돌린다'라는 표현의 결합은 민수기의 제사장 축복 문구를 연상시킨다.

(2) "너희를 생육하고 번성하게 할 것이다"(*파라*[פרה]와 *라바*[רבה])라는 표현은 창세기 1:28에서 하나님이 인간을 창조하시고 나서 그들에게 주신 축복에 사용된 문구들이다. 이 축복 문구들은 창세기를 관통해서 나타나며, 특히 족장 이야기 본문들(12–50장)에서는 언약 백성에 대한 하나님의 약속의

핵심을 차지하고 있다.[320]

(3) 이스라엘과 맺은 언약을 지키시겠다고 약속하신다.

26:11-13 축복 본문의 세 번째 단락이다. 세 번째 복이자 궁극적인 복은 "하나님의 임재의 약속"이다.

26:11의 서두는 직역하자면 "내가 내 성막을 너희 가운데에 줄 것이다"이다. 이 문단은 앞 문단들과 같이 역시 '내가 주리라'(*붸나탈티*, וְנָתַתִּי)라는 문구로 시작되고 있다(4, 6, 11절).

또한 11절 하반절의 "내 마음이 너희를 싫어하지 아니할 것이며"란 표현은 아주 중요하다. 이 '싫어하다'라는 동사(*가알*, געל)는 구약성경에서 처음 나오며(총 5회), '마음'(*네페쉬*, נֶפֶשׁ)이란 문구와의 조합은 오경에서 오직 이 26장에만 나온다. 특히 이 '싫어하다'란 단어가 이 26장의 저주 및 회복의 약속 본문에서 아주 중요한 반복구로 사용된다는 점이 중요하다.

26:11	"내 마음이 너희를 싫어하지 않게 될 것이다"
26:15	"너희 마음이 내 법도를 싫어하여…"
26:30	"내 마음이 너희를 싫어할 것이다"
26:43	"그들의 마음이 나의 규례들을 싫어했기 때문에"
26:44	"내가…그들을 싫어하여 그들을 멸절시키지 않고"

이 문구의 사용 구절들을 참고해보면 하나님이 이스라엘을 '싫어하면' 저주가 임한다. 반면 '싫어하지' 않으면 축복이 임한다. 또한 하나님이 이스라엘을 '싫어하는' 것은 이스라엘이 하나님을 '싫어하는' 것과 밀접한 관계가 있다. 이 점은 이후의 다른 단어들과의 연관성 속에서 더 살펴볼 수 있다.

---

320 박철현, *깨진 토기의 축복* (서울: 솔로몬, 2014), 246–247.

26:12은 전형적인 언약 문구, 즉 "내가 너희를 위하여 너희 하나님이 되고, 너희는 나를 위하여 내 백성이 될 것이다"란 문구를 사용하고 있다. 하나님과 이스라엘 백성은 이스라엘의 언약 준수 여부에 따라 더욱 공고한 언약 관계로 묶이게 될 것이다.

26:13은 구원자로서의 여호와에 대한 전형적인 문구, "나는 너희를 애굽 땅, 그들에게 종노릇하던 것에서 이끌어낸 여호와 너희 하나님이다"란 문구를 사용하고 있다. 이스라엘은 하나님의 은혜로 인해 자유를 얻었다. "너희가 똑바로 서서 행하게 하였다"란 문구는 구약성경 전체에서 오직 여기에만 나온다.

26:14-17 이 문단은 여기에서부터 시작되는 저주 단원(14–39절)의 시작 단락이다. 저주 본문은 축복 본문보다 약 3배 가까이 길다. 이 비율은 고대 근동의 축복/저주 문헌의 전형적인 패턴이다. 예를 들어 신명기 28장의 축복과 저주 본문을 보라. 이 신명기 본문에서는 축복 본문(1–14절)보다 저주 본문(15–68절)이 약 3.5배 정도 길다.

26:14은 "만약 너희가 나를 청종하지 않고"(*붸임-로 티쉬므우 리*, וְאִם־לֹא תִשְׁמְעוּ לִי)라는 문구를 사용하고 있는데, 이 26장의 저주 본문(14–39절)은 위의 "단락 구분"에서 본 바와 같이 이 문구에 의해 다섯 단락으로 구획된다.

26:14–15은 첫 번째 저주 본문 단락의 주제인 "일반적 저주–질병, 기근, 패배"에 대해서 다루고 있는데, 이런 저주들이 임하게 되는 원인으로 다음과 같은 사항들이 언급되고 있다.

(1) 내게 청종하지 않는다.

(2) 내 모든 명령을 준행하지 않는다.

(3) 내 규례를 거부한다(*마아스*, מאס) (15, 43, 44절). 이 단어를 개역개정

은 15절에서 "멸시하다"라고 번역하고 있고, 43절과 44절에서는 다른 단어들을 써서 번역하고 있지만 '거부하다'(to reject)란 뜻으로 통일하는 것이 좋다.

(4) 마음에 내 법도를 싫어한다.

(5) 내 모든 명령들을 준행하지 않는다.

(6) 내 언약을 배반한다(*파라르*, פרר). 이 단어는 '폐하다, 깨뜨리다'(break)정도의 번역이 더 낫다.

여기에서 (3)번의 *마아스*(מאס)란 동사 역시 이 장을 이해하는데 있어서 중요하다. 이 단어는 오경에서 오직 이 레위기 26장과 민수기 11, 14장에만 총 5번 나오는 동사이다. 그중 3번이 이 레위기 26장에 나온다.

26:15 "내 규례들을 거부하고"

26:43 "그들이 나의 법도들을 거부하고"

26:44 "내가 그들을 거부하지 않으며"

앞의 11절에서 살펴본 '싫어하다'(*가알*, געל)란 단어와 마찬가지로 하나님 혹은 하나님의 것을 거부하는 것은 하나님으로부터의 거부를 불러 일으킨다. 오직 45절의 말씀과 같이 하나님의 은혜만이 이 운명에서 우리를 건져낼 수 있다.

또한 이 *마아스*란 단어와 맞물려서 사용되고 있는 (6)번의 *파라르*(פרר)란 동사 역시 중요하다. 이 단어는 오경에서 오직 두 번만 나오는데, 전부 이 레위기 26장뿐이다.

26:15–16 "내 언약을 '깨뜨리면' 나도 역시 너희에게 이렇게 행할 것이다"

26:44 "나의 언약을 '폐하지' 않을 것이다"

지금까지 본 반복적인 세 동사들, 즉 *가알*, *마아스*, *파라르*를 볼 때 이스라엘의 태도는 하나님의 반응을 결정짓는다. 그리고 오직 하나님의 은혜만이 이런 인과응보적 악순환을 멈추게 할 수 있다(40–45절).

26:16–17은 이스라엘이 하나님을 거부한 결과들을 다루고 있다.

(1) 재앙이 임해서 각종 병을 가져다 줄 것이다.

(2) 농사가 헛되게 할 것이며, 소산물을 대적이 먹을 것이다. 특히 '헛되이'란 주제는 구약성경의 아주 중요한 주제이다. 저주는 인간의 수고를 헛되게 하며, 축복은 그 반대 결과를 가져온다(신 6:11; 수 24:13; 느 9:25; 시 105:44; 암 9:146 신 28:30–33, 39–42; 암 5:11; 미 6:15; 습 1:13 등).

(3) 하나님이 이스라엘을 치셔서 대적에게 쫓기게 하신다.

26:18-20 이 단락은 저주 본문의 두 번째 단락으로서 "가뭄과 흉년"의 주제를 다루고 있다. 특히 중요한 것은 18–20절부터는 앞의 문단의 범죄에 추가하여 더 가중된 처벌을 받는 내용을 담고 있다.

이 단락의 시작은 14절과 비슷하지만 '이럴 때까지도'란 문구가 바로 앞 단락의 저주와 심판을 반영하고 있다. 이런 심판에도 불구하고 계속 죄를 짓는 경우에 주어지는 하나님의 심판의 내용이 이 문단의 내용인 것이다.

이 단락이 이전 단락보다 저주가 강화된 단락이라는 점은 또한 '일곱 배'라는 문구에 담겨 있다. 이에 대해서는 앞의 "단락 구분" 항목의 해설을 참고하라. 처벌의 내용은 다음과 같다.

(1) 이스라엘의 세력으로 인한 교만을 꺾으신다.

(2) 하늘과 땅을 철과 놋처럼 만드셔서 땅이 열매를 맺지 못하게 하신다.

26:20 다시 한 번 '헛되이'란 표현이 사용되고 있다.

26:21-22 이 문단은 저주 본문의 세 번째 문단으로 "들짐승"을 통한 저주

를 담고 있다. 이 문단의 도입구는 앞의 문단들과 비슷하지만 '나를 거슬러'라는 표현이 새로 등장한다. '거슬러'의 히브리어는 *크리*(קְרִי)인데, 이 단어는 오경에 총 일곱 번이 나오며, 전부 이 레위기 26장에만 등장한다(21, 23, 24, 27, 28, 40, 41절). 또한 이 문단 역시 '일곱 배'(*쉐바*)가 강조되고 있다(21절).

들짐승은 구약성경에서 하나님의 심판의 상징으로 자주 사용된다(레 26:6; 신 32:24; 호 2:12). 반면 하나님의 구원의 때에는 들짐승들이 얌전히 있는 것으로 묘사된다(참고, 들짐승과 하나님 사이의 언약, 호 2:18).

26:23-26 이 문단은 저주 본문의 네 번째 문단으로 "전쟁, 염병과 기근"을 통한 저주를 담고 있다. 이 문단의 도입구는 18절과 비슷하다. 즉 "만약 너희가 이런 일을 당하여도"란 문구는 18절의 "이럴 때까지도"와 비슷하다. 또한 이 문단은 앞 문단에서 도입된 '거슬러'란 문구도 사용하고 있다. 이런 반복적인 어구들의 사용은 점점 반역과 심판이 심화되는 것을 나타내 준다.

특히 23-24절에서 "나를 거슬려 행하면 나도 역시 너희를 거슬려 행하며"란 문구가 인상적이다. 앞에서 여러 동사들을 통하여 봤듯이 이스라엘의 하나님에 대한 태도가 하나님의 반응을 결정한다. 다시 말해 이스라엘이 하나님에게 저주와 심판을 받는 것은 인과응보적이라고 할 수 있다. 그들이 하나님께 행하는 대로 하나님도 그들에게 행하신다.

이런 맞물림은 40-41절에서도 역시 나온다. "나를 거슬려 행하여 나도 또한 그들을 거슬려 행하여." 여기에서도 다시 '일곱 배'란 표현이 반복된다.

26:27-39 이 긴 문단은 저주 단원의 마지막 문단으로서, "전쟁, 식인, 땅의 황폐와 추방"이라는 주제를 다루고 있다. 이 문단의 도입구는 18, 23절과 비슷하다. 즉 "만약 너희가 이같이 되어도"란 문구가 나온다. 또한 앞의 문단들에 도입된 '거슬러'란 문구도 역시 사용되고 있다. "나를 거슬려 행하면 내가 진노로 너희를 거슬려 행할 것이며." 여기에서 '진노로'란 문구의 추가는 반역과 심판의 심화를 보여준다. 그리고 '일곱 배'란 표현도 역시 반복된다.

이런 요소들은 이 문단이 심판의 절정임을 보여준다. 끝이 거의 이르렀다.

이 문단이 저주 본문의 절정이기 때문에 이 본문에 묘사된 심판의 저주는 아주 강렬하다.

(1) 사람들이 자기 자녀들의 살을 먹을 정도로 비참한 상태를 당한다. 이런 잔혹한 상태는 심판의 궁극적인 이미지로 구약 이후의 책들에서 자주 사용된다(신 28:53; 왕하 6:28-29 등).

(2) 하나님이 산당들과 분향단들을 부수시고, 성소들을 황량하게 하신다(30-31절). 이 내용은 이스라엘이 언약과 율법에 충실할 때 받을 축복(11-13절)과 대조를 이룬다.

(3) 땅을 황무하게 하신다.

(4) 이스라엘을 여러 민족 중에 흩으신다.

26:34-35은 황무해진 땅을 안식 개념과 연결시키고 있다. 이 개념은 바로 앞 장인 25장과 연결되어 있는 것으로 보인다. 안식년과 희년을 제대로 지키지 않은 것에 대해 하나님은 이렇게 강제적으로 땅을 쉬게 만드신다. 또한 이 구절은 예레미야 25:11-12; 29:10; 역대하 36:21-22 등의 바탕이 된다.

26:36-39은 앞의 하나님의 심판의 결과로 이스라엘의 남은 자들이 이방 중에 흩어져 쇠잔하게 되는 것을 그리고 있다.

26:40-45 26장의 마지막 이 문단은 '회복의 약속'을 담고 있다. 이 문단에서 하나님은 심판에서 구원의 메시지로 돌아서신다.

26:40-41은 하나님의 이런 회복의 약속이 시행되기 위해서는 이스라엘의 몇 가지 태도가 선행되어야 한다는 것을 말하고 있다(40-41절).

(1) 그들이 하나님을 거슬려 저지른 자신들의 잘못과 조상들의 잘못에 대해서 자복을 해야 한다(to confess, *야다*[ידה]의 히필형). 레위기의 여러 본

문에서 이미 보았듯이 자복(confession)은 하나님의 용서를 받는 과정에서 아주 중요하다(레 5:5; 16:21).

(2) 할례 받지 못한 마음(their uncircumcised heart)이 낮아져야 한다. 이것은 성경신학적으로 가장 중요한 개념들 중의 하나인 '마음의 할례'란 주제의 출발점이다(신명기 10:16; 30:6; 사 60:21; 렘 4:4; 9:26; 31:33; 32:39–40; 50:20; 겔 11:19–20; 36:26–27; 롬 2:28–29; 11:26; 고후 5:17; 골 2:11 등).[321]

(3) 죄악의 형벌을 기쁘게 받아들인다(*라짜*, רָצָה). 이 동사는 레위기 1:4 등에서 하나님에 의해 제물이 받아들여지는 것을 나타낼 때 쓰인 표현이다.[322] 이스라엘이 죄를 깨달은 후 취해야 할 가장 중요한 태도들 중의 하나는 하나님이 주시는 심판들을 당연하고 정당한 것으로 기쁘게 받아들이는 것이다(참고, 애 3:26–33, 38–39; 삼하 16:10, 사울 집안의 시므이가 압살롬으로부터 도망치는 다윗을 저주할 때 하는 말).

26:42은 이스라엘이 이런 바른 회개와 겸손의 태도를 보일 때 나타날 결과를 언급하고 있다. 하나님은 이스라엘의 조상들과 맺은 언약과 땅을 기억하실 것이다(*자카르*, זכר).

*자카르*란 단어는 42–45절에서 총 네 번 나오는데, 42절에 세 번이 나오고, 45절에서 한 번 더 나온다. 이스라엘이 진정으로 할례 받고 회개할 때 하나님께서 기억하시고, 구원해주실 것을 강력하게 약속해주고 있다.

26:43은 그들이 죗값은 어쨌든 치러야 한다는 것을 말하고 있다. 이 죗값은 이스라엘 땅이 황폐하게 되고, 이스라엘 백성은 포로로 잡혀 가서 황무하게 됨으로써 땅이 안식을 누리는 것이다.

---

321 이 마음의 할례란 주제에 대한 아주 뛰어난 성경신학적 통찰은 게리 쉬니처, *토라 스토리* (서울: 솔로몬, 2014)의 제19장 끝에 있는 "심화학습" 항목을 참고하라. 이 자료는 이 주제에 대한 가장 간명하면서도 탁월한 논의와 통찰들을 담고 있다.

322 이 단어의 의미에 대한 논의는 "사역 해설" 중 41, 43절 부분(691–692쪽) 참고하라.

그러나 여기에 다시 한 번 *라짜*(רצה)가 사용되고 있다. 이스라엘은 자신들의 죗값을 치르는 것을 기쁘게 받아들여야 한다. 43절의 결과로 44절에서 하나님은 이스라엘이 아직 이방 땅에 있을 때에 더 이상 그들을 거부하지(*마아스*, מאס) 않으시며, 싫어하지(*가알*, געל) 않으실 것이다. 그 결과 이스라엘은 완전히 멸망하지도, 언약이 폐기되지도 않게 될 것이다.

26:45은 출애굽의 하나님에 대한 문구를 통해서 이런 약속의 보증을 주신다. "이들은 내가 열방들의 목전에서 그들의 하나님이 되기 위해 그들을 애굽에서 이끌어낸 자들이다. 나는 여호와이다." 한 번 이스라엘을 애굽에서 구원하셨던 하나님은 다시 이스라엘을 구원하실 것이다. 따라서 이 문구는 여기에서 일종의 인감 도장처럼 작동한다. 이 약속과 더불어 다시 한 번 하나님께서 언약에 대한 기억(*자카르*, זכר)이 강조되고 있다.

26:46 이 결론구로 26장이 마무리된다. 앞에서도 여러 번 언급한 바와 같이 '시내 산'에 대한 언급은 25-27장을 하나로 묶어 준다.

5단계: 적용

26:3-13 하나님은 당신을 잘 섬기는 자들에게 축복을 허락하실 수 있는 능력이 있는 분이다. 모든 것을 창조하시고, 만물의 주인이신 하나님은 비와 사나운 짐승, 그리고 심지어는 원수와의 대적마저도 마음대로 통제하실 수 있는 분이다. 무명의 저자가 쓴 *무릎으로 사는 그리스도인*이란 유명한 기도 지침서에는 어느 초신자가 성경을 읽던 중 마태복음 21:21-22의 "예수께서 대답하여 이르시되 내가 진실로 너희에게 이르노니 만일 너희가 믿음이 있고 의심하지 아니하면 이 무화과나무에게 된 이런 일만 할 뿐 아니라 이 산더러 들려 바다에 던져지라 하여도 될 것이요 너희가 기도할 때에 무엇이든지

믿고 구하는 것은 다 받으리라 하시니라"는 말씀을 읽고 흥분해서 자기 선배 신앙인에게 뛰어와서 "이 말씀이 정말이냐"고 묻는 이야기가 나온다. 후배 초신자의 질문을 받은 선배는 당혹스러웠지만 후배의 흥분을 깨뜨리고 싶지 않아 정말이라고 대답해주었다. 그리고 후배가 흥분해서 돌아간 후에도 한참 동안 자신은 과연 그 말씀을 문자 그대로 믿는가 하는 것에 대한 사색을 했다고 한다. 많은 신앙인들이 성경에서 이런 말씀을 보고도 그냥 별 생각 없이 무의식 속에서 이런 게 가능할 리가 없다는 생각을 하고 지나친다. 분명한 것은 만약 우리가 예수님의 이 말씀을 믿지 않으면 그 신앙이 무의미하다는 것이다. 마찬가지로 레위기 본문에서도 하나님께서 자기에게 신실한 자들에게 이런 복들을 허락하실 수 있는 분이심을 믿지 못하면 그 신앙은 의미가 없다. 이 점에 대해서 우리는 진지하게 스스로 물어보아야 한다.

26:6 "내가 땅에 평화를 줄 것이며, 너희가 눕고, 너희를 두렵게 할 자가 없을 것이다"

시편 4:8은 "내가 평안히 눕고 자기도 하리니 나를 안전히 살게 하시는 이는 오직 여호와이시니이다"라고 말씀하고 있다. 진정한 평화는 오직 하나님으로부터 오는 것이다. 그리고 하나님은 이 평화를 당신의 말씀에 순종하는 자에게 주실 것이다(3절). 따라서 우리가 진정한 평화를 얻기를 원한다면 그 지름길은 지금 당장 하나님의 뜻대로 사는 것이다. 그럴 때 우리는 이 세상이 결코 주지 못할 놀라운 평안을 누리게 될 것이다(참고, 요 14:27-28). 우리의 잠자리가 달콤하고 평화로운 것이 될 것이다(시 127:2; 습 3:13).

26:18-23 하나님은 아버지나 좋은 교사로서 이스라엘을 교육하시는 분이다.

교육을 하다 보면 언제나 부드러운 가르침만을 주게 되는 것이 아니다. 심한 징책을 가할 수밖에 없게 되는 경우들도 종종 생긴다. 그러나 이런 심한 징책과 징벌을 가하는 경우에도 분명히 18, 23절에서 사용하고 있는 단어는

'훈육하다'란 단어이다. 하나님의 심판은 단순히 잘못에 대한 처벌만을 담고 있는 것이 아니라 그들을 올바른 길로 되돌려 놓기 위한 교육의 목적을 분명하게 담고 있다. 신명기 8:5-6은 "너는 사람이 그 아들을 징계함 같이 네 하나님 여호와께서 너를 징계하시는 줄 마음에 생각하고 네 하나님 여호와의 명령을 지켜 그의 길을 따라가며 그를 경외할지니라"라고 말씀하고 있다. 하나님이 우리를 때리실 때 우리는 좋으신 아버지의 마음을 생각하고 매를 달게 받으며, 더욱더 하나님을 사랑하고 존경하는 좋은 아들이 되어야 한다.

26:23-24 "나를 거슬러 행하면 나도 역시 너희를 거슬러 행하며"

오늘 본문의 중요한 가르침은 하나님이 우리를 상대하시는 중요한 원리 중의 하나가 인과응보라는 점이다. 우리가 하나님을 거슬러 행하면 하나님도 그대로 돌려주신다.

26:34-35 이스라엘이 하나님의 규례와 법도를 따르지 않고, 안식년을 지키지 않자(레 25:1-7) 하나님은 그들을 바벨론 포로로 잡혀가게 하심으로써 그 땅이 안식을 취하게 하신다. 하나님의 뜻은 우리의 순종과 불순종에 상관없이 결국은 성취된다. 하지만 우리가 순종했을 때와 불순종했을 때의 결과는 현저한 차이가 난다. 인간이 하나님 앞에서 할 수 있는 가장 지혜로운 일은 하나님의 뜻을 따르는 것이다.

26:39 "너희들 중의 남은 자들이…자신들의 죄로 인해…또한 조상들의 죄로 인하여 쇠잔할 것이다"

이 구절은 하나님의 공의적인 속성을 강조해주고 있다. 하나님은 은혜롭고 자비로우신 분이기만 한 것이 아니라 "죄를 벌하지 않은 채 그냥 넘기지 않으시는" 분이며, 또한 아버지의 죄를 삼사 대 자손에게까지 치르게 하시는 분이다(출 34:6-7). 하나님의 이러한 공의적 속성을 이해할 때에야 비로소 우리는 하나님이 이러한 공의에도 불구하고 얼마나 사랑이 많으신 하나님이

신지를 또한 깨달을 수 있게 된다(참고, 출 34:7 전반절). 공의와 자비의 신비한 결합, 바로 이것이 하나님의 속성이며, 또한 하나님께서 우리를 상대하시는 방식이다.

26:40-41 "나를 거슬려…나도 또한 그들을 거슬려 행하여"
하나님의 기억하심과 구원하심은 아주 예외적인 경우(사 59:1−3, 15−16)를 제외하고는 우리의 태도에 달려 있다. 우리가 하나님 앞에서 교만하면 하나님은 결코 우리를 구원하지 않으신다. 그러나 우리가 하나님 앞에서 겸손하게 자신의 죄를 고백하고, 죗값을 치를 마음의 준비가 되어 있으면 하나님은 자비롭고 은혜가 많으신 분(출 34:6)이기 때문에 우리를 기억해 주신다. 하나님 앞에서 겸손한 마음을 가지고 자신을 낮추는 태도를 갖는 것이 중요하다.

26:44 하나님은 언약을 깨뜨리지 않고 신실하게 지키시는 분이다. 언약을 깨뜨리는 것은 항상 하나님이 아니라 우리 자신이다. 우리가 하나님과의 언약을 잘 지키고, 그 규례와 법도를 따라 사는 한 신실하신 하나님과의 관계는 영원하다.

6단계: 설교 "낮아짐이 구원의 통로"(레 26:40-45)

이 본문에서 가장 중요한 표현들 중의 하나는 "그들의 할례 받지 않은 마음이 낮아져서 자신들의 죄책을 기쁘게 받아들이면"입니다. 여기에는 성경신학적으로 중요한 여러 가지 개념들이 표현되어 있습니다. 이것들을 중심으로 해서 레위기 26장의 핵심적인 내용을 가지고 설교를 진행하고자 합니다.

레위기 26장의 첫 번째 가르침은 인과응보의 신학입니다. 언약 백성이 하나님의 규례와 계명대로 살면 복을 받고, 그렇지 않으면 벌을 받는 것은 하나님의 공의의 기초입니다. 이처럼 행한 대로 축복과 저주를 받는 것이 곧 인과응보의 신학입니다. 레위기 26장은 이런 인과응보의 신학을 반복적인 표현들을 통해서 부각시키고 있습니다.

그중에서 특별히 중요하고 눈에 띄는 것들을 뽑아보면 다음과 같습니다.

(1) **"거슬려 행하다"** 이스라엘이 하나님을 거슬려 행동하면 하나님도 그들에게 거슬리는 조치를 취하실 것이 여러 번 강조되고 있습니다(23–24, 27–28, 40–41절).

(2) **"싫어하다"** "그들의 마음이 나의 규례들을 싫어했기 때문에 내가 그들을 싫어하여"(43–44절).

이처럼 레위기 26장은 이스라엘이 하나님으로부터 받는 대접은 그들이 하나님을 어떻게 대했느냐 하는 것에 달려 있다는 것을 말해주고 있습니다.

현대 교회는 하나님께서 세상을 다스리시는 경륜의 두 축인 공의와 사랑(참고, 출 34:6–7) 중 사랑만을 과도하게 강조하는 경향이 있습니다. 그러나 우리가 분명히 인식해야 할 것은 이 두 가지 중 공의가 우선적이고 근본적인 원리라는 점입니다. 하나님의 뜻과 명령에 순종하는 자가 복을 받고, 그렇지 않는 자가 심판과 저주를 받는 것이 기본 원칙이라는 것을 우리 성도들은 분명히 알아야 합니다. 이 세상의 어느 조직이든지 간에 공의와 신상필벌(信賞必罰)이 바로 서지 않고 제대로 돌아갈 수 있는 조직은 없습니다. 이것은 하나님께서 다스리시는 세상도 마찬가지입니다. 레위기 26장은 바로 가장 근본적인 원리를 가르쳐 주고 있습니다.

그러나 물론 하나님이 공의만으로 세상을 다스리시지는 않습니다. 만약 그랬다면 이 세상에 그 무엇도 살아남아 있는 것이 없을 것입니다.

다행히도 우리 하나님은 또한 자비와 사랑이 많으신 분입니다. 이 사랑은 때로는 아무 조건없이 발동할 수가 있습니다(호 11:7–11). 그리고 또 때로는 우리가 하나님 앞에서 진심으로 회개하고 반성하는 태도를 가질 때 발동할 수가 있습니다. 오늘 설교 본문인 레위기 26:40–45은 바로 이 후자의 경우를 말씀해주고 있습니다.

레위기 26장의 두 번째 가르침은 우리가 하나님의 은혜를 받고자 하면 우리의

할례 받지 않은 마음을 낮추는 태도를 갖춰야 한다는 것입니다(41절). 여기에는 두 가지 사항이 결부되어 있습니다. 첫 번째 사항은 '마음의 할례'란 개념이고, 두 번째 사항은 '마음을 낮추는 것'입니다.

먼저 마음의 할례란 개념에 대해서 살펴보고자 합니다. 41절은 비록 '마음의 할례'라는 용어를 직접 사용하고 있지는 않지만 '할례 받지 않은 마음'이라는 표현을 통해 신구약성경에서 가장 중요한 개념들 중의 하나인 이 개념의 출발점 역할을 하고 있습니다.

그러면 마음의 할례란 것이 과연 무엇일까요? 우리가 모두 잘 아는 바와 같이 할례는 두꺼운 껍질을 벗겨내는 의식입니다. 껍질이 벗겨지면 드러난 속살은 예민하게 됩니다. 따라서 할례와 무할례는 감각의 둔감함과 예민함의 차이입니다.

또한 마음이 할례 받지 못해 하나님에게 민감하지 못했을 때에는 하나님을 거슬려 행하던 것들에 대해서 잘 느끼게 되고 반성하게 되는 것입니다. 하나님을 더 잘 사랑하게 되는 것입니다(신 30:6). 그 결과 그들은 진심으로 하나님의 뜻대로 사는 삶으로 전환하게 되는 것입니다(겔 11:19–21; 롬 2:25–29 등).[323]

다음으로 살펴볼 사항은 '마음의 낮아짐'(*카나*, כנע)입니다. 이 개념 역시 구약에서 회개와 관련하여 중요합니다. 그중에서도 아마 가장 중요한 구절은 역대하 7:14일 것입니다. "내 이름으로 일컫는 내 백성이 그들의 악한 길에서 떠나 스스로 낮추고(*카나*, כנע) 기도하여 내 얼굴을 찾으면 내가 하늘에서 듣고 그들의 죄를 사하고 그들의 땅을 고칠지라." 역대기에서 가장 중요한 신학적 구절들 중의 하나인 이 구절은 언약 백성이 이전의 모든 것에 대한 변화의 의미로 자신을 낮추고 하나님을 찾으면 하나님께서 그들의 죄를 사

---

323 좀 더 많은 관련 구절들은 Jerome H. Smith, *The New Treasury of Scripture Knowledge: The Most Complete Listing of Cross References Available Anywhere- Every Verse, Every Theme, Every Important Word* (Nashville: Thomas Nelson, 1992), 231의 관련 구절들의 목록을 참고하라.

하시고 은혜를 베풀어 주시겠다고 말합니다. 이와 마찬가지로 오늘 본문 내에서도 자신을 낮추면 하나님께서 은혜를 베푸시겠다고 말씀하고 있습니다. 이처럼 하나님 앞에서 겸비한 태도를 갖추는 것은 하나님과의 관계 회복을 위해 가장 중요한 요소들 중의 하나입니다(사 57:15; 미 6:8; 습 2:3; 약 4:6).

레위기 26장, 그리고 특히 40-45절의 본문을 통해 배울 수 있는 세 번째 가르침은 우리가 하나님 앞에서 낮아진 마음을 갖게 되면 하나님의 책망과 처벌을 기쁘게 받아들이게 된다는 것입니다. 본문 중 41절과 43절은 각각 "자신들의 죄책을 기쁘게 받아들이면", "자신들의 죄책을 기쁘게 받아들이게 될 것이다"라고 말씀하고 있습니다. 진실로 하나님을 바로 섬기는 성도는 하나님께서 복을 주실 때뿐만 아니라 벌을 주실 때도 그것을 기꺼이 받아들이고 수용하는 자입니다.

레위기 26장은 총 세 번에 걸쳐서 하나님의 책망과 심판을 '훈육하다'(*야사르*, יָסַר)란 동사를 써서 표현하고 있습니다. 하나님과 성도의 관계는 마치 아버지와 자식의 관계와 같습니다. 우리의 '아바 아버지' 되신 하나님이 우리를 벌하실 때 하나님은 가혹한 형 집행관처럼 그렇게 하시는 것이 아닙니다. 하나님은 아버지로서 우리를 훈육하시기 위해 벌을 주시는 것입니다. 따라서 우리 성도가 해야 할 일은 좋은 아들처럼 아버지의 뜻을 헤아리고 하나님의 매를 감사한 마음으로 받아들이며, 더 발전된 모습을 보이려고 하는 것입니다. 그럴 때 하나님의 은혜가 이전보다 더욱 크게 임하게 될 것입니다.

오늘 말씀을 정리하겠습니다. 여러분, 하나님과 바른 관계를 갖고, 그분의 첫 은혜를 풍성히 누리고자 하십니까?

첫째, 공의로 세상을 다스리시는 하나님을 거슬러 행하는 것을 멈추십시오.

둘째, 마음의 할례를 받아 하나님의 마음을 잘 헤아리고, 자신을 겸허하게 낮추십시오.

셋째, 하나님께서 어떤 결정을 내리신다 할지라도 그 결정을 기쁘게 받아들이십시오.

이럴 때 여러분은 하나님의 놀라운 은혜를 누리게 될 것입니다.

레위기 27장

각종 서원에 관한 법

❏ 서원법 개관

드디어 레위기의 마지막 장에 이르렀다. 이 장은 레위기의 큰 세 단원 중 마지막 단원(17-27장)의 마지막을 장식할 뿐만 아니라 세 번째 단원의 마지막 세부 단원(25-27장)의 마지막 항목을 구성하고 있기도 하다.

이 마지막 세부 단원(25-27장)은 교차대조법적 구성(A[25장]-X[26장]-A'[27장])을 갖고 있고, 교차대조법 구성의 외곽틀을 구성하고 있는 25장과 27장은 땅이나 사람 등을 무르는 것을 내용으로 한다는 점을 공유하고 있다.[324] 양자 간의 차이점이라고 한다면 25장이 희년의 무름에 대해서만 다루고 있다면 27장은 좀 더 다양한 항목들과 다양한 경우들의 무름에 대해서 다루고 있다는 점이다. 이 점에 대해서는 나중에 "단락 구분"에서 좀 더 자세하게 다루도록 하겠다.

이 장은 구약성경에서 서원과 관련해서는 민수기 30장과 더불어 가장 중요한 본문들 중의 하나이다. 두 본문의 공통점은 양자 모두 서원의 무름에 대해서 다루고 있다는 점이다. 반면 양자 간에는 차이점도 존재하다. 민수기 30장의 경우에는 여인이 서원을 한 경우 그것이 그녀의 아버지나 남편에 의

324 Sklar, *Leviticus*, 326.

해 변경될 수도 있는 가능성에 대해서 집중적으로 다루고 있다. 반면에 레위기 27장의 경우는 사람, 가축, 집, 토지, 처음 난 것, 하나님께 영원히 헌납된 성물, 십일조 등의 다양한 것들의 서원과 그것들을 무르는 경우들에 대해 아주 다양하게 다루고 있다.

1단계: 사역

27:1 여호와께서 모세에게 말씀하셨다.

27:2 이스라엘 자손에게 말하고 그들에게 일러라. 만약 어떤 사람이 사람의 값을 정한 가치에 따라 여호와께 드리기로 분명히 서원하였으면

27:3 그 정한 가치는 스무 살로부터 예순 살까지의 남자의 경우에는 성소의 세겔로 은 오십 세겔이다.

27:4 만약 그 사람이 여자이면 그 정한 가치는 삼십 세겔이다.

27:5 만약 그 사람이 다섯 살로부터 스무 살까지의 남자라면 그 정한 가치는 이십 세겔이고, 여자의 경우에는 십 세겔이다.

27:6 그리고 만약 그 사람이 일 개월로부터 다섯 살까지인 경우에는 남자라면 그 정한 가치는 은 다섯 세겔이고, 여자의 경우에는 그 정한 가치는 은 삼 세겔이다.

27:7 만약 예순 살 이상인 경우에는 남자라면 그 정한 가치는 십오 세겔이고 여자의 경우에는 십 세겔이다.

27:8 그러나 만약 그가 가난하여 정해진 값을 감당하지 못하면 그를 제사장 앞에 세우고, 제사장은 그 서원자가 감당할 수 있는 만큼 값을 정해야 한다.

27:9 만약 [서원물이] 하나님께 예물로 드릴 가축이면 그것으로부터 여호와께 드려진 모든 것은 다 거룩하게 된다.

27:10 그것을 대체하여 좋은 것을 나쁜 것으로, 혹은 나쁜 것을 좋은 것으로

바꾸어서는 안 된다. 만약 가축을 가축으로 바꾸면 그것과 그것의 대체물이 다 거룩하게 된다.

27:11 그리고 만약 여호와께 예물로 드릴 모든 가축이 부정하여 여호와께 드려서는 안 되는 것이면 그는 그 가축을 제사장 앞에 세워야 하며

27:12 제사장은 좋은 것이든 나쁜 것이든 그것의 값을 정해야 하며, 제사장이 정한 대로 값이 매겨질 것이다.

27:13 그리고 만약 그가 그것을 무르려면 그 정한 값에 오 분의 일을 더해야 한다.

27:14 만약 어떤 사람이 자기 집을 성별하여 여호와께 드리고자 하면 제사장이 좋든 나쁘든 간에 그 값을 정하여야 하며, 제사장이 정한 대로 그것이 확정될 것이다.

27:15 만약 그 집을 성별한 사람이 그것을 무르려고 하면 그는 정한 값에 오 분의 일을 더해야 한다. 그러면 그것이 그의 것이 될 것이다.

27:16 만약 어떤 사람이 자기 기업된 밭의 일부를 성별하여 여호와께 드리고자 하면 그것의 값은 파종량에 따라서 정해져야 한다. 보리 한 호멜의 파종량은 은 오십 세겔이다.

27:17 만약 그가 그 밭을 희년부터 성별하여 드렸으면 그 값은 정해진 가치대로 확정될 것이다.

27:18 그리고 만약 그 밭을 희년 후에 성별하여 드렸으면 제사장이 다음 희년까지 남은 햇수를 따라서 그것의 값을 정하고, 정한 값에서 차감이 될 것이다.

27:19 만약 그 밭을 성별하여 드린 자가 정말 그것을 무르고자 하면 정해진 가치에 오 분의 일을 더해야 한다. 그러면 그것이 그의 것이 될 것이다.

27:20 만약 그가 그 밭을 무르지 않거나 만약 다른 사람에게 그 밭을 팔았으면 그것은 다시는 무를 수가 없다.

27:21 희년이 되어서 그 밭이 환수될 때 그것이 여호와께 영원히 헌납된 성물처럼 거룩하게 되어 제사장에게 속한 기업이 될 것이다.

27:22 만약 자기 기업에 속한 밭이 아니라 구입한 밭을 여호와께 성별하여 드린다면

27:23 제사장은 희년까지의 정해진 가치에 따라 그것의 값을 계산하고 그는 그 정해진 값을 여호와께 거룩한 것으로 그 날에 드려야 한다.

27:24 희년에 그 밭은 그가 그 밭을 구입한 원주인에게로 환수되어야 한다.

27:25 또한 모든 정한 값은 성소의 세겔을 따르는 것이다. 한 세겔은 이십 게라이다.

27:26 가축 중에서 여호와께 이미 처음 난 것으로 배정된 첫 새끼는 절대 사람이 여호와께 성별하여 드릴 수가 없다. 그것이 소이든 작은 가축이든 간에 그것은 여호와께 속한 것이다.

27:27 만약 그 가축이 부정하면 정해진 가치에 오 분의 일을 더하여 물러야 한다. 그리고 만약 무르지 않으려면 정해진 가치에 따라 팔아야 한다.

27:28 어떤 사람이 자기에게 속한 것들 중에서 영원히 헌납한 성물이 사람이든 가축이든 기업의 밭이든 그는 그것을 팔 수도 없고 무를 수도 없다. 영원히 헌납한 성물은 지극히 거룩하며, 여호와께 속한 것이다.

27:29 사람 중에서 영원히 헌납된 성물로 바쳐진 사람은 다시 무를 수 없다. 그는 반드시 죽임을 당해야 한다.

27:30 그리고 땅의 곡식이든 나무의 열매이든 그 땅의 십 분의 일은 여호와의 것이다. 그것은 여호와께 거룩하다.

27:31 만약 어떤 사람이 그의 십일조를 무르려면 그것에 오 분의 일을 더해야 한다.

27:32 모든 소나 작은 네 발 가축의 십일조, 즉 목자의 지팡이 아래로 통과하는 것의 열 번째 것은 여호와께 거룩한 것이 될 것이다.

27:33 그것의 좋고 나쁨을 따지지 말고 바꾸지도 말라. 만약 정말로 바꾸면 그것과 대체물 둘 다 거룩하게 되며, 무르지 못한다.

27:34 이것들은 시내 산에서 여호와께서 모세를 통해 이스라엘 자손에게 명령하신 계명들이다.

2단계: 사역 해설

27:2 "정한 가치에 따라" *브에르크카*(בְּעֶרְכְּךָ)

이 표현은 개역개정의 "너는 그 값을 정할지니"라는 의미가 아니라 "정한 가치에 따라"란 특수한 의미로 고착화된 표현이다. 이에 대한 좀 더 자세한 해설은 5:15의 "사역 해설"(209쪽)을 참고하라.

27:8 "가난하여…감당하지 못하면" 동사는 *무크*(מוּךְ)

이 단어는 레위기 25장과 27장에만 나온다. 예를 들어 25:25의 "사역 해설"(664쪽) 등에서 '가난하게 되어'라는 뜻으로 사용된 동사이다. 레빈은 이 단어가 '붕괴되다'(to collapse)란 뜻의 *마카크*(מָכַךְ)와 연관된 것으로 여긴다.[325] 그리고 그 뜻은 '가난한 상태로 몰락하다' 정도의 의미를 갖는다고 본다.

27:21 "영원히 헌납된 성물" *헤렘*(חֵרֶם)

*헤렘*이란 단어는 여호수아의 정복 전쟁 시 가나안 땅과 그 안의 모든 물건들처럼 하나님에게 영원히 속한 것을 가리키는 용어이다. 여기에서는 '영원히 헌납된 성물'이라는 개념으로 번역하였다.

27:26 "작은 네발 가축" *쎄*(שֶׂה)

이것은 개역개정의 번역과 달리 '양'뿐만 아니라 '염소'도 포함하는 개념이다. 따라서 "양"보다는 "작은 네발 가축"으로 번역하는 것이 낫다. 이에 대한 해설은 레위기 1:2의 "사역 해설"(61–62쪽) 등을 보라.

27:32 "작은 네발 가축" *쫀*(צֹאן)

위의 26절의 *쎄*와 결국은 마찬가지의 사항이다. 동의어로 이해해도 무방하다.

---

325 Levine, *Leviticus*, 194.

3단계: 단락 구분

레위기 27장의 구조는 다음과 같다.[326]

• 27:1–2a		도입부
• 27:2b–13		사람과 동물의 서원과 무름
	27:2–8	사람의 경우
	27:9–10	정결한 동물의 경우
	27:11–13	부정한 동물의 경우
• 27:14–25		집과 밭의 서원과 무름
	27:14–15	집의 경우
	27:16–25	밭의 경우
• 27:26–33		서원과 무름에 대한 기타 규례들
	27:26–27	처음 난 가축의 경우
	27:28–29	영원히 헌납된 것들의 경우
	27:30–33	십일조의 경우
• 27:34		결론부

이 장은 1–2a절과 34절의 도입부와 결론부가 외곽틀을 형성하고 있고, 그 안의 결론 부분이 크게 세 개의 단원으로 나뉘어 있는 형태로 되어 있다. 도입부(1–2a절)는 레위기에서 거의 모든 본문이 거의 항상 그래왔듯이 "여호와께서 모세에게 말씀하셨다"란 단원 시작 표시 문구(1절)에 이어, 주 청중이 "이스라엘 자손"임을 밝히고 있다(2a절). 34절의 결론부는 25–27장의 흐름에 맞게 이 장의 규례들이 '시내 산'에서 주어진 것을 언급함으로써 통일성을 이루고 있다.

---

326 이 구조는 Wenham, *Leviticus*, 336–337을 바탕으로 해서 발전시킨 것이다.

처음 두 개의 단원(2b–13절, 14–25절)의 경우 뚜렷한 구조적 틀이 존재한다. 우선 큰 단원은 '만약 어떤 사람이'(*이쉬 키*, אִישׁ כִּי, 2, 14절)란 문구가 단원의 시작점을 표시해준다. 각 단원의 하부 단원들은 레위기에서 흔히 봐왔듯이 '만약'(*임*, אִם)이란 문구가 구분선 역할을 해준다(9, 11, 16절).

세 번째 단원은 특별한 단원 구문 문구들이 존재하지 않는다. 어느 하나로 정리할 수 없는 여러 가지 문구들을 통해 다양한 주제들이 다뤄지고 있다. 이런 이유 때문에 비평학자들 중에는 이 본문이 후대에 추가된 본문이라고 주장하기도 하지만 그것을 지지할 만한 충분한 근거는 존재하지 않는다.[327]

4단계: 본문 해설

27:1-2a 이 구절들은 이 장의 도입구 역할을 하고 있다. 앞의 단원 구분에서 언급한 바와 같이 레위기에서 흔히 볼 수 있는 형태들이다. 주 청중은 "이스라엘 자손"이라고 언급되고 있는데, 이것은 레위기의 마지막 큰 단원인 17–27장의 일반적 경우와 잘 상응한다.

27:2b-8 이 본문은 위의 구조상의 큰 첫 단원의 첫 번째 세부 단원으로서 사람을 하나님에게 바치기로 서원하였거나 그 서원을 무르는 것에 대해서 다루고 있다.

27:3–7은 사람을 서원하였을 때 그 사람의 정해진 값을 성소의 세겔로 해서 하나님께 드렸다. 이 사람의 값은 남자, 여자, 나이 등에 따라 그 정해진 가치가 달랐다.

그 내용을 도표화하면 다음과 같다.

327 Hartley, *Leviticus*, 480.

나이	남자	여자
1개월 ~ 5세	5세겔	3세겔
5 ~ 20세	20세겔	10세겔
20 ~ 60세	50세겔	30세겔
60세 이상	15세겔	10세겔

이 도표에서 1개월~5세 사이의 아이들도 포함되어 있는 것을 볼 때 서원은 항상 본인만이 했던 것이 아니라 그 부모가 어떤 동기에 의해서 자기 자녀들을 위해 서원할 수도 있었던 것으로 보인다.

이 도표에서 또 한 가지 인상적인 점은 서원한 사람의 값이다. 고대 이스라엘에서 노동자 한 명의 한 달 노동의 값은 1세겔 정도였다고 한다.[328] 따라서 50세겔은 4년 이상 노동을 하면서 단 한 푼도 남김없이 모아야 하는 돈이었다. 이런 면에서 볼 때 사람이 하나님께 자신을 서원하는 것은 결코 함부로 해서는 안 되는 것이었으며, 아주 신중해야 하는 일이었을 것이다.

27:8은 서원자가 위의 목록의 표준적인 가격을 감당할 수 없었을 경우 제사장이 그 값을 서원자의 경제적 능력에 따라 조정할 수 있었음을 보여준다. 아마 이것은 서원하고 싶어도 능력이 안 되는 사람이 정말로 자신을 걸고 서원하고 싶은 경우 그것을 허용하기 위한 조치로 보인다.[329]

또한 이런 조치는 구약의 율법이 가진 유연성을 보여준다. 민수기 27:1-11과 36장의 슬로브핫의 딸들의 이야기에서 보여지듯이 율법은 상황과 사람에 따라서 조절이 되는 경우가 많았다. 그리고 이런 점들은 하나님이 유연성을 가지신 분이시며, 그분과 우리의 관계도 신축적일 수 있음을 보여준다.

---

328 Wenham, *Leviticus*, 338.

329 Levine, *Leviticus*, 194.

27:9-10 9–13절은 가축을 서원했을 경우에 대해서 다루고 있다. 그중 전반부인 9–10절은 정결한 짐승을 서원한 경우를 다루고 있다. 이렇게 서원을 통해 드려진 정결한 짐승은 거룩하게 구별되어 하나님의 것으로 속하게 되었으며, 그것을 좋은 것이든 나쁜 것이든 간에 다른 것으로 대체하면 안 되었다. 이런 경우 원래 서원한 제물과 대체한 제물 모두가 하나님의 것으로 속하게 되었다.

대체 불가의 규례와 관련하여 대부분의 주석가들은 가치가 떨어지는 짐승으로 바꾸는 것의 금지에만 초점을 맞추는 경향이 있다. 그리고 이 규례의 이유로는 어려울 때는 서원을 하면서 비싼 짐승을 하나님께 바치겠다고 약속했다가 나중에 문제가 해결되고 나면 그것을 드리기를 아까워하는 인간의 악한 욕심을 방지하기 위한 것이라고 주장한다.[330]

그러나 혹시 이런 주장이 맞다고 해도 이것은 동전의 한 면일 뿐이다. 10절의 본문은 분명히 서원한 짐승을 더 비싼 것으로 대체하는 것도 금지하고 있다. 따라서 이 규례는 하나님과의 서원이 함부로 이뤄져서도 안 되며, 일단 서원을 하고 나면 그것을 어떤 식으로든 바꾸는 것이 제약을 받았다는 것을 보여준다. 결코 하나님은 더 많은 것을 받는 것에만 관심을 가지신 분이 아니다(참고, 시 50:8–15).

27:11-13 이 본문은 부정한 짐승을 서원한 경우에 대해서 다루고 있다. 부정한 짐승은 당연히 제물로는 드려질 수 없고, 제사장들이 담당하는 일들 중 짐을 나르거나 하는데 사용되었을 수 있다.

또한 현재 본문은 부정한 짐승들의 값을 산정하는 것을 골자로 하고 있는데, 이것은 그 짐승을 팔아서 그 금액을 제사장 사역에 필요한 재원으로 사용했을 수도 있음을 보여주는 것으로 보인다.

이렇게 서원해서 바쳐진 부정한 짐승은 정결한 짐승과 달리 무를 수가 있

---

330 예를 들어 Wenham, *Leviticus*, 338; Sklar, *Leviticus*, 328 등.

었다. 그리고 무를 때는 해당 짐승의 가치에 1/5의 가격을 더한 값을 바쳐야 했다. 이런 처리 방식은 속건제의 관행과 비슷하다.

27:14-15 14–25절의 본문은 집(14–15절)과 토지(16–25절)의 서원과 무름에 대해서 다루고 있다. 집과 관련해서는 그 규례는 간단하며, 이 장의 지금까지의 내용과 거의 비슷하다. 일단 바쳐진 집은 더 좋거나 나쁜 집으로 대체될 수 없다. 제사장은 바쳐진 집의 가치를 산정한다. 이것을 무르려면 정해진 가치에 1/5을 더한 값을 내야 한다.

27:16-19 이 본문은 16–25절의 토지의 서원과 무름에 대한 본문의 첫 단락이다. 본문은 토지의 서원과 관련된 기본적 원칙에 대해서 규정하고 있다.

27:16은 서원자가 자신의 기업인 밭의 일부를 성별해서 하나님께 드리는 경우 그 값이 파종량에 따라 정해짐을 밝히고 있다. 한 호멜(220리터)을 파종할 경우 그 값은 50세겔로 계산되었다. 이것이 파종, 즉 뿌리는 씨의 양이기 때문에 실제 수확량은 이것보다 훨씬 많았을 것이다. 따라서 이런 서원으로 바쳐진 밭을 무를 때의 가격은 굉장히 싸게 책정된 것으로 보인다. 하나님께서 이렇게 정하신 이유는 이 밭을 서원자가 무르기를 적극적으로 격려하기 위한 것이라고 생각된다.[331]

27:17–18은 희년과의 시간적 거리에 따라 밭의 가격이 산정됨을 밝히고 있다. 20절이 밝히고 있는 바와 같이 희년까지 밭을 무르지 않는 경우에는 그 밭은 하나님께 귀속되지만, 이렇게 희년까지의 기간을 바탕으로 해서 가격을 매긴 이유는 앞에서도 이미 언급한 바와 같이 그 밭을 원 소유자가 무르도록 격려하기 위한 것으로 생각된다.

---

331 Wenham, *Leviticus*, 340.

27:19은 서원한 밭을 무르려고 하면 1/5을 더해서 물러야 한다는 점을 밝히고 있다. 이 점은 이 장의 무를 때의 기본 원칙과 동일하다.

27:20-21은 이 밭을 무르지 않았거나 다른 사람에게 판 경우에 그것을 다시 무를 수가 없다는 것을 규정하고 있다.

우선 첫 번째 사항, 즉 희년까지 밭을 무르지 않은 경우는 그 밭이 하나님께 귀속된다고 규정하고 있다. 16절에서 다룬 바와 같이 밭을 무르는 가격이 아주 싸게 책정되었다는 점을 고려할 때 이것을 희년 때까지 무르지 않은 것은 원 소유자가 그 밭을 무를 생각이 없음을 보여주는 것으로 간주되었던 것 같다.

두 번째 사항, 즉 서원해서 바친 밭을 다른 사람에게 판다는 표현은 주석가들에게 난제로 간주되었다. 따라서 여기에 대해서는 여러 가지 견해들이 제시되었다.[332] 그중에서 가장 본문의 흐름과 잘 어울리면서 무난한 해석은 카일과 델리취의 해석으로 여겨진다.[333] 이들의 해석에 따르면 비록 서원자가 밭을 봉헌하기는 했지만 제사장들이 자신들의 업무에 종사하느라 그 밭을 경작할 수는 없었기에 서원자가 계속 밭을 경작해서 자신이 서원한 액수를 제사장에게 가져다 주고 나머지는 자신의 수입으로 삼았을 것이라고 본다. 그런데 그 서원자가 이 일을 계속하려 하지 않는 경우 그는 그것을 다른 사람에 팔고, 그 사람이 경작을 해서 나온 수확으로 서원 부분을 제사장에게 갖다 주고 나머지는 자신의 수입으로 삼는 일을 희년까지 계속했을 것이라는 것이다. 이런 경우에는 희년에 그 밭이 '영원히 헌납된 성물', 즉 *헤렘*처럼 완전히 하나님의 것으로 귀속되게 되며, 원 주인은 그것을 무를 수가 없다. *헤렘*의 의미에 대해서는 앞의 21절의 "사역 해설"(716쪽)을 참고하라.

---

332 이에 대한 좋은 정리는 Hartley, *Leviticus*, 483을 보라.

333 C. F. Keil, and F. Delitzsch, *The Pentateuch*. (Biblical Commentary on the Old Testament. 2; Grand Rapids: Eerdmans, 1956), 483-483. 여기에서는 위 각주의 Hartley의 정리를 바탕으로 정리되었다.

27:22-24은 원래 자신의 기업이 아니라 희년까지의 값을 치르고 구입한 밭을 하나님께 성별하여 드린 경우를 다루고 있다. 이 경우는 서원자는 그 밭의 원래 주인이 아니기 때문에 그의 권리는 희년까지이다. 따라서 당연히 희년에 그의 밭은 원래의 주인에게 환수된다.

27:25은 밭의 가치를 계산할 때의 기준에 대해서 말하고 있다. 그 값은 성소의 세겔을 따라야 한다. 성소의 세겔은 요즘 무게로 치면 10그램 정도였다.

27:26-27 27장의 큰 세 번째 단원인 26-33의 첫 문단인 26-27절은 처음 난 가축의 경우를 다루고 있다.

27:26은 모든 가축의 처음 난 것은 하나님께 이미 속한 것이기 때문에 서원의 대상이 될 수 없다는 점을 밝히고 있다. 그러나 27절과의 관계를 고려할 때, 그리고 26절의 끝 부분의 가축의 목록을 고려할 때 이 절이 다루고 있는 대상은 정결한 가축의 경우인 것으로 보인다.

이와 대조적으로 27:27은 부정한 가축의 처음 난 것에 대해서 다루고 있다. 이 경우에는 해당 가축을 무를 수가 있었다. 그 경우는 지금까지 계속되는 방식을 따라 해당 가축의 가치에 1/5을 더한 값을 치러야 했다.

27:28-29 이 본문은 '영원히 헌납한 성물', 즉 *헤렘*(716쪽)에 대해서 다루고 있다. 이 *헤렘*은 영원히 하나님의 것으로 귀속된 것이기 때문에 당연히 사람이든 사물이든 결코 서원의 대상이 될 수가 없었다. 특히 사람의 경우에는 *헤렘*으로 바쳐진 사람은 마치 여호수아 정복 당시의 가나안 원주민들처럼 반드시 죽임을 당해야 했다.

27:30-33 이 본문은 십일조에 대해서 다루고 있다. 모든 것의 십일조 역시 하나님의 것으로 거룩한 것이었다(30절). 따라서 그것을 혹시 무르고자

할 경우에는 지금까지 이 장에서 내내 보아온 방식대로 그 가치에 1/5을 더한 값을 치러야 했다(31절).

27:32-33은 소나 작은 네 발 가축의 십일조의 경우 목자의 지팡이를 열 번째로 통과하는 것이 하나님의 몫이 되었으며, 이 가축의 좋고 나쁨을 따지지 말고 무조건 그것을 바쳐야 한다고 말씀하고 있다. 만약 그것을 다른 것으로 대체하고자 하면 앞에서 보아온 것처럼 원래의 가축과 대체하고자 했던 가축 모두 하나님의 것으로 귀속되었다(참고, 10절).

27:34 이 규례들이 '시내 산'에서 주어졌다는 언급은 25-27장에 통일성을 부여하는 역할을 하고 있다(참고, 25:1; 26:46). 이 구절과 더불어 레위기 전체가 마감된다.

5단계: 적용

27:9-10 "여호와께 드려진 모든 것은 다 거룩하게 된다"

레위기가 지속적으로 가르치고 있는 바는 하나님이 거룩하신 분이라는 점이다. 그리고 하나님 앞에 드려지는 모든 것 역시 거룩하게 되며, 또한 하나님의 것으로 귀속된다. 따라서 우리 자신을 하나님 앞에 내어놓을 때 우리는 우리가 더 이상 우리 자신의 주인이 아니라 하나님께서 우리의 주인이심을 인정해야 한다. 우리는 하나님을 '나의 왕 나의 주'로 모신다고 해놓고 너무나도 많은 순간 우리가 우리 자신의 주인인 것처럼 행세한다. 진정한 신앙과 진정한 하나님과의 관계는 오직 우리가 스스로의 주인됨을 포기할 때에야 가능한 것이다. 하나님이 거룩하신 분이라는 것의 의미는 바로 이런 것이다.

27:10 "좋은 것을 나쁜 것으로 혹은 나쁜 것을 좋은 것으로 바꾸어서는 안 된다"

하나님께 함부로 서원하는 것은 옳은 것이 아니다. 또한 서원을 했을 때에는 반드시 그것을 지켜야만 한다(신 23:21–23). 서원에 대한 규례들은 하나님과의 관계에서 우리가 신중해야 한다는 점을 강조해서 보여준다. 한 발 더 나아가서 산상보훈 중에서 예수님은 서원을 지키라고 가르치신 것이 아니라 아예 서원하지 말라고 가르치셨다 (마 5:33–37). 왜냐하면 하나님 앞에서 인간이란 존재가 도무지 그 어떤 것도 약속하고 보장할 수 있는 존재가 아니기 때문이다(마 5:36). 그러므로 우리는 자꾸 뭔가를 서원하려고 하는 대신에 하나님의 주권 앞에서 지극히 겸손하고 낮은 태도를 보여야 한다. 바로 이것이 예수님이 가르치신 바이다.

27:16-25 희년법은 25장에서 이미 본 바와 같이 이스라엘의 사회 정의와 약자들을 보호하기 위한 장치였다. 희년이 제대로 시행될 경우 이스라엘의 모든 사람과 가문은 50년마다 한 번은 자신들의 경제적 능력을 회복하고 새로운 출발을 할 수 있는 기회를 얻을 수 있었다. 이런 정신을 담고 있는 희년법은 하나님께 서원을 드린 경우에도 여전히 적용되었다. 하나님은 당신에게 드려진 모든 것을 무작정 다 취하시는 분이 아니다. 거룩하신 하나님은 또한 자비의 하나님이시기도 하다.

27:26-27, 30-33 가축의 처음 난 것과 십일조는 하나님의 소유였다. 이것들 중에서 무를 수 있는 것들을 무르고자 할 경우 그것의 가치에 오 분의 일의 가격을 더해서 지불해야 했다는 것은 그것들의 소유권이 누구에게 있는 것인지를 확실하게 보여준다. 그러므로 처음 난 것과 십일조를 마치 자신의 것인 양 대하는 자는 하나님의 소유물을 남용하는 것이다(참고, 말 3:7–12).

6단계: 설교 "서원보다 중요한 것, 하나님에 대한 지식" (레 27:2; 18:21; 삿 11:34-40)

구약성경에서 가장 많이 잘못 이해되고, 또 그것 때문에 구약의 하나님과 율법에 대해서 오해를 불러일으키는 것들 중의 하나는 입다의 딸의 죽음 문제입니다. 성도님들께서 잘 아시다시피 입다는 암몬과의 전쟁을 위한 지도자로 부름을 받았을 때 만약 하나님이 자기에게 승리를 주시면 "누구든지 내 집 문에서 나와서 나를 영접하는 그는 여호와께 돌릴 것이니 내가 그를 번제물로 드리겠나이다"라고 서원했습니다(삿 11:31). 그가 돌아왔을 때 그를 가장 먼저 영접한 것은 그의 딸이었습니다. 그는 절망에 빠지지만 하나님께 서원한 것은 꼭 지켜야 한다고 생각했는지 그의 딸을 번제로 바칩니다(39절). 딸 역시 아버지가 서원을 지켜야 한다고 생각하고, 아버지에게 자기를 제물로 바치라고 이야기합니다(36-37절).

이 사건이 너무나도 충격적이기 때문에 전통적으로 많은 해석자들은 어떻게든지 이 문제를 덜 충격적으로 이해하려고 해왔습니다. 일례로 입다의 딸은 정말 제물로 바쳐진 것이 아니라 단지 성막에서 일하는 동정녀로 바쳐진 것일 뿐이라고 해석하는 식입니다.[334] 그러나 이런 해석은 본문의 의미를 억지로 쥐어짜는 것입니다. 본문에 대한 가장 자연스러운 해석은 입다가 정말 자기 딸을 자신의 서원대로 제물로 바쳤다고 보는 것입니다.

이 때문에 또 많은 비평학자들은 구약의 종교를 진화론적으로 보며, 이 사건은 구약의 종교가 진화하는 과정에서 사람을 제물로 바치는 인신 제사를 허용하던 시기의 잔재라고 보기도 합니다.[335] 그러나 구약 전체가 인신 제사

---

334 이런 식의 시도들 중 목회자들이 자주 보는 자료들 중의 하나는 아마 Warren W. Wiersbe, *Be Available* ("Be" Commentary Series; Wheaton, IL: Victor Books, 1994), 99-100일 것이다. 또한 Gleason Archer, Jr. *A Survey of Old Testament Introduction* (3rd. ed.; Chicago: Moody Press, 1994), 306도 참고하라.

335 이에 대한 정리는 Brian B. Schmidt, "Molech" in David Noel Freedman, Allen C. Myers, and Astrid B. Beck (eds.), *Eerdmans Dictionary of the Bible*. Grand Rapids,

에 대해서 강력한 거부를 하고 있기 때문에 이런 해석은 적절하지 못합니다.

그러므로 우리의 숙제는 입다가 분명히 자기 딸을 인신 제사로 바쳤다는 본문의 가장 평범한 해석을 받아들이면서도 이것을 도대체 성경신학적으로 어떻게 받아들여야 하느냐 하는 것입니다. 저는 이 문제를 푸는 것이 서원에 대한 우리의 성경신학적 이해를 높여주고, 더 나아가서 우리의 현실적인 신앙 생활의 과정에서 서원의 문제를 어떻게 다뤄야 하는지에 대해서 좋은 지침을 제공해준다고 생각합니다. 이 점을 생각하면서 입다의 딸의 문제를 사사기 본문과 레위기 27장의 서원 신학에 기초해서 다뤄보고자 합니다.

첫째, 사사기 신학은 몇 번 반복되는 중요한 문구, 즉 "그때에 이스라엘에 왕이 없으므로 사람이 각기 자기의 소견에 옳은 대로 행하였더라"(삿 21:25)가 신학적 뼈대를 제공하고 있습니다. 정경적으로 볼 때 사사기는 다윗 왕조를 예비하는 책입니다. 그 중요한 역할은 이스라엘에 왕이 없어 사람들이 영적으로 바른 지식을 갖지 못하고 각자 하고 싶은 대로 사는 무질서의 시대였다는 것을 밝히는 것이었습니다. 입다는 바로 이런 시대의 사람이기 때문에 당연히 자신의 서원 문제에 대해서도 잘못된 생각을 많이 가지고 있다고 봐야 그의 딸의 인신 제사의 문제가 풀립니다.

둘째, 사사기 저자는 입다를 긍정적으로 보고 있지 않습니다. 사사기는 사사들이 뒤로 갈수록 점점 더 타락해가는 모습을 그리고 있습니다. 이것을 사사기 학계에서는 소위 '나선형적 추락'이라는 용어를 사용해서 설명합니다. 매 사사의 시대는 여호와를 제대로 섬기지 않고, 행악을 행하며 우상을 숭배하다가 하나님의 심판을 받아 이방의 압제에 시달립니다. 그때 그들이 하나님께 부르짖으면 하나님은 사사를 세워서 구원을 하십니다. 그러면 사사가 활동하는 시기에는 이스라엘 백성들이 여호와를 잘 섬기는 것 같다가 그 사사의 죽음과 더불어 다시 타락의 길을 갑니다. 이런 패턴이 계속 돌고 돈다는 측면에서 '나선형'이라는 표현을 씁니다. 그런데 문제는 매 사사가 등장할 때

MI: W.B. Eerdmans, 2000): 912–915 등을 보라.

마다 점점 더 사사들 자체가 문제가 많아집니다. 그리고 마지막 사사인 삼손에 이르러 최악의 상태에 이르게 됩니다. 입다는 삼손 바로 앞의 사사로서 이 '나선형적 추락'의 거의 밑바닥에 있는 사사입니다. 따라서 사사기 저자는 그를 상당히 부정적인 시각에서 묘사하고 있다고 봐야 합니다.

셋째, 많은 주석가들은 입다가 여호와의 부름을 받았고, 또 여호와의 신이 강림한 사람이기 때문에 어떻게든 그를 긍정적으로 보려고 하는 경향이 있지만 이것은 잘못된 것입니다. 사사기는 그 어두움의 시대에 하나님이 부득이하게 문제가 많은 사람들을 사사로 세워서 쓰신 것으로 이야기하고 있습니다. 또한 본문을 신중히 들여다 보면 하나님의 신이 임했을 때(삿 11:29) 하나님은 입다에게 아무런 요구도 하지 않으셨다는 것을 알 수 있습니다. 괜히 입다가 스스로 서원을 한 것뿐입니다. 그리고 하나님이 이 서원을 받아들이셨다는 본문상의 증거는 없습니다. 또한 11:32-33에서 하나님이 입다를 승리하게 하신 것은 이 서원 때문이라는 증거도 없습니다. 단지 입다는 사람들과 흥정하듯이 하나님에게도 흥정을 건 것일 뿐입니다.

넷째, 입다는 승리를 거두자 서원을 지켜야 한다는 강박관념이 있는 듯합니다. 그러나 하나님은 그런 잘못된 서원이라도 반드시 실행해야 한다는 요구를 하신 적이 없습니다. 레위기 27장의 본문은 서원을 지키는 것의 중요성도 강조하고 있지만, 그것을 무를 수도 있다고 가르치고 있습니다. 심지어는 서원을 무르는 것을 권장하는 것으로 여겨지는 경우도 있습니다. 또한 서원에 대한 구약의 다른 중요한 장인 민수기 30장 역시 서원을 꼭 지키기 않아도 되는 여러 가지 경우들을 다루고 있습니다. 따라서 입다가 정말 하나님의 말씀을 잘 알았다면 그는 자기 딸의 목숨을 무를 수도 있다는 것을 알 수 있었을 것입니다. 불행히도 잘못된 시대의 잘못된 지식을 가진 자로서 그는 이런 가능성을 전혀 생각하지 못했던 것 같습니다.

다섯째, 입다의 서원은 인신 제사를 강력하게 금지하고 있는 하나님의 계명들과 상응하지 않습니다(레 18:21; 20:2; 렘 19:5; 겔 20:30-31). 또한 하나님은 아브라함과 이삭의 경우에도 단지 아브라함의 신앙에 대한 테스트만 하시고, 실제로 그를 번제로 바치는 것은 허락하지 않으셨습니다. 따라서 입다가 딸을 제물로 드리는 행위는 구약 전체의 시각에서 볼 때 정말 잘못된 것입니다. 그는 바로 위에서 지적한 바와 같이 차라리 레위기 27장과 민수기 30장의 규례들을 따라 당연히 자기 딸의 목숨을 물러야 했습니다. 그런데 그는 서원을 지킨다고 우기다가 더 큰 죄를 짓는 꼴이 되고 말았습니다.

여섯째, 입다의 딸 역시 문제가 있습니다. 그녀는 11:36에서 "나의 아버지여,…아버지의 입에서 낸 말씀대로 내게 행하소서"라고 말합니다. 상당수의 학자들은 이 숭고해 보이는 말을 어떻게든 좋은 뜻으로 해석하려고 듭니다. 그러나 여호와의 신을 받고, 이스라엘의 역사를 줄줄 꿰며, 이스라엘의 지도자가 될 역량을 갖춘 아버지도 시대의 영적 무지로부터 자유롭지 못한데 그의 딸이라고 자유로울 수 있었겠습니까? 그러므로 그의 딸의 이야기를 너무 숭고하게 받아들이시면 안 됩니다. 그녀 역시 "내 백성이 지식이 없으므로 망하는도다"라는 호세아 선지자의 말이 딱 들어맞는 불행한 존재일 뿐입니다(호 4:6).

그러므로 입다의 딸 이야기는 사사 시대가 점점 어두워져 가는 것을 보여주는 시대상을 예시적으로 보여주는 사건일 뿐입니다. 그는 지도자가 되기에 부족한 요소들이 많았음에도 불구하고 할 수 없이 이스라엘은 그를 택해야 했습니다. 그만큼 이스라엘은 리더십이 궤멸 상태에 있었습니다.

그는 한편으로는 이스라엘의 역사를 줄줄 꿸 만큼 탁월한 면을 갖고 있었지만 다른 한편으로는 괴상할 정도로 여호와의 율법에 무지하기도 했습니다. 이런 이상한 이중성이 이 시대의 특징이었습니다. 그들은 여호와를 겉으로는 알면서도 정말 본질적인 것은 잘못 알고 있는 경우가 많았습니다.

그래서 그는 여호와의 신이 내린 중에 여호와 하나님이 원하시지도 않은 불필요한 서원을 합니다. 그는 행동해야 할 때 하나님과 협상을 하려 듭니다. 불행히도 그의 서원은 여호와의 계명에 반하는 것이었습니다. 그리고 그는 이 잘못된 서원을 자신의 무남독녀 딸에게 시행할 만큼 무모하기도 했습니다. 그리고 그의 딸 역시 표면적으로는 신앙적인 것 같지만 결국 영적으로 무지하며 무모했습니다.

이런 잘못된 신앙의 씨앗을 뿌린 열매는 누가 삼키게 됩니까? 바로 그 자신입니다. 그는 무남독녀의 딸의 죽음과 더불어 역사에서 사라집니다. 구약에서 후손이라는 존재는 중요합니다. 후손없이 죽는 것은 '그'란 존재의 말살을 의미합니다. 그는 이스라엘과 행한 협상을 통해서 자신의 현재의 영달은 얻었지만 하나님과의 협상에서 쓸데없이 원맨쇼를 함으로써 자신의 미래를 상실합니다.[336]

지금까지 우리는 입다가 딸을 바치겠다는 서원을 한 이야기를 레위기 27장을 중심으로 한 구약의 '서원 신학' 및 '사사기의 신학'을 바탕으로 해서 살펴보았습니다. 이 이야기는 우리가 신앙 생활을 할 때 하나님과 하나님의 말씀에 대한 바른 지식이 중요함을 보았습니다. 호세아 선지자의 말과 같이 바른 지식이 없으면 망합니다. 우리는 말씀에 대한 지식이 없음으로 해서 이처럼 비참하게 망하는 길을 스스로 걷는 일이 없어야겠습니다.

---

336 Daniel Isaac Block, *Judges, Ruth* (The New American Commentary. Vol. 6; Nashville: Broadman & Holman Publishers, 1999), 374.